本輯得到

中國歷史研究院2022年度學術性集刊資助項目

武漢大學"雙一流"建設引導專項資金

資助出版

武漢大學中國三至九世紀研究所 編

Journal of the 3-9th Century Chinese History

魏晉南北朝隋唐史資料

（第四十八輯）

上海古籍出版社

主編：凍國棟

編委：（以拼音字母爲序）
　　　　陳明光　　凍國棟　　關尾史郎　　郝春文　　何德章
　　　　侯旭東　　胡寶國　　黄正建　　劉安志　　陸　揚
　　　　羅　新　　妹尾達彦　孟彦弘　　牟發松　　氣賀澤保規
　　　　榮新江　　辻正博　　孫繼民　　王承文　　王　素
　　　　魏　斌　　閻步克　　張國剛　　張榮强　　佐川英治

執行編輯：朱　海

目　錄

專題：中古史的地方視角

引言 …………………………………………………………… 胡　鴻（ 1 ）
斯叟何在？
　　——從越嶲郡東漢光和、初平石刻談起 ……………… 林昌丈（ 5 ）
鄴城與晉陽之間：北齊"兩都制"對地方景觀和空間的塑造 …… 陳　陽（ 28 ）
《光業寺碑》及其周邊 ………………………………………… 孫　齊（ 48 ）
唐宋桂州的山巖開發與地方社會 …………………………… 張　琪（ 70 ）
另一種"能夏則大"：唐宋嶺南北部諸州分野屬荆説臆解 …… 孫正軍（112）
一個地方先賢祠祀的創建與延續
　　——《楚相孫叔敖碑》釋證 ……………………………… 胡　鴻（143）

"吉凶鹵簿"新考
　　——兼論漢代喪禮"吉凶相參"觀念的形成 …………… 劉亞光（183）
何以解王：中古時代的"王太子"與"一字王" ………………… 馮　璇（197）
試析裴秀提出"製圖六體"的原因
　　——兼談西晉時期重視地圖學之風氣 ………………… 李昊林（211）
北魏公主湯沐邑的虚封特徵 ………………………………… 趙衛齊（229）
南方的自覺
　　——傅大士教團所見南朝實踐性佛教 ………………… 方　圓（249）
再論吴明徹彭城喪師及其前因後果 ………………………… 張　釗（273）
"千歲仙鼠"與"鳥鼠之譏"
　　——中古信仰世界中的蝙蝠知識與意象 ……………… 王世藩（295）
兩晉南朝起居注輯存 ………………………………………… 陳　爽（320）

本輯作者工作和學習單位 …………………………………………… （374）
本輯編後 ……………………………………………………………… （375）
稿約 …………………………………………………………………… （376）

Contents

Special Issue: Medieval China under Local Perspectives

Preface ·· Hu Hong(1)
Where were Si-sou Yi? — A Study on the Guang-he and Chu-ping Stone
　　Carvings of Eastern Han in Yuexi Prefecture ·················· Lin Changzhang(5)
From Yecheng to Jinyang: the Impact of the Two-Capital System on Local
　　Landscape and Space ·· Chen Yang(28)
The Stele of Guangye Temple and its Surroundings ························· Sun Qi(48)
The Mountain Exploitation in Guizhou during Tang and Song Dynasties ······ Zhang Qi(70)
A Hypothesis about the Field Allocation of the Northern Lingnan Area from
　　Yangzhou to Jingzhou in the Tang and Song Dynasties ·············· Sun Zhengjun(112)
The Establishment and Persistence of a Local Temple of an Ancient Sage:
　　a Case Study Based on *The Stele of Sun Shu-ao* ··························· Hu Hong(143)

A New Study on the Propitious and Omen Lubu(吉凶卤簿)—Also Discusses the
　　Formation of the Coexistence of the Propitious and Omen Concepts(吉凶相参)
　　in the Han Dynasty Funeral ·· Liu Yaguang(183)
The Connotation of King: Discussion About the Designation of Medieval
　　Wang Tai Zi ··· Feng Xuan(197)
Research on the Reasons why Pei Xiu Summed up the "Six Elements of
　　Mapmaking"——And the Discussion on the Atmosphere of Paying Attention
　　to Cartography in the Western Jin Dynasty ·················· Li Haolin(211)
The Characteristics of the Princess's Nominal Award for Tang-mu-yi(湯沐邑)
　　in the Northern Wei Dynasty ······································ Zhao Weiqi(229)
The Self-consciousness From the South — The Practice-oriented Buddhism
　　in the Southern Dynasty as Seen by the Fu Dashi Order ············· Fang Yuan(249)
Reasons and Influence of Chen Dynastys Failure in Pengcheng Campaign
　　·· Zhang Zhao(273)
The "Fairy Mouse of a Thousand Years Old" and "Criticism of the Birds and
　　Mice": The Knowledge and Imagery of Bats in the Belief World of Medieval
　　China ·· Wang Shifan(295)
A Textual Research on Lost Daily Living Notes of the Six Dynasties
　　·· Chen Shuang(320)

List of Contributors ·· (374)
Note from the Editor ··· (375)
Notice to Contributors ··· (376)

引　言

胡　鴻

　　與很多其他斷代的歷史研究一樣,中國中古史研究的主流也慣於采取自上而下的王朝視角,研究者討論整個時代的性質、整個王朝的政治制度、朝廷高層的政治鬥爭,以及一切影響波及全國的重大事件。這是以正史爲主體史料所帶來的自然導向。然而,在各個地方,尤其是遠離宫廷的鄉里社會,史書中施以濃墨的那些圍繞最高權力的政治鬥爭、文臣武將的仕宦浮沉、郊廟朝堂的禮儀因革、隔三差五的征伐與巡幸,還是不是鄉民們生活中最重要的事件?

　　正如在正史中没有普通小民的太多記載,小民的生活世界,勢必也不按照正史叙述的宏大綫索而展開。俗語云"天高皇帝遠",對於大多數普通民衆來説,"地方"是他們的主要生活空間,是具體的可感知的社會,而王朝國家則是比較抽象的、遥遠的存在。一個較小區域内的資源競争、家族關係、經濟交往以及信仰活動等,往往構成了地方社會中的大事。另一方面,地方與王朝之間并非對立和割裂的關係。朝廷以地方官員爲其代理,以法律、政策、教化爲主要手段,也在地方社會中維持着或强或弱的影響,天雖高却舉目可見。地方社會精英家族的成員,則致力於跳出地方,爬升到更靠近王朝核心的位置,從而使其家族成爲連接王朝與地方的紐帶。站在朝廷的視角,看到的是大大小小的區域、地方在王朝教化之下的整合與趨同,所謂"六合同風""四海一家";而站在地方的視角,王朝的制度、法律、官僚機構構成地方社會的舞臺背景之一,在此舞臺之上各色人群演繹出自己的故事。

　　近年來,隨着越來越多基層性史料被發掘利用,或許也受到其他斷代史如明清史的影響,在中國中古史研究中,頗有一批學者關心地域社會、地域性文化、地方性信仰乃至地域觀念與認同等問題,涌現出不少利用地方性史料、立足地方視角、貼近基層人群、展現歷史多樣性的出色成果。較之傳統的政治史、制度史、經濟史等宏大叙事,這或許不失爲一條自下而上理解歷史的路徑;而與此前的區域史、地域集團等主題的研究相比,近年的研究在問題意識上也有着微妙的區别。出於對這一學術動向的關注,2022年4月底至5月初,在武漢大學歷史學院暨中國三至九世紀研究所支持下,國家社科基金冷門絕學專項"漢至唐長江中游山地族羣史料整理與研究"課題組召集了題爲"中古史的地方視角"的論壇,分爲上下兩個半場以綫上方式舉行。參會的二十名學者基本都在此主題上有過研究實踐,大家圍遶八篇緊扣"地方視角"的論文,展開了熱烈而深入的討論。會後,《魏晉南北朝隋唐史資料》編輯部決定以此次論壇的文稿爲基礎試行一次專題組稿,於是有了呈現在讀者們面前的這組論文。

這組論文大多以頗具地方性的史料(往往是石刻)爲基礎展開,并清晰地展示出立足地方的觀察視角。林昌丈《斯叟何在?——從越嶲郡東漢光和、初平石刻談起》一文重新審讀了大涼山深處的兩方東漢石刻,從微觀尺度上,細緻呈現了東漢王朝的行政體系沿着交通綫深入大涼山腹地安斯、上諸二鄉的進程,也揭示了在編户化帶來的租賦負擔上升趨勢中,"復除"作爲調節手段的運用。在當地人眼中,光和石表的重要性不在於提到了詔書,而是其中記載的鄉有秩的任命、民衆的復除,後者才是地方社會最爲關注的内容。本文還結合大涼山區域的考古發現和石刻文字,證明了漢夷雜處與日常的深度交往是這類邊緣地帶的常態,從而讓我們對所謂邊郡"雙軌製"下的鄉里編制與民衆生活有了更深的認識。孫齊《〈光業寺碑〉及其周邊》一文,極好地證明了趙州唐祖陵及其陵寺光業寺的"地方性"。唐祖陵雖然位列"帝陵",但它在唐初的被發現是由地方主導的,最終被認定的"二州三縣交界之處"的位置,也像是幾個州縣互相妥協的結果。光業寺雖是陵寺,但該寺與其碑銘的建立皆由三縣民間力量完成,幾乎没有官方背景。該文所分析的《光業寺碑》,碑陰有50餘村1600餘人的題名,是"關於唐代村落最細緻的材料之一",而文末所附精確還原碑面布局的録文,也是迄今公布的此碑碑陰最爲詳密的資料。通過對如此數量巨大的碑陰題名的分析,孫齊不僅推算出唐代河北地區普通縣域所轄村的數量,也結合個案説明了這些村中的居民結構,甚至還聯繫當地其他石刻資料,勾稽到幾個藉助宗教或軍事活動實現地位提升的家族個案。張琪《唐宋桂州的山巖開發與地方社會》一文,在充分整理桂林地區唐宋石刻資料的基礎上,結合方志、文集等傳世文獻,對桂州城内外山巖開發的進程做了深描,并特别關注此過程中城内與城外、官員與百姓、宗教與世俗在空間與人羣上的聯結與互動。張琪指出,文人官員出於游宴和留名目的開發的山巖,因爲缺少民間社會的自主維護,往往在數十年後重歸荒蕪,有些又經後代的士大夫官員之手得以修復;而僧人、道士等主導開發的山巖,因其宗教功能與民間的聯繫——有時還存在着資源競争,能夠持久存在并得到發展。山巖作爲不同人群交匯的空間,可以具體而微地展示出人群互動的生動圖景。與以上兩文類似,胡鴻也注意到了地方社會與祠祀興衰的關係,草成《一個地方先賢祠祀的創建與延續——〈楚相孫叔敖碑〉釋證》一文。東漢延熹年間建立於期思縣的《楚相孫叔敖碑》,不僅記錄了孫叔敖祠建立的事件,也透露出期思縣地方性文化的蛛絲馬迹,比如以口述形式流傳的一些孫叔敖傳說。作爲汝南郡境内較爲落後的縣,期思人在對先賢孫叔敖的頌揚中也寄託了"縣興士熾"的願望。該祠廟在北宋獲得朝廷的賜封,漢碑得以續刻,都是地方勢力與地方官員合作積極運作的結果。明清時該祠廟在衰落中延續,而東邊壽春的孫叔敖祠則極爲興盛,這也要從兩者在地方社會中承擔的信仰功能去尋求解釋。該文未能在上述論壇中報告,因主題與思路相近,遂有幸附於驥尾。

與以上諸文有所不同的是,孫正軍的論文《另一種"能夏則大":唐宋嶺南北部諸州分野屬荆説臆解》,則將眼光放在了具有自覺地方意識的士大夫身上。唐宋時期,出現了一些將嶺南北部諸州在九州分野中劃入荆州的言説,孫正軍仔細分析了這些學説的理據,認爲這是相關諸州地方士人主動尋求脱離"嶺南"的表達與行動。嶺南在唐宋時期仍然被視爲低於中原的蠻荒邊地,嶺南士人在無法改變整體印象的情況下,往往強調其所在州與嶺南其餘地區不同,更加接近"中州"。在嶺南總體上分野屬於揚州的情況下,北部諸州的士人遂倡分野屬荆之説來凸顯本地與嶺南的異質。該文以巧妙的論述提示我們,地方士人在考慮本地的定位時,常常是以更大的區域乃至全國和天下作爲參照系的,"地方視角"并不能局限在一地之内,地方之間的關係,地方與更大世界的關係也應在考慮之列。因此,所謂"地方視角",并不全等於此前的"區域研究"或"地域社會研究",它衹是提供一種思考問題的立場和角度。即使是與王朝權力核心密切相關的問題,在地方視角下,也不妨去關注它對於地方的影響,陳陽《鄴城與晉陽之間:北齊"兩都制"對地方景觀和空間的塑造》一文便是這樣的嘗試。東魏時期晉陽霸府與鄴都并立的格局延伸到北齊,皇帝不得不在兩個政治中心之間頻繁往來,這本是北齊王朝政治結構與政治運作的一件大事,但本文的關注點却不是皇帝及其隨從在兩都間的往復本身,而是這一活動對所經過之處即"并鄴道"上幾處地方景觀的塑造,文章以資料相對較多的滏口和遼陽山兩處爲個案深入展示了這一變化過程。宗教與建築景觀的背後,潛藏的其實是地方人群如僧侶、鄉民等對皇家交通綫政治資源的積極利用。由於史料的限制,陳陽論文對地方人群活動的揭示,大多衹能是間接性的推測。如同魏斌在論壇的總結發言中所説,資料匱乏是中古史研究試圖深入地方時面臨的主要困難,因此更需要在研究方法和問題意識上有所突破。

　　以上僅結合"地方視角"這一主旨,對這組論文進行了簡單的介紹,遠遠不足以囊括諸文的精義。這組稿件及此前的論壇,都是我們的一次嘗試,是否有價值,就交給學界廣大讀者來評判吧。

斯叟何在？
——從越嶲郡東漢光和、初平石刻談起

林昌丈

　　隨着 20 世紀 80 年代凉山昭覺石刻的發現和相關墓葬、遺址的陸續出土，圍繞石刻内容和釋文、立石位置、石刻性質及當地人群等問題，歷史和考古學者展開了多方面的討論。經過數十年的學術積累，目前已取得了諸多有意義的認識。具體而言，除了釋文方面，關於石刻内容反映的官文書流程、"庚子詔書"、安斯鄉的鄉治以及當地人群斯叟夷等問題，已得到不少關注。[①] 不過比較遺憾的是，受限於石刻的漫漶殘損和地方文字史料的闕乏，歷史學者對其内容的解讀，偏重於石刻文書的性質，間有涉及鄉治、斯叟夷等問題，但并没有完全使用該地區出土的石刻做深入的專題討論。相較而言，考古學者對大凉山腹地的相關遺址、墓葬等發掘和勘查，積累了較豐富的考古資料，在一定程度上彌補了當地文字資料不足徵的窘境。如考古學者對立石位置所處的聚落遺址的勘查、聚落遺址和屯戍遺址的位置關係、遺址周邊的不同類型的墓葬分布等。這爲結合石刻和考古資料，進一步揭示東漢時期大凉山腹地斯叟夷的更多細節問題，提供了可能。

　　細繹光和石表和初平石刻内容的話，在釋文方面，還存在不少有歧義或晦澀難懂的地方。本文的首要工作便是在已有録文的基礎上，重新校釋碑文（詳見本文附録）。對光和石表和初平石刻性質的理解，學術界已傾向於認爲光和石表并非詔書，而是系列的官文書摘要。本文進一步認爲石表文不僅有着固定的文書處理流程，而且還和越嶲郡守藉"庚子詔書"加强對地方事務的管治密切相關。而對初平石刻内容的理解，雖然它

---

* 本文爲國家社科基金一般項目"墓磚銘文與漢晉南北朝社會群體研究"（批准號：23BZS024）的階段性成果。
[①] 代表性的論著，請參閲伊强：《〈光和四年石表〉文字考釋及文書構成》，《四川文物》2017 年第 3 期，第 47—54 頁；馬怡：《漢代詔書之三品》，載北京大學中國古代史研究中心編：《田餘慶先生九十華誕頌壽論文集》，北京：中華書局，2014 年，第 79—80 頁；籾山明：「辺境に立つ公文書—四川昭覚県出土《光和四年石表》試探—」，角谷常子編：『古代東アジアの文字文化と社會』，京都：臨川書店，2019 年，第 154—174 頁；魯西奇：《中國古代鄉里制度研究》，北京大學出版社，2021 年，第 214—217 頁。

的形制并非石表,但從内容上把握,却符合五曹詔書的形式,而并非學者所認爲衹是一方普通的碑刻。在上述認識的基礎上,本文從交通道路、鄉里編排和租賦的復除三個要素入手,勾勒大凉山腹地漢民、叟夷錯雜而處的地方圖景。

一、引子: 所謂"庚子詔書"

據石表文"使者益州治所下三年十一月六日庚子詔書",可知庚子詔書指的是益州刺史所傳達的光和三年(180)十一月六日詔書。三年十一月六日,正是庚子日。庚子詔書之説,即由此而來。除此石表文,東漢碑石常見有用"紀日+詔書"的形式稱呼詔書。如,延熹七年(164)《封龍山頌》中的"戊寅詔書",光和四年(181)《無極山碑》提到的本初元年(146)二月"癸酉詔書"、光和二年(179)二月"戊子詔書",《巴郡太守張納碑》中的"戊申詔書",《賢良方正殘碑》記載的"戊戌詔書"。①

"庚子詔書"經益州刺史下達給越嶲郡,再由郡府"示部",即邛都縣所在的"中部",由中部督郵掾李仁負責督送文書。已有學者認爲石表提及的詔書是"五曹詔書"。② 何謂"五曹詔書"呢?《後漢書·應劭傳》提到應劭編撰"五曹詔書"。關於"五曹",唐人李賢注曰:"成帝初置尚書員五人,《漢舊儀》有常侍曹、二千石曹、户曹、主客曹、三公曹。"③其中"户曹",《通典》作"民曹"。④ 已有研究進一步指出,此"五曹詔書"可能是尚書五曹中的户曹對越嶲太守所上奏書的批答文字。⑤它的具體流程應是越嶲太守張勃上奏書至尚書户曹,户曹對文書進行批答,進而下發至益州,再由益州下達至越嶲郡。雖然光和石表并没有摘録張勃所上尚書的奏書,但在同地出土的初平殘石中,却保留了越嶲郡守所上的奏書(碑陽)和尚書的批答文字(碑側)。這一類型的詔書,其内容往往和基層行政事務密切相關。稍稍瀏覽光和、初平兩刻石的文字,即可知它們涉及鄉有秩的任命、賦税的復除和交通、郵亭修繕等問題,確實和當地庶民息息相關。也正是基於以上的考慮,東漢以來,這一類型的詔書多題寫於鄉亭而進行宣示。應劭《風俗通義》

---

① (清)陸增祥:《八瓊室金石補正》卷四《漢三》,《金石文獻叢刊》,上海古籍出版社,2020年,第116頁;(宋)洪适:《隸釋》卷三、卷五,見《隸釋 隸續》,北京:中華書局,1986年,第45頁上欄、62頁上欄;梁德水、墨僧編著:《兩漢殘石精粹》,鄭州:河南美術出版社,2015年,第51—52頁。
② 吉木布初、關榮華:《四川昭覺發現東漢石表和石闕殘石》,《考古》1987年第5期,第434—437頁。
③ 《後漢書》卷四八《應奉傳》附子"應劭傳",北京:中華書局,1965年,第1613頁。
④ (唐)杜佑著,王文錦、王永興等點校:《通典》卷二二《職官四·尚書上》,北京:中華書局,1988年,第601—602頁。
⑤ 馬怡:《漢代詔書之三品》,載北京大學中國古代史研究中心編:《田餘慶先生九十華誕頌壽論文集》,第79—80頁。

曰：“光武中興以來，五曹詔書題鄉亭壁，歲補正，多有闕誤。永建中，兖州刺史過翔，箋撰卷别，改著板上，一勞而久逸。”①據此可知，東漢光武以來，"五曹詔書"原本題寫於鄉亭壁上，至順帝永建中，兖州刺史將其改寫於板上。"板"或是木板。這大概就是壁書或板書。崔寔《政論》曰：“州郡記（詔），如霹靂。得詔書，但挂壁。”崔寔雖抨擊的是“典州郡者，自違詔書，縱意出入”，②然由上可見，朝廷下達的詔書由州郡題寫或掛於鄉亭壁。漢代材料另見有扁書，往往是"扁書鄉亭市里高顯處""扁書鄉亭市里顯見處"，其中就有關詔書的扁書，"詔書必明白大書"。③ 光和石表鐫刻的雖不是詔書原文，但將相關的官文書鐫刻於石表的正、側面，和將詔書壁書、板書或扁書的做法極爲相似。所不同的是，前者的載體爲牆壁（泥牆）或木板，後者則是將文書刻於石上。《後漢書·王景傳》謂王景在廬江太守任上，"驅率吏民，修起蕪廢，教用犁耕，由是墾闢倍多，境内豐給。遂銘石刻誓，令民知常禁。又訓令蠶織，爲作法制，皆著於鄉亭，廬江傳其文辭"。④ "銘石刻誓"，意味着王景將教令鐫刻於碑石上。陳槃懷疑較爲永久性的教令刻於石上，而有時間性的内容則扁書。⑤ 就光和石表而論，表文涉及的鄉有秩遷轉、民衆復除，都是具有時間性的。這樣來看，教令的傳布載體的選擇，還不能以偏概全，需就具體情況而論。

具體到石表的内容，考古簡報認爲石表文屬於當時的公文事由摘要。⑥ 顯然，這樣的看法過於模糊。學者已進一步指出石表文正面是"君教"批件、郡的回復文書以及另一段不明性質的文字，側面是郡下發給縣的下行文書。⑦ 石表側面屬於越巂郡下發給邛都縣的下行文書，這點當無疑義。而石表文正面，確切而言，應包括：光和四年正月十二日主簿、司馬追省的越巂太守君教文書；正月十三日越巂郡有關復除、鄉有秩遷轉事宜以及詔書下達至邛都縣的上行文書，同時，越巂郡郡守對詔書執行情況進行"列

---

① （漢）應劭著，王利器校注：《風俗通義校注》，北京：中華書局，1981年，第494頁。
② （唐）徐堅等著：《初學記》卷二四《居處部·牆壁十一》"挂詔"條引崔寔《正論》，北京：中華書局，2004年，第585頁。
③ 胡平生、張德芳編撰：《敦煌懸泉置漢簡釋粹》，上海古籍出版社，2001年，第2、23頁。相關研究，參見胡平生：《"扁書""大扁書"考》，中國文物研究所、甘肅省文物考古研究所編：《敦煌懸泉月令詔條》，北京：中華書局，2001年，第48—54頁；佐藤達郎：《漢代の扁書·壁書：特に地方の教令との関係で》，《関西学院史學》第35卷，2008年，第83—98頁。
④ 《後漢書》卷七六《循吏列傳·王景》，第2466頁。
⑤ 陳槃：《漢晉遺簡識小七種·漢簡賸義之續》"扁書"條，《陳槃著作集》，上海古籍出版社，2009年，第185—187頁。
⑥ 吉木布初、關榮華：《四川昭覺發現東漢石表和石闕殘石》，《考古》1987年第5期，第434—437頁。
⑦ 伊強：《〈光和四年石表〉文字考釋及文書構成》，《四川文物》2017年第3期，第47—54頁。

狀";三月十四日,越寓郡再次對詔書執行情況進行覆命;邛都十四里丁衆受詔以及造立石表。表文開頭的君教文書,強調庚子詔書對鄉有秩遷轉的認可,以及詔書傳達、督送的安排。這樣來看,"庚子"詔書在正月十二日前就已傳達至越寓郡。光和二年(179)《樊毅復華下民租田口算碑》曰:"恐近廟小民不堪役賦,有饑寒之窘,違宗神之教,乞差諸賦,復華下十里以内民租田口算,以寵神靈,廣祈多福,隆中興之祚。"又曰:"弘農太守上祠西嶽乞縣賦發差華下十里以内民租田口算狀。"①則此石表文提及的"復除",也應是對民衆租田口算的免除。對照可知,越寓十四里里民復除田租口算的具體情況,應該就是越寓太守張勃在上行文書中提及的"列狀"。衹不過石表文省略了"列狀"的内容。綜上,可知石表文具體記載了"庚子詔書"的下達和督送、郡守的具體處理和覆命以及當地鄉民受詔的過程。

值得注意的是,光和石表的内容不是庚子詔書的原文,也無相關詔書的節録,而主要是有關越寓郡就"庚子詔書"傳達、執行情況的上行文書以及越寓郡下發給邛都縣敦促詔書執行的下行文書。據表文"庚子詔書,聽轉示部"來看,詔書當是進行了布示。至於是否將其壁書、板書,還是刻於石上,那就無從考知了。② 無論如何,這一區別對待的做法,提示我們"庚子詔書"不過是光和石表立石的背景,越寓郡守對詔書傳達落實情況的處置和鄉有秩的任命、民衆的復除,纔是表文真正的主綫。石表文始於越寓太守的君教文書,就已足夠表明表文的主旨,在於郡守向基層的鄉里民衆宣示教令。換言之,所謂"庚子詔書",是對越寓太守張勃所上奏書有關邛都縣的賦税復除和鄉有秩任命的官方認可。遺憾的是,"庚子詔書"和張勃的奏書都已不可見,但從石表文的内容中,可尋覓張勃奏書的若干梗概。

表文第一部分"君教文書"中提到:"前換蘇示有秩馮佑轉爲安斯有秩。庚子詔書,聽轉示部,爲安斯鄉有秩,如書。""換",表示同級流轉。《漢成陽令唐扶頌》載唐扶由城陽令轉爲昌陽令,碑文謂"詔書換君昌陽令"。③ 蘇示爲東漢越寓郡屬縣,安斯即安斯鄉,邛都縣轄鄉。蘇示有秩,《東漢石表和石闕殘石》指出應是蘇示縣某鄉有秩,胡順利認爲就是蘇示縣有秩,④魯西奇的看法類似,"蘇示縣僅有一鄉,故徑以'蘇示有秩'爲

---

① (宋)洪适:《隸釋》卷二,見《隸釋 隸續》,第28頁。
② 從石表出土地的發掘報告來看,"庚子詔書"可能鐫刻於石表二上,但已漫漶嚴重,無法辨識。
③ 《隸釋》卷五《漢成陽令唐扶頌》,見《隸釋 隸續》,第60頁下欄。
④ 胡順利:《昭覺縣東漢石表考釋的幾點辨正》,《四川文物》1988年第3期,第15—16頁。

稱"。① 據文意,還可以理解成馮佑由蘇示縣某鄉有秩轉爲邛都縣安斯鄉有秩。這樣,"蘇示"也可被認爲是蘇示縣蘇示鄉。《續漢書·百官志》於"鄉置有秩、三老、游徼"下本注曰:"有秩,郡所署,秩百石,掌一鄉人。"②則可知馮佑遷轉爲邛都安斯鄉有秩,須得到越巂郡的簽署。然而,僅僅是鄉有秩流轉的話,越巂郡守無須向中央上奏書。那麼是否和表文中提到當地民衆的復除有關呢?

表文第二部分有關越巂郡答覆的上行文書中說到:"使者益州治所下三年十一月六日庚子詔書,聽郡,則上諸、安斯二鄉復除□齊□鄉及安斯鄉有秩。""齊□鄉",不見於表文的其他地方,懷疑即上諸鄉,但與拓片圖影上的字形不合。顯然,除了任命馮佑爲安斯鄉有秩外,越巂郡還須選派"齊□鄉"有秩。同時,郡守張勃還做出對上諸、安斯二鄉的復除。則復除租賦,想必也是越巂郡守所上奏書中的重要內容。顯而易見,重新委任鄉有秩和對里民租賦的復除二者間,并沒有必然的聯繫。倘若是郡守爲二鄉里民的復除而上奏書,正如上引史料所見弘農太守爲民衆復除一樣,那麼是可以理解的。進一步追問,在何種情況下,越巂郡守在請示復除的同時,又須提及鄉有秩的委任呢?而據表文開始的君教文書,越巂郡對安斯鄉有秩的任命,似乎異常重要。在同時需要任命兩位鄉有秩的情況下,君教文書又特別强調安斯鄉有秩。這些問題,目前來看較合理的解釋是,安斯鄉是光和三年新置的鄉。③ 下面我們將目光聚焦於邛都縣的上諸和安斯二鄉。

二、道路、鄉里和租賦

在進入對邛都縣上諸、安斯二鄉的微觀考察前,我們有必要談及靈帝光和年間的益州夷亂。《後漢書·南蠻西南夷列傳》"板楯蠻夷"下曰:

> 靈帝光和二年,巴郡板楯復版,寇掠三蜀及漢中諸郡。靈帝遣御史中丞蕭瑗督益州兵討之,連年不克。帝欲大發兵,乃問益州計吏,考以征討方略。

漢中上計吏程包應對靈帝所問,其中說道:

---

① 魯西奇:《中國古代鄉里制度研究》第二章《秦漢鄉里制度及其實行》,第216頁。
② 《續漢書·百官五》,見《後漢書》,第3624頁。
③ 魯西奇:《中國古代鄉里制度研究》第二章《秦漢鄉里制度及其實行》,第216頁。

近益州郡亂,太守李顒亦以板楯討而平之。忠功如此,本無惡心。長吏鄉亭,更賦至重,僕役箠楚,過於奴虜,亦有嫁妻賣子,或乃至自到割。雖陳冤州郡,而牧守不爲通理。闕庭悠遠,不能自聞。含怨呼天,叩心窮谷。愁苦賦役,困罹酷刑。故邑落相聚,以致叛戾。非有謀主僭號,以圖不軌。今但選明能牧守,自然安集,不煩征伐也。①

　　益州夷亂集中發生於益州巴蜀和漢中地區。在應對中,程包指出夷亂主要在於鄉亭長吏的"更賦至重"和邑落平民的"愁苦賦役"兩點。非常巧合的是,石表文的核心内容,就是對鄉有秩的任命和里民的復除,正和此兩點相呼應。石表的刻立,和東漢末期的政治、社會環境有着密切關聯。

　　回到石刻的置立地點上來。考古簡報記録它們的具體出土位置是昭覺縣四開區好穀鄉東 150 米的山坡下,前距三灣河約 500 米,後出的簡報補充石刻就出自好穀村。② 具體來説,石刻位於今四開鎮好穀村北木撮乃姐的山坡下,山坡下即是經考古部分勘查的黑洛社聚落遺址(見圖一)。該聚落遺址的主體年代是東漢時期,遺址内曾清理出道路、灰坑等遺迹和石獸、陶罐等遺物。③ 而在立石位置旁,也發現了路土。④ 石刻的豎立地點,應該就是邛都縣安斯鄉的鄉治所在地,也位於學界已指出的安上縣至邛都縣的交通要道側。⑤ 然而,除了安斯鄉外,上諸鄉也是復除的對象。從表文"邛都奉行"的叙述來看,上諸鄉也應是邛都縣的轄鄉。以漢制大率一鄉十里爲編排原則來看,表文提到的"十四里",或許并非安斯一鄉所轄,而是分屬安斯和上諸二鄉。⑥ 倘若如此,上諸鄉和安斯鄉是鄰鄉的可能性很大,即二鄉接壤。

---

① 《後漢書》卷八六《南蠻西南夷列傳》,第 2843 頁。
② 吉木布初、關榮華:《四川昭覺縣發現東漢石表和石闕殘石》,《考古》1987 年第 5 期,第 434—437 頁;涼山彝族自治州博物館、昭覺縣文管所:《四川涼山州昭覺縣好穀鄉發現的東漢石表》,《四川文物》2007 年第 5 期,第 82—89 頁。
③ 涼山彝族自治州博物館、涼山彝族自治州文物管理所編:《一個考古學文化交匯區的發現——涼山考古四十年》下册,北京:科學出版社,2015 年,第 420 頁;涼山彝族自治州博物館、四川大學歷史文化學院考古學系、昭覺縣文物管理所:《四川昭覺縣四開壩子漢代遺存的調查與清理》,《考古》2018 年第 8 期,第 60—76 頁。
④ 涼山彝族自治州博物館、涼山彝族自治州文物管理所編:《一個考古學文化交匯區的發現——涼山考古四十年》下册,第 403、405 頁。
⑤ 涼山彝族自治州博物館編著:《涼山歷史碑刻注評》,北京:文物出版社,2011 年,第 19—20 頁。
⑥ 魏斌已在《古人堤簡牘與東漢武陵蠻》一文中指出十四里丁衆當屬於上諸、安斯二鄉,不過限於文章主綫考慮而未加以考述。參閱魏斌:《古人堤簡牘與東漢武陵蠻》,臺灣"中央研究院"編:《歷史語言研究所集刊》85 本第 1 分,2014 年,第 61—101 頁。

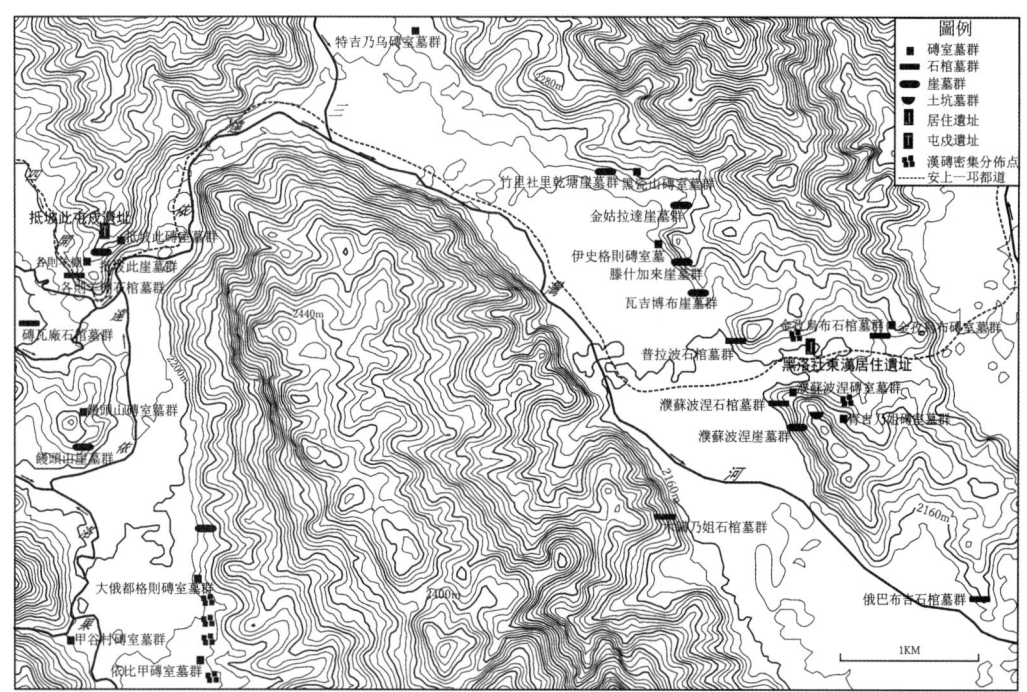

圖一　四開壩子地形和漢代遺址、墓葬示意圖

資料來源:《四川昭覺縣四開壩子漢代遺存的調查與清理》,《考古》2018 年第 8 期。

同一地出土的初平二年(191)石刻,雖漫漶嚴重,但銘文中還能釋讀"二鄉緣此"這樣的文字。光和石表中有安斯、上諸二鄉。考慮到初平石刻和光和石表出土於同一位置,此處的"二鄉"也應是安斯和上諸。如果説四開壩子北側屬於安斯鄉轄境的話,那麽上諸鄉位於何處呢? 在四開壩子西側的四開鎮日曆村和柳且鄉甲谷村、紅光村和四烈村一帶,分布着不少的東漢磚室墓和崖墓,考古簡報推測上諸鄉可能位於此處。① 倘若這一認識不誤的話,四開衣達和果洛依達河的交匯一帶,可能正是上諸鄉的鄉治所在地。二鄉所轄的十四里的行政居民點,分布在四開壩子的北部和西部。這樣,在邛都縣轄境的東部即大涼山腹地,目前所知至少設立了兩個鄉。上文説到安斯鄉很有可能是光和年間新置的鄉,那當是從上諸鄉析置出來的。在安斯鄉的東部,由樹坪鎮往東,即今昭覺縣城北的谷都村羅火熱社一帶,亦是一處較爲密集的漢代聚落遺址,考古學者推測爲漢

---

① 涼山彝族自治州博物館、四川大學歷史文化學院考古學系、昭覺縣文物管理所:《四川昭覺縣四開壩子漢代遺存的調查與清理》,《考古》2018 年第 8 期,第 60—76 頁。

代卑水縣城址。① 這樣來看,四開的山間盆地就是邛都和卑水二縣之間的一塊"隙地"。

這一"隙地"因安上—邛都道的興起,而逐漸受到越嶲郡地方官府的重視。《三國志·張嶷傳》曰:"郡有舊道,經旄牛中至成都,既平且近。自旄牛絶道,已百餘年,更由安上,既險且遠。"②旄牛道即零(靈)關道。該道大體是自嚴道縣翻越邛崍山,渡今大渡河,經旄牛、闌、臺登等縣,至越嶲郡邛都縣。③《張嶷傳》謂旄牛道的阻絶,有百餘年之久。任乃強謂"百餘年"當是"十餘年"之訛,依據的是蜀漢章武、建興初年黄元、高定元、雍闓在漢嘉、越嶲、益州等郡的反叛,才使得旄牛道屏絶。④ 然而據《張嶷傳》,張嶷在平定越嶲斯叟亂後,旄牛道仍被阻絶。則旄牛道是否暢通的關鍵在於旄牛縣的旄牛夷。故張嶷與旄牛夷帥狼路盟誓,"開通舊道,千里肅清,復古亭驛"。《張嶷傳》"百餘年"之説,雖有誇誕之嫌,但旄牛道梗阻不通,想必和東漢末年朝廷對這一帶的控制力衰微有關。

《張嶷傳》謂旄牛道絶後,"更由安上"。《華陽國志·南中志》記蜀漢建興三年(254)諸葛亮南征,"由水路自安上入越嶲",而"高定元自旄牛、定筰、卑水多爲壘守。亮欲俟定元軍衆集合,并討之,軍卑水"。⑤ 安上,縣名,具體析置情況無考。《張嶷傳》説道:"初,越嶲郡自丞相亮討高定之後,叟夷數反,殺太守龔禄、焦璜,是後太守不敢之郡,只住安上縣,去郡八百餘里,其郡徒有名而已。"安上縣當是漢末蜀漢所置,縣治所在仍有争議,不過主要的觀點傾向於認爲其城址位於越嶲郡卑水縣東北今屏山縣新市鎮一帶。⑥ 任乃強謂馬湖縣,"蜀漢時,越嶲郡陷,没於叟夷,漢民内徙者多停留於安上與(馬)湖旁諸河谷間,復開爲縣"。⑦ 則馬湖、安上的置立,很有可能是爲了安頓滯留於

---

① 陳阿依:《從昭覺古墓葬、古遺址談"卑水"》,《四川文物》1990年第4期;涼山彝族自治州博物館等:《四川昭覺縣城北鄉毅都村的漢代遺址和墓葬》,《南方民族考古》第7輯《四川大學考古專業創建五十周年紀念專輯》,北京:科學出版社,2011年,第492頁。卑水,西漢置,東漢、三國仍有。《水經注》謂:"繩水又徑越嶲郡之馬湖縣,謂之馬湖江。又左合卑水,水出卑水縣,而東流注馬湖江也。"(王先謙校:《合校水經注》卷三六《青衣水》,北京:中華書局,2009年,第512頁下欄)繩水、馬湖江,即今金沙江。譚其驤、郭聲波等認爲卑水即今美姑河(郭聲波:《唐代羈屬麋州及其部族研究》,《歷史地理》第20輯,上海:上海人民出版社,2004年,第27頁)。若美姑河就是卑水,那麼和考古學者推測卑水縣定位於今昭覺縣城北不符。倘若將卑水縣城址定位於今昭覺縣城東北的竹核平壩一帶,那麼這一地區既靠近美姑河流域,又有重要的漢文化遺存,方可解釋上述文獻記載和考古資料間的矛盾。
② 《三國志》卷四三《蜀書·張嶷傳》,北京:中華書局,1959年,第1053頁。
③ 藍勇:《四川古代交通路綫史》,重慶:西南師範大學出版社,1989年,第78—81頁。
④ (晉)常璩著,任乃強校注:《華陽國志校補圖注》卷三《蜀志》,上海古籍出版社,1987年,第207—208頁。
⑤ (晉)常璩著,任乃強校注:《華陽國志校補圖注》卷四《南中志》,第241頁。
⑥ 郭聲波:《唐代羈屬麋州及其部族研究》,《歷史地理》第20輯,上海人民出版社,2004年;羅家祥:《三國新道縣初探》,成都武侯祠博物館編、謝輝主編:《諸葛亮與三國文化(七)》,成都:四川科學技術出版社,2014年,第62—72頁。
⑦ (晉)常璩著,任乃強校注:《華陽國志校補圖注》卷三《蜀志》,第216頁。

此而無法繼續遷徙至越嶲卑水、邛都等地的漢民。反過來説,如果將安斯、上諸的鄉名和安上的縣名相聯繫起來考慮的話,那麽安上縣的析置,一開始很有可能和斯叟反亂後二鄉逃出的漢民有關聯。無論如何,安上—邛都道應從兩部分加以把握。邛都和卑水之間,在西漢置卑水縣時,定有道路互通往來。至於卑水至安上段,有大凉山阻隔其間,雖有水路,但較迂繞。《華陽國志》謂由水路自安上入越嶲。① 這條路綫自犍爲僰道至安上,溯馬湖江(今金沙江)而上,過安上縣後,至今石角營後循西,改就陸路。② 在旄牛道梗阻前,這條交通道祇能作爲官方的間道使用。不過,漢民由犍爲郡移入卑水乃至四開盆地,應該取道此綫。總而言之,東漢時期,安上—邛都道雖不是進入越嶲郡的幹道,但其作爲越嶲的東北部孔道,使用者主要是漢民和叟夷。迨旄牛道被旄牛夷屏絶後,該道成爲官方、民間同時使用的重要交通綫。四開盆地的安斯、上諸二鄉,無論是析置新鄉還是二鄉的人口、社會變動,應置於上述的越嶲郡東北部交通綫的使用和演變上加以考量。③

再來看石表的出土位置。立石地點除了出土光和石表、初平石刻外,還發現石闕殘石和構件,這表明石刻和石闕構件可能共同組成了一處類似碑亭的建築物,而非此前學者認爲的屬於安斯鄉有秩馮佑的墓前石刻和墓闕。④ 這樣一處建築物,其性質當和東漢以來"五曹詔書"所題的鄉亭壁類似。進一步而言,立石位置當屬於安斯鄉鄉治,或是安上—邛都道旁的鄉亭(郵亭)。初平石刻銘文多次提及"繕治郵亭",也可反映該地是二鄉接壤處非常重要的一處亭部。石闕構件畫像石上橫刻"官匠所造二"五字,説明了官府派遣人力建造"碑亭"的事實。

在鄉亭處建造"碑亭"、將郡守對"詔書"傳達和處置文書及有關二鄉的復除説明鐫於石上的儀式性行爲,不僅是出於對行政決策的下達和榜示,而且是對二鄉十四里民衆"復除"的一種承諾。初平石刻中的官文書,包括越嶲郡守的上奏書、尚書的批復,以及越嶲郡發給邛都縣的下行文書,内容有關安斯、上諸二鄉的田租、土地和夷亂等,其中郡守的"復除"一事再次被強調。銘文有"書賜復除"的記載,其原因大概與"捉馬虜種,攻没城邑"事件有關。捉馬,或是《史記·西南夷列傳》提及的"筰馬"。⑤ 捉馬夷,活躍於

---

① (晉)常璩著,任乃强校注:《華陽國志校補圖注》卷四《南中志》,第241頁。
② (晉)常璩著,任乃强校注:《華陽國志校補圖注》卷三《蜀志》,第178頁。
③ 籾山明:「辺境に立つ公文書——四川昭覺縣出土《光和四年石表》試探——」,角谷常子編:『古代東アジアの文字文化と社會』,第167—170頁。
④ 西昌地區出土石闕,還見於黄承宗:《四川西昌城郊出土的石闕》,《文物》1979年第4期。至於出土的石闕是否是墓闕,還有待進一步探究。
⑤ 《史記》卷一一六《西南夷列傳》,北京:中華書局,1959年,第2993頁。

越巂郡北部一帶。《三國志·蜀書》"張嶷傳"提到張嶷"爲越巂太守,嶷將所領往之郡,誘以恩信,蠻夷皆服,頗來降附。北徼捉馬最驍勁,不承節度,嶷乃往討,生縛其帥魏狼,又解縱告喻,使招懷餘類。表拜狼爲邑侯,種落三千余户皆安土供職"。① 爲應對捉馬夷的侵擾,處於交通要衝的安斯、上諸二鄉,設立了百人規模的軍屯,即銘文所謂"百人以爲常屯……二百人須作……"。當然,這樣的軍屯可能早就存在。在四開鄉抵坡此山頂及山腰上發現一處軍屯遺址,東距黑洛社遺址約5公里。軍屯附近出土17枚武職官印,很有可能屬於駐扎於此的軍士所有。② 再據銘文可知,二鄉的漢民治水耕田,供給糧食,得以復除;同時,當地的斯叟夷爲抵擋捉馬夷的擾亂而"備路障",得到免賦。③ 考慮因動亂而導致的民宅、郵亭的損毀情況,郡府實行"丁男給宅"的舉措,同時讓當地民衆繕治郵亭。

據上文所述,初平石刻雖殘損,但大體内容和安斯、上諸二鄉的漢民、斯叟夷的復除有關。就此點而言,初平石刻和昭覺石表的立石主旨是一致的。光和年間的復除,和鄉有秩的任命聯繫在一起,原因當與安斯鄉的析置有關。時隔十年左右,初平年間二鄉的再次復除,直接因素就來自捉馬夷對當地的侵擾和破壞。通過數年一次的復除措施,州郡對蠻夷地方的治理和控馭在一定程度上得以維繫。這一措施算不上新政,和漢武帝開邊置立初郡時官府與當地蠻夷達致的"毋賦税"政策非常相似。《史記·平準書》曰:"漢連兵三歲,誅羌,滅南越,番禺以西至蜀南者置初郡十七,且以其故俗治,毋賦税。"④ 官府對蠻夷地區的復除,正是看到了減免賦税對維持夷區地方穩定的重要作用。反過來,賦役負擔的沉重,帶來的是各地蠻夷的反叛。《後漢書·南蠻西南夷列傳》曰:"時郡縣賦斂煩數,(元初)五年,卷夷、大牛種、封離等反畔,殺遂久令。明年,永昌、益州及蜀郡夷皆叛應之,衆遂十餘萬,破壞二十餘縣,殺長吏,燔燒邑郭,剽略百姓,骸骨委積,千里無人。"⑤這是東漢中期西南夷地區一次規模較大的叛亂,起因就是郡縣繁重的賦役。隨着編户和王化的加深,南方各地蠻夷的賦役負擔越發沉重。⑥ 東漢王朝中後期,

---

① 《三國志》卷四三《蜀書·張嶷傳》,第1052頁。
② 王家佑:《四開軍屯遺址調查記》,《凉山彝族奴隸制研究》1980年第1期;俄比解放:《昭覺縣四開鄉出土十七方銅印》,《四川文物》1990年第1期,第48—49頁;毛瑞芳、鄒麟:《四川昭覺縣發現東漢武職官印》,《考古》1993年第8期,第765頁。
③ 考古簡報往往將"有斯叟備路障"理解爲當地斯叟夷對抗越巂郡的行爲。但從銘文的下文"(復?)除斯□(叟?)種平常所"等文字來看,斯叟夷也在復除的對象,則斯叟的"備路障",是有益於官府抵擋捉馬夷的行爲。
④ 《史記》卷三〇《平準書》,第1440頁。
⑤ 《後漢書》卷八六《南蠻西南夷列傳》,第2853頁。
⑥ 胡鴻:《能夏則大與漸慕華風——政治體視角下的華夏與華夏化》,北京師範大學出版社,2017年,第196—197頁。

類似的夷亂、蠻亂屢見不鮮。叛亂事件促使各地官府適時調整對蠻夷地區原有的賦稅政策,邛都兩方石刻有關復除內容的刻立,也正處於這一政策的延長綫上。

不過,這是一種非常態的舉措。民衆(夷民)日益增加的賦役負擔,可能并沒有得到多少改變。正如前文已指出,"復除"的僅是諸如田租口算之類的賦稅。透過初平石刻可知,在復除之後,二鄉民衆仍須出力修繕郵亭,算是服徭役的一種。考慮到漢民已治水耕田,承擔修繕郵亭任務的,可能主要是當地的斯叟夷了。又如蜀漢時期張嶷在越嶲郡守任上,"繕治城郭,夷種男女莫不致力"。① 言外之意,僅僅復除租賦而沒有減免徭役,對於普通民衆而言,仍是一項沉重的負擔。所以同樣是元初年間,長江中游的"澧中蠻以郡縣徭稅失平,懷怨恨,遂結充中諸種二千餘人,攻城殺長吏";②前文所引靈帝時期巴郡板盾蠻大亂,也和"更賦""僕役"有密切關係。可以説,賦役徵納的變動是理解東漢南方山區蠻夷叛亂史的關鍵因素,而越嶲郡的"復除"政策恰是在夷區的試驗和實踐。

三、斯叟夷、漢民的雜處

尤可注意的是,位於四開盆地的上諸、安斯二鄉,擁有十四里的民衆。以一里百户估算,越嶲郡府直接掌控的編户大略有一千四百户。安斯鄉的析置,很大程度上來自對斯叟種落的編户。《魏書·獠傳》曰:"自桓温破蜀之後,力不能制,又蜀人東流,山險之地多空,獠遂挾山傍谷。與夏人參居者頗輸租賦,在深山者仍不爲編户。蕭衍梁益二州歲歲伐獠以自裨潤,公私頗藉爲利。"③獠人與漢人錯居者輸租賦,在深山者仍未納入編户。這雖屬於東晉南北朝時期的情況,但也適用於觀察東漢時大涼山腹地的斯叟夷。這些斯叟夷和漢民錯居雜處,成爲東漢時期大涼山腹地山間平壩聚居人群的常態。

先談斯叟夷。在《後漢書·西南夷列傳》的記載下,漢武帝開"邛都夷"置邛都縣。④ 這讓人以爲邛都縣的主體就是邛都夷。然而,據初平石刻,安斯和上諸二鄉除了漢民之外,還有斯叟夷。此外,越嶲郡北徼有捉馬夷及其渠帥,在邛都縣的北部鄰縣蘇示,⑤還有蘇祈叟、邑君。⑥ 這樣來看,邛都夷很可能是對邛都縣轄境內各立君長的蠻夷種落的

---

① 《三國志》卷四三《蜀書·張嶷傳》,第1053頁。
② 《後漢書》卷八六《南蠻西南夷列傳》,第2833頁。
③ 《魏書》卷一〇一《獠傳》,北京:中華書局,1974年,第2249頁。
④ 《後漢書》卷八六《南蠻西南夷列傳》,第2852頁。
⑤ 周振鶴編著:《漢書地理志匯釋》,合肥:安徽教育出版社,2006年,第315—316頁。
⑥ 《後漢書》卷八六《南蠻西南夷列傳》,第2853頁;《三國志》卷四三《蜀書·張嶷傳》,第1052頁。

· 15 ·

泛稱。其中斯叟夷主要聚居於邛都縣的東部大涼山腹地安斯、上諸二鄉一帶。不過,斯叟夷未見於《後漢書·西南夷列傳》,《史記·西南夷列傳》、《漢書·西南夷傳》并謂"自巂以東北,君長以什數,徙、筰都最大。"張守節《史記正義》、《漢書》顏師古注曰"徙音斯"。① 學者常以"徙""斯"同音而認爲邛都斯叟夷即徙人,不過顯然證據不足,推測的成分很大。《後漢書·西羌傳》謂"或爲犛牛種,越巂羌是也"。尤中認爲,邛都乃羌的一部分,所以稱越巂羌。② 亦可聊備一説。即使斯叟夷屬於越羌的後裔,但應將其看作是世居於邛都縣東部大涼山腹地的土著人群。③

就邛都縣而言,被稱作邛人的邛都夷,大體分布於邛都縣西部以郡縣治所爲中心的一帶。《後漢書·西南夷列傳》曰:"王莽時,郡守枚根調邛人長貴,以爲軍候。更始二年,長貴率種人攻殺枚根,自立爲邛穀王,領太守事。又降於公孫述。述敗,光武封長貴爲邛穀王。建武十四年,長貴遣使上三年計,天子即授越巂太守印綬。"④邛人長貴(任貴)擔任郡軍候,還率種人攻殺太守,自立爲王,可見他應是邛人種落内的渠帥、邑君之類。長貴自命王號"邛穀"(邛穀),透露出邛人集中居住於邛都西部土地平衍的稻作之區,⑤屬於《後漢書·西南夷列傳》謂越巂郡"土地平原有稻田"的地方之一。在邛都縣的東部,即今大涼山腹地的黑水河上游、昭覺縣城西南的四開、好穀一帶,屬於平壩和溝壩地形,爲斯叟夷的聚居區。這一平壩北部由東漢的安斯、上諸二鄉所轄。"安斯",有"安撫斯叟"之意。學者已指出其得名,和斯叟夷間有密切關聯。⑥ 不僅如此,考古資料顯示昭覺、美姑一帶自商周以來就有世居的人群。這些人群使用的是石棺葬,不過這一墓葬形制在"西漢時期開始衰落,到東漢早期絶迹"。⑦ 這一現象反映了當地人群在西漢至東漢早期受到漢文化影響,而逐漸棄用石棺葬的歷史過程。與此同時,這一帶發現有大石墓、石構墓,考古學者認爲可能是由某種類型的石棺

---

① 《史記》卷一一六《西南夷列傳》,第 2991—2992 頁;《漢書》卷九五《西南夷兩粵朝鮮傳》,第 3837—3838 頁。
② 尤中:《漢晉時期的西南夷》,原載《歷史研究》1957 年第 12 期,收入尤中編著:《西南民族史論集》,昆明:雲南民族出版社,1982 年,第 6 頁。
③ 陳東:《漢代西南夷之"徙"及其去向》,《西南民族大學學報(人文社科版)》2009 年第 6 期,第 42—46 頁。
④ 《後漢書》卷八六《南蠻西南夷列傳》,第 2853 頁。
⑤ 任乃强認爲稱"邛穀王者","蓋其人在邛國農業生産上有大貢獻,使其地多穀",聊備一説。參見(晉)常璩著,任乃强校注:《華陽國志校補圖注》卷三《蜀志》,第 207 頁。
⑥ 關榮華:《斯人踪迹探尋》,《西南民族大學學報(人文社科版)》1990 年第 6 期,第 73—78 頁。
⑦ 涼山彝族自治州博物館、涼山彝族自治州文物管理所編:《一個考古學文化匯區的發現——涼山考古四十年》上册,第 278 頁;涼山彝族自治州博物館、四川大學歷史文學院考古學系、昭覺縣文管所:《四川昭覺縣四開鄉石棺墓地的清理》,《考古》2016 年第 8 期,第 12—24 頁。

葬發展而來。① 這也進一步説明仍有部分人群在延續石結構墓葬的喪葬習俗，祇不過墓葬形式本身也在發生變化。應該説，絶大多數的當地人群，使用的是土坑墓這一最爲經濟的埋葬方式。

　　再來説大凉山腹地的漢民。漢民進入大凉山腹地，主要經安上—邛都道遷入當地，②當然也不排除部分漢民自邛都縣遷入。來自邛都縣的漢民，自旄牛道進入台登、邛都等處，主要聚居於安寧河流域東岸。③ 進入大凉山腹地的漢民，當然以自發、零散爲先，但兩漢官府也有意識地進行移民。《史記·平準書》謂漢武帝時漢通西南夷道，"悉巴蜀租賦不足以更之，乃募豪民田南夷，入粟縣官，而内受錢於都内"。④ 爲了維持西南夷交通道路的暢通，漢廷向西南夷地區移入豪民，進行田土的墾殖。這其中，當然也有不少普通漢民進入西南夷地區。正如《華陽國志·南中志》謂"漢乃募徙死罪及奸豪實之"，⑤除了豪民、奸豪之徒外，死罪者也在移民之列。尤中指出，移入西南夷地區的還有"在内地無以爲生而主動'應募'而來者"。⑥ 這些漢民往往屯聚在交通幹道的郵亭兩側，進行治水屯田、農業墾辟活動。此外，《史記·西南夷列傳》謂漢興，"巴、蜀民或竊出商賈，取其筰馬、僰僮、髦牛，以此巴蜀殷富"。⑦ 看來進入西南夷地區的還有大量從事商貿販運的商人。漢民進入西南夷原先處於邑聚的地方後，勢必會帶來夷漢衝突和夷民的退縮。《華陽國志·蜀志》犍爲郡"僰道縣"欄曰："水通越嶲，本有僰人，故《秦紀》言僰僮之富。漢民多，漸斥徙之。"⑧僰道聚集大量的漢民，從而將僰人擠壓至犍爲郡南部。僰道和越嶲間有道路往來，漢民很有可能也循此道路進入大凉山腹地，上文所云安上、馬湖交通沿綫所置的安上、馬湖等縣，雖和漢末夷亂大量漢民遷出大凉山腹地有關，但實則就是漢民聚集後新置的治所。漢民進入大凉山腹地後，原先聚居於美姑河流域卑水縣一帶的斯叟夷，很有可能與僰人相似，逐漸退居至邛都和卑水二縣間的"隙地"，或進入"山川阻深"之處。聚居於"隙地"也就是四開盆地的安斯和上諸二鄉的斯叟夷，正是基於漢進夷退的社會大環境下，被納入編户民。

---

　　① 凉山彝族自治州博物館、凉山彝族自治州文物管理所編：《一個考古學文化交匯區的發現——凉山考古四十年》上册，第307頁。
　　② 劉弘：《從川滇古道上的漢墓看漢代郵亭》，《四川文物》1990年第3期，第15—18頁。
　　③ 劉弘：《崇山峻嶺中的"緑洲"——安寧河文化遺存調查研究》，成都：巴蜀書社，2009年，第129—131頁。
　　④ 《史記》卷三〇《平準書第八》，第1421頁。
　　⑤ （晉）常璩著，任乃强校注：《華陽國志校補圖注》卷四《南中志》，第267頁。
　　⑥ 尤中編著：《西南民族史論集》，第29—30頁。
　　⑦ 《史記》卷一一六《西南夷列傳》，第2993頁。
　　⑧ （晉）常璩著，任乃强校注：《華陽國志校補圖注》卷三《蜀志》，第175頁。

據光和石表可知,至遲在東漢光和年間,漢廷已在斯叟聚居區設立了鄉里行政系統。二鄉十四里,當是由斯叟夷和漢民共同構成的規模。漢民在夷區進行田土拓殖,并聚居於郵亭等交通要道附近,和當地夷民邑聚、在平壩區域耕作的做法基本上相一致。漢民帶來的水利、治水等農業墾辟技術,對當地夷民助益甚多。他們之間在這方面應有不少交往。從初平石刻的銘文來看,漢民和斯叟夷間還涉及耕牛、田地買賣的事宜。這説明漢、斯叟二者并非僅是居於同一地理空間中、互不相涉,而是在經濟、社會等層面上發生了"深度"往來。夷漢雜處的常態,也應如此。此外,考古材料顯示,在四開壩子黑洛社遺址和柳且鄉甲谷村等地的周圍山坡,分布着大量的磚室墓和崖墓。它們的年代,大致和遺址同時,與遺址呈現了共時性關係。在黑洛社遺址四周,磚室墓面向聚落遺址,分布於遺址的周邊,而崖墓一般位於聚落遺址周邊山坡的另一側;①而在柳且鄉甲谷村一帶即抵坡此屯戍遺址以南的平壩區域,磚室墓更加集中於果洛依達河中下游一帶,崖墓則零星分布於四開依達河下游的兩側山坡上。這一帶也是石棺墓較爲集中分布的區域之一。值得注意的是,這些崖墓僅分布於四開山間平壩的四開鎮至好穀鄉約3千米的狹長地帶。學者推測崖墓很有可能由昭通傳入大涼山腹地。② 這批使用崖墓的人群,或許不是逐步移入四開盆地的,而應是一次目標明確的點對點之間的移動。否則,在四開盆地以外的大涼山腹地,也應有崖墓的蹤跡才是。而磚室墓的使用者,絶大多數應是定居於四開盆地的漢民,少部分來自當地漢化程度較高的夷人。③ 無論如何,磚室墓和崖墓的使用者,既共同生活於四開平壩區域,又在墓地的空間選擇上呈現出一定的分布界限,顯示了四開平壩區域至少存在兩種不同文化習俗的人群。至於崖墓的使用者,究竟屬於漢民、斯叟夷還是其他夷人,則需要更進一步的考古資料加以判斷。

通過二鄉十四里的鄉里編排,東漢末年的斯叟夷,應是在一定程度上編户化了。然而據《三國志·張嶷傳》,蜀漢初有斯都耆帥李求承。④《華陽國志》作"都督李承之"。

---

① 涼山彝族自治州博物館、涼山彝族自治州文物管理所編:《一個考古學文化交匯區的發現——涼山考古四十年》下册,第434頁;涼山彝族自治州博物館、四川大學歷史文化學院考古學系、昭覺縣文物管理所:《四川昭覺縣四開壩子漢代遺存的調查與清理》,《考古》2018年第8期,第12—24頁。一些磚室墓還出土畫像磚,見俄比解放:《四川省昭覺縣出土的漢代畫像磚石》,《考古與文物》1994年第3期,第44—47頁。
② 涼山彝族自治州博物館、涼山彝族自治州文物管理所編:《一個考古學文化交匯區的發現——涼山考古四十年》下册,第394頁。
③ 有關西昌周邊磚室墓的考古報告顯示,一些墓磚文字非常潦草,可能屬於當地夷民所爲。參見黄承宗:《西昌東漢、魏晉石器磚室墓調查》,《考古與文物》1983年第1期。
④ 《三國志》卷四三《蜀書·張嶷傳》,第1052頁;(晉)常璩著,任乃强校注:《華陽國志校補圖注》卷三《蜀志》,第205頁。

"斯都",正如兩漢文獻中出現的"莋都""邛都",表示夷人的聚居地。《三國志·張嶷傳》又曰:"初,越雟郡自丞相亮討高定之後,叟夷數反,殺太守龔禄、焦璜,是後太守不敢之郡,只住安上縣,去郡八百餘里,其郡徒有名而已。"高定(高定元)的身份,《三國志·後主傳》作"越雟夷王",《三國志·李嚴傳》作"越雟夷率",而《華陽國志》作"越雟叟大帥"。① 看來蜀漢時期以高定爲首的越雟郡的叛亂,是就郡内的叟夷種落而言。光和石表中出現"高官""高米"這樣的姓名,可推定高定是斯叟夷,來自安斯、上諸二鄉的高氏家族。顯然,蜀漢初期發生的越雟夷叛亂,就是以斯叟夷爲主。斯叟夷的反叛割斷了安上至邛都的交通綫,以致太守無法到任。斯叟夷及其大帥高定、渠帥李求承,當是漢末已經入籍的斯叟夷。光和石表有郡中部督郵掾李仁,初平石刻碑側有李政。這再次提示我們,反叛前的斯叟渠帥李求承,很有可能也是官府行政體系末端的一員。

值得注意的是,在上述越雟郡斯叟夷高定的反叛中,他和渠帥李求承結成的大帥—都督這樣的軍事關係。《後漢書·西南夷列傳》王莽時擔任郡守軍候的邛夷渠帥長貴,在對抗東漢武威將軍劉尚時,"即聚兵起營臺,招呼諸君長,多釀毒酒,欲先以勞軍,因襲擊尚"。②《續漢書·百官志》曰:"部下有曲,曲有軍候一人。"③則"軍候"大概掌握不少部曲,這也反映了越雟郡軍兵的不少人員來源於當地的夷民。高定、李求承的軍事組織,也和越雟當地已有的軍事系統密不可分。《華陽國志·蜀志》越雟郡"邛都縣"下曰:"邛之初有七部,後爲七部營軍,又有四部斯兒。"任乃強謂"七部營軍"和"四部斯兒",由當地七部夷民丁壯組成,統制於渠帥,并受太守徵調。④ 這樣來看,高定、李求承所統攝的就是類似"七部營軍""四部斯兒"的武力。這一部營式的軍事組織,一定有不少屯於四開盆地一帶。上文所述的抵坡此屯戍遺址即是明證。在"七部營軍""四部斯兒"營屯體系的底層,應當就是初平石刻所謂的"百人常屯"的軍屯節點。透過立於好穀的光和石表、初平石刻可知,這些軍屯結點分布於交通要道,錯落於斯叟、漢民聚集其中的鄉里、鄉亭地域中。

以當地夷民爲主力構建的營軍—常屯體系,并非是邛都和越雟郡的特例,而應是漢廷控馭山險蠻夷的普遍做法。《華陽國志·巴志》"涪陵郡"欄謂蜀漢時當地蠻民被"配

---

① 《三國志》卷三三《蜀書·後主傳》,第 894 頁;《三國志》卷四〇《蜀書·李嚴傳》,第 999 頁;(晉) 常璩著,任乃強校注:《華陽國志校補圖注》卷三《蜀志》,第 205 頁。
② 《後漢書》卷八六《南蠻西南夷列傳》,第 2853 頁。
③ 《續漢書·百官志一》,見《後漢書》,第 3564 頁。
④ (晉) 常璩著,任乃強校注:《華陽國志校補圖注》卷三《蜀志》,第 209 頁。

督將韓、蔣,名爲助郡軍";①《華陽國志·南中志》云諸葛亮定南中後,"分其羸弱配大姓焦、雍、婁、爨、孟、量、毛、李爲部曲,置五部都尉,號五子"。② 此外,長江中游的武陵蠻地區,也設置屯營,對蠻民加以管制。③ 這樣,在蠻夷聚居區已有鄉里編制的基礎上,漢廷建立軍事化的營屯體系,加强對蠻夷據點的控制。

還須指出的是,前文提到的斯叟夷豪酋高定、李求承,在發動叛亂前,很有可能已經是二鄉十四里的編户民。編户民和叟夷二者,前者是因編户入籍而獲得的政治身份,後者是自身所認同的"叟夷"種落的社會文化身份。這也正是相關研究已指出的"非華夏編户"。④ 這些編户民所具有的雙重身份,和郡縣鄉里、種落君長的雙軌體制相匹配。⑤ 不過,越嶲郡的兩方石刻尤其是光和石表,銘文顯示出官府有意弱化、遮隱鄉里編户民中斯叟夷的身份,試圖將鄉里體系貫徹到位,并逐漸淡化蠻夷種落的邑君制。而斯叟夷高氏發起置立光和石表,顯然是爲了使復除政策有據可依,以維護斯叟夷的切身利益。

綜上所述,邛都斯叟夷和沿着安上—邛都道進入四開盆地的漢民,構成了安斯、上諸二鄉十四里民衆的主體。他們共處一地理空間内,因土地墾殖、田地賣賣和外夷侵擾等事務,而進行較爲密切的接觸和往來。同時,營軍—常屯的軍事體系也深入已有的鄉里聚落中。這一夷漢雜處的實態,豐富了我們對南方地區蠻夷、漢民相互接觸後如何共處的認識。

四、結　語

秦漢帝國的郡縣行政體系在山區(高原)的建立和運行,需要克服的最大自然障礙便是崎嶇的地勢。⑥ 因此,由地形因素帶來的交通道路(驛路)的拓建和修繕,便是維持日常行政正常運作的最大成本。西漢武帝以來,漢廷在西南夷地區進行郡縣的析置,往往也伴隨着交通幹道的開闢和疏通。漢軍往往利用自然水道伐夷開郡,如,"元鼎六年,漢兵自越嶲水伐之,以爲越嶲郡"。⑦ 越嶲郡因越嶲水(嶲水)而得名,而"嶲"字來

---

① (晉)常璩著,任乃强校注:《華陽國志校補圖注》卷一《巴志》,第41頁。
② (晉)常璩著,任乃强校注:《華陽國志校補圖注》卷四《南中志》,第241頁。
③ 參閱魏斌:《古人堤簡牘與東漢武陵蠻》,臺灣"中央研究院"編:《歷史語言研究所集刊》85本第1分,2014年,第61—101頁。
④ 胡鴻:《能夏則大與漸慕華風——政治體視角下的華夏與華夏化》,第196—197頁。
⑤ 方國瑜:《中國西南歷史地理考釋》第2篇《西漢至南朝時期西南地理考釋》,北京:中華書局,1987年,第32—34頁;魏斌:《古人堤簡牘與東漢武陵蠻》,臺灣"中央研究院"編:《歷史語言研究所集刊》85本第1分,2014年,第61—101頁。
⑥ 胡鴻:《能夏則大與漸慕華風——政治體視角下的華夏與華夏化》,第60頁。
⑦ 《後漢書》卷八六《南蠻西南夷列傳》,第2852頁。

源,有學者將其和蜀中的"子雟鳥"相聯繫起來,來論證蜀人南遷、雟蜀同源。① 無論如何,聚居在水道兩側或交通要道旁的西南諸夷,是最先爲地方官府所接觸、瞭解和認識的。以越雟郡爲例,郡内的主要屬縣,依托孫水、若水和淹水等水道,受橫斷山系的自然環境影響,大體呈自北向南的分布。某一主要的夷民種落,成爲了該縣的代表性群體。如蘇示叟和蘇示縣、邛都夷和邛都縣、姑復夷和姑復縣等。然而,隨着交通路綫的細化和新舊更替,另外一些處於較爲山險之地或"散在溪谷"的蠻夷種落,也逐漸進入地方官府的視野當中。官府强化了原來處於種落邑侯自治的控制力,將權力的觸角延伸到一些行政體系邊緣的"隙地"。斯叟夷的編户、反叛歷史,就是西南夷中的典型例子。

秦漢時期,自成都盆地進入西南夷地區,主要有兩條幹道:一是旄牛道,自嚴道翻越邛崍大山,經旄牛縣,順孫水而下,至邛都;一是僰道、安上—邛都道,自犍爲郡僰道縣向西轉入瀘江水,經安上、卑水至邛都縣。② 安上至卑水一段,有自然河道可資利用,而自卑水至邛都縣,山谷雜沓,并無便利、連續的河道,主要取道陸路。因此,處於卑水縣以西、邛都縣東部的好穀山間盆地,乃是維繫這條大道暢通無阻的關鍵。斯叟夷也恰聚居於此。上文引《華陽國志·南中志》記蜀漢建興三年(254)諸葛亮南征,"由水路自安上入越雟",而"高定元自旄牛、定筰、卑水多爲壘守。亮欲俟定元軍衆集合,并討之,軍卑水"。③ 卑水正處於斯叟夷聚居區的東北向,在卑水壘守據蜀漢者,就是前文所説的斯叟夷。然而在卑水和邛都、蘇示之間,漢廷并無析置新的縣治,這也凸顯了置於大凉山腹地四開盆地的二鄉的重要性。地方官府以漢民治水開田、斯叟修繕道路的方式,維持此幹道的通行。隨着東漢後期旄牛道的受阻不通,④安上—邛都道的開闢和使用,爲斯叟夷種落和漢民在四開盆地的交匯、雜處,創造了重要條件。

圍繞光和石表的分析可知,所謂"庚子詔書",祇不過是石表銘文呈現的官文書處理流程的背景。安斯鄉的析置、鄉有秩的遷轉及其十四里民衆的復除,才是表文呈現的核心内容。這既體現了越雟郡守在處理地方事務的個人能動性,也顯現了立石表者高氏家族維護斯叟夷利益的强烈意願。夷漢錯雜而處的安斯和上諸二鄉,既是漢民進行

---

① 參見石碩、李錦、鄒立波等:《交融與互動——藏彝走廊的民族、歷史與文化》,成都:四川人民出版社,2014年,第70—71頁。關於越雟郡的蜀人、羌人辨,另可參見石碩:《青藏高原東緣的古代文明》,成都:四川人民出版社,2011年,第200—211頁。
② 蒙文通:《四川古代交通路綫考略》,《蒙文通文集》第4卷《古地甄微》,成都:巴蜀書社,1998年,第199—195頁;藍勇:《四川古代交通路綫史》,第78—81、112—116頁。
③ (晉)常璩著,任乃强校注:《華陽國志校補圖注》卷四《南中志》,第241頁。
④ 《三國志》卷四三《蜀書·張嶷傳》,第1053頁。

移民拓殖的重要據點,也是散處山谷的叟夷重新被納入編户體系的歷史縮影。斯叟夷、漢民在鄉里組織中雜處的例子,暗示了在郡縣行政系統和種落邑君的雙軌制下,鄉里、鄉亭可能正是在蠻夷"邑聚"的聚落基礎上而進行編排和管轄的。雖然缺乏更加具體而微的材料,但漢民進入蠻夷地區,所選擇的居地并非和蠻夷種落完全分隔對立。在以往所理解的、看似平行的雙軌制下,更多的是夷人、漢民進行田土墾殖、水利互助和土地買賣等日常實態。在夷人王化的歷史進程中,這樣的歷史剖面值得關注。一方面,官府爲緩和因編户而帶來的沉重的賦税負擔,推行間隔不斷的"復除"政策;另一方面,無論是出於防禦其他種落侵擾或應對本夷種落的反抗,規模大小不等的屯營就分布在夷漢聚居區内。交通道路、鄉里系統和賦税復除政策,應成爲日後繼續考察南方地區蠻夷、漢人移民錯落雜居現象的重要因素。

附記:本文在撰寫過程中,得到胡鴻、屈濤、孫正軍和章瀟逸諸位先生的鼓勵和指正,同時提供了多篇相關文章,彌補了文稿諸多的錯誤和不足,在此致以謝忱!

附録:

20世紀80年代,四川涼山州昭覺縣好穀鄉先後出土了光和四年、初平年間的石表、石碑以及石闕構件、殘石等。兩方石表形制皆爲上細下粗的長柱形。其中,石表1基本完整,但表身斷裂爲兩截,正面文字九行,側面文字三行,銘文陰刻、隸書。學者多題爲"光和四年石表";石表2底部有一殘高4厘米、寬19厘米、厚10厘米的凸榫。表面原有文字,但漫漶嚴重,無法辨識;初平石碑,紅砂石質,殘存上半部分,上端有一方形凸榫。碑文陰刻、隸書,刻於碑陽、碑側和碑陰,不過漫漶不清,僅可辨識部分文字。發掘簡報指出:"碑上的文字非一次性鐫刻,鐫刻順序爲,先碑面,次碑側,再次碑陰,字體逐漸草率。"[①]自石刻出土後,相關的文字釋讀、考辨成果不斷問世。1987年發表的《四川昭覺縣發現東漢石表和石闕殘石》率先對光和四年石表進行釋文,并對内容做了基本校注。2007年再次刊發的有關這批石刻的簡報,内容更爲完整,包括了光和石表和初平石碑的釋文。不過,對光和石表的録文,基本承襲此前的簡報,亦未吸收其他學者的已有釋讀成果。除此之外,《漢代石刻集成[圖版·釋文篇]》《漢碑全集》《漢魏六朝

---

① 吉木布初、關榮華:《四川昭覺縣發現東漢石表和石闕殘石》,《考古》1987年第5期,第434—437頁;涼山彝族自治州博物館、昭覺縣文管所:《四川涼山州昭覺縣好穀鄉發現的東漢石表》,《四川文物》2007年第5期,第82—89頁。

碑刻校注》對光和石表皆有錄文,間有差異,詳見下文。《涼山歷史碑刻注評》除了著錄光和石表外,也對初平石碑進行釋文。① 然而錄文依舊存在不少問題,多處語句晦澀不通。晚出的《〈光和四年石表〉文字考釋及文書構成》,以拓片爲基礎,對"光和四年石表"已有的釋文做出了不少的糾謬,頗有參考價值。不過一些釋文難免存在矯枉過正,進而影響了全文的通讀和理解。本文即在已有釋文的基礎上,以拓片圖影爲依據,對石表、石碑的釋文進行重新校正。

一、釋文校正

1. 光和石表

正面:

郡(?)方(?)右户曹史張湛白②:前換蘇示有秩馮佑轉爲安斯有秩。庚子詔書,聽轉示部③,爲安斯鄉有秩,如書④。與五官掾□⑤╱司馬篤⑥議請屬功曹定入應書、時簿,下督郵李仁,邛都奉行。言到日,具草。⑦ ○行丞事常如掾⑧。○主簿、司馬追省。╱

府君教:諾⑨。○正月十二日乙巳,書佐昌延□⑩。

---

① 涼山彝族自治州博物館編著:《涼山歷史碑刻注評》,第15—21頁。
② "郡(?)方(?)右":《四川昭覺縣發現東漢石表和石闕殘石》(以下簡稱《東漢石表和石闕殘石》)、《漢魏六朝碑刻校注》(以下簡稱《碑刻校注》)、《涼山歷史碑刻注評》(以下簡稱《碑刻注評》)作"領方右",胡順利《昭覺縣東漢石表考釋的幾點辨正》作"領方郡",《〈光和四年石表〉文字考釋及文書構成》(以下簡稱《文書構成》)作"郡(?)方(?)右",可從。
③ "部",《碑刻校注》作"郡",誤。由下文可知,"部"即是越巂郡邛都縣所在的中部。
④ "如書",《碑刻注評》作"加書",誤。
⑤ 《文書構成》於"五官掾"後尚有一"□",可從。
⑥ "篤",《東漢石表和石闕殘石》《漢代石刻集成》《碑刻校注》《碑刻注評》俱作"蔦"。《文書構成》據吕蒙、袁蘋《〈漢魏六朝碑刻校注〉漢碑釋文補正》(《中華文化論壇》2014年第2期)作"篤"。細審拓片,該字作"[圖]",當是"篤"字。
⑦ "具草",《東漢石表和石闕殘石》《碑刻校注》《碑刻注評》作"見草",《文書構成》作"具草"。此從《文書構成》錄文。
⑧ "如掾",諸家錄文皆作"如掾",拓片可辨"掾"字,"如"字模糊。據第4行,"常"爲行丞事的名,和第2行"司馬篤"的行文一致。"如掾",亦見於長沙走馬樓吳簡,有"丞珍如掾、掾烝修如曹"的内容。
⑨ 有關"君教"文書,參閲楊芬:《"君教"文書牘再論》,長沙簡牘博物館編:《長沙簡牘研究國際學術研討會論文集》,上海:中西書局,2017年,第247—256頁;邢義田:《漢晉公文書上的"君教"諾、署名和畫諾——讀〈長沙五一廣場東漢簡牘選釋〉》,收入氏著:《今塵集——秦漢時代的簡牘、畫像與文化流播》,上海:中西書局,2019年,第313—329頁。此處句讀,依據魯西奇《中國古代鄉里制度研究》,第215頁。
⑩ "書□昌延□",《文書構成》作"書佐會延□"。據拓片圖影,"延"上一字,更似"昌"字。"昌"上一字,漫漶嚴重,無法辨識。文末落款有"書佐延主",則此處"昌"字上,可補一"佐"字。"延"下一字,《漢代石刻集成》釋作"寫",細審拓片,此字不似"寫",今不從。

○光和四年正月甲午朔十三日丙午,越雟大守張勃、行①丞事大 荏 守 ②／
使者益州治所下三年十一月六日庚子　　　　○長常叩頭死罪,敢言之③。／
詔書,聽郡,則④上諸⑤、安斯二鄉復除□齊□⑥鄉及安斯 鄉 有秩。
詔書即日□下中部⑦勸農督郵書掾李仁,邛都奉行。／
勃□⑧□詔州(?)郡□□□死罪,敢言之。
○□部(?)⑨□被(?)⑩□下庚子詔書,即日□列狀⑪。／
三月十四⑫日丙午,越雟⑬大守勃,行丞事大荏守⑭長常叩頭死罪,敢言之。
○使者益州部(?)……／…… 邛 都 ⑮治……言□○高官□□詔書即日始,君遷里……／…… 里 、□□⑯……等十四里。○將十四里丁 彙 ⑰受⑱詔。高米(半?)立石

---

① "行",《東漢石表和石闕殘石》《漢代石刻集成》《漢碑全集》《碑刻校注》《碑刻注評》皆作"知"。查核拓片,似是"行"字。此從《文書構成》錄文。
② "大 荏 守 "三字,拓片模糊。《東漢石表和石闕殘石》《漢碑全集》《碑刻校注》《碑刻注評》作"大張□",《漢碑釋文補正》作"大官守",《文書構成》據其他文書的文例,推測該三字當作"大荏守",可從。大荏,越雟郡屬縣。
③ 據拓片,"敢言之"下似還有文字,但不確定。"長常叩頭死罪"一句,《文書構成》認爲應上接"行丞事大官 守 "一句,這樣才可通讀。同樣,"下三年十一月六日庚子"一句,和"昭書聽郡"一句連讀,爲"使者益州治所,下三年十一月六日庚子詔書,聽郡則上諸、安斯二鄉復除□齊□鄉及安斯有秩"。
④ "則",《文書構成》作"所"。據拓片,第4行"所"字作" ",而第5行"郡"字下一字作" "。兩字左邊較爲相似,而右邊差異較大。此字當是"則"字,非"所"字。
⑤ "諸",拓片模糊,作" ",此據各家錄文。
⑥ "齊",無法釋讀,此據各家錄文。
⑦ "下中部"三字,《東漢石表和石闕殘石》《漢碑全集》《碑刻校注》和《碑刻注評》皆未釋,此據《文書構成》錄文。
⑧ "勃□",《東漢石表和石闕殘石》《漢碑全集》《漢魏六朝碑刻校注》《碑刻注評》作"勃詔"。細審拓片,"勃"下一字,非"詔"字。
⑨ "部",諸家未釋。據拓片,該字作" ",似是"部"字。
⑩ "被",諸家未釋。據拓片,該字作" "似是"被"字。
⑪ "□列狀",《東漢石表和石闕殘石》《漢碑全集》《碑刻校注》《碑刻注評》作"理判也",《文書構成》作"□□狀"。據拓片,銘文當作"□列狀"。《三國志》卷四六吳書·孫破虜討逆傳》曰:"刺史臧旻列上功狀,詔書除堅鹽瀆丞。"(第1093頁)
⑫ "四",《文書構成》作"三"。據陳垣《二十史朔閏表》,光和四年三月初一,乃癸巳,則十四日即丙午。《文書構成》識作"三"字,誤。
⑬ "越雟",《東漢石表和石闕殘石》《漢碑全集》《碑刻校注》《碑刻注評》作"詔書"。據拓片和《文書構成》,銘文以"越雟"二字爲是。
⑭ "行丞事、大荏守",《東漢石表和石闕殘石》《漢碑全集》《碑刻校注》《碑刻注評》作"行於東,大官守",《文書構成》作"行丞事,大荏守",可從。
⑮ "邛都",諸家未釋。據拓片,二字或是"邛都",字形與碑文第二行的"邛都"相似。
⑯ "里"字,諸家未釋,此據拓片補出;□□,似是"金秋"二字。
⑰ "彙",拓片模糊,無法釋讀,此據諸家錄文。
⑱ "受",拓片模糊,無法釋讀,此據諸家錄文。

表,師齊驅字彥新①。/

側面:

越嶲大守、丞、掾奉書言□□常□都□□□□□。光和四年正月甲午朔十三日□□□□□□。/□□大莋守長常□,部中②部勸農督郵書掾李仁邛都□□,庚子③詔書,書到奉行,務□□□□□□詔書以□④。/

□□、屬湛⑤、書佐延主。/

2. 初平石刻

《好穀鄉發現的東漢石表》《涼山歷史碑刻注評》有錄文,茲據拓片校正如次:

碑陽:

……辛酉朔十六日丁酉⑥,越嶲太守臣……/……頓首頓[首]死罪死罪,臣謹案文書……/……真利仇吳封操牛一頭錢五千……/□□□□□南(?)防禁夫妻父子……/……集(?)答賜慰勞效用頒示,因……/……白事從□路□各……/……捉馬虜種,攻没城邑。方□精……/……衝要,爲諸郡國……/……百人以爲常屯……/……二百人須作⑦……/馬□□□□□□□宗親……/……二鄉緣此……/……(隊)(糧?)食,漢民治水……/……罷(?),書賜復除……/……復(?)有斯叟備路障……/……傷感郡□□檢……/□使臣□日(?)□□□□(復?)除斯□(叟?)種平常所……/□丁男給宅□□□□□繕治郵亭……/……聽□□□□慰里□□□檢□租朱利……/

碑側:

尚書:十二月十六日丁酉,越嶲太守行丞事……/司空府。初平三年五/月戊子朔廿七日甲寅,越嶲太守下護……/工……禮部,斯叟□事□□司□(空?)□□邛都/丘□□李政□郡□□□□禄親……/……親□通□□□□□□西……/

---

① 《漢碑釋文補正》認爲"齊"字作"劉","彥"字爲"産"字。據拓片,"齊"或"劉"字,無法釋讀,而"彥"字,從字形來看,似是"産"字。

② "中",《東漢石表和石闕殘石》《漢碑全集》《碑刻校注》《碑刻注評》作"曲",《文書構成》作"中"。據拓片,從《文書構成》錄文,當是"中"字。

③ "子",《東漢石表和石闕殘石》《漢碑全集》《碑刻校注》《碑刻注評》作"于",《文書構成》作"中"。據拓片,此字乃"子"字,在文中多次出現。那麽,"子"前可補一"庚"字。

④ "以□",《漢碑全集》《碑刻校注》《碑刻注評》作"以令"。"以"下一字,拓片模糊,無法釋讀。

⑤ "□□屬湛",《東漢石表和石闕殘石》《漢碑全集》《碑刻校注》《碑刻注評》作"□真□湛",《文書構成》作"掾□屬湛"。據拓片,"湛"前一字,當是"屬"字。

⑥ "丁酉","辛酉"爲初平二年十二月朔日,則十六日當是"丙子",非"丁酉",銘文誤。

⑦ "須作":《好穀鄉發現的東漢石表》未釋,《碑刻注評》作"須作"。審視拓片圖影,以"須作"爲是。

碑陰：

碑陰漫漶不清，可辨識者僅有以下若干文字：

……屍骨……夫妻父子……繕治……故遣……復除……集……官民……益州……其……田租部署……繕治……繕治……授買漢民田地……部署坐盟陳府君故遣……集會。

二、拓片

1. 光和石表

資料來源：涼山彝族自治州博物館、涼山彝族自治州文物管理所編著：《涼山歷史碑刻注評》，北京：文物出版社，2011年，第17頁。

2. 初平石刻

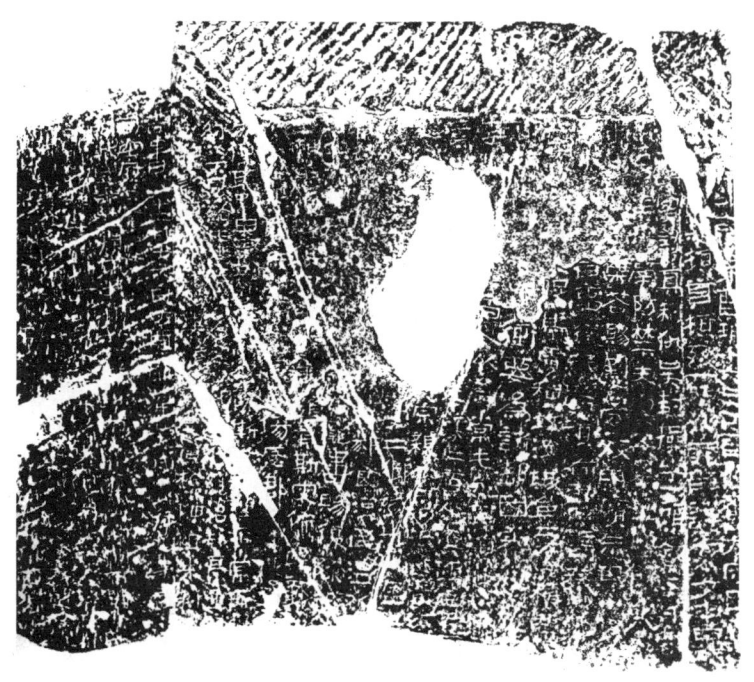

資料來源：涼山彝族自治州博物館、涼山彝族自治州文物管理所編著：《涼山歷史碑刻注評》，北京：文物出版社，2011年，第17頁。

鄴城與晉陽之間：北齊"兩都制"對地方景觀和空間的塑造*

陳 陽

東魏北齊時期，在國都鄴城之外又有另一個重要的中心——晉陽，當時稱晉陽爲"下都""別都"。① 高氏父子和大臣常年往來於鄴城與晉陽之間，毛漢光在《北魏東魏北齊之核心集團與核心區》一文中指出"在從東魏天平元年（534）至北齊承光元年（577）的四十三個實足年數之中，高氏執政者共穿梭三十七次"。② 由鄴城前往晉陽有多條路綫可供選擇，但均須跨越太行山。太行八陘中井陘和滏口陘是河北通往山西的中部要道，嚴耕望在《唐代交通圖考》中對這兩道都有詳細論述。井陘是最大的交通路綫，現在的石太鐵路取道也大略是沿此綫。但是井陘處於鄴城北邊且距離較遠，需要從相州到定州再西折進入井陘，而滏口陘就位於鄴城西北，更爲便利。嚴氏在《太行滏口壺關道》篇言："滏口陘道在中古時代爲太行東西重要通道，尤以北齊爲盛。蓋東魏、北齊都鄴城，而以晉陽爲軍政中心，諸帝往來兩宮，或一年數次，大抵皆取道於此陘也。"③ 段彬在嚴氏的基礎上，利用傳世史料以及現存的佛教石窟等資料，對東魏北齊時代的并鄴道進行了更爲詳細的考辨，指出："并鄴道以滏口道爲主路，以井陘道爲輔路。滏口道在太行以西又分爲東西兩綫，漢末至東魏高澄時代以滏口西綫最爲重要，其後則改以東綫作爲兩都巡行的主要路綫。"④從東魏北齊的史料記載來看，除了要去北邊巡察轉

---

* 本論文爲國家社科基金冷門絶學專項"漢至唐長江中游山區族群史料整理與研究"（19VJX011）階段性成果。

① 參見（唐）許敬宗編，羅國威整理：《日藏弘仁本文館詞林校證》卷六六六《北齊後主幸大明宮大赦詔一首》，北京：中華書局，2001年，第298頁；《北齊書》卷四〇《白建傳》，北京：中華書局，1972年，第533頁；《周書》卷四〇《宇文神舉傳》，北京：中華書局，1971年，第715頁。

② 毛漢光：《中國中古政治史論》，上海書店出版社，2002年，第97頁。

③ 嚴耕望：《唐代交通圖考》第五卷《河東河北區》，篇41《太行滏口壺關道》，北京：北京聯合出版公司，2021年，第1423頁。

④ 段彬：《東魏北齊時代的并鄴道》，《中國歷史地理論叢》2021年第1期，第90—97頁。

而從井陘回晉陽,統治者常走的都是滏口陘。

以往有關東魏北齊時期皇帝和大臣頻繁往來於鄴城與晉陽之間的研究,主要關注的是交通路綫,很少關注統治者的往來對沿綫造成了什麽影響。鄴城與晉陽之間的地區是否因此產生了變化? 目前祇有一些考古、藝術史方面的研究,對沿綫的部分石窟進行了單獨考察,包括造像形制、分期斷代等,例如左權縣的石佛寺石窟、"高歡雲洞"[①]。限於材料,研究者祇是將石窟的開鑿與高氏在兩地間穿梭聯繫在一起,無法把石窟還原到具體的時空下,更多地復現當時的情境。本文選取滏口、遼陽山兩地進行詳細討論,二者分處太行山東、西兩側,是滏口陘東綫的必經之地。前輩學者的研究中,遼陽山并無專文論述,和滏口有關的,主要集中在此處的石窟——響堂山石窟的考古學研究,沒有將石窟嵌入其所在地考察。我們嘗試復現兩地在東魏北齊時期的景觀變化和發生在此處的活動,兼及人們對地理空間的認識以及兩者在北齊滅亡後的情形,進而展現東魏北齊統治者往來鄴城與晉陽之間對沿途的影響。

一、鼓山石窟的出現

滏口位於鄴城西北六十里左右,既是太行山滏口陘東面重要的關口,也是鄴城西北的門户,具有重要的軍事意義。北朝後期山西、河北兩地的很多戰事都與滏口有關,例如尒朱榮自晉陽討葛榮於鄴西,倍道兼行,東出滏口;高歡脱離尒朱氏、自山西至河北和後來自鄴城討尒朱兆於晉陽,都是從滏口出入。關於滏口的重要性和相關戰事,前人已多有論及,茲不贅述。[②] 要討論北齊"兩都制"對滏口的影響以及此處的變化,我們首先要認識滏口的地理環境,最重要的便是周圍的山川,包括山水的名稱、位置和關係,理清不同史料中對此地的記載。

滏口得名自滏水。左思《魏都賦》云:"北臨漳滏,則冬夏異沼。神鉦迢遞於高巒,靈響時驚於四表。"李善注曰:"漳、滏,二水名,经鄴西北。滏水熱,故曰滏口。水有寒有温,故曰冬夏異沼也。《冀州圖》,鄴西北鼓山,山上有石鼓之形,俗言時自鳴。劉邵《趙都賦》曰:'神鉦發聲。'俗云:石鼓鳴,則天下有兵革之事。"[③]《魏都賦》描寫的是鄴

---

① 李裕群:《山西左權石佛寺石窟與"高歡雲洞"》,《文物》1995年第9期,第58—70頁。
② 北朝後期經過滏口的重要戰事,王仲犖和嚴耕望有羅列,參看王仲犖:《北周地理志》,北京:中華書局,1980年,第931—932頁;《唐代交通圖考》第五卷《河東河北區》,篇41《太行滏口壺關道》,第1423頁。《魏書》和《北齊書》各本紀及相關傳記也有明確記載。
③ (梁)蕭統編,(唐)李善注:《文選》卷六《左太冲魏都賦》,上海古籍出版社,1986年,第266—267頁。

城的景象,可見滏水、漳水和鼓山都是鄴城西北重要的山川。滏口之名源自滏水,那滏水和漳水又是什麽關係？現在鄴西北的滏陽河與漳水并流,各自向東北入海,但漢魏北朝時期滏水應是匯入漳水的。關於這個問題的認識,由於漢魏史籍在傳抄的過程中出現了一些問題,故而導致有一段時間是模糊不清的。

今本《漢書·地理志》没有關於滏水的記載,但是魏郡武始縣下有"漳水東至邯鄲入漳",①讀起來有點費解,無校勘記。《後漢書·郡國志》魏郡鄴縣"有滏水",②《郡國志》魏郡下無武始縣,司馬彪在《郡國志》的開篇言"《漢書·地理志》記天下郡縣本末,及山川奇異,風俗所由,至矣。今但録中興以來郡縣改異,及《春秋》、三史會同征伐地名,以爲《郡國志》。凡前志有縣名,今所不載者,皆世祖所并省也。……"③簡言之,《地理志》所載的"武始"應該在東漢初期省并了,縣名雖不存,土地山川依然在魏郡。因此,魏郡是有滏水的,《地理志》的"漳水東至邯鄲入漳"有可能是"滏水東至邯鄲入漳"。《水經注·濁漳水》篇載"(濁漳水)又東出山,過鄴縣西",酈道元在注文中言"漳水又北,滏水入焉",④説明滏水是注入漳水的。清人在給《水經注》做疏的時候,也論及了《漢書·地理志》的問題,全祖望認爲上引《漢書·地理志》之文不甚分明,懷疑武始之漳水即滏水,楊守敬進行了更加詳細的說明,認爲《漢志》此句第一個"漳"字應該是"滏",酈道元所見《漢志》應該是對的,衹是今本《漢書》訛誤,而且原本的《水經注》應有滏水篇,今本散佚了。⑤《太平御覽》裏保留了《水經注·滏水》少量的文字,"《水經注》曰：滏水發源出石皷山南巖下……滏水又東流注于漳,又謂之合河"。⑥雖然《水經注·滏水》條亡佚了,但通過這些殘存的字句以及前人的考證,我們可以知道漢魏北朝時期,滏水匯入漳水,流經鄴西北。

理清了滏水和漳水的關係,《魏都賦》中提到的另一個重要的名稱便是"鼓山"。《水經注》記載滏水從鼓山南端流出,《魏書·地形志》也記載鄴城西北有鼓山,臨漳縣下載："天平初分鄴并内黄、斥丘、肥鄉置。有鼓山、肥鄉城、邯鄲城……"⑦東魏北

---

① 《漢書》卷二八上《地理志第八上》,北京：中華書局,1962年,第1573—1574頁。
② 《後漢書》志第二〇《郡國二》,北京：中華書局,1965年,第3431頁。
③ 《後漢書》志第一九《郡國一》,第3385頁。
④ (北魏)酈道元著,陳橋驛校證：《水經注校證》卷十《濁漳水》,北京：中華書局,2007年,第257、260頁。
⑤ 參見：(北魏)酈道元著,楊守敬、熊會貞疏：《水經注疏》卷一〇《濁漳水》,南京：江蘇古籍出版社,1989年,第932—933、944頁。
⑥ 《太平御覽》卷六四《地部二十九》"滏水"引《水經注》,北京：中華書局,1960年,第304頁下欄。
⑦ 《魏書》卷一〇六上《地形志》,北京：中華書局,2017年,第2692頁。

齊的臨漳縣治所就在鄴城。《元和郡縣圖志》和《太平寰宇記》記載鼓山又稱滏山,滏水出焉。① 然而《隋書·地理志》載魏郡臨水縣"有慈石山、鼓山、滏山",②鼓山和滏山并列。王仲犖認爲:"《隋志》臨水縣下鼓山滏山并列。蓋鼓山滏口山山勢相連,即地異名。"③這種看法是有道理的,依今天的山勢來看,山分南北兩處,大概《隋志》的鼓山指北山,滏山指南山。隋代刊刻在今南響堂石窟第2窟窟門兩側的碑文,就題作《滏山石窟之碑》。鼓山又稱滏山,大概是因水名山。兩個名稱并行不悖,"滏山"之名并未替代"鼓山",直到近代,這裏還稱作鼓山。④

簡單來說,漢魏北朝時期,滏水從鼓山南端流出,經鄴西北匯入漳水,而鼓山又被稱爲滏山。那麼,現在位於鼓山的石窟爲何又被稱爲響堂山石窟?其實,此處的石窟在北朝徑稱"石窟"或"滏山石窟"。石窟現存最早的有"響堂"之名的資料是明弘治二年(1489)五月初一的一則題記,"重修響堂金粧當陽佛一龕",位於北響堂宋洞七佛龕下方。⑤ 之所以稱爲響堂山石窟,可能和此山特殊的地質構造有關,前引《魏都賦》及注文和後代的地理書,都提到鼓山會自鳴,山鳴而兵災興,雖然聽起來頗具神話和預言色彩,但也説明了此山很容易發出聲響。《大清一統志》載:"響堂寺:在磁州西四十里。北齊天統間建,殿宇宏敞,凡有穴處,微聲之,鏗然有聲,故名。"⑥同書中我們還可以找到類似的命名方式:"隆勝寺:在唐山縣宣務山……極華麗,中有千佛堂;同聲堂在千佛堂下,鑿石而成,硜然有聲;響堂在千佛堂東,有響即應。"⑦"響堂寺:在榆社縣西十里,梓荆山之下,有石室方丈,人入其中,石聲相應,故名。"⑧這個響堂寺今天也保留下來了,在榆社縣西南約五公里的廟嶺山。⑨

響堂山石窟分爲南、北兩部分,北響堂石窟位於鼓山中段西側半山處,山腳處又有

---

① (唐)李吉甫撰,賀次君點校:《元和郡縣圖志》卷一五《河東道四·磁州》"滏陽縣"條,北京:中華書局,1983年,第434頁;(宋)樂史撰,王文楚等點校:《太平寰宇記》卷五六《河北道五·磁州》"滏陽縣"條,北京:中華書局,2007年,第1161頁。
② 《隋書》卷三〇《地理志中》,北京:中華書局,2019年,第949頁。
③ 王仲犖:《北周地理志》卷一〇《河北下》"相州·魏郡·滏陽縣"條,第932頁。
④ 《中華人民共和國地圖集》(1958年),第35—36頁:"山西·河北的地形圖"。
⑤ 張林堂主編:《響堂山石窟碑刻題記總録》(貳),北京:外文出版社,2007年,第151頁。響堂山留存下來的其他明清碑刻題記中也有"響堂""響堂寺""響堂山"之名。
⑥ 《嘉慶重修一統志》卷三三《廣平府二》寺觀門,《四部叢刊續編》,上海古籍出版社,2008年,第481頁上欄。
⑦ 《嘉慶重修一統志》卷三一《順德府二》寺觀門,第447頁上欄。
⑧ 《嘉慶重修一統志》卷一五九《遼州直隸州》寺觀門,第160頁下欄。
⑨ 此響堂寺的具體情況參看李裕群:《山西榆社縣石窟寺調查》,《文物》1997年第2期,第68—79頁。

常樂寺遺址；南響堂石窟地處鼓山（滏山）南端、滏陽河北岸。此外，鼓山東側有水浴寺石窟，又稱小響堂。石窟的出現自然極大地改變了鼓山的地理景觀，直到今天，我們還能看到這些石窟。這些石窟是什麽時候出現的，和東魏北齊的統治者穿梭於晉陽與鄴城又有什麽樣的關係呢？

三處石窟的開鑿時間就是東魏北齊時期，主要是北齊。位於南響堂第2窟窟門兩側大龕的《滏山石窟之碑》，原本雕刻的是北齊的力士像，像被毀後，隋代於龕内改刻。碑文摘録如下："有靈化寺比丘慧義，仰惟至德，俯念巔危。於齊國天統元年乙酉之歲，斬此石山，興建嵒廟。時有國大丞相淮陰王高阿那肱翼帝出京，憩駕於此，因觀草創，遂發大心，廣捨珍愛之財，開此□□之窟。至若靈像千軀，儼然照□□□□□，粲爾分明。其中妝飾鮮麗，□□□世□華，動物傾人，斯亦最爲希□□。功成未幾，武帝東併，掃蕩塔寺，尋縱破毀。"①碑文中説高阿那肱隨後主高緯出京，在滏口休息時見到了慧義興建佛寺，因此予以資助。正因爲有了高阿那肱的"廣捨珍愛之財"，纔得以在此處開鑿宏大華麗的南響堂石窟。可見南響堂石窟的修建和北齊皇帝、大臣由鄴城經由滏口出行有密切關係。在天統元年（565）開始大規模營建南響堂石窟之前，這裏已經有一些摩崖等，其他文字雖已經漫漶，但是有"大齊河清二年"的銘文和龕像可辨認。② 水浴寺應該也是北齊時期開始修建，主要遺存如西窟的造型以及窟中造像都是北齊的風格，和南響堂石窟相近。窟中有武平年間的題記，并且供養人中有"昭玄大統定禪師"的題名，南響堂第2窟中心柱右壁也有"昭玄沙門統定禪師敬造六十佛"的題名。③《隋書·百官志》載北齊官制"昭玄寺，掌諸佛教。置大統一人，統一人，都維那三人。亦置功曹、主簿員，以管諸州郡縣沙門曹。"④兩個銘文中定禪師的官職有差異，有可能是有一個誤刻，也有可能是兩處銘文刻寫有先後，定禪師由沙門統升爲了沙門大統。總之，南響堂石窟和水浴寺的始鑿時間都是北齊，没有爭議。

對於北響堂石窟的始鑿時間，存在東魏和北齊兩種説法。北響堂分爲北、中、南三

---

① 此碑趙明誠《金石録》有著録，分爲上、下，參看（宋）趙明誠撰，金文明校證：《金石録校證》卷三《目録三》第五百三十八、五百三十九，北京：中華書局，2019年，第52頁。邯鄲市峰峰礦區文管所、北京大學考古實習隊：《南響堂石窟新發現窟簷遺迹及龕像》録全文，《文物》1992年第5期，第6—7頁。又見《響堂山石窟碑刻題記總録》（二），第44—46頁。此處録文參校二者，碑刻是異體字，改爲通用字，標點有個别改動。

② 參看張林堂、許培蘭：《南響堂山石窟新發現"大齊河清二年"造像銘文及龕像》，《敦煌研究》2005年第1期，第61—66頁。

③ 邯鄲市文物保管所：《邯鄲鼓山水浴寺石窟調查報告》，《文物》1987年第4期，第1—23頁，圖版壹至叁；李崇峰：《僧稠、定禪師與水浴寺石窟》，《石窟寺研究》第2輯，北京：文物出版社，2011年，第167—177頁。

④ 《隋書》卷二七《百官志中》，第844頁。

區,分別以大佛洞、釋迦洞、刻經洞爲中心,從北到南依次排列。釋迦洞和刻經洞的時間都是北齊,爭議的焦點在於大佛洞的開鑿時間。① 北齊説,最主要的文獻依據是《續高僧傳·釋明芬傳》:"仁壽下敕,令置塔于慈州之石窟寺,寺即齊文宣之所立也。大窟像背文宣陵,藏中諸雕刻駭動人鬼。"②另外,響堂山石窟主體基本都是開鑿於北齊時期,造像和佛衣與其他地區北魏末年的石窟有差異,石窟造像的改變可能是由於政治環境的變化——高洋代魏建立北齊。此外,高歡和高澄主要居於晉陽,鄴城的孝靜帝并無實權,不太可能在鄴城附近開鑿大規模的石窟。始建於東魏説,最主要的依據是《資治通鑑》:"甲申,虛葬齊獻武王於漳水之西;潛鑿成安鼓山石窟佛寺之旁爲穴,納其柩而塞之,殺其群匠。及齊之亡也,一匠之子知之,發石取金而逃。"③既然高歡葬於石窟寺旁,他死於武定五年(547)正月,葬於同年八月,那麼石窟的開鑿必然早於武定五年八月,同時推測大佛洞中心柱頂部一小室爲高歡的墓穴。④ 不過,《通鑑》中高歡葬於石窟寺旁的記載存在諸多詮釋角度,值得我們認真剖析。

一方面,《通鑑》所記是否屬實,也就是說高歡的義平陵是否是虛葬?存在兩種可能:第一種,《通鑑》記載的衹是一個傳説,并不是歷史事實,也就説高歡没有葬在石窟寺旁,而是葬在鄴城西北的義平陵,不存在虛葬一説。因爲《通鑑》的記載到目前爲止,找不到更早的史源或旁證,是爲孤證。第二種可能,義平陵衹是虛葬(衣冠冢),高歡確實被悄悄埋葬在鼓山中石窟旁,因爲我們能找到這樣的案例。"勒母王氏死,潛窆山谷,莫詳其所。既而備九命之禮,虛葬于襄國城南。"⑤石勒都襄國,虛葬其母親於都城南。他自己死後,也是潛葬山谷:"(石勒)以咸和七年死,時年六十,在位十五年。夜瘞山谷,莫知其所,備文物虛葬,號高平陵。"⑥悄悄地葬於山谷,可能和胡人的葬俗有關。

---

① 劉東光:《試論北響堂石窟的鑿建年代及性質》,《世界宗教研究》1997 年第 4 期,第 67—76 頁。同作者《響堂山石窟的鑿建年代及分期》,《華夏考古》1994 年第 2 期,第 97—108 頁。柴俊林:《試論響堂石窟的初創年代》,《考古》1996 年第 6 期,第 73—77 頁。
② (唐)道宣著,郭紹林點校:《續高僧傳》卷二八《釋明芬傳》,北京:中華書局,2014 年,第 1094 頁。
③ 《資治通鑑》卷一六〇,梁武帝太清元年八月,北京:中華書局,1956 年,第 4957 頁。
④ 柴俊林:《試論響堂石窟的初創年代》,《考古》1996 年第 6 期,第 73—77 頁。中國社會科學院何利群研究員在公開講座"鄴城周邊石窟與北朝時期佛學思想的傳承"("中國石窟寺考古"系列學術講座第八講,2022 年 4 月 30 日)中介紹,德國科隆東亞藝術博物館藏有一件具有祆教文化因素的石棺床,據傳是高歡墓中出土,但尺寸大於此龕,放不進北洞中心柱上方的小室中。主講人認爲根據北響堂山石窟北洞内的菩薩像和新發現的北吴莊造像坑的造像形制對比,北洞(大佛洞)的開鑿時間應該是北齊。其實,即便此石棺能放進此龕洞,和《通鑑》的記載也不完全相符,《通鑑》説的是石窟寺旁鑿穴,而不是石窟洞内。
⑤ 《晉書》卷一〇四《石勒載記上》,北京:中華書局,1974 年,第 2720 頁。
⑥ 《晉書》卷一〇五《石勒載記下》,第 2751—2752 頁。

太興二年(319)石勒稱天王之後,下令:"禁國人不聽報嫂及在喪婚娶,其燒葬令如本俗。"①"燒葬"可能是將屍體火化,因而潛藏於山谷的大概衹是骨灰一類,不需要抬着笨重的棺槨前往,實行起來比較方便。另一方面,如果義平陵確爲虛葬,《通鑑》的記載也有兩種理解:一種是埋葬高歡時,在石窟寺旁鑿穴,當時石窟寺已在;另一種是《通鑑》的記載是一種追述,匠人的兒子發金時已經是北齊滅亡後,"石窟寺旁"是發金的地點,因爲石窟寺比較有標識性,所以用"石窟寺旁"來定位,并不代表埋葬高歡時,石窟已經存在。

其實,北響堂石窟始鑿的準確年份對我們討論東魏北齊時滏口的景觀與空間格局没有太大的影響。理由有二:第一,不管大佛洞始鑿於東魏武定年間還是北齊天保年間,不影響我們認識鼓山在東魏北齊時相比於前代景觀的變化,在某種意義上,我們可以將東魏北齊看成一個時段和以前做比較;第二,不止北齊皇帝往來於鄴城與晉陽之間,東魏時,高歡父子在晉陽遥控鄴城,也常常往來於兩者之間,滏口都是交通要道。相比於北響堂的始鑿時間,更值得關注的是北、南響堂石窟的先後開鑿和選址。南、北響堂的開鑿時間覆蓋了整個北齊時期,北響堂的唐邕刻經持續到了武平三年(572),而南響堂天統元年(565)纔開始營建,直到北齊滅亡前夕,説明鼓山滏口在北齊一直很重要。此外,北響堂石窟已經選址鼓山西側中段,且持續開鑿,慧義又選擇了鼓山南端開鑿新的石窟,綜合地形圖觀察,南北走向的鼓山横置於東西向的滏口陘東出口,古今道路至此都不得不折而向南,沿着鼓山至其南端再轉向東南方的鄴城。故而南響堂雖與北響堂相隔較遠,但仍然選擇的是這一交通綫附近。甚至可以説,位於鼓山最南端、道路轉折點的這一選址,更顯示出依傍并鄴道的選址思路。高阿那肱與後主在此見到慧義營建佛寺而舍財相助,看似一次偶遇,但這樣的偶遇大概已在慧義選址時的籌劃之中。

綜上所述,我們可以看到滏口的鼓山在東魏北齊時地理景觀的變化,這裏首次出現了石窟。到北齊滅亡時,鼓山已經有了三處石窟,分别是西側的南、北響堂石窟,東側的水浴寺(小響堂)。那麽,石窟出現之前,鼓山有什麽樣的景觀呢?大概除了樹木,可能還有魏晉十六國時期留下來的塢壁的斷壁殘垣。我們找不到鼓山有塢堡的直接記載,但是鄰近的鄴城西邊的林慮山,在西晉末年,有人入山躲避。《晉書·庾衮傳》載:

---

① 《晉書》卷一〇五《石勒載記下》,第2736頁。

及衮歸于京師,踰年不朝,衮曰:"晉室卑矣,寇難方興!"乃攜其妻子適林慮山,事其新鄉如其故鄉,言忠信,行篤敬。比及暮年,而林慮之人歸之,咸曰庾賢。及石勒攻林慮,父老謀曰:"此有大頭山,九州之絶險也。上有古人遺迹,可共保之。"惠帝遷于長安,衮乃相與登于大頭山而田於其下。①

這段記述的是永寧元年(301)四月齊王冏等逐趙王倫,奉晉惠帝反正後,庾衮認爲晉室將亂,於是率領妻兒躲入林慮山;在晉惠帝播遷於長安後,又轉而保據大頭山。林慮山就在魏郡林慮縣,至於大頭山,《隋書·地理志》河南郡熊耳縣下有"大頭山",②不知和庾衮所據是否爲同一處。庾衮率家人躲入林慮山,應該不會祇有幾人,庾氏乃潁川大族,庾衮的兩任妻子荀氏和乐氏也都是"官族富室"。庾衮在林慮與當地百姓相處友好,"事其新鄉如其故鄉",大概不僅是待人接物方面,在相助避難方面也類似。他還在"故鄉"時,就曾"率其同族及庶姓保于禹山",規模相當龐大,塢堡内紀律嚴明、分工明確,有武裝部曲且曾與賊相抗衡,可見庾衮有組織塢堡的經驗和能力。因此,傳中所言"林慮之人歸之"可能是指林慮當地的很多人也隨庾衮一起躲入了林慮山,或者至少時常往來山中,與庾氏往來甚密。東漢末年和西晉末十六國時期,黄河中下游及河北地區都是動亂頻發區,各地的塢壁也很多,③鼓山可能也有當時附近百姓建立的塢堡。然而,即便鼓山有塢壁建築,這些殘垣斷壁也會隨着時間的流逝更加衰敗和模糊,有可能還會被有意拆除。

鼓山在東魏北齊時期出現了新景觀——石窟,這自然和北朝開鑿石窟的風氣不無關係,但響堂山石窟作爲鄴城周邊最大的石窟,開鑿時間正好是在東魏北齊都鄴後。更重要的是,鼓山恰處於鄴城與晉陽間的交通要道上,東魏北齊的統治者又常常往來兩都,加之南響堂石窟正是因高阿那肱和後主經滏口時看到了慧義的行爲,纔出資修建,北響堂刻經洞也是北齊重臣唐邕主持,這些因素結合在一起,我們祇有將響堂山石窟的出現放在北齊"兩都制"的背景下理解,纔能有更豐富和具體的認識。在開鑿石窟的同時,也修建了不少寺院。下文將分析北齊時期鼓山的寺院以及皇帝、大臣往來寺院的情形。

---

① 《晉書》卷八八《孝友·庾衮傳》,第 2283 頁。
② 《隋書》卷三〇《地理志中》,第 934 頁。
③ 關於塢壁的研究可參看趙克堯:《論魏晉南北朝的塢壁》,《歷史研究》1980 年第 6 期,第 77—90 頁;陳仲安:《十六國北朝時期北方大土地所有制的兩種形式》,《武漢大學學報(哲學社會科學版)》1980 年第 4 期,第 15—23 頁;মৃ聖姬:《兩漢魏晉南北朝的塢壁》,北京:民族出版社,2004 年。關於世家大族於戰亂年代在山中生活的情形可參看魏斌:《李魚川推理》,《讀書》2019 年第 5 期。

二、鼓山的寺院與滏口的祠祀

　　響堂山石窟(鼓山石窟)當時附屬的寺院叫作"石窟寺",北齊皇帝往來於鄴城與晉陽間,時而會前往石窟寺。《續高僧傳·釋道豐傳》載:"與弟子三人居相州鼓山中,不求利養,或云鍊丹黃白,醫療占相,世之術藝,無所不解。齊高往來并、鄴,常過問之,應對不思,隨事標舉。"①關於北齊皇帝駕臨寺院的情景,可參看《釋法上傳》的記載:"所得施利,造一山寺,本名合水,即鄴之西山,今所謂修定寺是也。……(弟子法存)明解時事,分略有據,上乃擢爲合水寺都維那。當有齊之盛,每年三駕皆往山寺,有所觀禮。六軍既至,供出僧厨,存隨事指撝,前後給濟,三宮并足。"②雖然《釋法上附法存傳》中敘述的是合水寺的情況,不過,皇帝駕臨鼓山石窟寺時的情景應該相似,寺院需得準備飯食,隨事應變。皇帝來去時,僧衆需得迎送。《釋僧稠傳》:"帝常率其羽衛,故幸參觀,稠處小房宴坐,都不迎送。弟子諫曰:'皇帝降駕,今據道不迎,衆情或阻。'"③僧稠住在鄴西龍山的雲門寺,他雖然沒有夾道迎送高洋,但這正說明一般情況下,寺院僧衆需要迎送皇帝,鼓山石窟寺自然也不例外。石窟寺作爲官寺,朝廷會指派寺主,釋僧稠主持雲門寺期間,兼任石窟寺大寺主。④釋法願在北齊時被下敕召爲石窟寺上座。⑤石窟寺僧人稀少時,也可從別的官寺指派僧衆輪番居於寺内。《釋圓通傳》:"至明年夏初,以石窟山寺,僧往者希,遂減莊嚴、定國、興盛、揔持等官寺百餘僧爲一番。通時尒夏預居石窟……"⑥

　　石窟寺的具體位置很可能在北響堂石窟之下,鼓山西麓,今和村西2.5千米處。此處有一座"常樂寺"遺址,寺院毁於1947年。20世紀80年代考古人員對此處進行了清理和部分發掘,清理面積1 040平方米,"在清理遺址地面的同時,并在遺址的西南開探方兩個(T1、T2),在大殿中心和偏西的地方開探方三個(T10—T12),共計面積33平方米"。發掘過程中没有出土有明確北齊紀年的物件,但"出土的蓮紋瓦當、黑筒瓦、板瓦和古鄴城出土的規格相仿,也可證明常樂寺原建置年代不晚於北齊"。探方地表下有四層堆積,"根據地層疊壓情況,常樂寺雖經過多次維修改建,但基址没有大的變遷,衹

---

① (唐)道宣著,郭紹林點校:《續高僧傳》卷二六《釋道豐傳》,第996頁。
② (唐)道宣著,郭紹林點校:《續高僧傳》卷八《釋法上》,第262—263頁。
③ (唐)道宣著,郭紹林點校:《續高僧傳》卷一六《釋僧稠傳》,第577頁。
④ (唐)道宣著,郭紹林點校:《續高僧傳》卷一六《釋僧稠傳》,第576頁。
⑤ (唐)道宣著,郭紹林點校:《續高僧傳》卷二二《釋法願傳》,第833頁。
⑥ (唐)道宣著,郭紹林點校:《續高僧傳》卷二六《釋圓通傳》,第998頁。

是規模逐漸擴大而已"。① 也就是說北齊時期的寺院很可能也是在這個位置。20世紀祇進行了很有限的發掘,當時鄴城遺址及周邊的考古工作開展也不多,或許在以後進一步的考古發掘中,會出土更多的文物和有利於斷代的信息。目前常樂寺遺址發現的最早文字紀年是"開元六年(718)"。②

在常樂寺遺址發掘中,三世佛殿遺址出土了碑刻《磁州武安縣鼓山常樂寺重修三世佛殿之記》,此碑《中州金石記》有著錄,但没有全文。③ 碑刻於金正隆四年(1159),内容寫於正隆三年二月,叙述了石窟寺的歷史和此次重修的過程,是刑部尚書胡大礪根據寺主宣秘大師師彦所述寫成,施彦於皇統三年(1143)、四年、貞元二年(1154)多次面見了胡大礪。④ 碑文説:"此寺初名石窟,後主天統間改智力,宋嘉祐中復更爲常樂寺。"現存北響堂石窟大業洞前石碑裏側有唐代攝昭義軍節度參謀磁州刺史鄭迥和家人游玩時題寫的七律詩《登智力寺上方》。⑤ 石碑裏側下方還有武周萬歲通天二年(697)滏陽縣令謝幾綜和同僚游玩時的摩崖題字,落款的檢校人是"智力寺都維挪(那)僧道□"⑥;以及宋天聖二年(1024)造像題記,有"智力寺主僧……",⑦説明《重修三世佛殿》碑文的叙述比較可靠。

北齊時期鼓山的寺院遠遠不止這一所,《續高僧傳·釋圓通傳》最後,道宣論曰:

> 余往相部尋鼓山焉,在故鄴之西北也……自神武遷鄴之後,因山上下并建伽藍,或樵採陵夷,或工匠窮鑿,神人厭其諠擾,捐捨者多,故近代登臨,罕逢靈迹。⑧

這説明北齊時期鼓山上建有多所寺院。除了上述石窟寺,目前見於文獻記載的還有一處竹林寺。不過關於竹林寺的叙述都十分神秘,有可能是以某寺爲原型虛構的。《磁

---

① 邯鄲市文物保管所、峰峰礦區文物保管所:《河北邯鄲鼓山常樂寺遺址清理簡報》,《文物》1982年第10期,第26—43頁。
② 峰峰文管所:《常樂寺出土"開元"造像》,《文物春秋》1992年第1期,第96頁。
③ (清)畢沅撰:《中州金石記》卷五《常樂寺重修三世佛殿碑》,《叢書集成初編》本,上海:商務印書館,1936年,第103—104頁。
④ 張林堂主編:《響堂山石窟碑刻題記總錄》(貳),第165頁。
⑤ 同上書,第101頁。鄭迥還出現在北響堂石窟的一處題記中,官職名稱更完整一些:"使持節磁州諸軍事磁州刺史上柱国賜魚袋鄭迥。"
⑥ 同上書,第103頁。應該是"都維那",是僧官名,參照圖片也應是"那",旁邊的應該是碑花,并非文字。
⑦ 同上書,第155頁。
⑧ (唐)道宣著,郭紹林點校:《續高僧傳》卷二六《釋圓通傳》,第1000頁。

州武安縣鼓山常樂寺重修三世佛殿之記》引《齊志》："文宣天保末,嘗使人往此寺(竹林寺)取經函,使者辭以不知。文宣曰:'卿取我駱駝乘之,則自至矣。'……僧共取與之,後不復見。"使者果然到達竹林寺取到了經函,但此寺不復見。《齊志》是北齊王遵業之子王劭入隋之後所撰,王劭本傳和《隋書·經籍志》均有著錄。① 此故事又見於《廣弘明集》:

> 先是帝在晉陽,使人騎駝,勅曰:向寺取經函。使問所在。帝曰:"任駝出城。"及出,奄如夢。至一山,山半有佛寺。群沙彌遥曰:"高洋駱駝來。"便引見一老僧,拜之曰:"高洋作天子何如?"曰:"聖明。"曰:"爾來何爲?"使曰:"取經函。"僧曰:"洋在寺嬾讀經。"令北行東頭與之。使者反命。②

上述故事叙於天保二年(551)到天保六年之間。竹林寺的神異故事也發生在釋圓通身上,武平四年釋圓通在鄴城(大)莊嚴寺收留了一位客僧,對其照顧有加。僧人臨走時告訴釋圓通他住在竹林寺,在石窟寺北五里。第二年夏天釋圓通在石窟寺輪番時和衆僧前往,但最終衹有釋圓通經指點到達竹林寺,其他人并未找到寺院,釋圓通進寺游歷了一番,然而出寺兩三里之後,回頭衹看到山峰,想要尋找去時的路,也衹有榛木而已。③

除了石窟和寺院,滏山脚下,大概還有供皇帝、隨行大臣休息的"離宫"等設施。北齊皇帝、大臣往來鄴城與晉陽時,應該時常在滏口停留休息,《北史·胡長仁傳》載:

> 天統五年,從駕自并還鄴,夜發滏口,帝以夜漏尚早,停於路傍。長仁後來,謂是從行諸貴,遂遣門客程牙馳騎呼問。帝遣中尚食陳德信問是何人,牙不答而走。帝命左右追射之,既而捉獲,因令壯士撲之,決馬鞭二百,牙一宿便死。士開因此,遂令德信列長仁倚親驕豪無畏憚。由是,除齊州刺史。④

北齊皇室經常在滏口休息,應該和滏口的位置有關,從鄴城前往晉陽時,過了滏口就進

---

① 《隋書》卷六九《王劭傳》,第1806頁;卷三三《經籍志二》,第1087頁。
② (唐)釋道宣:《廣弘明集》卷四《歸正篇·廢李老道法詔》,《大正新修大藏經》,第52册"史傳部",第113頁中欄。《法苑珠林》也有此故事。
③ (唐)道宣著,郭紹林點校:《續高僧傳》卷二六《釋圓通傳》,第997—999頁。
④ 《北史》卷八〇《胡長仁傳》,北京:中華書局,1974年,第2694頁。

入了太行山,相比山中陘道,此處更適合休整。從晉陽回鄴城時,出了滏口,便可長驅至鄴。《重修三世佛殿之記》也載:"文宣常自鄴都詣晉陽,往來山下,故起離宮以備巡幸,於此山腹見數百聖僧行道,遂開①三石室,刻諸尊像,因建此寺。"碑文雖是後代所寫,但內容應該有所本,不管是石窟寺名稱的變化還是竹林寺的故事,都能找到更早的史源。此外,碑文的記敘至少表明到金代保留的歷史記憶中,將響堂山石窟、寺院的興修與北齊皇帝往來於兩都之間聯繫起來。後世的傳說以及延續在地方遺迹中的民衆記憶,一定程度上反應了該地方早期的環境、時代情境。②

滏口不僅是北齊統治者往來休憩之處,還是祭祀祈雨的場所。目前最早的祈雨記錄見於《太平御覽》所引《水經注》:

《水經注》曰:滏水發源出石皷山南巖下,泉奮湧若滏水之湯矣,其水冬温夏冷,崖上有魏世所立銘,水上有祠能興雲雨。滏水又東流注于漳,又謂之合河。③

根據《水經注》佚文,滏口有曹魏的刻銘,水上有祠廟,用於祈雨。後趙石虎定都鄴城時,曾派太子和佛圖澄前往滏口祈雨。《晉書·佛圖澄傳》載:"時天旱,季龍遣其太子詣臨漳西滏口祈雨,久而不降,乃令澄自行,即有白龍二頭降於祠所,其日大雨方數千里。"④《高僧傳·佛圖澄傳》所記與此基本相同。⑤ 佛圖澄祈雨不僅見於此,後趙都襄國時,也有類似的事情,《佛圖澄傳》記述:"襄國城塹水源在城西北五里團丸祀下,其水暴竭,勒問澄何以致水……(澄)迺與弟子法首等數人至泉源上。其源故處,久已乾燥,坼如車轍,從者心疑,恐水難得。澄坐繩牀,燒安息香,呪願數百言,如此三日,水泫然微流。有一小龍長五六寸許,隨水來出。……有頃,水大至,隍塹皆滿。"⑥我們可以看到佛圖澄在襄國和滏口祈雨的共同點:都是在都城附近的水源處,并且出現龍就會下雨。故事中力圖表現的是佛圖澄的神異,但還是可以看到其他信息:第一,佛圖澄巧妙地糅合了中國傳統觀念中龍能興雲致雨的傳說;第二,在滏口祈雨的故事中,佛圖澄作爲佛

---

① "開",《響堂山石窟碑刻題記總錄》(二)錄作"聞"。仔細對照拓片圖版,應該是"開"。
② 參看魏斌:《傳說與歷史:并肆地區的北魏皇帝遺迹》,《文史》2021 年第 2 輯,第 79—102、202 頁。
③ 《太平御覽》卷六四《地部》二十九"滏水"引《水經注》,第 304 頁下欄。
④ 《晉書》卷九五《藝術·佛圖澄傳》,第 2489 頁。
⑤ (梁)釋慧皎撰,湯用彤校注,湯一玄整理:《高僧傳》卷九《佛圖澄傳》,北京:中華書局,1992 年,第 351 頁。
⑥ (梁)釋慧皎撰,湯用彤校注,湯一玄整理:《高僧傳》卷九《佛圖澄傳》,第 346—347 頁。

教高僧却前往地方祠廟祈雨,恰好説明滏口祠廟在這一時期的影響力和重要性。無法確定《水經注》所載滏水之上的祠廟中供奉的是什麽神靈,但在佛圖澄祈雨之後,滏口祠廟大概與龍緊密地聯繫在了一起。此外,滏口祠中供奉的是神灵塑像還是木主一類的神位也不太清楚,不過這一時期祠廟普遍塑有神像。

滏口祈雨的這一功能到北齊時仍然保留,并且地位有所上升。滏口成爲國家禮典裏規定的祭祀場所。《隋書·禮儀志》載:

> 後齊以孟夏龍見而雩,祭太微五精帝於夏郊之東。……其儀同南郊。又祈禱者有九焉:一曰雩,二曰南郊,三曰堯廟,四曰孔、顔廟,五曰社稷,六曰五岳,七曰四瀆,八曰滏口,九曰豹祠。水旱癘疫,皆有事焉。無牲,皆以酒脯棗栗之饌。若建午、建未、建申之月不雨,則使三公祈五帝於雩壇。禮用玉幣,有燎,不設金石之樂,選伎工端絜善謳咏者,使歌《雲漢》詩於壇南。自餘同正雩。南郊則使三公祈五天帝於郊壇,有燎,座位如雩。五人帝各在天帝之左。其儀如郊禮。堯廟,則遣使祈於平陽。孔、顔廟,則遣使祈於國學,如堯廟。社稷如正祭。五岳,遣使祈於岳所。四瀆如祈五岳,滏口如祈堯廟,豹祠如祈滏口。①

滏口在北齊進入國家祀典,地位明顯提高,在祈雨方面,成爲和雩壇、南郊、堯廟等并列的祭祀之所,功能也有所增加,水旱癘疫都可以前往祈禱。一年之中,若是建午、建未、建申之月(即五、六、七月,也就是孟夏之後的三個月)不下雨,就派遣三公祈五帝於雩壇,祭祀禮儀和正雩時在雩壇舉行的禮儀有差別,南郊的祈禱禮儀與郊禮相似。堯廟、滏口和豹祠的祭祀儀式相同,都要派有司至當地祭祀。雖然無法得知滏口祭祀的具體儀式,但是祭品衹有酒脯棗栗之饌,没有犧牲。這與《文宣帝紀》天保八年八月的詔書相符,"庚辰,詔……雩、禖、風、雨、司民、司禄、靈星、雜祀,果餅酒脯"。②

雖然找不到北齊時滏口祭祀的直接記載,但是可以通過同被列爲"水旱癘疫"九祀之一的西門豹祠來窺探。"(天保九年)是夏,大旱。帝以祈雨不應,毁西門豹祠,掘其冢。"③可以推測天保九年(558)夏天的這次大旱,國家應該派有司遍祭了禮志所列的九祀,然而還是没有下雨,高洋一怒之下,拆毁西門豹祠。祈雨不應,祭祀對象遭到"懲

---

① 《隋書》卷七《禮儀志二》,第141—142頁。
② 《北齊書》卷四《文宣帝紀》,第64頁。
③ 同上。

罰"這樣的事情也并非是第一次發生,同樣是西門豹祠,北魏時,奚康生"出爲撫軍將軍、相州刺史。在州,以天旱令人鞭石虎畫像;復就西門豹祠祈雨,不獲,令吏取豹舌。未幾,二兒暴喪,身亦遇疾,巫以爲虎、豹之祟"。①《隋志》言"水旱癘疫,皆有事焉",也就是説北齊時滏口祠的功能不限於祈雨,《北齊書》和《隋志》等所見北齊時期的水旱災害并不少,那麽滏口祭祀的次數大概也不會少。

鼓山、滏口是鄴城與晉陽之間的重要交通節點,北齊時期鼓山的景觀發生了重要變化,開鑿了三處石窟,修建了一些寺院。皇帝與大臣不僅會前往鼓山石窟寺禮拜,往返於兩都時也會在滏口休憩。滏口又是北齊國家的常祀地點,發生水旱疫病災害時,官員會前往此處祈禱。皇帝和官員的頻繁光顧以及各種儀式的舉辦,自然而然會影響并改變周邊地區百姓對鼓山滏口的認知。

三、遼陽山神聖空間的塑造

滏口是滏口陘道東端的入口,西出太行山就進入了山西地區,而今左權縣是滏口陘西側的重要節點。左權縣在1942年以前稱遼縣或遼山縣,遼陽山就位於境内。北朝時期的遼陽城大概在今左權縣城北大街一帶。② 由於其特殊的地理位置,遼陽山在北齊時發生了一些重要的變化,包括山中的景觀和時人對這處地理空間的認知。

遼陽山本來是一個比較偏僻的地方,由於北齊皇帝和大臣經常往來於鄴城和晉陽之間,這裏才成了交通要道。《北齊書·文宣帝紀》載:"(天保十年正月)甲寅,帝如遼陽甘露寺。二月丙戌,帝於甘露寺禪居深觀,唯軍國大政奏聞。(三月)丙辰,帝至自遼陽。"③正月己丑朔,甲寅爲二十六日,三月戊子朔,丙辰爲二十九日。④ 高洋在遼陽山甘露寺待了兩個月左右,説明此寺有一定規模,至少能供應皇帝及其侍從生活所需。而且有軍國大事時,往來奏報的大臣和驛差還會頻頻到此。此寺稱爲"甘露寺",不知是得名於佛教中的"甘露"⑤,還是和古代的祥瑞——甘露有關,或者兩者兼具。《北齊書·

---

① 《魏書》卷七三《奚康生傳》,第1768頁。
② 左權縣志編纂委員會:《左權縣志》第一編《建置》,北京:高等教育出版社,1999年,第29頁。
③ 《北齊書》卷四《文宣帝紀》,第66頁。
④ 朔日參考陳垣:《二十史朔閏表》,北京:古籍出版社,1956年,第77頁;毛遠明校注《漢魏六朝碑刻校注》所收《徐徹墓誌》《成犨生造像記》有天保十年正月和三月的干支紀日(北京:綫裝書局,2009年,第9册,第36—41頁)。
⑤ "甘露"是梵語"阿密哩多"的翻譯,其味甘如蜜,是天人所食用的不死之藥,佛教以之形容涅槃境界。參看丁福保:《佛學大辭典》、陳義孝編:《佛學常見辭匯》。

邢邵傳》載:"文宣幸晉陽,路中頻有甘露之瑞,朝臣皆作《甘露頌》,尚書符令邵爲之序。"①此條記載中的"文宣"原作"世宗",校勘記言:"諸本'文宣'作'世宗',《北史》卷四三無此二字。《册府》卷五五一、《通志》卷一五五作'文宣'。按《通志》傳文即録自《北史》,疑《北史》本亦有此二字。此傳亦出北史,北史例稱帝謚,這裏忽稱世宗廟號,明是補此傳者所改(或所據《北史》已脱去,以意增)。今據上文,稱邢邵以太常卿兼中書監、國子祭酒。本書卷四三《許惇傳》叙惇與邢邵争大中正事,即稱邢邵官爲中書監,又説許惇憑附宋欽道,出邵爲刺史。宋欽道得勢已在高洋晚年,則邢邵爲中書監也必在高洋時,可證他作《甘露頌》不可能在高澄(世宗)時。又邢邵《甘露詩》《甘露頌》今存《藝文類聚》卷九八,通篇都只歌頌皇帝,不及宰輔,高澄未登帝位,也不像高澄當國時的作品。"②依校勘記所言,這次文宣帝高洋和大臣前往晉陽,途中遇甘露,群臣作詩文贊頌皇帝,很可能就發生在高洋晚年,或許甘露寺的修建和得名與這次途中遇甘露有關。即便没有更多的材料佐證和肯定這一點,但這次事件至少説明北齊君臣對"甘露"這一祥瑞是十分重視的,遼陽山甘露寺的得名也不是隨意爲之。整體來説,我們對遼陽山甘露寺知之甚少,但從高洋禪居甘露寺來看,北齊時,遼陽山不僅僅是鄴城與晉陽之間重要的交通節點,還有一些特殊的意義。

《廣弘明集》保留了一篇盧思道的《遼陽山寺願文》。③ 從篇頭"齊興二十有三載,區宇乂安……",可知這篇《願文》寫於後主武平三年。文章一開始贊頌了北齊建立後天下太平、四海歸心的盛世局面,接着叙述道:

> 參墟奥壤,王迹所基,密都是宅,别館攸在。襟帶逈長,原陸爽秀,高岩鬱起,作鎮東偏。

其中的"參墟"和"密都"都是化用典故。《左傳·昭公元年》載:"子産曰:'昔高辛氏有二子,伯曰閼伯,季曰實沈,……後帝不臧,……遷實沈于大夏,主參,唐人是因,以服事夏商。……'"楊伯峻注"大夏":"據杜注,大夏即今太原市。服虔以爲'大夏在汾、澮之

---

① 《北齊書》卷三六《邢邵傳》,第478頁。
② 《北齊書》卷三六《邢邵傳》,校勘記一〇,第481頁。
③ 盧思道:《遼陽山寺願文》,收於《廣弘明集》卷二八《啓福篇》,《大正新修大藏經》第52册"史傳部",第327頁上、中欄。

間',則當今山西翼城、隰縣、吉縣之區。""参":"参宿,有星七顆,即獵户座。"①大夏是今山西地區,而大夏主"参",也就是説"参"對應今山西地區。不過,《史記·天官書》和《漢書·天文志》對"参"的分野記述有幾種不同的情況:在星宿和州對應時,"觜觿、参,益州",②"参"對應益州;星宿和列國對應時,"晉之疆,亦候在辰星,占於参罰",③"参"對應晉國。在記述西漢的一次天象時,《天官書》云"平城之圍,月暈参、畢七重"。④《天文志》的記載更詳細:"七年,月暈,圍参、畢七重。占曰:'畢、昴間,天街也;街北,胡也;街南,中國也。昴爲匈奴,参爲趙,畢爲邊兵。'是歲高皇帝自將兵擊匈奴,至平城,爲冒頓單于所圍,七日乃解。"⑤也就是説此次天象中,"参"代表的是平城地區。雖然這三種説法不完全一致,但是後兩種大致都是"参"對應今山西地區。加之《左傳》的記述,至少説明参星與山西相對應是古代的星象觀念之一。具體到《遼陽山寺願文》,"参"應該就是指山西,"奧壤"即腹地之意。"密都"化用《山海經》中的典故,"青要之山,實惟帝之密都",郭璞注"天帝曲密之邑",袁珂又注:"例以西次三經'昆侖之丘,實爲帝之下都'語,此天帝蓋即黄帝也。"⑥簡言之,"密都"指的就是帝王所居遠離人間的隱秘之山,"参墟"和"密都"合起來指的正是山西遼陽山,"别舘"就是行宫。

《願文》接着描述了一番遼陽山的風景,同時説明了爲何在此建寺:

> 于時玉燭調年,金商在律,職方具禮,旋駕西巡,六龍齊轡,七萃按部,雷動雲移,凝鑾佇蹕。乃建仁祠於彼勝地,成之不日,既麗且康。昔周夜初明,漢池雲鑿,事隔荒裔,道若存亡。哲王馭歷,弘濟區有,前聖後聖,旦暮爲期。

"玉燭調年,金商在律,職方具禮"都是喻指當時的太平盛世;"旋駕西巡,六龍齊轡,七萃按部,雷動雲移"描述了皇帝從鄴城西行時,華麗的車駕和浩浩蕩蕩的隊伍;"凝鑾佇蹕。乃建仁祠於彼勝地,成之不日,既麗且康"説明皇帝和隨行隊伍駐蹕於此,於是在

---

① 楊伯峻編著:《春秋左傳注》,魯昭公元年,北京:中華書局,1990年,第1217—1218頁。
② 《史記》卷二七《天官書》,北京:中華書局,1982年,第1330頁;《漢書》卷二六《天文志》,北京:中華書局,1962年,第1288頁。
③ 《史記》卷二七《天官書》,第1346頁;《漢書》卷二六《天文志》此句作"晉之疆,亦候辰星,占参、罰",第1289頁。
④ 《史記》卷二七《天官書》,第1348頁。
⑤ 《漢書》卷二六《天文志》,第1302頁。
⑥ 袁珂校注:《山海經校注》卷五《中山經·中次三經》"青要之山",上海古籍出版社,1980年,第125頁。

這裏建立宏偉華麗的寺院。這段文字充分説明北齊之所以在遼陽山建佛寺，正是因爲此地處於鄴城和晉陽間的交通要道。《願文》最後的落脚點是爲北齊皇室祈福，祈福的對象不僅有生者：皇太后、皇帝、太子、六宫、諸王，還有已故的神武帝，後主的父皇武成帝以及"清廟聖靈"——太廟所供祀的對象。《願文》試圖建立神武帝高歡—武成帝高湛—後主高緯這樣父子相承的帝位序列，高洋、高演和未登帝位的高澄都被劃入"清廟聖靈"的範圍。武平三年，盧思道爲給事黄門侍郎，待詔文林館，①這篇《遼陽山寺願文》很可能是盧思道隨駕高緯，在遼陽山寺所作。盧思道的侄兒也曾從駕晉陽，《北齊書·盧正山傳》載：

> 正山子公順，早以文學見知。武平中符璽郎，待詔文林館。與博陵崔君洽、隴西李師上同志友善，從駕晉陽，寓居僧寺，朝士謂"康（唐）寺三少"，爲物論推許。②

盧公順、崔君洽、李師上三人武平中跟隨高緯從鄴城前往晉陽，在僧寺寓居，被人稱爲"唐寺三少"，"唐"是晉國的古稱，他們三人居住的僧寺有可能就是遼陽山寺。"從駕晉陽"是描述此行的目的地，并非指寓居晉陽的僧寺，如果是在晉陽城，則有官署和宅第可供住宿，無需借住在寺院。盧思道《願文》寫作的時間是武平三年，與《盧公順傳》中所書武平中（570—575）也比較相符，或許就是同一次。皇帝的整個隨行隊伍都駐蹕於寺院，這就和高洋居於遼陽山甘露寺有點類似，皇帝和衆多的官員要居住於此，必然需要配套設施，可見遼陽山寺的規模也是不小。高洋時期的甘露寺和高緯時期的遼陽山寺有可能是同一所，但無法確定。

無論甘露寺和遼陽山寺是否爲同一座寺院，上述材料至少表明北齊時期遼陽山存在宏大的佛寺，山中的景觀發生了變化。寺院不僅成爲皇帝和大臣的臨時休息之地，也成爲皇帝禪居之地，高洋曾在甘露寺禪居了兩個月左右。北齊在遼陽山建立這麽大規模的寺院，最重要的原因當然是遼陽山獨特的地理位置。然而，隨着皇帝的親臨和神異故事的發生與宣傳，這裏就不僅僅是重要的交通結點，而是逐漸演化爲北齊國家的一處神聖空間。

---

① 《北史》卷三〇《盧思道傳》，第1076頁；《北齊書》卷四五《文苑傳》，第603—604頁。
② 《北齊書》卷四二《盧潛附盧公順傳》，第557頁。"康寺三少"有校勘記："《册府》卷七七七'康'作'唐'。按晉陽古唐國，疑作'唐'是。"（本卷校勘記六，第567—568頁）

鄴城與晉陽之間：北齊"兩都制"對地方景觀和空間的塑造

高洋受魏禪之前，"後從世宗行過遼陽山，獨見天門開，餘人無見者"。① 這是一件不可檢驗的神異事件，很可能出於高洋即帝位之後的附會。然而這種神異附會往往反映了帝王內心深處的信念和期望，同時象徵著君主身份的"神性"及其權力地位的合法性。這樣的附會和宣傳也使遼陽山變得神聖而獨特。神異不僅發生在皇帝身上，北齊的兩名方士前往晉陽時，他們也在遼陽山顯示了自己的神異。《北史·藝術傳》載：

（由吾道榮）尋爲文宣追往晉陽，道榮恒野宿，不入逆旅。至遼陽山中，夜初馬驚，有猛獸去馬止十餘步，所追人及防援者並驚怖將走。道榮徐以杖畫地成火坑，猛獸遽走。道榮至晉陽，文宣見之甚悅。②

（馬嗣明）武平末，從駕往晉陽，至遼陽山中，數處見榜，云有人家女病，若能差之者，購錢十萬。又諸名醫多尋榜至是人家，問疾狀，俱不下手。唯嗣明爲之療。問其病由，云曾以手持一麥穗，即見一赤物長二尺許，似蛇，入其手指中，因驚倒地。即覺手臂疼腫，月餘日，漸及半身，肢節俱腫，痛不可忍，呻吟晝夜不絕。嗣明即爲處方，令馳馬往都市藥，示其節度，前後服十劑湯，一劑散。比嗣明明年從駕還，此女平復如故。③

這兩則故事恰好分別發生在文宣帝和後主時期。從這兩則故事，可以看出三點：第一，遼陽山是往來於鄴城與晉陽間的必經之地，尤其是馬嗣明的事迹，來回都經過遼陽山；第二，遼陽山是一個比較神秘的地方，神異事件發生於此，容易使人相信；第三，《馬嗣明傳》言"至遼陽山中，數處見榜"，張榜自然是在交通要道或人流密集之處，便於消息流散，這說明遼陽山此時是重要的交通之處，同時"諸名醫多尋榜至是人家"說明很多名醫會經過遼陽山，這些名醫的往來流動大概和北齊兩都間的互動也有關係吧。

遼陽山本是一處普通、無人問津的偏僻之地，然而因爲東魏北齊時期特殊的雙中心格局，統治者常年往來於晉陽與鄴城間，遼陽山變成了交通要道上的重要節點，北齊在這裏建造了規模宏大的寺院。高洋晚年在此地甘露寺禪居，直到後主武平年間，遼陽山還擁有能夠接待皇帝和隨駕官員的佛寺。宏偉的寺院建築和統治者的駕臨，構成了遼

---

① 《北齊書》卷四《文宣帝紀》，第 43 頁。
② 《北史》卷八九《藝術上·由吾道榮傳》，第 2931 頁。
③ 《北史》卷九〇《藝術下·馬嗣明傳》，第 2976 頁。

陽山一道獨特的風景。神秘色彩也一直伴隨着遼陽山,從文宣帝高洋到北齊的術士,都在此處發生了神異故事。高洋的神異故事與遼陽山的神聖性相輔相成,預言性的神異故事增强了高洋帝位的神聖性與合法性,反之,高洋稱帝之後,皇權本身的神聖性和至高性又賦予了遼陽山一定的神聖性。憑藉重要的地理位置,以及神異故事的加持與宣傳,我們不得不說遼陽山在北齊時顯然是一處神聖空間。

結　語

滏口和遼陽山皆位於鄴城與晉陽之間的交通要道,由於統治者頻繁往來於兩都之間,使得它們不再是簡單的地理坐標,而被賦予了一定的政治禮儀和宗教功能。滏口是鄴城西北的重要關口,頻繁往來兩都的皇帝和大臣經常駕臨這裏,促使鼓山、滏口的景觀發生了變化,出現了石窟和寺院等。曹魏時,滏口就成爲了祈雨之處,并立有祠廟。北齊時期,洪澇和瘟疫也被納入滏口的祭祀體系,水旱瘟疫都可以到此祭祀。滏口的地位進一步提升,被列入國家祀典,成爲常規祭祀場所。鼓山成爲集佛教石窟、寺院和祠廟等景觀於一處的特殊空間。遼陽山處於從河北進入山西的關鍵之地,擁有規模宏大的寺院,皇帝、大臣往來拜謁,休息於此,甚至會居住一段時間。同時,遼陽山被神異故事所附會和加持,逐漸成爲了北齊的一處神聖空間。

東魏北齊時期,皇帝與大臣頻繁往來於晉陽與鄴城之間,對地方景觀等産生了很大的影響,滏口和遼陽山僅僅是其中的一部分。建造在交通沿綫的石窟,成了持久的風景,滏口一綫,從涉縣到左權縣的途中,就有涉縣媧皇宫的北齊刻經、[1]左權縣的"高歡雲洞"和319國道旁的石佛寺石窟。[2] 井陘一綫,平定縣也有開河寺石窟。[3] 此石窟三個洞窟的題記都位於窟門正上方,洞窟雖然狹小,題記却比較醒目,比起識文斷字有限的百姓,可以讀懂題記内容的主要是過往的官吏。不妨說,題記就是專門刻給這些人看的。雖然開河寺石窟從北魏永平三年就開始鑿刻了,陸續又有東魏、北齊和隋的造像和題記,但我們可以從中看到安鹿交村因處於交通要道,往來統治者對此地百姓的行爲和心理産生的影響。[4]

---

[1]　國家文物局主編:《中國文物地圖集·河北分册》(下),北京:文物出版社,2013年,第787頁。
[2]　李裕群:《山西左權石佛寺石窟與"高歡雲洞"石窟》,《文物》1995年第9期,第58—70頁。
[3]　山西省古建築保護所、北京大學考古學系石窟調查組:《山西平定開河寺石窟》,《文物》1997年第1期,第73—85頁。
[4]　侯旭東:《北朝并州樂平郡石艾縣安鹿交村的個案研究》,《北朝村民的生活世界——朝廷、州縣與村里》,北京:商務印書館,2005年,第231—264頁。

滏口和遼陽山都因處於鄴城和晉陽之間的交通要道上，在北齊時發生了重要變化，包括地理景觀和人們對空間的認知。看到滏口和遼陽山在北齊的相似之處，我們也會注意到二者的不同。滏口是鄴城西北重要的門户和水口，而遼陽山衹是一處較爲偏僻的山區。當北齊滅亡，"兩都制"結束，統治者不再頻繁往來於鄴城和晉陽之間時，兩者就會面臨不同的命運。鼓山石窟和寺院在唐、宋、元明等均有續鑿或擴建，直到今天，我們依然可以看到這處地理景觀。雖然這些景觀經過不斷累積、破壞和疊加，已不同於北齊時的原貌。後世的文人墨客和百姓也會去鼓山游覽，并留下了一些題記等。而遼陽山却逐漸在歷史中沉寂，後代的歷史文獻中，已經看不到遼陽山有什麽特殊的景觀和意義。一方面，木質建築易毁，不像石窟可以長存；另一方面，脱離"兩都制"這樣的政治環境，遼陽山就不再像北齊時那麽重要，而滏口却因爲靠近鄴城，還一直處在人們的關注中。

　　附記：本文承胡鴻老師悉心指導，修改過程中又得到了魏斌老師的多次教示，在武漢大學歷史學院暨中國三至九世紀研究所主辦的"中古史的地方視角"會議上，又蒙范兆飛、劉瑩、趙俊傑、段彬和仇鹿鳴等老師提出寶貴的修改意見，在此一并致謝。

《光業寺碑》及其周邊

孫 齊

開元十三年(725)《光業寺碑》,額題"大唐帝陵光業寺大佛堂之碑",原在今河北省隆堯縣魏莊鎮王尹村北唐祖陵,是唐高祖李淵四代祖宣皇帝李熙建初陵、三代祖光皇帝李天賜啓運陵附近光業寺修建佛堂的記事碑。據《元和郡縣圖志》,建初陵、啓運陵皆高4丈,二陵共塋,週回156步(約229米)。[①] 今封土及陵園已不存,僅有十餘件石雕殘留。[②] 光業寺在陵園正東偏南500米,屬於趙孟村,俗稱"趙孟寺",被認爲是唐祖陵的陵寺。[③] 其寺毀於近代,僅有《光業寺碑》幸存。該碑已經碎爲12塊,後經拼接,殘高4.53米,寬1.29米,厚0.42米,重樹於隆堯縣碑刻館。

《光業寺碑》陽面爲前象城縣尉楊晉所撰《趙州象城縣光業寺碑并頌》,碑陰及兩側遍刻題名。該碑自明清以來屢見著録。隆慶《趙州志》,崇禎、乾隆《隆平縣志》等節録了楊晉碑文。[④] 金石書録有全文者,筆者見有劉喜海《金石苑》、陸繼煇《八瓊室金石補正續編》及王仁俊《籒鄦手校石刻正文》三種,[⑤] 其中陸繼煇更附題名録文。但三書皆爲

[①] (唐)李吉甫撰,賀次君點校:《元和郡縣圖志》卷一七《河北道二·趙州·昭慶》,北京:中華書局,1983年,第493頁。參沈睿文:《唐陵的布局:空間與秩序》,北京大學出版社,2009年,第14—25頁。

[②] 2010年勘探確定隆堯唐祖陵兆域(最外層界限)南北長2030米,東西長2204米。陵墓外圍分爲三圈:内垣爲正方形,外垣爲長方形,最外圈由若干夯土臺組成。見《隆堯唐祖陵勘探獲重大發現 確定大唐皇室祖籍所在地》,《光明日報》2010年12月18日。

[③] 關於唐代陵寺,可參冉萬里:《帝陵建寺之制考略》,《西部考古》第1輯,西安:三秦出版社,2006年,第433—441頁;田有前:《唐代陵寺考》,《文博》2012年第4期,第60—64頁。

[④] 《(隆慶)趙州志》卷九,《天一閣藏歷代方志彙刊》第7册,北京:國家圖書館出版社,2017年,第441—443頁;《(崇禎)隆平縣志》卷九,《北京大學圖書館藏稀見方志叢刊》第33册,北京:國家圖書館出版社,2013年,第357—362頁;《(乾隆)隆平縣志》卷一〇,《中國地方志集成·河北府縣志輯》第68册,上海書店等,2006年,第121—123頁。

[⑤] (清)劉喜海:《金石苑》第35册,《金石學稿鈔本集成(三編)》第16册,上海書畫出版社,2019年,第419—432頁;(清)陸繼煇:《八瓊室金石補正續編》卷二六,《續修四庫全書》第900册,上海古籍出版社,1996年,第25—38頁;(清)王仁俊:《籒鄦手校石刻正文》乙集,《美國哈佛大學哈佛燕京圖書館藏稿鈔校本彙刊》第66册,桂林:廣西師範大學出版社,第67—82頁。

稿本,當時未刊行。1933年,中研院史語所與古物保管委員會派人調查隆堯石刻,携回拓本。[1] 陳寅恪隨即據之撰《李唐氏族之推測後記》,以碑文中"維王桑梓,本際城池"等句,提出"李唐先世若非趙郡李氏之'破落户',即是趙郡李氏之'假冒牌'"的著名論斷。[2]《光業寺碑》也因此爲學界熟知。

1988年,當地文物工作者李蘭珂據舊拓及縣志校録了《光業寺碑》正文部分,計2905字,成爲通行的版本。[3] 但此碑題名部分一直乏人問津。孫繼民先生首先撰文指出《光業寺碑》"還有另外一個極少爲人所知、其絲毫不遜色于正面政治史資料價值,而對唐代村落史和社會史具有極其重要的獨特價值,這就是當時鐫刻于碑陰碑側的大量有關唐代村落和唐人姓名的題記文字"。[4] 他根據原石和拓片統計此碑題名存3970多字。不過,限於體例和篇幅,該文并没有做詳細的闡述,亦未提供録文。目前,隨着《隆堯碑誌輯要》《河北隆堯石刻》等資料集的面世,《光業寺碑》碑陰和碑側的拓本和録文已經公布。[5] 其中殘泐和誤釋的地方,可據陸繼煇《八瓊室金石補正續編》的録文加以補正。兩相參照,可以基本復原《光業寺碑》尤其是其題名的全貌。復原後的《光業寺碑》題名部分存有5680餘字,計1600餘人,分屬50餘個村落,允爲關於唐代村落最細緻的材料之一(復原結果見本文附録折頁)。本文即擬在此基礎上,對《光業寺碑》及其周邊鄉村社會等問題做一些初步的討論。

一、唐祖陵與光業寺

楊晉所撰碑文首先説明光業寺爲"開元八代祖宣皇帝、七代祖光皇帝陵園之福田",爲總章年間敕立,取"寔光帝業"之意。碑文先述唐祖陵創設之歷程,次叙僧俗共同修建佛堂之舉,最後則稱述刺史、縣令之盛德。其中所述史事,參照其他記載,可簡述如下表:

---

[1] 史語所報告稱:"王尹村附近光業寺建自唐麟德元年,内樹唐開元石碑,即記載唐建初、啟運陵事,亦經摹拓原文,一并携平,以備參考。"見歐陽哲生編:《傅斯年文集·工作報告》,北京:中華書局,2017年,第458頁。報告原文見傅一清:《隆平縣唐祖陵調查報告》,古物保管委員會編:《古物保管委員會工作彙報》,北京:大學出版社,1935年,第151—156頁。
[2] 陳寅恪:《李唐氏族之推測後記》,《歷史語言研究所集刊》第3本第4分,1933年。此據氏著:《金明館叢稿二編》,北京:生活·讀書·新知三聯書店,2001年,第335—345頁。
[3] 李蘭珂:《隆堯唐陵、光業寺碑與李唐祖籍》,《文物》1988年第4期,第55—65頁。
[4] 孫繼民、宋坤:《光業寺碑題記與唐代村落史研究》,《光明日報》2015年2月25日14版。此據孫繼民:《光業寺碑題記:唐代村落史的珍稀資料》,《中古史研究匯纂》,天津古籍出版社,2016年,第226—232頁。
[5] 戴建兵主編:《隆堯碑誌輯要》,天津人民美術出版社,2016年,第40—50頁;張明等主編:《河北隆堯石刻》,北京:科學出版社,2018年,第49—58頁。本文所用二書碑刻録文,皆據拓本圖片參酌改定,不再一一出注。

武德元年(618)	追尊李熙爲宣簡公,李天賜爲懿王。(《册府元龜》卷三〇、《唐會要》卷一)
貞觀二十年(646)	累遣使臣左驍衛府長史長孫尊師與邢州刺史李寬[1]、趙州刺史杜啓等,驗謁塋域,畫圖進上。(碑文)
麟德元年(664)	敕宣簡公、懿王陵墓并在趙州。各宜配守衛户卅人,仍令所管縣令專知檢校,刺史歲别一巡。(碑文)
總章年間(668—670)	總章勅云"爲像爲陵置寺"。奉敕置是,額曰光業。(碑文)
咸亨五年(674)	追尊六代祖宣簡公爲宣皇帝,妣張氏曰宣莊皇后;五代祖懿王爲光皇帝,妣賈氏曰光懿皇后。(《舊唐書》卷五、《新唐書》卷三、《通鑑》卷二〇二)
儀鳳二年(677)	詔尊宣簡公謚宣皇帝,夫人張氏謚宣莊皇后;懿王謚光皇帝,妃賈氏謚光懿皇后。(碑文、《舊唐書》卷一[2]) 詔尊宣皇帝陵爲建昌陵,光皇帝陵爲延光陵。(碑文、《册府元龜》卷三〇、《唐會要》卷一)
開元十一年(723)	尊八代祖宣皇帝廟號獻祖,光皇帝廟號懿祖,始祔于太廟之九室。(《舊唐書》卷八)
開元十二年(724)	前上坐僧惠超、寺主僧慧山、上座僧守義、都維那僧知定、僧弁藏、僧智藏、僧敬秀、僧志成,合寺門徒等重修佛堂。(碑文)
開元十三年(725)	宣義郎、前行象城縣尉楊晉解袂南昌,去留惜别,長幼相趨,祈作碑文。(碑文)
開元二十八年(740)	詔改建昌陵爲建初陵,延光陵爲啓運陵,仍置官員。(《册府元龜》卷三〇、《唐會要》卷一) 趙郡昭慶縣令李錫奉詔修建初、啓運二陵,總徒五郡,支用三萬貫。(李白《虞城縣令李公去思頌碑》)

陳寅恪提出趙郡廣阿(象城)乃"李氏累代所葬之地,即其家世居住之地,絶無疑義",依據就是唐祖陵在此及《光業寺碑》"維王桑梓"之語兩大"實物證據"。不過此説

---

[1] 李寬(606—696)出身隴西李氏,貞觀十八年至永徽元年任邢州刺史,其墓碑、墓誌皆已出土。參見胡可先:《新出土唐代李寬碑誌考論》,《浙江大學學報(人文社會科學版)》2018年第1期,第116—133頁。

[2] 按《舊唐書》卷一《高祖紀》云"儀鳳中,追尊光皇帝"(北京:中華書局,1975年,第1頁),與《新》《舊唐書·高宗紀》記爲咸亨五年不同。錢大昕認爲《舊唐書·高祖紀》誤書(《廿二史考異》卷五七,南京:鳳凰出版社,2016年,第994頁)。然《高祖紀》所述與碑文略同。且碑文所録儀鳳詔書署名有中書令李敬玄、中書侍郎門下三品薛元超,據史傳所載二人遷轉,此詔在儀鳳二年無疑(薛元超墓誌見《新中國出土墓誌》陝西卷一,北京:文物出版社,2000年,第83頁)。這或是因爲咸亨五年追尊見於改元大赦詔書,而碑文所載儀鳳二年詔書則録自謚册,因而造成時間差異。此點承徐暢女史提示,謹致謝忱。

引起很多質疑,難稱定論。① 因爲葬地并不能直接等於世居之地,且李唐官方書寫及皇室墓誌,從未見以趙郡爲籍貫者。史載李熙起家金門鎮將(金門塢在今河南洛寧縣南),後鎮武川,"終於位,因遂家焉",② 緣何葬於趙州,令人不解。胡戟先生提出或許是六鎮起兵失敗後,李虎被安置於河北地區,將父、祖遷葬趙州附近,可備一説。③ 甚至有學者提出唐初皇室有意攀附趙郡李氏,唐祖陵實出僞造。④

從情理推測,唐祖陵之確定由武德元年發端,至麟德元年敕定,歷經三帝,近四十年。大概唐初君臣確知李熙父子葬於邢、趙二州之域,但具體位置難以找到,故貞觀中累遣使臣與邢、趙二州刺史"驗謁塋域,畫圖進上"。而最終確定的陵墓具體位置,恰處在邢州柏仁縣、任縣和趙州象城縣二州三縣的交界點(詳下),巧合得有些蹊蹺。且其地并非當地李氏家族墓葬區。⑤ 因此,唐祖陵地點的最終確定極有可能是地方官員的權宜塞責之舉。

然稱唐室攀附趙郡李氏,實際情況或許恰恰相反。在唐祖陵勘定之同時,當地趙郡李氏連同地方官守正大舉"報國修立"柏仁縣宣務山石窟。當時題記明顯是趙郡李氏有意攀附皇室,自稱"盤石之宗,連華帝籍"。⑥ 不過祇見地方輿論運作,未見唐庭有何反饋。在唐陵修成後,當地趙郡李氏則開始改造世系,自我溯源爲隴西李氏。如寶曆二年(826)《唐故趙郡李公(濟)墓誌銘并序》稱:

李氏之族,世爲茂盛,歷祀寢久,分派殊途。自伯陽之後,□出隴西。我皇祖建初後封于趙,或曰頓丘、中山、江夏□□□十二望。雖醴出一源而精蟠萬化,受氏

---

① 參汪榮祖:《史家陳寅恪傳》,北京大學出版社,2005年,第106—112頁。
② 《册府元龜》卷一,南京:鳳凰出版社,2006年,第11頁。
③ 胡戟:《陳寅恪與中國中古史研究》,《歷史研究》2001年第4期,第145—156頁。沈睿文提出唐祖陵"二陵共塋"的形式帶有鮮卑"同墳異穴"葬俗的色彩,與中原葬俗不同。參沈睿文:《唐陵的布局:空間與秩序》,第14—25頁。
④ 邢鐵:《唐朝皇室祖籍問題辨正》,《西部學刊》2015年第4期,第30—32頁。較新的學術史梳理,參見劉後濱:《李唐皇室家世書寫再議》,《國學學刊》2017年第1期,第97—109頁。
⑤ 趙郡李氏的居住和墓葬空間,集中在平棘縣西南、高邑縣北部和贊皇縣東的百陵川。參魏斌:《李魚川推理》,《讀書》2019年第5期,第72—81頁;方笑天:《家國共生:北朝趙郡李氏的葬地與權力結構》,《贊皇西高北朝趙郡李氏家族墓地:2009—2010年北區發掘報告》,北京:科學出版社,2021年,第58—66頁。至於唐祖陵附近柏仁李氏墓地,大象三年(581)《府君妻祖夫人墓誌》稱"窆於柏仁城西南廿里史村之西",在今隆堯縣史村(戴建兵主編:《隆堯碑誌輯要》,第9頁)。開元二十二年(734)《李文墓誌》稱葬於"柏仁城北三里平原",長慶四年(824)《李希順及妻眭氏墓誌》稱"合袝于堯山西北五里,附於大塋宣務之原",皆在今隆堯宣務山附近(此二志見籍合網"中華石刻數據庫",編號ZHB050000003M0016624、ZHB050000003M0016527)。
⑥ 參孫齊:《一座消失的石窟:河北宣務山石窟研究》,《文史》2022年第3期,第117—158頁。

于古，□□□今，□□□□堯山縣人也。……以寶曆二祀大蔟月二旬有八日遷窆于縣東南十里光藝鄉邇先塋之側平原，禮也。①

李濟明明是趙郡李氏，却自稱"□出隴西"，自"皇祖建初"亦即李熙時"封于趙"，因而由隴西李變爲趙郡李。所謂"縣東南十里光藝鄉"之"先塋"當即唐祖陵。與此類似，唐陵東南約 2 公里任縣新市村所出大中十二年（858）《李倫墓誌》也自稱"公承唐王之胤、建初皇帝之宗，邐迤相承，邇居陵側"，并葬於"唐陵東南三里"。② 隆堯縣堯山村出土之中和二年（882）《李氏墓誌銘》則徑稱"隴西李氏，蓋伯陽之後裔也"。③ 至後唐莊宗時，重爲二陵置臺令，當時"縣中無賴子自稱宗子者百餘人，宗正無譜諜，莫能考按"。④ 此誠可謂是趙郡李氏之"破落户"成了隴西李氏之"假冒牌"。

再説光業寺。碑文"總章勅云'爲像爲陵置寺'"，是説光業寺之敕立，非僅因爲有陵，且此寺原有"阿育王素像一鋪、景皇帝玉石真容一鋪，銘勒如在"，亦即有李淵之父李虎的真容石像。此像當非李淵所造并敕下，否則不會如此輕描淡寫，大概也是當地人僞托附會。⑤ 儀鳳二年（677）詔尊二陵爲建昌陵、延光陵，是光業寺興建中更重要的契機。詔書下後，"禮備昭告，恭維奉行"，然而"劍履前湖，不無仙館，桑梓舊國，須築法宫"，"於是乎百堵齊舉，千櫨競設。工倍斯巧，不日而成"。⑥ 光業寺大概於此時真正立成。

《光業寺碑》之建立，緣於建寺近 50 年後開元十二年重修供奉"景皇帝玉石真容"的佛堂。之所以此時重修，應與上年八月"尊八代祖宣皇帝廟號獻祖，光皇帝廟號懿祖，始祔于太廟之九室"的禮制改革有關。⑦ 本來宣皇帝在中宗時已祧遷，光皇帝依"親盡則遷"之例，也不免岌岌可危。而玄宗别出心裁，創立九廟之制，已經遷毀的宣皇帝

---

① 此志見籍合網"中華石刻數據庫"，編號 ZHB050000003M0016528。録文及標點有改動。
② 宋孟寅：《一方佐證李唐祖籍在河北隆堯的唐代墓誌》，《文物春秋》2010 年第 3 期，第 58—60 頁。
③ 戴建兵主編：《隆堯碑誌輯要》，第 65 頁。
④ 《新五代史》卷五七《李鏻傳》，北京：中華書局，1974 年，第 656 頁。參見《册府元龜》卷四八一《臺省部·譴責》，第 5445—5446 頁；卷九五四《總録部·寡學》，第 11045 頁。
⑤ 武德元年時，李淵確曾爲李虎夫婦"造栴檀等身像三軀"，但此三尊佛像供養於慈悲寺。見《辯正論》卷四，CBETA, T52, no. 2110, p. 511, b20-21。唐代有爲皇帝造真容像的傳統，但都是從高祖以下造像。參雷聞：《論唐代皇帝的圖像與祭祀》，《唐研究》第 9 卷，2003 年，北京大學出版社，第 261—282 頁。
⑥ （清）陸繼煇：《八瓊室金石補正續編》卷二六，第 26—27 頁。
⑦ 《舊唐書》卷八《玄宗紀》，第 185 頁。

重新列爲正室。① 可能正是由此契機,光業寺合寺上下,糾合唐陵周邊民衆,重修佛堂。即碑所云:

> 乃有初建佛堂前寺主僧道慶、續脩上坐僧玄測、立碑寺主僧玄静,并性相圓明,住持堅苦,傳經不疲於骨筆,救俗靡憚於殘軀。心水澄活,身田寂静,擯落囂滓,拂衣高蹈。前上坐僧惠超,至開元十二年次營寺主僧慧山、上坐僧守義、都維那僧知定、僧弁藏、僧智藏、僧敬秀、僧志成,合寺門徒等,并宿植果因,早聞經佛。若勤沙劫,無捨刹那,能開方便之門,從其喜捨之願。……凡厥兩州三縣,以其得姓同封,或里仁從宦,必復公侯之德,務本于農;聿脩祖考之規,揚名於代。植杖耦耕之税,盡入檀財;辭金勸學之賢,歡聞施捨。②

可知此佛堂是前寺主道慶初建,後來玄測續有修葺,又有寺主玄静所立之碑。開元十二年的重修,則是寺内長老前上座僧惠超領銜,③寺主慧山及合寺門徒等募化象城、柏仁、任縣三縣民衆捐資助成。

雖然《光業寺碑》本身規制不小,又長篇引録制敕,但光業寺的重修并非官方之舉。撰寫碑文的"宣義郎、前行象城縣尉楊晉",祇是從九品的低級品官。他離職"解袂南昌"之際,"去留惜别,長幼相趨,祈作此文,用旌法會",是應當地父老之請而作,并没有官方的背景。碑文雖然提及趙州刺史田再思"時因歲謁帝陵,是用歸依法宇,作禮恭敬,贊歎甚深",象城城縣令宗文素"百姓仰之如父母,寮吏敬之若神明"云云,也祇是唐代紀事碑的慣用格套,未必實際有所貢獻。如陳尚君先生所言,光業寺重修與立碑"純屬民間行爲",④因此碑中"維王桑梓,本際城池"云云,也祇是當地民衆的觀念,并不是唐代官方的表態。

光業寺規模似不甚大。據1933年《隆平縣唐祖陵調查報告》,可知光業寺有前、中、後三殿,通計7間,并無佛塔痕迹,唯中殿東西各樹《光業寺碑》及"天寶十一年建和

---

① 參馮茜:《中晚唐郊廟禮制新變中的儒學色彩——禮制意義上的"太祖"在唐代郊廟中的出現及其地位的凸顯》,《文史》2014年第3輯,第241—254頁。
② (清)陸繼煇:《八瓊室金石補正續編》卷二六,第27頁。
③ 碑額像龕正下方有其造像記:"大像主光業寺上坐僧慧超,上爲皇帝皇后,師僧父母……法界蒼生,普同供養。"見(清)陸繼煇:《八瓊室金石補正續編》卷二六,第28—29頁。
④ 陳尚君:《陳寅恪先生唐史研究中的石刻文獻利用》,《中山大學學報(社會科學版)》2000年第1期,第50頁。

尚塔"。① 若依宋代以 30 間劃分寺院大小的標準,這種寺院尚無資格得到賜額。② 雖然歷經千年風雨,并不能完全據此推定唐代光業寺的規模,但從地面遺迹看,光業寺遠不如其他陵寺乃至普通京城寺院是很明顯的。③ 另據《光業寺碑》碑文所列,寺主慧山一代光業寺僧人僅 8 名,算上不知存殁的前寺僧亦僅 11 人。與《光業寺碑》東西對立的天寶十一載《趙圓智等造塔題記》題名"弟子本寺都維那僧去俗、寺主僧常省、僧道超、僧智通、僧談一、阿聞、晉空、崇嗣、敬因、平等",④亦僅列 10 人。這已是開元二十八年改二陵爲建初、啓運陵,并大規模重修陵園之後的情況,僧徒人數仍達不到唐代寺院的平均水平。⑤ 此石塔是爲"光業寺主僧俗姓趙諱成"建,這位寺主實際出自附近任縣的新趙村(詳後文)。陸繼煇還提到"爲和尚造塔作記,書俗姓及諱,不署釋氏名號,非法也。天皇、天后爲高宗、武后尊號,而神龍以後諸造像往往有稱'天皇天后'者,村豎無知,固沿爲帝后通稱矣"。⑥ 類似這些情況,都透露出光業寺與其說是一所正規正式的國家陵寺,不如說是一座很有號召力的地方寺院。

二、碑陰題名的復原

《光業寺碑》的題名部分,鐫刻在碑陰與兩側。⑦ 除碑陰和左側上端刻有邢州任縣令、丞、尉、主簿、録事等官吏 8 人題名外,其餘全是密密麻麻的普通民衆題名。題名部分大體分作 7 豎列排布:碑陰分爲 3 列,左右側各分 2 列。每一豎列又可分作數横欄,

---

① 傅一清《隆平縣唐祖陵調查報告》云:"光業寺,唐開元間建,在石馬所在地之東南半里,屬趙孟村,俗呼寺爲趙孟寺。前殿一楹,供四天王像。中殿三楹,供銅釋尊一軀,坐像,高八尺,腰圍九尺九寸,無鑄造年月,臀部略損。後殿三楹,供三世佛,泥胎坐像,高五尺許;前立像四軀,高六尺;坐像七軀,高三尺七寸;計石質者二,泥塑者五;東西十八羅漢坐像,均泥塑;兩壁并塑雲山,中列小羅漢數百尊,長約尺五,或立或卧,或坐或倚,神態各個不同,均極佳妙。惟年久屋漏,雨淋人毁,大半殘壞,泥土滿地,凌亂不堪。楊晉所撰碑,在中殿前東偏,高一丈四五尺,寬四尺五寸。頂刻盤龍,中刻佛坐像一軀,立侍兩軀,衣褶極爲自然。碑面風雨剥蝕,字迹模糊,文長三千餘字。……中殿前面西偏有天寶十一年建和尚塔,塔石質,高約八尺許,狀若佛龕,正面有門,中有三佛,浮雕坐像,亦精絶。此外有明萬曆等重修碑記。"第 155—156 頁。天寶十一年塔即後文提到的趙圓智等所造塔。
② 參游彪:《宋代寺院經濟史稿》,保定:河北大學出版社,2003 年,第 33—38 頁。
③ 《唐會要》卷四八,北京:中華書局,1960 年,第 850 頁。參宿白:《試論唐代長安佛教寺院的等級問題》,《文物》2009 年第 1 期,第 27—40 頁。
④ (清)陸繼煇:《八瓊室金石補正續編》卷三一,第 116 頁。
⑤ 據《唐六典》所載寺院僧尼總數計算,當時僧寺每所平均 23 人,尼寺平均 24 人。見《唐六典》,北京:中華書局,2014 年,第 125 頁。敦煌的情況,可參謝和耐:《中國五—十世紀的寺院經濟》,耿昇譯,蘭州:甘肅人民出版社,1987 年,第 13—29 頁;藤枝晃:《敦煌の僧尼籍》,《東方學報》29,1959 年,第 285—338 頁。
⑥ (清)陸繼煇:《八瓊室金石補正續編》卷三一,第 116 頁。
⑦ 爲便於直觀展示,本文所謂碑左、右側,是以碑陰爲參照而言。

附：《光業寺碑》題名復原

雲騎尉宋神徽
□□□□賓
栢仁縣都維那張文貴宋立言 北宋村 宋□□□□宋君託宋賢
宋□□趙□□□宋□□□宋楚賓弟楚客馮嘉賓宋令章
……宋□□李孝……
象……

北王村 張惠方王神市王智廣王仁恭王玄哲梁阿文王迎玉王元興梁宗師□□□張□□王知足王大滿王小苟王遵禮王遵義王遵喜 南杜村 杜慶賀杜玄獎杜班超杜玄珪楊感寂
王仁美王法恭王乾貞□□沖王神貞王漢子王神湛王友益□智果王玄□王貞□□□□王神□王好客王崇一韓德藝息□琮霍令欽霍神揚霍鳳祥 南楊村 楊承城霍善義霍仁欽楊□□
白陸寺霍村 霍義瓊梁文思上柱國路山卿息□□霍令威霍元祿霍元□霍鳳質霍遊選霍文上霍處監王文心 楊霍村 楊□□霍天剛霍神力霍神□霍思義……
趙村 趙智□趙□□趙□□趙令□趙守忠趙利賓趙令詮趙伯□趙什郎趙元安趙崇貞趙玄貞宋貝郎息元□楊解愁楊楚玉楊守一前別奏霍張思楊當霍……
李村 李□□李崇乾尹小默 郝村 郝思順韓上元韓浚宋鳳寬韓嘉猷 栢仁市 郭知什息元賓張嘉祚王處思翟□徵母孟息延載 法□尚大意尚阿伏尚阿□尚□□尚阿羅尚□□……
□□□□尚阿端尚八正尚名□尚□□尚□□□□……
……宋思恭□□處仁 □ □ □ 霍 □ □ 霍□師
趙□□張思貞陳嘉祚王元思……恭 ……
…… 鳳仙尚昭素尚□□尚阿□尚
張嘉□……式任□□薄思敏 ……尚
…… ……小尚
…… □□尚□□尚……
□州□惠博冀州□□真□□李什二趙思寂張阿□ 阿淨尚淨因尚三兒尚慈額尚
張瑜村 張文恭息崇纂張思簡張思悊□□胡張思慶 淨妙□□□尚
彭元實大女□□思貢張思謨李思斌張名遠張友意 知務弟知慎李守逸弟守□溫知禮弟知亮

……賓息阿恭孫英雄段思教息神憲侯仲零
謙德昭弘閏師儁玄德師進師德師利弘□元劭元縱
林宗弘贍仁望暎宗仁法澄寂思閏受祿審玄巖隱
思貞六福巖昴知礼思慎克礼客子克託
待昌長安玄重思安嘉彥受金阿浪巖恭
趙孟村 慶息名泰景質立功審礼
趙令詮息友孝友忠王仁則息師古孟惠珎息欽
贊欽恭趙玄堪息仁度王處期息思寬思洽思昚
王處方王處愻息思誨孟仁挺息名悊孟建勳息嘉
……孟仁□息名□□仁靜息知□
……褒趙玄節息思約思令趙思□趙思賢
……期孟元貞張仁預劉讓闊李景倩孟
……孟休徵孟玄欽孟思貞孟神□孟□
……楊賀孟□

寺西村 孟朗琛息白胡胡
息僧悊霍胡仁息文英霍行恭
息仁憂霍行斌息知慎息
知隱霍義安息欽俊霍行
義霍行本息嘉贍趙神惠
息元思孟君玉息仕元息
智元孟保安息金相霍行
蔄孟神智息龍驚 中宋村
李奉一宋玄搽宋玄恭宋遺璧
息德素宋玄則宋外來趙玄收
宋處敬宋元樂趙玄安李禮賓
李思庄劉高瑜 北宋村 宋大舉
宋賢士宋玄貴宋德晟宋齡運

寺南村 趙道仁息義成義方成息
文祐文貞文惠陳師表息君楚君
嶷君曄君儼嶷息文度曄息思礼
儼息承賓度息弄章趙德雅息善
抵善顒抵息思謹顒息思安趙德斐
息懷璨懷珎息敬順趙晉信息師明
行滿明息貴樂滿息貴珎樂息元鳳
菀續息文昱懷璧名高昱息阿鳳
鳳興鳳獎鳳息阿王五元悊息神
聽息雲騎尉絢己張君藝息八朗
文息福仙張伏德息文友文愜趙
宗舉息思昚趙祖允息文賢玄太
才仕趙慶樂趙神惠息元思侯智勤

張瑜村 魯玉張內孟信冲息棣州蒲臺主簿弘期孫處默
李士良息玄嗣李大通息真鳳鳳息思古張士端息元礼李大道
息處元處善處義□玄師息去疑張阿才息知鳳張胡仁
息知讓智鳳知義張英雄張贇息高岸□貞蓋守一息待昭
李伏陁息明令張無愁息思靜思太張無二息思越思憲思
貢張一明息咸亨□言張大悲息阿奴張玄儉女娥兒張大
行息智藏賈法度蓋元佳息思義蓋□□息道惲楚玉
高遜李貞幹息知運張無意息思教思言李伏道息務
張玄恭息思隱張四明息元道張貞息乾勳張延慶息思□
賈□□息玄靈李行滿孫敬信范七朗息思真張文德息思
古張元隱息欽省張思礼息南山李□□息榮貴賈知節
息□□張知礼息蒋實范思□息文憲張阿果

王諫村 李行元李阿□陳□陳長義陳思□宋阿甑宋高李思經孟阿愁孫幼陳順李□誨李寂李□
王尹村 王行其息漢□息名懿
王仁瓘息黑廉孟安喜息神旭
趙才仕息玄僧王仁瑒孟元相
尹神柱孟神昶息遠容尹惠澄
孟秀愜王守素 六角井村
李澄芝弟龍芝賈秀叡息思約
賈祖贇息思禮息思文尹仁軌王玄
義息神秀李神通息崇禮張威
瑒息思慎李知慎李阿八王玄蔄
賈思恭息尚賓李龍會張元
龍彭玄恭尹元憂尹元思尹阿
七彭玄興李嘉嗣尹龍瓊李
遊愛尹阿敬尹小僧劉延宗

王村 上柱國王鳳獎王恂暮息永徵玄
策王恂昱息仁愜仁俠仁綺王玄亮息遊
京王玄貢近守禮靈龜王恂皎息仁軌
孟雲鴿息守蔄餘慶君客王恂照宋大
慈趙信師息洪期王處期王萬友王思順
趙玉卿息行恭思本王文徵息有知王懷善息
文堪王玄珪王奴仁王知古王八解王乾陟王
有信王元瓘王知秀王知文趙神解趙思悊趙
思可王奉克王明法王去惑王神策王子張
彭子乾張嘉運宋沖李承秀王什郎
李思恭趙玄憲王乾風趙思慶趙神遜趙
亮王知禮趙思貞趙待賓王阿仵王慎知
趙員滿息元亨克昌文林郎趙思禮息日休日愔

南衛村 孫慈敏息思經孫慈
閏孫慈感息守一守節孫仵仁
息守禮孟弘恪喬思徵喬思
言王仁智息阿香阿庄呂新
來李思敬趙小雞胡知什謝
如意胡遊寂李鳳林胡阿鸞
北衛村 范呂師息君彥處恂
王阿意息文慶孟仁廓劉□天
白仁其李重光孟大獎李元秀
李仁□李仁表李希遇侯尚玄
侯尚武衛務真李歸祚盧乾震
盧乾則衛莫論李豹子赫連七賢

張村 翊麾副尉張文貴張仁武王□明
張元貞張阿六王公靜張跋涉張行質
耿玄玉張元智張元朗張處藝張叔
度張九郎張孝期張留恭張元爽
張留惠張思貢 李村 李公愜息玄敏
李名實息照李名亮李遺禮李阿
綰李思慎李霍生李阿忠李居蔄
賈智達彭待問 彪塚村 董信天趙善
習趙善遇霍君模郝知警王遠郝仁
郝仁舉董玄度郝君尚郝全郝郎宋名
昌宋思慎郝神遇趙善興宋名實宋守忠
趙承縈趙思可王神雷郝萬客王仁方
張神岳宋元楷郝奉劒郝昇朝王文貢

王仁最息思勳孟智□息元□尹
珎景息智方王伏安息忠輔王
玄志息仁胐尹伏護孟尹恭尹
孟常息守義王守真宋大寧
南宋村 宋伏興宋仕操息玄獎宋
惠琴弟惠則宋神揩陪戎校尉
宋立言陪戎尉弟思隱弟履冰
弟立功弟主賓弟宗獎宋神徵
宋義晟宋仁慶宋之秀宋阿仵宋
嘉猷宋虔禮王山□宋元徽息嘉
祚宋敬賓宋莫門宋元太
宋元望宋元順宋元豐宋元藻
宋子由宋仁敬宋運昌宋懷玉

張村 張婆琢息致果副尉貴賓
息貴恪息士寧張君藝費縣主薄
士叡張雄儁息魏收息進楚
息進苻息謝庄張元高息
守忠息守節張元興張元實息
守定守蔄山石宋玄毅張榮宗
息文憲張定方息奉僧張叵知息
嘉會神符張盆仁息浪賭孫玄順
孫伏德息玄敬玄智玄□張開強孫
有直馮幼贊息僧念僧靜侯行撫
息阿奴侯行机息思恭李乞養息
□愻李君拓孫阿沖崔靈愻
張樂珎息思泰思恩阿□

聖佛村 王師行息玄
保玄策慈感玄廓孟
君俠息玄爽周師閏息
仵奴周元礼息玄蔄承最
趙師節息万寬万威孟
仁俠息德琮簫元興蕭
絢藻石師感息漢子石
師廓息玄欽石師奴息玄
隱聶君明息仁靜王□
言牛慎疑李鳳來任
待求聶七郎秦思泰
石守素聶□期息神護
崔村 崔阿六崔智滿

東賈村 李義徹息仁方孫景融息道□董堪韓
息大興文絢孫元智處實董才幹息文感知
九文愛董幼幹息文莫文皓文慶霍君實息
知賢劉仁雪薄仁操息知惲知敏賈莫問息
玄梵賈鳳愛息承昭賈黑奴息令昭賈知禮
霍文鍫賈伯皆賈爰綴霍元禮賈名振賈爰
繹賈獨步薄威節霍庭運賈文超李阿愛
賈處忠 西賈村 賈德瑜息貞愷貞慎賈道
備息文玉賈處仁息德經賈大義息仁哲賈行琬
息文思賈伏暢息行軌賈大筠息嘉惠任外長
賈玄忠賈留客息仁昉賈為訥賈麟鳳賈神
堪賈行愜賈為勳賈思約賈懸憶賈為誨
李思質賈承恩賈洪慶賈承嗣李守忠

新趙村 趙才寬息洪道道息待貢
趙師瑞息元贍元贇贍息嘉祥趙思襲
息懷珎範懷節懷策懷悊懷幹孫
息善期忠諫李神舉息洪暹洪託洪靜
洪應什力趙文廓息僧紹嘉昚九郎
趙文堪息僧敏嘉愻嘉祚嘉猷趙文託
息有禮趙行仙孟仁昉孟仁贊李祖宜
息摩奴趙元掞李黑奴孟仁貴趙元仲
賈三朗趙思誨趙楚珪賈思礼
孫名愻趙李八趙貞節張阿
三趙公秤趙思忠趙思惲趙為
最趙楚瓊趙嘉隱趙嘉賓
趙庭

南栢社村 前省事李守訓李處靜楊英徹
楊阿獠陳弘慶高□仁楊玄達霍寶延霍一奴
霍希良馬懷□□希遇楊知一王晉客曹敬
霍乾應宋□旦楊万□李審德馬懷操李周賓
東栢社 尹處悊王思□趙嘉惲李德乾解
玄昱李思歸李思恭宋彥琮陳奉詵解憲
孟弘慶□□□孟楚珪 西栢社 李德素
李思忠霍思齊楊留生趙遠慶陳名振張
守礼李若蘭王二顆蘇守訥王玄感楊處珎
北栢社 賈守一弟思慶陳令環息楚璧
杜德均趙國慶陳梅子樂脩昱杜德亮
趙智亮杜阿漢杜守鳳霍阿昞陳令均
霍趙□□□尚
玉璧村 劉名振劉四朗劉名順劉玄質劉李生趙留生劉張宜劉定□
□璧村 劉趙六趙元貞劉靈慎董元思劉文禮劉敬嗣趙知儉妹李娘姪男名□
八王村 李處名李思歸李友文王天敬王文才李山客息知一李思恭李阿奴李處樂
李仁英妹阿娥牛文度牛文瑜李名友女法留李仁靜李處方牛修羅王天感
李迎豐李伏買牛甘羅李齋一李潛珎李懷璧李敬言李仁知李知禮李思儼
李善貴 南王村 王大通息知玄牛文要息武德王鐵團息方直王李師
牛文寶王叡仲息神環牛文經息七賢有八李玄應息敬遠王智經息知慎
王善覺牛奴仁息無字王買王知友牛祿專王玄靜王玄廓王玄監王義寶息知謹
思賓侯仁起王玄獎息阿斢牛文慶息武恭牛文堪息外賓外貞王阿黃王玄振
侯九思牛義直五慈力牛義徵王知敬牛武興 西八王村 韓英哲息思恭思隱韓
處言息思誨韓徽峻息乾祖韓九思韓貴林韓徽蔄牛思直牛思應牛希賓
牛湛遑韓神堪韓玄賓韓敬德牛惠恪韓玄□張文貴韓惠辯韓蔄昭潘乾
嗣牛思孝韓仁俊薄琴牛崇一牛玄祐牛朝讓薄懷賓韓澄蔄韓□奴張思豐
郝村 王德猛郝敦見郝思禮郝守令郝如珪宋元憲郝餘慶韓金樹李處義

新市村 漳南縣主簿李神表息璆息嘉慶馮士幹
息宗嗣李神祐息嘉惲李猶廓息神獎神智獎息元太
元珪元忠忠息高亮周玄昱息守慎守蔄蔄息建昌
周玄勳李万徹王神周周玄秀周知文李法力李嘉言
李守質李崇瓌劉仁弁周策文李洪富馮獠仁
周玄遇周威善周明智李元欽李七朗李知慎馮山竹
李守節李文堪李星星周蔄用周守悔馮元珪李
元楷李元貞王克忻周懷恩馮自遠李文□李
楷周惠柱李敬賓王元超趙善期息元鳳趙去非趙貞
趙洪爽李處信趙洪亮李處言李知紀趙什盧趙謹
節李去塵李阿神李神本王敬忠李九思王敬賓
趙龍泉趙士期趙玄殊趙元興趙思社李嘉祚
李抱成息知約李玄蔄孟奉照王神恪
宋操

中霍村 霍玄方霍相仁息恒爽五典洺州博士霍恪衛四朗息神暮
霍弘禮息嗣徵霍崇賓霍玄貢霍思慶樂阿禹孔仁慶霍
玄昱樂欽□霍無纇霍永昌孔德備樂敬賓賈玄礼賈
善學霍嘉運霍阿化霍思安霍伏安衛阿恭霍阿什霍
思謹霍奴樂本 南霍村 寇玄度王義賢霍思禮寇玄恭
寇文貢任元容宋文遠朱文幹陳本立張仁□宋儀鳳霍處
玄霍二朗 烏子村 管文旭蘇仲由趙澄彥菀玄達鄭昌嗣
菀克勤李元貞馬李生 西霍村 霍文義息乾訓阿什義弟
輕車都尉義春息玄真玄楚程玄惠霍處曜程阿匡程
思恭程思貞董崇真李玄期霍思貞霍阿猫霍永昌程
擇文 東霍村 霍仁本王金石王遇賢李乾運張知古霍知仁
霍去煩李元可張友賢張守忠霍思烈趙承業霍思言霍思璧

聶村 聶玄茂聶神慶尹楚節聶承宗聶
寂甚聶伯仁上柱國聶仁恭息神度聶神
寬尹知尚聶玄敢息神遠聶洪礼尹知恪尹
知武聶二朗聶庭瓌聶嘉靈董元嗣尹楚璧
城北王村 王咳仁息玄太王弘朗息思整
王智羡王智成王玄謨王智允王脩身王掌
忠王元質王元亮曹思敬
陵後七葉 張李村 李珪李綺李周李玄忠李獎
李豐高李小羊李嗣卿息昭禮李昭賢李三朗李
嘉璧李季林息守素李奉訓李阿獠李嘉言李
思紀李乾獎彭二奴息恩子張沙門李守素李元實李
阿專李隱暎李知務李操李仙鄉李行義李敬玄李洪寬
□承恩張楚節張審礼張克奇王師會趙阿仵□□□

張村 張六朗張義瓊張守蔄
張守隱張玄則張玄明張奉
訓張九朗張懷恩王崇瓌蕭
他仁彭高礼張玄方張思明張務
大李欽先李承光張克晟王守祚
張思泰張守忠□□□蕭阿七
王驂馬張思令張元方張留生
張阿□李去俗□大娘王留尚
蕭村 蕭思善蕭思
賢蕭蘭珎息高岸
李天愛霍解惑桓安
期李乾獎郭處期蕭
思韞吳思忠霍定方李
思忠蕭儉□蕭元亮
劉劍師王友期師□妃尚趙妹尚阿博尚張七尚□□□迴雪尚阿貴尚阿□楊九娘
固北村 彭仁城王阿度王知蔄郝
奉真蓋洪義張留生
息知文王嘉會彭遊藝李
奉法李思文彭行實
彭行贇彭處□彭靈贇
張知效王莫問彭處乾
南李村 陪戎副尉李騏驎
子待舉李守玄李……
李崇期李嘉惲息……
李思徵李待蔄……
桓安期張玄成……
玄師劉思憲……
思□張敬義□……

邢州任縣
朝議郎行邢州任縣
令韋延祚
承務郎守邢州任縣
丞李晟
宣義郎行邢州任縣
尉張恕己
朝散郎行邢州任縣
主簿周折滯
文林郎行邢州任縣
尉邵濟之
雲騎尉錄事李守忠

任縣都維那王難陁孫義臣馮宗問賈文壹張玄明李神最王義林王義宗柳元賓王懷操王宗雲李思簡楊洪慶息德亮

東薄村 薄師楷息處靜孟洪閏息鳳祥上柱國孟志開息□岸王寶登息文欣陪戎校尉孟開允息云期王金寶
息文恭賈玄感息友知友質王嗣宗息七朗□□賈仁昉息友欽友義孟子朗息貴悊李仁表息思忠賈德昉
息友隱承九什郎陪戎校尉孟開徹息云貞上柱國孟開壽息云□孟玄亮息仁靜王文□柳行□息師靜上騎都尉柳師
起息元隱孟□徵息玉□賓崇福孟平□孟知難息守□孟文智李文晟息景雲賈思慎柳師賢賈□明韓會
凌賈仁□周□王六朗□□□薄□□息嘉□息嘉昌孟□□□師文息元□元儼王□慶賈長□王玄寂孟仁封孟惟
秀□師庄王尚裕馬思默王儀鳳薄思元孟云昌孟云□薄行謙柳師悊孟宗礼王大滿王大獎王祖恭楊小輿李靈子

雙塔王村 上柱國王元操息□藻王玄軌王□庄孟元禮張文令張思□張賢□王崇瓌蕭
思九王楚璧張行廣王仁表王乾本李浪賭王九郎王名礼李思忠李玄徹王思祚
田未庄田思礼王承烈王思敬游知新王守真王守素王敬子□思忠空李子雲王文
節王處忠王守詮孟義瑞王思賓張德行王六朗耿斌德王思謹孫遊泰王阿什王高
亮田文一劉思振王□王□王處礼王秀□張思言李思忠王知恭陳浪奴賈行褒耿高德
耿高亮王伏玉王阿猛王遐靈王智成王守素李崇德孫龍寂孫遊客張思太李僧賓

栢仁縣都維那王漢子賈貞昚
韓思恭王猛牛威 兑子王村 王行秀息思亮王六仁王定戎
王洪爽王知喜王處直王元開王思忠
寺西村 孟二郎息玄遠遠息處珎彭玄慶息洪信
趙萬金息洪敏霍行義女阿足霍行蔄息知節趙山楷
息名遠李思忠息鄭庄孟玄志孫休祥趙元礼
王尹村 王仁筠息守貞王尚智霍思蔄霍思慶霍思藝陳阿吳尹敬澄趙元貞尹欽止王秀客息尚禮欽俊尹□遠……
王名超王仲昭孟阿秀王什仟畦沉默畦知仟王愛仁孟秀珎尹待賓 牛村 牛玄懿牛神苻牛知古楊亮牛楚延牛龍敏……
薄村 薄神裕孫守蔄薄行褒息敬禮薄乾鸞李陵廣姉金穎姪歸質薄乾鳳李嘉賢霍什霍知惲霍□□□□龍霍□言霍零□……
建立人李行文 李賢王約李龍芝 劉應賢霍弥積馮知文
安樂寺 寺主僧曇覺 上座僧曇則神替師神可師神瓌師鳳獎師辯空師靈運師思悟師李八師
崇賢村 王守貞弟承先王□□□□歸霍辯師王祖義

在每欄中以村爲單位羅列人名。碑左右側的上端,則以"任縣都維那""柏仁縣都維那"大字起首。其布局如下:

左 側		碑 陰			右 側	
II	I	III	II	I	II	I
柏仁縣都維那 建立人李行文 安樂寺①	任縣都維那	寺南村	寺西村 中宋村 北宋村	趙孟村	[象城縣都維那]②	柏仁縣都維那
兌子王村 寺西村 王尹村 牛村 薄村 崇賢村	東薄村 雙塔王村 張村 蕭村 固北村 南李村	王村	王尹村 六角井村	張瑜村	(殘泐)	北宋村 北王村 南杜村 白陸寺霍村 楊霍村 趙村 李村 郝村 柏仁市
^	^	張村	南宋村	南衛村 北衛村	^	^
^	^	新趙村	張村 李村 彪塚村	聖佛村	^	^
^	^	新市村	東賈村 西賈村	南柏社村 東柏社 西柏社 北柏社	^	^
^	^	聶村 城北王村 張李村	八王村 南王村 西八王村 郝村	中霍村 南霍村 鳥子村 西霍村 東霍村	^	^
^	^	^	^	王諫村 崔村 霍趙村 玉壁村	^	^

題名部分的布局顯然是有規劃的。我們已知所刻爲趙州象城、邢州柏仁及任縣"二州三縣"民衆,接下來需要弄清楚其布局邏輯。

首先根據碑側的書寫形式,可以推測大字"某縣都維那"起首的豎列下面村名,應屬此縣。也就是說:左側 I 列"任縣都維那"下面的 6 個村,屬於任縣;左側 II 列及右側

---

① 安樂寺原址在今隆堯縣北樓鄉堯張村南。參見孫齊:《一座消失的石窟:河北宣務山石窟研究》,第 128 頁。
② 此列漫漶嚴重,上端殘存一"象"字尚能模糊辨認,推測當爲"象城縣都維那"等字。

55

Ⅰ列都以"柏仁縣都維那"居首,兩列共計15個村,屬柏仁縣。我們隨即可發現上述碑側中的村名與碑陰有重合。如左側Ⅱ列寺西村、王尹村,右側Ⅰ列北宋村、李村、郝村,這5個推測屬於柏仁縣的村名又都見於碑陰Ⅱ列。由此可推知碑陰Ⅱ列亦爲柏仁縣題名。

再一個方法是查找《光業寺碑》碑文中所列舉的三縣維那37人:

> 本縣(象城)都維那:蓋一、孟一、李亮、霍貞、杜言、李丹、王爽、陳淳、王威、周四,陵後孫文行、長瑜、爲政、弘詮、君徹、珍寶、二寶、宗預。柏仁縣維那:董衆、李名、李芝、孟白、牛寶、霍模、趙僧、趙思、王廉、宋蔭。任縣維那:王徵、張收、張惲、趙貢、李静、趙畓、李惲、王操、孟岸。①

這些人名大都是"雙名單稱",即由三字本名省略中間一字而來。② 其中有半數以上可以在碑陰題名中找到全名:

碑 文 人 名		碑陰人名及位置	
象城縣	蓋一 霍貞	張瑜村蓋守一 鳥子村霍思貞	碑陰Ⅰ 碑陰Ⅰ
柏仁縣	李名 李芝 孟白 趙思 牛寶 霍模 趙僧 王廉	八王村李處名 六角井村李澄芝 寺西村孟白胡 寺西村趙元思 南王村牛文寶 彪塚村霍君模 王尹村趙玄僧 王尹村王黑廉	碑陰Ⅱ 碑陰Ⅱ 碑陰Ⅱ 碑陰Ⅱ 碑陰Ⅱ 碑陰Ⅱ 碑陰Ⅱ 碑陰Ⅱ
任縣	王徵 張收 趙貢 趙畓 李惲 王操 孟岸	王村王永徵 張村張魏收 新趙村趙待貢 寺南村趙思畓 南李村李嘉惲 雙塔村王王元操 東薄村孟□岸	碑陰Ⅲ 碑陰Ⅲ 碑陰Ⅲ 碑陰Ⅲ 左側Ⅰ 左側Ⅰ 左側Ⅰ

---

① (清)陸繼煇:《八瓊室金石補正續編》卷二六,第27頁。
② 參吕冠軍:《吐魯番文書中的"雙名單稱"問題》,《西域研究》2018年第4期,第80—87頁。

兩相結合,我們可以判斷:象城縣題名見碑陰I列、右側II列;任縣題名見碑陰III、左側I列;柏仁縣題名見碑陰II、左側II、右側I列。其排布的邏輯是:先將碑陰平均分成三列,由右到左分屬象城、柏仁、任縣。其次,將排布不開的題名補刻於碑兩側,并且照顧到了和碑陰題名的連續,任縣和象城縣的碑側題名都貼近各自的碑陰題名。

題名部分的這種排布設計,應該是特意設計的。它給了三縣基本均等的篇幅,又將光業寺所在的象城縣放了上首的位置(碑陰右首)。然從實際的視覺效果看,柏仁縣則是最被突出的。這不僅在於柏仁縣題名處在碑陰中央,而且從碑陽的角度看,兩面碑側最靠近碑陽的題名也都是柏仁縣的。觀者在正面閱讀碑文之後,無論從哪側繞行碑陰,最先映入眼簾的都會是碑側"柏仁縣都維那"幾個大字。

另外還值得一提的是,碑陰上端所刻任縣8名官吏題名,正位於任縣民衆題名的正上方。在柏仁、象城兩縣題名上方,也相應地給官吏題名留下了空間,不過目前所見拓本并沒有這兩縣官員題名的痕跡。其背後的原因現在則難以確知了。

無論如何,通過以上的復原,我們可將《光業寺碑》題名中出現的村名合併重複,并確定其歸屬縣域如下:

象城縣 (18村)	趙孟村、張瑜村、南衛村、北衛村、聖佛村、南柏社村、東柏社、西柏社、北柏社、中霍村、南霍村、鳥子村、西霍村、東霍村、王諫村、崔村、霍趙村、玉壁村
柏仁縣 (26村)	寺西村、中宋村、北宋村、王尹村、六角井村、南宋村、張村、李村、彪塚村、東賈村、西賈村、八王村、南王村、西八王村、郝村、兌子王村、牛村、薄村、崇賢村、北王村、南杜村、南楊村、白陸寺霍村、楊霍村、趙村、柏仁市
任縣 (13村)	寺南村、王村、張村、新趙村、新市村、聶村、城北王村、張李村、東薄村、雙塔王村、蕭村、固北村、南李村

以上共計57村,除了"柏仁市"外,全爲鄉村。[1] 這與當地宣務山石窟題記中所反映的情況一致:當地多數民衆生活在鄉村之中,縣城并不具有特別醒目的地位。[2] 如孫繼民先生指出的,這些村名中有相當大比例可與現在的村名對應,説明當地村落位置千餘年

---

[1] 此"柏仁市"頗疑即今堯山鎮(唐柏仁縣城)西南的大市口村,未必在城中。據《(光緒)唐山縣志》卷二,舊城周圍僅三里(《中國地方志集成·河北府縣志輯》第68冊,第185頁),是唐代普通縣城的規模。參宿白:《隋唐城址類型初探(提綱)》,《魏晉南北朝唐宋考古文稿輯叢》,北京:文物出版社,2011年,第66—69頁;李孝聰:《歷史城市地理》,濟南:山東教育出版社,2007年,第173—177頁。

[2] 參孫齊:《一座消失的石窟:河北宣務山石窟研究》,第127—130頁。

來可能變動不大。① 我們可以根據這些對應的村名,推定出唐代象城、柏仁、任縣三縣分界綫在今虎中村(碑作"彪塚村")、東西張村(碑作"張村")、王尹村(碑同)、薄村(碑同)一綫以東,此綫西爲柏仁縣境,東爲象城、任縣境。而象城、任縣的分界在今新市村(碑同)、肖莊村(碑作"蕭村")以北,此綫南爲任縣境,北爲象城縣境。

有意思的是,唐祖陵旁邊的兩個村落趙孟村和王尹村,其名至今未變,但在唐代却分屬趙州象城縣和邢州柏仁縣。題名中居任縣首的"寺南村",大概即在光業寺之南,然屬於任縣。由此可知唐祖陵恰巧位於兩州三縣的交界點,但歸趙州象城縣管轄。

題名中没提到鄉里信息。《太平寰宇記》載昭慶縣(象城)"舊二十五鄉,今三鄉",堯山縣(柏仁)"舊四鄉,今三鄉",任縣"元三鄉"。② 其中堯山縣(柏仁)的鄉、村隸屬情況,可以通過後唐天成年間(928—929)宣務山同聲谷造羅漢像題記等碑刻來復原:③

縣	鄉	村
堯山縣	宣務鄉④	山北楊村、楊村、孫村、東董村、染□村⑤、梁村、小霍村、大霍村、圮□村、東侯村、亦□⑥、樓村、慕化村、尹村、南薛村、南王村、李村、尚村、□言村⑦、北薛村、畢村、成子王村、北大市村、安仁坊
	光藝鄉	韓解村、西□村
	長壽鄉	南杜村⑧
	不詳所屬:南侯村、北衛村、霍村、東梁村

其中見有宣務鄉、光藝鄉、長壽鄉 3 鄉之名。至於《太平寰宇記》所言堯山縣(柏仁)"舊

---

① 孫繼民:《光業寺碑題記:唐代村落史的珍稀資料》,第 230—232 頁。參見董樹仁主編:《隆堯縣志》,北京:生活·讀書·新知三聯書店,1998 年,第 69—96 頁。
② 《太平寰宇記》卷五九、六〇,第 1218、1221、1236 頁。
③ (清)陸繼輝:《八瓊室金石補正續編》卷四〇,第 281—283 頁。
④ 宣務鄉有臨泉里,見唐大曆七年(772)《尚府君(興)墓誌文》:"因官邢州堯山縣宣務鄉臨泉里。"(籍合網"中華石刻數據庫",編號 ZHB050000003M0016524)
⑤ 今隆堯縣大霍鄉有染紅村。見董樹仁主編:《隆堯縣志》,第 79 頁。
⑥ 今隆堯縣雙碑鄉有亦城村。見董樹仁主編:《隆堯縣志》,第 83 頁。
⑦ 今隆堯縣東良鄉有大干言、小干言村。見董樹仁主編:《隆堯縣志》,第 87—88 頁。
⑧ 唐神龍二年(706)《石佛寺碑》題名有"長壽鄉杜玄珪"(戴建兵主編:《隆堯碑誌輯要》,第 38 頁)。此人又見於光業寺碑右側題名,屬南杜村。

四鄉"所缺一鄉,或許是永寧鄉,①或干言鄉。② 與當今村名對照,可知宣務鄉在宣務山和唐柏仁縣城附近,範圍頗大。③ 光藝鄉則在縣城東南,臨近光業寺。④

有意思的是,宣務山同聲谷造羅漢像題記中出現的柏仁縣村名,僅有南王村等一兩個村名見於《光業寺碑》題名。這種情況應該不是村落更名或者增置造成的,而是反映出宣務山和光業寺作爲當地兩大佛教活動中心,有著不同的輻射影響範圍。⑤ 見於《光業寺碑》題名的柏仁縣村名有 26 個,見於宣務山同聲谷造羅漢像題記的柏仁縣村名有近 30 個,即便考慮到一定的重合或改名的情況(當然更有失收的可能),唐代柏仁縣一縣所屬村落,至少也當在 40 個以上。

這些村落的命名,大多是以單姓名村。⑥ 有些村名顯是一個村落的分化,比如中霍村、南霍村、西霍村、東霍村之類。在單姓村的題名中,也確實多是該姓氏人占多數,雖然也不乏例外。在雙姓名村或以其他標志物名村的村落中,則多是不同姓氏平分秋色。從整體上來看,當地村落顯示出以某姓家族主導,多姓混居的狀態。

現可辨識出的《光業寺碑》碑陰題名共有約 1 600 人。以人數統計,任縣最多,有 610 餘人;柏仁其次,有 590 餘人;象城最少,計有 360 餘人。其中共見有 66 個姓氏,人數最多者爲王氏、李氏,各有 200 多人;次爲張氏、趙氏,有 100 多人;再次爲霍、賈、孟、宋諸姓,皆在 70 人以上。一村題名多者有 100 多人,少者僅有一二人,大多在 10—40 人左右。天寶五年(746)《唐昭慶令王璠清德頌碑》稱"陵側居人,數餘千户",⑦以一户 5 人的低標準計,⑧唐陵周邊村落居民應在 5 000 人以上。《光業寺碑》的題名應該祇是當地鄉村民衆的部分代表。

---

① 北朝柏仁縣有永寧鄉,其地在今高邑縣。參方笑天:《家國共生:北朝趙郡李氏的葬地與權力結構》,第 63—64 頁;黃敏:《漢魏六朝石刻鄉里詞語的整理與研究》,西南大學博士學位論文,2013 年,第 264—268 頁。但在唐代碑誌中未見此鄉。

② 坊間見有未著録墓誌拓片一種,文稱:"維開元廿四年歲次丙子十月丁未朔廿六日壬申,邢州柏仁縣干言鄉吉遷里故人霍信天、妻鄧,男外君、妻耿,君男思太、妻王,天男元感、妻張,天男元簡、天元□、妻李。右已上同葬在畢村東三百步□北甲地,安置墓田,永爲銘記。"如此則柏仁縣還有干言鄉吉遷里。因尚無旁證,暫不列入討論。

③ 參張稼農:《隆堯縣宣務山文物古蹟概説》,《隆堯文史資料選輯》第 1 輯,1986 年,第 159—160 頁。

④ 見前引寶曆二年《李濟墓誌》及北宋宣和四年(1122)《李章墓誌》,戴建兵主編:《隆堯碑誌輯要》,第 69 頁。

⑤ 一個類似的例子是北京大學圖書館藏開元廿六年(738)"邢州内丘柏仁兩縣黄金合村老幼造尊勝陁羅尼幢"(典藏號 A24748),爲内丘、柏仁、任縣三縣村落合造,見有村名約 20 個,亦少有與宣務山、光業寺題名重合者。此幢原在内丘縣金店鎮韓郝莊村南玉泉寺,參見李五魁、賈城會主編:《内丘歷史文化精粹》,石家莊:河北美術出版社,2015 年,第 21—22 頁。

⑥ 唐代鄉村的命名習慣,參齊濤:《魏晉隋唐鄉村社會研究》,濟南:山東人民出版社,1995 年,第 69—71 頁;谷更有:《唐宋國家與鄉村社會》,北京:中國社會科學出版社,2006 年,第 133—134 頁。

⑦ 劉琴麗:《〈全唐文〉所收〈唐昭慶令王璠清德頌碑〉訂補》,《魏晉南北朝隋唐史資料》第 43 輯,上海古籍出版社,2021 年,第 226 頁。

⑧ 天寶年間河北道户均 6.88 口,見凍國棟:《唐代人口問題研究》,武漢大學出版社,1993 年,第 359—361 頁。

在1600餘村民題名中,僅22人標有官職身份。其中職事官祇有縣主簿(九品)3人。文散官有文林郎(從九品上)1人。武散官有致果副尉(正七品下)1人、翊麾副尉(從七品下)1人、陪戎校尉(從九品上)4人、陪戎副尉(從九品下)1人。勳官有上柱國5人,輕車都尉、上騎都尉、雲騎尉各1人。此外還有"前省事""前別奏""洺州博士"各1人。即便考慮到未署官銜的情況,所有這些官僚人口也僅占全部題名人數的1%—2%左右,如果算上全部人口,這一比率祇能更低。唐臨《冥報記》記趙郡邯鄲縣人睦(眭)仁蒨與鬼官成景對話:

　　景曰:君縣内幾户?蒨曰:萬餘户。又曰:獄囚幾人?蒨曰:常二十人已下。又曰:萬户之内有五品者幾人?蒨曰:無。又曰:九品以上官幾人?蒨曰:數十人。[①]

萬户之内九品以上官僅有數十人,大概是當時河北鄉村的一般狀態。

三、幾個村落的個案

《光業寺碑》碑陰題名祇是參與到重修大佛堂活動中的供養人名單,并不能反映周邊村落居民構成的完整情況。不過得益於隆堯地區豐富的中古碑刻材料,我們能夠相互參證,復原出其中幾個比較完整的村居家族的個案。

(一) 任縣新趙村

《光業寺碑》題名中任縣新趙村列有58人,其中趙氏42人,是以趙姓爲主的村落。其中有趙師瑞一家4人:

```
趙師瑞 ┬ 元贍 — 嘉祥
       └ 元贊
```

後27年,天寶十一載(752)趙圓智等爲光業寺僧造塔,與《光業寺碑》東西相對。此塔石質,高約八尺許,狀若佛龕,正面有門,中刻三佛,今佚。[②] 唯題記收入《八瓊室金

---

① 《太平廣記》卷二九七《睦仁蒨》,北京:中華書局,1961年,第2366頁。參愛宕元:《唐代前期華北村落一類型——河南修武縣周村》,鍾翀譯,《杭州師範學院學報(社會科學版)》2003年第5期,第50—58頁。
② 傅一清:《隆平縣唐祖陵調查報告》,第155—156頁。此塔即所謂"佛堂形組合式造像塔",爲四面刻,附刻《心經》一卷。繆荃孫《藝風堂金石文字目》卷五誤以爲是"八面刻,先經後記"的經幢,著錄爲"趙圓智造心經幢",見張廷銀、朱玉麒主編:《繆荃孫全集·金石》第1册,南京:鳳凰出版社,2014年,第156頁。此碑拓本見同人編:《鄭東府所藏金石文字》,揚州:廣陵書社,2020年,第217頁。

石補正續編》：

> 維大唐天寶十一載歲次壬辰七月乙巳十五日己未
>
> 佛弟子姪男趙圓智、李自遠、張智昂、張敬信、張阿難七十四人等，同捨淨財，爲已過和尚光業寺主僧俗姓趙諱成，造石寶塔一所。上爲天皇天后，下及師僧父母、法界倉生，同出苦門，俱登覺道。
>
> 弟子本寺都維那僧去俗、寺主僧常省、僧道超、僧智通、僧談一、阿聞、瞀空、崇嗣、敬因、平等
>
> 成堂姊尼普明、尼普淨、姪女嚴化寺都維那尼如空、尼正觀、尼憂曇、尼八娘、尼光相、尼修果、尼惠登、尼修空、尼淨法、尼修定、尼十娘、尼法光、尼修法、尼普光、尼法照、尼法藏、尼法雲、尼淨空、尼秤心、尼阿過、尼四禪、尼因果、尼無染、尼修行、尼觀空、尼什一、尼尹作、尼四無量、尼阿舍、尼阿妃、尼正念、尼了空、尼修惑、尼修寂、尼修果、尼莊嚴、尼具相、尼真淨、尼照塵、尼寶積、尼明相
>
> 成兄明真觀道士　上座潘歸真
>
> 兄嘉祥、嘉運、嘉應、姪男什二①

可知此塔爲趙圓智等74人爲光業寺已故前寺主趙成（趙嘉成）所造。趙圓智爲趙成姪子，題名中另有成兄、姊數人。其"兄嘉祥、嘉運、嘉應"中之長者，當即《光業寺碑》題名之趙元贍息嘉祥。由此可復原其家族譜系如下：

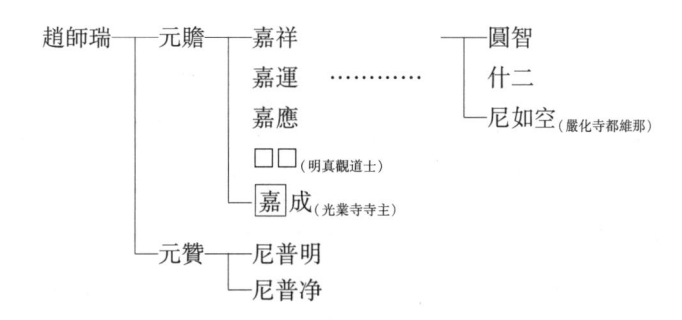

```
趙師瑞─┬─元贍─┬─嘉祥 ············ ┬─圓智
       │      │嘉運               │什二
       │      │嘉應               └─尼如空（嚴化寺都維那）
       │      │□□（明真觀道士）
       │      └─嘉成（光業寺寺主）
       └─元贊─┬─尼普明
              └─尼普淨
```

可以看出此一家族自趙成兄、姊一輩之後，開始涉足宗教領域：趙成爲光業寺寺主，其兩個堂姊普明、普淨皆爲女尼，此後又有姪女如空爲嚴化寺都維那，而其兄則爲明

---

① （清）陸繼煇：《八瓊室金石補正續編》卷三一，第116頁。

真觀道士。由此可見趙成家族在當地佛、道兩教中都有一定勢力。在唐代成爲職業的僧尼、道士,能夠享有相應的利益,具有相當的社會地位。趙成家族中既有奉佛者,又有入道者,其間更多的應該是超越宗教分野的家族扶持和利益聯繫。他們攜同徒衆共同爲趙成立塔,就是這種利益關係的證明。這可能是唐代基層社會宗教活動與宗族關係的一般景象。

(二) 任縣張村

《光業寺碑》題名中任縣張村列有83人,其中張氏52人,是以張姓爲主的村落。其中有張雄儁一家5人:

```
張雄儁——魏收
        進楚
        進符
       ─謝庄
```

此村現在光業寺東南9公里處的南汪店村。該村有證聖元年(695)張君造像塔,即張魏收等兄弟所建:

> 尋聞名言本寂,三界伫流布之因;説聽兼忘,四辯資弘福之□。故龍宫密藏,藴妙無邊;貝葉遺文,傳芳未泯。況乃化城凝旨,□宅真筌,跨十寶而曾臨,登四衢而廣運。自非棲心妙覺,想像維摩。然後脱略塵峯,淹流净土。
>
> 曾祖諱徽,隋任鄘州公曹。祖諱出,唐任本州録事。并風神明敏,雅調雍容。含璋挺生,瓌材秀出。架潘江之積浪,騰郭水而攢漪。玉振猶傳,金聲未歇。父諱儁,學優十哲,入孔室以研精;業勍七賢,布晉朝而字德。豈謂百年超忽,寸晷先移。積善無徵,運颭俄度。嗣子魏收、進楚、魏哲、進符、謝莊、□早違嚴□、□纏風樹之哀。重奪慈顔,倍切寒泉之慕。霜露之感,隨日月而逾深。荼蓼之悲,終天壃而弥痛。爰憑帝石,備寫真形。流漢夢之金容,轉吳僧之寶座……
>
> 比丘尼素姬、比丘尼如藏　大周證聖元年七月十五日張君浮啚
> 收妹恒娥、隱月、□娘①

---

① 拓片見《北京圖書館藏中國歷代石刻拓本彙編》第18册,鄭州:中州古籍出版社,1989年,第66頁。録文見(清)陸繼煇:《八瓊室金石補正續編》卷二三,《續修四庫全書》第899册,第626頁;朱己祥:《中原東部唐代佛堂形組合式造像塔調查》,蘭州:甘肅文化出版社,2021年,第100—102頁。

可知張雄儁之祖張徽,任隋鄜州公(功)曹;父張出,任邢州録事。張魏收兄弟姊妹共 8 人,除女性外,唯張魏哲不見於《光業寺碑》題名。張雄儁卒於立塔之證聖元年七月之前,下距《光業寺碑》有 30 年,却列名題記。由此可知《光業寺碑》題名中,可能包括已去世的父祖輩。

另值得一提的是,該塔銘前 3 句,全同於敦煌 P.2385《釋門應用文范》所載之第二篇,後者是武則天爲亡父母造《妙法蓮華經》三千部發願文。鄭炳林先生考證爲咸亨元年(670)作。① 這篇願文在當時可能通過武后抄經的分發而流傳甚廣,因而不僅在敦煌有保存,任縣張村張魏收兄弟造塔時,也直接加以利用。

(三) 柏仁縣張村

《光業寺碑》題名中柏仁縣張村列有 19 人:

> 翊麾副尉張文(弘?)貴、張仁武、王□明、張元貞、張阿六、王公静、張跋涉、張行質、耿玄玉、張元智、張元朗、張處藝、張叔度、張九郎、張孝期、張留恭、張元爽、張留惠、張思貢

其中張氏 16 人,是以張姓爲主的村落。張元朗、張處藝二人又見於今隆堯縣柏舍鄉西張村西北的開元二十四年(736)《張習碑(張氏碑記并序)》,②可知即當時張村所在。

《張習碑》是張氏家族立在"本村西北五百步"家族墓地上的宗族碑。碑中述其家族源出南陽白水,高祖張習,曾任青州録事參軍。此後自曾祖張善(隋臨河縣主簿)、祖張立(隴州汧源縣丞)以下,"祖考四代,於兹一塋"。聖曆二年(699),因突厥入侵,墓園遭到損壞。於是開元二十四年十一月,張乾祐、元朗、處海、處藝等"十二門昆季"樹立此碑,并詳記"遠自高祖、迄乎曾孫"的成員情况。惜因殘泐過甚,僅能據其遺文區分其家族後 4 代部分成員如下:

守英彥(儒林郎)=宋氏,3子4女	□□=□氏,4女 仁感(吏部常選)=霍氏,2女 仁貴(□[壽]春郡王府主簿③)=周氏,3子	乾祐 元朗 沙伽=李氏	孝成 義通 孝悌

---

① 參鄭炳林:《敦煌碑銘贊三篇證誤與考釋》,《敦煌學輯刊》1992 年第 1—2 期合刊,第 96—103 頁;趙和平:《武則天爲已逝父母寫經發願文及相關敦煌寫卷綜合研究》,《敦煌學輯刊》2006 年第 3 期,第 1—22 頁。
② 戴建兵主編:《隆堯碑誌輯要》,第 51—53 頁;張明等主編:《河北隆堯石刻》,第 74—78 頁。
③ 壽春郡王成器,長壽二年(693)封,睿宗長子,見《舊唐書》卷九五本傳。

續表

| 含＝李氏 | 仁節＝石氏,1子2女
仁望＝賈氏
仁武(進士,將仕郎)＝□氏,霍氏,1子1女
弘貴(翊麾副尉?)＝□氏
弘覽(遵善寺僧)
弘慶(將仕郎)
□遠＝宋氏,2子 | 乾旭
□真(□部常選?)＝薛氏,3子2女
處樂(陪戎尉)＝楊氏,2子2女
處海(驍騎尉)＝□氏,5子
處□(兵部常選)＝孫氏
處藝(兵部常選)＝李氏 | 玄道
七郎 |

以上諸人皆出自張立一系,所謂"十二門昆季",似指張立4子的子嗣共12人。雖然目前無法完全復原,但顯然張氏家族的規模要遠大於《光業寺碑》題名所示。張村應該即這一家族的聚居區,并在村西北有自己的家族墓園。除此12門之外,若加上其餘王、耿等小姓,張村大約有20個三代同居的大家庭。以平均一家7口計,張村大約有居民140人。張村在《光業寺碑》所見諸村中,題名人數屬於中等,是當時一個普通規模的村落。

另外,在《光業寺碑》張村題名中,僅有1人標有武散官官銜。但在《張習碑》中,這一家族自高祖、曾祖、祖父三代都是流內品官,後代中1人"行年廿有八,進士擢第,將仕郎",1人爲王府主簿,多人爲吏部、兵部常選或文、武散官,是當地不太常見的官僚世家。

（四）柏仁縣白陸寺霍村

《光業寺碑》題名中柏仁縣白陸寺霍村列有12人：

> 霍義瓊、梁文思、上柱國路山卿、息□□、霍令威、霍元禄、霍元□、霍鳳質、霍游選、霍文上、霍處監、王文心

按白陸寺霍村之名及題名中多人,又見於今隆堯縣北樓鄉尚禮村東石佛寺舊址中的唐《石佛寺碑》,可知今尚禮村即唐白陸寺霍村所在。此碑碑陽及側面爲功德題名,碑陰有題記兩篇,漫漶嚴重。陰面上部右側刻大字題記："白陸寺霍村合村等敬造院內諸功德等,上爲皇帝,下及含□,法界□靈,俱登□□。"此下又有長篇小字題記及題名,首題"白陸寺霍村……宗子",中殘存"神龍二年(706)□□□□刻銘勒記……皇帝天寶十四年(755)……四十二人……四代□五代子……張氏、梁門、路家"等字,末則稱"……年歲次丙辰十月乙酉朔廿□日功畢也,寺□□北百步,古泜水河之北岸"云云。[①] 後一日

---

① 戴建兵主編：《隆堯碑誌輯要》,第32—38頁；張明等主編：《河北隆堯石刻》第40—48頁。

期當爲大曆十一年(776)。此後則爲"重立佛堂院及修像人"題名 11 行。

"白陸寺霍村"當即得名於村中之白陸寺。此村以霍姓爲主,另有張、梁、路、王等小姓。由碑文知合村人等數次翻修白陸寺。神龍二年曾刻有銘記,後天寶十四年再次重修,至大曆十一年完成,再刻題記。從布局和字體看,大曆十一年後刻的題記和題名在碑陰下部,此碑其他部分銘文則當是神龍二年所刻。從題名的職掌看,此寺"戶東""戶西"各有"護佛神王"和"行道像"以及五個"大柱"。此外,院内諸功德還有"花槃""石龕軒廊""講堂""四面院牆""北屋"等。從中可以約略看出這座鄉村寺院的規模和布局。

碑陽面先以"都維那某某"起首,列述如下 13 個家庭:①

1	霍孝僧=菅 (柏仁縣錄事)	洪辟 師□……		
2	霍洪□=石	行淹=李	□廣=魯	突厥
			如絢=成	□龍=張
		行端		
		行筠=李	阿玉	
3	霍師□=杜	義珍=楊=王	處思、□□、處秀、處監	
		義瓊=鄭	六娘	
		義昉=石		
4	霍師□=尚	智湛=成	□賓、□□	
		當禪=□	□惠	
		智□ 姻幾 無憂		
5	霍師遜=□	知什 令欽 令威	□選* 行言* 猷勳*	

---

① 橫行代表父子關係。未能確知關係者標 * 號。女性以斜體標示。

續　表

6	霍大□=張	仁儶 仁□ 仁智	名哲*=杜 名晏*	李生* 國□*
7	霍君行=李=□ (版授貝州宗城縣令)	月光		
		文禪=呂=李	名□、□□	
8	霍政嚴=王 (司格寺計史)	元弘		
		元振	零嶽、零憂	
		元禄	零纂、思茂、僧護	
9	霍文功=張	元道=梁 元譽=□ 阿七 弁因 摩□	樂化* □□*	
10	霍胡仁=李	鳳質=劉	四娘*	
		法隆 □心		
11	霍善胡=王	知禪=□	思含、思訓、思恪	阿□
		鳳起 神真 迴男		
12	霍君楚=趙=李	惠微=李	道金、道敬	
		留生 玄忠 寶意 秤心		
13	王孝達=霍=李	文聰=□	棄過、勝過	
		文心		

此 130 餘人即當時霍村的主要成員,而以正面上部的"龕像主"、同時也是"大都檢校維那"的霍令欽爲首。題名中至少有 6 人(霍義瓊、霍令威、霍元禄、霍鳳質、霍處監、王文

心)見於 9 年之後的《光業寺碑》碑陰,但都是第二、三代成員,且無霍令欽之名,可知《石佛寺碑》陽面題名要早於《光業寺碑》,當即神龍二年所刻。

除了霍氏、王氏以外,在碑右側,還有梁、路等姓題名,但已難以辨識。此外還有"遵善寺僧法□""□□齋主□縣人周玄隱""大柱主長壽鄉杜玄珪"等外來助成人。大概看來,霍村至少有約 15 個三代同居的大家庭,平均每家約有 10 人。如此,霍村約是 150 人規模的村落。

第二次"重建立佛堂院及修像人"題名,當爲 70 年之後的大曆十一年所刻,以霍令欽之弟霍令威一家爲首,此外有"同助成人"數家,共約六七個家庭參與。兹復原如下:

1	霍令威=李	游藝(上柱國?)=杜	庭芳=李
		游選?(游□將軍守右武衛邢州良社府折衝員外置同正員)	璘庭、尼真□
		游仙=董	庭□
		游秦(都□尉)=李 僧志德(安樂寺)	
		侄:買奴、□□*(□擊將軍守左武□□州宣□府折衝都尉置同正員上柱國)	
2	霍處思=呂	光□(冠軍大將軍左金吾衛大將軍員外置同正員太僕卿上柱國)	修演(游擊將軍守左武衛華州宣義府折衝都尉置同正員上柱國)
		僧圓明(邢州開元寺)	
	霍處秀=□	彭祖=董	巖峻、巖隱
3	□□□=劉	思昭=劉	
		思恭(守左衛□州漢□府折衝都尉員外置同正員)=王	從政
4	□□□=李	□珣	尼堅□林(智光寺)
		崇蔭=郝	道士善才(任縣龍水觀)
5	□□□=□	超岸(左武衛[易]州修政府折衝都尉外置同正員) 昇朝 超進	
		侄:□□(守右武衛……)	
6	霍阿七=□	□□ □□(……右武衛秦州□德府折衝都尉……) □□(守□武衛……)	

此次題記中的霍令威、霍處思、霍處秀、霍阿七等人,在神龍二年題記中祇是小輩,而今已經兒孫成行。其間最大的變化,是其家族中至少有 9 人身爲府兵,大多爲四品職事的"折衝都尉員外置同正員",①甚至還有 1 人爲"冠軍大將軍(正三品上武散官)、左金吾衛大將軍員外置同正員(正三品職事官)、太僕卿(試官)、上柱國(視正二品勳官)",可能是禁軍或藩鎮系統的高級軍官。白陸寺霍村霍氏家族能夠在兩三代人之間由平民階層演變爲軍功世家,顯示出玄宗時期的戰争動員,已經讓河北鄉村顯著武力化。結合天寶五年(746)《唐昭慶令王璠清德頌碑》所稱此地"地邇幽燕,境連趙魏,土多剽悍,人尚橐鞬,自戎馬在郊,鳴鼙接響,騎射馳逐,罕習詩書",②頗能反映出 8 世紀河北民風的變遷。

四、結　語

以上,我們討論了《光業寺碑》的建立過程,復原了碑陰和碑側題名的結構,并描述了其中幾個鄉居家族的個案。這些題名涉及唐祖陵周邊 57 個鄉村,1 600 餘人,是目前關於唐代基層社會最詳細的材料之一。本文對此做了初步的研究,并從中得到一些值得注意的印象:

首先,正如孫繼民先生指出的,《光業寺碑》題名中出現的村名,有超過三分之一在今天全部或部分地保留了下來。但在近現代地方志或當地人的地名追溯或者説地方記憶中,這些鄉村的歷史則往往被推後到明初以後。③ 這一現象的成因還值得討論,但至少在華北地區應該不是孤例。我們可能低估了華北鄉村社會的穩定性和延續性,而誇大了諸多大大小小的"移民"傳説的實際情況。

其次,我們判斷唐代柏仁縣一縣下屬之村應在 40 個以上,其中宣務鄉一鄉即有約 20 村。這有助於我們合理估計唐代普通縣域所轄鄉村的實際數量。④ 結合復原的個案,當地普通規模村落大概有 150 人左右,有相當大一批是聚族同居的狀態,并没有特

---

① 關於此一官銜在玄宗時期的濫授與貶值,參見吕博:《踐更之卒,俱授官名——"唐天寶十載制授張無價游擊將軍告身"出現的歷史背景》,《中國史研究》2019 年第 3 期,第 96—109 頁。
② 見劉琴麗:《〈全唐文〉所收〈唐昭慶令王璠清德頌碑〉訂補》,第 226 頁。
③ 孫繼民:《光業寺碑題記:唐代村落史的珍稀資料》,第 230—231 頁。
④ 目前關於唐代鄉村的稽考,以兩京地區材料最多。馬强考出河南縣共轄 37 鄉、71 村,洛陽縣 28 鄉、31 村,萬年縣 59 鄉、76 村,長安縣 51 鄉、33 村。趙其昌復原出薊、幽都兩縣 17 鄉、24 村。與柏仁縣的情況對照,可知當時村落實際數量遠大於目前的復原成果。參馬强:《出土唐人墓誌歷史地理研究》,北京:科學出版社,2020 年,第 85—233 頁;徐暢:《長安未遠:唐代京畿的鄉村社會》,北京:生活·讀書·新知三聯書店,2021 年,第 87—129 頁。

別有主導性的鄉村,而柏仁縣城的居民規模和影響力亦不突出,當地社會呈現出以均質化的小型鄉村爲主體的狀態。

再次,這一地域是河北著姓趙郡李氏的發源地和聚居區。在《光業寺碑》題名中,李氏人數亦位居前列。但無論是重修光業寺的號召和組織工作,還是題名反映的仕宦情況,李氏并没有突出的地位。在當地流行的鄉村建寺風氣下建立的大批碑刻中,也没有發現由李氏主導者。[1] 當地的李氏家族似乎是所謂士族"中央化"之後留在當地的普通民衆,確實當得起"子孫甚微"的評價。[2]

最後,隆堯唐祖陵地點之確立頗爲曖昧,最終選擇兩州三縣交界點,很像是一種權宜之舉。作爲陵寺的光業寺也没有太多官方大寺的感覺,而更接近普通鄉村寺院的規模。《光業寺碑》的建立和其中"維王桑梓"云云,祇是民間的行爲,不能作爲李唐皇室攀附趙郡李氏的證據。不過,陵寺的身份以及"歲謁帝陵"的規定,確實給了光業寺相當大的號召力,使其在唐代與宣務山石窟并立爲當地能夠跨越鄉村而輻射縣域的佛教活動和民衆集會的中心。

附記:拙稿先後蒙武紹衛、周鼎、徐暢、吕博、胡鴻、王家琦等師友指點提示,謹致謝忱。

---

[1] 参見孫齊:《一座消失的石窟:河北宣務山石窟研究》,第 127—130 頁。周邊區域由李氏主導的鄉村寺院有元氏縣的開業寺,存有開耀元年(681)《開業寺釋孝信等舍利石函銘》、二年《大唐開業寺李公之碑》、開元十二年《開業寺石佛堂碑》等碑刻。分别見《全唐文》卷二〇一,北京:中華書局,1983 年,第 2037—2040 頁;陳尚君:《全唐文補編》,北京:中華書局,2005 年,第 411—413、2370—2371 頁。

[2] 《北史》卷三三《李士謙傳》,北京:中華書局,1974 年,第 1236 頁。参張葳:《隋唐時期河北地區趙郡李氏活動略論》,《揚州大學學報(人文社會科學版)》2008 年第 3 期,第 123—128 頁。

唐宋桂州的山巖開發與地方社會

張 琪

一般認爲,中古城市史是一個耕耘多年、較爲成熟的領域。不過,目前的研究集中於以長安、洛陽和建康爲代表的都城型城市,這當中又主要着眼於對都城布局、宫殿、坊市、宅第、寺觀等要素的復原,以及對都城空間與政治權力關係的分析。都城研究對理解某個政權固然很重要,但都城有其規劃性和特殊性,在深化我們對一般州縣城市的認識上,并不具備典型意義。而以往對少數非都城城市的研究,則以愛宕元、李孝聰、魯西奇諸學者對城市規模和形態的討論爲代表。① 以上傳統城市史的研究存在兩個明顯的問題:一是大多局限於城牆之内,很少將城市與周邊更廣大的地區以及人群的活動聯繫起來。不過,這一問題在近年的研究中有所突破,此即受日本考古學界"都城圈"概念啓發而提出的"都城圈社會"。相對於以城牆内部爲中心的研究取向,"都城圈"概念更加重視以都城爲中心向外延展的地理空間,强調與維繫都城存立密不可分的地域。② 從"都城圈"或"都城圈社會"的視角出發,學者們開始關注城郊陵墓、山林等都城以外的空間。③ 不過正如"都城圈"這一術語所顯示的,其關注的重點仍是都城。二是研究

---

① 愛宕元:《唐代太原城の規模と構造》《唐代の蒲州河中府城と河陽三城——浮梁と中潭城を伴った城郭——》《唐代の揚州城とその郊區》,皆收入氏著《唐代地域社會史研究》,京都:同朋舍,1997年,第181—202頁、第203—246頁、第257—414頁;李孝聰:《唐宋運河城市城址選擇與城市形態的研究》,唐曉峰、黄義軍編:《歷史地理學讀本》,北京大學出版社,2006年,第295—339頁;魯西奇:《〈水經注〉所見漢水流域的城邑聚落及其形態》《唐宋時期漢水流域州縣城的形態與空間結構》,氏著《城牆内外:古代漢水流域城市的形態與空間結構》,北京:中華書局,2011年,第1—148頁、149—277頁。
② 中村圭爾著,張學鋒譯:《魏晉南北朝都城研究的另一種可能》,張學鋒編:《"都城圈"與"都城圈社會"研究文集:以六朝建康爲中心》,南京大學出版社,2021年,第1—29頁。關於"都城圈"與"都城圈社會"概念的闡釋及其最新研究成果,也可參考該書。
③ 如妹尾達彦:《都城與葬地——隋唐長安官人居住地與埋葬地的變遷》,《中古中國的都市與社會》,上海:中西書局,2019年,第89—163頁;張學鋒:《孫吴、東晉的都城空間與葬地》,同上書,第25—88頁;劉淑芬:《東晉南朝"鍾山文化區"的形成》,《南京曉莊學院學報》2018年第1期,第31—44、49頁;魏斌:《鍾山與建康東郊》,《"山中"的六朝史》,北京:生活·讀書·新知三聯書店,2019年,第274—307頁;王静:《終南山與唐代長安社會》,《唐研究》第九卷,北京大學出版社,2003年,第129—168頁。魏斌最近發表的《城樓、沙洲與寺院:(轉下頁)

地域分布不均衡,五嶺南北的城市少人問津。

基於以上理由,本文擬將桂州作爲唐宋時期五嶺城市的樣本,以近郊的山巖開發爲中介,通過對開發過程中地方社會諸面相的考察,呈現出城内外在空間與人群上的聯結與互動。桂州環城山巒林立,巖洞密集,溪河交錯。唐代吴武陵《陽朔縣廳壁題名》描述了陽朔縣的居止特點:"邑縣西七步有石渠,其浚十仞。(仞)〔渠〕之下有峒,峒有水,水深百尺。上有亭,可以宴樂游處。肆在亭西,廩在肆西。士宦胥吏、黎人商賈,夾江而宅,基置山足。山多大木,可以堂,可以室。"①儘管陽朔在地貌上有其特殊性,但居止於山脚或臨江平地當是許多南方地區的慣習,山巖與城市相嵌或山巖錯落於城市近郊的形態也很可能是唐宋大多數南方城市的共同特點。從這一點看,桂州的案例具有一定的普適性。唐宋是桂州山巖開發史上一個引人注目的時代,這一時期,地方社會的不同人群參與到桂州山巖的開發中,各山巖的興起和没落不僅呈現出城市及其周邊景觀的變化,更交織出人群與山巖、城内與城外以及不同人群之間互動聯結的豐富圖景。

桂林各巖洞中存有數量可觀的唐宋摩崖,以宋人觀游題記數量爲多。《語石》稱:"唐宋題名之淵藪,以桂林爲甲。"②這些題名爲我們研究該課題提供了寶貴的材料。較早對桂林唐宋石刻進行搜集著録的是明代的《桂勝》,③該書是萬曆間桂人張鳴鳳應兩廣督府劉繼文之邀領銜編纂、介紹桂林山水名勝的地理書。其體例以山爲目,下繫唐宋詩、文和題名,因編纂前對石刻進行了實地拓抄,④故保留了許多今人已無緣得見的石刻。《桂勝》搜羅的範圍主要是明代府城内及近郊的山巖,其凡例云:"諸山環桂内外,於城密邇,故謹志之。即甘巖雖見紀於唐賢,今不之及,以其遠也。"⑤明代的府城,除將唐宋時城北近郭的疊彩山和寶積山囊入城中以外,近郊大部分山巖與城郭的相對位置和距離較唐宋并無太大變化。⑥ 由於本文着眼於山巖與州城士民的互動,所論諸山亦

(接上頁)南朝夏口的城市風景》將南朝夏口的空間格局分爲政治軍事性城郭和城南的港口商業區,以子城中的黄鶴樓、城外的鸚鵡洲和頭陀寺這三處名勝爲綫索,將城内與城外整合一體,并指出這三個地點的名勝化都與城内的知識官僚群體有關(《唐研究》第二十六卷,北京大學出版社,2021年,第93—118頁)。

① 《(嘉靖)廣西通志》卷二三《公署下》,《北京圖書館古籍珍本叢刊》,北京:書目文獻出版社,1997年,第286頁。
② (清)葉昌熾撰,柯昌泗評,陳公柔、張明善點校:《語石 語石異同評》卷五,北京:中華書局,1994年,第351頁。
③ (明)張鳴鳳著,杜海軍、閆春點校:《桂勝 桂故》,北京:中華書局,2016年。
④ 同上書,第8頁。
⑤ 同上書,第10頁。
⑥ 唐宋桂州城詳下。明代各山巖與府城的距離,參《(萬曆)廣西通志》卷四《山川志上》,臺北:學生書局,1965年,第74—79頁。

多位於城周,即所謂"附郭可日涉"①"几杖間可以遍覽"②者,故《桂勝》的山目實際上爲本文提供了一份考察對象的名單。③

近人對桂林石刻著録較爲完整的有《桂林石刻》(上中下3册),④乃1977年桂林文物管理委員會所編,有録文無拓片;1998年出版的《中國西南地區歷代石刻匯編》之《廣西省博物館卷》《廣西桂林卷》,⑤無録文有拓片。近年又有杜海軍的《桂林石刻總集輯校》,⑥該書在石刻的搜集上主要參考了《桂林石刻》和《中國西南地區歷代石刻匯編》,就完整性來説比較齊全,但其中標點錯誤之處不少。2019年桂海碑林博物館又編有《桂林石刻碑文集》,有録文無拓片,且該書流通不廣,頗難獲得,惜未得寓目。此外日本學者户崎哲彦有《桂林唐代石刻の研究》《中国乳洞巖石刻の研究》及《中国桂林鐘乳洞内現存古代壁書の研究》。⑦ 其中《桂林唐代石刻の研究》補充了《桂林石刻》和《中国西南地區歷代石刻匯編》遺漏的唐代石刻,并對每一則石刻進行了復原和考辨,《中國乳洞巖石刻の研究》和《中国桂林鐘乳洞内現存古代壁書の研究》分别著録了興安乳洞巖和蘆笛巖、大巖的題記。⑧ 本文所引之石刻,主要依據《桂勝》《桂林石刻》和《中國西南地區歷代石刻匯編》,同時參考《桂林唐代石刻の研究》的復原録文。⑨

一、唐宋桂州的城郭與山巖

桂州,原隋代始安郡。《舊唐書·地理志》稱:"武德四年(621),平蕭銑,置桂州總

---

① (宋)祝穆撰,施和金點校:《方輿勝覽》卷三八《廣西路·静江府·山川》,北京:中華書局,2003年,第687頁。
② (宋)周去非著,楊武泉校注:《嶺外代答校注》卷一《桂林巖洞》,北京:中華書局,1999年,第17頁。
③ 《桂勝》所列山水名勝包括:獨秀山、漓山、雉山、南溪山、伏波山、七星山、龍隱山、屏風山、疊彩山、寶積山、隱山、潛洞、西山、中隱山、清秀山、虞山、堯山、辰山、穿山、琴潭山、望夫山、灕江、陽江、南溪、彈丸溪、訾家洲。
④ 桂林文物管理委員會編:《桂林石刻》(上中下3册),内部交流出版,1977年。
⑤ 《中國西南地區歷代石刻匯編》,天津古籍出版社,1998年。
⑥ 杜海軍輯校:《桂林石刻總集輯校》,北京:中華書局,2013年。
⑦ (日)户崎哲彦:《桂林唐代石刻の研究》,東京:白帝社,2005年;《中国乳洞巖石刻の研究》,東京:白帝社,2007年;《中国桂林鐘乳洞内現存古代壁書の研究》,東京:白帝社,2018年。
⑧ 相關書評可參陳尚君《户崎哲彦教授桂林石刻研究著作兩種評價》,氏著《貞石詮唐》,上海:復旦大學出版社,2016年,第424—429頁。
⑨ 桂林氣候濕熱,石刻磨損速度很快,20世紀70年代仍存的一些摩崖現已漫漶,因此《桂林石刻》有其不可替代性,該書不少録文也爲《桂林唐代石刻の研究》和《桂林石刻總集輯校》所采用。本文録文儘量依據《中國西南地區歷代石刻匯編》的拓本,在拓本模糊難辨的情况下參考《桂林石刻》和《桂勝》,《桂林石刻》《中國西南地區歷代石刻匯編》與《桂勝》皆無者采用《桂林石刻總集輯校》。

管府,……天寶元年(742),改爲始安郡,依舊都督府。至德二年(757)九月,改爲建陵郡。乾元元年(758),復爲桂州,刺史充經略軍使,管戍兵千人,衣糧稅本管自給也。"① 州治臨桂縣。② 南宋紹興三年(1133),桂州以高宗潛邸升爲静江府。③

宋末爲防元軍南侵,寶祐六年(1258)至咸淳八年(1272)間,桂州進行了長時間、大規模的修城活動,咸淳八年完工時在城北鵓鳩山(今鸚鵡山)鎸刻城池圖(下文稱《静江府城池圖》)并記文。城池圖高 3.21 米、寬 2.98 米,詳細描繪了城壕、軍營、衙署等建置,也旁及山巖街道等,爲我們認識桂州城市與山巖的關係提供了絶佳的材料(圖一)。

桂州有城始於唐代,唐莫休符《桂林風土記》"李衛公_{名靖}"條稱:"李靖,……武德二年(619),同趙郡王孝恭至江陵,破蕭銑四十萬,擒銑赴京。承制度嶺,至桂州,……桂州子城自衛國公所製,號曰'始安郡〔城〕'。"④則唐武德初築子城、號始安郡城的時間當在武德四年復州名以前。子城的規模,《(嘉靖)廣西通志》卷三九《古迹》引《風土記》云:"子城,在灕江西,周三里十八步,高一丈二尺,唐李靖築。有門四:南曰騰仙,東曰東江,西舊揭静江軍額,西南曰順慶,舊揭桂州額。"⑤按桂州升静江軍在光化三年(900),⑥《桂林風土記》自序稱此書撰成於光化二年,不會出現"舊揭静江軍額"的情況。騰仙、東江、順慶、静江軍四門額皆見於《静江府城池圖》中,此條描述的可能是南宋以後的情況。不過,從唐宋石刻反映的子城與各山巖的相對位置來看,子城的範圍在唐宋之間不致有太大變化,應當就是圖中以"府治"爲中心的衙城,城中以官署和軍隊爲主,⑦大部分普通民

---

① 《舊唐書》卷四一《地理四》,北京:中華書局,1975 年,第 1725 頁。
② 同上。
③ 《宋史》卷九〇《地理六·廣南西路》,北京:中華書局,1985 年,第 2239 頁。
④ 關於《桂林風土記》,《四庫全書總目》稱:"《新唐書·藝文志》作三卷,今存者一卷。卷中目録四十六條,今闕'火山''采木'二條。蓋殘闕之餘,非完書矣。"該書現存抄本版本頗多,但基本源於明洪武間謝潚小草齋鈔本。流通的版本主要有《四庫全書》本和《學海類編》本,皆與謝本爲同一系統(黄毓芸:《〈桂林風土記〉版本體系及文本考校》,《古籍整理研究學刊》2019 年第 3 期,第 24—29 頁)。《學海類編》本脱誤較多,《四庫》本較優,目前仍無校勘本。曹陽以《四庫》本爲底本,參校四明盧氏抱經樓藏本、延古堂李氏藏本、清初傳録明謝氏小草齋本、《學海類編》本,錢南白鈔校本,參考《太平御覽》《太平寰宇記》《桂勝》和《廣西名勝志》進行了初步校勘(曹陽:《〈桂林風土記〉研究》乙編《〈桂林風土記〉校注》,廣西師範大學碩士學位論文,2018 年)。以下若無特别説明,所引《桂林風土記》皆出自曹校,不再出注。曹校"李衛公(名靖)"條:"郡"下,明抄本、小草齋本作"名矣",《學海類編》本有"城"字。
⑤ 《(嘉靖)廣西通志》卷三九《古迹》,第 479 頁。
⑥ 《資治通鑑》卷二六二《昭宗紀》,北京:中華書局,1956 年,第 8534 頁。
⑦ 《桂林風土記》"石氏射樟木燈籹祟"條稱"開成中,桂林禆將石從武,居在子城西壕側",可見子城中確實有軍將居住。

圖一　靜江府城池圖

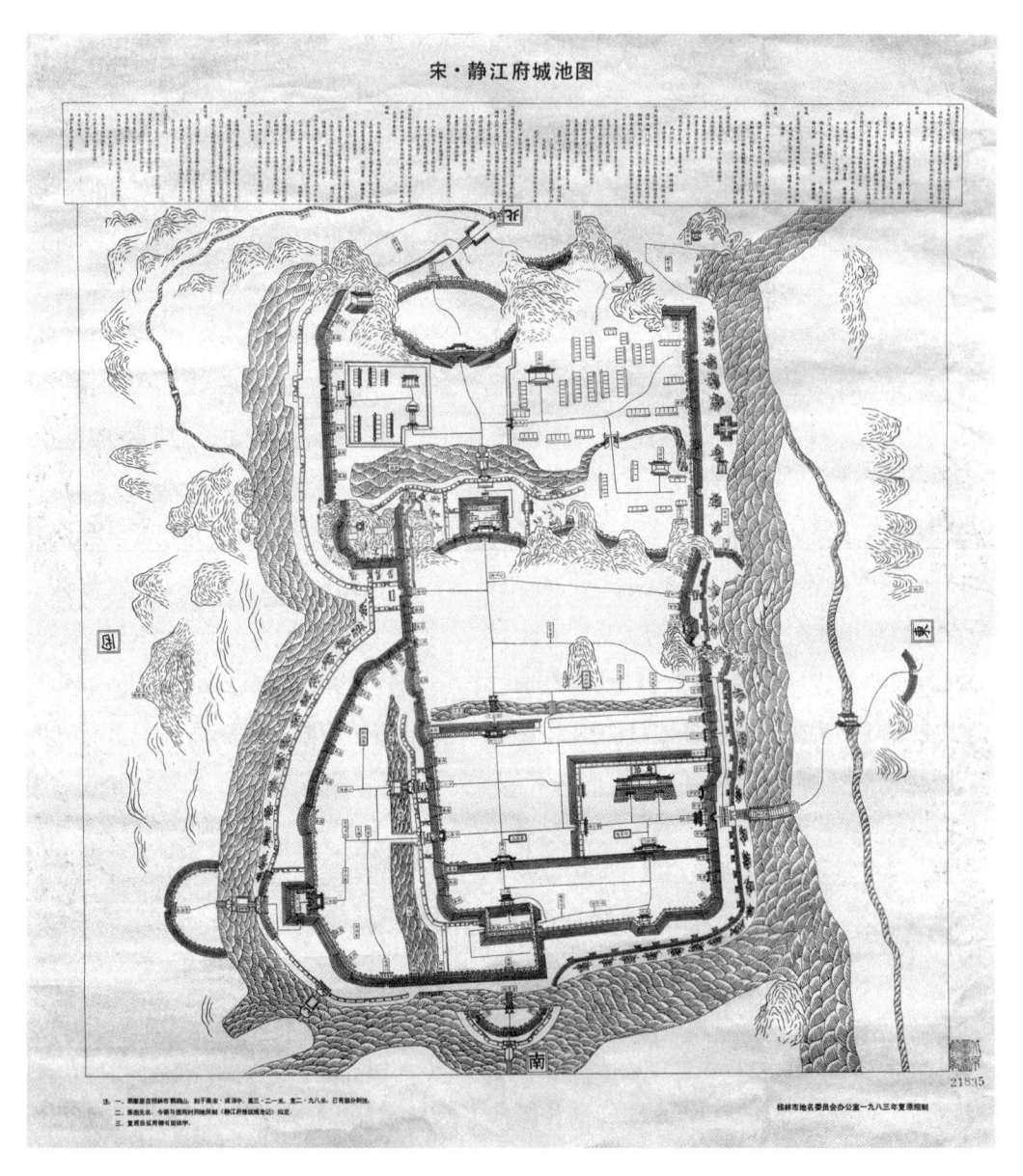

圖片來源：中國國家圖書館·國圖空間 http://www.nlc.cn/newgtkj/。

衆居於子城外。① 《舊唐書》卷九三《王晙傳》稱:"景龍末,累轉爲桂州都督。桂州舊有屯兵,常運衡、永等州糧以饋之,晙始改築羅郭,奏罷屯兵及轉運。"②此次所築羅郭的範圍,據《桂林風土記》"獨秀山"條:"(獨秀山)在郭中,居子城正北百餘步,高聳直上。周回一里餘,迥出郭中,下有巖洞。"又同書"巖光亭"條稱亭"在北羅門外",按巖光亭在寶積山,寶積山即圖中之碧霞巖。可知景龍間向子城北面擴建郭城,將獨秀山囊入郭城範圍,其北界在獨秀山與寶積山(碧霞巖)之間。唐末光啓年間,桂州又有一次修城。《桂林風土記》"夾城"條載:"從子城西北角二百步北上,抵伏波山。緣江南下,抵子城逍遥樓,周回六七里。光啓年中,前政陳太保可(環)〔瓌〕創造。三分之二是諸營展力,日役萬人,不時而就。增崇氣色,殿若長城。南北行旅,皆集於此。"其中"西北"當是"東北"之誤。③ 可見唐末所修夾城的範圍是從子城東北至伏波山,南下至子城東門附近的逍遥樓,即子城東面至東北伏波山的沿灕江(東江)地帶,其中有一定規模的商業活動。

北宋至和元年(1054)至二年余靖平定儂智高亂後亦曾築城。④ 咸淳十年(1274)章時發所撰《靜江府修築城池記》云:"逮我本朝仁廟時,中外方乂安,而儂賊擾二廣,余襄公又築今之舊城。"⑤按《靜江府城池圖》旁有文字云:

> 李制使任內,創築新城,自雪觀起,至馬王山,轉過桂嶺,至寶積山下北城堂腳止,共長柒百貳拾丈。舊城陸百陸拾貳丈。修浚新舊壕河壹千捌百捌拾玖丈。修起新舊樓櫓伍拾肆座。內:
>
> 新城:

---

① 關於唐代子城與郭城,可參愛宕元:《唐末五代期における城郭の大規模化:華中・華南の場合》,前揭《唐代地域社會史研究》,第415—450頁;成一農:《走出坊市制研究的誤區》,《唐研究》第十二卷,北京大學出版社,2006年,第305—318頁;魯西奇:《唐代地方城市中的里坊制及其形態》,《人群・聚落・地域社會:中古南方史地初探》,廈門大學出版社,2012年,第115—139頁。
② 《舊唐書》卷九三《王晙傳》,第2985頁。
③ 唐宋時期,伏波巖多被稱爲"東巖"。伏波山還珠洞摩崖云:"前桂管觀察使襄武縣開國男賜紫金魚袋趙格,前攝支使前進士劉虛白。咸通四季(863)閏六月七日,別鄭處士,留題東巖。"(《趙格、劉虛白還珠洞題名》,《中國西南地區歷代石刻匯編》第九册《廣西桂林卷》,第15頁)胡宗回等人伏波山題名稱:"累會伏波東巖"(《胡宗回程節會評價還珠洞題名》,《桂林石刻》上,第73頁)。又黄邦彦《重修蒙亭記》云:"(伏波)巖在大城内府治墉之東北隅,縣府東北墉循江而下,繞百步轉而趨乎茂林翠竹之間,有徑寂然以幽。"〔(宋)黄邦彦:《重修蒙亭記》,同上書,第55—57頁〕結合城池圖可知,無論唐宋,伏波巖皆在城東北方向。
④ (宋)王安石:《桂州新城記》,《臨川先生文集》卷八二,上海:復旦大學出版社,2016年,第1451頁。
⑤ (宋)章時發:《靜江府修築城池記》,《桂林石刻》上,第320—323頁。

東自雪觀起,……女頭肆拾叁箇,樓櫓叁座。

舊城:

東自雪觀,下至南團樓越觀,轉至西南角團樓并甕城,通長陸百陸拾貳丈,樓櫓貳拾捌座,係增修。①

李制使即寶祐六年修城活動開始時的第一任地方長官李曾伯。與"創築"新城相對,"增修"指的應該是在舊城的基礎上修葺,同時增加樓櫓等防禦工事。舊城從子城東北的雪觀開始,沿江南下至團樓,向西過越觀,至南門的甕城和團樓,基本上是唐末夾城一帶及子城以南,這應當就是至和年間余靖築城的範圍。李曾伯創築的新城則是從雪觀起,向北至疊彩山(馬王山),向西至寶積山(碧霞巖),也就是獨秀山以北的區域。

因此,在宋末大規模築城之前,桂州州城基本上限制在獨秀山以南、灕江以西、陽江以北的範圍内。除了獨秀山和伏波山位於城中或附郭,其餘諸多山巖在環城近郊,它們雖與城郭有一定距離,但仍是州城官民重要的活動場所。考察這些山巖的開發過程,對於我們了解唐宋城市與郊區的關係,以及人群之間的互動有著重要意義。

二、從荒野到亭榭:地方官主導下的名勝營造②

地方官因其掌握的政治、經濟和人力資源,在地方開發建設中發揮着主要作用。前人曾着眼於全國範圍,論及官員游宴對地方勝景開發的推動作用。③ 若具體到桂州一地,則由於山巖林立四野的自然環境,以及"歲時載榼提醪,口簫腰鼓,以游遨燕

---

① 前揭《靜江府城池圖》。
② 關於唐代的地方名勝,近年來受到不少學者的關注。如廖宜方已經注意到官員游宴與地方勝景開發的關係,并從地方文化活動和文化記憶創造的角度考察了唐代地方官員於深山窮谷中開闢名勝、建造亭臺樓閣的現象(廖宜方:《唐代的歷史記憶》,臺灣大學博士學位論文,2009年)。商偉關注題壁詩的競爭性和表演性,并指出詩歌對名勝的指認和再創造的作用(商偉:《題寫名勝:從黃鶴樓到鳳凰臺》,北京:生活·讀書·新知三聯書店,2020年)。王敖討論了中唐時期元結、柳宗元等文人群體對"南荒"的書寫和新地標的建造,但他將這些行爲解釋爲中原士人出於私人的、實用性的目的,在南荒營造自在、安全的寓居環境,似較牽强,開發和營造地方名勝并非僅見於所謂"南荒",而是中晚唐時期南北各地的普遍現象(王敖:《中唐時期的空間想象:地理學、製圖學與文學》,武漢:長江文藝出版社,2021年)。此外,殷祝勝的《唐代文士與粵西》對唐代桂帥的山水景觀開發及宴游活動有所涉及,但主要著眼於其中的文學創作,與筆者關注的重點不同(殷祝勝:《唐代文士與粵西》,桂林:廣西師範大學出版社,2015年)。
③ 廖宜方:《唐代的歷史記憶》,第228—239頁。按游宴包括觀游和宴飲,唐宋地方官多於假日或暇日與僚佐一同追尋勝景,并於兹飲宴作樂。

賞爲事"①的地方風尚,使得因游宴而芟夷斬棘、營造亭榭成爲地方官主導的山巖開發的重要面相。同時,相對於其他地區,居於桂州的人群對山巖觀游有著更深刻的體驗,這表現爲山巖開發可以作爲桂州地方官政績之一,載入德政碑。端平三年(1236)秦祥發所撰《廣西經略安撫焕章趙郎中德政碑》便稱頌趙師恕:"闢巖洞以與民同樂,山川爲之改觀。"②因此,爬梳地方官開發桂州山巖的歷史,在勾勒出不同時期官員的游宴活動如何改造地方公共景觀的同時,也能呈現地方民衆"游遨燕賞"場所的擴展過程,以及人群活動空間的變化。

不少學者注意到,以玄宗朝爲轉折點,唐廷開始正式鼓勵官員假日游宴追勝。③據《唐會要》卷二九《游宴》,開元十八年(730)、十九年、二十年、二十五年和天寶八載(749)、十載,朝廷皆頒布過敕文鼓勵在京百司假日"任追游賞",并"賜錢造食"。④其中天寶八載正月的敕文亦涉及地方官:"今朝廷無事,思與百辟同兹宴賞。其中書門下及百官等共賜絹二萬匹;其外官取當處官物,量郡大小及官人多少,節級分賜。至春末以來,每旬日休假,任各追勝爲樂。"⑤

貞元年間,朝廷的游宴政策一度有所收緊。《舊唐書·裴度傳》稱:"初,德宗朝政多僻,朝官或相過從,多令金吾伺察密奏,宰相不敢於私第見賓客。"⑥儘管貞元元年(785),借"兵革稍息,夏麥又登"之由,德宗允許"朝官有假日游宴者,令京兆府不須聞奏",⑦四年九月又鼓勵文武百僚於正月晦日、三月三日、九月九日擇地追賞爲樂,并賜宰相以下在京百官錢,⑧十四年又解除朝官相過從金吾上奏的規定,⑨但貞元末仍是"時政嚴急,人家不敢歡宴,朝士不敢過從。"⑩以致於元和二年(807)還需下詔掃除德宗朝

---

① (宋)李彦弼:《八桂堂記》,《桂勝》卷一〇六《灕江 陽江 南溪 彈丸溪 訾家洲 朝宗渠附》,第244頁。
② 秦祥發:《廣西經略安撫焕章趙郎中德政碑》,《桂林石刻》上,第288—290頁。
③ 李斌城等編:《隋唐五代社會生活史》第二章《衣食住行》(黄正建撰),北京:中國社會科學出版社,1998年,第59—61頁;楊倩塵:《政治與文化的互動:唐宋時期的成都游宴活動探微》,《宋史研究論叢》2015年第2期,第1—19頁;廖宜方:《唐代的歷史記憶》,第149—155頁。
④ 《唐會要》卷二九《追賞》,上海古籍出版社,2006年,第629—630頁。
⑤ 同上書,第629頁。
⑥ 《舊唐書》卷一七〇《裴度傳》,第4417頁。
⑦ 《唐會要》卷二九《追賞》,第629頁。
⑧ 同上書,第630頁。
⑨ 《舊唐書》卷一〇三《德宗紀》,第387頁。
⑩ (唐)白居易著,謝思煒校注:《白居易文集校注》卷二三《論左降獨孤朗等狀》,北京:中華書局,2011年,第1299頁。

的陰影:"如聞百官士庶等親友追游,公私宴會,乃晝日出城餞送,每慮奏報,人意未舒。自今以後,各暢所懷,務從歡泰。"①

不過,德宗朝的禁令多針對在京百官,地方官較少受此約束。玄宗朝以降,地方官游宴的現象十分普遍。如建中二年(781)重陽節,桂州防禦觀察使盧嶽以"府無留事,封略既靜,公堂自閑",於州之東樓"大合賓佐,高張郡樓"。② 貞元三年(787)至八年,李皋任山南東道節度使時,公府多借州西張柬之之林園以游宴。③ 永貞元年(805)柳宗元在永州時曾作《零陵三亭記》,稱:"邑之有觀游,或者以爲非政,是大不然。夫氣煩則慮亂,視壅則志滯,君子必有游息之物,高明之具,使之清寧平夷,恒若有餘,然後理達而事成。"④可見其時州縣觀游宴賞之風氣。爲了限制州縣官過度游宴,會昌元年(841)詔曰:"州縣官比聞縱情盃酒之間,施刑喜怒之際。致使簿書停廢,獄訟滯冤。其縣令每月非(暇)〔假〕日,不得輒會賓客游宴。其刺史除(暇)〔假〕日外,有賓客須申宴餞者,聽之,仍須簡省。"⑤但該禁令在地方可能没有得到很好的貫徹,《桂林風土記》"越亭"條便稱:"會昌初,前使元常侍名晦……于時潞寇初平,四郊無壘,公私宴聚,較勝事先,美節良辰,尋芳選勝,管絃車馬,闐溢路隅。"⑥唐代桂州地方官員游宴山巖的相關材料基本上集中在貞元至會昌時期,這一文獻面貌與中晚唐地方游宴風氣的盛行是相符的。⑦

在本文關注的山巖中,最早得到地方官修葺的是位於子城西北的獨秀山。所謂"井邑之内,一山峙立,狀如冠冕,凡州堂臺亭樹,開户相倚",⑧是州民日常可見的一處山巖。大曆十一年(776),桂管觀察使李昌巙在山下建立州學時,有感於勝概岑寂,無

---

① 《唐會要》卷二九《追賞》,第630頁。
② (唐)于邵:《九日陪廉使盧端公宴東樓序》,《文苑英華》卷七一〇,北京:中華書局,1966年,第3667頁。按于邵序稱:"國家以桂林重鎮……皇上纘承大位之明年,啟謨群后,載命連率,是以范陽盧公自京而來,條察二十八州諸軍事。"又《舊唐書·德宗紀》載建中二年二月甲辰,"以容州刺史盧嶽爲桂州防禦觀察使"(《舊唐書》卷一〇二,第328頁),可知盧嶽重陽宴飲東樓當在建中二年。
③ 《舊唐書》卷一三一《李皋傳》,第3640頁。
④ (唐)柳宗元撰,尹占華、韓文奇校注:《柳宗元集校注》卷二七《零陵三亭記》,北京:中華書局,2013年,第1821頁。
⑤ 《册府元龜》卷一五八《誡勵第三》,北京:中華書局,1960年,第1913頁。
⑥ 曹校:"事先",《學海類編》本、錢南白鈔校本作"争先",當從。"闐溢",明抄本、學海類編本、錢南白鈔校本、《桂勝》引《桂林風土記》均作"闐隘"。
⑦ 户崎哲彦已經注意到桂林題記的年代與唐代游宴政策之間的關係,但他認爲與游覽相關的題記大部分集中於貞元、元和年間,反映了這一時期朝廷對追勝游宴的解禁,似不準確(參氏著《中国桂林鐘乳洞内現存古代壁書の研究》,第218—222頁)。
⑧ (宋)孫覽:《五咏堂記》,《桂勝》卷一《獨秀山》,第14—15頁。

知己發明,於山徑翦叢薄、斬荒榛,尋得一石室,命左右"壞之可跳者布以增迆,石之可轉者積而就階"。① 其間雖無飲宴,但亦出於觀游之目的。李昌巙自大曆八年九月領桂州刺史,②三年任滿之時,③不僅平定了西原賊帥潘長安之亂,建學獨秀山,還以俸錢增新舜廟,這些事迹分別於大曆十二年和建中元年(780)刻於鐵封山、虞山。④

元和十三年(818),憲宗平定淮西、河朔諸藩鎮,觀察使裴行立借機糾集僚吏,登臨州署之左的灕江洲渚訾家洲。柳宗元爲此次觀游撰有《訾家洲亭記》:

> 觀望悠長,悼前之遺。於是厚貨居氓,移于閒壞,伐惡木,刺奥草,前指後畫,心舒目行。……乃經工化材,考極相方。南爲燕亭,延宇垂阿,步簷更衣,周若一舍。北有崇軒,以臨千里。左浮飛閣,右列閒館。比舟爲梁,與波昇降。⑤

經過營造後的訾家洲成爲宴游勝地。"新政從事"陸宏休稱之爲"南方最勝游",⑥一直到唐末莫休符撰《桂林風土記》時,訾家洲仍是"東風融和,衆卉爭妍"的繁盛景象。⑦ 趙嘏有《十無詩寄桂府楊中丞》曰:"遥聞桂水遶城隅,城上江山滿畫圖。爲問訾家洲畔月,清秋擬許醉狂無?"⑧楊中丞即桂管觀察使楊漢中,該詩或作於會昌六年(846),時趙嘏身在潤州。⑨ 趙嘏一生行迹未及桂州,⑩却能以訾家洲入詩。訾家洲這一地方名勝的廣爲人知,很可能是柳宗元等人的詩文在士人圈中傳播的結果。

寶曆(825—826)間,李渤廉察桂州,⑪以搜訪郭郭之遺景爲樂。他對南溪山和隱山

---

① (唐)鄭叔齊:《獨秀山新開石室記》,《中國西南地區歷代石刻匯編》第九冊《廣西桂林卷》,第10頁。
② 《舊唐書》卷一一《代宗紀》,第303頁。
③ 李昌巙實則於建中二年卸任,據《舊唐書》卷一〇二《德宗紀 上》:"(建中二年二月乙未)以桂管觀察使李昌巙爲江陵尹、兼御史大夫、荆南節度等使。"(第328頁)
④ (唐)韓雲卿:《平蠻頌并序》《舜廟碑》,《桂林石刻》上,第6—7、7—9頁。
⑤ 《柳宗元集校注》卷二七《桂州裴中丞作訾家洲亭記》,第1786頁。
⑥ 《桂林風土記》"訾家洲"條。
⑦ 同上。
⑧ (唐)趙嘏著,譚優學注:《趙嘏詩注》,上海:上海古籍出版社,1985年,第109頁。
⑨ 《趙嘏詩註》,第110頁。
⑩ 趙嘏雖曾有循州之行,但并未到過桂州,故《十無詩》談及桂州風景稱"遥聞"。趙嘏生平行迹,參譚優學:《趙嘏行年考》,氏著《唐詩人行年考》,成都:四川人民出版社,1981年,第289—318頁。
⑪ 《桂林石刻》上《唐李渤吴武陵等八人隱山游記》:"寶曆元年(825),給事中隴西公秘直出廉察於此,太和年既豐,乃以泉石爲娱,搜奇訪異,獨得兹山。山有四洞,斯爲最。水石清拔,幽然有真趣。可以游目,可以永日。愚自以爲天作以遺公也,不然,何前人之盡遺耶? 明日與諸生游,因紀名氏,武陵奉命操筆,倚巖叙題。"岑仲勉已辨"太和年"之誤,以"此"下空一格,不當補爲"太和","此"下或爲"州"或其字,"和"或爲"積"之訛(岑仲勉:《貞石證史》,《金石論叢》,北京:中華書局,2004年,第76—195頁。)

諸巖洞的開發,使得唐代桂州近郊的山巖面貌發生了較爲顯著的改變。南溪山距州城西南約七里,[①]在灕江和陽江的交匯處。山有白龍、玄巖二洞及九小室,李渤命人"發潛敞深,隥危宅勝","翼之以亭榭,韻之以松竹"。[②] 隱山則位於州城西門里餘,關於李渤開隱山事,其從事吳武陵和韋宗卿分別撰有《新開隱山記》和《隱山六峒記》。[③] 綜觀唐宋桂州地方官對山巖的開發,從發現山巖到營造景觀往往有以下幾個環節:爲新山巖命名、剪除雜蕪、植樹種花、修建亭臺樓閣以供休憩飲宴、作文立碣或摩崖留下紀念等。吳、韋二文對以上環節皆有較爲詳細的描述,在桂州"山巖開發文"中頗具代表性,故不避繁瑣,節引《新開隱山記》如下:

> 始一日,命騎西出。出門里餘得小山,山下得伏流,……乃伐棘導泉,目山曰"隱山",泉曰"蒙泉",溪曰"蒙溪",潭曰"金龜",洞曰"北牖"、曰"朝陽"、曰"南華"、曰"夕陽"、曰"雲戶"、曰"白蝙蝠",嘉蓮生曰"嘉蓮",白雀來曰"白雀",石渠寒深,若蟠蛟虺,特曰"蛟渠";或取其方,或因其瑞,幾焯于圖諜也。于是節稍廩,儲羨積,度材育功,爲亭於山頂,……又作亭于北牖之北,夾溪潭之間,軒然鵬飛,矯若虹據,左右翼爲厨、爲廊、爲歌臺、爲舞榭,環植竹樹,夐脫囂滓,邦人士女,咸取宴適。……他日,會新亭之下,辱命紀事,奉筆遽題于北榮曰……

經過修整後的隱山,有了各種游宴的基礎建設。地方長官的時時造訪、吳武陵等人的文章都使其聲名大噪。甚至有人圖寫隱山美景作爲屏障,《桂林風土記》"隱(仙)〔山〕亭"條曰:"寶曆年,前使李給事名渤開置亭臺,……山河秀異,皆入畫圖。作屏障,爲信好之珍。"[④]值得注意的是,這種以地方名勝入畫的做法在當時并非孤例。如劉禹錫《答東陽于令涵碧圖詩并引》載于興宗任東陽令時,"一旦於縣五里偶得奇境,埋没於翳薈中。……開抉泉石,芟去蘿蔦,斧凡材,畚息壤,而清溪翠巖森立坌來。因構亭其端,題曰涵碧。……惜其居地不得有聞於時,故圖之來乞詞,既無負尤物。"其詩云:"新開潭

---

① 《秦光□劉僎巗刻李師中等詩記》,《桂林石刻》上,第142—143頁。
② (唐)李渤:《南溪詩序》,同上書,第14—15頁。
③ (唐)吳武陵:《新開隱山記》,《桂勝》卷一一《隱山》,第174頁;(唐)韋宗卿:《隱山六峒記》,《桂勝》卷一一《隱山》,第175頁。
④ 《桂林風土記》"隱(仙)〔山〕亭"條。户崎哲彦認爲該條全記隱山亭台等景觀,《四庫》本此條中有"題隱仙""隱仙溪",《學海類編》本作"題隱山""隱山溪",則"仙"或爲"山"之誤寫(户崎哲彦:《莫休符〈桂林風土記〉佚文考》,《古籍研究》2001年第1期,第40頁)。

洞疑仙境,遠寫丹青到離州。"①又如徐安貞《畫襄陽圖》云:"畫得襄陽郡,依然見昔游。峴山思駐馬,漢水憶迴舟。丹壑常含霽,青林不換秋。圖畫空咫尺,千里意悠悠。"②可知《襄陽圖》中畫有詩人曾經游歷的峴山、漢水等地方標志性名勝,這種熟悉感使詩人生發出"圖畫空咫尺"的悵然。中晚唐李涉《謝王連州送海陽圖》稱連州刺史"畫得青山寄楚囚"。③ 連州海陽湖爲元結疏鑿,後人於湖邊修建亭榭景觀,至劉禹錫時臻於完備并有《海陽十咏》。④ 又白居易曾畫杭州郡樓登望之景色寄送張籍,張籍《答白杭州郡樓登望畫圖見寄》云:"畫得江城登望處,寄來今日到長安。"⑤又如唐末連州人張鴻《貞女石》詩云:"當時非望夫,亦不採蘼蕪,自化爲貞質,因兹入畫圖。"⑥這種地方名勝圖與中晚唐大量流行的地方勝景詩文一樣,皆是其時地方名勝營建和覽勝之風大興的表現。

會昌年間,觀察使元晦營建了疊彩山和寶積山。此二山皆在桂州城北,對開而立。疊彩山有"風洞",其對面崖壁有摩崖云:"西巖有石門,中有石像,故曰'福庭'。又門陰構'齊雲亭',……會昌三年(843)六月藏功,南自曲沼,上極山椒。四年七月功既。"⑦洞左有小山曰"(干)〔于〕越山",⑧亦有摩崖:"直渚之北,有虚楹釣榭,由此三逕,各趨所抵。左指山隈,右向之僧舍爲寫真堂。北鑿山逕,由東崖茅齋,經棲真洞而北。"⑨《桂勝》將這兩方摩崖繫於元晦名下。按《桂林風土記》有"越亭"條:"在府城北,與聖壽寺接連。有巖洞亭臺,高對碧峰。山穴透出北面,因名'北牖洞'。遠眺長江,極目烟水,北人至此,多軫鄉思。會昌初,前使元常侍名晦,……性好巖沼,時恣盤游,建大八角亭,寫其真,〔其院即爲寫真〕院,砌臺釣榭,石室蓮池,流杯亭、花藥院時爲

---

① (唐)劉禹錫:《答東陽于令涵碧圖詩并引》,卞孝萱校訂:《劉禹錫集》卷二五,北京:中華書局,1990年,第331頁。
② (唐)徐安貞:《畫襄陽圖》,(宋)計有功撰,王仲鏞校箋:《唐詩紀事校箋》卷二五,北京:中華書局,2007年,第813頁。
③ (唐)李涉:《謝王連州送海陽圖》,《萬首唐人絕句》卷一四,北京:書目文獻出版社,1984年,第283頁。
④ 劉寧:《從劉禹錫〈海陽十咏〉看地方公共園林書寫的詩文之異》,《華南師範大學學報》2021年第6期,第162—172頁。
⑤ (唐)張籍:《答白杭州郡樓登望畫圖見寄》,徐禮節、余恕誠校注:《張籍集繫年校注》卷四,北京:中華書局,2011年,第499頁。
⑥ (唐)張鴻:《貞女石》,《(同治)連州志》卷一〇,《中國地方志集成·廣東府縣志輯14》,上海書店出版社,2003年,第831頁。
⑦ (唐)元晦:《疊彩山記》,《桂勝》卷九《疊彩山》,第153頁。
⑧ 《桂勝》卷一〇《寶積山》,第158頁。
⑨ 前揭元晦:《疊彩山記》。

絕景。"①描繪的當是疊彩山和于越山一帶的盛況。寶積山則有巖光亭,亦爲元晦所置。② 宋嘉祐三年(1058)桂州知州蕭固等人宴飲北郊,於寶積山"得一古洞,有刻曰'華景'。其石壁唐桂州刺史御史中丞元晦巖光亭詩在焉,乃會昌五年四月十日題"。③

宋代地方官對桂州山水的熱情較之唐人有過之無不及,故游宴仍是山巖開闢的重要動力。如乾道二年(1166)知靜江府張孝祥便因"專事游宴"被彈劾罷官。④ 劉克莊嘉定間在廣西經略使幕,其時"嶺外少公事,多暇日,予二人游釣吟奕必俱,神崖鬼洞,束緼冒進。唐鑱宋刻,剜苔疾讀"。⑤ 但宋代地方官主導的山巖開發行爲亦有其獨特之處。一是宋代地方官開發山巖的足迹走得更遠,更多新的山巖被開發爲觀游勝地。二是宋人熱衷於訪求前人故迹,并將文本記載落實到實地。⑥ 這種風氣在山巖開發的層面,體現爲宋代地方官按"舊記"或"圖經"索驥,對前人開發過但已荒廢的山巖進行恢復或增添新景觀,將當下的行爲嵌入地方歷史記憶的鏈條中。三是某處景觀的興盛對鄰近的名勝產生了帶動作用,并出現了因餞飲、餞食等餞別活動而興起的山巖。

至宋朝,許多唐代營建的山巖因無人觀游及維護,已隱没荒蕪,不爲人知。如元祐五年(1090)知州孫覽到讀書巖時見到"荒崖斷石,榛莽蕪穢",⑦其荒廢應當與熙寧中州學遷到郡城東南有關。⑧ 又如唐朝盛極一時的訾家洲,到了山巖大量開發的宋代,被認爲是"徒列游觀之勝",⑨不復當年光景。李渤開隱山時環繞六洞的溪潭也廢積爲田,⑩唯剩"一潭二池,有芰荷,廣不踰尋丈,餘盡耕稼之壠矣"。⑪ 會昌間元晦在寶積山開闢

---

① 曹校:"高對碧峰",小草齋本作"高峰碧峰",明抄本、錢南白鈔校本作"高峰碧岫",《桂勝》作"高峰碧嶂",《學海類編》本作"高峰聳碧"。"建大八角亭寫其真院",諸本皆同。《桂勝》引《桂林風土記》作"建大八角亭,寫其真,其院即爲寫真院",當據改。
② 《桂林風土記》"巖光亭"條。
③ 《宋咸等游華景洞題名》,《中國西南地區歷代石刻匯編》第九册《廣西桂林卷》,第33頁。
④ 劉琳等點校:《宋會要輯稿》職官七一之一四,上海古籍出版社,2014年,第4955頁。
⑤ (宋)劉克莊:《送陳東》,辛更儒箋校:《劉克莊集箋校》卷九四,北京:中華書局,2011年,第3968頁。
⑥ 參張蜀蕙:《現實經驗與文本經驗的真實——由歐陽修、蘇軾作品探究北宋地志書寫與閱讀》,《東華人文學報》2007年第11期,第85—119頁。
⑦ 前揭孫覽:《五咏堂記》。
⑧ (宋)張栻:《靜江府學記》,楊世文點校:《新刊南軒先生文集》卷九,北京:中華書局,2015年,第880頁。
⑨ (宋)侯彭老:《程公巖記》,《中國西南石刻匯編》第九册《廣西桂林卷》,第85頁。
⑩ 儘管隱山巖洞附近的水域可能陸續淤塞成田,但北宋至南宋初仍有不少人慕名而來。《桂林石刻》中便錄有至和二年蘇安世趙揚等五人隱山題名、治平元年余藻孔延之等三人朝陽洞題名、治平四年章峴沈起北牖洞題名、紹興二十四年吕愿忠隱山六洞題詩等(《桂林石刻》上,第36、50、52—53、158—161頁)。
⑪ (宋)鮑同:《復西湖記》,《桂勝》卷一一《潜洞》,第184頁。

的華景洞也蕪没，近百年後才被宴游的宋人重新發現。①

不過，現實的名勝雖已荒廢，但關於它們的記叙仍保留在"舊記""圖經"等地方文獻中，宋人正是憑藉這些文獻，按文索驥，復原前代景觀。如前揭孫覽《五咏堂記》云："（獨秀）山復有巖，可容十許人，蕭爽虚凉，坐却煩暑。宋顔延年出守是邦，來游巖間，讀書爲文以自娱，名曰'讀書巖'。盖紀于圖志者，其略如此。唐大曆中，李昌夔爲桂管觀察使，因建學其下。建元間，御史裹行鄭叔齊爲之記，脱落顔延年事，而獨載昌夔之事。"②可見孫覽在觀游獨秀峰以前便翻看過圖經和鄭叔齊的《獨秀山新開石室記》，後者没有被載入圖志中，應當來自於地方留存的文集或舊記之類。此後孫覽在已淪爲荒崖榛莽的讀書巖訪求顔延年故迹，於其處營葺堂軒，在唐人名刻旁鑱"顔公讀書巖"。③又如黄邦彦撰於紹聖三年（1096）的《重修蒙亭記》載，知桂州兼經略安撫胡宗回"搜訪其昔所嘗聞今所未曾見者，則伏波巖之蒙亭出焉。先是，嘉祐中經略吳公即巖之左以爲亭，名之曰'蒙亭'，漕使李公記之，而鑱於巖之西崖。亭久湮廢，而記又埋没，與崖不少辨。一日，提點刑獄梁公出其家舊所藏李公《蒙亭記》以觀焉，由是益知巖亭之詳。"④胡宗回搜訪故迹舊景所根據的當是圖經地志，在找到蒙亭遺迹後發現李師中的《蒙亭記》已難辨認，最後得觀乃因提點刑獄梁公家舊藏。而胡宗回不僅在遺基上重建蒙亭，還營建了不少新設施，記文稱："因土爲臺，築之登登，因石之堤，削屢憑憑，……冠蓋追飛，士女笑嬉，馬嘶林間，人息木陰，清歌激越，碧天雲凝，鼓吹間作，山谷響答。"⑤

又如乾道四年（1168），經略使張維復隱山西湖之事：

初，公游山中，得二記，按之以求。後讀吳記至"走方舟，泛畫鷁，渺然有江湖趣"，則歎曰："鬱兹觀美，可謂殺風景者矣。"遂已默記厥由。居山之麓，衆泉所會，中偃而四穹，兹蓋天成，第流泉使之不得去，則湖可坐而復。乃相所從泄，作斗門以閘之。未幾，水遂盈衍澶漫，若潭若池，横徑將數十畝。望之蒼茫皎激，千峰影落，霽色秋清，景物輝煌，轉盼若新。然吳記以爲溪，而云："作亭牖北，夾溪潭之間。"韋記以爲池，而云："北牖洞口有田砥平，可施欄檻。"以知昔時猶有淺陸水所不及

---

① 前揭《宋咸等游華景洞題名》。
② 前揭孫覽：《五咏堂記》。
③ 同上。
④ 前揭黄邦彦：《重修蒙亭記》。
⑤ 同上。

之處,而今洪深之匯矣。其中流平沙隆出波面,如島嶼,因築亭其上,命之曰"瀛洲"。植卉藝竹,映帶遠近。……環山循趾,引水疏渠,繚繞縈迴。索奇討幽,得新洞二,命曰"北潜""南潜"。又爲亭於其陽直西,命之曰"望崑"。①

張維以吳武陵《隱山記》和韋宗卿《六洞記》爲指引,不斷將唐時舊記與現實山景逐處比對,最終確定了修復方案,重現了唐代的水波瀲灧。經過重修後的隱山,觀游盛極一時。如淳熙五年(1178)兩廣經略安撫使詹體仁等人"登千山觀,泛舟西湖",②後詹氏在北牖洞前平地置"招隱亭";③淳熙八年知靜江府王卿月"約客於西湖之上";④淳熙十四年詹體仁又趁寒食休務,携僚屬等七人"歷覽西湖六洞之勝";⑤嘉定五年(1212)廣西轉運使管湛先後與同僚和家人游隱山西湖。⑥

宋人探索山巖的足迹還向城東北五里遠的虞山延伸。虞山下有舜祠,自唐代以來地方官府祭祀不絕。⑦ 但將其作爲覽勝之處來開發的,是南宋的張栻。淳熙三年(1176)張栻維新舜廟時得一新洞,"鑿其下石之齧足者,剪其北林薄之翳目者",名之曰"韶音洞"。次年"又於祠之左得小坯,平曠爽塏,江出於旁",於是作"南熏亭",既便於觀覽,又使祭拜者得以"從容而游息"。⑧

唐人選擇山水雅麗處餞别同僚或友人已較爲常見,但宋代地方官在餞别同僚之日同游桂州山巖,或以某處山巖爲餞飲、餞食之場所的現象十分引人注目。如張鳴鳳便認爲雉山既無"栖霞之奇奥",又無"龍隱之廣坦",其在宋世之盛很大程度上由於"是時合浦、朱崖舉隸部内,漕司、憲使歲中按行,往返多南道,出祖入勞,假兹成禮",⑨可謂的論。可舉出的例子如治平元年(1064),轉運司判官孔延之"具舟按部",通判范子明等人飲餞於雉山;淳熙十一年(1184),胡彦温"以職事約束提鹽會議蒼梧",詹體仁等人飲

---

① 前揭鮑同:《復西湖記》。
② 《張敬夫題"招隱"榜書并跋》,《中國西南地區歷代石刻匯編》第十册《廣西桂林卷》,第9頁。
③ 《詹體仁北牖洞題記》,同上書,第12頁。
④ 《王清叔等白石巖題名》,《桂林石刻》上,第215頁。
⑤ 《詹儀之等八人北牖洞題名》,《中國西南地區歷代石刻匯編》第十册《廣西桂林卷》,第24頁。
⑥ 《管定夫、李誠之北牖洞題名》《管湛等三人北牖洞題名》,同上書,第65、66頁。
⑦ 關於桂州舜祠和其他地方信仰,雖亦處於山巖,但與"開發"問題關係不大,筆者擬另文討論。
⑧ (宋)張栻:《韶音洞記》,楊世文點校:《南軒先生集補遺》,北京:中華書局,2015年,第1470頁。
⑨ 《桂勝》卷三《雉山》,第38頁。

饯於雉山之禊亭等。①

山巖開發後需要不時修整，否則很容易重陷荒蕪，在衆多山巖中，官府更傾向於維護那些觀游人數更多或者有着特定功能的山巖。一個典型的例子是伏波山蒙亭，蒙亭爲知州吳及於嘉祐七年（1062）營建，但至紹聖初已僅存遺基，亦不爲州民所知，其間不過三十余年。轉折點是紹聖五年（1098）程節在山傍建造八桂堂。八桂堂"前繚以平湖，爲菰蒲菡萏之境；中闢以廣庭，爲車騎樂舞之場"，②不僅是游玩飲宴的場所，亦具有館驛性質。下榻八桂堂的客人往往順路前往不遠處的伏波巖觀賞。③ 得八桂堂飲宴休憩之便，時人常選擇伏波山爲餞別處，至宋末仍是。靖康元年（1126）吕成之"詣樞府稟議"，李域等人便飲餞於伏波巖；紹興四年孫覿北歸，同僚餞之於蒙亭；乾道五年（1169）宋公玉歸豫章，王壽卿等人飲餞於伏波巖。④ 景定元年（1260）李曾伯修城時還特意修葺了伏波山上的癸水亭。⑤

本節最後還想就名勝開發對圖經的擴充作用，以及地方官爲山巖命名、易名的做法稍作討論。

重視地名及其淵源解釋是我國古代地理學的知識傳統。與前代相比，隋唐圖經中的地名（包括山巖藪澤）及其淵源解釋在數量上有了矚目的增加。⑥ 這當然意味着時人對周遭環境有了更完備的把握，以及國家統治觸角的深入。但具體而言，新增加的山巖究竟如何進入圖經的記載？不同性質的山巖進入圖經的途徑不一，但可以明確的是，地

---

① 《孔延之等五人雉山題記》，《中國西南地區歷代石刻匯編》第九册《廣西桂林卷》，第 41 頁；《詹體仁胡彦溫等三人雉山題名》，《桂林石刻》上，第 205 頁。
② 前揭李彦弼《八桂堂記》。
③ 如紹興十八年（1148）劉昉自蜀還潮陽，"過桂林，寓八桂堂，治舟洑波岩下"。紹興二十六年，張璪出使桂州，"經略施大資止之八桂堂"，離桂之日，"因暇縱步"至伏波巖（《劉方明題名》，《中國西南地區歷代石刻匯編》第四册《廣西博物館卷》，第 94—95 頁；《張璪還珠洞題名》，《桂林石刻》上，第 164 頁）。
④ 《吕成之李域等六人還珠洞題記》，《桂林石刻》上，第 118 頁；《孫覿等五人讀書巖題名》《宋公玉王壽卿等十人還珠洞題名》，《中國西南地區歷代石刻匯編》第四册《廣西省博物館卷》，第 81、121 頁。
⑤ 《李曾伯還珠洞題記》，《中國西南地區歷代石刻匯編》第五册《廣西省博物館卷》，第 32 頁。
⑥ 參華林甫：《論唐代的地名學成就》，《自然科學史研究》1997 年第 1 期，第 35—49 頁；華林甫：《隋唐〈圖經〉輯考（上、下）》，《"國立"政治大學歷史學報》2007 年第 27 期，第 141—213 頁。另外，學界對唐宋圖經地志的研究主要集中在圖經的造送時限、編輯體例、內容、圖與文字的關係演變等。相關研究還可參考倉修良、陳仰光：《從敦煌圖經殘卷看隋唐五代圖經發展》，《文史》2001 年第 2 輯，第 117—139 頁；辛德勇：《唐代的地理學》，李孝聰主編：《唐代地域結構與運作空間》，上海辭書出版社，2003 年，第 439—463 頁；周佳：《宋代知州府與當地圖經、方志纂述》，《中國歷史地理論叢》2009 年第 3 期，第 123—129 頁；王旭：《論宋代圖經向方志的轉變——以圖的變化爲中心》，《史學史研究》2016 年第 2 期，第 110—119 頁；趙貞：《論唐代〈圖經〉的編修》，《史學史研究》2013 年第 4 期，第 88—98 頁。

方官開發的山巖是圖經載録的重要對象。前揭吴武陵《新開隱山記》云:"乃伐棘導泉,目山曰'隱山',泉曰'蒙泉',溪曰'蒙溪',潭曰'金龜',洞曰'北牖'……幾焯于圖(諜)〔牒〕也。"①而我們正好可以找到隱山在"圖牒"中的記載。《太平御覽》卷四九引《桂林風土記》云:"隱山,在州之西郊。先是榛莽翳薈,古莫知者。寶曆初,李渤出鎮,遂尋其源,見石門牙開,有水淵澈,乃夷薙蕪穢,疏通巖穴,石林磴道,若天造靈府,不可根本,因號隱山。"②《太平寰宇記》卷一六二嶺南道桂州"隱山"條略同,"根本"作"窮極"。③ 按《太平寰宇記》中有近十條與《桂林風土記》相似度頗高,但個别表述有異,且文字多溢出《桂林風土記》的文本。④ 又《桂林風土記》"桂林""嚴州牂牁水"條皆引圖經,則莫休符參考過桂州地方圖經無疑,《太平寰宇記》中相應的條目很可能來自與《桂林風土記》同源的唐代圖經。因此《桂林風土記》和《太平寰宇記》"隱山"條大致可以視爲唐代圖經的面貌。可見地方官對山巖的開發有時會爲圖經載録,其體例是將開發事迹列在該山巖的簡介之後。當然,并非所有地方官開發山巖的事迹都會被圖經詳細記述。如《太平御覽》卷四九引《桂林風土記》曰:"南溪山,在縣之南五里餘,其山聳拔千尺,烟翠凝空,古今所遺。其溪東注,與桂江合。"⑤《太平寰宇記》作:"南溪山,在縣南五里。其聳拔千尺,烟翠凌空,其溪東注,與桂江合,流溯五里,却合陽江,直抵隱山,縈帶二十餘里,通舟楫于三江之上下。"⑥與"隱山"條同理,《太平寰宇記》"南溪山"條應當出自唐代圖經。儘管圖經在叙述南溪山時便没有涉及李渤,但我們知道李渤最早對此山進行營建,"南溪山"這一名字亦爲李渤所命。宋代的情況類似,如前揭劉誼《曾公巖記》便説他書寫此記的目的是"且以告後人,收入爲圖經盛事云"。⑦ 鮑同《西湖記》稱張維修浚西湖、開發南、北潛洞的行爲是"出乎六洞之外,發前人之遺逸,增往牒之未載"。⑧ 可以想見,後人將"曾公巖"寫入圖經條目時,爲了解釋地名由來,當述及曾布之營建,而張維對南、北潛洞的開發雖未必爲圖經載録,但南、北"潛洞"却會作爲新條目進入圖經。地方官開發和營建山巖後往往留下記文,或因其職務之便,在開發當下便被

---

① 前揭吴武陵《新開隱山記》。
② 《太平御覽》卷四九《西楚南越諸山》"隱山"條,北京:中華書局,1960年,第242頁。
③ (宋)樂史 撰,王文楚等點校:《太平寰宇記》卷一六二《臨桂縣·隱山》,北京:中華書局,2007年,第3100頁。
④ 具體內容參户崎哲彥:《莫休符〈桂林風土記〉佚文考》。
⑤ 《太平御覽》卷四九《西楚南越諸山》"南溪山"條,第242頁。
⑥ 《太平寰宇記》卷一六二《臨桂縣·南溪山》,第3100頁。
⑦ 前揭劉誼《曾公巖記》。
⑧ 前揭鮑同《復西湖記》。

文吏載入地方檔案,這些都成爲後人編修圖經的材料。因此,儘管現存的唐宋圖經的山川條目中并沒有多少對地方官開發山巖的記錄,但可以推測,圖經中的不少山巖條目,可能都是被地方長吏"開發"出來的。

在山巖開發及其進入圖經的過程中,命名是至關重要的環節。現代地理學認爲,命名是賦予地方意義的方式指引,也是權力的體現。命名賦予了地景某種特質,提升了地景的特殊性,使它在其他較無想象力稱謂的高地中間凸顯出來。[1] 地方長官爲山巖命名實際上包含權力象徵意味和紀念意義指向。[2] 山巖名多表現其地理特徵,如李渤命名的隱山、南溪山,張維命名的南、北潛洞等。但也有的直接冠以長官之名姓,表現出更濃厚的紀念意味。如灕江東岸有七星山巖洞群,其中所謂"曾公巖"者,乃是元豐二年(1079)經略安撫使曾布所開發。該巖摩崖《曾公巖記》稱:"一日,率郡僚游所謂風洞者,縱步而東行,得一巖於榛莽間。……公於是拂石求前人之蹟,則未嘗有至者焉。乃構長橋,跨中流而渡,以爲游觀宴休之處,且與衆共樂之。自是,州人士女與夫四方之人,無日而不來,其巖遂爲桂林絶觀。"山巖本無名,"邦人樂公之德政而願以曾公名其巖"。[3] 其"邦人"大抵是指與官員有所往來、在本地較有地位的士人或作爲山巖嚮導陪同游覽的鄉老。此外亦以"某公巖"爲名的還有程公巖和吕公巖。程公巖坐落在七星山之東的屏風山,所謂"距水五里,有山如屏"。[4] 崇寧初程節始開是巖,州人"樂公之化而從公之游,蓋無日不熙然也,咸以程公巖名之"。[5] 吕公巖則位於城西的中隱巖,[6]距城頗遠,紹興二十三年(1153)知州吕愿忠游中隱巖一無名洞,名之曰"吕公巖"。[7]

廖宜方曾認爲唐代官方對地方各處名勝的命名與玄宗天寶五載詔令有關,[8]并提出文人以己意改山水之名,是將圖書文字的文化記憶强加於地方民衆之上,來自官員與文人的文化記憶佔據了越來越多的空間,這透露出地方文化的重大變化,即文人文化的

---

[1] Tim Cresswell 著,徐苔玲、王志弘譯:《地方:記憶、想象與認同》,臺北:群學出版社,2006年,第155頁。
[2] 一個更爲研究者所熟知的例子是元結對道州寒亭的命名:"永泰丙午中,巡屬縣至江華,縣大夫瞿令問咨曰:'縣南水石相勝,望之可愛。相傳不可登臨,俾求之,得洞穴可入,棧險以通之,始得搆茅亭於石上。……欲名斯亭,狀類不得,敢請名之,表示來世。'於是休於亭上,爲商之曰:'今大暑登之,疑天時將寒,炎蒸之地而清凉可安,合命之曰"寒亭"。'乃爲寒亭作記,刻之亭背。"(元結:《寒亭記》,《文苑英華》卷八二四,第4350頁)
[3] (宋)劉誼:《曾公巖記》,《桂林石刻》上,第61—64頁。
[4] (宋)侯彭老:《程公巖記》,《中國西南地區歷代石刻匯編》第九册《廣西桂林卷》,第85頁。
[5] 同上。
[6] (宋)范成大撰,孔凡禮點校:《桂海虞衡志·志巖洞》,北京:中華書局,2002年,第86頁。
[7] 《吕愿忠中隱巖題詩》,《中國西南地區歷代石刻匯編》第四册《廣西博物館卷》,第109頁。
[8] 詔云:"天下山水,名稱或同,義且不經,多因於里諺。事若仍舊,何成於禹别。宜令所司各據圖籍改定訖奏聞。"(《册府元龜》卷六三《帝王部》,北京:中華書局,1960年,第711頁)

向下滲透。① 不過,地方民衆的記憶并没有那麽容易被改變。《桂林風土記》"灕山"條便載:"前政元常侍以其名與昭應驪山音同,故遂改爲儀山。"但在衆多的桂林石刻中并没有出現"儀山"一名,後人仍稱"灕山"或"象山"。又如紹興五年經略使李彌大改七星山棲霞洞爲"仙李巖",但在此後的宋人題記中,仍稱此洞爲棲霞洞。② 可見無論是"儀山"還是"仙李巖",都没有進入地方記憶。又如乾道二年(1166)經略安撫使張孝祥等人易灕山水月洞之名爲朝陽洞,并書於石。③ 九年,范成大同樣作爲安撫使官桂州,批斥水月洞易名乃因"一時燕私",故而"邦人弗從",又因與隱山朝陽洞重名,故復其舊名。④ 文人想以己意改定山水名,并强加於民衆記憶之上,實際上可能是很難成功的。

小結

觀游覽勝是聯繫城内官民與城外山巖的重要因素,隨着山巖勝景的開發,城内官民的日常活動空間也得到了極大的擴展。文獻反映出的地方官對桂州山巖較大規模的開發始於中晚唐,這與當時地方官暇日游宴風氣的盛行有關。位於子城西北的獨秀山在大曆年間最早成爲地方官修整的對象,山下建有州學。元和中,州署之左的訾家洲被經營爲"南方最勝游"。寶曆間,觀察使李渤相繼開發城南之南溪山和城西之隱山。會昌年間,元晦在城北的疊彩山和寶積山修建園林亭榭。北宋前期,獨秀山、隱山和寶積山華景洞皆已荒蕪,訾家洲也不復當年盛景。但宋人依據圖經、舊記等地方文獻尋訪唐代名勝的遺迹,對獨秀山、隱山等地進行了重修。宋代地方官還營建了虞山的韶音洞和南熏亭、伏波巖的蒙亭、位於獨秀和伏波兩山隙野的八桂堂、七星山的曾公巖、屏風山的程公巖,以及中隱山的吕公巖等,此外又有因餞别興起的雉山(圖二)。圖經爲宋人訪求古迹、恢復名勝提供了指引,唐宋地方官對山巖的開發也推動了地方圖經的不斷充實和完善,二者是相互促進的關係。

山巖本身作爲自然要素之一,很容易受到風雨日照、雜樹荒草等自然力的侵襲。因此前代官員營造於山巖上的景觀若無定期維護,便很容易成爲"牧童樵夫往來踐履"⑤的丘墟。雖然一些在地方事務中有話語權的"鄉老"有時會自發維修,如紹興十九年

---

① 廖宜方:《唐代的歷史記憶》,第 233 頁。
② 題名數量頗多,難以一一列舉,可參《桂勝》卷六《七星山》。
③ 《張孝祥朝陽亭記》,《中國西南地區歷代石刻匯編》第九册《廣西桂林卷》,第 145 頁。
④ 《范成大復水月洞銘并序》,同上書,第 152 頁。
⑤ 前揭黄邦彦:《重修蒙亭記》。

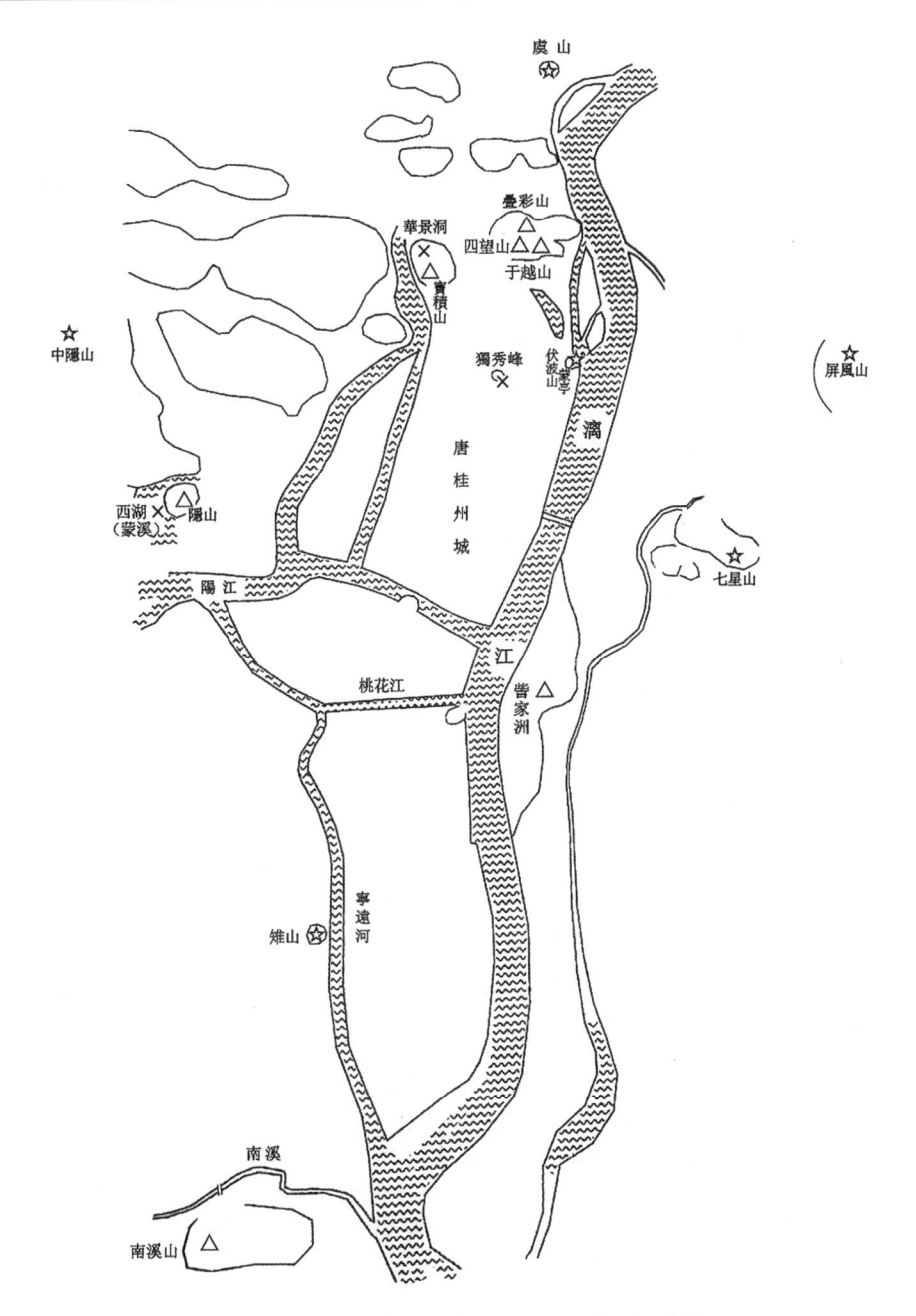

圖二 地方官主導下的唐宋桂州山巖開發示意圖

説明：本圖以戶崎哲彦《桂林唐代石刻關係地圖》爲底圖。① 其中△表示唐代地方官開發的山巖；×表示唐代開發後荒廢，宋代地方官重修的山巖；☆表示由宋代地方官新開的山巖。

---

① 戶崎哲彦：《桂林唐代石刻の研究》，第 409 頁。

(1149)鄉老武翼大夫致仕陳方彥等人將嘉祐年間李師中等人的詩重刊於南溪山石崖上,并"重砌嵓逕,以通游人",①但這畢竟屬於少數情況。而在下一節的討論中我們將看到,由佛教和道教開發的山巖,因其上有寺院或道觀的運轉,較之地方官員營造的名勝,具有更強的生命力和更長久的延續性。

三、從敝巖到寺觀:僧道主導下的山巖墾殖

僧人對山巖的利用和開發主要體現爲山林苦修、造像、寺廟營建和瘞龕,四種形式不一定同時并存,其中瘞龕多集中於寺院或造像龕附近。而桂州特殊地貌造就的衆多巖洞,不僅爲修行的僧人道士提供了棲身之所,出現了"住山僧""住巖道士",也爲山寺的營建創造了天然的空間,許多山寺"即巖爲佛堂"。② 僧人道士最初多以巖洞爲"篳路藍縷,以啓山林"之據點,逐步墾荒建寺。關於唐宋桂州的佛教造像及瘞龕,學界的研究較爲充分,③故下文的論述以住山僧道和山巖寺觀爲主,同時也參考造像研究的成果。

西山是唐代桂州近郊佛教最活躍的地區。西山由數座山峰組成,與上節所述之隱山通過巖洞相連。④ 于邵曾於建中二年(781)貶桂州長史,⑤其《送鋭上人游羅浮山序》云:"前年背自瀟湘,登桂嶺。大人君子,延方丈之室,與論實相。下士齊人,奉次第之食,爲説皆空。習静而外郭求安,得朋而西山有寺。"⑥可見西山寺院是當時桂州僧客文人交往活動的重要空間。唐代西山有延齡寺,在"府之西郭郊三里,甫近隱山",⑦舊號慶林寺,後因城東七星山有慶林觀,又稱西慶林寺。《桂林風土記》"延齡寺聖像"條透露了寺院所處的山麓從荊榛到"一府勝游之所"的巨變:"……武宗廢毁,宣宗再崇,峰巒牙張,雲木交映,爲一府勝游之所。寺有古像,徵於碑碣,蓋盧舍那佛之所報身也。此

---

① 《秦光□劉僎巖刻李師中等詩記》,《桂林石刻》上,第142—143頁。
② 《桂海虞衡志·志巖洞》,第84頁。
③ 關於唐代桂州佛教造像與瘞龕,可參羅香林:《唐代桂林摩崖佛像考》,氏著《唐代文化史研究》,上海書店出版社,1992年,第73—126頁;蔣廷瑜《桂林唐代摩崖造像》,《東南文化》1992年第5期,第107—111頁;户崎哲彦:《唐代桂林佛教文化史初探》,張培峰等編:《文學與宗教:孫昌武教授七十華誕紀念文集》,北京:宗教文化出版社,2007年,第227—313頁;劉勇:《桂州唐代摩崖造像考古學研究》,西北大學博士學位論文,2015年;廣西文物保護與考古研究所編:劉勇編著:《桂林摩崖造像》,上海古籍出版社,2022年。
④ 前揭韋宗卿《隱山六峒記》稱:"自亭却下,至南華洞口。又一徑西去十餘步,至白雀洞。……洞内有穴通嘉蓮洞。……從洞北出六十步西去有洞,……自洞西去,至夕陽,出西山,復人寰,六洞之能事畢矣。"
⑤ 《舊唐書》卷一二《德宗紀》,第329頁。
⑥ 于邵:《送鋭上人游羅浮山序》,《文苑英華》卷七二五,第3759頁。
⑦ 《桂林風土記》"延齡寺聖像"條。

地元本荆榛,先無寺宇,因大水漂流巨材至,時有工人操斧斤斫伐,將欲下斫,忽見一梵僧立在木傍,謂曰:'此木有靈,爾宜勿伐。'既而罷去。又有洗蔬者於其上則浮,濯董辛於其上又沈,雅契梵僧之言。由是咸知有靈,遂刻削爲僧佛。"①延齡寺修建以前,此地雖荆榛,却并非無人群活動,操斧伐木、洗菜蔬、濯董辛,此皆山麓臨水居民之生計。可以想見山林也爲佛教發展提供了不少資源,如寺院建材、佛像原料等。今西山有調露元年(679)及上元三年(676)造像及記,②未知是否與延齡寺有關。

除西山外,唐代風格的造像在疊彩山、伏波山、城南的漓山(即象山)和西山東北的騮馬山皆有發現,且以初唐風格爲多。③《太平御覽》引《桂林風土記》云:"漓山,在城南二里漓水之陽,因以名焉,一名沉水山。……傍有洞穴,其穴廣數丈,南北直透,上有怪石欹危,藤蘿榮茂,世亂,民保以避寇。"④《太平寰宇記》"漓山"條文字略同,惟"旁有洞穴"前多出"周迴二百里,可容五百家",⑤與《太平御覽》所引《桂林風土記》同出唐代圖經。⑥據《桂勝》卷二、卷七,漓山有佛像,下鐫垂拱三年(687)僧智深爲合浦令吕興造佛像記。⑦山有《李二娘捐田地記》云:"□山門,伏蒙□□昭州都監楊忠訓宅孺人李氏二娘捨□□壹佰柒拾貫文幣,收置臨桂縣西鄉曹□□□田貳拾畝入亡夫墳所,寺内永充常住。……□□淳祐元年(1241)十一月吉日,當代住持妙觀謹志。古籍雲峰寺所遺地界,列明於後。東至江,西至塘,南至大街,北至象山。四至分明,著落常住,永遠管顧爲業,後輩不得失業,刻石爲記。"⑧古籍所載四至表明雲峰寺應位於漓山山脚。結合《太平寰宇記》的記載來看,很可能唐代在桂州州城之外的漓山山陽平地上,已經形成了規模較大的聚落。智深的造像記便體現了唐初這一帶的佛教活動,雲峰寺可能也是在此基礎上逐漸形成。⑨

---

① 曹校:"牙",《桂勝》卷一一引《桂林風土記》、錢南白鈔校本作"互",當據改。
② 西山第65龕題記:"大唐調露元年(679)十二月八日,隨太師太保申明公孫、昭州司馬李寔造像一鋪。"《桂林摩崖造像》,圖版63-4龍頭山有:"上元三年(676)五月十九日□火□同人來此多□命造□此山。"又有梁令義造像記:"造阿彌陀佛兩身丘,弟子梁令義并身影永代供養法界衆生同斯願海"。尹三歸造像記:"仏弟子尹三歸造弥陁仏三身丘并身影并文殊一身丘及身影一身丘,弟子玄僧香造弥陁仏一身丘及影,供養主二一身丘。"將"彌"寫作"弥","陀"寫作"陁","佛"寫作"仏","軀"作"身丘",是初唐的風習(蔣廷瑜:《桂林唐代摩崖造像》,第108—109頁)。
③ 前揭蔣廷瑜《桂林唐代摩崖造像》、劉勇《桂林唐代摩崖造像考古學研究》。
④ 《太平御覽》卷四九《西楚南越諸山》,第242頁。
⑤ 《太平寰宇記》卷一六二《臨桂縣》,第3100頁。
⑥ 但此條文字不見於今本《桂林風土記》,今本《桂林風土記》亦有"漓山"條,除"一名沉水山"數字外,内容與《太平御覽》和《太平寰宇記》迥異,或爲傳抄導致的竄亂。
⑦ 《桂勝》卷二《漓山》,第27頁;卷七《方外》,第332頁。
⑧ 《李二娘捐田碑記》,《桂林摩崖造像》圖版197-2。
⑨ 據《桂勝》卷二載,智深造像旁有真書"雲崖",與"雲峰寺"之名暗合,惟不知此真書爲智深抑或後人所刻。

關於疊彩山佛教的綫索，前揭元晦《疊彩山記》稱："其西巖有石門，中有石像，故曰'福庭'。"① 又《干(于)越山記》："左指山隈，右向之僧舍爲寫真堂"，② 已有僧人居處。嘉祐八年(1063)譚舜臣等人"攜累登石門，下臨江巖，參唐代佛塔"，③ 户崎哲彥認爲按照路綫，該佛塔即現存疊彩山東端、灕江西畔的石佛塔。④ 既有僧舍及佛塔，則唐代疊彩山已有山寺，或無疑義。疊彩山現存佛教造像均爲五代北宋風格，其中第21龕有治平元年(1064)及二年題記。⑤ 部分像龕壁留有原綫刻桃形背光，龕底有舊龕造像須彌座的痕迹，當爲會昌法難後，五代、北宋在舊龕中重塑新像。⑥ 伏波山亦有大中紀年造像，⑦ 但不確定是否已存在佛寺。

宋代摩崖數量的增多爲我們提供了山寺的更多材料，唐代佛教活躍的場所，或延續或没落，同時僧侣們將目光投向更多的荒山，其中也不乏地方官的參與。

北宋初，西山延齡寺仍聲名籍甚，淳化初柳開自全移桂，⑧ 作《桂州延齡寺西峰僧咸整新堂銘并序》稱："開與贊善大夫張測，爲整作新堂以居之。……由湖、湘而南，問僧者，語整爲諸先。"⑨ 但此後延齡寺之名不再出現於宋人題記中，而此前未見的資慶寺則成爲官員秩滿寓居和地方長吏舉行儀式之處，頗有官方背景，疑延齡寺改名資慶寺。如熙寧七年(1074)米芾任臨桂縣尉秩滿，"寓居西山資慶寺，頗與紹言遊"。⑩ 乾道元年(1165)提點刑獄張維等人"以會慶節祝聖壽于西山資慶寺"。⑪ 紹興二十四年(1153)知州吕愿忠等地方官祈晴西山，設伊蒲塞饌於西山寺，⑫ 此西山寺當即資慶寺。此外，南宋西山又有觀音院、西峰閣和千山觀。政和元年(1111)經略安撫使陳仲宜等人"同遊西山，飯於觀音院，登西峰閣，啜茶，盤桓抵暮而歸"。⑬ 淳熙五年(1178)廖重能等人

---

① 前揭元晦：《疊彩山記》。
② 《于越山記》，《桂勝》卷九《疊彩山》，第153頁。
③ 《譚舜臣木龍洞游觀題名》，《桂林石刻》上，第47頁。
④ 前揭户崎哲彥：《唐代桂林佛教文化史初探》，第288頁。
⑤ 《桂林摩崖造像》，第240頁、圖版127。
⑥ 劉勇：《桂林唐代摩崖造像考古學研究》，第117頁。
⑦ 伏波山現存兩尊紀年單觀音像，一龕題"桂管監軍使賜緋魚袋宋伯康。大中六年(846)九月廿日雋"，另一龕題"壹切塵中，能成於忍……大中□年□□□□"(《桂林摩崖造像》，圖版157、第238頁)。
⑧ 《宋史》，卷四四〇《柳開傳》，第13025頁。
⑨ (宋)柳開：《桂州延齡寺西峰僧咸整新堂銘》，李可風點校：《柳開集》卷四，北京：中華書局，2015年，第45頁。
⑩ (宋)方信孺：《米芾自畫像跋記》，《桂林石刻》上，第280—282頁。
⑪ 《張維等劉仙巖題名》，《中國西南地區歷代石刻匯編》第九册《廣西桂林卷》，第144頁。
⑫ 《吕愿忠隱山題詩并記》，《桂林石刻》上，第155頁。
⑬ 《陳仲宜唐懋等五人題名》，《桂林石刻》上，第104頁。

登千山觀、泛舟西湖,并游隱山北牖洞。① 嘉定五年(1212)管湛等人"自資慶腰輿上千山觀,憩西峰、中峰、隱山,煮茗談方外。移時,泛舟訪招隱。"②可知西山寺觀不僅本身作爲宗教景觀供人游覽,并且提供食宿等休憩場所,與隱山、西湖共同形成了一個游覽圈。

北宋桂州另一處規模較大的禪林是江東七星山巖洞群,③該地也是桂州早期的道教活躍地。按《桂勝》以"七星迴映,并薄青旻,惟龍隱分道,宅南自表,宜以巖名建山之號云"④將七星山與龍隱山分列二目。范成大《桂海虞衡志》稱:"龍隱洞、龍隱巖。皆在七星山脚,没江水中。"⑤則龍隱巖與七星山距離頗近,宋人多同時游覽,因此本文將龍隱巖歸入七星山巖洞群,不再進行專門區分。七星山棲霞洞口有初唐道教摩崖。⑥ 玄風洞附近又有慶林觀,⑦此觀始於唐代,在唐宋時期又稱"東觀"或"七星觀"。⑧

七星山的佛寺主要集中在龍隱巖。如壽寧院,多出現於北宋中期的題記中。⑨《天聖廣燈録》卷二五有"桂州壽寧院善義禪師",⑩即此院僧人。又龍隱巖近頂端有兩圓形龕,分别有淺浮雕日光、月光菩薩,兩龕中間有至和元年(1054)造像記:"本州城南厢左界通波坊女弟子區氏八娘,捨錢鎸造日月光菩薩二軀,永充供養。"⑪區八娘籍貫之"城

---

① 《張敬夫題"招隱"榜書并跋》,《中國西南地區歷代石刻匯編》第十册《廣西桂林卷》,第9頁。
② 《管定夫、李誠之北牖洞題名》,同上書,第65頁。
③ 《桂勝》卷六《七星山》:"渡江而東則有七星,峰駢岫列,高視近野,群山莫與并。然亦以有諸巖洞,冷水出其東,栖霞出其西,又有玄風、彈丸爲栖霞左右披,南則龍隱,雖小隔越,諸峰迴映,連綴狀斗,故曰'七星'。"(第81頁)
④ 同上書,卷七《龍隱山》,第114頁。
⑤ 《桂海虞衡志·志巖洞》,第84頁。
⑥ "玄玄棲霞之洞 大唐顯慶四年□□ □□□□"(户崎哲彦:《桂林唐代石刻の研究》,第173頁)。
⑦ 柳開《玄風洞銘》:"出桂州東,抵慶林觀背山下,有洞出風。淳化元年(990),開知州事,往避秋暑,因刻銘於洞傍。"(《柳開集》卷四,第44頁)
⑧ 《桂林風土記》"東觀"條云:"觀在府郭三里,隔長河。其東南皆崇山巨壑,緑竹青松,崆峒幽奇,登臨險易,不可名狀。"(曹校:"險易",《學海類編》本作"險隘")龍隱巖有元豐二年(1079)題記:"南豐曾布己未上巳盡室泛舟歷覽東觀巖穴之勝,遂游雉山。"(《曾布盡室泛舟游山題名》,《中國西南地區歷代石刻匯編》第九册《廣西桂林卷》,第50頁)又玄風洞政和七年(1117)題記:"李端臣同曹聖延游風洞及七星觀,遂成長句三十韻。"(《李端臣游元風洞詩三十韻》,《桂林石刻》上,第92頁。)
⑨ 如治平元年(1064)轉運判官孔延之等人"自壽寧院抵慶林觀,少休風洞,上登棲霞洞,卻下漾橛,泊龍隱巖"。元豐四年(1081)陳倩等人"自壽寧早膳泛舟,晚飲雉巖"。元祐六年(1091)孫覽等人由逍遥樓泛舟至雉山後"泝流過壽寧,復還逍遥置酒"。紹聖三年(1096)東平梁才甫"挈家自東巖泛舟至此,遂游壽寧"。見:《余藻等四人龍隱洞題名》,《中國西南地區歷代石刻匯編》第九册《廣西桂林卷》,第40頁;《張頡陳倩等六人雉山題名》,《桂林石刻》上,第68頁;《孫覽等雉山題名》《梁才甫龍隱洞題名》,《中國西南地區歷代石刻匯編》第九册《廣西桂林卷》,第56、62頁。
⑩ 《天聖廣燈録》卷二五,《中華大藏經(漢文部分)73》,北京:中華書局,1994年,第373頁。
⑪ 《區八娘龍隱巖造像記》,《桂林摩崖造像》,第196頁、圖版203。

南厢"又見於寶積山華景洞元豐七年(1084)造像記:"當州城南厢化度寺前街南居住弟子莫允熙,同眷室周氏□闔家等捨錢重裝□三教龕室,已伸完備,開光齋僧。"① 可知北宋桂州城設立厢區。區八娘籍貫顯示厢下統界,但莫允熙籍貫則厢下直書街,難以遽斷。② 從區八娘稱"坊"而莫允熙稱"街"來看,城南厢的"坊"并非坊區,而是標識街巷的坊額,實際上就是樹有牌坊的街巷。③ 由此二人的造像記可以看出,山寺的支持和資助者中有相當一部分人是城中的居民。此外,龍隱巖又有釋迦寺,亦與城内寺院及官吏多有往來。至和二年(1055),城内崇明寺住持義緣以齋資造"天台教主智者大師、擎天得勝關將軍、壇越關三郎相儀",并在龍隱岩釋迦寺開光齋僧。④ 三尊佛像或是崇明寺幫助釋迦寺鑄造。嘉祐六年(1061),釋迦寺僧將屯田員外郎李師中的《勸農事文》刻於龍隱巖。⑤ 不過,至元符二年(1099)程節知桂州時,釋迦寺已頹敗,《釋迦寺碑》稱:"依巖有敗屋數椽,上雨旁風,舊榜'釋迦寺'。出省東,抵茲地纔二里許,前限建水,不可揭厲,中屬敝廬,無所託迹,苔封草蔓,使天地全巧與糞壤同棄者,不知閱幾甲子矣。"⑥ 僧侣亦凋零,程節"大選方袍",方得"前僧正仲堪住持此山"。⑦ 經過三年的營建,寺中重新安置佛像,又於其旁建起"萬瓦鱗次"的"驂鸞閣"和"環翠閣",⑧ 此二閣成爲日後人們聚飲觀景的勝處。⑨ 交通不便是山寺的普遍問題,所謂"病涉之難,躋攀之苦",仲堪"甃徑級梯,隄衝鑿險,纜綵舟爲浮橋"。⑩ 仲堪與程節關係密切,崇寧初,仲堪先後將程節與米

---

① 《莫允熙重裝像龕題記》,《八瓊室金石補正》卷一〇五,《歷代碑誌叢書》第 11 册,南京:江蘇古籍出版社,第 262 頁。
② 關於宋代城市中的"界",學界仍有爭議。參包偉民:《宋代的城市管理制度》,《文史》2007 年第 2 輯,第 187—227 頁;來亞文、鍾翀:《宋代湖州城的"界"與"坊"》,《杭州師範大學學報》2016 年第 1 期,第 109—112 頁。
③ 關於宋代的厢、坊,參包偉民:《宋代的城市管理制度》。
④ 《義緣龍隱巖造像記》,同上書,第 32 頁。
⑤ 《李師中勸農事文》,同上書,第 34 頁。按拓片作"勸農事提刑屯田員外郎李□□付",嘉祐三年至六年,李師中曾以屯田員外郎提點廣南西路刑獄(《續資治通鑑長編》卷一九三 嘉祐三年九月丙子條、嘉祐六年二月庚申條,北京:中華書局,2004 年,第 4527 頁、4664 頁)。
⑥ 前揭周刊《釋迦寺碑》。
⑦ 同上。
⑧ 據《釋迦寺碑》:"故二閣之告成也,公名其最高者爲'驂鸞',其次爲'環翠',又名其軒曰'静'。"按龍隱巖有熙寧元年(1068)章峴等人摩崖,稱其於"治平丙午(三年 1066)仲冬中澣,游釋迦寺,登環翠閣"(《章峴登環翠閣詩》,《中國西南地區歷代石刻匯編》第九册《廣西桂林卷》,第 43 頁),則元符重修以前釋迦寺已有"環翠閣",程節沿用其名。
⑨ 大觀四年(1110)韓公輔等"會食崇寧,登轉魁,觀風洞,歷曾公巖,泛舟之龍隱,晚酌於驂鸞閣"。政和二年(1112)王覺等"自東禪游風洞、曾公巖,晚會于龍隱巖之環翠閣,徘徊終日,窮覽勝概,遍讀前賢題字,抵莫而還"(《韓公輔等龍隱洞題名》、《王先之等龍隱洞題名》,《中國西南地區歷代石刻匯編》第九册《廣西桂林卷》,第 83 頁、第 90 頁)。
⑩ 前揭周刊《釋迦寺碑》。

芾唱和的詩文和朝廷獎諭程節鎮壓"安化三州一鎮蠻賊"的敕書刻石龍隱巖。① 建炎二年(1128)《阮彦和施園地記》稱:"本邑檀信阮彦和睹兹寺改建,并無常住,夫妻發心,置得寺南畔園一所。"②釋迦寺至此纔擁有常住田,由此不難理解此前寺廟敗落的原因。至范成大知静江府游龍隱巖時(乾道八年至淳熙二年,1172—1175),壽寧院和釋迦寺皆不存,祇見到"山半有小寺,即巖爲佛堂,不復屋焉"。③ 嘉定三年(1210)甲軍統轄黄思懿於龍隱巖建平亭,其題名中有"住山僧鵬集",④或即山居於范成大所見之巖間小寺。

北宋時有僧人活動的山巖還有獨秀峰、寶積山和城南的雉山。據前揭孫覽《五咏堂記》,元祐年間獨秀峰有"寺僧"。南宋紹興四年(1134)提點刑獄董莘等人爲孫覿踐行,"飯後登鐵牛寺塔,徒步入藏院,觀無盡老人畫像、初寮道人書榜、讀書巖所刻五咏。"⑤則宋代獨秀峰又有鐵牛寺。尹穡記紹興五年復譙門事提及:"得舊所鑄鐵牛上爲土宿之像於城北福興之佛祠,沉翳莫顧,而考之圖志,不載其始所置立厭伏之由。"⑥鐵牛寺或即福興佛祠别名。

前文提及莫允熙造像記刻於寶積山華景洞,該巖洞又有紹興二十四年(1154)吕愿忠題詩:"嵒底金僂寺,峰頭玉井蓮。"⑦不知金僂寺是否即當年莫允熙爲之重裝龕室的寺院。城南雉山則有治平元年(1064)桂州通判黄照所題《雉亭詩》,由"雉山住持傳法沙門齊月"上石。⑧ 元豐三年(1080)轉運使陳倩等人雉山題記中有"雉山巖寺",⑨可見雉山之寺院也是即巖爲寺。

南宋時住巖僧道之山巖開發最引人注目者,爲西山以西之中隱巖,城郭西北、隱山以北的清秀山,以及城南之南溪山。

---

① 《米芾程節唱和詩并記》,《桂林石刻》上,第76頁。《崇寧癸未獎諭敕書》,同上書,第81—82頁。又政和八年(1118)《李坦修龍隱二橋記》末署"前住持修造刱始架橋興教大師仲堪刊"(《李坦修龍隱二橋記》,《中國西南地區歷代石刻匯編》第九册《廣西桂林卷》,第100頁)。
② 《施園地記》,《桂林石刻》上,第121—122頁。
③ 《桂海虞衡志》"志巖洞",第84頁。
④ 《李訛平亭詩》,《桂林石刻》上,第256—257頁。
⑤ 《孫覿等題名》,《中國西南地區歷代石刻匯編》第四册《廣西博物館卷》,第81頁。
⑥ (宋)尹穡:《復譙門記》,馬蓉等點校:《永樂大典方志輯佚·桂林郡志》,北京:中華書局,2004年,第2964頁。
⑦ 《吕愿忠題華景洞詩》,同上書,第157—158頁。
⑧ 《黄照題雉亭詩》,同上書,第48頁。
⑨ 《張頡陳倩等六人雉山題名》,同上書,第68頁。

中隱山"去城十里",於衆巖之中"號最遠",①南宋紹興以前的摩崖衹有元豐二年（1079）劉宜父、僧紹簡等人的題記。中隱巖的真正開發始自紹興年間,刻於該巖的《中隱佛子巖福緣寺修造記》（以下簡稱《修造記》）是反映這一過程的重要文獻,徵引如下：

桂城西之群山,秀屬於离,美之於辛,平田陸水、澗間草圍中,獨卓一峰,號曰中隱巖。之佛子谷,穿户牗,巖壑幽奇,其最上者,内有靈縱石像,歲歷彌遠,莫測所淵。采樵放牧之童,每遇雨暘盛而遂棲巖竇,以避不虞,忽睹此像,頗有神異,傳于鄉民,湊其觀瞻,轉有顯瑞,漸插茅蘆,引爲庵室,延僧居之,香火繁茂。自後,年間旱澇,疫疾所生,禱叩者無不通感。稼苗既穫,災病釋除,優危者樂業營家,恐怖者安然坐食。

時當紹興,歲在乙丑,坊隅衆信會于里邑不已,榮辱幼稚之人,湊於是巖,議營佛刹。以賢至愚,聞斯盛事,無不加額,忻然維持,頃仰積施。遂敦請府下永寧寺僧祖華,以董其事,接爲香火焚修住持,度材鳩工,不日而成。精舍嚴備,雖去城十里之餘,而路峻人稀,奈車馬不倦,數百步而常習耳。以癸酉秋,府判狀元汪公正字見其希有,以撥廢福緣名額。於是□作崇奉,新興精宇。甲戌春,經略户部吕公出郊,睹于聖槩靈異,以施俸金,建三門齋廳。

乾道丁亥,大帥紫微張公舍人創山亭於巖右。庚寅初,經略徽猷張公植壽松五百餘本,以蔭柴居。當年秋末間,僧祖華見其殿宇敝陋,巖室上下不能相應,與道者唐法超募緣十方,重建佛殿,嚴飾聖像,壁繪真如,丹青艧落,樑棟華麗,鴛瓦交輝。設味表揚,以彰于後。謹鑱石,聊叙歲焉。

時大宋乾道九年（1173）癸巳歲正元日,住山修造建寺沙門祖華記。

化錢建殿：道者唐法超、本坊建寺檀越李昶、周義、李祐、李學、李京、唐廣、秦覺、黃誼、□□□、建殿都勸貢周順、龔志誠、前住山勸緣修造克擇沙門義觀。

西峰禪院住持海印大師賜紫日澄撰。

行者惠通書。

朱十八刊字。②

---

① 《桂海虞衡志·志巖洞》,第86頁。
② 前揭《中隱佛子巖福緣寺修造記》。

中隱巖原爲鄉民樵采放牧之所,福緣寺便源於附近鄉民對巖內靈異石像的崇拜。記文稱"坊隅衆信""本坊",此爲鄉村之坊。①《桂勝》稱明代時距中隱巖不遠有"木林","即其旁地名,居人頗衆",②或即前代聚落發育而來。既有聚落,便有祈福消灾之信仰需求,鄉人一開始對石像的崇拜即有民間信仰的色彩。後來鄉民"引爲庵室,延僧居之",其人當即"前住山勸緣修造克擇沙門義觀"。紹興十五年(1145)坊人李昶等提供勞力、募集資金,又延請城中永寧寺僧人祖華統籌建寺事宜,在中隱巖營建了佛刹。從乾道間廟宇"巖室上下不能相應"來看,此時的寺院當是即巖爲寺。祖華在福緣寺修建中扮演的角色讓我們想起崇明寺僧義緣與龍隱巖釋迦寺的關係,再次展現了城中較爲成熟的寺院與新興山寺的互動。山寺建成八年後,通判汪聖錫出於某種機緣,很可能是觀游覽勝至此,撥給"廢福緣名額",山寺由此獲得官方承認的合法地位。此後,福緣寺不斷得到地方長吏的支持。次年(1153)知府事經略安撫使吕愿忠捐俸建三門齋廳。乾道三年(1167)經略安撫使張孝祥、提點刑獄公事張維等人于巖右立山亭,此事亦見於張維題記,二張還於佛巖下尋得一洞,名之"張公洞"。③乾道六年經略安撫使張維植松五百棵。此外有意思的是,淳熙六年(1179)靈川縣海陽山父老借官府禱雨之機,請求歸還久留城中的海陽山神廟敕額,結果"索諸行祠,弗獲,乃徧求,得之佛子巖"。④該敕額爲何會藏於福緣寺,其原因已不得而知。

清秀巖在隱山北,明人張明鳳以爲其遂麗爲"近郭希有",但"山隔在西北一隅,不惟游者少所命駕,即舉名亦罔識所在矣"。⑤乾道年間,地方官與住山僧合作,對原始山巖景觀進行了改造。《靜江府給了達據》云:

使府給據:
清秀巖苦行了達狀陳:"本巖古有聖迹佛像,年遠荒廢,無人掃灑,了達遂發心住持緣化。蒙判府經略寶文修造亭臺佛殿了當。了達化到山下西畔荒地一所,自躬雇召人工,開掘土壕,圍園栽種松林竹木之類。今漸次長成,準備久遠,修造其山,東抵東巖山崖,南抵山脛,西抵山下土壕,北抵人行小路。爲界四至,開具在前。

---

① 参王旭:《宋代的鄉村之坊》,《史學月刊》2018年第3期,第47—56頁。
② 《桂勝》卷一〇二《中隱山》,第197頁。
③ 《張維題"張公洞"記》,同上書,第176頁。
④ (宋)馬子嚴:《酌海陽山龍母泉水禱雨碑》,曾橋旺編著:《靈川歷代碑文集》,北京:中央文獻出版社,2010年,第15頁。
⑤ 《桂勝》卷一〇三《清秀山》,第203頁。

切慮將久,地頭及鄉、保公人,亂有斫伐竹木等件,并放牛羊作踐,難以約束,狀乞執照掌護。"右所據苦行了達狀陳前項,今出給一據,付苦行了達,仰在清秀巖掃灑,看管園林。

乾道捌年(1172)拾貳月十六日給了達。①

唐德正在南溪山穿雲巖的活動與了達對清秀巖的墾殖頗爲類似,可一并討論。《唐德正修穿雲巖殿堂道路記》云:

南溪穿雲巖見素庵道民唐德正,自甲戌紹興二十四年(1154)苦行開山,用石甃砌地基,建庵一座,并起三清堂殿一所,化鍾一口,及於庵下園内栽竹大小四十三叢,紫竹一林,蕩竹一林,苧麻一園,并種松柏及諸雜花果一園。又於隆興乙酉間,蒙經略舍人出據,給孤老院荒地與德正栽種竹木,及路畔兩邊松樹,見今成林,不計株數。又於辛卯乾道七年,唐德正同師弟唐守真并干緣善友蔣允洪共同緣化十方,善男信女施舍資金,買石命工匠甃砌南官大路,從孤老院前一直至赤土塪,不計丈數,永爲利濟不朽之丘。唐德正今立碑書崖記矣。時壬辰乾道八年(1172)仲春甲子日,穿雲巖道民唐德正、師弟唐守真立石,并約束不顧公法之人侵盜砍伐,如違根治。

淳熙二年(1175)十二月承准。右准判府經略張左司使帖付唐守真住菴,永遠掌管山林修葺。②

唐德正并非首位在南溪山墾荒的道人。此山之劉仙巖北宋時便有仙人劉仲遠之傳説。③紹興十八年(1148)歲除日,汝陽邢魯打化資金,將天台張平叔贈劉仲遠的《張真人歌》鎸於劉仙巖。④邢魯之後,住巖道士沁源郭顯"卜築巖下,鑿井耕田"、真元節"打

---

① 《静江府給了達據》,《中國西南地區歷代石刻匯編》第九册《廣西桂林卷》,第151頁。
② 《唐德正修穿雲巖殿堂道路記》,《桂林石刻》上,第195—196頁。
③ 《桂海虞衡志》"志巖洞",第84頁;又劉仙巖有紹興十九年題記稱:"按舊記云:桂城去七里南溪山下,巖洞數處,皆相連通接。其面北,一曰白龍,一曰元巖,仍有唐李渤詩刻尚存。其面南即是巖。大宋嘉祐中,劉仲遠先生隱居,自號大空子,得神仙訣,壽一百一十八歲,尸解而終。"(前揭《秦光□劉僎巖刻李師中等詩記》)
④ 《張真人歌》,《中國西南地區歷代石刻匯編》第九册《廣西桂林卷》,第123頁。

化資金,整砌此巖"。① 乾道元年(1165)刘仙巖又有住巖道士文道華。② 南溪山亦有佛教活動,紹興二十年張仲宇、鄧宏刻李渤《留別南溪》於南溪山白龍洞,題名中有"住巖僧如漢、慧本"。③ 可知先於唐德正來到南溪山的道士和僧人已分別占據了劉仙巖和白龍洞,唐德正則選擇了穿雲巖,其見素庵有三清殿堂,當是道教場所。了達和唐德正的墾殖栽树,一方面爲寺觀提供食物、柴薪,在有剩餘的情況下或拿到市場出售,另一方面也极大地改變了山巖景觀。此前鄉民對山巖的利用多爲流動型和粗放型的放牧樵采,了達和唐德正的墾殖則更固定化和精細化。可以注意到,了達狀中列明了寺院山産的範圍四至——"東抵東巖山崖,南抵山脛,西抵山下土壕,北抵人行小路",并刻石爲證。雖然缺乏字號和畝數,顯然没有經過經界丈量,但正如學者所指出的,山林界址的出現是人們對山林的認識和利用逐步深化的結果。④ 實際上,在許多地方,山間寺觀都是山林墾殖和精細化利用的先行者。唐德正之立石書崖無疑也是在這樣的背景下出現的。

小結

通過以上討論,我們可以大致勾勒出僧道主導下桂州城内及近郊山巖開發的過程,以及山巖佛、道教本身的發展圖景。城西的西山、騮馬山,城南的漓山、城北的疊彩山以及城東的伏波山皆有唐代風格的佛教造像。其中,西山延齡寺爲唐代桂州山巖佛教之最盛處,號稱"一府勝游之所";漓山南面山脚平地一帶唐時即有規模較大的聚落,其中的佛教活動在後來可能發展爲雲峰寺;疊彩山的唐代造像及山寺可能在會昌法難中被毁。唐代道教則以江東之慶林觀爲著。北宋時期,獨秀峰、寶積山、雉山和漓山皆有佛教活動,但以西山及七星山龍隱巖爲東西兩大佛教重地,西山有資慶寺,七星山有壽寧院和釋迦寺。南宋釋迦寺之規模已難及北宋,惟西山仍香火不絕,除資慶寺外又有觀音院、西峰閣、千山觀等宗教景觀。南宋山寺之新興者又有中隱巖之福緣寺及清秀巖,道士則在南溪山開闢劉仙巖和穿雲巖。此外,獨秀峰有鐵牛寺,不知是否創自北宋(圖三)。

---

① 《郭顯南溪卜居銘》,《中國西南地區歷代石刻匯編》第九册《廣西桂林卷》,第127頁。
② 《桂勝》卷四"南溪山",第50頁。
③ 陸增祥:《八瓊室金石補正》卷一一三,《石刻史料新編8》,臺北:新文豐出版公司,1977年,第5842—5843頁。
④ 杜正貞:《明清以前東南山林的定界與確權》,《浙江社會科學》2020年第6期,第124頁。與東南地區相比,桂州對山林精確的定界更爲滯後。

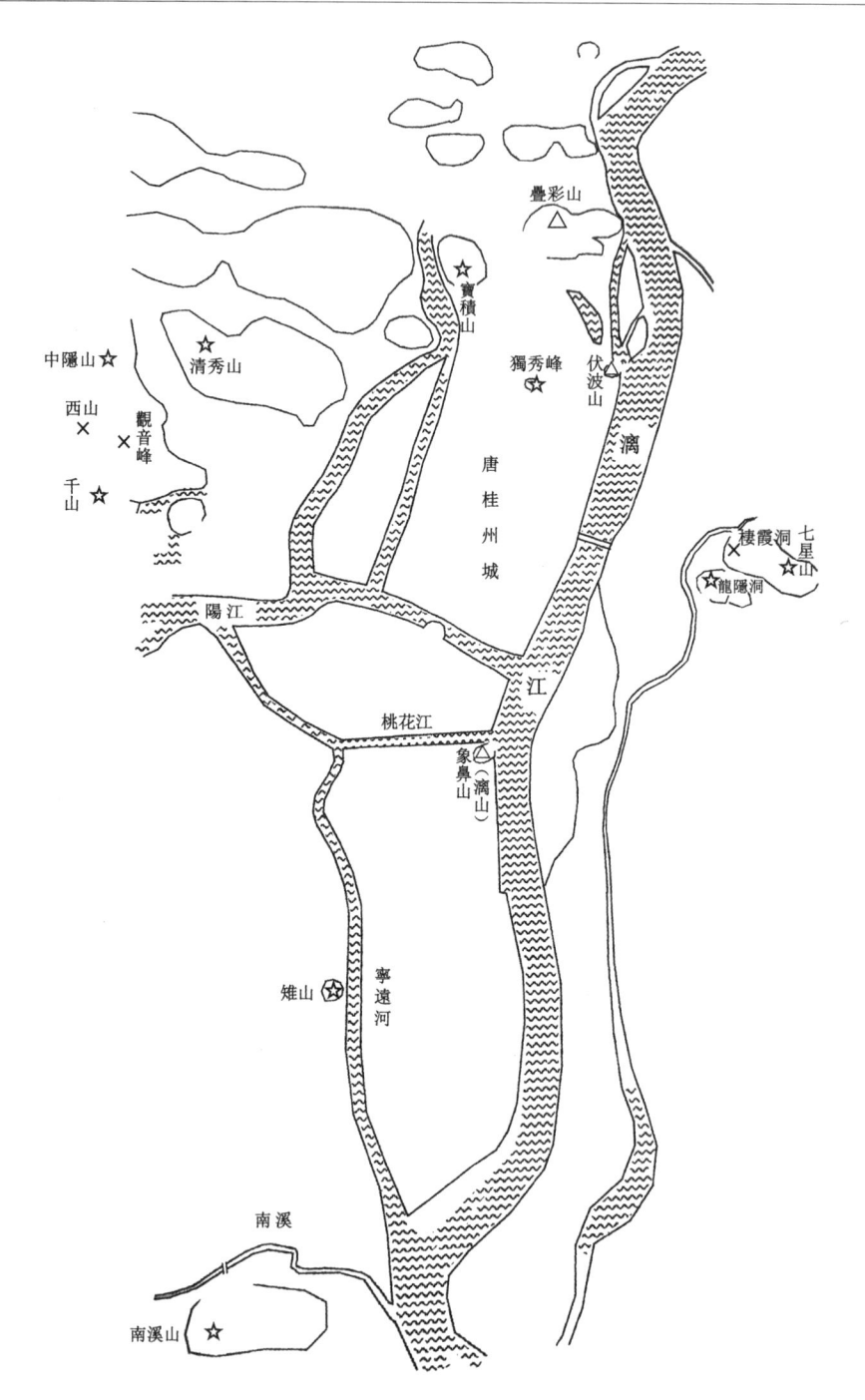

圖三　僧道主導下的唐宋桂州山巖開發示意圖

説明：本圖以户崎哲彦《桂林唐代石刻關係地圖》爲底圖。其中△表示唐代佛（道）教較爲活躍的山巖；×表示無論唐宋，佛（道）教皆很興盛的山巖；☆表示宋代佛（道）教較爲活躍的山巖。

城外寺觀在開發和營建山巖過程中,獲得城内官吏、信衆以及城内寺觀支持援助的情況所在多有。以信仰爲媒介,城内的人群和資源突破城墻的限制,在更大的範圍内流動,而僧道營建的山巖也成爲城内官民的覽勝之地。此外,山巖寺觀對山産界址的重視反映出時人對山林資源利用的深化,這與地方官開發山巖勝景帶來的圖經山巖地名之擴展,共同構成了唐宋時期對桂州山巖認識的完備和深入。

四、山巖開發與觀游中的人群互動

山巖是桂州地方各色人等生存、生活的重要空間,山巖的開發和觀游也是不同人群參與和互動的過程。前文行文中對山巖開發涉及的官、民、僧道之互動,以及城内、城外之往來已有所呈現,以下則進一步從不同的視角來展現不同人群的活動細節。

首先可以關注的是開發山巖所涉及的土地、資金和人力。地方官營造勝景的大部分山巖是未經開發或閒置的無主土地。如《隱山六峒記》稱:"北牖洞口有閒田砥平,南北十餘步,東西稱是,可以施欄檻爲戰酒之場,可以搆簷楹爲更衣之所。乃作水閣,立風廊,闢廚户,列便房。"①但惡木奧草間或有居民,如李渤至南溪山時便有"幽墅"及"園田雞犬"。在某些情況下,這些民居也在修整的範圍内。元和年間裴行立開發訾家洲時,便"厚貨居氓,移于閒壤",②與當今的拆遷户頗爲類似。乾道間張維疏浚隱山水道時,稱其"久廢爲田,尚可考者,特一潭二池,有芰荷,廣不逾尋丈,餘盡耕稼之壠矣"。③既有耕稼之壠,則非荒田,惜記文没有田産交涉的更多信息。此外,也有部分土地通過購買獲得。如淳熙七年(1180)經略使劉焞尋得七星山彈子巖前"有地百餘畝,水竹窈窕,環以遠山",乃"買地爲圃,隔橋築亭,仰觀巖石,如坐冷泉,對飛來諸峰,遂爲桂林勝游之最。"④而更著名的例子則是柳宗元在永州以四百錢購買唐氏土地,⑤不過柳宗元所營建的是私人園圃,與本文討論的作爲地方公共空間的山巖勝景有所區别。

如前文所述,桂州的山巖寺觀多即巖而建,這些山巖在僧道占領之前多無主人。但

---

① 前揭韋宗卿:《隱山六峒記》。
② 前揭柳宗元:《桂州裴中丞作訾家洲亭記》。
③ 前揭鮑同:《復西湖記》。
④ 《梁安世彈子巖題記》,《桂林石刻》上,第210頁。
⑤ 得西山後八日,尋山口西北道二百步,又得鈷鉧潭。……丘之小不能一畝,可以籠而有之。問其主,曰:"唐氏之棄地,貨而不售。"問其價,曰:"止四百。"余憐而售之。李深源、元克己時同游,皆大喜,出自意外。即更取器用,剷刈穢草,伐去惡木,烈火而焚之。嘉木立,美竹露,奇石顯。由其中以望,則山之高,雲之浮,溪之流,鳥獸之遨游,舉熙熙然迴巧獻技,以效兹丘之下(柳宗元:《鈷鉧潭西小丘記》,《柳宗元集校注》,第1904頁)。

寺觀還需要常住田來維持日常運轉。① 信衆施入和田產買賣皆是寺觀獲得地產的途徑，關於前者上文多有涉及，後者如靈川縣《普濟寺僧德仁立買龍鳳巖記》稱："先於熙寧三年（1070）買得祖紹獅子山龍鳳巖。安和尚紹大師，係五房矣。"② 可知獅子山龍鳳巖原爲紹大師所在寺院的寺産，後轉賣給普濟寺。而更大面積的常住田多通過開荒墾殖獲得。不過，僧道墾殖山巖往往涉及與當地民人對山林資源的爭奪。前文提及的了達和唐德正便是直接的例子。爲便於討論，此處再簡略引用相關材料。乾道八年（1172）《静江府給了達據》云："本巖古有聖迹佛像，年遠荒廢，……蒙判府經略寶文修造亭臺佛殿了當。了達化到山下西畔荒地一所，……地頭及鄉、保公人，亂有斫伐竹木等件，并放牛羊作踐，難以約束，狀乞執照掌護。"③《唐德正修穿雲巖殿堂道路記》云："南溪穿雲巖見素庵道民唐德正，……蒙經略舍人出據，給孤老院荒地與德正栽種竹木及路畔兩邊松樹，……并約束不顧公法之人侵盜砍伐，如違根治。淳熙二年（1175）十二月承准。右准判府經略張左司使帖付唐守真住庵，永遠掌管山林修葺。"④ 僧道自身書寫的材料強調了他們的墾殖成果頻繁遭到鄉民侵擾破壞的一面，陳淳《上傅寺丞論民間利病六條劄》則反映了民人對寺觀占山的看法："有拾界内一枝薪者，則以爲斫墳林而吊打之；有牛馬羊豕食界内一葉草者，則以爲踐墳庭而奪没之。村民受苦無敢誰何。"⑤ 此雖針對托名土居尊官之功德墳寺而言，但可以想見一般山寺也會有類似情況。寺觀一方當然會想盡辦法保護其産業，了達和唐德正的做法主要是藉助官府的力量。給了達據的"判府經略寶文"乃乾道七年至八年"以直寶文閣知静江府兼廣西安撫"的李浩。⑥ 從他在清秀巖上"修造亭臺佛殿了當"來看，其人或有佛教信仰。唐德正亦以官府所付之據、帖作爲山産確權的證據。那麽，對於寺觀的這種行爲，鄉人如何因應？福緣寺的修建過程恰好爲我們提供了一個觀察的角度。上文提及福緣寺源於鄉民對巖中異石的信仰，紹興十五年（1145）寺院的建立，乃是鄉民主動、自發的行爲。可知鄉民乃是福緣寺的最主要支持者和實際主導者，這從《中隱佛子巖福緣寺修造記》多位"本坊建寺檀越"的題名中可見一斑。值得注意的是，該巖

---

① 關於宋代的寺田，參黃敏枝：《宋代佛教社會經濟史論集》，臺北：學生書局，1989年。
② 《宋普濟寺僧德仁立買龍鳳巖記》，《靈川歷代碑文集》，第9頁。
③ 前揭《静江府給了達據》。
④ 前揭《唐德正修穿雲巖殿堂道路記》。
⑤ （宋）陳淳：《上傅寺丞論民間利病六條劄》，《北溪大全集》卷四七，《景印文淵閣四庫全書》第1168册，臺北：臺灣商務印書館，第875頁。
⑥ 《宋史》卷三八八《李浩傳》，第11905頁。

又有紹興十四年支全和文寬開路題記:"紹興十四年甲子歲正月十四日,道者唐支全捨身上山開路,早晚在香諸佛。道者支全記。右於當年二月三十日,道者范文寬同上中隱嵓,抄化磚瓦等件,以建本嵓。道者文寬記。"①中隱巖原有鄉人建造的簡陋庵室和延請的僧人,燒香禮佛、開路建巖的支全和文寬對於鄉人而言則是充滿威脅的後來者和外來者,其圈地墾殖、建立山寺的行爲,無疑是對鄉人原有信仰空間和生存資源的侵占。這當是次年鄉人"湊於是巖,議營佛刹"②的原因。實際上,清秀巖的了達和穿雲巖的唐德正恰與支全和文寬處於同樣的境地,祇不過了達和唐德正或有官府支持,在與當地社群的對抗中占據了上風,文寬與支全則落敗。同時也可以發現,清秀巖寺院、穿雲巖道觀與福緣寺雖同爲山間寺觀,但它們與當地社群的關係却有着相當的差異。從這一角度出發,唐德正化緣修造南官大路的公益行爲,可以視作道觀爲調和與當地社群的關係而做出的努力。

無論是購買土地還是修整荒地,都需要一定的資金和人力。寺僧道士主導的山巖開發,其資金多來自於化緣、田産收入和信衆施與。而勞力來源除了僧道自身,還可僱工,而像福緣寺這種由鄉民發起的山寺,則鄉民是建寺的主要勞動力。

至於地方官主導的山巖營造,李錦繡指出唐代地方的興造和建築多源於節用、羨餘、俸錢(即雜給用錢)和科配等。③ 如李渤開發隱山時"節稍廩,儲羨積",④是節用後從地方羨餘中支出。地方官在觀游時如果決定當場拓荒,執行者往往是隨從人員。如李昌巙開獨秀山石室時"乃目常從以上,每指荒榛,而授事爲力",⑤李渤開南溪山時"遂命發潛敞深",⑥承命者當是侍從或衛士等低級武官。宋代時,路級長官多將這類活計派給縣級官員。嘉祐三年(1058),安撫兼經略使蕭固、轉運使王罕"因宴北郊,語臨桂令梁庚闢萊沛地",復得古華景洞。⑦ 還珠洞北口有靖康元年(1126)摩崖稱:"經略龍圖吕公命臨桂令唐鐸闢此巖,以通伏波",⑧按吕公即時任廣西經略使吕源,同年他還對清秀巖進行了修整。清秀巖有石刻稱:"桂林多勝致,其廢于榛棘者,十八九。斯洞以遠,

---

① 《唐支全上山開路記》,《中國西南地區歷代石刻匯編》第四册《廣西博物館卷》,第90頁。
② 前揭《中隱佛子巖福緣寺修造記》。
③ 李錦繡:《唐代財政史稿(下)》,北京大學出版社,1995年,第1124頁。
④ 前揭吴武陵:《新開隱山記》。
⑤ 前揭鄭叔齊:《獨秀山新開石室記》。
⑥ 前揭李渤:《南溪詩序》。
⑦ 《宋咸等游華景洞題名》,《中國西南地區歷代石刻匯編》第九册《廣西桂林卷》,第33頁。
⑧ 《唐鐸開闢巖洞記》,《桂林石刻》上,第117頁。

尤不獲葺。吕公一賞,居民争出力以新之。樓閣巋然,不日而就。幽奇雋發,應接不暇,驟改觀于游人,迨非偶然之遇也。靖康改元(1126)七月朔,臨桂縣令唐鐸謹題。"①石刻由臨桂令唐鐸題寫,修葺清秀巖的具體工作應當也是由唐鐸操辦,石刻雖稱"居民争出力以新之",但可能很大程度是强制攤派的結果,嘉祐三年和靖康元年的工程背後當也有民力支持。而直接面對縣司承接攤派任務的往往是保正。② 如紹興五年(1135)知静江府胡舜陟言:"凡州縣之徭役,公家之科敷,縣官之使令,監司之迎送,一州一縣之庶事,皆責辦於都保之中。故民當正副,必破其家。"③又如《宋會要》食貨六六載嘉定十四年(1221)臣僚上書:"官宇營繕,則有竹木瓦石之敷;軍期緊急,則有皮角炭鐵之敷。與夫器用之造作,游宴之供辦,悉科配於保正。"④可見,儘管記文大多聲稱"大興工役,毫釐弗擾",⑤但實際上營造山巖在許多情況下需要民力民財的參與。

地方官也會藉修城的資金和人力來進行營造。如崇寧元年(1102)知桂州程節營建湘南樓時便"運修城之金,袞羡成之卒";⑥景定元年(1260)李曾伯"因城築,令更爲之(伏波山癸水亭)"。⑦ 有的地方官鍾愛桂州山水,於山中築有私人館宇。嘉定八年(1215)轉運判官方信孺便"偕丹霞子小築其上(西山),有堂有奥,爰居爰處,且面勢端豁,與千山觀相襟帶"。這種私人營建以個人俸禄爲之,即所謂"亟朘俸羸"。⑧ 因地利之便,官員也會把修葺山巖的任務交給山寺,如元祐五年(1090)知州孫覽便命寺僧營葺讀書巖,⑨應當也是看中了寺院有一定的勞動力和資産。

地方官出游、探尋山巖,并非隻身前往,往往呼朋引伴,并攜帶隨從,摩崖題記顯示,十數人乃至數十人共游的情況十分普遍,陣仗頗大。而巖洞幽暗,又需火炬,羅大經《鶴林玉露》便稱:"至於暗洞之瑰怪,尤不可具道,……余嘗隨桂林伯趙季仁游其間,列炬數百,隨以鼓吹,市人從之者以千計。巳而入,申而出。入自曾公巖,出于棲霞洞。入若深夜,出乃白晝,恍如隔宿異世。"⑩至若飲宴,則如唐大中年重陽節刺史張固"大合賓

---

① 《唐鐸新修清秀巖記》,同上書,第117—118頁。
② 關於宋代鄉村的都、保,較新的研究可參譚景玉:《宋代鄉村組織研究》,濟南:山東大學出版社,2010年。
③ 《建炎以來繫年要録》卷九六,北京:中華書局,1988年,第1586頁。
④ 《宋會要》食貨六六之三一,第7879頁。
⑤ 前揭秦祥發:《廣西經略安撫焕章趙郎中德政碑》。
⑥ (宋)李彦弼:《湘南樓記》,《桂林石刻總集輯校》,第91頁。
⑦ 《李曾伯還珠洞題名》,《中國西南地區歷代石刻匯編》第五册《廣西省博物館卷》,第32頁。
⑧ (宋)方信孺:《碧桂山林銘》,《桂勝》卷一一《西山》,第189頁。
⑨ 前揭孫覽:《五咏堂記》。
⑩ (宋)羅大經撰,王瑞來點校:《鶴林玉露》卷五《南中巖洞》,北京:中華書局,1983年,第317頁。

佐,高張郡樓"於東觀,①預宴者有詩"渡江旌旆動魚龍,令節開筵上碧峰",②可稱盛況。郡人對地方官這種山巖宴游耳聞目睹,不會無動於衷。前揭《程公巖記》云:"桂人樂公之化而從公之游,蓋無日不熙然也。"則地方官宴游本身也有引領風尚、促進山巖游覽的效果。

此外,山巖可以成爲流民的居所,山巖開荒和相應的宗教活動也是聯結這些外來者與當地社會的紐帶。如上文提及整砌南溪山劉仙巖的郭顯,據《郭顯南溪卜居銘》:"皇宋開國,幾二百年。金虜犯順,衣冠南遷。桂獨宜人,歲無嵐烟。溪山之勝,間出神仙。沁源郭顯,志慕精專。卜築巖下,鑿井耕田。榜揭歸雲,養真自然。燒煉丹藥,徜徉林泉。峨峨薛壁,排空插天。紹興己巳,勒銘紀焉。栖霞子書。徒弟莫若谷上石。龍雲從刻字。"③可知其人乃金兵入寇時南下之衣冠,銘稱其"榜揭歸去",原或有功名。與郭顯幾乎同時活動於此巖的還有"汝陽邢魯",④應當也是靖康時南下之北人。郭顯有徒弟莫若谷,莫姓爲桂州常見姓氏,⑤莫若谷很可能是桂人。紹興二十二年(1152),與郭顯同爲"沁源縣人事、寄居静江府"的梁汝弼爲其母閻氏做小祥法事,郭顯是修醮道士之一。"海庵老人"觀此醮并撰《黄籙醮感應頌并序》:"預於四月十四日,請道士一十員,就真山觀,全依科範,開建黄籙盟真大齋法壇,補職説戒道場法事三晝夜,修設净醮二百四十分位,延降高真,薦導亡者,果獲感應。"⑥據《(嘉靖)廣西通志》,真山觀在府城南二里,可見距南溪山不遠。⑦乾道元年(1165)張孝祥亦曾於此設道供。⑧從序文看,閻氏法事規模頗大,預醮的郭顯或與真山觀有往來,或已加入真山觀。同年,張孝祥在劉

---

① 前揭于邵:《九日陪廉使盧端拱宴東樓序》。
② 《桂林風土記》"東觀"條。
③ 前揭《郭顯南溪卜居銘》。
④ 前揭《張真人歌》。
⑤ 如元豐七年寶積山有《莫允熙重裝像龕題記》;《桂林盛事碑》中有鄉老"莫才廣";七星巖有淳熙元年莫必達題記等(《桂林石刻》上,第95、166—167、192頁)。
⑥ 《海庵老人黄籙醮感應頌》,《中國西南地區歷代石刻匯編》第十册《廣西桂林卷》,第125頁。
⑦ 《(嘉靖)廣西通志》卷三九,第482頁。按《廣西通志》又稱:"柳開《玄山觀記》以爲之問別墅。景雲初,左遷,愛其清致,卜鳥軒樹。之問歿,夫人孫氏以爲觀,後五十餘年夫人族弟倉部郎中成來爲刺史,命開作□□略如此。宋紹聖四年,經略胡宗回作真山觀。"孫成任桂州刺史的時間與柳開知桂的時間不合,學者已辨其誤[(唐)沈佺期撰,陶敏、易淑瓊校注:《沈佺期集校注》,北京:中華書局,2001年,第809頁]。但玄山觀宋時仍有唐碑,且其爲宋之問舊宅已成爲桂州地方性知識流傳。劉克莊有詩《玄山觀》,題下注"宋之問別墅",詩云:"來瞻石像看唐碑,一徑蒼松映碧漪。聞説宋公曾住此,寄聲過客細吟詩。"[(宋)劉克莊:《題真山觀》,《劉克莊集箋校》卷六,第368頁]
⑧ (宋)張孝祥:《題真山觀》,辛更儒校注:《張孝祥集編年校注》卷二九,北京:中華書局,2016年,第880頁。

仙巖鎸《桂林劉真人》讚文,題名中郭顯已入"郡人"之列,①可知郭顯作爲南來北人已逐漸融入了桂州地方社會。

山巖觀游也是宦游異鄉的士人强化共同地域關係的方式。在南宋地方官員觀游桂州山巖的題記中,頗見同鄉者共同出游的現象。如乾道三年(1167)七閩孫師聖等十人於龍隱巖題名;②淳熙八年(1181)"江西鄉人同仕于廣右者"十二人"講鄉會於湘南樓,過彈子巖題名";③淳熙九年(1182),"七閩熊飛景瞻以憲事行部至桂林"與鄉人宦游者十九人"會於諸洞";④慶元四年(1198)"江西諸公仕于廣會桂林者"十八人題名於龍隱巖;⑤紹定四年(1231)三山卓樗會閩地游宦桂州"同里二十有一人"登諸巖賞勝。⑥ 可見宋代游宦於桂州的閩人和江西人内部各自有着緊密的聯繫,顯示了同鄉關係網絡發揮的作用。又淳熙八年題名中之"講鄉會",據《醉翁談録》卷二"戊辰新恩游御園録":"嘉定改元,五月甲辰,主上臨軒策進士。辛酉壬戌,臚唱於集英殿。建安昭武正奏名十有二人,特奏名十有七人,宗室取應一人。以六月戊寅,講鄉會於聚景園,謝源明月光、趙善恭作肅、劉爆晦伯、竇思文文仲、李正通彦中、雷霆復之徐、應龍仲通、趙善橚材父遣書幣來相席,鄒應龍景初先自章貢致餼,至是還朝,復主盟斯會。"⑦又《(景定)嚴州續志》卷三"鄉會"云:"鄉會所以篤枌榆之誼。惟唱第畢,鄉之位于朝與仕于京者,張宴湖山,爲新貴者慶,最爲盛集。嚴爲恭聖仁烈皇后毓慶之鄉,后兄楊惠節王次山字仲甫、后姪敏肅王谷字聲之、忠憲王石字介之,每集必爲統盟。……每集必有題名……"後有"主集"與"與集"者題名。⑧ 據桂州石刻則地方亦有鄉會,其形式或許模仿京城鄉會,於同鄉中選一人或數人爲集主統盟,集會中有宴飲及詩文活動等。

而正如從精英階層留下的文字中可以找到庶民活動的痕迹,我們也可以在幾乎是清一色男性留下的石刻中發現隱藏的女性身影。有不少題刻反映了男性年長者携家人和晚輩出游的情狀,如元豐二年(1079)上巳節,曾布"盡室泛舟歷覽東觀巖穴之勝",⑨既是假日"盡室"出游,其中當有女性成員。崇寧三年清明前一日,程建"挈家游,男徹、

---

① 前揭《海庵老人黄箓醮感應頌》。
② 《孫師聖等龍隱巖題名》,同上書,第149頁。
③ 《徐夢莘等彈子巖題名》,《中國西南地區歷代石刻匯編》第十册《廣西桂林卷》,第18頁。
④ 《熊飛等留春巖題名》,同上書,第19頁。
⑤ 《董世儀等龍隱巖題名》,同上書,第51頁。
⑥ 《卓樗等水月洞題名》,《桂林石刻》上,第287頁。
⑦ (宋)羅燁編,周曉薇校點:《新編醉翁談録》卷二,瀋陽:遼寧教育出版社,1998年,第7頁。
⑧ 《(景定)嚴州新定續志》卷三"鄉會",臺北:成文出版社,1970年,第106頁。
⑨ 《曾布盡室泛舟游山題名》,《中國西南地區歷代石刻匯編》第九册《廣西桂林卷》,第50頁。

術、衍侍行"。① 政和二年(1112)唐懋"携家游,鋼、鉄、銓、錫侍行"。② 乾道九年(1173)章潭、范成大"携家同登七星山"。③ 許曼曾探究過宋代男性題記背後反映的"性别意識"和"女性空間",她敏鋭地指出,在這些題記中,女性作爲無名的家屬被用"家"字簡單指代,没有獨立的社會地位。在這一語境下,"家"字被性别化,與男性相比,女性與"家庭"空間聯繫更加緊密。④ 但值得注意的是,在宗教領域的題刻中,女性的身影則由幕後走向臺前。

最爲我們所熟知的當爲造像記和施地記,如至和元年(1054)桂州"城南厢左界通波坊女弟子區氏八娘,捨錢鐫造日月光菩薩二軀,永充供養。"⑤建炎二年(1128)桂州檀信阮彦和"夫妻發心",在龍隱巖釋迦寺南畔置園一所,由於"彦和在外,難爲照管",故"同妻韋氏、女等立疏捨入龍隱釋迦禪寺"。題名有"弟子阮彦和、妻韋氏七娘、廖氏二娘、女一娘、三妹、男四三、佛保、丑奴、佛掌,弟阮彦秘,勸緣唐子儀"。⑥ 在施園一事中,除阮彦和外,扮演主要角色的是妻子韋氏和女兒,故在題名中,女兒們的位置在另外幾位男性之前。淳祐元年(1241)李氏二娘以"□□壹佰柒拾貫文"收置田地二十畝,充作亡夫昭州都監楊忠訓墳田,同時捨入漓山寺院永充常住。⑦ 爲楊忠訓添置墳田并捨入寺院爲之追薦超生的不是"男某某"或其他男性家人,而是妻子李氏。儘管以上這兩則題刻反映的都是家庭内部的事務,且其文字很可能是寺院僧人爲了分明地界所志,⑧并不能反映女性的主觀意志,但至少表明時人習慣於家庭財産和宗教事務中女性身影的出現。政和八年(1118)廣南西路兵馬鈐轄李坦爲龍隱二橋維新的刻石則反映了女性主動參與地方公共事務。該摩崖署名中出現了"女"及"孫婦"等其他女性成員,并寫明由"李坦同妻恭人何氏"所共題,可以想見題刻中的某些文字或出自何氏手筆。⑨

---

① 《程建挈家游雉山題名》,同上書,第77頁。
② 《唐晉德白龍洞題名》,同上書,第91頁。
③ 《章潭范成大等七星巖題記》,《中國西南地區歷代石刻匯編》第四册《廣西博物館卷》,第126頁。
④ (美)許曼著,劉雲軍譯:《跨越門闈:宋代福建女性的日常生活》,上海古籍出版社,2019年,第90—106頁。
⑤ 《區八娘龍隱巖造像記》,《中國西南地區歷代石刻匯編》第九册《廣西桂林卷》,第30頁。
⑥ 《施園地記》,《桂林石刻》上,第121—122頁。
⑦ 《李二娘捐田地碑記》,同上書,第279頁。
⑧ 《李二娘捐田地碑記》稱:"古籍雲峰寺所遺地界,列明於後。東至江,西至塘,南至大街,北至象山。四至分明,著落常住永遠管顧爲業,後輩不得□□□,刻石爲記。"
⑨ 《李坦修龍隱二橋記》,《中國西南地區歷代石刻匯編》第九册《廣西桂林卷》,第100頁。

五、餘　　論

　　桂州山巖開發的主要動力是官員游宴和僧道的信仰活動。地方官出於游宴目的開發的山巖成爲地方的公共空間，而早期造像或開山造路等活動則爲後來山巖寺觀的進一步發展奠定了基礎。這些山巖主要集中在附郭及近郊，其細部的空間變化已如上述。覽勝和信仰活動是聯結城内人群與城外的重要因素，從諸山巖的興廢可一窺城内士民活動軌迹的變化和擴展。在此過程中，時人對山巖的認識也逐漸完備和深入。這一方面表現爲地方官對山巖勝景的開發使圖經中的山巖地名得到擴展，另一方面則是寺觀精細化利用山巖資源帶來的對山産界址的重視。

　　紹興間，南溪山刻有《桂林二十四巖洞詞》，其中諸巖列有"伏波嵓、讀書嵓、疊綵嵓、龍隱嵓、劉公嵓、穿雲嵓、仙迹嵓、白雉嵓、中隱嵓、吕公嵓、曾公嵓、程公嵓"，諸洞有"栖霞洞、白龍洞、水月洞、玄風洞、華景洞、虚秀洞、朝陽洞、南華洞、夕陽洞、北牖洞、白雀洞、嘉蓮洞"。① 按虚秀洞，《方輿覽勝》稱其"去城差遠。大石室面平野。室左右皆有徑隧，各數十百步，穿透兩旁，亦臨平野。"② 其中無唐宋刻石，故上文未述及。乾道間張孝祥亦稱桂州有"洞府二十四"，③ 可見在山巖開發較爲全面的南宋時期，山巖作爲地方性知識也逐漸固定化。

　　如果説唐代是桂州山巖名勝較大規模開發的伊始，兩宋則是其迅速發展和成熟的階段，并且顯現出承前啓後的特點。

　　首先，宋代士人將有唐人遺迹的山巖名勝視爲與唐人發生聯結的媒介，從而使得宋代的重修行爲具有接續前代歷史記憶的意涵。現代文化地理學認爲，特定的建築物、匾額、碑銘等都是將記憶安置於地方的例子。地方的物質性，意味着記憶并非聽任心理過程的反復無常，而是銘記於景觀中，成爲公共記憶。④ 宇文所安關於中國古典文學中"回憶"的研究也指出，回憶總是同名字、環境、細節和地點有關。自然場景同典籍書本一樣，對於回憶來説是必不可少的，祇有依靠它們，纔有可能重温故事、重游舊地、重睹故人。⑤ 對於宋人來説，唐代的記憶存在於各種文獻和廣闊的土地上，探訪重要的自然

---

① （宋）趙夔：《桂林二十四巖洞詞》，同上書，第140頁。
② 《方輿覽勝》卷三八《廣西路·静江府·山川》，第687頁。
③ 《桂勝》卷八《屏風山》，第144頁。
④ Tim Cresswell：《地方：記憶、想象與認同》，第138頁。
⑤ （美）宇文所安著，鄭學勤譯：《追憶：中國古典文學中的往事再現》，北京：生活·讀書·新知三聯書店，2014年，第29—30頁。

和人文景點不僅能增長學問和修養品行,也是與過去建立密切聯繫的方式。① 宋人往往在訪古處留下痕迹,如題記或景觀營建,這種行爲其實是將當下嵌入過去,延續唐人記憶并成爲記憶鏈條中的一環。如范成大叙述其廬山之行時云:"出虎溪門,隔路有澗從東來,……余囑主僧法才作亭,名曰過溪,呼山夫鋤治作址,一夕畢。僧約以冬初可斷手。自是東林增一勝處,而余於山中亦附晉、唐諸賢以不朽矣。"②其中通過"增一勝處"以續寫晉唐文化記憶的期待十分明顯。在這一傳統下,唐人開發過的桂州山巖成爲凝聚著唐代記憶的"場",等待着宋人去叩訪、喚醒和延續。宋代地方官從地方圖經及舊記中獲得"文本經驗"後親臨其境,③對不復唐時樣貌的山巖進行恢復乃至重新營造,形成地方文化景觀和記憶的疊加層累,如上文所述的隱山西湖、潛洞。

其次,宋人有意識地對地理位置臨近的山巖溪潭進行集中開發,同時結合附近的寺院、道觀,形成景觀群或"名勝區"。城東有訾家洲、七星山景觀群和屏風山,城西有西山、隱山景觀群和中隱巖、清秀山,城南則有雉山和南溪山。這一時期的題記顯示人們往往順路游覽多處名勝,④宋代桂州城的環城水系格局也爲環游城周山水提供了便利。⑤

此外,許多開發或興盛於宋代的山巖至明清仍是觀游的熱點。根據《桂林石刻總集輯校》和《桂勝》著録的石刻,可大致統計出唐至清各山巖的石刻數量(表一)。

表一 桂州各山巖歷代石刻統計表

地點\年代	唐	宋	元	明	清
獨秀山	2	9	2	51	70
南溪山	4	50	3	37	55

---

① 張聰著,李文鋒譯:《行萬里路:宋代的旅行與文化》,杭州:浙江大學出版社,2016年,第244頁。
② (宋)范成大撰,孔凡禮點校:《吳船録》卷下《水調歌頭》,北京:中華書局,2002年,第230—231頁。
③ 關於"文本經驗",參前揭張蜀蕙:《現實經驗與文本經驗的真實——由歐陽修、蘇軾作品探究北宋地志書寫與閱讀》。
④ 如大觀四年(1110)韓公輔等人"會食崇寧,登轉魁,觀風洞,歷曾公巖泛舟之龍隱,晚酌於駿鸞閣。"嘉定六年(1213)崔與之等人"會飲于湘南樓,已而游屏風、彈子巖、棲霞洞,泛舟龍隱,歸集于翛然亭"(《韓公輔等龍隱洞題名》,《中國西南地區歷代石刻匯編》第九册《廣西桂林卷》,第83頁;《崔子正等七星巖題名》,《中國西南地區歷代石刻匯編》第十册《廣西桂林卷》,第69頁)。
⑤ 諶世龍:《桂林石刻所見桂林宋代山水游覽活動》,《中共桂林市委黨校學報》2011年第3期,第73—76頁。

續 表

年代 地點	唐	宋	元	明	清
隱山	6	32	1	10	29
疊彩山	4	11	5	56	87
四望山	1			1	4
寶積山	1	15		11	7
伏波山	2	64	1	24	21
灕山	1	23		11	9
七星山巖洞群	5	201	8	106	153
西山	7	9	1		4
虞山	2	7	2	31	23
鐵封山	1	2			
鸚鵡山		2			4
雉山		27		6	
屏風山		13		2	
清秀山		17		1	
中隱巖		17			1
穿山		5			
辰山		2			

雖然宋人一天之中往往游覽多處山巖,并不會在每處山巖都留下題記,但這一數量仍可在一定程度上反映各山巖觀游人數的多少。[1] 從上表可以看出,宋人的足迹覆蓋了桂州城區及近郊的所有山巖,儘管其中有些山巖在明清又漸荒落。除了獨秀山因明代於

---

[1] 表一的數據爲粗略統計的結果,僅爲了反映不同時期不同山巖石刻數量的大致情況。關於桂林石刻在各山巖分布數量的各種説法,可參何嬋娟:《桂北石刻文學研究》,南寧:廣西人民出版社,2015年,第4—10頁。

峰前建立了靖江王府,①帶來了明清兩代石刻數量的激增外,其他明清石刻較爲集中的山巖,如南溪山、疊彩山、七星山、伏波山、虞山,其宋代石刻數量亦相應較多,尤以七星山巖洞群最爲矚目。可以説,明清乃至今日城周各巖洞的觀游格局,在宋代已大致奠定。

附記:本文承仇鹿鳴老師悉心指導,後提交武漢大學歷史學院暨中國三至九世紀研究所主辦的"中古史的地方視角"會議,蒙江田祥、胡鴻等多位與會老師提出寶貴修改意見,在此一并致謝。

---

① (清)張廷玉:《明史》卷四五《地理志》,北京:中華書局,1974年,第1149頁。

另一種"能夏則大"：唐宋嶺南北部諸州分野屬荆説臆解

孫正軍

自西漢武帝元鼎六年(前111)嶺南爲漢軍攻占、較爲穩定地進入華夏統治疆域以來,嶺南在歷代九州分野中的位置大抵歸屬揚州。不過從唐代開始,時人所論嶺南九州分野,除部分沿用嶺南屬揚説外,又衍生出諸如嶺南西部屬荆、東部屬揚,嶺南不屬九州,以及嶺南分屬荆、揚及九州外等新説。這幾種説法在唐宋以降影響大小不一,頗有參差,但都言之有據,各有淵源。其中嶺南屬揚,源自《禹貢》揚州南至海的疆域設定及嶺南在天文分野中對應牛、女;嶺南東部屬揚、西部屬荆,則與僧一行將嶺南東西分屬星紀、鶉尾兩個星次的新分野理論密切相關;嶺南不屬九州,乃是杜佑旨在回歸經典、堅持《禹貢》原典主義的産物;而嶺南分屬荆、揚及九州外,儘管理據相對欠缺,但附會秦嶺南三郡或也在其中發揮了一定作用。可以認爲,正是這些或隱或顯的理據的支撐,使得歧互紛紜,甚至截然對立的分野言説能夠在唐宋以降長期共存。[①]

不過,如果披覽唐宋時期的地理文獻,似乎還隱約可見關於嶺南九州分野的另一種言説,即嶺南北部諸州屬荆州。這種分野言説具體表現在何處？ 它是如何産生的？ 爲何又如不登大雅之堂般隱約存在？ 對於這些疑問,本文將嘗試回答,進而以此爲基礎,探討地理差序格局下中國古代地方社會如何努力界定本地在王朝政治社會結構中的位置。

一、若隱若現：唐宋嶺南北部諸州分野屬荆的言説

在成書於南宋理宗寶慶三年(1227)的地理總志《輿地紀勝》中,撰者王象之曾提到幾部早已散佚的嶺南地方志宣稱本地九州分野屬荆州。譬如韶州《新圖經》,據《輿地

[①] 孫正軍：《今世嶺南古何州——唐宋嶺南認識的一個側面》,魏斌主編：《新史學》第14卷《中古時代的知識、信仰與地域》,北京：社會科學文獻出版社,2021年,第221—274頁。

紀勝·廣南東路·韶州》"星土分野與廣州同"小注：

> 《舊經》以爲越地，牛、女之分，《新經》以爲楚地，翼、軫之分，二者不同。韶地邊楚，亦交涉荆、揚二州之境，姑兩存之。然韶乃包在廣州之東，當同廣州。①

其中提到的《舊經》《新經》，指韶州舊、新兩種圖經，前者一般認爲是北宋中前期成書的《（韶州）舊經》，後者爲南宋曾任知韶州軍州事的楊祐纂《韶州圖經》抑或南宋光宗紹熙年間擔任知韶州軍州事的趙伯謙纂《韶州新圖經》，學者尚存分歧，無論如何，其爲南宋纂成的一部新《韶州圖經》，此點殆無疑問。② 據引文所見，在韶州《新圖經》中，治今廣東韶關的韶州被歸於"楚地，翼、軫之分"，九州分野屬荆州。

與韶州《新圖經》類似，南鄰韶州、治今廣東英德的英州〔南宋寧宗慶元元年（1195）升爲英德府〕，其《新圖經》亦將本地列於荆州。《輿地紀勝·廣南東路·英德府》"《禹貢》揚州之域"小注：

> 《舊經》以爲揚州之域，《新經》以爲荆州之域，二者不同。

其下"越地，牽牛、婺女之分野"小注也稱：

> 《舊圖經》以爲越地，牽牛、婺女之分野，《新圖經》以爲楚地，翼、軫之分野。《新經》言："十二次分野本於班固《地理志》，今據以爲正。按真陽、洭光自漢晉南北朝以來皆隸荆楚之域，至隋開皇二十年始分隸南海，豈可以後世隸南海而改前古之封域？"③

英州《舊經》，是指北宋時成書的《舊圖經》，還是纂於南宋的某部《圖經》，尚難斷言；至於《新經》，學者判斷應即南宋時成書的英州（英德府）《新圖經》。④ 可以看到，在這部

---

① 《輿地紀勝》卷九〇《廣南東路·韶州》，北京：中華書局，1992年，第2879頁。
② 張國淦：《中國古方志考》，上海古籍出版社，2019年，第541頁；顧宏義：《宋朝方志考》，上海古籍出版社，2010年，第418頁；劉緯毅等輯：《宋遼金元方志輯佚》，上海古籍出版社，2011年，第813—814、817頁；桂始馨：《宋代方志考證與研究》，上海人民出版社，2021年，第389—390頁。
③ 《輿地紀勝》卷九五《廣南東路·英德府》，第2989—2990頁。
④ 張國淦：《中國古方志考》，第542—543頁；顧宏義：《宋朝方志考》，第421—422頁；劉緯毅等輯：《宋遼金元方志輯佚》，第815—817頁；桂始馨：《宋代方志考證與研究》，第383—384頁。

後修的圖經中,撰者也以與《舊經》相對的方式,將英州九州分野改屬荆州。王象之還爲我們留下了《新經》改易的依據,即英州所轄真陽、浛光二縣在漢魏南北朝時期一直轄屬荆楚,隋文帝開皇二十年(600)纔分隸屬於揚州的南海郡,因此《新經》將英州九州分野改定爲荆州。

目光轉向嶺南西部。治今廣西象州的象州,其《圖經》亦以本地屬荆州。《輿地紀勝·廣南西路·象州》"古百粵之地,於天文屬翼、軫之度,鶉尾之次"注云:

此據《圖經》,屬楚分翼、軫。①

據此,王象之以象州屬荆州,係本自象州《圖經》。案象州《圖經》撰者及編纂時間已不可考,不過《輿地紀勝》引象州《舊經》,學者判斷纂於宋,則此稱"《圖經》"之象州《圖經》,要當亦在宋代成書。②

又治今廣西桂林的桂州[南宋高宗紹興三年(1133)升爲靜江府],宋人江文叔纂《桂林志》亦傾向於其地屬荆。③《輿地紀勝·廣南西路·靜江府》"翼軫之分,鶉尾之次"小注:

《前漢地理志》云零陵楚地,翼軫之分野,蒼梧越地,牽牛之分野。今以《漢志》考之,始安屬零陵,則始安爲楚地,蓋翼軫之分,鶉尾之次也。荔浦屬蒼梧,則荔浦爲粵地,蓋牛女之分,星紀之次也。已上《桂林志·星分門》。④

《桂林志》雖然注意到桂州在漢代分屬零陵、蒼梧,二郡在《漢書·地理志》中分別對應於翼軫、牽牛,故判斷桂州亦兼屬翼軫、牽牛。不過,由於桂州屬蒼梧部分僅是南部荔浦,北部、中部大部分地區均屬零陵,故在《桂林志》看來,桂州整體仍爲"翼軫之分,鶉尾之次"。桂州天文分野既對應翼軫,其九州分野當也歸屬荆州。

---

① 《輿地紀勝》卷一〇五《廣南西路·象州》,第3215頁。
② 張國淦:《中國古方志考》,第629頁;顧宏義:《宋朝方志考》,第455—456頁;劉緯毅等輯:《宋遼金元方志輯佚》,第882—883頁;桂始馨:《宋代方志考證與研究》,第413頁。
③ 關於《輿地紀勝》引《桂林志》,張國淦以爲鮑同纂,顧宏義、劉緯毅、桂始馨判斷江文叔纂。後者是,張氏蓋以鮑同作序而誤以爲鮑氏纂修。參張國淦:《中國古方志考》,第560—561頁;顧宏義:《宋朝方志考》,第457—458頁;劉緯毅等輯:《宋遼金元方志輯佚》,第861頁;桂始馨:《宋代方志考證與研究》,第407頁。
④ 《輿地紀勝》卷一〇三《廣南西路·靜江府》,第3148頁。

另一種"能夏則大"：唐宋嶺南北部諸州分野屬荆説臆解

此外，治今廣西玉林的鬱林州，《圖經》似乎也以九州分野屬荆州。《輿地紀勝·廣南西路·鬱林州》"古南越地。《前漢》爲牛、女分野，至《唐志》乃以南越分屬翼、軫"注云：

其曰韶、康、廣、端、封爲星紀，星紀，斗、牛、女分也。其曰桂、柳、鬱林、富、昭、蒙、龔、繡、容、白而西及安南爲鶉尾，鶉尾，翼、軫分也。一越之地，而兩隸星分，豈非以韶、廣諸州近東而以屬牛、女，桂、柳、鬱林諸州近西而以屬翼、軫乎？ 此據《圖經》。①

"其曰"云云，當即《唐志》語。案一行分野學説除見於新、舊《唐書·天文志》，《新唐書·地理志》亦概述其説。比較文字可知，《圖經》所引即《新唐書·地理志》。而從《輿地紀勝》行文看，纂於宋代的鬱林州《圖經》儘管表述略顯曖昧，②但大抵傾向於分野屬荆。

分野屬荆之外，嶺南還有一些地方圖經，雖未明確將本地分野歸屬荆州，但都以某種模糊方式與荆州建立關聯，而與傳統的嶺南屬揚説產生距離。譬如治今廣西平樂的昭州，《輿地紀勝·廣南西路·梧州》"越地，婺女、牽牛之分"小注：

《西漢志》蒼梧郡越地，牽牛、婺女之分野，《昭州志》以爲楚、越之交，與《元和志》不同。③

《輿地紀勝》正文采《元和郡縣圖志》，以昭州鄰州、同屬漢代蒼梧郡的梧州（治今廣西梧州）分野爲越地，注文則提及《昭州志》以爲"楚、越之交"。所謂《昭州志》，即宋代某部業已亡佚的昭州地志。④《昭州志》既將昭州判斷爲"楚、越之交"，則在其語境中，昭州之九州分野也相應地屬於荆、揚之交。

梧州之北、治今廣西賀縣附近的賀州，《輿地紀勝·廣南西路·賀州》"《禹貢》荆州之域"小注亦提到"《寰宇記》《圖經》以爲荆揚之南境"。⑤ 案此處如何理解，學者尚存

---

① 《輿地紀勝》卷一二一《廣南西路·鬱林州》，第3497頁。
② 關於《輿地紀勝》引鬱林州《圖經》，張國淦、顧宏義、劉緯毅推斷爲宋志，然撰者及成書時間皆不可考，桂始馨認爲或即施埤纂《（鬱林州）新志》。參張國淦：《中國古方志考》，第571—572頁；顧宏義：《宋朝方志考》，第468頁；劉緯毅等輯：《宋遼金元方志輯佚》，第936—937頁；桂始馨：《宋代方志考證與研究》，第417頁。
③ 《輿地紀勝》卷一〇八《廣南西路·梧州》，第3283頁。
④ 張國淦：《中國古方志考》，第567頁；顧宏義：《宋朝方志考》，第463頁；劉緯毅等輯：《宋遼金元方志輯佚》，第906頁。桂始馨認爲此《昭州志》或即韋楫纂《昭潭志》，參《宋代方志考證與研究》，第411頁。
⑤ 《輿地紀勝》卷一二三《廣南西路·賀州》，第3531頁。

歧義。李勇先點校本作"《寰宇記》、《圖經》以爲荆揚之南境",趙一生點校本作"《寰宇記》。《圖經》以爲荆揚之南境"。① 考包括中華書局點校本在内的今本《太平寰宇記》均作"《禹貢》荆州之域",當以後者爲是。亦即《輿地紀勝》係據《寰宇記》將賀州九州分野屬荆,而在纂成於宋代的賀州《圖經》看來,②賀州兼屬荆揚。

《圖經》以賀州兼屬荆揚,這一點從《圖經》對天文分野的叙述也可獲得佐證。《輿地紀勝·廣南西路·賀州》"於天文分野,當星紀、鶉尾之次"小注：

> 《圖經》引《西漢地理志》云："粤地,牽牛、婺女之分野,今蒼梧、鬱林、合浦、交趾、九真、日南,皆粤分。"《東漢郡國志》注《帝王世紀》曰："自斗十一度至婺女七度,一名須女,曰星紀之次,於辰在丑,謂之赤奮若,今吴、越分野。"《唐地理志》云："韶、廣、端、康、封、梧、藤、羅、雷、崖以東,爲星紀分,桂、柳、鬱林、富、昭、蒙、龔、繡、容、白、羅而西,爲鶉尾分。"按今州境西接昭、桂,東接端、封,其星紀、鶉尾之間乎？③

據此可知,《圖經》雖引《漢書·地理志》,但實際却以《新唐書·地理志》所述一行將嶺南二分爲據,推測賀州界乎星紀、鶉尾之間。這一判斷與將賀州九州分野分屬荆揚適相吻合。④

除《輿地紀勝》所列嶺南地方志外,《永樂大典》引宋纂《容州志》亦展現出本地與荆州的關聯,⑤其《建置沿革》云：

> 按《漢·地理志》：古粤地,牽牛、婺女之分埜,今之蒼梧、蔚林、合浦、交趾,俱號粤地。《後漢志》：牽牛十一度,至婺女七度。《晉志》：自南斗十三度,北斗十度,皆曰星紀,吴越之分埜。《春秋元命苞》曰：牽牛流爲荆州,分爲粤國。及考《唐志》,亦以嶺南道爲揚州之境,且析封、梧以東至廣爲星紀分,柳、桂以西并容爲鶉

---

① 《輿地紀勝》卷一二三《賀州》,成都：四川大學出版社,2005年,第3899頁;《輿地紀勝》卷一二三《廣南西路·賀州》,杭州：浙江古籍出版社,2012年,第2783頁。
② 關於賀州《圖經》成書,參張國淦：《中國古方志考》,第568頁;顧宏義：《宋朝方志考》,第466頁;劉緯毅等輯：《宋遼金元方志輯佚》,第940—941頁;桂始馨：《宋代方志考證與研究》,第414頁。
③ 《輿地紀勝》卷一二三《廣南西路·賀州》,第3531—3532頁。
④ 又有融州,《輿地紀勝》卷一一四《廣南西路·融州》"《漢志》以爲牛女之分野,《唐志》以爲翼軫之分野",小注提及《圖經》云及"漢唐二志不同,當考"(第3379頁)。據此,融州《圖經》雖未確認融州即屬荆州,但其猶疑表述也與屬揚説顯有差異。
⑤ 關於《永樂大典》引《容州志》,參張國淦：《中國古方志考》,第570—571頁;劉緯毅等輯：《宋遼金元方志輯佚》,第864頁。

尾分。又《天文志》謂星紀、鶉尾,以負南海。而韓退之《送南海從事竇平序》亦曰:逾甌閩而南,皆百越之地。於天文,其次星紀,其星牽牛。則知南涉越閩,詑蒼梧,逾嶺表,皆不外星紀、鶉尾之墟也。漢元鼎中,熒惑守南斗,占曰南斗越分也。其後越相吕嘉反,漢舉兵誅之。候證不差,以是知容在嶺右,介揚州之南,應鶉尾之分,無可疑矣。①

據上可知,《容州志》牽合各種文獻,既篤信容州九州分野在揚州之南,又判斷天文分野應鶉尾之分,略顯混亂。不過,容州既與鶉尾對應,其與荆州的聯繫也難以盡皆抹殺。

以上即爲今所見唐宋嶺南地方志將本地九州分野歸屬荆州或與荆州存在關聯的文字,概言之,宣稱本地屬荆州者凡五:韶州、英州、象州、桂州、鬱林州,認爲本地與荆州存在關聯者有三:昭州、賀州、容州。如果將這些州投射到地圖上,即如圖一所見,除鬱

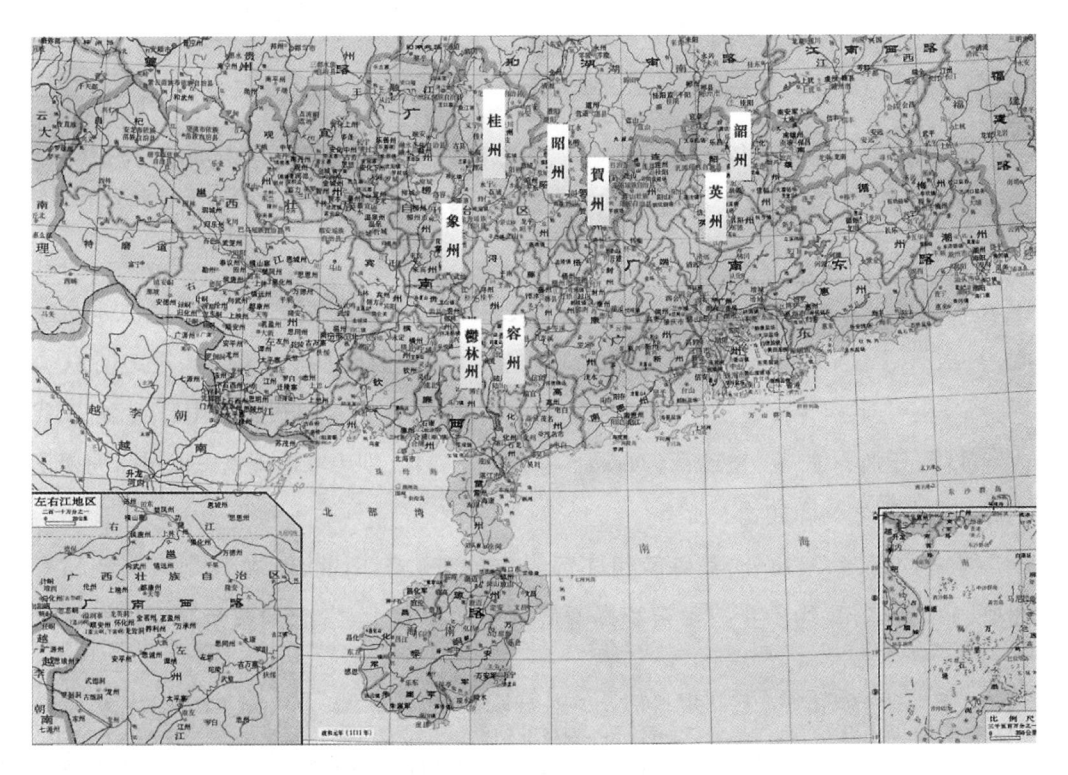

圖一　唐宋方志所見嶺南屬荆之州示意圖

---

① 馬蓉等點校:《永樂大典方志輯佚》第 5 册,北京:中華書局,2004 年,第 3082—3083 頁。

林州、容州外,其餘大抵皆位於嶺南北部地方。這似乎暗示,在嶺南所轄數十州中,北部諸州之九州分野有更大概率隸屬荆州。

循着這一發現,我們再來看在以單州列舉形式叙述九州分野的唐宋地理總志。

表一　唐宋地理總志所見嶺南屬荆之州

地 理 總 志	屬 荆 之 州
十道志	桂州、環州、嚴州、瀼州
元和郡縣圖志	桂州、富州
太平寰宇記	賀州、桂州、蒙州、嚴州、山州
輿地紀勝	桂州、昭州、梧州、賀州
方輿勝覽	桂州、昭州、梧州、賀州
歷代郡縣地理沿革表	桂州

如表一所見,嶺南先後有 10 州被單次或數次列於屬荆之州,具體包括:桂州(《十道志》《元和郡縣圖志》《太平寰宇記》《輿地紀勝》《方輿勝覽》《歷代郡縣地理沿革表》)、[1]環洲(《十道志》)、嚴州(《十道志》《太平寰宇記》)、瀼州(《十道志》)、富州(《元和郡縣圖志》)、賀州(《太平寰宇記》《輿地紀勝》《方輿勝覽》)、蒙州(《太平寰宇記》)、山州(《太平寰宇記》)、昭州(《輿地紀勝》、《方輿勝覽》)、梧州(《輿地紀勝》《方輿勝覽》)。[2] 案桂、梧、賀,唐宋間無大變化,富、蒙,宋代省入昭州,嚴、山、環、瀼,宋代或省或降,分别爲象、宜、邕接管。如果不考慮上述變化,則唐宋地理總志以單州列舉形式提及的屬荆之州即如圖二所示。

可以看到,除瀼州外,其餘諸州亦都集中分布於嶺南北部,尤其是與荆湖相鄰的桂、昭、賀諸州,均不止一次被認爲歸屬荆州。事實上,考慮到瀼州屬荆僅見於以

---

[1]　唐人莫休符撰《桂林風土記》引《地里志》,亦稱"桂州,《禹貢》荆州之域",所引《地里志》未審何書。(唐)莫休符:《桂林風土記》,《叢書集成初編》本,上海:商務印書館,1936 年,第 1 頁。

[2]　除上述外,《通典》卷一八四《州郡十四·古南越》稱:"漢零陵、桂陽,今始安之北境及始興,皆宜屬楚。"(北京:中華書局,1988 年,第 4911 頁)亦即以唐代桂州北境及韶州分野屬楚,按照諸分野體系之間的對應關係,則二州九州分野也應部分或全部屬荆州。不過,《通典》并不尋求九州分野與其他分野一致,其書雖承認嶺南分野屬越,兼得楚之交,但於九州分野則堅決將嶺南棄於九州之外。以此而言,桂、韶二州在《通典》語境中當不屬荆州。

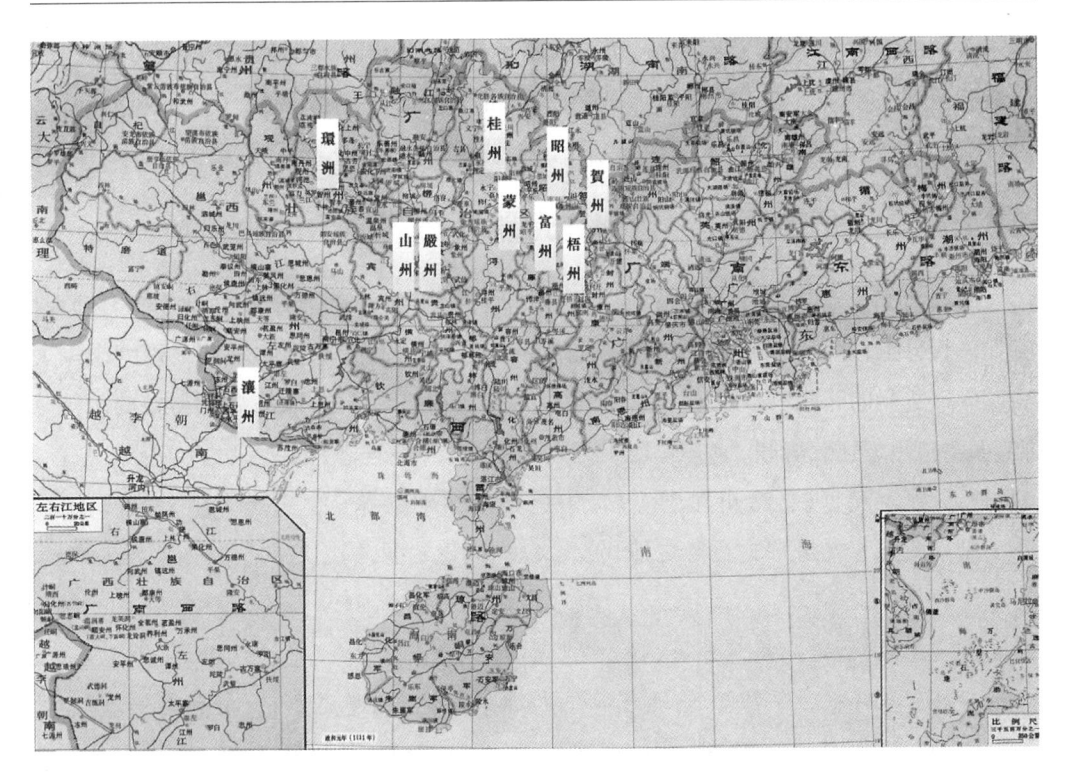

圖二　唐宋地理總志所見嶺南屬荆單州示意圖

佚文傳世的《十道志》,記載可靠性不無可疑,毋寧認爲能夠確定的唐宋地理總志所舉嶺南屬荆之州亦皆位於嶺南北部毗鄰荆湖及其延伸的地區,與地方志所見大抵一致。[①]

值得注意的是,自唐至宋,嶺南北部的屬荆之州似乎有一個逐漸東擴的進程。在唐代文獻以及較多繼承唐人認識的《太平寰宇記》中,所列屬荆之州如桂、環、嚴、富、賀、蒙諸州,均位於嶺南西部,而宋代文獻新見的屬荆之州,部分如昭州、梧州,仍處嶺南西部,但韶州、英州,則已地處嶺南東部。如《輿地紀勝》所見,韶、英二州屬荆,正始於宋代纂成的《新圖經》。儘管在王象之看來,《新圖經》將韶、英屬荆并不可取,亦即韶、英屬荆并未如嶺南西部北境諸州屬荆一般形成一種相對穩定的認識,不過這一認識并未

---

① 案唐代山州地望,諸書記載不同,羅凱考證大致在今越南清化省靖嘉縣一帶,界於唐前期的愛州與驩州之間,屬安南都護府(《唐代山州地望與性質考——兼論嶺南附貢州的建置》,《歷史地理》第26輯,上海人民出版社,2012年,第97—108頁)。據此,山州與荆湖相去懸遠。不過,《太平寰宇記》稱山州"土地與嚴州同",則在《寰宇記》的語境中,山州應在嚴州附近。

因王象之的批駁而消退,直到明清,仍有文獻將韶、英二州歸屬荆州。① 由此可見,大約受嶺南西部北境諸州屬荆影響,地處嶺南東部北境的部分州也曾在一些場合被認爲屬荆,由此使得整個嶺南北部毗鄰荆湖之州都曾被或穩定或不穩定地歸屬荆州。

二、似是或非:諸州分野屬荆言說緣由的再辨析

將嶺南部分地區九州分野屬荆,在唐宋時期其他幾種嶺南分野言說中亦有體現。譬如一行分野,即將嶺南西部歸屬荆州;附會秦嶺南三郡,或也推動一些地理總志擴大嶺南屬荆之州的範圍。事實上,前節所舉屬荆或與荆州關聯之州,有些即得益於一行分野,如鬱林州、賀州、容州,地方志均明確以《新唐書·地理志》及兩《唐書·天文志》所載一行分野說爲據,將諸州對應翼軫,由此與荆州建立關聯。此外象州,據《輿地紀勝·廣南西路·象州》"古百粵之地,於天文屬翼、軫之度,鶉尾之次"小注:

> 此據《圖經》,屬楚分翼、軫。然《漢志》以爲粵地牽牛、婺女之分野,今之蒼梧、鬱林皆粵分也。今之象州,既爲秦桂林、漢鬱林之地,當屬牽牛、婺女之分野。《晉志》南斗,吳越之分野,則不當以爲翼、軫之分,蓋翼、軫乃屬荆州,而牽牛乃屬揚州。《唐志》自沅湘上流達黔、安,皆全楚之分,自富、昭、象、龔、繡、容、白、廉州以西,亦鶉尾之墟。此二者俱不同,當考。②

雖然《圖經》依據已不可曉,但從王象之敘述看,《圖經》以象州屬荆,極有可能亦本自一行分野。考慮到明清廣西地方志中據一行分野以本地屬荆者頗有其例,③ 唐宋時期嶺

---

① 《大明清類天文分野之書》卷一八,《四庫全書存目叢書·子部》第60册,濟南:齊魯書社,1996年,第667頁下欄;《大明一統志》卷七九《韶州府》,《景印文淵閣四庫全書》第473册,臺北:臺灣商務印書館,1986年,第676頁上欄;《明史》卷二五《天文志一》,北京:中華書局,1974年,第369頁。不過,《大明清類天文分野之書》在對韶州府(明清韶、英二州合爲韶州府)建置沿革的叙述中又稱"《禹貢》揚州之域。楚粵之交"(卷二〇,第716頁上欄),《大明一統志》則以韶州府"天文牛女分野",前後存在矛盾。
② 《輿地紀勝》卷一〇五《廣南西路·象州》,第3215頁。
③ 如嘉靖《南寧府志》、光緒《鎮安府志》、光緒《臨桂縣志》、嘉慶《續修興業縣志》、道光《龍勝廳志》、光緒《鬱林州志》等所論屬荆,都與一行分野學說存在直接或間接聯繫。分見嘉靖《南寧府志》卷一《分野》,《日本藏中國罕見地方志叢刊》,北京:書目文獻出版社,1992年,第349頁下欄;光緒《鎮安府志》卷八《輿地志一·分野》,《中國方志叢書·廣西省》第14號,臺北:成文出版社,1967年,第158—160頁;光緒《臨桂縣志》卷一《星分》,《中國方志叢書·廣西省》第15號,第10頁上欄;嘉慶《續修興業縣志》卷一《地理·星野》,《中國方志叢書·廣西省》第16號,第11頁;道光《龍勝廳志·分野》,《中國方志叢書·廣西省》第17號,第40—41頁;光緒《鬱林州志》卷四《輿地略·星野》,《中國方志叢書·廣西省》第23號,第62頁。

南北部靠西諸州被歸屬荆州,或與一行分野學説相關,無疑也是可能的。

　　一行分野之外,諸州行政上曾統屬荆楚,也被一些文獻視爲嶺南北部諸州歸屬荆州的理由。前引英州《新圖經》推測英州"楚地,翼軫之分野",係以英州所屬"真陽、洽光自漢晉南北朝以來皆隸荆楚之域"爲據,《桂林志》認爲桂州"翼軫之分,鶉尾之次",也以桂州主體漢代屬零陵爲基礎,二書在判斷當地分野時,均相當程度地立足於該地曾統屬荆楚。此外,《元和郡縣圖志》記載桂州:

　　《禹貢》荆州之域。漢元鼎六年置零陵郡,今州即零陵郡之始安縣也,吳歸命侯甘露元年,於此置始安郡,屬荆州。①

案無論漢之零陵郡還是吳之始安郡,均轄屬荆州。玩味上引文字,似乎桂州之地早期屬荆,也是促使《元和志》將桂州定爲"《禹貢》荆州之域"的重要原因。類似,《輿地紀勝》以昭州、梧州屬荆,據《輿地紀勝·廣南西路·梧州》"《禹貢》荆州之域"小注:

　　《元和志》富州爲荆州之域,富州、昭州及梧州同屬蒼梧郡,當爲荆州之域。②

也是以昭州、梧州與富州同屬漢代蒼梧郡爲據,儘管這一論斷與《漢書·地理志》將蒼梧郡列爲越地背道而馳。③ 由此可見,歷史上曾統屬荆楚,確在某些場合構成唐宋地理文獻將若干州分野屬荆的重要依據。

　　不過,無論是一行分野新説還是曾經統屬荆楚,均祇適用於嶺南部分屬荆之州,嶺南北部多數州之分野屬荆,仍無法獲得解釋。譬如一行分野,如果注意到如下事實:其一,早在一行分野説提出之前,《十道志》已將桂州、環洲等歸屬荆州,一行分野誕生後成書之《元和郡縣圖志》《太平寰宇記》《輿地紀勝》等,其嶺南分野與一行分野亦非合轍,諸書將部分州屬荆,也很難説與一行分野相關;其二,固然嶺南北部屬荆之州多數位於一行中分嶺南的分界綫之西,但諸如賀州、梧州、韶州、英州,皆位於分界綫東,其中韶州、英州更是去分界綫甚遠,基於此,毋寧認爲嶺南北部諸州屬荆很難盡皆歸因於一行分野。

---

① 《元和郡縣圖志》卷三七《嶺南道四》"桂州"條,北京:中華書局,1983年,第917頁。
② 《輿地紀勝》卷一〇八《廣南西路·梧州》,第3283頁。
③ 除昭州、梧州外,《輿地紀勝》在判定廣州、南雄州、英州、端州、新州、梅州、桂州、化州等地分野時,亦或多或少地以曾經統屬爲據。

至於早期轄屬荆楚與諸州屬荆的關聯,同樣應當注意到能夠憑藉統屬荆楚而與荆州建立關聯者僅限於少數州,唐宋地理文獻所見絶大多數屬荆之州,歷史上均與楚地不存在相對明確的統屬關係。另一方面,即便某地曾統屬荆楚,也不意味着該地分野必然屬荆。案嶺南曾經統屬荆楚的州大抵位於楚越之交,其統屬關係或在屬楚與屬越間變動,這就使得基於統屬關係難以建立固定的分野認識,常常引發爭議,英州新、舊圖經的分歧即很能顯示這一點。《輿地紀勝·廣南東路·英德府》"《禹貢》揚州之域"小注:

《舊經》以爲揚州之域,《新經》以爲荆州之域,二者不同。象之謹按《史記》謂尉佗能集揚越以保南藩,而西漢《趙佗傳》亦謂秦併天下,略定揚越,顔注云:"揚州之分,故曰揚越。"今南雄、英、韶皆在五嶺之南,皆古越地,不應屬楚,則不宜謂爲"荆州之域"。范曄《後漢書·衛颯傳》云:"先是洽光、真陽、曲江三縣,越之故地,武帝平之,内屬桂陽",是洽光、真陽、曲江三縣之地,非素屬桂陽郡爲屬縣也。蓋桂陽郡乃置於高帝之時,自武帝平南越,取趙佗之地,創置三縣,跨據嶺表,遠屬桂陽郡,以控制南越耳。今乃欲因漢武之更張,而遂以定荆揚之封域,其時則不同矣。當從《舊經》曰"揚州之域"。

其下"越地,牽牛、婺女之分野"小注亦稱:

《舊圖經》以爲越地,牽牛、婺女之分野,《新圖經》以爲楚地,翼、軫之分野。《新經》言:"十二次分野本於班固《地理志》,今據以爲正。按真陽、洽光自漢晉南北朝以來皆隸荆楚之域,至隋開皇二十年始分隸南海,豈可以後世隸南海而改前古之封域?"《新經》之説似有所據。象之謹按《輿地廣記》於江西之虔、撫、袁、吉四郡,皆以爲古百越之地,謂戰國時吴起相楚悼王,南平百越,而四州之地始屬於楚。自袁、吉、虔、撫南去千里而方至英、韶、南雄①三郡,又隔在五嶺之南,乃謂其越袁、吉、虔、撫而屬於楚,則非其實矣。《新經》第知罪《舊經》引隋地理以證漢晉之地理,而不知《舊經》所引者乃秦漢已前春秋戰國之疆域歟。當從《舊經》爲越地,牽牛、婺女之分野。②

---

① 原作"南容",今改。
② 《輿地紀勝》卷九五《廣南東路·英德府》,第2989—2990頁。

不難看出，王象之推測《新經》之所以以英州星屬翼、軫，地屬荆州，一個重要原因就是英州在漢晉南北朝長期隸屬荆楚。而在王象之看來，《舊經》以英州對應牽牛、婺女，九州分野屬揚州，亦非無據，甚至乃是更具説服力的證據，即英州在秦漢以前本屬越地。由此可見，對不同時期統屬關係的強調，勢必使得分野論述出現分歧，從而引發爭議。

類似英州分野的爭議，在桂州同樣存在。如前所見，在唐宋諸多地理文獻中，桂州分野均被視爲歸屬荆州，《桂林志》還明確其緣由，即桂州主體在漢代轄屬零陵楚地。不過，在南宋人蔡戡(1141—?)看來，這一緣由未必成立，其《分野論》稱：

> 静江①在唐爲桂州，屬嶺南道；在漢爲始安，屬零陵郡。今支邑之荔浦，漢屬蒼梧郡。桂林新舊志不盡考諸家之説，遂以始安屬荆州，爲翼、軫之分，荔浦以南屬越，遽以爲牛、女分，蓋承前史之誤爾。按《史記》，勾踐滅吳，併有其地，與中國會盟。逮王無彊時，北伐齊，西伐楚，與中國爭強，其境土之廣可知矣。……則楚越之舊疆，不復可以西漢郡縣所分爲正矣。故翰林承旨宋公白等七人之《續通典》，亦以桂州爲《禹貢》荆州之域，春秋時越地，七國時復爲楚，戰國時爲楚國及越之交境。此蓋歷考前載，而其説進退可據者。然則静江府在漢雖屬零陵郡，其實古之越地，於星文則皆屬鶉尾、荆州之分，固不當以始安、荔浦一時之所屬爲別也。②

可以看到，蔡戡不僅質疑桂林新舊志將桂州二分，甚至從根本上質疑以曾經轄屬判斷分野的認知方式——他承認桂州"其實古之越地"，但却堅持桂州"於星文則皆屬鶉尾、荆州之分"。亦即在他看來，桂州歷史上爲楚爲越，與其地分野屬荆并不存在關聯。事實上，如果注意到位於楚越之交的連州雖然自唐代以降行政上長期隸屬嶺南，但分野始終屬荆（詳下），毋寧認爲蔡戡所揭示的分野歸屬與行政統屬無關是正確的。由此可見，適用範圍的有限，加之論斷易生分歧，使得曾經統屬荆楚無法構成推動嶺南北部諸州屬荆的普適性原理，嶺南北部諸州分野屬荆當另有緣由。

要之，儘管一些言論顯示嶺南北部諸州九州分野之被歸屬荆州，與一行分野學説或諸州曾轄屬荆楚存在關聯，不過從唐宋地理文獻的具體論述來看，兩點緣由大約僅對某些州屬荆發揮效用，嶺南北部其餘州屬荆仍需借助其他動力。這個動力是什麽？這裏

---

① 原作"靖江"，今改，下同。
② （宋）蔡戡：《分野論》，《全宋文》第276册，上海：上海辭書出版社、合肥：安徽教育出版社，2006年，第310—311頁。

不妨先跳出分野問題,觀察一下唐宋時人如何書寫嶺南北部諸州的地理景象。

三、攀附荆湖:嶺南北部諸州地理的書寫策略

披覽時人對嶺南北部諸州地理的敘述,一個極爲突出的印象即這些敘述傾向於將本地與荆楚相關聯。譬如敘述當地地理位置,毗鄰荆湖往往成爲着重表述的内容。韶州,余靖(韶州曲江人)《修州衙記》云其"唇齒江湘";昭州,《昭潭志序》叙其"居蒼梧、始安之間,與全、道地犬①牙相入",同志《風俗門》亦稱"與九疑清湘接境";象州,《象郡志》以其"密近湖湘";柳州,《圖經·風俗門》稱"雖古荒服,而實連湖湘";又連州,詹礪(生平不詳)《西園記》稱"地控荆湖",蔡齊基(連州人)《梁守祠堂記》視"連爲荆湖衝要",劉禹錫(曾任連州刺史)《赴連州途經洛陽諸公置酒相送張員外賈以詩見贈率爾酬之》則直接以連州爲"三湘最遠州";梧州,邱翔(生平不詳)《蒼梧郡賦》稱其"唇齒湖湘",《郡縣紀原序》亦云"北接湖湘,而爲唇齒之邦";而嶺南北部重鎮桂州,類似表述尤多,戎昱(曾在桂州刺史、桂管防禦觀察使李昌巙幕府任職)《桂州西山登高上陸大夫》謂其"風烟連楚郡",《虞衡志》稱"與湖南犬牙",郭見義(曾任廣西經略司主管機宜文字)《修城記》云"左控荆衡",至於韓愈(時任京職)《送桂州嚴大夫》"蒼蒼森八桂,兹地在湘南",丁謂(曾任崖州司户參軍,詩作於自嶺南北返途中)"八桂提封接九疑",孫覿(生平不詳)"旁連九疑高,遠控三湘大"等,則徑將桂州視爲荆湖之地的延伸。②

不僅地理相連,在唐宋地方志及地方士人(包括嶺南出身和因任官、遷徙等留住嶺南者,無論後者實際如何看待嶺南,但在編纂諸如地方志這類地方文獻時,往往與嶺南出身者論調一致)③的描述中,嶺南北部的氣候、風俗亦與荆湖相近。韶州,譚太博(即譚掞,韶州曲江人)《清淑堂》稱"地有九嶷清淑氣";連州,劉禹錫《連州刺史廳壁記》云"觀民風與長沙同祖習";桂州,劉禹錫《送人之桂州》"旌旆過湘潭,幽奇得遍探。莎城百粵地,苔路九疑南。有地多生桂,無家不養蠶。聽歌難辨曲,風俗自相

---

① 犬,原作"大",李勇先以爲當作"犬",從之。李勇先點校《輿地紀勝》卷一〇七《廣南西路·昭州》,第3602頁。

② 分見《輿地紀勝》卷九〇《廣南東路·韶州》,第2887頁;卷一〇七《廣南西路·昭州》,第3264頁;卷一〇五《廣南西路·象州》,第3221頁;卷一一二《廣南西路·柳州》,第3353頁;卷九二《廣南東路·連州》,第2942、2944、2955頁;卷一〇八《廣南西路·梧州》,第3290、3302頁;卷一〇三《廣南西路·静江府》,第3159、3158、3180、3183、3184頁。戎昱詩見《全唐詩》卷二七〇,《全唐詩》第4册,北京:中華書局,1991年,第3011頁。案蔡齊基,各本或作蔡齊、蔡齊臺,皆誤;劉禹錫,原作劉夢得,今改。

③ 諸如地志等地方文獻,或由本土士人編纂,或由地方官編纂,不過即便後者,也大多有地方士人參與,故可以認爲二者取向并無差異。關於地志等的編纂者情况,參(宋)陳振孫:《直齋書録解題》卷八《地理類》,上海古籍出版社,1987年,第241—261頁。

譜",表明桂州與湘潭風俗相去不遠;象州,《象郡志》以其地"密近湖湘,稍接中州清淑之氣";昭州,《昭潭志序》云"風聲氣習,布衣韋帶之士肩摩袂屬,視沅湘以南猶伯仲",同志《風俗門》又稱"與九疑清湘接境,其風俗大率相似";梧州,陶商翁(生平不詳)《梧州蒼梧郡詩》以"水有瀟湘色";柳州,《圖經·風俗門》云"風俗與全、永間不相違";賀州,《圖經》以爲"氣候稍近湖外";融州,《圖經·風俗門》亦稱"氣候與荆湖不殊",等等。①

　　無待贅言,以上主要出自嶺南士人之手的文字,并非盡皆虛妄。譬如諸州地理毗鄰荆湖,從地形上看,南嶺南北諸州同屬南嶺山地,嶺南桂、昭、賀、連、韶諸州確與荆湖緊密相連;且將這些地區視爲荆湖之地的延伸,如稱桂州爲湘南乃至納入三湘,亦爲時人通論。② 至於風俗近乎荆湖,考慮到南嶺并非完全隔絶式的存在,其多個小規模山脈東西排列,且崇山峻嶺間又分布着多處相對平衍丘陵的地形構造,以及連通兩大水系的地理位置,使得南嶺也是南北人群交往和商品流通的重要孔道,③以此而言,嶺南、嶺北風俗或有相近,也在情理之中。柳宗元自永州寫給李吉甫的書信稱"瀟湘參百越之俗",《太平寰宇記》謂桂州與一嶺之隔的全州、永州風俗相近,均爲其證。④《輿地紀勝》於湖南南部州軍下引録文字,也多論述其地頗雜越風。如郴州,許荆傅:"郡濱南州,風俗脆薄";道州,掌禹錫《壁記》:"地居越徼,俗兼蠻左";全州,《圖經·風俗門》:"州當湖南窮處,接畛二廣,風俗陋儉,獄訟希簡";又張某:"壤接炎荒,尚蠻猺之錯雜";桂陽軍,石景立《游鹿山》:"峰對九疑聞鶴唳,地連五嶺雜蠻風";武岡軍,《都梁記·風俗門》:"軍當湖南僻處,接畛廣西,綿亘湖北,風俗陋儉,獄訟希簡",等等。⑤ 事實上,直到今天,南

---

　　① 分見《輿地紀勝》卷九〇《廣南東路·韶州》,第2912頁;卷九二《廣南東路·連州》,第2941頁;卷一〇三《廣南西路·靜江府》,第3180頁;卷一〇五《廣南西路·象州》,第3221頁;卷一〇七《廣南西路·昭州》,第3264頁;卷一〇八《廣南西路·梧州》,第3300頁;卷一一二《廣南西路·柳州》,第3353—3354頁;卷一二三《廣南西路·賀州》,第3536頁;卷一一四《廣南西路·融州》,第3384頁。
　　② 户崎哲彦:《韓愈〈送桂州嚴大夫〉詩對宋代桂林的影響——唐宋時期之"八桂"與"湘南"的變化》,楊勇譯,《桂學研究》第6輯,桂林:廣西師範大學出版社,2020年,第45—48頁。
　　③ 劉志偉:《天地所以隔内外》,吴滔、于薇、謝湜主編:《南嶺歷史地理研究》第1輯,叢書總序,廣州:廣東人民出版社,2016年,第1—33頁。
　　④ (唐)柳宗元:《謝李吉甫相公示手札啓》,《柳宗元集》卷三六,北京:中華書局,1979年,第921頁;《太平寰宇記》卷一一六《江南西道十四·永州》,北京:中華書局,2007年,第2347頁;同卷《江南西道十四·全州》,第2352頁。
　　⑤ 分見《輿地紀勝》卷五七《荆湖南路·郴州》,第2069頁;卷五八《荆湖南路·道州》,第2093頁;卷六〇《荆湖南路·全州》,第2138、2146頁;卷六一《荆湖南路·桂陽軍》,第2159頁;卷六二《荆湖南路·武岡軍》,第2166頁。關於湖南南部風俗與嶺南相近,又可參張偉然:《湖南歷史文化地理研究(修訂本)》,杭州:浙江古籍出版社,2021年,第263頁。

嶺南北氣候、風俗仍有一致之處。① 不過，上述文字也有與事實不符之處，譬如象、柳、梧三州，與荆楚尚隔有桂州、賀州，恐怕很難稱爲密近湖湘。而風俗，如果説桂州風俗確近乎全州、永州，與桂州隔有大南山、天平山、駕嶠嶺、大瑶山等一系列多由非華夏族羣聚居的大山，且行道艱難、開發較晚的融、柳二州，②其風俗是否也與全、永不殊，恐難置信。事實上，即便一般認爲聯繫密切的嶺北郴州與嶺南韶州，如《太平寰宇記》所見，韶州風俗同廣州，郴州風俗同潭州，其間差異也顯而易見。③ 因此嶺南北部諸州是否盡如上述文字所見近乎荆湖，恐怕不無疑問。

要之，嶺南北部諸州地在楚越之間，文化上亦處於荆楚文化與越地文化的共軛之區，確存在倒向荆楚的可能，④然而無論是行政歸屬還是文化面貌，嶺南北部諸州顯然都更接近越地而非荆楚。以此而論，前引對嶺南北部諸州自然和人文地理的描摹，一些文字與其説是事實叙述，毋寧説是刻意書寫。而這樣一種異乎尋常的地理書寫，儼然傳達出如下意象，即諸州雖轄屬嶺南，但實際却與荆楚猶如一地。換言之，其背後隱然可見一種脱離嶺南的"心情"。

四、逃離"嶺南"：嶺南士人的身份訴求

關於唐宋時期嶺南士人意欲將本地從嶺南剥離的"心情"，檢索唐宋嶺南相關文獻，不難發現這樣的"心情"極爲普遍。譬如一般認爲嶺南多瘴，《隋書·地理志下》稱"自嶺已南二十餘郡，大率土地下濕，皆多瘴癘，人尤夭折"；范成大《桂海虞衡志》謂"瘴，二廣惟桂林無之，自是而南，皆瘴鄉矣"；即便按照周去非《嶺外代答》的説法，"嶺外瘴毒，不必深廣之地，如海南之瓊管，海北之廉、雷、化，雖曰深廣，而瘴乃稍輕。昭州與湖南、静江接境，士夫指以爲大法場，言殺人之多也。若深廣之地，如横、邕、欽、貴，其瘴殆與昭等"，嶺南各地瘴氣也僅存有輕重之分，并非有無之别，因此嶺南多瘴毋寧説

---

① 譬如氣候，南嶺南北同屬中亞熱帶，植被亦同屬南嶺植被區。參丁一匯主編：《中國氣候》，北京：科學出版社，2013年，第410頁；陳靈芝主編：《中國植物區系與植被地理》，北京：科學出版社，2014年，第188—189頁等。
② 關於桂州與兩地交通，參廖幼華：《唐代桂州相思埭之探討》，《深入南荒——唐宋時期嶺南西部史地論集》，臺北：文津出版社有限公司，2013年，第112—130頁。
③ 《太平寰宇記》卷一五九《嶺南道三·韶州》，第3053頁；卷一一七《江南西道十五·郴州》，第2360頁。
④ 學者對嘉興、湖州兩地地域文化的考察即展示了文化共軛地區文化歸屬可能發生的變化。參宋可達：《越韻吴風：吴越文化共軛中的嘉興》，《歷史地理》第35輯，2017年，第101—114頁；張偉然、宋可達：《從吴地到越地：吴越文化共軛中的湖州》，《中國歷史地理論叢》2018年第1輯，第21—32頁。

乃是時人共識。① 然而針對這一"污名",不少嶺南地方文字却宣稱本地清曠少瘴,無土山濁水。如韶州,譚太博《清淑堂》稱"地有九嶷清淑氣,人無五嶺鬱蒸愁";連州,劉禹錫《連州刺史廳壁記》云"故罕罷嘔泄之患,亟有華皓之齒",武陽震(生平不詳)《新學記》也以"地接湖、湘,無土山濁水,秀澈之氣,凛然浮空";桂州,白居易《送嚴大夫》謂"桂林無瘴氣,柏署有清風";昭州,《廬陵志》徐俯《昭潭詩》云"兩歲昭潭無瘴癘,清秋鬱鬱望神岡";潯州,《潯江志·慶曆建學記》稱"土無氛惡";貴州,陳謨(曾任知貴州)《知貴州謝宰執》云"喜無瘴癘";賀州,《圖經》稱"民少瘴癘";柳州,《龍城圖志》稱"地近桂林,號無瘴";②乃至相對偏遠的化州、廉州、鬱林州,在地方士人筆下也曾被描繪爲清曠無瘴之地。③ 强調本地無瘴,顯然意在凸顯本地與嶺南其他地區不同。

事實上,彼時有些文字直接宣稱本地殊於嶺南其他地區。譬如韶州,韓亞卿(生平不詳)認爲"其去炎州,此爲樂土";連州,劉禹錫《連州刺史廳壁記》許爲"荒服之善部,而炎裔之凉墟";朱葆(生平不詳)《石路記》稱贊"谿山鍾美,風俗醇厚,視南方爲佳郡";又桂州,《嶺外代答》謂"此盡南方之風氣,桂林氣候與江浙頗類,過桂林南數十里,則大異矣";梧州,吴興《蒼梧七公祠堂記》稱"蒼梧於南紀爲善地";而潯州,《潯江志·風俗門》曰"潯雖爲古荒服,沃壤頗多,山水奇秀,民淳訟簡,人多業儒",同志《慶曆建學記》亦稱"桂林之南,州郡以十數,潯爲善地",石應孫(曾任職嶺南)《題南山》"嶺外此州爲道院,風烟殊弗類南蠻",姚嗣宗(曾任知潯州)《寒亭留題》"井邑倦炎酷,西巖境獨

---

① 《隋書》卷三一《地理志下》,北京:中華書局,1973年,第887頁;(宋)范成大:《桂海虞衡志·雜志》,《范成大筆記六種》,北京:中華書局,2002年,第128頁;(宋)周去非撰,楊武泉校注:《嶺外代答校注》卷四《風土門》"瘴地"條,北京:中華書局,1999年,第151頁。今人研究也指出嶺南乃是瘴的最主要分布地,甚至即原生地。參蕭璠:《漢宋間文獻所見古代中國南方的地理環境與地方病及其影響》,《"中研院"歷史語言研究所集刊》第63本第1分,1993年,第67—171頁;龔勝生:《2000年來中國瘴病分布變遷的初步研究》,《地理學報》1993年第4期,第304—315頁;范家偉:《六朝時期人口遷移與嶺南地區瘴氣病》,《漢學研究》第16卷第1期,1998年,第27—58頁;《地理環境與疾病——論古代醫學對嶺南地區疾病的解釋》,《中國歷史地理論叢》2000年第1輯,第23—26頁;左鵬:《漢唐時期的瘴與瘴意象》,《唐研究》第8卷,北京大學出版社,2002年,第257—275頁;《宋元時期的瘴疾與文化變遷》,《中國社會科學》2004年第1期,第194—204頁等。

② 分見《輿地紀勝》卷九〇《廣南東路·韶州》,第2912頁;卷九二《廣南東路·連州》,第2942、2943頁;卷一〇三《廣南西路·静江府》,第3180頁;卷一〇七《廣南西路·昭州》,第3281頁;卷一一〇《廣南西路·潯州》,第3320頁;卷一一一《廣南西路·貴州》,第3348頁;卷一二三《廣南西路·賀州》,第3537頁;卷一一二《廣南西路·柳州》,第3353頁。陳謨《知貴州謝宰執》"喜無瘴癘","喜"原作"苦",李勇先以爲當作"喜",從之。李勇先點校《輿地紀勝》卷一一一《廣南西路·貴州》,第3683頁。

③ 化州,《圖經序》稱"炎霧不蒸,三水繞城,以泄嵐瘴,民少疴疫";廉州,陶弼《寄石康縣曹元道》云"屢與南僧談瘴溪,獨推君縣好封圻";鬱林州,《政績堂記》謂"前引長江,北背原阜,形洩勢坦,無嵐霧烟瘴之患"。分見《輿地紀勝》卷一一六《廣南西路·化州》,第3417頁;卷一二〇《廣南西路·廉州》,第3494頁;卷一二一《廣南西路·鬱林州》,第3501頁。

清",也都强調本地與他州不同;至於貴州,陳讜《知貴州謝宰執》以爲"南冠之樂土";柳州,汪藻《學記》稱"絃誦爲嶺南諸州最";賓州,《圖經》推"爲一路佳闕,視他州爲樂土";化州,《圖經序》云"濱海數郡,惟此地爲最";廉州,陶弼(長期任職嶺南)《寄石康縣曹元道》"不同合浦人民衆,雖接交州寇盜稀",則以交州多盜爲背景,渲染其地獨美;此外鬱林州,《圖經·風俗門》亦引《倦游録》宣稱"鬱林風土,比諸郡爲盛"。[1] 類似叙述,文獻中仍有許多,兹不贅舉。要之,在這些文字中,嶺南往往被視爲炎州、荒服,構成映襯某地自然、人文地理兼美的暗淡背景,借助這樣的對比,某地遂從原始落後的嶺南脱穎而出。

與"風烟殊弗類南蠻"相應,唐宋地方志和地方士人又針對所謂"中州清淑之氣至嶺而窮"的説法,[2]標榜本地有中州清淑之氣,藉以凸顯本地不同於嶺南其他地區。兹舉數例:

韶州

　　梁安世(曾任韶州刺史)《鰲冠亭記》:"井邑不異江浙。"

連州

　　劉勃(生平不詳)《鼓角樓記》:"地大民衆,過於諸郡。山川之秀,風氣之和,與中土相似。"

南雄州

　　洪勛《學記》:"其俗一而不雜,其風淳而不漓,其人所訓習,多詩書禮樂之業。……衣冠文物之盛,殆未愧乎齊魯之風也。"

　　余崇龜《賀南雄州孔武博》:"維凌江之爲郡,有内地之遺風。"

英州

　　《圖經》:"其地文通經史,武便弓弩,婚嫁禮儀,頗同中夏。"

桂州

　　蕭昕《送桂州刺史序》:"俗比華風,化同内地。"

----

[1] 分見《輿地紀勝》卷九〇《廣南東路·韶州》,第2916頁;卷九二《廣南東路·連州》,第2941、2943頁;卷一〇三《廣南西路·靜江府》,第3185頁;卷一〇八《廣南西路·梧州》,第3290頁;卷一一〇《廣南西路·潯州》,第3319、3330頁;卷一一一《廣南西路·貴州》,第3348頁;卷一一二《廣南西路·柳州》,第3354頁;卷一一五《廣南西路·賓州》,第3398頁;卷一一六《廣南西路·化州》,第3417頁;卷一二〇《廣南西路·廉州》,第3494頁;卷一二一《廣南西路·鬱林州》,第3502頁。

[2] (宋)袁燮:《韶州重修學記》,《全宋文》第281册,第221頁。

容州

　　《容州志·風俗門》:"渡江以來,北客避地留家者衆,俗化一變。今衣冠禮度,并同中州。"

象州

　　《象郡志跋》:"雖地居嶺表,然民富魚稻,水泉甘潔,不減中州。"

　　《象郡志》:"地連八桂,密近湖湘,稍接中州清淑之氣。"

梧州

　　《蒼梧志》:"樂音節閑美,有京洛遺風。"

潯州

　　《舊經》:"自唐大中以後,并服禮儀,衣服巾帶,如中國焉。"

賀州

　　《圖經》:"賀之爲州,士知爲學,民知力田,雖溪洞蠻猺,并皆委順服役,而無剽敓之患。風清氣淑,與中州等。"①

不難看出,以上表述文字雖有差異,但要旨一致,都着力强調本地有中州清淑之氣。而如元人馬端臨論述所見,"自荔浦以北爲楚,以南爲越,今静江有中州清淑之氣,荔浦相距纔百餘里,遂入瘴鄉,是天所以限楚、越也",②嶺南某地是否有中州清淑之氣,乃是其區隔於"越鄉"亦即嶺南的重要指標。在此意識下,强調本地"俗比華風,化同内地",自然也就意味着其地與嶺南其他地區不同。③

要之,儘管嶺南在唐宋基本穩定地處於中央王朝控制之下,但原始蠻荒的標籤并未揭去。在此標籤下生活的當地士人,大約難免有"二等公民"之感,在地理空間無法改變的情况下,他們祇能訴諸文化,意圖通過文化面貌的"修飾"擺脱嶺南身份。因此,唐宋地方志和地方士人多强調本地與嶺南其他地區有别,并着意渲染本地文明開化,固然

---

①　分見《輿地紀勝》卷九〇《廣南東路·韶州》,第2888頁;卷九二《廣南東路·連州》,第2942頁;卷九三《廣南東路·南雄州》,第2963、2976頁;卷九五《廣南東路·英德府》,第2993頁;卷一〇三《廣南西路·静江府》,第3157頁;卷一〇四《廣南西路·容州》,第3197—3198頁;卷一〇五《廣南西路·象州》,第3221頁;卷一〇八《廣南西路·梧州》,第3289頁;卷一一〇《廣南西路·潯州》,第3319頁;卷一二三《廣南西路·賀州》,第3537頁。

②　《文獻通考》卷三二三《輿地考九·古南越》,北京:中華書局,2011年,第8870頁。

③　與標榜中土之氣相關,唐宋嶺南圖經或地方士人叙述中亦多推崇教化,如《容州志·風俗門》所見,教化與嶺南中土之氣的形成密切相關。

或有現實基礎——譬如桂柳、連韶兩塊地方,文化面貌確接近中原,[①]不過,這類文字被如此集中甚至或與事實不符的側重書寫,毋寧説其中也隱約可見一種意欲脱離嶺南的"心情",而此"心情"背後,則是與帶有原始蠻荒標籤的嶺南相隔離的心理和文化訴求。

嶺南諸州試圖脱離嶺南的"心情",我們還可以元代佚名纂《三陽志》[②]中的一則記載作爲佐證,其《州縣總叙》云:

> 潮州於《禹貢》爲揚州之域,於天文爲牽牛、婺女之分。……州自陳、隋間南海爲一都會,唐初置十五部,隸江南道。開元二十一年,置福建經略使,徙州隸之。明年,復隸嶺南。天寶元年,又隸福建。越九年,乃隸嶺南,迨今焉。柳宗元作《愚溪對》,元和間也,州已嶺南屬。惡溪,州所有也,宗元乃曰"閩有水曰惡溪",杜佑作《通典》,亦曰古閩越地,則未可以嶺外視之。[③]

潮州在唐代或隸福建,或隸嶺南,不過若以上述文字寫成的時間爲終端,潮州隸屬福建無疑祇發生在極短的時間内,不過方志作者仍固執地認爲對於潮州,"未可以嶺外視之"。細細揣摩,從中不難體會作者不樂隸屬嶺南的傾向。固然從中原的立場看,閩越、嶺南俱是偏遠之地,不過二者之間仍有高下,與閩越相比,唐宋人心目中的嶺南更爲原始蠻荒——曾鞏、洪邁都曾以嶺南、四川、閩越三地相比較,指出嶺南最爲落後。[④] 大約正是基於此,《三陽志》作者更願意將潮州歸爲閩越之地。

---

① 張偉然:《唐人心目中的文化區域及地理意象》,李孝聰主編:《唐代地域結構與運作空間》,上海辭書出版社,2003年,第317—319頁;《中古文學的地理意象》,北京:中華書局,2014年,第17—19頁;趙仁龍:《唐代宦游文士之南方生態意象研究》,南開大學博士學位論文,2012年,第131—133頁。
② 關於《三陽志》的編纂時間,《永樂大典》不詳,今人考訂應爲元代。劉緯毅等輯:《宋遼金元方志輯佚》,第699頁;顧宏義:《金元方志考》,上海古籍出版社,2012年,第210—211頁。
③ 《三陽志》,馬蓉等點校:《永樂大典方志輯佚》第4册,第2717頁。
④ (宋)曾鞏:《送李材叔知柳州序》,《全宋文》第57册,第318頁;(宋)洪邁:《重建梧州府學記》,《全宋文》第222册,第103頁。關於唐宋嶺南較之閩越更荒僻,這一點從貶官地點的選擇及各地進士人數也可獲得佐證。關於貶官地點,參尚永亮:《唐五代貶官之時空分布的定量分析》,《上海大學學報(社會科學版)》2007年第6期,第81—94頁;姜立剛:《唐代流貶官員分布研究》,西南大學博士學位論文,2013年,第37—65頁。關於各地進士人數,參吴宗國:《唐代科舉制度研究》,北京大學出版社,2010年,第248—251頁。具體到閩越、嶺南二地科舉情況,前者參凍國棟:《唐代閩中進士登場與文化發展管見》,初刊《魏晉南北朝隋唐史資料》第11輯,武漢大學出版社,1991年,第157—166頁,後收入氏著《中國中古經濟與社會史論稿》,武漢:湖北教育出版社,2005年,第322—339頁;陳弱水:《中晚唐五代福建士人階層興起的幾點觀察》,張國剛主編:《中國社會歷史評論》第3卷,北京:中華書局,2001年,第88—106頁;後者參王承文:《唐後期嶺南科舉進士與文化發展論考》,紀宗安、馬建春主編:《暨南史學》第15輯,桂林:廣西師範大學出版社,2018年,第29—60頁。

嶺南士人對祖先譜系的追溯，也可印證他們汲汲於擺脱嶺南的心態。學者注意到，不少嶺南士人對其祖源的叙述，都聲稱是北方移民家族的後裔。① 這些叙述固然不排除有其真實性，不過考慮到北朝隋唐北族祖先譜系叙述多攀附華夏，②明清嶺南族譜中亦廣爲流傳諸多建構的北人南遷至嶺南的珠璣巷傳説，③毋寧認爲唐宋嶺南士人的譜系追溯大約也不無可疑之處。④ 而嶺南士人之所以傾向於將家族淵源追溯至北方，如學者所論，其背後亦包含與"蠻荒"之地的嶺南相區分的意圖。⑤

與遷客逐臣着意渲染嶺南原始蠻荒的景象相比，嶺南士人對嶺南的心態更爲複雜。一方面，嶺南原始蠻荒的固有標籤讓他們感到屈辱、自卑。《舊唐書·李林甫傳》載出生韶州的張九齡諫阻唐玄宗委任牛仙客，當玄宗以"卿以仙客無門籍耶？卿有何門閥"相責時，張九齡對云"臣荒徼微賤，仙客中華之士"，從中不難感受到張九齡無以言表的自卑感。又唐後期同樣出生韶州的文化名人劉軻，其在仕宦未顯時寫給主持憲宗元和十三年(818)科考的中書舍人權知禮部侍郎庾承宣之《上座主書》云及："軻本沛上耕人，代業儒，爲農人家。天寶末，流離於邊，徙貫南鄙。邊之人，嗜習甿昧異乎沛。然亦未嘗輟耕舍學，與邊俗齒"，更是透露出濃濃的對嶺南不滿却又無可奈何的自卑情結。⑥ 這種以出身嶺南爲恥的心態甚至還影響到割據嶺南的統治者。如《舊五代史·僭僞

---

① 王承文：《唐代環南海開發與地域社會變遷研究》，北京：中華書局，2018年，第52—103、541—873頁。
② 何德章：《僞托望族與冒襲先祖——以北族人墓誌爲中心》，《魏晉南北朝隋唐史資料》第17輯，武漢大學出版社，2000年，第137—143頁；龍成松：《中古時期北方族裔譜系建構與民族認同》，《西南邊疆民族研究》第23輯，昆明：雲南大學出版社，2017年，第67—80頁。
③ 關於珠璣巷傳説，參陳樂素：《珠璣巷史事》，《學術研究》1982年第6期，第71—77頁；牧野巽：《中国の移住伝説―特にその祖先同郷伝説を中心として》五《広東人における広東省南雄珠璣巷伝説》，《牧野巽著作集》第5卷，東京：御茶の水書房，1985年，第54—83頁；科大衛(David Faure)：《明清社會和禮儀》，曾憲冠譯，北京師範大學出版社，2016年，第162—166頁；劉志偉：《附會、傳説與歷史真實——珠江三角洲族譜中宗族歷史的叙事結構及其意義》，初刊《中國譜牒研究——全國譜牒開發與利用學術研討會論文集》，上海古籍出版社，1999年，第149—162頁，後收入饒偉新編：《族譜研究》，北京：社會科學文獻出版社，2013年，第317—329頁；井上徹：《中國の系譜與傳説——以珠璣巷傳説爲綫索》，王標譯，《傳統中國研究集刊》第2輯，上海人民出版社，2006年，第226—244頁；等等。
④ 事實上，學者已有部分辨析，如始興張氏、欽州寧氏、賓州韋氏，或認爲即嶺南土著。始興張氏參戴偉華：《張九齡"爲土著姓"發微》，《文學遺産》2011年第4期，第38—44頁；欽州寧氏參劉美崧：《〈新唐書·南平獠傳〉辨誤——兼論欽州酋帥寧猛力及其家族的活動地域與族屬》，中國歷史文獻研究會編：《歷史文獻研究》北京新3輯，北京燕山出版社，1992年，第239—260頁，鄭維寬、梁瑋珃：《王朝制度漸進視角下嶺南土酋族屬的建構——以欽州寧氏家族爲中心》，《成都理工大學學報(社會科學版)》2014年第2期，第79—85頁；賓州韋氏參户崎哲彦：《廣西上林縣唐代石刻〈韋敬辨智城碑〉考》，《唐代嶺南文學與石刻考》，北京：中華書局，2014年，第334—360頁。儘管這些辨析未必即屬定論，但至少表明這些族源或祖先譜系的叙述存在諸多疑點。
⑤ 劉曉：《唐代南方士人的身份表達與士族認同——兼談中古時期"南北之别"的內涵演變》，《人文雜志》2020年第1期，第111—112頁。
⑥ 王承文：《唐代環南海開發與地域社會變遷研究》，第572—576頁。

傳・劉陟傳》所見,劉陟"每對北人自言家本咸秦,耻爲蠻夷之主",所謂"耻爲蠻夷之主",亦即因統治嶺南而屈辱、自卑。①

不過另一方面,對於生長於斯的嶺南士人而言,鄉土之情又使他們不免懷有戀地情結,對熟悉的鄉土熱愛有加。薛愛華(Edward Hetzel Schafer)曾注意到,在嶺南地方士人("克里奧人")如張九齡的筆下,嶺南亦不乏清新可愛。② 劉曉也指出,張九齡作《荔枝賦》,爲荔枝正名,體現出張九齡對嶺南故土的熱愛與認同。③ 這種認同、熱愛嶺南鄉土的情結在其他嶺南士人身上亦不難發現。譬如東漢時出身嶺南的楊孚(南海人)編撰了首部記述嶺南風土的志書——《南裔異物志》,④儘管如明人歐大任《百越先賢志》所説,"時南海屬交趾部,刺史夏則巡行封部,冬則還奏天府,舉刺不法。其後競事珍獻,孚乃枚舉物性靈悟,指爲異品以諷切之,著爲《南裔異物志》",⑤楊孚編撰是書似乎旨在諷諫嶺南地方長官"競事珍獻",不過,這類多出自本籍人士之手的地志文獻,如劉知幾所論"人自以爲樂土,家自以爲名都",其背後往往還有矜誇家鄉的地域意識推動,⑥以此而言,楊孚撰《南裔異物志》,未嘗不是熱愛、認同嶺南故土的産物。⑦ 又東漢

---

① 《舊五代史》卷一三五《僭僞傳・劉陟傳》,北京:中華書局,2015年,第2107頁。
② 薛愛華:《朱雀——唐代的南方意象》,程章燦、葉蕾蕾譯,北京:生活・讀書・新知三聯書店,2014年,第89—94頁。
③ 劉曉:《唐代南方士人的身份表達與士族認同——兼談中古時期"南北之别"的内涵演變》,《人文雜志》2020年第1期,第108頁。
④ 又稱《異物志》或《交州異物志》,關於此書編撰,參羅晃湖:《楊孚及其〈異物志〉考述》,《廣東圖書館學刊》1983年第1期,第29—32頁;(漢)楊孚撰,吴永章輯佚校注:《異物志輯佚校注》,前言,廣州:廣東人民出版社,2010年,第1—26頁。
⑤ (明)歐大任撰,劉漢東校注:《百越先賢志校注》卷二《楊孚》,南寧:廣西人民出版社,1992年,第46頁。
⑥ (唐)劉知幾撰,(清)浦起龍通釋:《史通通釋》卷一〇《雜述》,上海古籍出版社,2009年,第256頁。關於地志文獻的這一旨趣,又可參青山定雄:《六朝之地記》,頤安譯,北平《中和月刊》第4卷第2期,1943年,第41—42頁;邢義田:《東漢孝廉的身份背景》,初刊1983年,後收入氏著《天下一家:皇帝、官僚與社會》,北京:中華書局,2011年,第320—321頁;王琳:《六朝地記:地理與文學的結合》,《文史哲》2012年第1期,第95—96頁。
⑦ 可以類比的是嶺南封州人、後退居桂林的莫休符撰《桂林風土記》。案《桂林風土記》成於唐光化二年(899),據書前自序,"前賢述作,有事必書,故有《三國志》《荆楚歲時記》《湘中記》《奉天記》,惟桂林事迹,闕然無聞。休符因退居,粗録見聞,曰《桂林風土記》,聊以爲叙",可見該書講述帶有標榜、宣傳鄉土的意味,這一點從其主要記録山水名勝和前賢事迹,而與大體同時成書的他鄉人撰《北户録》[僖宗乾符年間(874—879)成書,東牟人段公路撰]、《嶺表録異》(唐哀帝至後梁末帝年間成書,鄱陽人劉恂撰)主要記載奇物異俗不同也可獲得佐證。關於《桂林風土記》,參鄭鐵生:《〈桂林風土記〉校讀記》,《中南民族學院學報(哲學社會科學版)》1988年第4期,第97—101頁;户崎哲彦:《莫休符〈桂林風土記〉佚文考》,《古籍研究》2001年第1期,第37—48頁。关於《北户録》,參鈴木正弘:《段公路撰『北户録』について—唐末期の嶺南に関する博物学の著述》,《立正史学》第79號,1996年,第15—30頁;鍾無末:《〈北户録〉研究》,復旦大學碩士學位論文,2013年;侯先棟:《段公路〈北户録〉研究》,華中師範大學碩士學位論文,2013年。關於《嶺表録異》,參(唐)劉恂撰,商壁、潘博校補:《嶺表録異校補》,序論,南寧:廣西民族出版社,1988年,第1—17頁。

末士燮請改交阯爲州,據黄恭《交廣記》:

> 漢武帝元鼎中,開拓土境,北開朔方,南置交阯刺史。建安二年(197),南陽張津爲刺史。交阯太守士燮表言:"伏見十二州皆稱曰州,而交獨爲交阯刺史,何天恩不平乎?若普天之下可爲十二州者,獨不可爲十三州?"詔報所許,拜津交州牧。①

考士燮出身嶺南豪族(蒼梧廣信人),兄弟布列嶺南諸郡,他請求交阯稱州,固不排除或有政治意圖。不過另一方面,交阯稱州,由此與東漢境内其他州級行政區齊平,這對嶺南在王朝行政版圖内的地位,無疑是一種提升。在此意義上,士燮請改交阯爲州,其背後大約也有認同嶺南進而維護嶺南的鄉土意識在内。②

嶺南士人這種熱愛、認同鄉土之情,在宋代嶺南僧人契嵩(1007—1072,藤州鐔津人)寫給出莅潯州的姚嗣宗之《送潯陽姚駕部叙》中體現得尤爲淋漓盡致。在這封爲姚氏介紹嶺南山川習俗的文字中,契嵩盛贊嶺南,云:

> 嶺外自邕管之東,潮陽之西,桂林之南,合浦之北,環數千里,國家政教所被,即其霜露雪霰霑洽已繁,瘴癘之氣消伏不發,秀民瑞物日出,其風土日美。香木桂林,寶花琦果,殊名異品,聯芳接茂,而四時不絶。若梧若藤,若容若潯,凡此數郡者皆帶江而戴山。山尤佳,江尤清,有神仙洞府,有佛氏樓觀,村郭相望,而人烟縹緲。朝暾夕陽,當天地澄霽,則其氣象清淑,如張畫圖。然其俗質,其人淳,寡諍訟,而浸知嚮方。③

如上所見,在契嵩眼中,嶺南非止不是蠻荒之地,相反却是王道樂土,山川清新,民風淳樸,文字中所流露的對於鄉土嶺南的愛戀可謂皎然可見。

學者注意到,在嶺南士人筆下,對於嶺南風土人情的叙述常見一種書寫模式,即本

---

① 劉緯毅:《漢唐方志輯佚》,北京圖書館出版社,1997年,第128頁。案交阯改稱交州,實爲建安八年(203),參辛德勇:《兩漢州制新考》,《秦漢政區與邊界地理研究》,北京:中華書局,2009年,第164—165頁。

② 或認爲交阯改州,可能旨在提升張津職權,藉以制衡士氏,參江田祥:《空間與政治:漢代交阯刺史部治所變遷及其原因》,《社會科學家》2017年第4期,第146頁。不過若據《交廣記》,交阯改州係由士燮主導,其背後體現的應爲士燮意圖,理解爲意在制衡士氏,恐怕不無疑問。

③ (宋)釋契嵩:《送潯陽姚駕部叙》,《全宋文》第36册,第165頁。

地原本原始蠻荒,經教化後風俗遷改,融入中州禮樂,亦即嶺南歷史被描述爲一種"向化"的過程。這樣的書寫模式不僅見於屈大均《廣東新語》、鄧淳《嶺南叢述》等嶺南士人所撰私人著述,在富有地方主義的嶺南地方志中亦極常見,①極端者甚至出現舊志載陋俗而新志不載或新志有意反駁舊志的情形。② 無待贅言,這種渲染嶺南"向化"的書寫模式,固然受到王朝中心意識的影響,但另一方面,強調嶺南文明開化,與華夏内地比肩而立,從中亦不難窺出濃濃的維護嶺南的鄉土意識。

要之,唐宋時代對於尚較落後的嶺南,嶺南士人的心態是複雜的。一方面,嶺南尚未剥離的原始蠻荒標籤帶給他們深深的自卑,使得他們以生長嶺南爲恥,甚或萌生逃離嶺南之心;另一方面,熟悉環境催生的戀地情結,又使他們對於鄉土心生熱愛,故而難以真正逃離嶺南。③ 在這種既舍又留的複雜心態之下,嶺南士人遂醖釀出一種看似詭異却又順理成章的鄉土意識,即將本地從嶺南脱離出來。這一鄉土意識絶非筆者臆想,前述嶺南地方志在自然地理或人文地理的書寫上着意強調本地與嶺南其他地區不同,已充分證明了這一點。而嶺南北部諸州九州分野歸屬荆州,恰恰亦顯示出與傳統的嶺南屬揚相區分,這不禁令人懷疑,嶺南北部諸州脱揚屬荆,是否也是嶺南士人身份訴求的産物?

五、脱揚屬荆:嶺南士人身份訴求的分野回應

渺茫懸遠的分野知識爲何能體現嶺南士人的上述意圖?這與分野知識的政治屬性是分不開的。中國古代的分野認識,從其誕生之日起就不是純粹的地理知識,在劃分空間外還具有顯著的政治文化意涵。在"分野止繫中國"的意識下,某地在分野中存在與否,往往標志着其在兼具政治和文化雙重意義的"中國—華夏"中的位置。④ 因此,某地

---

① 關於地方志之地方主義,參程民生:《宋代地域文化》,開封:河南大學出版社,1997年,第393—398頁;濱島敦俊:《方志和鄉紳》,《暨南史學》(臺灣)第6號,2003年,第239—254頁;包弼德(Peter K. Bol):《地方史的興起:宋元婺州的歷史、地理和文化》,吴松弟譯,《歷史地理》第21輯,上海人民出版社,2006年,第432—452頁;Peter K. Bol, The Rise of Local History: History, Geography, and Culture in Southern Song and Yuan Wuzhou, *Harvard Journal of Asiatic Studies*, Vol. 61, No. 1, 2001, pp. 37–76;戴思哲(Joseph Dennis):《中華帝國方志的書寫、出版與閲讀:1100—1700年》,向静譯,上海人民出版社,2022年,第17—115頁。

② 程美寶:《地域文化與國家認同:晚清以來"廣東文化"觀的形成》,北京:生活·讀書·新知三聯書店,2006年,第44—110頁。

③ 這種複雜心態,在唐代福建地方士人中也有體現。參張雋、黄擎:《從"蠻夷淵藪"到"富庶上國"——論唐宋文人對福建書寫的嬗變》,《中國文學研究》2022年第2期,第49—55、111頁。

④ 關於"分野止繫中國",參邱靖嘉:《天地之間:天文分野的歷史學研究》,北京:中華書局,2020年,第257—265頁。

進入分野,從中央王朝的立場看,是一種接納,承認該地在王朝版圖内的合法存在;從地方立場看,則是一種訴求,希望藉助分野與周邊地區相區别,尋求政治或文化的"能夏則大"。康熙二十二年(1683年)清軍攻取臺灣,二十五年修成的《臺灣府志》旋即將此前未進入分野的臺灣設定爲"在女、虚之交,爲南紀之極,亦當附於揚州之境,以彰一統之盛焉"。① 由地方士人纂修的《臺灣府志》亟於將臺灣納入分野,②除了"以彰一統之盛焉",恐怕即不無標榜臺灣在中國獲得合法性位置的意圖在内。③ 又道光二十五年(1845)《黎平府志·天文志序略》云:"黎平係楚之邊境,置郡隸黔則自有明始,故古之論星宿者未之及焉。我國家平承日久,海隅皆奉正朔。況黎郡與楚爲鄰,即可以楚之星野定黎之星野。"也明確表達了借分野確認當地在王化之内的意願。④ 分野知識具有如此意義,嶺南北部諸州對分野書寫大費周章,也就不難理解了。

不過,與康熙《臺灣府志》、道光《黎平府志》不同,後二者分野的變化係賦予之前尚未取得分野地位的地區以合適的位置,乃是從無到有,嶺南北部諸州分野的變化則表現爲分野所屬改换門庭,亦即從傳統屬地揚州脱離,轉而歸屬荆州。固然,在《禹貢》九州體系中,田第八、賦第三的荆州,其土地高下肥瘠略勝於田第九、賦第七的揚州,地位似乎更高,⑤不過在唐代,有着"揚一益二"之稱的首富之區揚州,應非讓人避之唯恐不及的耻辱性名號。因此筆者懷疑,嶺南北部諸州屬荆,固然在分野層面表現爲脱揚屬荆,但重點毋寧説是脱粤屬荆,逃離嶺南纔是分野變動的實質所在。而諸州脱粤屬荆,顯然并非九州分野的簡單調整,而是和前述臺灣、黎平一樣,乃是尋求或重新確認自己在"中國—華夏"體系中的位置。當然,由於嶺南并非完全與"中國—華夏"絶緣,祇是身份相對曖昧,因此嶺南北部諸州謀求屬荆與歷史或理論上游離在分野之外的臺灣、黎平

---

① (清)蔣毓英等纂:康熙《臺灣府志》卷一《分野》,《續修四庫全書》第712册,上海:上海古籍出版社,1996年,第329頁下欄。
② 據陳秉仁考辨,主修者爲首任臺灣知府蔣毓英,主要編纂者爲臺灣諸羅知縣季麒光和鳳山知縣楊芳聲。《第一部臺灣府志考辨》,《圖書館雜志》1983年第1期,第61—62頁。
③ 邱靖嘉:《天地之間:天文分野的歷史學研究》,第270—271頁。有趣的是,康熙《臺灣府志》雖然希望臺灣"附於揚州之境",進入九州,但清廷中央對此并不認可。三朝一統志雖承認臺灣天文分野爲牽牛、須女,但九州分野均以臺灣"自古荒服之地,不通中國"。康熙《大清一統志》卷二七一《臺灣府》,乾隆九年(1744)武英殿刊本,頁一;乾隆《大清一統志》卷三三五《臺灣府》,《景印文淵閣四庫全書》第481册,第754頁上欄;嘉慶《重修一統志》卷四三七《臺灣府》,上海古籍出版社,2022年,第16235頁。
④ 光緒《黎平府志》卷八《藝文志·舊叙》,《中國地方志集成·貴州府縣志輯》第18册,成都:巴蜀書社,2016年,第310頁上欄。
⑤ 《尚書正義》卷六《禹貢》,阮元校刻《十三經注疏》本,北京:中華書局,1980年,第148頁下欄、149頁中欄。

尋求被納入分野仍有不同,如果説後者是希望在政治層面進入"中國—華夏"體系,前者則更像是試圖借地理之便在文化層面獲得一個更加確切不移的華夏身份。

關於嶺南北部諸州脱揚屬荆實質乃是脱粤屬荆,我們還可以南嶺附近傳統屬荆地區的分野處理作爲佐證。首先嶺北地區,前已述及,南嶺北部屬荆之州,不僅地理與嶺南相接,風俗或也被認爲近乎嶺南。然而,上述諸州分野,迄未見一例聲稱其地屬揚州者,僅道州、全州,因部分地區析自嶺南,或稱兼有越之分野。① 其次嶺南地區,如連州,因早期爲楚地,故分野屬荆。不過自唐代以降,連州統屬關係雖有反覆,但統屬於嶺南的時間更長。然而於九州分野,連州却始終屬荆,《湟川志》②爲此還進行了辨析,云:

> 連州古楚地,當爲翼之墟,今隸廣左,又粤地也,當在牛女之分。按劉賓客《壁記》,此郡天文與荆州同星分,壤制與番禺相犬牙,今屬廣,但以境跨番禺,而湟流入於南海耳。此以地理言也,若考之天文,實楚州分埜,其星翼軫,夫奚疑。③

如上所見,《湟川志》雖承認連州地理隸屬越地,但於天文却毫不退讓,堅持連州星分翼軫,屬於荆州。嶺南諸州棄揚從荆,南嶺附近的傳統屬荆之州則守荆不移,如此鮮明的對照足以彰顯諸州對於歸屬的認同——顯然,與嶺南相較,嶺北的荆楚是一個更有誘惑力的地方,而這正是嶺南北部諸州分野脱揚屬荆的實質所在。

從嶺南北部諸州脱揚屬荆的實質還可以看出,較之屬荆,脱粤更爲核心,也是推動諸州分野變動的直接動力。而在脱粤之後,荆州何以會成爲分野歸屬的"幸運兒"? 無待贅言,這應與諸州地理位置鄰近荆楚相關。事實上,古人確曾將嶺南屬荆與其地鄰近荆楚聯繫起來。杜佑在反駁傳統的嶺南屬揚認識時曾提到:"荆州南境至衡山之陽,若五嶺之南在九州封域,則以鄰接宜屬荆州,豈有舍荆而屬揚?"④ 儘管杜佑并非真的認同嶺南屬荆,但至少在杜佑看來,若以嶺南在九州封域内,地理與嶺南"鄰接"的荆州顯然更有優勢。承此,蔡戡認爲嶺南西部"屬鶉尾,實翼、軫之分野",雖然蔡氏另引一行分野説爲據,但從他區分嶺南東西分野以"接吳""抵楚"爲准,毋寧認爲嶺南與吳、楚的距

---

① 《輿地紀勝》卷五八《荆湖南路·道州》,第2089頁;卷六〇《荆湖南路·全州》,第2135頁。
② 關於《永樂大典》引《湟川志》,張國淦、桂始馨斷作宋志,劉緯毅等判定爲元志,顧宏義以爲明初宋志。參張國淦:《中國古方志考》,第545頁;桂始馨:《宋代方志考證與研究》,第385頁;劉緯毅等輯:《宋遼金元方志輯佚》,第818頁;顧宏義:《宋朝方志考》,第425頁。
③ 《湟川志·星分野》,馬蓉等點校:《永樂大典方志輯佚》第4册,第2570頁。
④ 《通典》卷一七二《州郡二·序目下》,第4486頁。

離亦構成砝碼。又具體到桂州,蔡氏反駁以曾經轄屬判斷分野,試圖從星宿度數論證桂州屬荊,云:

> 《晉志》以零陵爲入軫十一度,而始安屬零陵郡,靜江當軫之十一度矣。且軫四星之中,別有一星名長沙,而《禮記正義》所引緯書《考靈耀》云:"一度二千九百三十二里有奇。"軫星共十七度,今長沙去此纔一千餘二十里,則靜江當軫之十一度,斷可識矣。……靜江府者,於國爲楚,於州爲荊。①

不難發現,除星宿度數外,桂州與長沙的距離也被視爲確定桂州屬荊的因素。此外,《輿地紀勝》提到關於韶州分野:"《舊經》以爲越地,牛、女之分,《新經》以爲楚地,翼、軫之分,二者不同,韶地邊楚,亦交涉荊揚二州之境,姑兩存之。"②揆其文意,似乎在王象之看來,"韶地邊楚"亦是《新經》以韶州屬荊的重要依據。

如果說上述聯繫還不明確,我們再舉兩個明清時期的例子作爲佐證。嘉靖十七年(1538),時任提督廣西學政的張岳在爲《南寧府志》作序時稱:

> 夫桂林,故衡、湘地也,天文分野,上屬翼、軫,九疑、蒼梧之山,形勢曼衍,首起衡嶽,腹蟠八桂,而尾達乎蒼梧。③

張岳主張以南寧及周邊"自爲牧鎮",桂林與荊南諸州合爲廣西,而後者之所以可行,則是因爲"形勢曼衍"的九疑、蒼梧之山將五嶺南北連成一片,故桂林乃"故衡、湘之地",天文分野亦與荊楚同分,"上屬翼、軫"。亦即在張氏看來,桂林分野屬荊,與其鄰近荊楚密切相關。

與張岳序相比,光緒《富川縣志》在論述富川屬荊時說得更爲明確:

> 蓋自昔論粵地者,皆以東北界接吳者爲揚州之境,西北界接楚者爲荊州之境。富川壤接湖南之江華萌渚界,其東萌渚,五嶺之第四嶺也。《通典》謂"荊州南境至

---

① (宋)蔡戡:《分野論》,《全宋文》第276册,第311頁。
② 《輿地紀勝》卷九〇《廣南東路·韶州》,第2879頁。
③ (明)張岳:《南寧府志前序》,嘉靖《南寧府志》,《天一閣藏明代方志選刊續編》第67册,上海書店,1990年,第5—6頁。

衡山之陽,若五嶺之南在九州封域,則以鄰接宜屬荆州",則富之屬荆不屬揚,明矣!地爲荆州,則星爲翼、軫,又明矣!①

富川在清代屬平樂府,唐宋轄於賀州。對於富川分野,《縣志》明確稱其星屬翼、軫,地屬荆州,判定依據就是富川與湖南江華萌渚界接壤,由此分野與荆楚同分。

明清地方志中將嶺南北部諸州屬荆歸因於其地與荆楚相連的例子還有一些,兹不贅述。② 無待贅言,這樣的關聯應非突然興起,前引蔡戡、王象之等的論述表明唐宋時期業已出現,不難想見,在唐宋地方性文獻如圖經等中,類似認識應同樣存在,祇不過由於圖經多散佚而變得罕見。明乎此,嶺南北部諸州在脱離揚州後選擇歸屬荆州,也就不難理解了。某種意義上言之,當嶺南北部諸州選擇脱離粤地對應的揚州後,荆州也就成爲九州分野的必然選擇。

以上我們檢討了嶺南北部諸州九州分野變動的脱粤實質與屬荆必然,其實類似嶺南北部諸州分野變動這樣,因嫌棄原有地理意義上的身份屬性而尋求改變者,歷史上頗不乏其例。譬如漢武帝將函谷關東移,《漢書·武帝紀》注引應劭曰:

> 時樓船將軍楊僕數有大功,耻爲關外民,上書乞徙東關,以家財給其用度。武帝意亦好廣闊,於是徙關於新安,去弘農三百里。③

據此,函谷關東移是因爲樓船將軍楊僕"耻爲關外民",爲了獲得更爲高貴的關内民身份,奏請獲准所致。在此場合,楊僕顯現出與嶺南北部諸州士人近乎一致的身份訴求。儘管函谷關是否即因楊僕奏請東移,未必没有疑義,④但上述記載廣爲流傳,至少表明此説絶非荒誕無稽之談,相反却顯示出尋求地理意義上的身份改變,對此大家是能夠理解并認可的。

---

① 光緒《富川縣志》卷一《輿地·星野》,《中國方志叢書·廣西省》第19號,第11頁上欄。
② 不僅嶺南,但凡新進入九州或九州分野曖昧的地區,鄰近地區的分野均是判斷其地分野的重要依據。譬如今貴州省及湖南西部地區的分野,即多以鄰近地區分野而定。參孟凡松:《清代貴州郡縣志"星野"叙述中的觀念與空間表達》,《清史研究》2009年第1期,第10—20頁;《清代貴州方志的星野歧論與政區認同》,《中國歷史地理論叢》2013年第4輯,第100—111頁;田阡、孟凡松:《空間表達與地域認同——以武陵地區清代方志星野爲例》,《文化遺産》2013年第1期,第122—126頁。
③ 《漢書》卷六《武帝紀》注,北京:中華書局,1962年,第183頁。
④ 辛德勇:《漢武帝"廣關"與西漢前期地域控制的變遷》,《中國歷史地理論叢》2008年第2輯,第76—82頁。

又《洛陽伽藍記》也記載了一則改變地理意義上身份的事例,其書卷二《城東·景寧寺》記載:

> 孝義里東即是洛陽小寺(市),北有車騎將軍張景仁宅。景仁,會稽山陰人。正光(景明)年初,從蕭寶夤歸化,拜羽林監,賜宅城南歸正里,民間號爲"吳人坊",南來投化者多居其内。近伊洛二水,任其習御。里三千餘家,自立巷市,所賣口味,多是水族,時人謂爲魚鱉寺(市)也。景仁住此以爲恥,遂徙居孝義里焉。①

可以看到,當吳人坊成爲一個蒙上歧視性色彩的地名後,身爲吳人的張景仁以之爲恥,遂徙居他地。②

當然,與楊僕、張景仁可以在實體層面實現地理意義上的身份轉換不同,嶺南士人無法改變嶺南在華夏版圖内的現實空間位置,他們祇能通過書寫將嶺南改頭換面,藉以實現身份轉換。③ 然而,在唐宋時期,嶺南原始蠻荒的標籤仍如影隨形,甚至嶺南在"中國—華夏"體系中的位置也不十分穩固。武則天神功年間狄仁傑上疏請棄疏勒等四鎮,云及"臣聞天生四夷,皆在先王封疆之外,故東拒滄海,西隔流沙,北横大漠,南阻五嶺,此天所以限夷狄而隔中外也",即清晰展示了這一點,④彼時出現的將嶺南排除在九州分野之外的聲音,或也與此不無關聯。⑤ 因此,對於嶺南北部諸州而言,將嶺南整體在"中國—華夏"體系中的位置明確甚至提升是不現實的,它們祇能依仗地理之便,將自身從嶺南切割出來,通過改換門庭的方式實現獲得確切無疑的華夏身份的目的。故在唐宋嶺南士人筆下,我們可以看到自然地理或人文地理上攀附荆楚,看到民風土俗上

---

① (魏)楊衒之撰,范祥雍校注:《洛陽伽藍記校注》卷二《城東·景寧寺》,上海古籍出版社,1978年,第117頁。
② 近代日本之脱亞入歐,也有類似旨趣。如"脱亞論"的始作俑者福澤諭吉於1885年3月16日在自己主辦的《時事新報》上發表的同題社論所見:"我日本士人,斷欲推倒舊政府而立新政府,國中朝野別無選擇,一切萬事皆采近時西洋之文明,此不僅獨脱日本之舊套,而亞細亞全洲之中,將出一新轉機,此主義唯在'脱亞'二字。……我日本國土地處亞細亞之東陲,其國民精神既脱亞細亞之固陋而移向西洋之文明。然不幸之有鄰國,一曰支那,一曰朝鮮。……且以西洋文明人之眼觀之,三國地理相接,時或視爲同一。其影響之事實已現,成爲我外交上之故障甚夥,此可謂我日本國之一大不幸也。如上所述,爲今之謀,與其待鄰國開明而興亞洲之不可得,則寧可脱其伍而與西洋文明國共進退。親惡友者不能免其惡名,吾之心則謝絶亞細亞東方之惡友。"(譯文參嚴紹璗:《日本中國學史稿》,北京:學苑出版社,2009年,第116頁)與嶺南士人尋求脱離原始蠻荒的粵地嶺南可謂出一轍。
③ 另一個有所區別但又頗有相通的例子是祖先世系書寫中的攀附與僞冒。
④ 《舊唐書》卷八九《狄仁傑傳》,北京:中華書局,1975年,第2889頁。
⑤ 如杜佑即在《禹貢》原典主義的支配下將嶺南排除在九州之外,參孫正軍:《今世嶺南古何州——唐宋嶺南認識的一個側面》,魏斌主編:《新史學》第14卷《中古時代的知識、信仰與地域》,第249—262頁。

標榜中州,看到文化心態上逃離"嶺南",而唐宋嶺南北部諸州九州分野之脱揚屬荆,極有可能亦是此一脉絡下的産物。

六、餘論:地理差序格局與嶺南脱揚屬荆

在純粹自然地理層面,擁有千差萬别地形地貌的各地區之間本無優劣之分,不過在人文地理層面,各地區却有高下之别,呈現顯著的等級地理色彩。對於中國古代的政治地理結構——也包括經濟地理、文化地理,學者常以"中心—邊緣"一組概念把握其中一個維度。誠然,對於由王朝權力核心所在的中央和權力末梢所至的地方構成的古代地理整體,"中心—邊緣"概念有其有效性,不過,一概歸納爲中心、邊緣兩端,不免也有過度簡化之嫌,不能充分體現中國古代政治地理結構的複雜性。事實上,中國古代政治地理結構中不僅有中心、邊緣,中心與邊緣之間還有若干層次的過渡地帶,换言之,中國古代政治地理結構更像是以中央爲原點的重層分級結構,是一種等級地理制。譬如《禹貢》五服或《周禮》九服,諸服與中央距離依次遞增,關係逐漸疏遠,即清晰展示了這一結構。固然,無論《禹貢》五服還是《周禮》九服,都是古人對理想政治地理結構的一種想象,不過從另一角度看,這一想象恰恰展示了古人認識地理的一種習慣模式,而這樣一種模式,是單純依靠中心、邊緣無法涵括的。基於此,筆者借鑒費孝通差序格局理論,另提出地理差序格局,嘗試以此把握中國古代政治地理結構。

如所周知,差序格局是費孝通在 1947 年出版的《鄉土中國》中正式提出的,儘管費老并非以精確定義而是比喻的方式提出,稱:

> 我們的社會結構本身和西洋的格局不相同的,我們的格局不是一捆一捆扎清楚的柴,而是好像把一塊石頭丢在水面上所發生的一圈圈推出去的波紋。每個人都是他社會影響所推出去的圈子的中心。被圈子的波紋所推及的就發生聯繫。
>
> 以"己"爲中心,像石子一般投入水中,和别人所聯繫成的社會關係,不像團體中的分子一般大家立在一個平面上的,而是像水的波紋一般,一圈圈推出去,愈推愈遠,也愈推愈薄。[①]

通過這些叙述,我們不難提煉出差序格局理論的核心要義,即中國的社會關係是以個人

[①] 費孝通:《鄉土中國》,北京大學出版社,2012 年,第 41—42、43—44 頁。

（自己）爲中心，依據親疏遠近逐步延伸。這種具有中心并以此爲原點向外擴展的關係結構與重層的中國古代政治地理結構確有近似之處，基於此，筆者提出地理差序格局。[1]

地理差序格局在中國古代大致存在兩種類型，一種類型比較貼合差序格局原義，即立足個人觀察周邊世界，常以個人爲文明高點，依據距離遠近貶低四周。王明珂注意到，在川西羌人族群中存在着一種"一截罵一截"的社會現象，即每一山溝中的人群都以自我爲中心，自稱"爾瑪"，而將上、下游村寨的人群分別蔑稱爲蠻子和漢人。[2] 這樣一種地理差序格局今天依然存在，筆者個人亦有經歷。筆者老家是江蘇泰州姜堰北部的一個小鎮——溱潼，水網縱橫，俗稱里下河地區。姜堰南部河道較少，老家人稱那邊的人爲"旱鴨子"（大致這個意思），姜堰更南尤其是長江以南的人爲"蠻子"；往北，稱姜堰北部興化沙溝一帶的人爲"水蕩子"，更北地區的人爲"侉子"；往西没有歧視性稱呼，往東則將沿海地區的人稱爲"海佬"。顯然，無論"旱鴨子""水蕩子"還是"侉子""蠻子"，都是歧視性蔑稱。不過，儘管都是蔑稱，用於較近地區的旱鴨子、水蕩子似乎又比稍遠地區的蠻子、侉子稍好一些。有趣的是，筆者太太的老家爲鹽城，當筆者到鹽城時，則聽鹽城人稱泰州人爲"冒子"——大約即"貊子"，稱長江以南的人爲"蠻子"，鹽城更北的人爲"侉子"。不難想見，這種純粹以個人爲中心的地理差序格局，在中國古代當不罕見。[3]

與上述完全主觀建構的地理差序格局相比，另一類地理差序格局雖然也存在主觀建構成分，但相對穩定，不因人而異，具有一定的客觀性。這類地理差序格局大抵以政治、經濟或文化中心爲原點，進而依據距離或差異劃分層次。前述《禹貢》五服、《周禮》九服即屬此類，中國古代王朝時代的都城—畿輔—内地—邊疆—四夷地理格局，雖然不那麼均匀分佈，但大體包括中心地理+層級分明的各類地理空間，故也呈現爲地理差序格局。此外如《禹貢》九州，其按照土壤高下肥瘠排列的九州序列——雍、徐、青、豫、冀、兖、梁、荆、揚，甚至不存在中心地理，但内含地理等級序列，同樣應被視爲一種地理差序格局。

兩種地理差序格局，前一類多以口耳相傳的方式流傳於地方，雖然對於地方百姓的

---

[1] 郭聲波曾以包括直接行政區、間接行政區及統治區三級政區的圈層結構界定中國古代行政與統治區劃，亦是突破中心、邊緣二分的一種視角，參郭聲波：《中國歷史政區的圈層結構問題》，《江漢論壇》2014年第1期，第134—141頁。考慮到圈層結構并不能完全涵括中國古代政治地理的等級問題，筆者未從此説。

[2] 王明珂：《羌在漢藏之間——川西羌族的歷史人類學研究》，北京：中華書局，2008年，第71—76頁。

[3] 至遲到明清時期，諸如蠻子、侉子之類的蔑稱當已出現。參周運中：《蘇皖歷史文化地理研究》，復旦大學博士學位論文，2010年，第94—96頁。

地理觀有所塑造,但總體難登大雅之堂,文獻中較少見到。相對而言,後一種因相對客觀而能爲多數人接受,故而對中國古代地理書寫影響深遠。本文所關注的嶺南北部諸州脱揚屬荆即屬此類。儘管在《禹貢》九州自身的體系中,九州亦存在土地高下肥瘠的等級序列,不過在嶺南北部諸州分野變動的場合,九州更突出的表現爲其在"中國—華夏"地理結構中的地位——如果説揚州構成指向原始蠻荒的嶺南的標籤,那麽荆州則代表着文明所在的華夏内地。正是在此地理差序格局中,嶺南北部諸州脱粤屬荆,試圖在文化層面尋求一個更加確切不移的華夏身份。

當然,九州分野脱揚屬荆,并未發生在嶺南北部所有州上,如《輿地紀勝》引文所見,唐宋嶺南北部諸州不少地方志,仍堅持本地分野屬揚。[①] 另一方面,即便嶺南北部那些分野發生變動的州,逃離"嶺南"、尋求更爲確切的"化内"身份也非唯一動力,一行分野、曾統屬荆楚甚至與荆楚鄰近,都曾在其中發揮效用。以此而言,逃離"嶺南"僅是推動嶺南北部諸州分野變動的一支力量,且最初極有可能衹是一種地方性知識——雖然這之中有些知識僥幸躲過審查,被立足中央或全國立場的文獻抄録,因緣際會上升爲一種全國性知識,[②]但在此過程中,這些知識不足爲外人道的原有内涵或也消解殆盡。因此,在唐宋時期推動嶺南九州分野變動的諸動力中,逃離"嶺南"很大程度上衹是一股若隱若現的潛流,其影響力無論與其他哪種動力比都相形見絀,甚至較之推動傳統屬揚的江西歸屬荆州之王勃遺誤,[③]也有不及。職此之故,在唐宋以降嶺南九州分野的論述中,嶺南北部屬荆的聲音不免暗淡,即便偶見以本地屬荆的文字,其中也很難識别出意欲逃離"嶺南"的因子。[④] 不過,正是這一股潛流,却讓我們得以穿越重重迷霧,窺見千年之前嶺南士人的身份窘迫與艱難應對,并爲理解中國古代政治地理結構的一個維度提示了綫索。

附記:本文初稿完成後,曾於 2022 年 5 月 8 日在武漢大學歷史學院中國三至九世紀研究所主辦的"中古史的地方視角"學術工作坊下半場提交發表,蒙中山大學羅亮、廣西師範大學江田祥、武漢大學魏斌、廈門大學林昌丈等與會師友多所指正,謹致謝忱。

---

① 除前引韶州、英州《舊圖經》外,又如柳州、昭州、宜州等,參《輿地紀勝》卷一〇七《廣南西路·昭州》,第 3259 頁;卷一一二《廣南西路·柳州》,第 3349 頁;卷一二二《廣南西路·宜州》,第 3515 頁。
② 并非所有地方性知識都如此幸運,前述韶州、英州《新圖經》以本地屬荆即未通過王象之的審查。
③ 參孫正軍:《王子安的遺誤——宋人江西分野的新言説》,《中國中古史研究》第 11 卷,待刊。
④ 總體來看,明清時期嶺南北部諸州屬荆,其原因大抵不出一行分野、鄰近荆楚及曾經統屬荆楚三端。

一個地方先賢祠祀的創建與延續
——《楚相孫叔敖碑》釋證

胡　鴻

《水經注》淮水篇云：

> （期思）城之西北隅，有楚相孫叔敖廟，廟前有碑。①

這一塊碑，一般認爲就是宋人著錄的《楚相孫叔敖碑》。歐陽修求得拓本，在《集古錄》中率先著錄，此碑遂出現於金石文獻之中。到南宋時期，洪适《隸釋》收錄了此碑碑陽及碑陰的錄文，使之成爲學者熟知的石刻資料。從北宋以來，衆多金石學家對此碑進行過研究，發表了自己的評論。歐陽修指出該碑最大的價值是記載了孫叔敖的名爲"饒"，可以補《史記》之闕，并以此來證明自己"集古"工作的價值。②歐陽棐在《金石錄目》中重述了其父的觀點，并言"其他事迹與史傳同"，又根據碑文補充道："延熹三年期思令光（碑亡其姓）爲之立廟及此碑，在光州。"③到兩宋之際，趙明誠在《金石錄》中分别著錄了此碑的碑陽與碑陰，并爲碑陰寫作了跋尾。他引用碑陰文字叙述了期思長光訪問國中耆老、建立此碑以及召請孫氏後人集會祭祀之事，指出碑上刻有孫氏子孫的譜系。④洪适不僅保存了完整的錄文，還爲碑陽和碑陰各寫了一段跋文。其中叙述了立

---

* 本論文爲國家社科基金冷門絶學專項"漢至唐長江中游山區族群史料整理與研究"（19VJX011）階段性成果。

① （北魏）酈道元注，楊守敬、熊會貞疏：《水經注疏》卷三〇"淮水"條，南京：江蘇古籍出版社，1989年，第2513頁。

② （宋）歐陽修：《集古錄跋尾》卷二"後漢孫叔敖碑"條，《石刻史料新編》第24册，臺北：新文豐出版公司，1997年，第17849頁。

③ （宋）洪适：《隸釋》卷二三《歐陽棐金石錄目》，北京：中華書局，1986年影印本，第241頁。

④ （宋）趙明誠撰，金文明校證：《金石錄校證》卷一《目錄一》，北京：中華書局，2019年，第7頁；卷一五《跋尾五》"漢孫叔敖碑陰"條，第286頁。

碑事件,并對碑文中的史事進行了道德化的點評,兼論及一些異體字的寫法。洪适云此碑爲"延熹三年固始令段光爲叔敖作廟所立",此處所言的立碑人與歐、趙所記已有不同,引起後世的爭議。① 稍後南宋人費袞和劉昌詩在各自的筆記中提及此碑,費袞著重贊賞了其中所載優孟歌詞的文學性,②而劉昌詩則將碑文與史傳進行比對,進而發現不僅詳略有別,所叙"仕於靈王"一句還有明顯的謬誤。③ 元人郭翼也批評了該碑部分語句"蹇澀都不成語"。④ 清初顧炎武的評論較之劉昌詩更進一步,指出該碑所載孫叔敖事迹與《左傳》《史記》多有不合,對春秋史事的叙述也多有錯亂,遂給予撰文者"目不知書"的評語。⑤ 乾嘉時期的武億在顧炎武的基礎上,又補充指摘了三處錯誤,⑥再度質疑其史料價值。

  時入當代,施蟄存在《水經注碑録》中用較大篇幅考證了這方碑刻,不僅綜合古代著録詳細説明了該碑的創立時地、立碑人、碑的行款形制、碑石消失的時間等,更注意到原刻與續刻的區别,進而推測續刻發生在北宋元豐時期。至於劉昌詩、顧炎武等指出的碑文謬誤,施蟄存認爲是"纂集鄉里舊聞,未考典籍"的緣故,並非不能理解。對於前人看法分歧的立碑者,施氏取一折中態度,即認爲"段君先在固始建廟立碑,又在期思興祀刻石",固始之碑見於《水經注》"汝水篇",書中另有條目。施氏還注意到《興地碑記》中提到的安豐縣孫叔敖廟,推測它就是固始之廟。最後還有一個重要推斷,認爲碑陰既然詳載的孫叔敖中子之後的譜系,其所居之地應是期思縣的鄉里名。⑦ 施蟄存的這篇按語,既充分吸收了古代金石學的成果,又帶有現代史學的眼光,可謂對此碑研究的最高峰。然而,其中有一些觀點仍存在錯誤,有待辨析,另一些具有啓發性的推想還有繼續推進的空間。近年徐少華在考述孫叔敖故里的一篇論文中,兼論及《孫叔敖碑》的真僞與文本時代,提出了全新的觀點,認爲"傳世《楚相孫叔敖碑》銘,内容存在明顯的矛盾和混淆,其并非東漢時期的原作,而是南北朝後期至隋唐期間的僞托或續刻",⑧

---

① (宋)洪适:《隸釋》卷三《楚相孫叔敖碑》《孫叔敖碑陰》,第37—40頁。
② (宋)費袞撰,金圓校點:《梁谿漫志》卷五《優孟孫叔敖歌》,上海古籍出版社,1985年,第47—48頁。
③ (宋)劉昌詩撰,張榮錚、秦成瑞點校:《蘆浦筆記》卷四,北京:中華書局,1986年,第27頁。
④ (元)郭翼:《雪履齋筆記》,文淵閣四庫全書本,第13頁。
⑤ (清)顧炎武:《金石文字記》卷一,《石刻史料新編》第12册,第9199頁。
⑥ (清)武億:《授堂金石三跋(附續跋)》卷1,上海古籍出版社,2020年影印本,第29—31頁。
⑦ 施蟄存:《水經注碑録》卷八"漢立楚相孫叔敖碑(二)"條,見《施蟄存全集》第八卷《北山金石録》,上海:華東師範大學出版社,2012年,第194—196頁。
⑧ 徐少華:《孫叔敖故里封地考述——兼論〈楚相孫叔敖碑〉的真僞與文本時代》,《江漢考古》2008年第2期,第80—86頁。

這一判斷涉及到此碑的史料性質，值得慎重加以檢驗。

綜上，古今學者對於這方碑刻已經提出了豐富的觀點，但也仍有許多待理清的問題。其中爭議最集中的點在於此碑的創立者究竟是何人，這一理解甚至關係到該碑是否爲後世的僞作。其次，此碑的舊刻與續刻的問題也已被提出，一方古碑在數百年後被續刻，是否有某種特殊的契機？最後，碑刻是祠廟的一部分，必須結合地方祠祀活動來考察立碑的行動，那麼孫叔敖祠如何在此地得以建立？又是在怎樣的地域性文化環境中得以延續下去？本文嘗試接續前人的討論，對這幾個問題做出一番探索。爲了便於討論，今據《隸續》所載行款對碑文進行復原，[①]并將婁機《漢隸字源》摹寫的文字插入碑文之中，附在文末，敬請參看。

一、《楚相孫叔敖碑》中的兩次興祠立碑

在運用《楚相孫叔敖碑》討論東漢時期的地方祠祀之前，首先有必要理清的一個問題是，該碑究竟是東漢碑刻，還是南北朝隋唐間的僞作？

前引徐少華的論文提出該碑是南北朝後期至隋唐間的僞托或續刻，判斷根據是碑文内容存在明顯的矛盾和混亂。其核心質疑在於，碑文既言段光爲固始令，又云爲期思長，無法解釋他以兩種身份在同一時間與地點立同一塊碑的矛盾。徐氏進而推測，漢晉位於淮北的固始縣在南朝宋以下僑置於淮南的蓼縣，而後期思又被併入固始，這種形勢導致南朝以下僞刻的碑文出現混亂。[②] 徐先生論文的重點在於論述此碑不能作爲東漢固始縣在淮南的證據，這點毫無疑問是成立的，但將《孫叔敖碑》定爲南北朝以下的作品，則有明顯的問題。

對於徐文質疑的段光以兩種身份同時立碑的問題，還是要從碑文本身來分辨，現將相關部分摘録如下：

楚相孫君諱饒，字叔敖，本是縣人也。六國時，期思屬楚……

……遂封潘鄉，潘即固始也。三九無嗣，國絶祀廢。固始令段君夢見孫君，則

---

① （宋）洪适《隸續》卷七《碑式》言："文二十四行，行三十七字，最後一行書年月高出一字。穿在文中，其三行各廢三字。碑陰二十三行，行二十字。'相君有三嗣'平闕，穿居三行之内，亦各廢三字。"（第385頁）按今《隸釋》録文，碑陽部分除去最後一行年月日，共812字，按行37字，則有22行。若將碑穿"三行各廢三字"加入，則可以符合24行之數。附録中按漢碑慣例，將碑穿位置安排在居中部分三行的開頭，各空三字。

② 徐少華：《孫叔敖故里封地考述——兼論〈楚相孫叔敖碑〉的真僞與文本時代》，第84—85頁。

存其後,就其故祠,爲架廟屋,立石銘碑,春秋蒸嘗。明神報祚,即歲遷長掖大守。

及期思縣宰 段 君諱光,字世賢,魏郡鄴人,……臨縣一載……感想孫君,乃發嘉訓,興祀立壇,……刻石銘碑,……福佑期思,縣興士熾,孫氏蒙恩。

漢延熹三年五月廿八日立。

經過這樣的分段處理,明顯可以看到碑中提及兩次立碑的行動,一次是固始令段君因爲夢見了孫叔敖,遂存問其後裔,修復其故祠,又立石銘碑;第二次才是期思縣宰段光刻立此碑的活動。如徐文所論,東漢固始縣即先秦西漢之寢丘,也就是孫叔敖或其子的封地。在固始令段君立碑之前,這裏已有"故祠",頗爲合理。這位段君在采取一系列崇祀孫叔敖的行動之後,當年就升遷爲"長掖大守",即張掖太守。嚴耕望在《兩漢太守刺史表》中即據此碑補入這位張掖太守:

段□——桓帝延熹二年任。①

嚴先生未列段君之名爲光,顯示出其判斷的謹慎,但"延熹二年任"似乎還是將這位段君與下文的期思長關聯看待了。四百石縣令遷爲二千石太守,在漢代并不常見,但也并非不可能,就在嚴著同一條,在段□的上一行的那位張掖太守第五訪,就是順帝時由新都令遷任,見於《後漢書·循吏列傳》。② 碑文接下來叙述的才是本次的立碑興祀活動。延熹三年五月,期思縣宰"段君諱光"已在此縣任職"一載",他"感想孫君,乃發嘉訓,興祀立壇",又"刻石銘碑",祭祀孫君以爲期思一縣的士民祈福。

從碑文來看,這兩次立碑一前一後,區分明顯。然而前人不乏將二人混爲一談者,如《太平寰宇記》引用的某《圖經》(大概是唐代文獻)寫道:

祠廟墮壞,託夢于固始令段光,復立祠庭。③

而更爲典型的就是《隸釋》的作者洪适,他在錄完碑文之後的跋語中寫道:

---

① 嚴耕望:《兩漢太守刺史表》,北京聯合出版公司,2020年,第248頁。
② 同上。
③ (宋)樂史撰,王文楚等點校:《太平寰宇記》卷一二七《淮南道五》"固始縣"條,北京:中華書局,2007年,第2516頁。

> 右楚相孫君之碑,隸額,今在光州。延熹三年,固始令段光爲叔敖作廟所立。

在碑陰的跋語中,又云:

> 段光宦君子之鄉,懷良輔之美……

洪适以爲,在期思立碑者的段光,就是前文的固始令段君,他的看法在很大程度上誤導了後人的理解。洪适之所以有這樣的誤解,不出以下三個原因:一是在碑文句讀上,將"及期思縣宰"五字連上讀,也就是讀作:

> 固始令段君……即歲遷張掖大守及期思縣宰。段君諱光,字世賢……

這樣斷句,固始令段君經過一番遷轉,成爲了期思縣宰,而且他名光字世賢。凡言"固始令段光",都一定是這樣理解的。但問題在於,已遷任張掖太守的段君,是不可能再去做期思縣宰的,而且還是在一年之內。章樵爲了強行讀通,解釋道"一歲再遷,蓋假太守之名以重縣宰之權",[①]章樵大概是帶着宋代官制疊床架屋的思維去推想漢制,殊不知這放在東漢制度裏是完全不會發生的事。

第二個原因,南朝後期固始縣僑置於淮南,后期思又被併入,故南宋時碑所在之地是"光州固始縣"。[②] 若不諳熟此中政區名稱變動,很容易誤以爲南宋的固始就是東漢的固始,從而將孫叔敖封地寢丘置於淮南固始。洪适與上引《圖經》都犯了這個錯誤。更早之前,唐人李賢爲《後漢書·郭丹傳》作注,即言"寢丘,縣名,後漢改爲固始,今光州固始縣也,有孫叔敖祠焉"。[③] 張守節作《史記正義》,在孫叔敖子封寢丘之下寫道:"今光州固始縣,本寢丘邑也。"[④]宋初的《太平寰宇記》作爲地理著作,在"固始縣"條目下也寫道:

> 本漢寢縣。楚相孫叔敖子所封之邑在淮北,故此邑迄今有叔敖祠,甚靈。《續

---

① (宋)章樵注本《古文苑》卷一九,宋端平三年常州軍刻淳祐六年盛如杞重修本(中華再造善本),第4頁。
② 《隸釋》卷二七《天下碑錄》,第288頁。
③ 《後漢書》卷二七《郭丹傳》李賢注,北京:中華書局,1965年,第942頁。
④ 《史記》卷一二六《滑稽列傳》張守節正義,北京:中華書局,1959年,第3202頁。

漢書志》改爲固始。齊、梁俱屬豫州。北齊置建州。至梁末,尋復廢州,又爲新蔡郡,領固始一縣也。後周又爲澮州,以水名郡。隋廢州縣額,復隸弋陽焉。皇朝併殷城縣入。①

這段文字,在"《續漢書志》改爲固始"之前,敘述的都是淮北的寢丘固始。齊梁以下的部分則都在淮河以南,也就是宋代固始的真正前身。像這樣抄在一起,完全是混淆難辨的。地理專家樂史尚且如此,洪适等人的誤解也就不奇怪了。此後胡三省、顧炎武等名家也延續了這一誤解。②

第三個原因,因爲碑文中兩次立碑者一是"段君"、一爲"段君諱光",文本的鄰近和姓氏的相同,讓他們容易被混淆爲一人。然而,正是姓氏相同一點,仍存在着不小的疑點,立此碑的期思縣長可能并不姓段。在洪适之前,歐陽修父子、趙明誠都收集到了該碑的拓本,歐陽棐在《金石錄目》中寫道:

期思令光,碑亡其姓。③

趙明誠也證實了這一點:

案期思長光,碑陰不載姓氏,《叔敖碑》雖有之,然已殘闕矣。④

碑陰中寫作"期思長光",而碑陽的正文中書寫其姓氏的部分,已經殘缺無法辨識了。北宋人無法辨識的姓氏,在南宋初的《隸釋》中被明白地寫作"段",應該是由於《隸釋》所錄的碑文是"續刻","舊碑缺五十餘字,此用續刻者,故其文全"。換言之,"期思縣宰段君諱光"中的"段"字,應在續刻所補之列。固始令段君有姓無名,期思長名光而姓氏殘缺,經過這樣一補,竟湊出了"段光"這樣一位姓名俱全的人物。當然,原刻本來作"段"的可能性仍不能完全排除,但如上文所論,即便是同姓,兩人也絕難勘同。

以上分析了"段光兩次立碑說"的致誤由來,可知據此而來的《孫叔敖碑》僞作說是

---

① 《太平寰宇記》卷一二七《淮南道五》"固始縣"條,第2515頁。
② 參看徐少華:《孫叔敖故里封地考述——兼論〈楚相孫叔敖碑〉的真僞與文本時代》,第83頁。
③ 《隸釋》卷二三《歐陽棐金石錄目》,第241頁。
④ 《金石錄校證》卷一五《跋尾五》"漢孫叔敖碑陰"條,第286頁。

不成立的。事實上，有很多證據支持《楚相孫叔敖碑》是東漢碑刻。第一，碑文將固始令、期思長的立碑分爲兩件事敘述，説明它一定作於固始南移兼併期思之前的時代；第二，碑陽最末記立碑日期是"延熹三年五月廿八日"，碑陰則云"考龜吉辰，五月辛卯，宜以存廢，可立碑祀"，今查《二十史朔閏表》，延熹三年五月甲子朔，辛卯正是廿八日。① 這樣的耦合，南朝時期的僞作者是不可能計算得出的。何況這位碑文作者連楚莊王、楚靈王的先後都能寫錯，不管是東漢人還是南朝人，絕非學術造詣深厚之輩。第三，宋代金石家無人懷疑該碑爲漢碑，婁機爲辨識漢隸文字的專家，其《漢隸字源》一書輯錄此碑文字達 180 多個，自然對其漢碑屬性毫不懷疑。到元代，更有多位"古隸專學《孫叔敖碑》"而成名的書法家。② 綜合以上幾點，本文認爲，《楚相孫叔敖碑》是東漢延熹三年的碑刻，可以作爲討論東漢歷史的材料。

在驗證了《孫叔敖碑》爲東漢碑刻之後，我們就可以對碑文中的信息加以仔細解讀了。作爲一個記事之碑，《楚相孫叔敖碑》的文本結構可以整理如下：

【碑陽】
　　① 楚相孫叔敖與期思縣的關係。（第 1 行）
　　② 孫君的仁德，少時殺埋技首蛇的事迹。（第 1—4 行）
　　③ 孫君爲相之後的政績。（第 4—7 行）
　　④ 孫君爲政中顯示的高尚品德。（第 7—12 行）
　　⑤ 臨終安排，優孟助其子獲得潘鄉（固始）之封地。（第 12—18 行）
　　⑥ 固始令段君修祠立碑，春秋祭祀，獲得升遷。（第 18—19 行）
　　⑦ 期思長光爲孫君興祀立壇，刻石銘碑。（第 19—23 行）

【碑陰】
　　⑧ 期思長光立碑興祀的具體細節。（第 1—6 行）
　　⑨ 參與立碑的其他官吏。（第 6—8 行）
　　⑩ 孫氏後人的譜系。（第 9—23 行）

碑文的①—⑤部分是關於孫叔敖的德行、政績以及智慧的敘述。經由孫叔敖子得封潘

---

① 陳垣：《二十史朔閏表》，北京：中華書局，1956 年，第 37 頁。
② （元）陶宗儀：《書史會要》卷七，上海古籍書店，1984 年影印本，第 12 頁。

鄉,潘鄉即固始,第⑥部分轉入固始修祠立碑之事的記載。第⑦部分則是對此次建祠立碑活動的正面記述,是全碑最核心的内容。本節開頭摘引的文字,就是第⑥⑦部分的碑文。上文在證實《孫叔敖碑》是東漢碑刻的同時,也理清了東漢後期發生的兩次爲孫叔敖修祠立碑的活動,一次是固始縣,一次在期思縣。不過兩次行動是有區别的。東漢的固始縣曾經是孫叔敖的封地,這在史書上有很明確的記載。雖然"三九無嗣,國絶祀廢",但在段君"夢見孫君"之後,做的是"存其後,就其故祠,爲架廟屋,立石銘碑,春秋蒸嘗",即存問其後人,修建廟屋,刻石立碑,并且維持春秋時節常規的祭祀。值得注意的是,此處原有一個"故祠",意味著當地對於孫叔敖的信奉與祭祀在之前已經存在。至於段縣令的"夢見孫君",畢竟祇是他自己才能説清之事,倒不如説"故祠"的存在才讓他有此一"夢"。

期思的情況如何？第⑦部分是對此次立碑的正面記述：

> 及期思縣宰 段 君諱光,字世賢,魏郡鄴人,庶慕先賢,體德允恭,篤古尊舊,奉履憲章,欽翼天道,五典興通,文藉祭祠,祇肅神明。臨縣一載,志在惠康,葬枯稟乏,愛育黎蒸,討掃丑類,鰥寡是矜,杜僞養善,是忠表仁。感想孫君,乃發嘉訓,興祀立壇,勤勤愛敬,念意自然,刻石銘碑,千載表績,萬古標記,福佑期思,縣興士熾,孫氏蒙恩。

與很多碑刻一樣,在頌揚祭祀對象的同時,也對立碑者進行了一番表彰。在簡單説明期思長的名字與鄉里之後,這段話同樣可以分爲三部分：（1）期思長光的德行；（2）在期思"臨縣一載"的政績；（3）爲孫君立祠的行動。在德行部分,強調了他"庶慕先賢""篤古尊舊",又"文藉祭祠,祇肅神明"。"文藉祭祠"一句難解,《古文苑》作"考籍祭祠",即"考詳典籍而祭祀祠廟",於意爲長。在政績的最後部分,提到"杜僞養善,是忠表仁",這些德行和政績都指向了後文對孫叔敖的祭祀。於是他"感想孫君,乃發嘉訓,興祀立壇",而且刻石銘碑以"千載表績,萬古標記",字面上看無疑是指對孫叔敖的表績和標記。最後幾句點明了立祠的目的："福佑期思,縣興士熾",而且還讓"孫氏蒙恩"。

從以上對文本結構的分析可以看出,碑文對於孫叔敖的叙述和對期思長光的叙述呈現出平行對應的結構,僅有詳略不同。光的"庶慕先賢"讓他願意像先賢一樣去施政,在旌表孫叔敖的同時,也將他自己附着在孫叔敖身後,成爲一個被紀念的賢人、良吏。在碑陰中,他以謙虚的語氣寫道"光以不肖,貪追賢烈,以自榮寵",表達的就是這個意思。這無疑是期思長光的興祠立碑行動背後的動機,但是不是祇有這一點呢?

碑文的第⑥部分仍值得細讀,這一部分敘述了固始令段君修祠立碑的活動,在不到一年的祭祀活動之後,特別寫道"明神報祚,即歲遷長掖大守",此爲祭祀孫君迅速獲得福報的明證。這一點,或許是期思長光"感想孫君"的更直接原因吧。在期思縣立碑,特意提到固始縣的另一次立碑,用意大概正在於此。魏斌在對洞庭湖附近的黄陵廟和三閭大夫廟的研究中指出,聖賢祠祀呈現出紀念性神廟和頒福性神廟的雙重景觀,前者是爲了紀念聖王或先賢之德,具有道德、行政典範的標識作用;後者則與普通神廟無别,因其賜福的功能而受到民衆的信奉。知識官僚在面對這些祠廟時,也不免同時懷有這兩種態度,如韓愈《祭湘君夫人文》所表明的那樣。① 這一認識,對於期思的孫叔敖廟也是適用的。致敬先賢與請求"福佑期思"兩個目的同時存在,生前爲民造福的賢人,死後有靈繼續護佑百姓,兩者是相通的。古代士人并不具有"無神論"的思想,從國家祭祀到民間信仰,請求神靈的頒福是普遍被認可的行爲。事實上,期思長的行爲還具有另一種"兩重性",紀念先賢與"福祐期思",都是此次立祠活動的公開目標;期思長光内心的"潛隱劇本"②,可能考慮的是藉助紀念先賢而讓自己名垂後世,以及更直接地,像固始令一樣獲得孫叔敖的"報祚",迅速高升。③

東漢桓帝統治的時期,正是地方祠祀大量建立的時代。除了傳統的山岳川瀆等自然神,也不乏對人神的崇祀。《隸釋》卷三所收的碑刻中,除《孫叔敖碑》之外,還有苦縣的《老子銘》、《仙人唐公房碑》、《張公神碑》,未載於《隸釋》的碑刻當然還有很多。比《孫叔敖碑》早十年的《張公神碑》,爲朝歌縣長鄭郴所造,樹立在神廟之前,其中寫道"□錫分福,惠此吏民,國無災寇,皇帝眉壽,干禄於天。牧守皆升,握台輔辰,長與丞尉,超遷相因。"④祈福的内容非常直白,而且從國家、皇帝一直寫到了包括立碑者在内的"長與丞尉"。洪适爲延熹八年《老子銘》所作跋語曰:"蓋威宗方脩神仙之事,故一時郡國競作碑表。"⑤就《老子銘》而言,是桓帝遣中常侍致祭的産物,但四方郡國"競作碑

---

① 魏斌:《洞庭古祠考——中古湘水下游的祠廟景觀》,《歷史人類學學刊》第 10 卷第 2 期,2012 年,第 23—28 頁。
② 關於"潛隱劇本",參看詹姆斯·C. 斯科特著,王佳鵬譯:《支配與抵抗藝術:潛隱劇本》,南京大學出版社,2021 年。
③ 楊俊峰曾指出,唐代地方官到任謁神的活動,有時也帶有私人禱祝的色彩,在祝文中吐露個人的心聲。參看楊俊峰:《唐宋之間的國家與祠祀:以國家和南方祀神之風互動爲焦點》,上海古籍出版社,2019 年,第 21—22 頁。
④ 《隸釋》卷三《張公神碑》,第 42 頁。
⑤ 《隸釋》卷三《老子銘》跋,第 37 頁。

表"的現象,絕非漢桓帝一人"脩神仙之事"可以解釋的,不僅因爲神仙信仰普遍存在,也因爲地方長官有著非常强烈的爲個人祈福動機去完成這樣的事業。期思長光是魏郡鄴人,而鄴城有一個西門豹祠,① 或許他早已耳濡目染,因此對於建立先賢神祠之事更爲駕輕就熟?

二、碑文所見東漢後期期思地方的文化环境

上節藉助碑文分析了期思縣長爲孫叔敖建祠立碑的過程和動機。一個祠祀的建立是否僅僅是地方長官個人意志的結果?僅以期思長個人升遷爲真實訴求的祠祀,即便得以建立,恐怕也難以維持,而這一孫叔敖祠,幾乎從東漢延續到了現代。這背後有著怎樣的地方文化背景?回答這些疑問,還是要回到碑文本身,從中窺測一下東漢後期期思縣的文化環境。

碑文的①—⑤部分是關於孫叔敖的德行、政績以及智慧的叙述,其中大量内容頗可與其他文獻相比對。南宋至明清有不少學者注意到《孫叔敖碑》中的歷史知識,尤其熱衷指摘其謬誤之處。其典型方法,是用傳世史傳、諸子文獻尋找知識的出處。我們今天利用更完善的資料條件,可以做得更加細緻。下面按照碑文的順序,將有關部分列出並做簡要考證,藉此推斷碑文的知識來源,以及期思縣的文化環境。

(一) 楚相孫君諱饒,字叔敖,本是縣人也

孫叔敖名"饒",如歐陽修、洪适所論,不見於其他更早的文獻。"本是縣人也",則有更早的憑據。《荀子·非相》:"楚之孫叔敖,期思之鄙人也。"② 《吕氏春秋·贊能篇》:"期思之鄙人有孫叔敖者,聖人也。"③ 不過,徐少華已經指出,根據《左傳》和杜預註,孫叔敖出於楚王室宗支之一的蔿氏,其父蔿賈在莊王前期任司馬,絶非邊緣小縣的鄉野鄙夫,《史記》便不取"期思之鄙人"説。此説如果能勉强成立,很可能因爲期思是孫叔敖父祖的封地。④ 本文同意這一判斷,孫叔敖爲期思人的説法,原本是一個戰國晚期出現的非主流學説,而且還存在《孟子》中"孫叔敖舉於海"⑤那樣明顯的異説。不論

---

① 建安二十三年曹操的《終令》提到"其規西門豹祠西原上爲壽陵"(《三國志》卷一《魏書·武帝紀》,北京:中華書局,1959 年,第 51 頁),可以推斷豹祠在東漢後期肯定已經存在,而且已成爲地標。關於西門豹祠,參看劉凱:《賢臣·神人與異化的神明:西門豹鄴地成神的軌迹及其異化》,《東岳論叢》2019 年第 7 期,第 61—74 頁。
② (清) 王先謙撰,沈嘯寰、王星賢點校:《荀子集解》卷三《非相篇》,北京:中華書局,1988 年,第 73 頁。
③ 許維遹集釋,梁運華整理:《吕氏春秋集釋》卷二四《贊能》,北京:中華書局,2009 年,第 646 頁。
④ 徐少華:《孫叔敖故里封地考述——兼論〈楚相孫叔敖碑〉的真僞與文本時代》,第 81—82 頁。
⑤ (清) 焦循撰,沈文倬點校:《孟子正義》卷二五《告子章句下》,北京:中華書局,1987 年,第 864 頁。

是"期思鄙人"還是"舉於海",都旨在凸顯位卑而懷才的士應該得到君主重用的主題,作爲諸子説理的論據,其準確性并不重要。對於地方而言,在種種異説中選擇與己有關者加以接受,是十分自然的。因而,在期思縣,甚至更廣大的淮河中下游地區,孫叔敖爲期思縣人應該是被廣泛接受的知識。

(二)六國時期思屬楚,楚都南郢,南郢即南郡江陵縣也

這是特别加入的解釋性句子,頗似章句注釋。清人武億對這句話提出兩點批評,一是期思爲楚所兼併在春秋時,不在戰國;二是"南郢"之語不見史傳,不倫不類。① 就第一點而言,六國時期思確實屬楚,春秋時則存在變化,當地存在此種簡易式説法,也不算大錯。再看第二點,傳世文獻中其實可以找到"南郢"一詞,《春秋公羊傳》就兩次使用了"南郢"一詞指代楚都:

   (宣公十二年)將軍子重諫曰:南郢之與鄭,相去數千里……②(【何休解詁】南郢,楚都。)

   (定公四年)蔡昭公朝乎楚,有美裘焉,囊瓦求之,昭公不與。爲是拘昭公於南郢,數年然後歸之。(【徐彦疏】……蓋以楚於諸夏差而近南,故謂之南郢。)③

第二條亦見載於《春秋穀梁傳》,也作"南郢"。④ 綜合何休與徐彦的注疏,見於《公羊傳》《穀梁傳》的"南郢"一詞,最初是中原諸侯國對於楚都的一種慣稱,淮河流域的陳蔡等國估計也是如此。這兩件事《史記》都有記載,史源應是《公羊傳》,第一條"南郢"改寫做"郢",第二條"拘於南郢"作"留之楚"。⑤ 從《史記》的改寫和注疏中對"南郢"加以解釋來看,這一詞彙還是有些生僻。但漢代《春秋》學興盛,"南郢"既然出現在《公羊傳》《穀梁傳》中,讀書人未必陌生。除了兩傳之外,"南郢"還在傳世《楚辭》中多次出現。如:

   思南郢之舊俗兮,腸一夕而九運。(《九歎·逢紛》)
   登巑岏以長企兮,望南郢而闚之。(《九歎·憂苦》)

---

① (清)武億:《授堂金石三跋(附續跋)》卷一,上海古籍出版社,2020年,第30頁。
② 《春秋公羊傳注疏》卷一六"宣公十二年",北京:中華書局,1980年影印阮元校勘本,第2285頁上、中欄。
③ 《春秋公羊傳注疏》卷一六"定公四年",第2337頁中欄。
④ 《春秋穀梁傳注疏》卷一九"定公四年",第2444頁中欄。
⑤ 《史記》卷四二《鄭世家》,第1768頁;《史記》卷三五《管蔡世家》,第1568頁。

> 興《離騷》之微文兮，冀靈修之壹悟。還余車於南郢兮，復往軌於初古。(《九歎·思古》)①

今本《楚辭》中的"南郢"，都出現在《九歎》之中。據王逸章句，《九歎》是劉向所作，旨在"追念屈原忠信之節"。② 在此詩中，被放逐到湘沅一帶的屈原，多次稱在其北方的楚都爲"南郢"，多少顯得有些奇怪。大概劉向頗爲習慣這一詞彙，以至於忽略了其原初的語境。劉向是《穀梁春秋》傳承人之一，曾參與石渠閣辯論，③對於《穀梁傳》《公羊傳》都十分精通。在其纂集的《新序》中，正好有"楚莊王伐鄭"章，文字同於前引《公羊傳》，亦照録"南郢"一詞④；又有"楚平王殺伍子胥之父"章，記蔡昭公被拘事，文字略同於《穀梁傳》，但"南郢"寫作"郢"，⑤或許有傳抄中的脫漏。劉向熟悉兩傳中的"南郢"用法，故而在《九歎》中多次用"南郢"指稱楚都。

《孫叔敖碑》作成時，距離劉向之世又過去了近兩百年，碑文作者是從《公羊傳》《穀梁傳》抑或《新序》甚至《楚辭》中習得這一詞彙嗎？抑或另有其他來源？這已經無從準確追究。但還有一種可能性不能排除：楚國國都或王居之地稱爲郢，清華簡《楚居》中出現了多個以"郢"結尾的地名，都是某王所徙居之地，如：疆郢、湫郢、樊郢、爲郢、藍郢、美郢、鄂郢、鄢郢、朋郢、鄩郢等。⑥ 當江漢之地陷於秦，楚王東遷都於陳、壽春之後，亦稱新都曰"郢"。⑦ 那麼此時如何稱呼已淪陷的江陵郢都呢？根據地理相對位置，以

---

① （宋）洪興祖撰，白化文等點校：《楚辭補注》卷一六《九歎章句》，北京：中華書局，1983年，第284、299、307頁。
② （宋）洪興祖撰，白化文等點校：《楚辭補注》卷一六《九歎章句》，第282頁。
③ 《漢書》卷三六《劉向傳》："會初立《穀梁春秋》，徵更生受《穀梁》，講論《五經》於石渠。"（第1929頁）另見《漢書》卷八八《儒林·瑕丘江公傳》，第3617—3618頁。關於《穀梁》學的興起，參看陳蘇鎮《〈春秋〉與漢道——漢代政治與春秋學》第四章，北京：中華書局，2011年，第314—320頁。
④ （漢）劉向撰，石光瑛校釋，陳新整理：《新序校釋》卷四《雜事》，北京：中華書局，2017年，第525頁。
⑤ （漢）劉向撰，石光瑛校釋，陳新整理：《新序校釋》卷九《善謀》，第1148頁。
⑥ 李學勤主編：《清華大學藏戰國竹簡》（壹），上海：中西書局，2010年，圖版，第117—124頁；釋文，第180—192頁。相關研究甚多，可參看彭華、劉文波：《清華簡〈楚居〉研究綜述》，《關東學刊》2021年第4期，第42—49頁。
⑦ 壽春稱郢，史有明文，《史記·楚世家》載"東徙都壽春，命曰郢"（第1736頁）。以陳爲都時是否稱爲郢，則有爭議。胡三省推測："楚都壽春，以壽春爲郢，則其前自郢徙陳，亦必以陳爲郢矣。"（《資治通鑑》卷七《秦王政二十二年》胡注，北京：中華書局，1956年，第229頁）田餘慶採納此說，加以《秦始皇本紀》中出現"秦王游至郢陳"一語，遂稱之爲"郢陳"，并以之爲樞紐解釋了戰國末至秦楚漢之際的衆多事件（田餘慶：《說張楚》，收入《秦漢魏晉史探微（重訂本）》，北京：中華書局，2004年，第11—16頁）。辛德勇則質疑"郢陳"的存在，認爲陳邑始終未得單稱"郢"，對於《史記》中的"郢陳"，他贊同王先謙的讀法，讀爲并列的郢和陳。不過，辛氏也舉出淮南市博物館徵集到的一件刻有"陳郢"銘文的銅量，認爲稱"陳郢"的可能性是存在的（辛德勇：《雲夢睡虎地秦人簡牘與李信、王翦南滅荊楚的地理進程》，李學勤主編：《出土文獻》第5輯，上海：中西書局，2014年，第208—215頁）。結合《楚居》和銅量銘文，本文認爲，楚國以陳邑爲都達38年，稱之爲"陳郢"的可能性是很大的。

及春秋以來淮上諸國的用語習慣,"南郢"很可能是選項之一。如果楚東遷之後,已經行用"南郢"一詞,期思正處於淮南,距離陳、壽春都不太遠,那麽這一詞彙大概已成爲當地習以爲常的用語,出現在碑文中也是完全合理的。

(三) 殺埋技首虵

技即枝,技首虵即兩頭蛇。碑文中相關文字如下:

> 少見技(枝)首虵,對其母泣"吾將死",母問其故,曰:"吾聞見技首蛇者死,今日見之。"母曰:"若奈之何?""吾煞。行數十步,念獨吾死可,空復令他人見之死,爲回埋掩其刑(形)。"母曰:"若無憂焉。"其阴德玄善,遂爲父母九族所異。

南宋劉昌詩云:"埋蛇陰德,僅書於劉向《新序》。"① 此事的確見於劉向《新序·雜事》"孫叔敖爲嬰兒時"章,② 但絶非僅見於此,也見於劉向整理的《列女傳》,更早見於西漢初賈誼的《新書》。③ 在劉向之後,王充《論衡·福虛篇》中也記述此事。④ 這幾種文獻記此事情節略同,但具體叙述上有細微區别,《新序》《列女傳》《論衡》的叙述,一開頭就寫"出游,見兩頭蛇,殺而埋之,歸而泣",在歸而泣之前就交待了"見兩頭蛇,殺而埋之"。而賈誼《新書》中,則是先説"出游而還,憂而不食,其母問其故",再通過孫叔敖與母親的對話,講述殺蛇而埋之事。就此點而言,與碑文中這一故事相比較,賈誼《新書》中的文本最爲相近:

> 孫叔敖之爲嬰兒也,出游而還,憂而不食,其母問其故。泣而對曰:"今日吾見兩頭蛇,恐去死無日矣。"其母曰:"今蛇安在?"曰:"吾聞見兩頭蛇者死,吾恐他人

---

① (宋)劉昌詩:《蘆浦筆記》卷四,第27頁。
② (漢)劉向撰,石光瑛校釋,陳新整理:《新序校釋》卷一《雜事》,第21—27頁。劉向《新序》中多處提到孫叔敖,加上《説苑》《列女傳》,記載孫叔敖的事迹超過了其他所有作者。劉向是漢楚元王劉交四世孫,漢分封的楚都於彭城,不僅傳承了楚的名號,也是地域性楚文化的繼承者。劉向作爲楚元王後裔,對楚似特别措意。另外,以壽春爲都的淮南國,其所在地域也是戰國後期楚文化核心地帶,淮南王劉安鳩集士人完成《淮南子》一書,其中有不少與楚文化相關的内容。淮南王謀反,劉向之父德治其牢獄。史言:"上復興神仙方術之事,而淮南有《枕中鴻寶苑秘書》。書言神仙使鬼物爲金之術,及鄒衍重道延命方,世人莫見,而更生父德武帝時治淮南獄得其書。更生幼而讀誦,以爲奇,獻之,言黄金可成。"(《漢書·劉向傳》,第1929頁)若此,劉向仍有機會獲得淮南國的秘書,其中不乏流傳於淮南一帶的地域性傳説。《新序》《説苑》中的一些故事,或與此有關。
③ (漢)賈誼撰,閻振益、鍾夏校注:《新書校注》卷六《春秋》,北京:中華書局,2000年,第250頁。
④ (漢)王充著,黄暉校釋,劉盼遂集解:《論衡校釋(附劉盼遂集解)》卷六《福虛篇》,北京:中華書局,2017年第2版,第310—311頁。

又見,吾已埋之也。"其母曰:"無憂,汝不死。吾聞之,有陰德者,天報以福。"人聞之,皆諭其能仁也。及爲令尹,未治而國人信之。①

但兩者仍有不少區別,比如"技首蛇"和"兩頭蛇"就明顯不同,從字句比對上,我們不能認爲碑文直接抄録自任何一部已知文獻。此外,《新書》中孫叔敖第一句就直言見到了兩頭蛇,而碑文中又多了一組對話,從"吾將死""見技首蛇"到"吾煞"再到"行數十步,念獨吾死可,空復令他人見之死,爲回埋掩其形",層層展開,更加上了行數十步又返回的細節,戲劇色彩更爲强烈。懸疑敘事、豐富的對話再加心理活動的描述,使其敘事看起來更像一個口述傳統下的民間傳説。换言之,這段碑文很可能采自期思地方口耳相傳的孫叔敖故事。

(四) 孫叔敖與水利工程

宣導川谷,波障源湶,溉灌坂澤,堤防湖浦,以爲池沼,鍾天地之美,收九澤之利,以殷潤國家。

碑文這一段關於孫叔敖興修水利的敘述,《史記》中幾乎没有提及。《史記》所言"秋冬則勸民山採,春夏以水",②略同於碑文中此上一句"考文(天)象之道,敬授民時,聚藏於山,殖物於藪"。就興修水利而言,如果一定要在早期文獻中尋找依據,則有《淮南子·人間訓》:

孫叔敖決期思之水,而灌雩婁之野,莊王知其可以爲令尹也。③

另有王充《論衡·超奇》:

叔孫敖決期思,令君(尹)之兆著。④

---

① (漢)賈誼撰,閻振益、鍾夏校注:《新書校注》卷六《春秋》,第250頁。
② 《史記》卷一一九《循吏列傳》,第3099頁。
③ (漢)劉安等撰,劉文典集解,馮逸、喬華點校:《淮南鴻烈集解》卷一八《人間訓》,北京:中華書局,2013年第2版,第623頁。
④ (漢)王充著,黄暉校釋,劉盼遂集解:《論衡校釋(附劉盼遂集解)》卷一三《超奇篇》,第713頁。

雖然有明顯的訛誤,但可以看出《論衡》與《淮南子》所述爲同一事。期思水和雩婁之野究竟何所指,尤其這一工程是不是後來的芍陂,在 20 世紀後期曾經引起很大的争議,① 不過這不妨礙古代人的理解。《後漢書·王景傳》載建初八年(83)王景遷任廬江太守後:

  郡界有楚相孫叔敖所起芍陂稻田,景乃驅率吏民,修起蕪廢……②

這一記載説明最晚到東漢前期,人們已經相信芍陂的興建是孫叔敖的功勞,雖然這并不證明他們將芍陂勘同於期思水。其實在東漢及此後的魏晉南北朝時期,與孫叔敖聯繫在一起的水利工程不止一處,如《史記集解》云:

  《皇覽》曰:孫叔敖冢在南郡江陵故城中白土里。民傳孫叔敖曰"葬我廬江陂,後當爲萬户邑"。去故楚都郢城北三十里所。或曰孫叔敖激沮水作雲夢大澤之池也。③

《皇覽》是曹魏文帝時期編集的類書,久已失傳,此處所引的篇章應是其中的《冢墓記》。這裏不太好判斷《皇覽》的引文截止到哪一句,因爲其中存在明顯的混亂。孫叔敖冢在江陵故城中,與後文"民傳"的"廬江陂",顯然不是一處。"郢城北三十里"與"城中白土里"亦無法對應,漢代江陵城在楚郢都(即今紀南城)之西南,故而在江陵城中的冢墓不可能在故郢城之北。若以廬江陂爲芍陂,則"故楚都郢城"指壽春,然而芍陂也在壽春以南而非其北。中古時期江陵城中和壽春城南各有一個"孫叔敖冢"④,恐怕就是這些早期傳説各自流傳的結果。最後一句"或曰孫叔敖激沮水作雲夢大澤之池也",將天然形成的雲夢澤也歸爲孫叔敖的功勞,與前面的冢墓主題更爲遥遠了,不太像是《皇覽》的引文。這段最晚形成於劉宋時期的文字,記載了不同來源的互相矛盾的説法,既談到孫叔敖的冢墓,又提到他的水利事業,更將兩者聯繫在一起。從中我們看到,至少

---

 ① 對争議的詳細綜述,可參看孔爲廉、邢義田:《歷史與傳統——芍陂、孫叔敖和一個流傳不息的叙事》,《淮南師範學院學報》2013 年第 1 期,第 2—8 頁。
 ② 《後漢書》卷七六《循吏·王景傳》,第 2466 頁。
 ③ 《史記》卷一一九《循吏列傳》附裴駰《集解》,第 3100 頁。
 ④ 壽春的孫叔敖冢更爲有名,見於《宋書》《魏書》《水經注》。

有兩處"水利工程"被認爲與孫叔敖有關：廬江陂和雲夢大澤。再往後的時代，《太平寰宇記》商水縣條記載：

> 驛馬溝，在縣西南十三里。古老傳云楚相孫叔敖截汝墳之水以作塘，下有柘塘陂九百頃，遂乃鑿此溝，其湍急如驛馬。其水發孫塘，屈曲六十里入潁水。①

汝墳之水是潁水支流，遠在淮北，其上的水利工程"塘""陂"與"溝"也被認爲是孫叔敖所做，這個塘甚至稱爲"孫塘"。在《水經注》等唐以前文獻中，尚未見到這一說法。

可以看到，孫叔敖作爲水利專家的形象，隨着時代的推移越來越突出，與淮河流域水利事業的發展密切相關。東漢汝潁地區的陂塘水利已經頗爲發達，期思縣所在的汝南郡"多陂池……溉田倍多，人以殷富"，②著名者有鴻郤陂、葛陂等。汝南郡有富波縣，《水經注》作"富陂縣"，并引《十三州志》曰："多陂塘以溉稻，故曰富陂縣也。"③郭泰評汝南名士黃憲曰："叔度汪汪若千頃陂，澄之不清，淆之不濁，不可量也。"④黃憲是慎陽人，鴻郤大陂就在慎陽，而郭泰曾前往黃憲家訪問，"若千頃陂"的評語頗有就近取材的妙處。明清時期固始縣陂塘頗多，東漢期思縣的陂塘雖然未見記載，但或許也有一些小型水利設施。《孫叔敖碑》特別讚頌他在水利方面的政績，而其内容不見於傳世文獻，這放在東漢汝南地區水利發達的背景下，大概反映了當地流傳的一些說法，顯示出將孫叔敖向水利專家塑造的早期迹象。

（五）碑文對孫叔敖的頌揚方式

既然題名"楚相孫君之碑"，自然要對孫叔敖進行歌頌，但其表達方式仍蘊含着豐富的信息。碑文在開始的部分，就對孫叔敖進行了總評：

> 君受純靈之精，懷絶世之才，有大賢次聖之質。

"大賢次聖"是否一句泛泛之論？"次聖"一詞，以及"大賢次聖"連用，不見於先秦典籍，目前在傳世文獻中能找到的最早用例來自東漢趙岐的《孟子章句》。在《孟子》全書的

---

① 《太平寰宇記》卷一〇"河南道"陳州"商水縣"條，第189—190頁。
② 《後漢書》卷二九《鮑昱傳》，第1022頁。
③ 《水經注疏》卷三〇"谷水"條，第2516頁。
④ 《後漢書》卷五三《黃憲傳》，第1744頁。

最末一節,趙岐注云:"言五百歲聖人一出……通於大賢次聖者,亦得與在其間。"後文又云:"聖人之間,必有大賢名世者。"①可見"大賢次聖"與"大賢"是互換的關係,大賢也就是次聖。② 這一說法的依據,來自於《孟子·公孫丑下》記孟子之語:"五百年必有王者興,其間必有名世者。"趙岐注:

  五百年有王者興,有興王道者也。名世,次聖之才。物來能名,正一世者,生於聖人之間也。③

在後一句下又注云"孟子自謂能當名世者"。在趙岐的理解中,孟子以"名世者"自況,而名世者就是"次聖"。在《孟子題辭》中,趙岐又稱孟子爲"命世亞聖之大才者也"。簡而言之,趙岐認爲大賢、次聖、命世者或名世者,所指完全相同,是可以互換的表達。而所謂"名世者",趙岐解釋爲"物來能名,正一世者"。"物來能名",何以就能"正一世"而成爲次聖呢? 清人焦循對此做出了闡釋:

  《尹文子》云:"大道無形,稱器有名。名也者,正形者也。形正由名,則名不可差,故仲尼曰:'必也正名乎! 名不正則言不順也。'名有三科:一曰命物之名,方圓白黑是也。二曰毁譽之名,善惡貴賤是也。三曰况位之名,賢愚愛憎是也。今萬物具存,不以名正之則亂。"《荀子》有《正名》篇云:"聖王没,名守慢,奇辭起,名實亂,是非之形不明,……故知者爲之分别,制名以指實,上以明貴賤,下以别同異。貴賤明,同異别,如是則志無不喻之患,事無困廢之禍,此所爲有名也。"物來能以名正於一世,則貴賤明而同異别。④

焦循通過引入《尹文子》和《荀子·正名》中更爲複雜的"正名"思想,將"名"從簡單的命名、定名,提升到了明貴賤、别同異,以及分辨善惡、賢愚的高度,"正名"就變成了帶有強烈政治色彩的能力。因此,"名世""物來能名"才被看作"正一世"的"次聖之才"。

---

① (清)焦循:《孟子正義》卷二九《盡心下》,第 1034 頁、第 1037 頁。
② 大賢是等於次聖,還是在其下一等,在經學注疏中有分歧。
③ (清)焦循:《孟子正義》卷九《公孫丑下》,第 309 頁。
④ (清)焦循:《孟子正義》卷九《公孫丑下》,第 309—310 頁。中華書局點校本將"物來……同異别"也作爲《荀子·正名》的引文,實際上這句話不見於《荀子》,祇是焦循的理解。

這是否符合趙岐的本義呢？東漢以名教治天下，以名取士，其中包含一套讓名、人、事相配合的理念。然而這一套理念在東漢後期的政治現實中明顯被扭曲，於是"正名"即糾正名實錯配成爲士人迫切關注之事。漢末魏初，形名之學大盛，也是在"正名"思想延長綫上的發展。往下再一步則要重新思考名與實的關係，遂演變爲名理學，進而發展爲玄學。① 趙岐生當桓靈獻帝之世，又在黨錮之列，他對"物來能名"即"正名"的能力極爲看重，符合當時的時代思潮。然而，焦循又進一步發揮道：

> 《漢書·古今人表》列九等之叙，上上爲聖人，上中爲仁人，上下爲智人。此明貴賤、別同異之人爲智者，故爲"次聖之才"。②

明貴賤、別同異者爲智者，是《荀子》的觀點，焦循在此處引入《漢書·古今人表》，可謂敏鋭，但也帶來了問題。在《古今人表》的序言中，班固引據一系列孔子的語録，確立了聖人、仁人、智人爲上三等，而以下愚爲下下等。中間五等都是中人，但仍有高下之别。列在第一等的是《世經》中符合五德相生之序的正統帝王，再加孔子一人。第二等、第三等的標準較爲複雜，孫叔敖在此表中位列第三等"智人"之中。③ 若按焦循所説，大賢次聖等於智者，《孫叔敖碑》的評價就與《古今人表》相合了。這一巧合令人驚喜，然而却經不起推敲。

焦循的推論，與班固對"命世者"或"大賢次聖"的定位并不一致。班固在《漢書·楚元王傳贊》中，將孟軻、孫況等人定爲聖人之間的"命世者"；④而在《古今人表》中，孟軻、孫卿都列在第二等。⑤ 顯而易見，班固認爲"命世者"僅次於聖人、王者，在《古今人表》中，孫叔敖被列爲第三等，意味着班固并不承認他是"命世者"。趙岐没有對孫叔敖是否爲次聖提出看法，但他所認可的"大賢次聖"是列於二等的孟子，可以合理推測，他大概不會同意孫叔敖是"大賢次聖"。焦循則引入了《荀子》將明貴賤、別同異者等同於智者的看法，進而將之等同於《古今人表》的第三等"智人"。但問題在於，《荀子》中的

---

① 參看唐長孺：《魏晉玄學之形成及其發展》，收入《唐長孺文集》一《魏晉南北朝史論叢》，北京：中華書局，2011年，第299—307頁。值得指出的是，"形名"，漢魏史料中常寫作"刑名"，在《孫叔敖碑》中，也是將"形"寫作"刑"。
② （清）焦循：《孟子正義》卷九《公孫丑下》，第310頁。
③ 《漢書》卷二〇《古今人表》，第916頁。
④ 《漢書》卷三六《楚元王傳》，第1972頁。
⑤ 《漢書》卷二〇《古今人表》，第942、950頁。

"知者"是一般意義上的智者,顯然不能預先貼合幾百年後班固建立的聖、仁、智三品的框架,將這兩者等同不能成立。焦循作爲《孟子》與趙岐章句的注釋者,竟然得出了命世者爲第三等的結論,毋寧説是一個難以理解的失誤。根據這一結論得出的《孫叔敖碑》與《古今人表》的耦合,①也就毫無意義了。經過上面的辨析可以認爲,《孫叔敖碑》中的"大賢次聖"之語,與漢末知識界主流對孫叔敖的定位不同,存在有意拔高的傾向。

《古今人表》能否代表知識界的主流呢？如所周知,《古今人表》是後來中正九品的形式來源,而九品官人法的直接淵源是東漢末期的鄉里清議和人物品評之風。有許多證據表明,東漢後期的人物品評,受《古今人表》的影響不可低估。如著名的汝南"月旦評":

(許)劭與靖俱有高名,好共覈論鄉黨人物,每月輒更其品題,故汝南俗有"月旦評"焉。②

又如史言郭泰的人物品評:

(郭)泰之所名,人品乃定,先言後驗,衆皆服之。③

"品題""人品"中的"品",本意爲類别,但分類即有高下,遂成爲一種等級劃分,如同以後在九品官人法中所見的那樣。這樣一種將人分等的做法,總是能見到《古今人表》的影子。後漢清議之士,對《古今人表》的形式與内容應該都很熟悉。《後漢書·爰延傳》載:

(桓)帝游上林苑,從容問延曰:"朕何如主也？"對曰:"陛下爲漢中主。"帝曰:"何以言之？"對曰:"尚書令陳蕃任事則化,中常侍黄門豫政則亂,是以知陛下可與

---

① 焦循在解釋《孟子》"孫叔敖舉於海"一句時,所引清人考證中提到了"漢碑",故而他對《孫叔敖碑》應有所了解(《孟子正義》卷二五,第869頁),但没有任何證據表明,他在解釋"大賢次聖"之時,考慮過《孫叔敖碑》中的材料。
② 《後漢書》卷六八《許劭傳》,第2235頁。事實上,諸如"月旦評"的人物品評,本身就被認爲是一種分别善惡貴賤的工作,三國吴人陸瑁曰:"若令善惡异流,貴汝潁月旦之評,誠可以厲俗明教,然恐未易行也。"(《三國志》卷五七《吴書·陸瑁傳》,第1337頁)後來中正以二品者充任,或與此觀念有關。
③ 《後漢書》卷八六《郭太傳》注引謝承《後漢書》,第2227頁。

爲善,可與爲非。"①

如李賢注已經指出的,爰延的對語,就化用自《漢書·古今人表》"齊桓公,管仲相之則霸,豎貂輔之則亂。可與爲善,可與爲惡,是謂中人"。又如延熹八年陳相邊韶在《老子銘》中,直接對《古今人表》進行了批判:

> 班固以老子絶聖棄知,禮爲亂首,與仲尼道違,述《漢書古今人表》,檢以法度,抑而下之。老子(缺)與楚子西同科,材不及孫卿及孟軻。二者之論殊矣,所謂道不同不相爲謀也。②

在銘辭中又稱:

> 九等之叙,何足累名。③

《古今人表》將老子列在第四等,④遠低於第二等的孟子、荀子。《老子銘》既因桓帝尊祀老子而立,邊韶自然要極力頌揚老子,而其主要的障礙,竟在於《古今人表》,可見其影響。漢末三國人張晏做出了類似的批評:

> 老子玄默,仲尼所師,雖不在聖,要爲大賢,……而在第四。⑤

在張晏看來,大賢應在第二等,不應在第四等。張晏此論頗有代表性,聖人標準太高,入選者已有定論;"大賢"則頗可爭取。這讓人聯想到後世九品官人法中一品虚置,而二品成爲可以授予的最高品第,三品最初也是上品,但終因貴勢之家紛紛躋身二品而淪爲下品。

孫叔敖列於《古今人表》第三等,而碑文却用僅次於聖人的"大賢次聖"目之,與邊

---

① 《後漢書》卷四八《爰延傳》,第1618頁。
② 《隸釋》卷三《老子銘》,第36頁。
③ 《隸釋》卷三《老子銘》,第37頁。
④ 《漢書》卷二〇《古今人表》,第926頁。
⑤ 《漢書》卷二〇《古今人表》注引"張晏曰",第862頁。

韶和張晏對老子的品評如出一轍。不過,我們還不能武斷地認爲《孫叔敖碑》像《老子銘》一樣直接與《古今人表》辯論。而且,碑文中的"大賢次聖"也不會直接來自趙岐。延熹三年《孫叔敖碑》刻立之時,趙岐正因得罪宦官而亡命四方,此後數年才在北海郡完成《孟子章句》。① 這一事實反而説明,"大賢次聖"是當時的慣用詞彙。其中"大賢"一語流行更廣,史書中常見其例,如上引張晏之論,又如張角起事之前,"執左道,稱大賢,以誑燿百姓,天下繩負歸之"。② 其後來所稱"大賢良師"也是在此基礎上的擴展,足見這一稱號在民間被廣泛接受。總而言之,"大賢""次聖"是東漢後期對人物品評的慣用語,在上層知識精英那裏,這一評語對應着《古今人表》的第二等;此觀念傳導至更下層的民間語境中,即便不直接了解《古今人表》,也會知道"聖人—大賢"的序列,從而將"大賢"作爲能夠給予的最高評價。《孫叔敖碑》的"大賢次聖之質",應該放在後一種類型之中理解,在此也能看到上下層文化之間的微妙互動。

《孫叔敖碑》對其德行各個方面分别進行的贊頌,集中在如下這一段:

> 其憂國忘私,乘馬三年不别牝牡,<u>繼高陽重黎五舉子文之統</u>。其忠信廉勇,禮樂文章,軌儀同制;其富國充民,明天時盡地力,<u>霆堅禹稷不能逾也</u>。專國權寵而不榮華,一旦可得百金,至於没齒,而無分銖之蓄,破玉玦不以寶財遺子孫,終始若矢,去不善如絶弦,辟患害於無形,狷節高義,敦良奇介,<u>自曹臧孤竹吴札子罕之倫,不能驂也</u>。

這裏有兩點值得注意:第一,"乘馬三年不别牝牡",以及"破玉玦不以寶財遺子孫"兩事,均不見於其他文獻,或許衹能從當地的口述傳統中求解。傳世文獻中確有對孫叔敖節儉自律品德的記載,如"馬不秣粟,妻不衣帛",但這和碑文中所述仍有很大距離。第二,碑文舉出許多古人,在某一方面與孫叔敖相比較。這樣一種在類比中定位的方法,也是東漢人物品評中常見的做法。如當時名士互相標榜:

> 上曰"三君",次曰"八俊",次曰"八顧",次曰"八及",次曰"八廚",猶古之"八元""八凱"也。③

---

① 《後漢書》卷六四《趙岐傳》,第2122頁。又參趙岐:《孟子題辭》,見《孟子正義》卷一,第24—25頁。
② 《後漢書》卷五四《楊賜傳》,第1784頁。
③ 《後漢書》卷六七《黨錮列傳》,第2187頁。

不僅是名號形式上的模仿,也含有將"八俊""八顧"等人與古之"八元""八凱"視爲同等之意。這裏再次顯示了《古今人表》貫通古今對人物進行評級的影響。至於顧炎武等所指摘的伍舉時代在叔敖之後的問題,放在這種思維之下,似乎并無大礙。

碑中最後一句贊頌孫叔敖的文句,更是廣受批評:

> 生於季末,仕於靈王,立涒濁而澄清,處幽昏而照明,其遺武餘典,恨不與戲皇帝代同世,世爲列姃國,在朝廷其意常墨墨,若冠章甫而坐塗炭也。

郭翼説:"遺武餘典,恨不與戲皇帝代同世等句,蹇澀都不成語。"①問題最大的點是"仕於靈王",顧炎武已經指出,靈王在莊王之後四世,孫叔敖顯然不可能仕於靈王。南宋章樵爲此句進行了一點辯護:"按謚法,亂而不損曰靈,猶《周書》稱寧王,《召南》稱平王。非謂靈王圍也。"②這個辯護也是很無力的,屬於曲爲之解,從目前的資料來説,祇能説這是一個明顯的錯訛。不過不知道"靈"是否在殘損後補的五十餘字之中。儘管如此,這一整句的意思依然是清晰的,即替叔敖感慨生於"季世",未能與"戲皇帝代同世",但在黑暗的政治中能夠"立涒濁而澄清,處幽昏而照明",同時却不以仕宦爲得志,"在朝廷其意常墨墨,若冠章甫而坐塗炭也"。這樣一段描述,也不見於任何其他文獻。縱觀兩漢時期關於孫叔敖的種種叙事,都在強調他與楚莊王君臣相得,共成霸業,與碑文中的語調完全不同。大概爲了緩和這種明顯的衝突,碑文先用了"季末"的説法,而其比較的對象是"戲皇帝代",戲皇就是羲皇,即上古聖王伏羲氏,"帝代"則指五帝時代,與三皇五帝的黃金時代相比,誰也不能否認春秋是混亂的季世,楚莊王雖"賢於時君",終究不是聖王。儘管如此,後兩句對孫叔敖在朝廷中狀態和心理的描寫,仍然發揮得很特別,與其説是在寫孫叔敖,不如説是意在描寫漢桓帝時代。涒濁、幽昏是士人對桓帝時期外戚、宦官政治的印象,在其中保持澄清、昭明,又如坐塗炭的,不正是陳蕃、李膺等當代大臣麽?

黨錮名士,半出汝南,桓靈之世汝南郡士人深深捲入了當時的政局,從東漢前期的經學中心變成了抗議政治的中心。③ 延熹三年左右,汝南陳蕃就任尚書令。而在汝南

---

① (元)郭翼:《雪履齋筆記》,文淵閣四庫全書本,第13頁。
② 章樵注本《古文苑》卷一九,第3頁。
③ 參看胡寶國:《漢晉之際的汝潁名士》,收入氏著《將無同:中古史研究論文集》,北京:中華書局,2020年,第20—43頁。

郡,太守先後由尹勳和宗資擔任,尹勳名列"八顧",因參與誅殺梁冀而遷任汝南太守,宗資爲太守,委任汝南征羌縣人范滂爲功曹,其所拔擢之人被怨恨者稱爲"范黨"。① 延熹年間的汝南郡,可謂完全控制在後來被稱爲黨人的名士手中。碑文中頗爲突兀的"立溷濁而澄清,處幽昏而照明",其預設的讀者,是否就是范滂、尹勳乃至陳蕃這樣有志於激濁揚清的名士呢? 抑或期思長光也是名士陣營中人? 現實點想,期思長光的升遷,不僅要靠孫叔敖的庇佑,更繫於郡太守、郡功曹和諸汝南名士之手。

期思縣本身是否也有名士? 通過整理《汝南先賢傳》②所記39位汝南名士的籍貫,可以發現,名士集中出於平輿及其以北諸縣,慎陽、朗陵是其分布的最南兩縣,沒有一人出自淮河以南的期思、弋陽二縣。在所有現存東漢史料中,期思縣有關的記載也極爲稀少。由此可見,期思雖爲汝南之一縣,受到汝南學術與社會風氣的影響,但其位置偏遠,在經濟和文化上都不夠發達,大概沒有像北部諸縣一樣產生那麼多的名士。期思長光在碑文中祈願的"縣興士熾",既是一縣上下的共同嚮往,也是期思長光個人的真實心聲。

(六) 潘國、潘鄉、繚虛、材虛與"孫氏蒙恩"

《孫叔敖碑》述其子請求封地時,寫道:

> 子辭:"父有命,如楚不忘亡臣,社稷 圖 而欲有賞,必於潘國,下濕墝埆,人所不貪。"遂封潘鄉。潘,即固始也。

在此之前的優孟歌詞,宋人費袞曾評論説:"味其詞語,憤世疾邪,含思哀怨,過於慟哭,比之《史記》所書遠甚,聽者安得不感動也?"③如同前面分析過的殺埋技首蛇故事一樣,這種生動性和歌詞的韻律感,應該也是與其來自民間口述傳統有關。同樣地,緊接着的這句關於封地的敘述,其大致框架亦同於其他文獻,但細節又很不同。最大的區別,是言其封地爲"潘國""潘鄉",而不是更常見的"寢丘"。最早提及此事的《韓非子》,直言莊王賞孫叔敖,"孫叔敖請漢間之地,沙石之處",④未提到"寢丘"。此後文獻大多説孫

---

① 《後漢書》卷六七《黨錮列傳》,第2205頁。這些怨恨范滂的人,被稱爲"中人以下",也顯示出對人物進行《古今人表》式分等的痕迹。
② 此處用熊明輯本。見熊明輯校:《漢魏六朝雜傳集・三國雜傳》卷八《汝南先賢傳》,北京:中華書局,2017年,第700—756頁。
③ (宋)費袞:《梁谿漫志》卷五"優孟孫叔敖歌"條,第48頁。
④ (清)王先慎集解,鍾哲點校:《韓非子集解》卷七《喻老》,北京:中華書局,1998年,第157頁。

叔敖死後王封其子,而封地爲"寢丘"或"寢之丘",《吕氏春秋·異寶》曰"楚越之間有寢之丘","荆人畏鬼而越人信禨,可長有者,其唯此也";①"楚越之間"和"漢間"已有所不同。到《淮南子》中則云"沙石之間有寢丘者,其地确石而名醜。荆人鬼,越人禨",提及荆人、越人,也是放在楚越之間。高誘注:"寢丘,今汝南固始地,前有垢谷,後有庒丘,名醜。"②戰國和西漢文獻都强調是沙石之地,又逐漸定位於楚越之間,後又與寢邑聯繫起來,《史記》即取此説。時至東漢,寢丘説基本已成常識,本碑文中竟完全不提,而是用了"潘國""潘鄉"。這兩個詞不見於其他文獻,如果要做專名理解,恐怕也無法考證。從潘國、潘鄉在上下兩句互换來看,或許不是一個專名,而是泛稱。"潘"通"藩",孫叔敖對其子所説的"潘國"祇是泛指某個邊境地帶的偏遠封地,而且還補充説要在這類封地中選擇土地下濕又貧瘠的那種。在這個意義上,"潘國"與"楚越之間"就有了一點聯繫。何以存在這樣的區别,大概也祇能在口述和文獻兩種傳播路徑中求解了。寢丘之名惡,口頭講述祖先事迹的孫氏後人,會不會有所迴避而以模糊的"潘鄉"來替代呢?儘管這一猜想難以證實,不過我們仍然可以從碑文中看到,孫氏宗族正是碑文信息的提供者之一。

在《孫叔敖碑》的碑陰部分,除了常規性地記載立碑的官員,還重點寫道了建祠立碑時的隆重祭典:

> 期思長光視事一紀,訪問國中耆年舊齒,素聞孫君楚時良輔,本起此邦,垂名於後。博求遺苗,曾玄孫子,考龜吉辰,五月辛卯,宜以立廢,可立碑祀。招請諸孫,都會國右,郭西道北,處所顯好,興上牢祭,倡優鼓舞,式序其胄,授之端首。

期思長光已知孫叔敖"本起此邦",於是主動訪問"國中耆年舊齒",搜尋其後裔。當五月辛卯日碑、祠落成,在城郭之西的道路北側衆人注目之地,舉行了上牢之祭,其間還有"倡優鼓舞"的表演,可以想見其場面十分熱鬧。在這次祭典上,期思長光"招請諸孫"(此處"諸孫"指諸孫氏宗族成員),還"式序其胄,授之端首",也就是對他們進行了某種排序,并讓他們坐在高位上。這個排序的依據,也被記録在了碑陰的下一段,即一段頗爲完整的孫氏族譜:

---

① 許維遹集釋:《吕氏春秋集釋》卷一〇《孟冬紀第十·異寶》,第230頁。
② 劉文典集解:《淮南鴻烈集解》卷一八《人間訓》,第589頁。

相君有三嗣。長子即封食邑固始,少子在江陵,中子居三□虛襲□業,繚材二宗,則其苗胄也。相君卒後,十有餘世,有渤海太守字武伯。武伯有二子,長子字伯尉,少子字仲尉,仕郡爲掾史。伯尉有一子字世伯,舉江夏孝廉,城門候。仲尉有二子,長子字孝伯,荆州從事;弟世信,仕□□掾功曹。會平哀之間,宗黨爲賊寇所煞。世伯、孝伯、世信□各遺一子,財八九歲,微弱不能仕學。世伯子字子仲,治産於繚虛,有六男一女。大子字長都,次子蘭卿,次弟字仲陽,次弟字叔通,次弟字衛公,次弟字劉卿,此繚宗六父也。孝伯子字文□,亦不仕學,治産於材虛,亦有六男一女。大子字惠明,次弟字次卿,次弟字聖公,次弟字稚卿,次弟字彥卿,次弟字少都,此材宗六父也。世信一子相承,季陵、文卿、孝公,此□虛一父,別其高祖,與材高祖父親兄弟。孫氏宗族別□譜紀也。

　　該族譜符合"虛實相間"的特徵,從孫叔敖的三個兒子寫起,長子和幼子分別居於固始、江陵,中子居"三□虛",爲繚材二宗之祖。下文所述的,其實就是繚材二宗的譜系,固始和江陵兩支都不在其中。施蟄存推測中子之後裔當在期思境内,頗有見地。在相君中子之後,直接空缺了十餘世,到了渤海太守武伯。自武伯而下,世系就連續不斷了。武伯的兒孫輩都有仕宦經歷,除了不能確認的郡掾史、功曹之外,世伯被江夏郡舉孝廉,而孝伯任爲荆州從事,看起來那時這一支孫氏家族更像在江夏郡生活。此後遭遇平哀之際,其實也就是兩漢之際的亂世,宗黨爲賊寇所殺,導致三人各衹有一子生存下來。這三子分別來到繚虛、材虛和□虛定居,他們的下一代分別被稱作"繚虛六父""材虛六父"和"□虛一父"。這就是碑陰叙述的孫氏譜系,圖一是對此譜系的圖示。經過簡單推算可以知道,上述"六父""一父"應是東漢初的人物,而延熹三年距離東漢的建立已經近130年。在期思縣祭典上坐於端首的,衹能是他們數代之後的後裔。碑陰最後一句"孫氏宗族別□譜紀也"指的纔是現場的這些人物。毫無疑問,這些族譜資料就是他們提供的。

　　根據這個族譜,孫氏宗族在西漢時代多有仕宦經歷,而在西漢末年遭遇變亂,幾位倖存者都"微弱不能仕學",從此在繚虛、材虛等地"治産"。"虛"是一種自然聚落,可能多在丘陵地帶,也寫作"墟",有時與行政性的里連稱爲"墟里"。《汝南先賢傳》載陽安人黃浮,"爲墟里所差,次當給亭",於是感激學書,又前往京師求學。[①] 這説明"墟"是東

---

① 熊明輯校:《漢魏六朝雜傳集‧三國雜傳》卷八《汝南先賢傳》,第703頁。

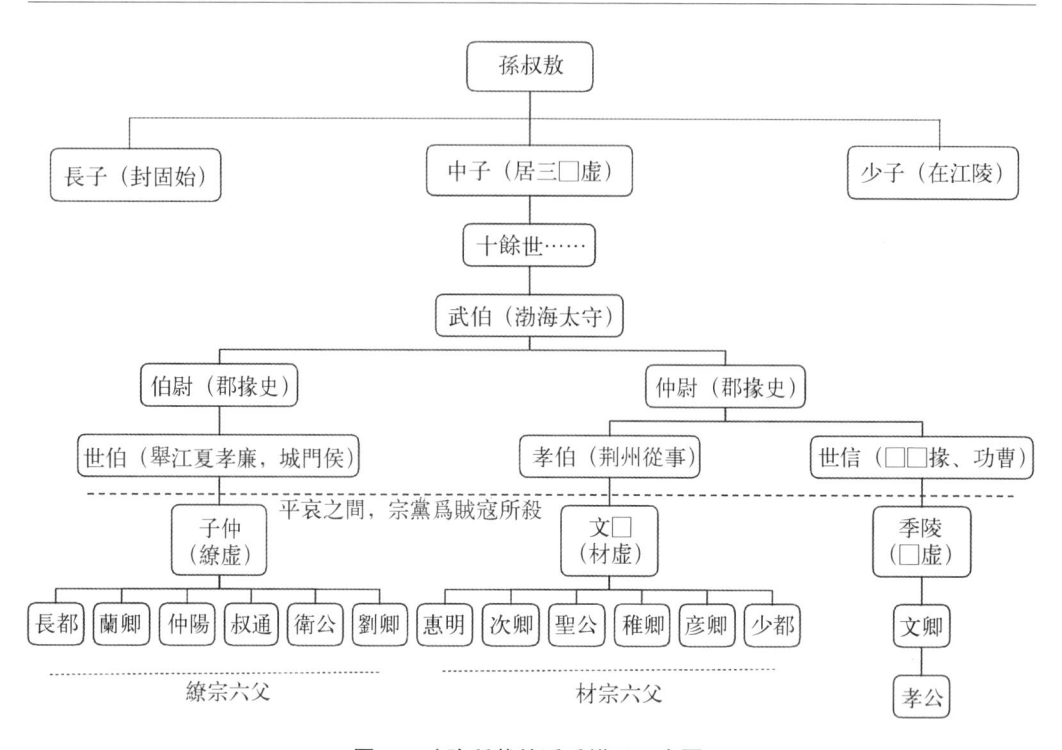

```
                          孫叔敖
         ┌─────────────────┼─────────────────┐
      長子（封固始）    中子（居三□虚）      少子（在江陵）
                          │
                       十餘世……
                          │
                      武伯（渤海太守）
                   ┌──────┴──────┐
              伯尉（郡掾史）    仲尉（郡掾史）
                   │              │
          世伯（舉江夏孝廉，城門侯） 孝伯（荆州從事）  世信（□□掾、功曹）
        ─────────────────平哀之間，宗黨爲賊寇所殺─────────────
              子仲                文□              季陵
             （繚虚）             （材虚）           （□虚）
      ┌──┬──┬──┬──┬──┐  ┌──┬──┬──┬──┬──┐        │
     長都 蘭卿 仲陽 叔通 衛公 劉卿 惠明 次卿 聖公 稚卿 彦卿 少都  文卿
                                                        │
                                                       孝公
            繚宗六父              材宗六父
```

圖一　碑陰所載的孫氏譜系示意圖

漢汝南地區常用的詞彙，墟里居住的是承擔更徭雜役的編户齊民。祇有求學再入仕，成爲"士"，方有機會擺脱這些差役。居於繚虚、材虚的孫氏宗族，數代之内并無仕宦之人，顯然不算是當地的名門，但他們也建立起了上溯至渤海太守武伯乃至孫叔敖的譜系，族中或亦頗有學者，又在至少三個自然村落廣泛分布，繁衍數代之後宗族規模應頗爲可觀，大概算是期思當地的大姓或豪族。孫叔敖祠和《孫叔敖碑》的建立，恐怕不會是縣長一人之力，亦有孫氏宗族的支持，碑陰詳載其譜系，就是雙方合作的證據，"縣興士熾，孫氏蒙恩"，或許也是對孫氏中出現仕學之名士的寄托吧。

三、北宋以降的《孫叔敖碑》與孫叔敖祠

（一）從孫叔敖祠到遺愛廟

期思孫叔敖廟，在東漢建立之後，歷經魏晉南北朝隋唐五代始終存在。這可以從《水經注》、《魏書·地形志》、李賢《後漢書注》、《元和郡縣圖志》、《太平寰宇記》所引唐代《圖經》等一系列文獻中得知。但對碑的直接記載較少，除了《水經注》，唯有名稱不詳的唐代《圖經》（或爲《光州圖經》）中提到"祠廟墮壞，托夢於固始令段光，

復立祠庭",①這大概是從碑文中讀來的。此碑的失載,應與期思縣的行政區劃變動有關。《元和郡縣圖志》"固始縣"條記"孫叔敖祠,在縣西北隅七十五里"。② 從碑文中我們知道,該碑原本立在郭西,也就是期思縣城附近,此處則爲七十五里,這是因爲固始縣城早已不在原期思縣城之地。南北朝時,期思縣地處南北邊境,多次易手,其上所屬的州郡也屢有變化,但縣名和區劃一直比較穩定。③ 直到隋大業十三年,"狂賊房獻伯攻破縣,因此遂廢"。④ 期思縣城在隋後期被攻破,大概此後就被劃入固始縣管轄了。從唐到宋,叔敖祠和碑都被記載爲縣城西北或北七十五里,就與地方行政中心的距離而言,它們無疑變得偏遠,乃至處於被遺忘的邊緣。歐陽修在《集古錄》中寫道:"此碑世亦罕傳,余以集錄,二十年間求之博且勤,乃得之。"⑤以歐陽修的地位,却要用20年方求得拓本,這反映出此碑到北宋中期爲止,尚未被知識精英們所掌握,處於不受重視的狀態,甚至可以說這方石碑在一定程度上是被歐陽修等人重新發現的。

歐陽修手中的拓本,與後世所傳的碑文,仍有些許區別。《隸釋》在此碑標題下附注:

> 舊碑缺五十餘字,此用續刻者,故其文全。⑥

這裏提到"舊碑"和"續刻",舊碑無疑是那塊東漢碑,那麼"續刻"究竟是何時所爲?這一接近被遺忘的漢碑在何種契機下得到了續刻?施蟄存曾經嘗試回答這一問題,他很敏銳地發現了一條關鍵材料,即王象之《輿地碑記目》"光州碑記"所載:

> 期思遺愛廟,在固始縣北七十里。昔楚莊王封孫叔敖之子於寑丘,建廟期思,歲久祠宇隤壞。漢延熹三年,固始縣令段君復爲立祠,且刻其事於石,碑畫今存。元豐八年敕以遺愛之碑爲額。阮之武詩云:"楚續光輝存簡策,漢碑突兀鎖期思。

---

① 《太平寰宇記》卷一二七《淮南道五》"固始縣"條,第2516頁。
② (唐)李吉甫撰,賀次君點校:《元和郡縣圖志》卷九《河南道五》"固始縣"條,北京:中華書局,1983年,第247頁。
③ (清)顧祖禹撰,賀次君、施和金點校:《讀史方輿紀要》卷五〇《河南五·汝寧府》"固始縣"條:"期思城:……晉屬弋陽郡,劉宋因之。齊永元二年沒於後魏,正光中置邊城郡於此。梁仍爲期思縣,屬光州。陳亦置邊城郡。隋初郡廢,縣屬光州,兵亂後廢。"(北京:中華書局,2005年,第2387頁)
④ 《太平寰宇記》卷一二九"壽州霍丘縣"條記"廢期思縣",第2552頁。
⑤ (宋)歐陽修:《集古錄跋尾》卷二"後漢孫叔敖碑"條,《石刻史料新編》第24册,第17849頁。
⑥ 《隸釋》卷三《楚相孫叔敖碑》,第37頁。

風雲會合當年事,簫鼓喧闐此日祠。弱嗣負薪廉節著,怪蛇膏劍德名垂。廟封又見標遺愛,子產陰靈想已知。"①

據此,元豐八年(1085)宋廷曾"敕以遺愛之碑爲額"。這一句話頗爲費解,施蟄存根據婁機《漢隸字源》記其碑額爲"楚相孫君之碑",而非"遺愛之碑",推測元豐時曾別刻一石,而以"遺愛之碑"爲額,"此重刻者,殆即洪氏所稱續刻本"。② 這一推測的出發點有些問題,"遺愛"應是賜給祠廟的額,而不是賜給碑的,阮之武詩中"廟封又見標遺愛"正可佐證。賜額與封號是宋朝對祠廟、寺觀進行管理的基本政策,前人已經進行了充分的研究。③ 如果不考慮文字訛誤,"敕以遺愛之碑爲額"又該如何理解?宋代接受敕賜額的寺觀祠廟常常將敕牒公文摹刻立碑,即"敕牒碑",其中一般有"奉敕宜賜某某寺/觀/院/祠爲額",④孫叔敖祠或許也有這樣一塊敕牒碑,所以才被寫成"敕以遺愛之碑爲額"。阮之武大約活動於宋神宗、哲宗時期,⑤該詩的寫作應該就是元豐八年或之後不久。他的詩裏不僅提及"漢碑",而且"弱嗣負薪廉節著,怪蛇膏劍德名垂"兩句更像是直接從碑文中化來,可以推測他讀過此碑。考慮到東漢碑因年代久遠而漫漶不易讀,他所讀到的很可能就是續刻。不論續刻是在原碑上對漫漶部分加以修補,還是如施蟄存所說另刻一石(後者可能性不太大),續刻的最佳時機,就應該在敕賜廟額的元豐八年

---

① (宋)王象之撰,趙一生點校:《輿地紀勝》第12冊附《輿地碑記目》卷二,杭州:浙江古籍出版社,2012年,第57頁。本段引文對部分標點做了改動。

② 施蟄存:《北山金石錄》(上),第195頁。

③ 參看松本浩一:《宋代の賜額・賜号について——主として〈宋会要輯稿〉にみえて史料から》,野口鐵郎編:《中国史における中央政治と地方社会》(1985年度科研費成果報告書),第282—294頁。須江隆:《唐宋期における祠廟の廟額・封号の下賜について》,《中国:社会と文化》9,1994年,第96—119頁。須江隆:《熙寧七年の詔——北宋神宗朝期の賜額・賜号》,《東北大學東洋史論集》8,2001年,第54—93頁。水越知:《宋代社會と祠廟信仰の展開:地域核としての祠廟の出現》,《東洋史研究》60(4),2002年,第629—666頁。皮慶生:《宋代民衆祠神信仰研究》第六章,上海古籍出版社,2008年,第274—282頁。楊俊峰:《宋代的封賜與祀典——兼論宋廷的祠祀措施》,原載《唐研究》第18卷,後收入《唐宋之間的國家與祠祀:以國家和南方祀神之風互動爲焦點》附錄二,第264—286頁。

④ 關於宋代敕牒碑的研究,可參看小林隆道:《宋代的賜額敕牒與刻石》,收入鄭振滿主編:《碑銘研究》,北京:社會科學文獻出版社,2014年,第94—117頁。安洋:《宋代敕牒碑的整理與研究》,中國政法大學碩士學位論文,2016年。安洋:《紙石之間:宋代敕牒的文書與刻石》,《中國古代法律文獻研究》第12輯,2018年,第462—484頁。

⑤ 阮之武在元豐六年的《壽安縣君張氏墓誌銘》中作爲女婿被提及,時任江陵府當陽縣令(曾棗莊、劉琳主編:《全宋文》卷二五六一,上海:上海辭書出版社、合肥:安徽教育出版社,2006年,第85頁);又曾在元祐八年(1093)通判永州,又於紹聖元年(1094)在東安九仙岩留下過題詩。見(清)繆荃孫著,張廷銀、朱玉麒主編:《繆荃孫全集・金石・金石分地編目》卷二六,南京:鳳凰出版社,2014年,第999頁。

前後。施蜇存推斷的結論又是可以成立的。

元豐八年是北宋歷史上不尋常的一年,這年三月支持王安石變法的宋神宗去世,哲宗繼位,太皇太后攝政,隨即召回并啓用司馬光,①廢除新法。在宋神宗朝,孫叔敖不僅僅是一個古代歷史人物。早在熙寧三年(1070),宋神宗與司馬光之間,就王安石、吕惠卿的施政發生過一次争論,其中就提到了孫叔敖:

> 上曰:"今天下洶洶者,孫叔敖所謂'國之有是,衆之所惡'也。"光曰:"然。陛下當察其是非,然後守之。今條例司所爲,獨安石、韓絳、吕惠卿以爲是,天下皆以爲非也。陛下豈能獨與三人共爲天下耶?"②

余英時注意到,這是"國是"觀念在宋朝廷争議中第一次出現。司馬光反對神宗將王安石的主張定爲國是,但并不否認孫叔敖的"國是"之論。此後,"國是"遂成爲兩宋政治文化中重要的關鍵詞。③李華瑞則指出熙寧元年孫覺的上奏中已經提到"定國是",④比余英時所説的出現更早,不過仍在神宗時期。神宗所引的孫叔敖之語出自劉向《新序》,其原文是:

> 楚莊王問於孫叔敖曰:"寡人未得所以爲國是也。"孫叔敖曰:"國之有是,衆非之所惡也,臣恐王之不能定也。"王曰:"不定,獨在君乎?亦在臣乎?"孫叔敖曰:"……君臣不合,國是無逌定矣。……而以合其取舍者爲是,以不合其取舍者爲非,故致亡而不知。"莊王曰:"善哉。願相國與諸士大夫共定國是,寡人豈敢以褊國而驕士民哉。"⑤

余英時推測,宋神宗之所以能引用這一典故,是因爲是因爲他讀過《新序》。在他即位前不久,曾鞏爲館閣校正了《新序》,爲神宗的閲讀提供了條件。《新序》中的這個故事,應視爲戰國晚期士階層在政治上崛起的産物,其中楚莊王願與相國及士大夫共定國是

---

① (宋)李燾:《續資治通鑑長編》卷三五六神宗元豐八年,北京:中華書局,2004年,第8521—8523頁。
② (宋)李燾:《續資治通鑑長編》卷二一〇神宗熙寧三年,第5114頁。
③ 余英時:《朱熹的歷史世界:宋代士大夫政治文化的研究》,北京:生活·讀書·新知三聯書店,2004年,第252—257頁。
④ 李華瑞:《宋神宗與王安石"共定國是"考辨》,《文史哲》2008年第1期,第73—74頁。
⑤ (漢)劉向編,石光瑛校釋:《新序校釋》卷二《雜事》"楚莊王問於孫叔敖"章,第270—271頁。

的主張,恰好適合熙寧變法的需要,引起神宗的共鳴。①宋人每每談及"國是",不僅常提到孫叔敖,而且往往強調此説始於孫叔敖。藉助這樣一種政治文化情境,孫叔敖不再是一個遥遠、邊緣的歷史人物,而在一定程度上成爲一個現實政治中常見的符號。可以想見,熙寧以後宋朝從皇帝到士大夫,對於孫叔敖廟、孫叔敖碑這樣的遺迹,想必會比前人更加關注。這構成了元豐八年賜額的大背景。

北宋神宗一朝是實施賜額、封號政策的第一次高峰期,大量地方祠廟獲得了賜額,孫叔敖祠却要到元豐八年才獲得賜額,用上述背景又不能完全解釋。如果允許再多推測一點,元豐八年的賜額,以及與之相伴的祠廟修葺,乃至漢碑的續刻,或許還有更具體的契機。如前所述,這年三月開始,司馬光爲首的反變法派掌握了政權,開始逐一廢除熙豐新法。這與正史中孫叔敖的形象頗有貼合之處。在《史記》中,孫叔敖位於《循吏列傳》首位,太史公對"循吏"的定義是"奉職循理,亦可以爲治",頗有黄老色彩。其具體施政事迹,就是碑文所説的"高梱改幣":楚莊王隨意改動貨幣面值,以小爲大,導致市場混亂,孫叔敖"請遂令復如故"。莊王想要下令讓楚人乘坐車輪更高的車,但叔敖以爲"令數下,民不知所從,不可",於是采取教閭里升高門限的辦法,間接促成了"民悉自高其車"。這種不隨意改變制度,不頻繁下達詔令的做法,顯然與熙豐變法期間的施政風格完全相反。孫叔敖施政的效果是"上下和合,世俗盛美,政緩禁止,吏無奸邪……民皆樂其生",②在反對變法者眼中,這裏每一項都是新法的對立面。在新法遭到廢止之際,孫叔敖所代表的執政風格,應很符合時局的需要。此外,司馬光個人與光州頗有淵源,司馬光出生於光州光山縣,故名爲"光",他年少時對於鄰縣固始的孫叔敖傳説,很可能就有所了解。早在前述與神宗的對話之前,皇祐四年(1052)司馬光就在一首詩中寫道:"遺愛猶應祀叔敖。"③孫叔敖無疑在他知識庫的常用位置。元豐八年時,孫叔敖"三得相而不喜""三去相而不悔"的故事,或許也不時會在司馬光的腦海中浮現。

敕賜廟額,往往是先由地方社會推動,再由府、軍、州的地方官員向上聞奏,由中央宰相機構與職能部門來確定是否賜額以及所賜名號,最後由宰相簽署發敕牒下發到地

---

① 余英時:《朱熹的歷史世界:宋代士大夫政治文化的研究》,第253—254頁。
② 以上俱見《史記》卷一一九《循吏列傳》,第3099—3100頁。
③ 李之亮箋注:《司馬温公集編年箋注》卷八《律詩三·送齊學士知荆南》,成都:巴蜀書社,2009年,第46頁。

方。此前研究者也已指出爭取賜額與封爵過程中,地方社會具有主動性。[1] 元豐八年孫叔敖廟的賜額無疑也是由地方發起申請的,根據上文的分析,熙寧、元豐年間孫叔敖已經躍升爲與時政相關的歷史人物,關注度升高,而反對新法的一派尤其是其領袖司馬光,又與孫叔敖的歷史形象頗有契合。此時固始縣或光州的地方官員或社會精英若能洞悉到上述情勢,趁機爲孫叔敖修祠立碑并請求賜額,便是一個堪稱高明的政治行動。以上分析雖有推測成分,但其結果是肯定的,孫叔敖廟獲得了賜額"遺愛",從此以後這座祠廟更多被稱爲"漢遺愛廟"或"遺愛祠"。

元豐八年獲得賜額之後,原本就有一定地方社會基礎的期思遺愛廟,想必迎來了一次復興,如阮之武所見的簫鼓喧闐的祭祀活動也會開展起來。慕容彥逢《摛文堂集》卷八載:

> 光州孫叔敖廟祈禱感應擬遺愛侯廣信軍遂城縣班妃廟祈禱感應擬文惠夫人制
> 敕某:朕稱秩祀事,廟食之祥,既載諸有司,又賁以封爵,所以教天下之恭也。惟神有德有功,靈貺昭著,宜從民欲,申錫褒章。尚克歆嘉,永福茲土。可。[2]

光州孫叔敖廟祈禱感應,敕封遺愛侯。根據慕容彥逢的履歷,此制應作於宋徽宗時期。元豐六年王古建言"諸神祠加封,無爵號者賜廟額,已賜額者加封爵",[3]北宋遂形成對祠廟先賜額再封爵的定制,對孫叔敖廟的封賜符合這一制度。可見在元豐八年之後,孫叔敖廟的祭祀、祈福活動保持活躍,地方官民還以此來進一步獲取朝廷的承認與支持。

(二)南宋以後《孫叔敖碑》的流傳途徑

如阮之武那樣的士人前往孫叔敖廟訪古之事,在南宋時代還可見到。前節提到的費袞在《梁谿漫志》贊揚了"優孟孫叔敖歌",其筆記寫道:

> 予嘗游浮光,叔敖即是郡期思縣人也。期思今廢爲鎮。予得漢延熹中所立碑,書是事微有不同。

---

[1] 參看皮慶生:《宋代民衆祠神信仰研究》,第182頁。
[2] (宋)慕容彥逢:《摛文堂集》卷八,文淵閣四庫全書本,第26頁。
[3] (宋)李燾:《續資治通鑑長編》卷三三六神宗元豐六年,第8100頁。參看楊俊峰:《唐宋之間的國家與祠祀:以國家和南方祀神之風互動爲焦點》附錄二,第266—275頁。

· 173 ·

接著全文抄錄了碑文中相關部分,尤其是優孟所唱的歌詞。① 費袞不僅在游覽中訪問了孫叔敖廟,還抄錄或者獲得了漢碑的拓本。《梁谿漫志》成書於紹熙三年(1192),而《隸釋》成書於乾道三年(1167),相隔25年,不過費袞自云在期思得見石碑,而未提到《隸釋》。

實地訪碑者畢竟不會太多,但金石學家對《孫叔敖碑》的關注,使其拓本得以流傳。陶宗儀《書史會要》記載了三位元代的書法家:

> 李□□,字申伯,江右人,官至集賢待制。古隸專學孫叔敖碑,得方勁古拙之法。
> 王務道,字弘本,山陰人。古隸學孫叔敖碑。
> 吳志淳,字主一,曹南人。古隸學孫叔敖碑。②

他們都以專門研習《孫叔敖碑》書法而著名,反映了其拓本在書法界有一定的傳播。不過就像很多漢碑一樣,真正讓它們得以大規模傳播,乃至傳至後世的著作,還是《隸釋》。

與祠廟賜額相關的碑文續刻,以及續刻被《隸釋》的收錄,讓《楚相孫叔敖碑》得以成爲學人熟知且易得的漢碑。然而該碑碑阳的文字還出現於《古文苑》,使得其文本傳承變得更爲複雜。《古文苑》的編撰者不詳,淳熙六年(1179)首次將之刊刻的韓元吉寫道:"世傳孫巨源於佛寺經龕中得唐人所藏古文章一編,莫知誰氏錄也。"③前人頗有據此認爲它是唐人所編纂的古文集。若此,則其中收錄的《孫叔敖碑》就要遠遠早於《隸釋》了。然而清代顧廣圻在校勘後舉出多條證據,有力證明了《古文苑》出於宋人之手。④ 更重要的是,《古文苑》分爲九卷本與二十一卷本兩種版本,後者是南宋人章樵進行整理并注釋的結果,完成於紹定五年(1232),於端平三年(1236)初次刊刻。章樵本不僅增加了注釋,還調整了篇目順序,并增入了一些九卷本所無的文章,《楚相孫叔敖

---

① (宋)費袞:《梁谿漫志》卷五《優孟孫叔敖歌》,第47—48頁。
② (元)陶宗儀:《書史會要》卷七,第12頁。
③ (清)顧廣圻校勘:《古文苑》卷九"韓元吉記",福州:福建人民出版社,2020年。
④ (清)顧廣圻:《與孫淵如觀察論九卷本古文苑書》,附入顧廣圻校勘:《古文苑》,第7—8頁。另參王曉鵑《古文苑論稿》第一章,北京:人民出版社,2010年。胡真:《〈古文苑〉編者考》,《天一閣文叢》第17輯,第61—70頁。

碑》就是其中之一。九卷本《古文苑》的編定已晚於《隸釋》的成書,即便是從更早的鈔本而來,但其中并無此碑,而晚於《隸釋》65年的章樵注本中却出現了《孫叔敖碑》。因此,章樵注《古文苑》所載的《孫叔敖碑》并非來自唐人鈔本,從《隸釋》抄録增入的可能性極大。嚴可均輯《全後漢文》時,此碑用《隸釋》而不用《古文苑》,應該也有所判斷。不過,《隸釋》宋元版本均已不存,祇有明清刻本傳世,①章樵注本《古文苑》則存有宋端平三年(1236)常州軍刻淳祐六年(1246)盛如杞重修本,故而其中所載《孫叔敖碑》文本,可以作爲還原《隸釋》宋本面貌的參考。經由《隸釋》和《古文苑》的全文收録,《楚相孫叔敖碑》得以與其他漢碑一起廣泛傳播,尤其是《古文苑》使之超越了金石文獻的範圍,一定程度上實現了"經典化"。

南宋以後頗有對《孫叔敖碑》的文字内容進行評論甚至賞析者,有些可以推斷出其閲讀碑文的渠道。前面提到的費衮曾親觀原碑,劉昌詩也曾在淮南游歷,不知是否到過期思。劉昌詩的筆記中屢屢引到《集古録》,對金石學頗有興趣,或許也讀過《隸釋》。雖然無法判斷他從何處讀到此碑,但其自叙寫於嘉定六年(1213),當時章樵本《古文苑》尚未編成。此後元代郭翼的筆記則吐露出另一種綫索,郭翼從文字上批評了碑文,而在一開頭就寫道:

　　若邯鄲淳作《孫叔敖碑》……

這一句頗爲突兀,不知何據。邯鄲淳是東漢名臣度尚的弟子,元嘉元年(151)曾在上虞縣寫作《曹娥碑》,以才思敏捷著稱。② 在郭翼之前,從没見到這樣的説法,在此之後此説反而在相當程度上流傳開來。③ 郭翼的根據是什麽? 盛如杞刊本章注《古文苑》在《楚相孫叔敖碑》之下附注"不載述碑人姓名",但是,由於《楚相孫叔敖碑》是本卷首篇,遂與目録的最後一項即"《度尚曹娥碑》弟子邯鄲淳撰"相接(見圖二),某種鈔本若抄成"邯鄲淳撰楚相孫叔敖碑"并非不可能。郭翼或者在他之前某人的錯誤大概就是這樣

---

① 現存最早刻本是萬曆戊子王雲鷺刻本,後收入《四部叢刊三編》,乾隆年間汪日秀據數種鈔本對萬曆本進行校勘并重刻,同治十年洪氏晦木齋又據汪本翻刻,今通行的中華書局影印本即爲洪氏翻刻本。
② 李賢注引《會稽典録》曰:"上虞長度尚弟子邯鄲淳,字子禮。時甫弱冠,而有異才。尚先使魏朗作曹娥碑,文成未出,會朗見尚,尚與之飲宴,而子禮方至督酒。尚問朗碑文成未? 朗辭不才,因試使子禮爲之,操筆即成,無所點定。朗嗟歎不暇,遂毁其草。"(《後漢書》卷八四《列女·曹娥傳》注,第2794頁)
③ 如(清)顧懷三:《補後漢書藝文志》卷八"邯鄲淳《藝經》"條:"懷三案:淳爲度尚撰《曹娥碑》在桓帝元嘉元年,爲段君撰《孫叔敖碑》在延熹四年。"(《二十五史補編》第2册,上海:開明書店,1936年,第2266頁)

來的。這説明他們讀的一定是《古文苑》而非《隸釋》。更爲有趣的是,明嘉靖年間修撰的《固始縣志》,在《其藝文志》中全文抄録《漢楚相碑》,在文末寫道:

> 臣按是碑出《古文苑》,惜不載述碑人姓名。①

其後又加了幾句按語,都是抄撮章樵注而來。原本最有條件抄録原碑或拓本的縣志修撰者,竟然選擇了從《古文苑》抄録碑文。這充分反映出《古文苑》是此碑文傳播的重要途徑。

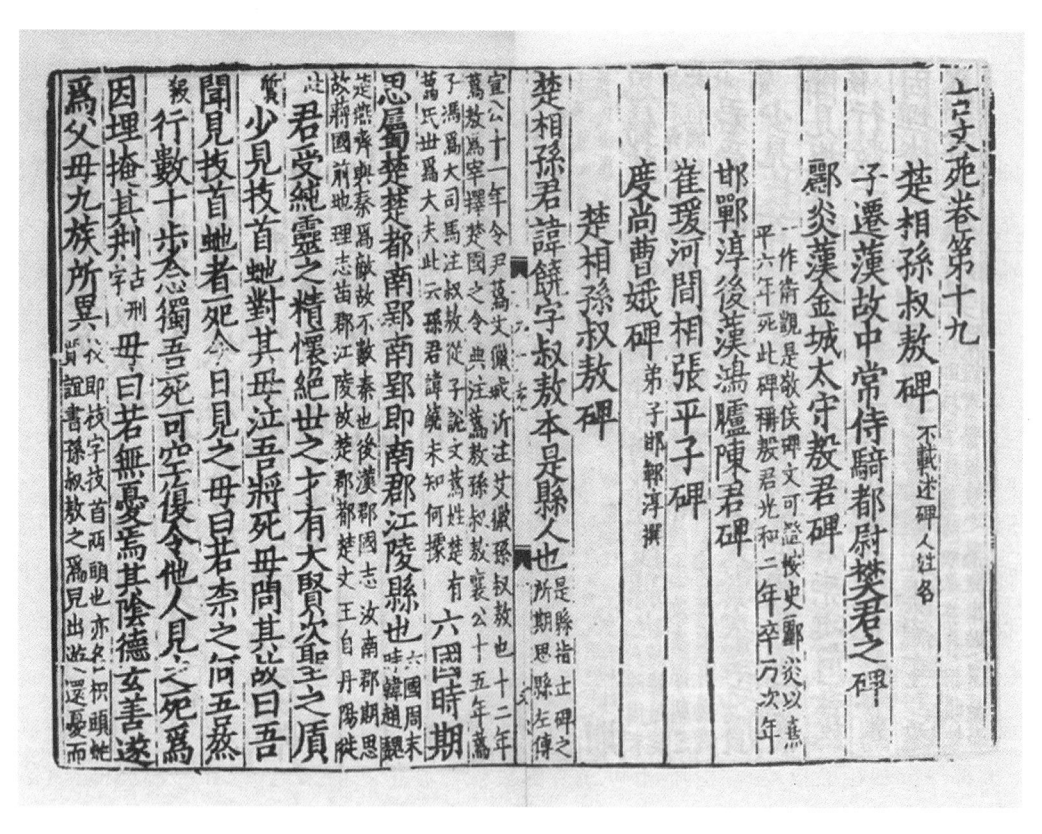

圖二　盛如杞刻本《古文苑》(中華再造善本)

《隸釋》和《古文苑》的收録讓《孫叔敖碑》不再依賴於拓本傳播,使其成爲普通文獻知識的一部分。明人刑侗爲華容孫世其撰寫的墓碑寫道:

---

① 嘉靖《固始縣志》卷一〇《藝文志》,《天一閣藏明代方志選刊》,上海古籍書店,1963年影印本,第17頁上。

> 竊聞楚子之分,繇洞庭以包舉;芊(芈)氏之世,至潘鄉而表大。①

以"潘鄉"爲孫叔敖封地,是《孫叔敖碑》獨有的説法,言孫氏"至潘鄉而表大",典故只能出自此碑。清人馬驌編定《繹史》,甚至將《孫叔敖碑》作爲與《左傳》《史記》和諸子等相并列的史料。② 另一方面,也出現了顧炎武、武億等人對其内容的激烈質疑。

在碑文文本進入一般知識、爲越來越多的人所熟悉的同時,碑的原石却已不知所踪。施蟄存已經指出,明代幾種碑目尚記載此碑在固始縣,到顧炎武《金石文字記》中,便衹據舊拓著録,而不言碑在某地,此後金石學家均未提及此碑石,故而此碑原石當亡於明末。③

乾隆後期任河南巡撫的畢沅寫道:"光州孫叔敖碑,顧炎武亦見拓本,今求之,云湮没,甚可惜也。"④可知最晚在乾隆末年,此碑石確已無處尋覓了。這段議論是在元代重刻的延熹六年桐柏淮源廟碑條目下順便提到的,而桐柏淮源廟碑也有類似的經歷:

> 予聞漢碑仆地,即在吳炳碑之旁,尚有數字可辨。屢飭守令打本,搜訪不得。恐又爲近時修廟取作柱礎矣。⑤

在金石學的小群體之外,後世重刻較爲清晰的碑更受歡迎,年代更久的舊碑或仆倒,或湮没,無人措意,甚至被修廟的鄉里匠人取爲柱礎。這是很耐人尋味的現象。同是延熹年間的漢碑,孫叔敖碑的文字内容和拓本在一定時期得到傳播,而其原石或因年代久遠自然風化,加以屢遭搥拓,更加漫漶難認,逐漸失去了價值,以致湮没不存了。它在當年承載了期思長以及縣中百姓寄予的期望,在北宋又因緣際會地得到續刻并重獲新生,更因金石學的興起使其文本進入更廣泛傳布的《隸釋》和《古文苑》,"千載表績,萬古標記"的夙願很大程度上得以實現。這塊碑石却在完成使命之後,最終消失於歷史迷霧之中。

---

① (明)邢侗著,宫曉衛、修廣利輯校:《邢侗集·來禽館集》卷一六《墓碑·明雲南督學華容世其孫公碑》,濟南:齊魯書社,2017年,第423頁。
② (清)馬驌撰,王利器整理:《繹史》卷五七《楚莊王争霸》,北京:中華書局,2002年,第1353—1354頁。
③ 施蟄存:《水經注碑録》,第195頁。
④ (清)畢沅:《中州金石記》卷五"重刻延熹六年桐柏淮源廟碑"條,《叢書集成初編》,上海:商務印書館,1936年,第126頁。
⑤ 同上。

（三）明清時期的兩處孫叔敖祠

明清時期，期思孫叔敖祠仍然繼續存在，在宋代賜額之後，更多被稱作遺愛廟。在明代嘉靖年間修撰的《固始縣志》中，我們看到縣北之鄉名爲遺愛，當是由此廟而命名。在"壇廟"門中，有一條"祠有遺愛"，注云：

> 在期思鎮。西漢延熹二年立，有碑。宋元豐八年敕賜額曰遺愛廟。正德元年知縣段繼、嘉靖二十年梯命散官錢有修，祀楚相孫叔敖。①

由此可知，在明代仍有兩次地方長官主持的修葺，嘉靖二十年這次即由編修縣志的知縣張梯發起，恰與縣志的編成在同一年，這説明該廟仍在當地的祠祀系統中占有一席之地。縣志中還記載了一處"孫叔敖墓"，在"期思遺愛廟後"，下面小注中進行了一番考釋，列出江陵、壽春等異説，②是亦半信半疑。這提示我們到明代爲止，期思地方仍然有新的孫叔敖傳説在生成。另一方面，同書"祭祀"門中"遺愛廟"條注云：

> 在期思，今無官祭。宜申增。③

孫叔敖的祠廟僅保留在期思，而未出現在固始縣城之中，而且還處於"無官祭"的狀態。明清文人至此訪古留下的一些詩文，常描寫其荒涼清冷之狀，如："女墻滋蔓草，官柳映祠門。"（明王稚登《孫叔敖廟》）"霜葭摧碧連荒草，雨蘚沿青上古松，讀罷殘碑出門去，寒山漠漠水重重。"（明劉昌《謁楚令尹廟》）"隱□□墟空寂寞，埋蛇舊迹亦荒涼。只今惟有期思水，□□飛鳧遍野塘。"（清陳之聖《期思楚相孫叔敖祠》）④一位兩千年前的先賢，在其神格缺少與現實連接的情況下，不免逐漸被冷落。

與期思遺愛廟的冷清形成對比的，是東邊壽州芍陂北堤上的孫叔敖祠，又稱"楚相祠""孫公祠"。這一祠廟也見於《水經注》及唐宋地理志書，但到明清時期變得尤其興盛。芍陂是淮南地區規模最大的灌溉工程，官府、豪民、貧民之間圍繞這一水利工程的

---

① 嘉靖《固始縣志》卷三，第 7 頁下。
② 嘉靖《固始縣志》卷九，第 2 頁上。
③ 嘉靖《固始縣志》卷八，第 4 頁上。到順治年間的《固始縣志》中，此條目下仍然是"今無官祭，宜申增。"（順治《固始縣志》卷八，《日本藏中國罕見地方志叢刊》，北京：書目文獻出版社，1992 年影印本，第 3 頁下）
④ 以上明清詩歌，均引自淮河文化辦公室編：《淮河文化·淮濱卷》，開封：河南大學出版社，2010 年，第 150—152 頁。

墾田與蓄水的鬥争連綿不絶,地方官府不得不投入極大的關注。嘉慶六年(1801)夏尚忠撰《芍陂紀事》,在"祠祀"條下詳細記載了楚相祠的有關資料。從中可以看到,楚相祠"每歲春秋致祭,定擬季月仲丁日,每祭以州司馬行禮",這一祭祀規格明顯高於期思遺愛廟。從明成化十九年(1483)到乾隆五十九年(1794),該祠共重修了8次,而且多有整體重新規劃建設的大工程,這也是期思遺愛廟不能比擬的。書中記載了詳細的祭祀儀式,以及祭文,還提到了專用於供祭的祀田。廟中供奉的神位,除了孫叔敖,還有自兩漢至明清歷代治理芍陂有功的地方官員50人,尤其以明清兩代爲多。不得不説,這一規制給了當地官員維護這一祠廟巨大的動力。明清官員修治芍陂,往往要立碑爲記,碑的開頭必稱頌孫叔敖首創之功,而這些碑也大多樹立在楚相祠中。① 在康熙四十年壽州丞顔伯珣曾主持一次前後六年的重修芍陂工程,在他自撰的《重修芍陂記》中,記載這一工程的開端是:"徵徒千人,誓於孫叔敖廟經始焉";在接近尾聲之時,又"勸民作孫叔敖廟,一恢舊制"。② 在芍陂一帶,孫叔敖無疑已經成爲水利保護神,無論想要有所作爲的官吏,還是苦於陂塘被豪民占墾的小民,都有充分的理由前往楚相祠獻上虔誠的祭奠。③ 期思縣雖然也有很多陂塘水利,但遠離縣城的遺愛廟似乎未見發揮這一功能,兩個祠廟的境遇形成了鮮明的對比。不過,芍陂孫叔敖信仰的方興未艾,可能也是期思遺愛廟衰而不絶的原因之一。

結　語

《隸釋》所録《楚相孫叔敖碑》確爲東漢延熹三年所立的碑刻,此碑的刻立及其後孫叔敖祠的創建,是期思長光與縣中百姓尤其是孫氏等大族合作的結果。期思長不僅獲得追慕先賢的美名,還暗中期待神靈對自己的賜福,但此次興祀立碑不能全由他個人意志來解釋。經過將碑文内容與傳世文獻逐一比對,可以發現其中雖有相合處,但也有很多從結構到具體細節的不同,從多個角度共同指向了它與地方性口述文化的關聯,碑陰所説"訪問國中耆年舊齒",恐非虚語。期思縣流傳着不少關於孫叔敖的傳説,民衆深信他爲本縣先賢。人丁興旺的孫氏宗族,可能就爲碑文提供了不少信息。這些構成了

---

① 參看李松、陶立明輯校:《〈芍陂紀事〉校注暨芍陂史料彙編》,合肥:中國科學技術大學出版社,2016年,第121—142頁。
② 李松、陶立明輯校:《〈芍陂紀事〉校注暨芍陂史料彙編》,第166—169頁。
③ 參看孔爲廉、邢義田:《歷史與傳統——芍陂、孫叔敖和一個流傳不息的叙事》,《淮南師範學院學報》2013年第1期。

本次修祠立碑的文化環境,也是其社會基礎。期思所在的汝南郡是東漢經濟、學術最爲發達的地區之一,名士輩出,此時已處在與外戚、宦官勢力的政治對抗之中。這些名士掌握著鄉里清議,在汝南一郡具有絶對的政治優勢,碑文中刻意强調的孫叔敖"立涸濁而澄清"的形象,頗有向清流名士示好的迹象;而對孫叔敖"大賢次聖"的評價,雖較之《古今人表》的主流評價更爲拔高,但其用語仍顯示出人物品評風氣的影響。

經歷了魏晉南北朝隋唐五代的漫長時光,北宋初期《孫叔敖碑》已接近被遺忘的狀態。歐陽修等金石學將該碑從湮没的邊緣拯救回來,使其重新進入學者的視野。而在宋神宗、哲宗朝,孫叔敖作爲擁有多重面向的歷史人物,在現實政治中被激活爲不止一種符號,或許在此契機之下,光州的孫叔敖廟成功獲得賜額,神主得到封爵,而漢碑也得到了續刻。祠廟因之而一度復興,續刻的碑文則藉由《隸釋》《古文苑》向更大範圍傳播,直至融入超越金石學範圍的一般性文獻知識。在碑文文本躋身不朽之域的同時,碑石却在歲月侵蝕和人們的忽視下永遠消失了。明清時期,期思遺愛廟的香火依然在延續,但與東邊芍陂的楚相祠相比,不免顯得冷清和落寞。縱觀孫叔敖祠廟在後世的興衰,可以對地方祠祀與地方文化、社會情境的關係進行更深入的思考。

附記:本文曾在北京大學中國古代史研究中心成立 40 週年紀念會議、首届北大文研學者論壇"鄂渚論學:制度因革與社會變遷"以及復旦大學"碑之轉身:中古中國石碑與石刻文化學術研討會"中報告,獲得與會學者諸多指點,尤其要感謝魏斌、史睿、方誠峰、李霖、古麗巍、劉屹等先生先後惠示的重要意見。陳陽博士對本文進行了細緻校對,一併致謝!

楚相孫君之碑
（碑陽）

24	23	22	21	20	19	18	17	16	15	14	13	12	11	10	9	8	7	6	5	4	3	2	1
漢	興	感	君	則	於	感	裼	為	言	孫	○	絕	不	其	好	利	眾	刑	蛇	楚
延	士	想	祇	存	國	動	賣	者	君	時	穿	弦	榮	忠	從	以	藏	者	之	相
熹	熾	祠	肅	其	下	覺	薪	當	相	楚	逆	辟	華	信	容	殷	廉	死	精	孫
三	孫	祇	神	後	濕	悟	貪	時	吾	莊	其	朝	一	廉	潤	於	家	曰	懷	君
年	氏	孫	臨	就	境	問	之	楚	延	王	意	靈	患	節	中	殖	家	若	譚	譚
五	蒙	君	魏	其	坰	其	功	相	其	立	常	王	高	國	幣	今	富	陰	世	饒
月	恩	乃	縣	故	人	名	即	孟	常	墨	而	於	梱	義	一	日	喜	德	之	字
廿	嘉	明	一	吏	所	具	為	之	敦	墨	濁	無	改	軌	朝	見	優	玄	才	叔
八	訓	臨	載	見	不	列	貪	功	良	若	而	刑	章	儀	而	之	喈	奈	有	敖
日	興	賢	祠	其	對	不	廉	之	而	相	清	獄	同	化	樂	藪	波	何	大	本
立	祀	縣	為	故	即	即	吏	枂	無	與	至	至	制	其	業	川	陸	吾	賢	是
	載	郡	架	孟	求	求	常	數	君	其	於	於	其	憂	序	谷	源	教	次	縣
	志	庶	廟	人	其	其	苦	者	相	甫	夏	民	富	國	在	善	何	肩	亞	人
	在	慕	屋	所	子	子	以	歌	曰	善	而	乘	國	在	朝	導	為	少	之	也
	惠	先	立	不	而	而	獨	曰	善	而	無	天	忘	朝	灌	敬	見	肩	六
	康	賢	石	加	不	不	為	相	吾	無	介	時	私	明	墜	念	技	國
	葬	禮	銘	封	見	成	家	雖	照	遺	銖	盡	明	馬	防	吾	數	時
	枯	德	鄉	即	其	而	貪	明	其	寶	之	三	乘	填	為	十	期
	廩	允	遂	封	子	可	不	塗	遺	玉	分	年	天	坯	其	步	思
	之	恭	加	楚	孫	為	甚	炭	寶	玦	照	不	時	防	為	所	首
	愛	篤	封	相	也	不	可	也	玦	與	破	別	無	埋	母	蛇	屬
	念	古	禪	父	而	可	不	其	武	孤	盡	雪	湖	防	死	對	楚
	意	蒸	明	所	無	不	負	吳	不	玦	豐	相	地	可	其	楚
	自	討	神	有	命	如	有	以	力	子	浦	蕃	也	空	母	都
	然	舊	奉	無	如	斯	清	絕	寶	不	庶	政	復	為	泣	南
	刻	奉	履	嗣	國	不	吏	無	堅	堅	人	以	令	死	吾	郢
	石	掃	憲	楚	絕	受	而	數	戲	遺	高	道	他	母	將	南
	銘	釂	章	相	祀	錢	清	年	郭	子	陽	見	問	死	郢
	千	獻	欽	父	廢	而	而	而	皇	不	曾	人	其	母	即
	載	解	翼	孫	楚	不	無	為	帝	子	終	天	故	問	南
	表	寡	天	有	不	受	戲	之	戲	同	也	文	曰	其	郡
	績	是	道	五	社	不	郭	為	不	始	始	之	吾	故	江
	萬	餘	太	典	稷	不	哉	莊	同	終	於	美	之	曰	陵
	古	枉	守	興	及	數	其	王	始	逾	季	之	死	吾	縣
	標	僑	及	通	君	年	子	以	於	矢	末	度	為	見	也
	訁	蕎	期	攻	思	而	孫	優	季	志	仕	敬	國	蛇	君
	福	是	思	縣	賞	欲	即	優	如	專	而	授	民	時	受
	佑	羔	忠	宰	必	見	為	孟	權	文	埋	其
	期	註	效	祭	口	王	之	困	在	寵	掩	母
	思	仁	仁		而	心	吾	乃		之	技

楚相孫君之碑
（碑陰）

1. 延熹三年歲在□□中夏之節政在封表期思長光
2. 視事一紀訪問國中耆老舊齒素聞諸孫君楚龜良輔
3. 本起此邦宜名於後博求遺苗曾玄孫子考時吉辰
4. 五月辛卯毌於廢可立碑祀招請孫子都會右
5. 郭西道北處所顯好興上罕倡優鼓舞式序其青
6. 翊之端首以不貪追賢烈祭共造戶曹掾哀騰令
7. 授姓如諱武尉京兆周陵詳集
8. 史許柏
9. 相君諱長子即封食邑二宗固始少子在江陵中子
10. 居三□虛長業有材
11. 十有餘世子伯世尉少子則其苗少子在江陵
12. 長一子字伯世尉荊州太守伯少子則其苗少子後
13. 二子字伯世仲居少子世尉少子伯為武伯君卒
14. 會哀之間宗黨微弱不能仕學世信孝世信孝子各
15. 遺財有六九歲舉賊從所殺學長子子蘭字子仲弟
16. 字仲陽也弟字叔通女大子字衛公都弟字聖公其
17. 庭績一也孝弟字男歲次六字次弟字劉卿次績
18. 宗六父字惠明□弟字次都治弟於材宗聖此父
19. 有六字仲大女子字子字文字□弟字字聖虛六
20. 字六父也孝伯叔通女大子字衛公弟治於材宗六
21. 次弟男推卿次弟字次弟次此都材弟字聖六
22. 也世信材子字彦明次弟字次都此父虛一父別
23. 高祖與材高祖父親兄弟孫氏宗族別□紀也

"吉凶鹵簿"新考
——兼論漢代喪禮"吉凶相參"觀念的形成

劉亞光

中古時期的喪葬禮儀中,出現了多次"禮分吉、凶"的爭議。問題的起因,是在本屬凶禮的喪儀中,有吉禮的成分融入。[①] 據文獻記載,這種行爲可追溯至漢代,《晉書·禮志》載:"漢魏故事,將葬,設吉凶鹵簿,皆以鼓吹。"[②]似乎漢代喪禮之中,已有名爲"吉凶鹵簿"的物質化儀式。[③] 對此,窪添慶文認爲,"吉凶鹵簿"即以吉駕"金根容車"和凶駕"大行載車"爲中心構成的送葬導從,分別指大駕和法駕。[④] 這一結論也構成了此後討論吉凶鹵簿的基礎。[⑤] 最近劉可維也對吉凶二駕的禮學基礎與漢制來源、吉凶鹵簿自東漢至西晉的變化等問題進行了探討。[⑥]

已有的成果,推進了我們對於吉凶鹵簿的認識,但細究起來,仍有延伸的空間:首先是大部分研究未充分考慮兩漢的禮學背景,一般認爲漢代的禮制框架爲根植"士禮"的"六禮體系",故以"吉、凶"命名的鹵簿於兩漢是否真正存在過,本身便是問題;[⑦]其次爲吉凶鹵簿的所指,由於窪添氏未給出論證過程,并不清楚其觀點的依據所在,事實上

[①] 參見吳麗娛:《再造"國恤"——試論〈大唐元陵儀注〉的禮儀來源》,《隋唐遼宋金元史論叢》第 1 輯,北京:紫禁城出版社,2011 年,第 71—73 頁。新的研究,又見王銘:《追贈恩榮:漢魏晉南北朝喪葬儀制吉凶相參的歷史演變》,《首都師範大學學報(社會科學版)》2022 年第 1 期。
[②] 《晉書》卷二〇《禮志中》,北京:中華書局,1974 年,第 626 頁。
[③] "物質化儀式"藉用了楊英"物化禮樂"的概念,大體指車駕、冠服等。見楊英:《北魏儀注考》,《中國社會科學院歷史研究所學刊》第 9 集,北京:商務印書館,2015 年。
[④] 窪添慶文:「中国の喪葬儀礼——漢代の皇帝の儀礼を中心に」,井上光貞:「東アジアにおける儀礼と国家」,東京:學生社,1982 年,第 89 頁。
[⑤] 此類研究,如王銘:《追贈恩榮:漢魏晉南北朝喪葬儀制吉凶相參的歷史演變》,第 9—19 頁。
[⑥] 劉可維:《漢晉喪儀中吉凶鹵簿的形成與變遷》,《魏晉南北朝隋唐史資料》第 45 輯,上海古籍出版社,2022 年,第 27—36 頁。
[⑦] 如《文選》卷五七《誄下》所錄之《宋孝武宣貴妃誄》中有"晨輀解鳳"一句,李善注曰:"然輀車吉儀,(臣)瓚説是也。"(《文選》,上海古籍出版社,1986 年,第 2482 頁)按,李氏將"輀車"定性爲"吉儀",顯然已脱離了漢代的禮學思想語境,故不可理解爲臣瓚之本義。這樣的例子還很多。

他的結論存有疑點,有待驗證;除此之外,前人着墨較多的是吉凶二駕,對於"鹵簿"本身,如其禮法來源、設置的緣由及時間等基本問題,涉及甚少。

有鑒於此,本文擬在立足兩漢禮學背景的前提下重新解讀相關史料,考察吉凶鹵簿於漢代的存廢、制度内容、源流及演變等問題。并以之爲綫索,梳理漢代喪禮的發展過程,力圖呈現"吉、凶"觀念在漢代的孕育前史,爲中古禮制史"五禮體系化"之議題再填思考。

一、漢代未置"吉凶鹵簿"辨

筆者初讀前引《晉書·禮志》的史料時,就對漢代是否設置過"吉凶鹵簿"抱有疑問。"吉、凶"是"五禮體系"中的兩個方面。一般認爲,該體系踐行於國家禮制始於魏晉之際。① 東漢末期,荀彧曾對曹操説道:"今公外定武功,内興文學,使干戈戢睦,大道流行,國難方弭,六禮俱治,此姬旦宰周之所以速平也。"②據之,時之禮制框架仍是《禮記·王制》歸納的"冠、婚、喪、祭、鄉、相見"六禮,③清晰可見"五禮體系"還未被納入朝廷儀制。

再就東漢喪禮觀念而談。目前可見記載東漢喪儀最原始的傳世材料,是《續漢書·禮儀志下》,史源可追溯至蔡邕擬爲《東觀漢記》撰寫的《十意》之一《禮樂意》。④《禮儀志》篇首謂:"故記施行威儀,以爲《禮儀志》。"⑤則《志》收録的是當時通行的威儀制度,可信度很高。其中"太子即天子位於柩前"的儀式:"群臣皆出,吉服入會如儀。"而即位禮結束後:"群臣百官罷,入成喪服如禮。"又載:"先大駕日游冠衣於諸宮諸殿,群臣皆吉服從會如儀。皇帝近臣喪服如禮。"⑥可見,與"吉服"相對的是"喪服",而非"凶服",此外《志》中再無其他和"吉、凶"相關的儀式或器物。總之,依據現有文獻,東漢喪禮中與"吉"相對的禮儀概念是"喪",并非"凶"。

結合漢代的禮儀"體系"與"觀念"看,雖然無法徹底排除"吉凶"這一禮儀概念在當

---

① 梁滿倉:《論魏晉南北朝時期的五禮制度化》,《中國史研究》2001 年第 4 期,第 27 頁。
② 《三國志》卷一〇《魏書·荀彧傳》裴松之注引《荀彧别傳》,北京:中華書局,1982 年,第 317 頁。
③ 梁滿倉:《論魏晉南北朝時期的五禮制度化》,第 28 頁。
④ 據《續漢書·禮儀志上》劉昭注引謝沈《後漢書》:"太傅胡廣博綜舊儀,立漢制度,蔡邕依以爲志,譙周後改定以爲《禮儀志》。"(《後漢書》志四《禮儀志上》,北京:中華書局,1965 年,第 3101 頁)可知,司馬彪所作之《禮儀志》承襲自蔡邕。相關的研究,參見代國璽:《蔡邕〈獨斷〉考論》,《文獻》2015 年第 1 期,第 158 頁。
⑤ 《後漢書》志四《禮儀志上》,第 3101 頁。
⑥ 《後漢書》志六《禮儀志下》,第 3144 頁。

時出現的可能性,但可肯定這絕非主流意識,至少在國家禮制層面,不會存在以"吉凶"爲名的喪禮鹵簿。

該如何解讀《晉書·禮志》的記載呢? 追溯"吉凶鹵簿"一句的源流,我們發現這實際出自西晉大儒摯虞。《通典·凶禮》記:"摯虞曰:'按漢魏故事,將葬,設吉凶鹵簿,皆有鼓吹。'"①更清晰的記載,見《太平御覽·樂部》引摯虞《新禮儀志》:"漢魏故事,將葬,設吉凶鹵簿,皆鼓吹。"②摯虞説出此句的背景,是元康中(約295)朝廷重議西晉初荀顗所製的《新禮》。③《通典·凶禮》載:"新議曰:'《禮》無吉駕象生之飾,四海遏密八音,豈有釋其縗經以服玄黄黼黻哉! 雖於神明,哀素之心已不稱矣。輒除鼓吹吉駕鹵簿。'"④又《晉書·禮志》載:"凶事無樂,遏密八音,除凶服之鼓吹。"⑤也屬於"新議"的内容。"吉駕""吉駕鹵簿""凶服"等字眼的出現,表明至晚於魏末晉初時,已有"吉凶鹵簿"。因此,"吉凶鹵簿"很可能是成於魏晉之際的禮儀形式。

二、東漢大喪儀"大駕、法駕"爲"柩車、容車鹵簿"考

漢代的喪禮鹵簿雖無"吉凶"之名,但摯虞所謂的"漢魏故事"却非虚言。荀顗"以母憂去職",其傳載:"文帝奏,宜依漢太傅胡廣喪母故事,給司空吉凶導從。"⑥"胡廣喪母故事"中的"司空吉凶導從"是一典例,然如前節所論,此處"吉凶"當視作"追述"。最直接、可信的事例,是《續漢書·禮儀志》"大喪"條記載的"大駕、法駕鹵簿":

> 大駕,太僕御。方相氏黄金四目,蒙熊皮,玄衣朱裳,執戈揚楯,立乘四馬先驅。旂之制,長三仞,十有二游,曳地,畫日、月、升龍,書旂曰"天子之柩"。謁者二人立乘六馬爲次。大駕甘泉鹵簿,金根容車,蘭臺法駕。喪服大行載飾如金根車。⑦

窪添慶文將"大駕甘泉鹵簿"與"蘭臺法駕",分别定性爲"吉駕鹵簿"與"凶駕鹵簿"。

---

① 《通典》卷七九《凶禮一》,北京:中華書局,1988年,第2143頁。
② 《太平御覽》卷五六七《樂部五》,北京:中華書局,1960年,第2563頁上欄。
③ 《晉書·摯虞傳》載:"元康中,遷吴王友。時荀顗撰《新禮》,使虞討論得失而後施行。"見《晉書》卷五一,第1426頁。
④ 《通典》卷七九《凶禮一》,第2143頁。
⑤ 《晉書》卷二〇《禮志中》,第626頁。
⑥ 《晉書》卷三九《荀顗傳》,第1150—1151頁。
⑦ 《後漢書》志六《禮儀志下》,第3144—3145頁。

僅從引文"大駕、金根容車""法駕、大行載車"的叙述看,似可讀出二者爲"吉、凶鹵簿"的文義。

但是,這一認識存在幾處疑點:(1)禮儀形式上,大駕鹵簿爲"太僕御",考《續漢書·輿服志》"大行載車"條:"太僕御,駕六布施馬。"①用於載柩的大行載車,同樣爲"太僕御",表明柩車當位於大駕鹵簿之内;又大駕鹵簿有標明"天子之柩"的旂旗,據《通典·凶禮》:"秦漢皇帝、皇后、太后,復書銘置之柩也。"②則旂旗之下便是柩車的位置。(2)禮儀觀念上,容車源於"士喪禮"中的"薦車",③李賢注"容車"曰:"容飾之車,象生時也。"④故以金根容車爲中心的鹵簿,理應采用皇帝生時常用的儀仗。東漢時期,大駕鹵簿"中興以來希用之,先帝時特備大駕上原陵,他不常用,唯遭大喪乃施之",⑤法駕鹵簿"行祠天郊"用之。⑥ 可見,較之僅用於喪禮的大駕,法駕鹵簿是皇帝更加常用的出行儀仗。而以"大駕爲容車鹵簿、法駕爲柩車鹵簿",無疑顛倒了兩種儀仗表現出的功能。

因此,從禮儀的"形式"與"觀念"兩個角度,均得到"大駕、法駕"分别是"柩車、容車鹵簿"的判斷。如此一來,還會有一新發現:大喪儀中,柩車鹵簿的規格要高於容車鹵簿。這是否隱含了漢代某種喪葬觀念?留待下文發掘。

三、經解與故事:漢代喪禮鹵簿的兩條源流

東漢大喪儀爲何又另設鹵簿?僅從"事死如生"來解釋并不充分,⑦作爲一種具體的物質化儀式,喪禮鹵簿應有禮法淵源可循。

---

① 《後漢書》卷二九《輿服志上》,第3651頁。
② 《通典》卷八四《凶禮六》,第2273頁。
③ 按,鄭玄注《儀禮·既夕禮》"薦(乘、道、槀)車"云:"薦,進也。進車者,象生時將行,陳駕也。今時謂之魂車。"以漢代"魂車"類比"士喪禮"所薦之"乘、道、槀"車,可見二者之繼承關係。見《儀禮注疏》卷三八,(清)阮元校刻:《十三經注疏》,北京:中華書局,2009年,第2486頁上欄。相關研究可參見劉可維:《漢晋葬儀中吉凶鹵簿的形成與變遷》,第27—30頁。
④ 《後漢書》卷二〇《祭遵傳》李賢注,第744頁。
⑤ (漢)蔡邕:《獨斷》卷下,《景印文淵閣四庫全書》第850册,臺北:臺灣商務印書館,1986年,第91頁下欄。
⑥ 《後漢書》卷二九《輿服志上》,第3650頁。
⑦ 陳惠玲認爲,喪禮設置鹵簿乃依據"事死猶生"之理。然據《荀子·禮論》:"喪禮者,以生者飾死者也,大象其生以送其死也。故如死如生,如亡如存,終始一也。"則整場喪禮無不透露出"事死如生"的意味,以之解釋鹵簿爲何而設、又爲何分爲"吉、凶"兩部,不免顯得籠統。見陳惠玲:《兩晋荒禮禮情之觀察》,《"國立"臺灣科技大學人文社會學報》2007年第3期,第121—150頁。(清)王先謙撰,沈嘯寰、王星賢點校:《荀子集解》卷一三《禮論篇》,北京:中華書局,1988年,第366頁。

班固概括漢代制禮爲"推士禮以及天子"。① "士禮"系統包括《儀禮》與《禮記》,據之推導,漢代喪儀也應基於"士禮"制作。如《白虎通》"崩薨"一卷,援引的經義基本來自《禮記》及其緯書,②窪添慶文也詳細比對了《續漢書・禮儀志下》與《儀禮》"士喪禮""既夕禮"等篇的内容,發現二者在喪禮的儀式過程上大致對應。③ 因此,無論從製禮的觀念還是實踐上看,東漢喪儀都有鮮明的"士禮"痕迹。那麽,其中的鹵簿之制,也有承襲"士禮"的可能性。

《晉書・禮志》記:"將葬,設吉凶鹵簿",鹵簿用於"將葬"——即送葬隊伍從"出發"至"抵達"墓地的階段。對應至"士禮",便是《儀禮・既夕禮》中"遣奠"至"窆柩藏器"之間的儀式。爲便於討論,筆者以序號標識其中的車輿:

  甸人抗重,出自道,道左倚之。薦馬,馬出自道,① 車各從其馬,駕於門外,西面而俟,南上。徹者入,踊如初。徹巾,苞牲,取下體,不以魚臘。行器,茵、苞、器序從,車從。……② 商祝執功布以御柩。執披。主人袒,乃行,踊無筭。④

此處可明確兩種車駕:① 各從其馬之"車",鄭玄注:"行者乘車在前,道、槀,序從。"⑤ 據之,"車"是"乘、道、槀"三駕。據《既夕禮》之喪儀過程,經歷一段時間的殯期後,棺柩"啓殯",隨之爲"遷柩朝祖"和"薦車",所"薦"之車即此三駕也,鄭玄注:"薦,進也。進車者,象生時將行,陳駕也。今時謂之魂車。"可知①即"魂車"。② 商祝執功布以御的"柩車"。送葬隊伍的行進次序,是"器、魂車、柩車"。

引文中的"魂車"與"柩車",即東漢大喪儀"金根容車"與"大行載車"的原型。⑥ 然此外,再不見任何與鹵簿相關的儀式或器物,這與《晉書・禮志》所記:"《禮》無吉駕導從之文"一致。就此狀況,西晉博士孫毓提出:"導從"源於《周禮・巾車》中巾車"及葬,執蓋從"的行爲,⑦但《周禮》在兩漢并非官學,在禮儀典範上的意義有限,故不當從。又

---

① 《漢書》卷二二《禮樂志第二》,北京:中華書局,1962年,第1035頁。相關研究參見梁滿倉:《論魏晉南北朝時期的五禮制度化》,第28—29頁。
② (清)陳立撰,吳則虞點校:《白虎通疏證》卷一一,北京:中華書局,1994年,第546—560頁。
③ 窪添慶文:《中国の喪葬儀礼——漢代の皇帝の儀礼を中心に》,第77—103頁。
④ 《儀禮注疏》卷三九,第2500頁下欄,第2501頁下欄。
⑤ 《儀禮注疏》卷三九,第2500頁下欄。
⑥ 還可參見劉可維:《漢晉葬儀中吉凶鹵簿的形成與變遷》,第27—30頁。
⑦ 《通典》卷七九《凶禮一》,第2143頁。

摯虞稱："葬有祥車曠左，則今之容車也。既葬，日中反虞，逆神而還。……《士喪禮》，葬有槀車乘車，以載生之服。此皆不唯載柩，兼有吉駕之明文也。既設吉駕，則宜有導從，以象平生之容，明不致死之義。"①也僅抬出"吉駕之明文"，却避而不談"導從"之典據。②

喪禮鹵簿若非出於經文，是否來自時人針對經義的見解呢？鄭玄的經注中可找到一處綫索。鄭注《周禮·巾車》"及墓，嘑啓關，陳車"謂：

關，墓門也。車，貳車也。《士喪禮》下篇曰："車至道左，北面立，東上。"③

《巾車》此句陳述了送葬隊伍"抵達墓地、開啓墓門、陳車"的儀式，鄭玄將之與《士喪禮》"下篇"（實爲《既夕禮·記》）"車至道左，北面立，東上"對應，表示此二句中之"車"實爲一種。那麼，"車"所指爲何？鄭注後句："道左，墓道東。先至者在東。"賈公彥疏："云'先至者在東'者，以乘車、道車、槀車三者次第爲先後，先至謂乘車也。必知此車是乘車之等者，以其下有柩車，故知此是三等者也。"④知"車"即"乘、道、槀"三駕魂車。對於注文僅見"車，貳車也"，賈疏："鄭直云'貳車'者，舉其《士喪禮》不見者而言耳。"⑤因此，鄭玄之意是：送葬隊伍抵達墓地時，先陳設魂車與其貳車。换言之，魂車隨送葬隊伍行進時，另有貳車隨行。孫詒讓也表示"大喪葬時至墓之車，通有五種"，其中"五路及貳車，《曲禮》謂之祥車，《士喪禮》注謂之魂車，即此所陳者是也"，⑥將貳車併於魂車之屬，贊同鄭氏。

事實上，漢代鹵簿中的"屬車"便源於貳車。《獨斷》謂："古者諸侯，貳車九乘。秦滅九國，兼其車服，故大駕屬車八十一乘也。"⑦因此，鹵簿即是大規模的貳車群。既然禮儀可解讀爲"魂車送葬另設貳車隨行"，實踐於現實中，便表現爲以容車爲核心的鹵

---

① 《晉書》卷二〇《禮志中》，第626頁。
② 窪添慶文也提到："摯虞即使能夠證明吉駕，但也無法證明吉駕導從的存在。"（氏著：《中國の喪葬儀禮——漢代の皇帝の儀禮を中心に》，第90頁）
③ 《周禮注疏》卷二七《春官·巾車》，（清）阮元校刻：《十三經注疏》，第1781頁下欄。
④ 《儀禮注疏》卷四一《既夕禮》，第2521頁上欄。
⑤ 《周禮注疏》卷二七《春官·巾車》，第1782頁上欄。
⑥ （清）孫詒讓撰，王文錦、陳玉霞點校：《周禮正義》卷五二《春官·巾車》，北京：中華書局，2013年，第2189頁。
⑦ （漢）蔡邕：《獨斷》卷下，第92頁上欄。

簿。從此角度來看,鄭玄"魂車送葬另設貳車隨行"的經文見解,①與容車鹵簿存在密切的聯繫。

不過,鄭氏的經解祇適用於容車鹵簿的源流,這是因爲按照"士喪禮"的設定,柩車象徵死事,不得混用象生時的貳車。因此,柩車鹵簿當是來自經義之外的其他來源,漢代的"舊制""故事",自然地進入我們的考察視野。

《漢書·霍光傳》載霍光之喪禮:

> 東園温明,皆如乘輿制度。載光尸柩以輼輬車,黄屋左纛,發材官、輕車、北軍五校士,軍陳至茂陵,以送其葬。②

"輼輬車",臣瓚引杜延年奏文稱:"載霍光柩以輬車,駕大廐白虎駟,以輼車駕大廐白鹿駟爲倅。"③據之,霍光喪禮的送葬隊伍,主體次序爲"輬車、輼車、軍陳"。

其中的"軍陳送葬"令人留意。許慎釋"櫬"字曰:"或從鹵。"段玉裁注:"《始皇本紀》亦假'鹵'爲之,天子出行鹵簿。鹵,大楯也,以大盾領一部之人,故名鹵簿。"④據之,秦漢鹵簿即起源自軍隊護從。材官、輕車是西漢軍隊的部種,《漢官儀》記"輕車、騎士、材官":"平地用車騎,山阻用材官。"⑤知"輕車"多是軍車。因此,"軍陳"即部伍與車輿的組合,形式上與導、從已經接近。⑥"送葬",考《漢書·孔光傳》載其喪禮:"公卿百官會吊送葬。載以乘輿輼輬及副各一乘,羽林孤兒、諸生合四百人挽送,車萬餘兩,道路皆舉音以過喪。"⑦雖同稱"送葬",但爲孔光送葬的是"公卿百官"而不見"軍陳"。這表明

---

① 按,鄭注中的"車,貳車也",雖係於《周禮·巾車》之下,但實際上也在解釋《既夕禮·記》"車至道左,北面立,東上"一句,是鄭玄打通"三禮"的表現。故儘管《周禮》在東漢不是官學,亦不妨礙鄭注借《儀禮》的傳播。
② 《漢書》卷六八,北京:中華書局,1962年,第2948頁。其中標點有所調整。按,"北軍五校士"多見於《後漢書》,如《鄧騭傳》:"於是詔騭將左右羽林、北軍五校士及諸部兵擊之。"(《後漢書》卷一六,第614頁)據之,"北軍五校士"當與"軍陳"斷開。至於"北軍"和"五校士"是否并列,不在本文討論的範圍,較新的研究可見孫聞博:《秦漢中央宿衛武官演變考論——以宿衛體系確立與中郎將、校尉的發展爲中心》,《國學學刊》2015年第4期,第61頁。這裏采取了孫氏的結論。
③ 《漢書》卷六八《霍光傳》顏師古注引臣瓚注,第2949頁。
④ (漢)許慎撰,(清)段玉裁注:《説文解字注》第六篇上《木部》,上海古籍出版社,1981年,第265頁上欄。
⑤ 《後漢書》卷一下《光武帝紀下》李賢注引應劭《漢官儀》,第51—52頁。
⑥ 按,《續漢書·輿服志上》"輕車"條載:"大駕、法駕出,射聲校尉、司馬(史)〔吏〕士載,以次屬車,在鹵簿中。"(《後漢書》卷二九《輿服志上》,第3650頁)據之,至晚於東漢,輕車已正式進入皇帝的鹵簿,并處於行列後部,擔任"導、從"之中"從"的職能。
⑦ 《漢書》卷八一,第3364頁。標點有所調整。

"軍陳送葬"有别於"會喪",①職能在於"護送棺柩",且等級要求很高。另外,據《續漢書·百官志》"北軍中候"條劉昭注:"案大駕鹵簿,五校在前,各有鼓吹一部。"②則"軍陳"本身便是、或後來轉化爲了大駕鹵簿的部分元素。故綜合本段分析,霍光喪禮使用的"軍陳送葬",應是西漢皇帝喪禮中用以護送棺柩的部伍導從,已初備柩車鹵簿之形。

本節考察認爲,東漢喪禮容車鹵簿并非取自"士禮"經文,實與"魂車送葬另設貳車隨行"的經文見解存在密切的關係。又因此經解最早見於鄭玄的經注,結合當時"鄭玄合今古文經爲一體,注三禮,完善天子之禮的内涵,奠定了禮制側重政治的新局面"的歷史背景看,③容車鹵簿很可能伴隨着禮學體系愈加完備的趨勢,誕生於東漢後期。柩車鹵簿,大概源於西漢皇帝喪禮"軍陳送葬"的舊制。若是如此,則喪禮鹵簿便出自"經解"和"故事"兩源。鹵簿"兩分"的形式,實際上是兩條源流分别作用的結果。

四、陰太后葬儀與兩漢喪禮的演變

結合前兩節獲得的綫索,便可對一些反映兩漢喪葬禮儀、相對分散的史料重新加以解讀。丁孚《漢儀》詳細記載了東漢明帝之母——陰太后的葬儀(加"下劃綫"的表示送葬隊伍):

> 永平七年(64),陰太后崩,晏駕詔曰:"柩將發於殿,群臣百官陪位,黃門鼓吹三通,鳴鐘鼓,天子舉哀。女侍史官三百人皆著素,參以白素,引棺挽歌,下殿就車,黃門宦者引以出宫省。<u>太后魂車,鸞路,青羽蓋,駟馬,龍旂九旒,前有方相,鳳皇車,大將軍妻參乘,太僕妻御,〔女騎夾轂〕悉道。公卿百官如天子郊鹵簿儀。</u>"後和熹鄧后葬,案以爲儀,自此皆降損於前事也。④

學者已考證得出"魂車、鸞路"即"金根容車"。⑤ 但不見於《續漢書·禮儀志》"大喪"條的"鳳皇車",以及"天子郊鹵簿儀"的具體内容,還未見討論。

陰太后逝於東漢中期,"大喪"條保留的大致是東漢後期的禮制,故不難理解二者

---

① 關於"會吊送葬",可參張鶴泉:《東漢喪禮送葬考》,《古代文明》2015年第4期,第64頁。
② 《後漢書》志二七《百官四》劉昭注,第3613頁。
③ 參見湯勤福:《秦晉之間:五禮制度的誕生研究》,《學術月刊》2019年第1期,第158頁。
④ 《後漢書》志六《禮儀志下》劉昭注引丁孚《漢儀》,第3151頁。
⑤ 參見劉可維:《漢魏晉南北朝葬儀中"殊禮"的形成與變遷》,《史學月刊》2016年第11期,第47頁。

的制度差異。況且,正因爲差異的存在,更能肯定東漢的喪禮內容曾有過變化。

先考察"天子郊鹵簿儀"。《獨斷》云:(大駕鹵簿)"公卿奉引,大將軍參乘,太僕御。……在長安時出祠天於甘泉備之,百官有其儀注,名曰'甘泉鹵簿'。中興以來希用之,先帝時特備大駕上原陵,他不常用,唯遭大喪乃施之。"①又《續漢書·輿服志》載:"行祠天郊以法駕,祠地、明堂省什三,祠宗廟尤省,謂之小駕。"②據之,西漢皇帝郊祀用大駕鹵簿,東漢中興以後大駕已改爲大喪專用、郊祀則以法駕鹵簿。故"天子郊鹵簿儀"當指法駕。

然而較之法駕,陰太后的葬儀鹵簿又有一些細微的差異:(1)《獨斷》稱:"法駕,公卿不在鹵簿中。"③但陰太后葬儀明確見"公卿"參與鹵簿;(2)《獨斷》又記法駕:"侍中參乘,奉車郎御。"④陰太后葬儀鹵簿却是"大將軍妻參乘,太僕妻御"。這表明,"天子郊鹵簿儀"實際超越了法駕規格,帶有大駕鹵簿的痕迹。

此"鹵簿"究竟是法駕還是大駕?這便要留意"後和熹鄧后葬,案以爲儀,自此皆降損於前事也"一句的信息,即陰太后葬儀成爲了後世遵從的"故事"。考《後漢書·孝崇匽皇后紀》:"元嘉二年(152)崩。使司徒持節,大長秋奉弔祠,賻錢四千萬,布四萬匹,中謁者僕射曲護喪事,侍御史護大駕鹵簿。"⑤顯然匽皇后喪禮所用之"大駕鹵簿",當循陰太后"故事"而來。至此可知,陰太后葬儀中的"天子郊鹵簿儀"就是"大駕鹵簿"。

再來看"鳳皇車"。《續漢書·輿服志》載皇帝"法駕前驅":"有九斿、雲罕、鳳皇、闟戟、皮軒、鸞旗,皆大夫載。"⑥提到"鳳皇"。既稱"大夫載",則"鳳皇"應是一種車輿。今按,這條材料的史源來自蔡邕《獨斷》,其中記:"有九斿、雲罕、闟戟、皮軒、鑾旗車,皆大夫載。"⑦却不見"鳳皇",說明東漢皇帝鹵簿的前導大概不設鳳皇車,考《漢儀》載皇后"先蠶"儀仗:

> 皇后出,乘鸞輅,青羽蓋,駕駟馬,龍旂九旒,大將軍妻參乘,太僕妻御,前鸞旂

---

① (漢)蔡邕:《獨斷》卷下,第91頁下欄。
② 《後漢書》卷二九《輿服志上》,第3650頁。
③ (漢)蔡邕:《獨斷》卷下,第91頁下欄。
④ 同上。
⑤ 《後漢書》卷一〇下,第442頁。
⑥ 《後漢書》卷二九《輿服志上》,第3649頁。其中標點有所調整。
⑦ (漢)蔡邕:《獨斷》卷下,第92頁上欄。按,此句未指明適於何種鹵簿,但從接續"凡乘輿車"一句判斷,應是指所有的鹵簿規格。

車,皮軒闟戟,雒陽令奉引,亦千乘萬騎。車府令設鹵簿駕,公、卿、五營校尉、司隸校尉、河南尹妻皆乘其官車,帶夫本官綬,從其官屬導從皇后。①

從"大將軍妻參乘、太僕妻御"及"公、卿妻參與"判斷,皇后先蠶儀仗也使用了類似大駕鹵簿的規格。其前驅有"鸞旂、皮軒、闟戟",未見"鳳皇",與《獨斷》的記載一致。綜合本段的分析,至少確定東漢皇帝、皇后日常出行的車駕導引中,并不設置鳳皇車。②

鳳皇車既然現身於陰太后葬儀,暗示此車概僅用在喪葬場合。據蔡質《漢官儀》:"陰太后崩,前有方相及鳳皇車。"③較之皇后先蠶儀仗的前驅,葬儀改用"方相"與"鳳皇車",兩種場合下儀仗前驅的差異,更突顯了鳳皇車的喪禮屬性。

那麼,鳳皇車承擔怎樣的職能?"大將軍妻參乘、太僕妻御"是關鍵的綫索。從引文叙述看,"參乘、御"記於"鳳皇車"之後,似乎是針對"鳳皇車"的規定。然先蠶儀仗中,"參乘、御"在"鸞路"上,葬儀會有這種可能嗎?實際上,陰太后葬儀是以漢明帝"詔令"的形式下發的,丁孚直接摘錄詔令原文,最大限度地避免了私人著述產生的"書寫"干擾。并且如同先蠶儀仗和葬儀鹵簿前驅存在的差異,兩種場合下的"參乘、御"也分別記在"鸞路"與"鳳皇車"之後。通過比對不同的記述體例,我們更加肯定葬儀鹵簿"大將軍妻參乘、太僕妻御"在"鳳皇車"上的解讀方式。④

鳳皇車由"大將軍妻參乘、太僕妻御",說明它才是送葬隊伍的核心。考《續漢書·輿服志》:"大行載車,太僕御。"可判斷,鳳皇車正是承擔載柩職責的柩車。前文已得出"天子郊鹵簿儀"爲大駕,至此能明確此大駕鹵簿,即作爲柩車的儀仗使用。這一發現也與前節的結論契合。

再根據以上綫索,應劭《漢官鹵簿圖》"乘輿大駕,則御鳳皇車,以金根爲副"一句,⑤

---

① 《後漢書》志四《禮儀志上》"先蠶"條劉昭注引丁孚《漢儀》,第3110頁。
② 不僅如此,在西晉"中朝大駕鹵簿"中,皇帝乘坐的金根車前同樣沒有先導"鳳皇車",見《晉書》卷二五《輿服志》,第758頁。
③ 《太平御覽》卷五五二《禮儀部三一》,第2501頁上欄。
④ 按,《漢官六種》標點作:"魂車,鸞輅青羽蓋,駕四馬,旂九斿,前有方相。鳳皇車,大將軍妻參乘,太僕御,女騎夾轂。"從點校者的斷句看,同樣是將"大將軍妻參乘、太僕御"歸於"鳳皇車"。(漢)應劭:《漢官儀》卷下,(清)孫星衍等輯,周天游點校:《漢官六種》,北京:中華書局,1990年,第183頁。
⑤ 按,原文作"列",文義不通。考《宋書·禮志》作"副",據之改。見《續漢書·輿服志上》劉昭注引應劭《漢官鹵簿圖》,《後漢書》卷二九《輿服志上》,第3649頁;《宋書》卷一八《禮志五》,北京:中華書局,1974年,第494頁。

便可還原到歷史情境中。以往研究者多將之代入西漢皇帝郊祀的場景,①其實不然。據《西京雜記·大駕騎乘數》所記大駕鹵簿之隊列:在"武剛、九斿、雲罕、皮軒"等前驅之後,明顯可見皇帝乘"金根車"而行。②又揚雄《甘泉賦》描繪的永始四年(前13)漢成帝赴甘泉祭祀的車駕:"於是乘輿乃登夫鳳皇兮而翳華芝,駟蒼螭兮六素虯。"③考《新論》桓譚謂揚雄曰:"君之爲黄門郎,居殿中,數見輿輦,玉蚤、華芝及鳳皇、三蓋之屬,皆玄黄五色。"④可知"鳳皇、華芝"并指金根車之車蓋。故至西漢晚期,皇帝郊天仍在駕御金根車。結合陰太后葬儀解讀出的信息,可判斷"乘輿大駕,則御鳳皇車,以金根爲副",描述的是東漢大喪儀送葬隊伍出行的情景。

此處還有一處值得玩味的細節:"以金根爲副"。《續漢書·輿服志》載:"五時車,安、立亦皆如之(按,指代金根車)。各如方色,馬亦如之。……所御駕六,餘皆駕四,後從爲副車。"⑤據之,皇帝副車與主駕金根車形制一致,出行時隨行於主駕之後。參據此點,《漢官鹵簿圖》記載的送葬隊伍,便是"導、鳳皇車(柩車)、金根(副)、從"構成的行列。還不容忽略,霍光、孔光喪禮所用的柩車,皆"一主一副"的形式,其中的"副車"顯然也是乘輿的規格,帶有"黃屋左纛"與"金根"之色。因此,所謂"以金根爲副",正是"載柩以輻車,以輻車爲倅"及"乘輿輻輬及副各一乘"的另一種表述方式。至此可確認,西漢大喪儀的送葬隊伍,存在"爲柩車另設一乘副車"的習慣。

瞭解這一點後,即可解釋較之"士喪禮"送葬隊列"魂車在柩車之前",陰太后葬儀"魂車處於柩車之後"的問題。應劭筆下的"乘輿大駕,則御鳳皇車,以金根爲副",在具備陰太后葬儀"鳳皇車、大駕鹵簿"元素的同時,"以金根爲副"又帶有孔光喪禮的痕迹。因此,此句當是陰太后去世前,即東漢初年至中期之間喪葬制度的反映。換言之,太后"魂車"的前身其實是柩車之"副車"。陰太后葬儀"魂車處於柩車之後",是舊制形式的遺存。

綜上所述,串聯霍光和孔光喪禮、應劭之記載、陰太后葬儀與《續漢書·禮儀志》"大喪"條,如下表所示,可清晰地觀察到兩漢喪禮的變遷,其總體上呈現爲"故事"附加"士禮"觀念及經文見解後,最終整合爲國家喪葬禮制的歷史過程。

---

① 見練春海:《漢代到底有没有玉輅車》,《中華文化畫報》2018年第10期,第32頁;趙永磊:《爭膺天命:北魏華夏天神祭祀考論》,《歷史研究》2020年第4期,第86頁。
② (晉)葛洪:《西京雜記》卷五《大駕騎乘數》,上海古籍出版社編:《漢魏六朝筆記小説大觀》,上海古籍出版社,1999年,第111頁。
③ 《文選》卷七《郊祀》,第323頁。
④ 《後漢書》卷二九《輿服志上》"耕車"條劉昭注引桓譚《新論》,第3646頁。
⑤ 《後漢書》卷二九《輿服志上》,第3644—3645頁。

漢代送葬隊列車駕形式變遷表

時　　間	形　　式	依　　據
地節二年(前68)	輬車+輼車+軍陳送葬	《漢書・霍光傳》
元始五年(5)	輼輬車+副車	《漢書・孔光傳》
東漢初年至中期間	鳳皇車+金根副車+大駕鹵簿	應劭《漢官鹵簿圖》
永平七年(64)	鳳皇車+金根容車+大駕鹵簿	丁孚《漢儀》
東漢後期	大行載車+大駕鹵簿+金根容車+法駕鹵簿	《續漢書・禮儀志下》

餘論：喪禮"吉凶相參"的前史

《晉書・禮志》雖然保留了"漢魏故事，將葬，設吉凶鹵簿"的信息，但這應是西晉人對於漢代喪禮的"歷史記憶"。東漢末年，"士禮"六禮體系仍居於主流，喪禮鹵簿冠有"吉凶"之名，并不符合時之禮學背景。不過，漢代喪禮雖無名義上的"吉凶"鹵簿，但形式相仿的兩部鹵簿確實存在。東漢的大喪儀，便設有大駕與法駕，在送葬隊伍行進時，二者分別作爲柩車和容車的車駕儀仗使用。

就喪禮鹵簿的源流而談。較之采自"故事"的柩車鹵簿，容車鹵簿很可能受到東漢後期"魂車送葬另設貳車隨行"經文見解的塑造，擁有禮法上的淵源。因此，漢代喪禮鹵簿的兩分，實是"經解"與"故事"兩源作用的結果。

綜合霍光和孔光喪禮、應劭之記載、陰太后葬儀、胡廣喪母故事與《續漢書・禮儀志》"大喪"條，可大致勾勒兩漢喪禮鹵簿的演變史：喪禮之中的柩車、容車鹵簿并非同時設置，柩車鹵簿誕生較早，東漢光武中興以來，大駕鹵簿已用作柩車的儀仗，柩車增設儀仗的行爲，可追溯至西漢地節二年霍光葬禮中的"軍陳"送葬；容車鹵簿出現較晚，據"胡廣喪母故事"暗含的時間綫索，[①]確定東漢靈帝建寧年間(168—172)已經存在。這樣便能解釋，爲何皇帝喪儀的柩車鹵簿規格要高於容車鹵簿：因爲柩車鹵簿誕生之際已是大駕，容車鹵簿爲了表現生時，采用更爲常用的法駕，如此呈現爲"柩車鹵簿高於容車鹵簿"的樣貌。

---

① 《後漢書・胡廣傳》載："(廣)時年已八十，而心力克壯。繼母在堂，朝夕瞻省，傍無几杖，言不稱老。及母卒，居喪盡哀，率禮無愆。"(《後漢書》卷四四，第1510頁)按，胡廣於熹平元年(172)去世，已八十二歲，可推知胡廣繼母去世時爲建寧年間。

上述喪禮鹵簿的演變史，也是漢代葬儀從"吉凶相干"到"吉凶相參"的轉變過程。

西漢竟寧元年（前33）漢元帝崩，有司奏："乘輿車、牛馬、禽獸皆非禮，不宜以葬。"①此時儒家的禮儀觀念已經滲入國家喪禮，但進程較爲緩慢。東漢永平七年，陰太后葬儀使用了源自"士喪禮"的魂車，但受制於"金根爲副"的舊制慣性，魂車在形式上仍屬柩車之副。此結果是魂車不得不"委身"於柩車鹵簿，表現爲"吉凶相干"的狀態。

至東漢後期，隨着容車鹵簿的設置，國家喪禮也發生了巨大的變化，并引發多重的回響：（1）功能上，容車鹵簿的形成，意味着容車不再是柩車之副，而是獨立出來并與柩車一同，在送葬隊伍中標識大行皇帝的所在。（2）觀念上，據鄭玄注《禮記·曲禮》"祥車曠左"曰："空神位也。祥車，葬之乘車。"②至晚於東漢後期，容車的功能被解讀爲"載神"，相對的柩車即用作"載形"。鹵簿形式的兩分，作用在觀念上便是"神""形"的并立。東晉博士傅純曰："聖人制禮，以事緣情，設冢槨以藏形，而事之以凶。立廟祧以安神，而奉之以吉。"③由此得見，"神、形"正是後世"吉、凶"禮依據的思想内核。（3）形式上，喪禮鹵簿也并非簡單地分爲兩部。考《晉書·禮志》："《新禮》以《禮》無吉駕導從之文，臣子不宜釋其衰麻以服玄黃，除吉駕鹵簿。"④據之，漢代容車鹵簿的隨行需身着"玄黃"，柩車鹵簿隨行仍服"衰麻"。這無疑就是後世典型的"吉、凶相參"行爲，折射出東漢後期禮學發展的高度與深度。

自東漢中期至末期，從"吉凶相干"到"秩序井然"，這便是"吉凶相參"的孕育前史，也是"吉凶鹵簿"的成立前夜。此後，承載着"吉凶相參"觀念的"吉凶鹵簿"，呼之欲出。

《晉書·禮制》論："古者天子諸侯葬禮粗備，漢世又多變革。魏晉以下世有改變，大體同漢之制。"⑤就喪禮鹵簿而言，"漢世又多變革"可謂概括貼切。魏晉以降是如何"同漢之制"？學者已揭示出"吉凶相參"的一面。⑥這裏再對被忽略的"凶重於吉"稍加探討。

如前文所述，"凶重於吉"出自漢代喪禮鹵簿"經解"與"故事"兩源的影響，表現爲柩車鹵簿規格超越容車鹵簿。晉國初建，即着手修《新禮》。其中，吉駕鹵簿因《禮》無吉駕導從之明文"的緣故遭到摒除，然完全與經義無關的凶駕鹵簿却不受波及。不僅

---

① 《漢書》卷一〇《成帝紀》，第302頁。
② 《禮記正義》卷三《曲禮上》，（清）阮元校刻：《十三經注疏》，第2712頁下欄。
③ 《晉書》卷五九《東海王越傳》，第1626頁。
④ 《晉書》卷二〇《禮志中》，第626頁。
⑤ 《晉書》卷二〇《禮志中》，第632頁。
⑥ 參見王銘：《追贈恩榮：漢魏晉南北朝喪葬儀制吉凶相參的歷史演變》，第12—19頁。

是《新禮》,時之大儒——摯虞也絲毫不提凶駕鹵簿,他們爲何"忽略"凶駕鹵簿呢?

結合禮學的發展趨勢來看,因《新禮》的頒布,"五禮體系"隨之初步確立,禮之吉、凶是否"相干",愈加爲人關注。《新禮》針對"吉凶鹵簿"的處理,是表現之一。可看到,西晉初的制禮以"《禮》無吉駕導從之明文""豈有釋其縗絰以服玄黃黼黻哉""凶事無樂"等理由,小心地將看似吉禮的成分,從本屬凶禮的喪儀中袪除。"凶駕鹵簿"不在其列,衹能説明此本屬"故事"的行爲已被認同爲凶禮,①是否與"士禮"經義衝突不再重要。至南朝陳,諸臣還在辯論着皇帝山陵禮所用鹵簿的"吉、凶"之别,②但凶駕鹵簿的起源,或許早已淡忘了。

附記:本文承蒙魏斌、薛夢瀟兩位老師指點,相關日文資料曾得到周芳琴女史幫助,在此特致謝忱!

---

① 對於從漢魏禮儀"故事"到《新禮》之中條文的變遷史,可參見楊英:《中古禮典、律典分流與西晉〈新禮〉的撰作》,《社會科學戰綫》2017年第8期。
② 《陳書》卷一六《劉師知傳》,北京:中華書局,1972年,第229—230頁。

何以解王：中古時代的"王太子"與"一字王"

馮　璇

《隋書》卷一《高祖帝紀》："（開皇元年二月丙寅）立王后獨孤氏爲皇后，王太子勇爲皇太子。"① 關於這條史料中的"王太子"，有兩點訊息耐人尋味：其一，楊堅即位稱帝前，楊勇已具"太子"身份；其二，"王太子"綴于人名前，是一個獨立名詞。史料顯示，中古時期，王嗣稱"王太子"者，不止此例，那麼，該如何認識"王太子"名號？

現有研究揭示出"王太子"名號與禪讓政治關聯密切，多見封於中古禪讓前夕權臣嫡嗣。② 其中，柴棟對"王太子"作了專文探討，但其着眼點實際在"太子"，③ 未將"王太子"視爲一個獨立概念與"太子"相剝離。然筆者發現，中古"王太子"實則具有專名屬性，并且，如何理解"王太子"之"王"，牽涉到我們認識禪讓制度設計的大問題。

名號作爲身份的彰顯，在禪讓政治中，是諸參與者地位的直接代言符號，就這個意義來講，名號制度對於觀察禪讓制度設計具有典型意義。進言之，禪讓前夕名號的擬定、設計思路及其如何作用於禪讓模式，理應成爲我們關心的問題。從這個思路出發，盛行於中古禪讓之際的"王太子"名號，值得重點關注。整體上，目前關於"王太子"名號的內涵，其在禪讓模式中的意義定位等，仍然缺少深入討論。因此，本文對"王太子"名號作進一步探討，以期爲探究禪讓制度設計提供有益綫索。

---

① 《隋書》卷一《高祖帝紀》，北京：中華書局，2019 年修訂本，第 14 頁。
② 張軍、龐駿最早注意到"王太子"這一獨特稱謂，指出中古禪代之際儲君名號變化的大致路徑爲"世子—王太子—皇太子"，將"王太子"歸爲儲君名號。張軍、龐駿：《中古儲君制度研究》，北京：民族出版社，2015 年，第 128—135 頁。
③ 柴棟對中古權臣嫡妻、嫡子封"王后""王太子"現象，作了專文探討，涉及"王太子"的部分，未參考張軍、龐駿的研究，與其觀點大體一致，認爲權臣嫡嗣封"王太子"是中古禪讓儀式中的重要一環。另外，還論述了曹操創立這樣一套名號制度的背景，提示我們從複周禮的角度觀察漢魏代之際的名號變化。柴棟：《六朝隋唐の王后・王太子號について——禪讓における事例を中心に——》，《集刊東洋學》第一二〇號，中國文史哲研究會，2019 年 1 月，第 1—21 頁。

一、省稱到專名:"王太子"名號的流變

柴棟對於"王太子"名號沿革的考察,論述邏輯中將"太子"、"王太子"等同視之,實則是圍繞"太子"展開的。① 儘管"太子""王太子"僅一字之差,但將研究視角切換爲"王太子",可以發現"王太子"名號在流變過程中意義有變,非"太子"所能涵括。以下以"王太子"名號爲中心,論述其流變中的歷史語境差異。

(一) 先秦"王太子"爲省稱

"王太子"名號約始于周。《周禮·夏官司馬下》:"春秋教以禮樂,冬夏教以詩書。王太子、王子、群后之太子、卿大夫元士之適子、國之俊選,皆造焉。"②這條史料中的"王太子",指周王嫡嗣。

先秦,尚無帝號與"皇太子"稱謂,史載"天子之子稱太子",③周天子即周王,故周王嫡嗣會稱王太子,④史書中亦常見周王嫡嗣稱某(諡號)王太子,如"景王太子"等。另外,諸侯嫡嗣本也稱"太子",⑤春秋戰國諸侯僭越稱王,諸王位繼承者同周王嫡嗣一樣,稱某(國名/諡號)王太子,或某(國名)太子,如"燕王太子""齊太子"等。

需要注意,周制,世子、太子可以互用。⑥ 因此,先秦,王位繼承者的稱號有:太子、世子、某(國名/諡號)王太子、某(國名)太子、王太子。總體上,王位繼承者稱"王太子"的情況相對少見,"王太子"相當於"某王太子"的省稱,尚未有其他意義。

(二) 漢代諸王嫡嗣稱太子制度及"王太子"仍爲省稱

伴隨秦帝國的建立,皇帝、皇太子名號出現,如所周知,太子名號可指皇位繼承人。根據柴棟的研究,西漢諸侯王嫡嗣與列侯嫡嗣稱世子,也可稱太子,自王莽稱帝起至東漢,列侯嫡嗣不再使用太子名號,祇稱世子,而對於諸侯王嫡嗣來説,柴棟認爲東漢時期,太子名號似乎仍舊適用,他指出東漢和帝時,諸侯王嫡嗣仍有使用太子名

---

① 柴棟:《六朝隋唐の王后・王太子號について——禅讓における事例を中心に—》,《集刊東洋學》第一二〇號,第8—11頁。
② (漢)鄭玄注,(唐)賈公彦疏:《周禮注疏》,北京大學出版社,1999年,第822頁。
③ (漢)班固撰,(清)陳立疏證:《白虎通疏證》卷一《爵》,北京:中華書局,1994年,第30頁。
④ 《史記》卷四《周本紀》:"厲王太子靜匿召公之家,國人聞之,乃圍之。召公曰:'昔吾驟諫王,王不從,以及此難也。今殺王太子,王其以我爲讎而懟怒乎?夫事君者,險而不讎懟,怨而不怒,況事王乎!'"《史記》卷四《周本紀》,北京:中華書局,2013年修訂本,第182頁。
⑤ 《春秋傳》云:"晉有太子申生。鄭有太子華。齊有太子光。"參見徐堅:《初學記》卷一〇《皇太子第三》,北京:中華書局,2004年,第229頁。
⑥ 王雲霞:《"世子"與"太子"》,《語文學刊》2006年第16期,第156—157頁。

號的情況。①

需要進一步討論的有兩個問題：其一，東漢和帝之後，是否還有諸王嫡嗣稱太子現象？換言之，漢魏之際，諸王嫡嗣稱太子是否爲當時觀念所認可？其二，漢代王太子名號使用頻率如何，有着怎樣的意義？

先探討第一個問題。根據《後漢書》記載，下邳王劉衍就國後病荒忽，太子卬有罪廢，諸姬争欲立子爲嗣，和帝使彭城王劉恭至下邳正其嫡庶。②《東觀漢記》記載了和帝賜給劉恭的詔書内容，《東觀漢記》卷七《下邳惠王衍傳》：

> 和帝賜恭詔曰："皇帝問彭城王始夏無恙。蓋聞堯親九族，萬國協和，書典之所美也。下邳王被病沈滯之疾，昏亂不明，家用不寧，姬妾適庶，諸子分争，紛紛至今。前太子卬頑凶失道，陷於大辟，是後諸子更相誣告，迄今適嗣未知所定，朕甚傷之。惟王與下邳王恩義至親，正此國嗣，非王而誰？禮重適庶之序，春秋之義大居正。孔子曰：'惟仁者能好人，能惡人。'貴仁者所好惡得其中也。太子國之儲嗣，可不慎歟！王其差次下邳諸子可爲太子者上名，將及景風拜印綬焉。"③

詔書中有三點重要信息：其一，詔書中稱"太子卬"，説明諸侯王嫡嗣稱太子，是得到朝廷官方認可的；其二，"太子國之儲嗣，可不慎歟"，可見東漢對太子的定義是國之儲嗣，此處語境是指下邳國儲嗣，這進一步證明太子也可指諸侯王國的儲嗣；其三，漢代佩綬成風，佩綬與官制相結合，形成了漢代獨具特色的印綬制度。④ 詔書中"將及景風拜印綬焉"，顯示出和帝準備賜以下邳王太子印綬，這應該不是針對個人的行爲。印綬與官爵是相關聯的，可以推斷當時諸侯王嫡嗣立太子，并且拜印綬，其實是一種制度。不過，和帝之後諸侯王嫡嗣稱太子的事例幾乎未見。對此，該作何解釋呢？

這可能是史書書寫的緣故。東漢諸侯王嫡嗣還可稱世子，《後漢紀》卷一六《孝安皇帝紀》："故王侯世子生，爲立賢師傅以訓導之……"⑤但《後漢書》《後漢紀》等史書

---

① 柴棟：《六朝隋唐の王后・王太子號について——禅讓における事例を中心に—》，《集刊東洋學》第一二〇號，第8—11頁。
② 《後漢書》卷五〇《下邳惠王衍傳》，北京：中華書局，1965年，第1674頁。
③ 劉珍：《東觀漢記校注》卷七《下邳惠王衍傳》，北京：中華書局，2008年，第255頁。
④ 王方：《徐州北洞山漢墓陶俑佩綬考——兼論秦漢印綬之制》，《中國國家博物館館刊》2015年第8期，第32—43頁。
⑤ 袁宏：《後漢紀》卷一六《孝安皇帝紀》，第319頁。

中,諸侯王嫡嗣稱世子的史料,也極爲有限。這是因爲,相關史料中指代諸侯王繼位者時,有其他較爲固定的書寫模式。

《後漢書》卷五〇《陳敬王羨傳》:"(陳敬王羨)立三十七年薨,子思王鈞嗣。"①

《後漢書》卷五五《濟北惠王壽傳》:"(濟北惠王壽薨)子節王登嗣。永寧元年,封登弟五人爲鄉侯,皆別食太山邑。"②

《後漢書》卷五五《河間孝王開傳》:"(河間孝王)開立四十二年薨,子惠王政嗣。"③

類似史料還有很多,恕不贅舉。這些表述顯示出,史家習慣從後世的立場出發,用"謚號+王"的格式,指代東漢諸侯王嫡嗣,而不是用更適合當時語境的"太子"。另外,《後漢書》成書於南朝宋,當時已經沒有宗室王稱太子的慣例。孫正軍提出,正如安部聰一郎所意識到的,成書於魏晉以下的《後漢書》往往融入了時人對東漢歷史的認識,亦即魏晉南北朝時代的東漢歷史觀被史家或有意或無意地接受,由此影響了東漢史事的書寫。④《後漢書》較少出現稱諸侯王嫡嗣爲太子的記載,可能也是受范曄等人觀念的影響。而成書於東漢的《漢書》,關於諸王嫡嗣稱太子的記載,就明顯居多了。東晉袁宏所撰《後漢紀》,與《後漢書》情況類似,同樣較少出現稱諸侯王嫡嗣爲太子的情況。但不書寫不意味着不存在,相比《後漢書》鮮明的後來者立場的書寫模式,《東觀漢記》所載和帝詔書的内容,顯然更貼近當時史貌。

總體上,至東漢末,王位繼承人稱太子,在時人觀念裏絕不至於駭人聽聞。

再看第二個問題。漢代可考的"王太子"名號,十分有限。《史記》卷一〇六《吳王濞列傳》:

> 三王之圍齊臨菑也,三月不能下。漢兵至,膠西、膠東、菑川王各引兵歸。膠西王乃袒跣,席槀,飲水,謝太后。王太子德曰:"漢兵遠,臣觀之已罷,可襲,願收大王餘兵擊之,擊之不勝,乃逃入海,未晚也。"⑤

"王太子德",即劉德,西漢膠西王劉卬之子。"王太子"屬於膠西王太子的省稱。

---

① 《後漢書》卷五〇《陳敬王羨傳》,第1668頁。
② 《後漢書》卷五五《濟北惠王壽傳》,第1870頁。
③ 《後漢書》卷五五《河間孝王開傳》,第1808頁。
④ 孫正軍:《通往史料批判研究之途》,《中國史研究動態》2016年第4期,第36頁。
⑤ 《史記》卷一〇六《吳王濞列傳》,第3410頁。

又,《後漢書》卷五〇《樂成靖王黨》注引《袁宏紀》:

> 尚書侍郎冷宏議,以爲自非聖人,不能無過,故王太子生,爲立賢師傅以訓導之……高明令終。①

"王太子",《後漢紀》實爲"王侯世子",曹金華認爲這是由於章懷注避唐諱引"世"作"太",又脱"侯"字。②

因此,漢代史料中,真正意義上出現的王太子名號,其實僅一例。如前文所論,東漢諸王嫡嗣稱太子記載較少,根據西漢史料,更多情況下,指代諸王繼承人,常用的稱謂是"某(國名/謚號)王太子""某(國名)太子",或直謂"太子"。如"吳王太子駒亡走閩越"③"召立孝王太子壽"④"吳太子入見"⑤"太子襄爲齊哀王"。⑥

綜上,漢代諸王繼承人稱太子、拜印綬得到了官方認可,是一種制度。至東漢末,立諸王嫡嗣爲太子,在當時的觀念中,已有認知,并不具備開創性。這些諸王嫡嗣,還有"某(國名/謚號)王太子"等稱呼,相對來說,"王太子"的稱法很少見,且與先秦一樣,仍然相當於某王太子的省稱,尚無特殊意義。

(三) 中古王太子專名

不同於漢代諸王可立太子,中古時期的諸王繼承者通常稱世子。除皇嗣外,僅創業型政權締造者可立太子,尤其是見於禪讓之際。對此,學界已有考論,但既有研究忽視了,這些權臣所立太子,史書中很多情況下強調其是"王太子"。中古"王太子"名號出現頻次如何? 較之前代,"王太子"名號意義有無變化?

曹丕是中古時代最早的王太子。《三國志·魏書》卷二《文帝紀》:"文皇帝諱丕,字子桓,武帝太子也。中平四年冬,生於譙。建安十六年,爲五官中郎將、副丞相。二十二年,立爲魏太子。太祖崩,嗣位爲丞相、魏王。"裴松之引《魏略》注:"太祖不時立太子,太子自疑。是時有高元吕者,善相人,乃呼問之,對曰:'其貴乃不可言。'問:'壽幾何?'

---

① 《後漢書》卷五〇《樂成靖王黨》,第1674頁。
② 曹金華:《後漢書稽疑》卷五〇《孝明八王列傳第四十》,北京:中華書局,2014年,第657頁。
③ 《漢書》卷三五《吳王劉濞傳》,北京:中華書局,1962年,第1916頁。
④ 《漢書》卷三八《燕靈王劉建傳》,第1999頁。
⑤ 《漢書》卷三五《吳王劉濞傳》,第1904頁。
⑥ 《漢書》卷三八《燕靈王劉建傳》,第1991頁。

元吕曰:'其壽,至四十當有小苦,過是無憂也。'後無幾而立爲王太子,至年四十而薨。"①

《三國志·魏書》所載"魏太子",強調了曹丕魏國太子的身份。曹魏魚豢所撰《魏略》,明言曹丕被立爲的是"王太子"。中古時期,強調權臣封王后,王嗣身份爲王太子的史料還有很多。

如建安二十四年,劉備爲漢中王,其子劉禪同樣被立爲"王太子"。② 晉司馬紹是由"王太子"被立爲"皇太子"。③ 五胡十六國時,劉曜本意圖將石勒進爵趙王,賜以天子待遇,并"如曹公輔漢故事,夫人爲王后,世子爲王太子",④後因故作罷。"王太子"名號也多見於南朝禪讓之際權臣嫡嗣。本文將中古明確出現"王太子"名號的情况,統計爲下表。

表一 中古"王太子"信息表⑤

姓　　名	身　　份	
曹操	魏王	
曹丕	王太子	
劉備	漢中王	皇帝
劉禪	王太子	皇太子
孫權	吴王	皇帝
孫登	王太子	皇太子
司馬睿	晉王	皇帝
司馬紹	王太子	皇太子
石勒	趙王	皇帝
石興	*王太子*	*皇太子*

① 《三國志·魏書》卷二《文帝紀》,北京:中華書局,1982年,第57頁。
② 《三國志·蜀書》卷三《後主傳》,第893頁。
③ 《晉書》卷六《元帝紀》,北京:中華書局,1974年,第145頁。
④ 《晉書》卷一〇四《石勒上》,第2728頁。
⑤ 石勒子石興封王太子事未成,故表中相關信息字體傾斜以作區別。

續　表

姓　名	身　份	
慕容皝	燕王	
慕容儁	王太子	
劉裕	宋王	皇帝
劉義符	王太子	皇太子
蕭道成	齊王	皇帝
蕭賾	王太子	皇太子
蕭繹	湘東王	皇帝
蕭方矩	王太子	皇太子
楊堅	隋王	皇帝
楊勇	王太子	皇太子

表中祇列舉了"王太子"名號的使用情況，跟前代一樣，史書中稱王太子者，也有其他稱法，比如"太子""某(國名)太子"。

但與前代不同的是，一方面中古"王太子"名號的使用明顯更爲頻繁；另一方面，相比前代諸王繼承人官方主流身份是太子，王太子是省稱，一定背景下，中古"王太子"名號反客爲主，成爲權臣王嗣的身份彰顯。《南齊書》的這條史料，定位了"王太子"的性質：

> 齊國建，爲齊公世子，改加侍中、南豫州刺史，給油絡車，羽葆鼓吹，增班劍爲四十人。以石頭爲世子宫，官置二率以下，坊省服章，一如東宫。進爵王太子。太祖即位，爲皇太子。①

"進爵"二字反映出"王太子"名號具有爵位性質，不再是一個簡單的省稱。

總體上，中古"王太子"名號，無論是使用頻率，還是其強調"王太子"身份、爵位的使用語境，都反映了中古"王太子"名號實屬專名，是一種特殊的身份、爵位。

---

① 《南齊書》卷三《武帝紀》，北京：中華書局，2017年修訂本，第49頁。

二、"王太子"之"王"

以上論證了中古"王太子"名號是特殊性質的專名,這引出一個重要問題:中古時期"王太子"何以成爲專名,怎麼理解"王太子"之"王"?

這需要從中古第一個王太子名號進行分析。強調"王太子",有一個比較容易想到的理由,即與皇太子相區别。按照這一解釋,"王太子"名號具有自覺避免僭越的意味。然而曹操在東漢末年"設天子旌旗,出入稱警蹕……冕十有二旒"等諸多待遇,① 僭越得已然十分明顯。因此,東漢末年曹丕的"王太子"名號,祇是爲了區别于皇太子,以示尊卑,這種解釋恐怕說服力不够。

那麽不妨轉换思維,即所謂"王太子"是爲了與普通"太子"區別。如前文所論,東漢諸王嫡嗣稱太子是制度行爲,對於東漢末時人來説,王位繼承人稱太子,不算突破已有認知。而對曹操來説,他存在設計一種不同於以往諸王太子身份的新型太子的動機。

曹操曾言:"若天命在吾,吾爲周文王矣。"② 雖然曹操不打算稱帝,但却有讓子嗣稱帝的計劃。時曹操在長安,欲親征蜀,劉廙上疏勸曹操修德養身:"可高枕於廣夏,潛思於治國;廣農桑,事從節約,修之旬年,則國富民安矣。"③曹操對此回復:"非但君當知臣,臣亦當知君。今欲使吾坐行西伯之德,恐非其人也。"④正如田餘慶先生所指出的,曹操不肯做皇帝,而又非讓兒子做皇帝,這一點與周文王相似,然而,劉廙把周文王打扮成坐待其成的人而要曹操照着做,這就未免太不瞭解曹操的性格了。⑤ 可以説,曹操不但要讓兒子代漢,還會煞費苦心地爲此經營。從這一動機出發,如何讓自己的繼任者擁有天命身份,成爲曹操必須解決的問題。在東漢末年的觀念氛圍裏,單純封曹丕爲太子,并不屬於創舉,泯然于漢朝諸王的太子之中,而如何讓曹丕的太子身份尊貴超凡,重點就在於"王太子"之"王"了。

對於曹氏父子而言,王太子之王,顯然指的是魏王。關於魏王爵,學界多有討論,既有研究關注到了曹操魏王國性質的特殊,多將曹操的魏王與先秦諸王類比,柴棟提出曹操的魏王相當於周代的"王"即"天子",這種王爵是儒家理想的周代封建制中最高統治

---

① 《三國志·魏書》卷一《武帝紀》,第49頁。
② 《三國志·魏書》卷一《武帝紀》,第53頁。
③ 《三國志·魏書》卷二一《劉廙傳》,第616頁。
④ 同上。
⑤ 田餘慶:《秦漢魏晉史探微(重訂本)》,北京:中華書局,2011年,第157頁。

者的名號。①

　　筆者認同曹操魏王國不同於漢代其他諸侯王國,但對於曹操的魏王爵相當於周代天子名號,有不同意見。從外觀看,曹操享系列天子之儀,王國設置也基本五臟俱全,的確與先秦諸王相似。不過,不可迴避的是,從先秦到漢魏之際,王號的性質發生了改變,王號的歷史記憶得到了重新書寫。先秦持王號者,即最高統治者,到了帝制時代,漢代諸侯王成爲人臣身份,雖然西漢諸侯王國曾連城數片,而到了東漢,諸王身份與實際利益已大爲削弱,王號不再是至高無上地位的代表。在這種歷史記憶濾鏡的冲刷下,即使曹操努力將自己塑造成周代天子,到底能有多大程度的現實影響呢?尤其,隨着皇帝制度建立,所謂的周天子已經是過去式,曹操最終想建立的是新的帝國,這意味着曹操必須從更現實的角度去設計他與繼位者的名號。

　　有哪些舉措使曹操的名號、身份更具有現實意義?

　　建安十八年(213)五月,天子使御史大夫郗慮持節命公爲魏公:"朕以不德,少遭愍凶……今以冀州之河東、河内、魏郡、趙國、中山、常山、鉅鹿、安平、甘陵、平原凡十郡,封君爲魏公……又加君九錫,其敬聽朕命……魏國置丞相以下群卿百寮,皆如漢初諸侯王之制……"②

　　關於曹操封魏公的意義,楊英認爲曹操受封魏公、賜九錫,是漢魏禪代故事中最關鍵的環節,她考察的重點在於魏公爵對漢爵制的突破,以及與復古爵制的關聯,認爲曹操封魏公突破了此前漢代爵制對封地規模的限制,又奠定了以"公"爵稱爲基礎,并將封地、物化禮樂與之緊密聯繫的復古爵制的開端。③ 本文主要關注曹操是如何在獲封爵位時與現實建立聯繫,并提高身份的。

　　首先論曹操封魏公之初。漢天子授魏公詔書中,提及封地範圍,九錫之命等待遇,其中尤其需要注意的是"皆如漢初諸侯王之制"。這不僅是在形容魏國的官僚建制,同時也將曹操的魏公身份與漢諸侯王建立了聯繫,對"公"這一復古爵稱,注入了新鮮的漢家歷史記憶,讓時人關於魏公的定位,有了更直觀的認識。漢初諸王之制要高於東漢末,曹操的地位鮮明可見。

---

① 柴棟總結了關於"魏王"號的相關研究,參見柴棟:《六朝隋唐の王后・王太子號について——禅讓における事例を中心に—》,《集刊東洋學》第一二〇號,第13—14頁。
② 《三國志・魏書》卷一《武帝紀》,第39頁。
③ 楊英:《曹操"魏公"之封與漢魏禪代"故事"——兼論漢魏封爵制度之變》,《蘇州大學學報(哲學社會科學版)》2014年第5期,第172—183頁。

在具體的王國官僚設置上,也體現出了與漢諸侯王的關聯、對比。建安十八年(213)十一月,魏國初設尚書、侍中、六卿。① 東漢王國官署設置包括治書,比六百石,治書本尚書更名,另有郎中令、僕、中尉等。② 魏國六卿,蓋有郎中令、太僕、大理、大農、少府、中尉凡六。③ 而漢代侍中,屬於省官,屬於皇帝的近密之臣。④ 可以看到,魏國官署設置,與漢諸侯王國官署構成有類同的部分,如尚書和六卿部分官職;也有其優越的地方,如設置侍中,類似人君待遇。這種相似又帶有超越性的王國設置,加劇了曹操魏公與漢諸王的身份對比。

以上説明,曹操獲封魏公之初,理論上地位比擬漢初諸侯王,實際待遇的確與漢諸王有類似的情況,却又更加優越。

其次,建安十九年(214)三月,天子使魏公位在諸侯王上,改授金璽、赤綬、遠游冠。⑤ "位在諸侯上"清楚明瞭地進一步抬升了曹操身份,魏公爵已超越諸王。按,東漢諸侯王佩金璽、⑥赤綬,服遠游冠。⑦ 因此,雖然地位更高,但在輿服禮儀上,曹操與現實諸王相同,看似矛盾的背後,仍舊是曹操"關聯現實以突出對比"的身份策略。

之後,建安二十一年(216)五月,漢天子進曹操公爵爲魏王。⑧ 并在次年賜予曹操系列天子之儀,"命設天子旌旗,出入稱警蹕……冕十有二旒,乘金根車,駕六馬……"很明顯,曹操的魏王等級不在漢其他諸侯王序列之中了,而這不僅與其超然的待遇有關,也是此前步步鋪墊的結果。

總體上,曹操魏王地位的特殊,不是一蹴而成的,魏公爵是重要過渡。魏公地位的定位,是先與漢初諸侯王齊平,再調整至位在諸侯王上,這個過程中,與現實王制建立關聯對比,發揮着關鍵作用。最終,曹操設計的魏王名號,遠高於普通的王爵序列,但其影響力的發揮、凸顯,又無法離開現實王制的襯托。

在這種背景下,強調曹丕是王太子,實質上是強調其魏王太子的身份。"王太子"之"王",是曹操出於代漢之心的精心設計,"王太子"不是"魏王"的順勢産物,而是其魏

---

① 《三國志·魏書》卷一《武帝紀》,第 42 頁。
② 《後漢書》志二八《百官五》,第 3629 頁。
③ 熊方:《後漢書三國志補表三十種》,北京:中華書局,1984 年,第 1329 頁。
④ 楊鴻年:《漢魏制度叢考》,武漢大學出版社,2005 年,第 49—61 頁。
⑤ 《三國志·魏書》卷一《武帝紀》,第 43 頁。
⑥ 《後漢書》志三〇《輿服下》,第 3675 頁。
⑦ 《後漢書》志三〇《輿服下》,第 3674、3666 頁。
⑧ 《三國志·魏書》卷一《武帝紀》,第 47 頁。

王身份塑造的動力契機。有賴於魏王號相當於儲帝名號的性質,曹丕的王太子名號,幾乎與皇太子名號無差了,遠非漢代以來諸王太子可比。因此,册封"王太子",不是爲了避免僭越,而是爲順利代漢的制度設計。

時人對王太子性質也有清晰的認識。《晉書》卷九六《羊耽妻辛氏傳》:

> 羊耽妻辛氏,字憲英,隴西人,魏侍中毗之女也。聰朗有才鑒。初,魏文帝得立爲太子,抱毗項謂之曰:"辛君知我喜不?"毗以告憲英,憲英歎曰:"太子,代君主宗廟社稷者也。代君不可以不戚,主國不可以不懼,宜戚而喜,何以能久! 魏其不昌乎?"①

從憲英感歎"太子,代君主宗廟社稷者也",可以看出在其觀念裏,曹丕的王太子身份,其實相當於接替國家宗廟社稷的皇太子了。

三、"王太子"與"一字王"

曹魏禪讓名號制度中,"王太子"之"王"是重點。後世效仿曹魏的政權締造者名號,設計重心是怎樣的? 有無變化?

首先,對於中古禪讓政權來説,政權締造者及嫡嗣禪代之前的名號與禮遇,與曹氏父子十分相似。

魏晉之際,景元四年(263)十月,司馬昭被封爲晉公,加九錫,獲系列禮遇,咸熙元年(264)三月,進爵爲王,增封并前二十郡。② 咸熙二年(265)五月,天子命其"冕十有二旒,建天子旌旗,出警入蹕,乘金根車,駕六馬,備五時副車,置旄頭雲罕,樂舞八佾,設鐘虡宫懸,位在燕王上。進王妃爲王后,世子爲太子,王女王孫爵命之號皆如帝者之儀……晉國置御史大夫、侍中、常侍、尚書、中領軍、衛將軍官。"③

司馬昭同樣是由晉公進爵晉王,并且詔書特意强調了晉王在燕王之上。所謂燕王,指皇帝曹奂之父曹宇,燕王地位尊崇,比如"非宗廟助祭之事,皆不得稱王名,奏事、上書、文書及吏民皆不得觸王諱,以彰殊禮,加於群後"。④ 司馬昭晉王位之高,由此可凸

---

① 此段史料中直接用太子,没有强調王太子,如前文所論,蓋史書寫法問題。《晉書》卷九六《羊耽妻辛氏傳》,第2508頁。
② 《三國志·魏書》卷四《三少帝紀》,第147頁。
③ 《晉書》卷三《文帝紀》,第44頁。
④ 《三國志·魏書》卷四《三少帝紀》,第147頁。

顯。與漢魏之際一樣,系列天子之儀的加持,同樣促進了晉王身份的塑造。最終王太子司馬炎地位也非同一般。

中古其他禪讓政權的締造者,史書中關於他們封王時禮遇的記載,也與曹操基本一致,此處不再贅述。需要強調的是,南朝諸政權禪代之際,宋公、齊公、梁公、陳公,都強調了"位在諸王上",①周隋禪代,也强調了隋王位在諸王上。②

可以説,與現實王制建立聯繫,并且加以系列禮儀建制,使得禪讓前夕權臣一字王名號躍然於諸王之上,可稱之爲儲帝名號,這是中古禪讓常見的名號設計模式。

其次,相對來説,一些非禪讓政權,不會太刻意追求禪代前的一字王名號。北齊高湛,元象中,封長廣郡公,天保初,進爵爲王。③ 其所接任的高演的皇位,本應傳位給高演子高百年,但高演爲保護高百年,遺詔命高湛繼位。因此,雖然高湛皇位不是承襲自父輩,但是有遺詔之命的,所以僅以長廣王身份繼承了大統,而没有過多禮儀制度的鋪墊。另有梁元帝蕭繹,雖然其即位前立蕭方矩爲王太子,但蕭繹本人并没有先以類似儲帝的一字王身份過渡,僅是湘東王,原因應該如其所言:"朕雖雲撥亂,且非創業……"④因此,高湛、蕭繹這類非創業之主,登基前的名號設計,相比禪讓政權,明顯不夠精心細緻。

再次,中古政權締造過程中,縱使有儲帝名號一字王存在,但并不一定封王太子。東魏武定八年(550)三月,高洋由齊郡王進爵齊王,五月"詔齊王爲相國,總百揆,封冀州之勃海、長樂、安德、武邑、瀛州之河間、高陽、章武,定州之中山、常山、博陵十郡,二十萬户,備九錫之禮;以齊國太妃爲王太后,王妃爲王后"。⑤ 高洋即位前,并未册封王太子。柴棟認爲原因是當時高洋的長子高殷年僅六歲,似乎還未被立爲世子。⑥ 然而,高洋五月登基後,六月丁亥即"詔立王子殷爲皇太子"。⑦ 高殷封皇太子時,年齡并無變化,顯然年齡不是導致其未封王太子的原因。又,義寧元年(617)李淵進封唐王,以"唐

---

① 《宋書》卷一〇《順帝紀》,北京:中華書局,2018年修訂本,第219頁;《南齊書》卷八《和帝紀》,第122頁;《梁書》卷一《武帝上》,北京:中華書局,2020年修訂本,第17頁;《陳書》卷一《高祖上》,北京:中華書局,1972年,第13頁。
② 《隋書》卷一《高祖上》,第7頁。
③ 《北齊書》卷七《武成紀》,北京:中華書局,1972年,第89頁。
④ 《梁書》卷五《梁帝紀》,第148頁。
⑤ 《魏書》卷一二《孝静紀》,北京:中華書局,2017年修訂本,第365頁。
⑥ 柴棟:《六朝隋唐の王后・王太子號について——禪讓における事例を中心に—》,《集刊東洋學》第一二〇號,第7頁。
⑦ 《北齊書》卷四《文宣帝紀》,第52頁。

王子隴西公建成爲唐國世子",①義寧二年(618)唐王李淵享系列天子之儀,同年高祖即位,六月"立世子建成爲皇太子"。② 李建成同樣没有王太子經歷,柴棟認爲這是由於對隱太子李建成有所隱諱而不便直接記載。然《隋書》雖成書於唐代,但上述"唐國世子"的表述,尚且没有因爲"世"避諱,不至於漏寫"王太子"而避諱。那麽,很可能和高殷一樣,李建成没有封王太子,直接由世子進爲皇太子。這些案例説明,隨着朝代更替,儲帝型一字王的册命,比王太子更不可或缺。

綜上,對於中古創業之主性質的政權締造者,尤其是禪讓之際的權臣來説,他們顯然抓住了漢魏故事的精髓,即與現實王制緊密關聯又超脱諸王的一字王身份的重要性。即位前政權締造者家族的名號,是聯動發揮影響的,但制度設計的重心顯然是一字王。

關於司馬睿即位的史料,證明了上述觀點。東晉建武元年(317)三月,西陽王羕等人上尊號,司馬睿不許。羕等以死固請,至於再三,仍被司馬睿拒絶。故"群臣乃不敢逼,請依魏晉故事爲晉王,許之"。③ 史料中將魏晉故事概括爲晉王,説明封一字王是禪讓故事的重中之重。

還有一個問題,如前文所論,中古創業之主的一字王名號地位的實現,與現實王制緊密相關。那麽,這些一字王名號對現實王制是否發揮了影響呢?

本文認爲,一字王號對南朝王爵制度的影響比較大。關於南朝爵制,學界對王爵的探討熱度不高,這可能是因爲,在以往學者看來,南朝王爵制度較前代未有太大突破。楊光輝認爲南朝除禪代前夕異姓王外,國王廢置,④關注到了權臣名號的重要性。但當時國王爵稱尚未出現,有必要重新定義南朝的一字王號。

南朝時期,一字王名號極其稀有,除去開國君主即位前獲封的一字王號,以及最爲多見的二字郡王號(郡字有時略去、有時保留),僅劉宋劉子羽的"齊王"與蕭梁授予元樹的"鄴王"是純粹的一字王格式,不見帶有郡字,其餘一字王號都有帶郡字的情況。⑤

---

① 《隋書》卷五《恭帝紀》,第114頁。
② 《舊唐書》卷一《高祖紀》,北京:中華書局,1975年,第7頁。
③ 《晉書》卷六《元帝紀》,第145頁。
④ 楊光輝:《漢唐封爵制度》,北京:學苑出版社,2002年,第22—24頁。
⑤ "齊王""鄴王"以外的一字郡王號,儘管在宋、齊史料中有時候也會略去郡字,如"隨郡王"或記爲"隨王",但至陳朝,郡字都會保留,並且如果是帶有大國歷史記憶的一字郡王號,郡字則完全不會略去,比如魏郡王。需要注意,《陳書》中陳蕃王號"吴郡王"始終未略去郡字,《南史》中則有一條相關史料記爲"吴王",但《南史》將"陳蕃"記爲"陳藩",説明關於此條史料,《南史》《陳書》所載信息互異,當以一方爲信。按《南史》事增文省,陳朝部分多参據《陳書》,《陳書》所載信息更具參考性,故本文關於陳朝一字郡王的信息,主要據《陳書》論之。參《陳書》卷六《後主本紀》,北京:中華書局,1972年,第116頁;《南史》卷一〇《陳本紀下第十》,北京:中華書局,1975年,第306頁。

劉子羽,劉駿第十四子,大明二年生三年卒,追謚"齊敬王"。① 元樹,北魏拓跋弘之孫,後歸順梁,封爲鄴王。② "齊王"是追封的王號,"鄴王"爲授予異姓歸順者的王號,都屬特殊情况,且鄴王并不帶有古大國等特殊歷史記憶,名號普通。

因此,南朝一字王號是禪讓前夕權臣的專屬名號,其餘諸王基本没有獲封資格。前代,一字王、二字王整體上并不能作出嚴格的等級區分,但南朝一字王號可以説形成了一字王等級,高於其他王號,一般人不得享有,對南朝王爵制度的演進産生了重要影響。

結　論

以往學者關注到中古"王太子"與禪讓政治的關聯,但没有將"王太子"與"太子"進行剥離。本文認爲中古"王太子"名號實屬專名,漢魏禪代之際,曹操出於代漢目的,精心設計了其與曹丕的名號,通過與現實王制的關聯,逐步打造出不同於東漢一般諸王太子,但可比擬皇太子的"王太子"名號。這個過程中,魏王身份的塑造發揮着關鍵作用。後世創業型政權尤其是禪讓政權的締造者,大多把握了這一漢魏故事的精髓,一字王號成爲禪讓名號制度設計的重心。一字王的册命模式還被應用於南朝王爵制度,形成了一字王等級,影響了後世王爵制度演變的走向。

中古禪讓儀式是學界討論的熱點,諸如禪讓過程中的九錫之禮、參與人員等,都不乏學者關注。③ 其中,"漢魏故事"不僅是中古諸禪讓政權的仿效物件,也是古今學者關注的重要話題。通過對中古"王太子"名號内涵及其與一字王關係的分析,可以看到無論是"王太子"還是創業君主即位前的"一字王",都是刻意設計的新型名號,是漢魏故事的重要構成部分,尤其是這種特殊一字王的册命,可以説是漢魏故事的核心。

---

① 《宋書》卷八〇《齊敬王子羽傳》,第 2068 頁。
② 《魏書》卷二一上《咸陽王禧傳附翼弟樹傳》,第 612 頁。
③ (清)趙翼:《廿二史劄記》,上海古籍出版社,第 133—132 頁;周一良:《魏晉南北朝史劄記》,北京:中華書局,1985 年,第 254 頁;周國林:《魏晉南北朝禪讓模式及其政治文化背景》,《社會科學家》1993 年第 2 期,第 38—44 頁;楊永俊:《禪讓政治研究——王莽禪漢及其心法》,北京:學苑出版社,2005 年,第 223—249 頁;朱子彥:《九錫制度與易代鼎革》,《文史哲》2005 年第 6 期,第 54—61 頁;孫正軍:《禪讓行事官小考》,《史學集刊》2015 年第 2 期,第 26—36 頁。

試析裴秀提出"製圖六體"的原因
——兼談西晉時期重視地圖學之風氣

李昊林

西晉初年裴秀"製圖六體"的提出,在中國古代地理學史、地圖學史的書寫中常被視爲重大成就。前人研究的重點往往在於對六體進行釋義以及解讀"製圖六體"反映了怎樣的製圖原則或具有怎樣的科學性,等等。在研究中學者們逐漸認識到,"製圖六體"所反映的繪圖原則早已存在,并非在西晉時代才出現。[①] 又由於古代實物地圖證明了古人不可能在每一次測繪中都嚴格遵循這種標準,故學者們也指出了"製圖六體"提出的理念在中國古代的測繪實踐中很難完全實現,如辛德勇所言"從地圖產生之日起,繪製地圖的技術人員,就應當一直或不自覺或自覺地在奉行并傳承着這些製圖原則,祇不過在具體製作地圖時,其精細嚴整程度,往往不一定十分合乎理想的要求而已",[②]以及韓昭慶指出的"製圖六體叙述的測繪過程和繪製方法……缺乏代代相傳,這些技術也無法在前面技術的基礎上得以改進"。[③] 王庸、丁超則對裴秀本人所主持繪製之地圖能否遵照如此精密的原則表達了質疑。[④]

但這并不妨礙我們進一步探討何以"製圖六體"是在西晉初年被提出并被史家記錄的,而不是其他時代。事實上,地圖爲司空之職掌的制度規定是沿襲自東漢,[⑤]却不

[①] 張修桂:《馬王堆地形圖繪製特點、嶺南水系和若干縣址研究》,《歷史地理》第5輯,上海人民出版社,1987年,第141頁;曹婉如:《馬王堆出土的地圖和裴秀製圖六體》,自然科學史研究所主編:《中國古代科技成就(修訂版)》,北京:中國青年出版社,1995年,第308頁;辛德勇:《準望釋義——兼談裴秀製圖諸體之間的關係以及所謂沈括製圖六體問題》,氏著《縱心所欲:徜徉於稀見與常見書之間》,北京:北京大學出版社,2011年,第198頁;韓昭慶:《製圖六體實爲製圖"三體"論》,《中國科技史雜志》2015年第4期,第471頁。

[②] 《準望釋義——兼談裴秀製圖諸體之間的關係以及所謂沈括製圖六體問題》,第198頁。

[③] 《製圖六體實爲製圖"三體"論》,第471頁。

[④] 王庸:《中國地理學史》,上海:商務印書館,1938年,第59頁。丁超:《晉圖開秘:中國地圖學史上的"製圖六體"與裴秀地圖事業》,《中國歷史地理論叢》2015年第1期,第15頁。

[⑤] 《後漢書》卷一下《光武帝紀下》,北京:中華書局,1965年,第65頁。

見東漢官員對此有撰文總結。這就説明以裴秀司空之尊貴身份，本不必操持具體的測繪事宜，但他不僅參與其中，還對測繪技術進行了概括説明，這是否意味着西晉時代確實有特殊性？如果拋開我們後人給裴秀賦予的"代表性人物"光環，其實可以發現，除"製圖六體"及《禹貢地域圖》外，西晉時代的地理著作與鹵簿制度也能體現出重視地圖學的觀念，因此需要從時代風氣角度理解"製圖六體"的提出。

一、西晉官方對郡國道里的重視

傳統時代的地圖繪製離不開對道路里程的測量，"製圖六體"中有"道里"一項，且高下、方邪、迂直三項也都是爲了修正道里與直線距離的差異，即"徑路之數必與遠近之實相違"[1]這一問題。因此，測算準確的道里數字是繪圖的基本工作，也是"製圖六體"重點強調的内容。有多重證據表明，相對於前代，西晉時代的朝廷與學者表現出了對道里的特殊重視，這一社會氛圍很可能與"製圖六體"的提出息息相關。

裴秀所稱"製圖之體有六焉……"乃出自其主持編繪的《禹貢地域圖》序文，序文對這套圖集描述爲：

> 文皇帝乃命有司，撰訪吴蜀地圖。蜀土既定，六軍所經，地域遠近，山川險易，征路迂直，校驗圖記，罔或有差。今上考《禹貢》山海川流，原隰陂澤，古之九州，及今之十六州，郡國縣邑，疆界鄉陬，及古國盟會舊名，水陸徑路，爲地圖十八篇。[2]

記録名山大川和郡縣地名，是中國古代地圖的常見内容。而記録"古國盟會舊名"，與同時代司馬彪撰《續漢書·郡國志》録"《春秋》、三史會同征伐地名"的舉動極爲相似，這一風氣應與東漢以降古文經學發展帶動了《春秋左氏傳》地理考證成果增加有關。但除此之外，兩者還有一相似之處，裴秀稱其地圖有"水陸徑路"一項内容，而司馬彪《續漢志》自注也記載了洛陽到各郡國的方向與道里數字，如弘農郡有"雒陽西南四百五十里"[3]之注文。

當然，"水陸徑路"一詞可以有兩重解讀，可以解讀爲道里數字，也可以解讀爲在地圖上畫出了具體的交通路綫。但相較而言，標記道路里程很容易，畫出交通路綫則工作

---

[1] 《晉書》卷三五《裴秀傳》，北京：中華書局，1974年，第1040頁。
[2] 同上。
[3] 《後漢書》卷一〇九《郡國志一》，第3401頁。

量很大,加之此前列舉的山川原澤、古之九州、郡國地名及古國盟會舊名都必有地名注記,故將"水陸徑路"理解爲道里數字的注記應該更合理。

司馬彪《續漢志》記錄郡國道里的舉措,在正史地理志中是首創。對比漢晉之際的《東觀漢記》及其他東漢史書之佚文,皆未見類似文字,或可認爲是司馬彪《續漢志》所獨有的內容。記錄郡國道里的傳統此後在《宋書·州郡志》《舊唐書·地理志》等正史地理志及大量地理總志中得到了繼承。

西晉時期的地理總志也開始重視對道里的記錄,摯虞的《畿服經》內容被概括爲"其州郡及縣分野封略事業,國邑山陵水泉,鄉亭城道里土田,民物風俗,先賢舊好,靡不具悉,凡一百七十卷",①也有"道里"的內容。而在此前東漢時期的方志、地記類著作中,無法檢索到有關郡國道里的佚文。

《續漢志》劉昭注引過兩處《晉地道記》叙某縣至都城道里之文,如潁川郡陽翟縣"《晉地道記》曰去洛陽二百八十六里",②以及沛國豐縣"《地道記》曰:去國二百六十,州六百,洛千二十五里"。③ 按,陽翟縣爲漢晉時期潁川郡治所,其道里得到《晉地道記》的記錄并不爲怪,但豐縣不是治所,却能記錄去國、去州、去洛陽的三級道里數字,可見《晉地道記》對於道里數字的記錄,比《續漢志》祇記郡國更進一步,已經細化到縣級政區。

前輩學者多認爲劉昭注引的《晉地道記》是東晉王隱的《晉書·地道記》,④顧江龍則認爲此爲《隋書·經籍志》著錄的六卷本《元康三年地記》,但其并非西晉元康年間所撰,而是東晉後期或南朝初期。⑤ 即使《元康地記》并非西晉時期所撰,因其所述的道里數字是以洛陽爲基準點,故其基礎資料必然是西晉時期積累的。儘管我們從出土西漢簡牘⑥、西晉簡牘⑦中能夠看出這種道里數字會通過上計簿呈報中央,但這些行政文書不可能在經歷永嘉喪亂後妥善保存并運送至建康,故祇能認爲西晉元康年間或稍後,

---

① 《隋書》卷三三《經籍志二》,北京:中華書局,1973年,第987頁。
② 《後漢書》卷一一〇《郡國志二》,第3422頁。
③ 《後漢書》卷一一〇《郡國志二》,第3428頁。
④ (清)湯球輯,劉曉東等點校:《九家舊晉書輯本》,濟南:齊魯書社,2000年,第194—221頁。
⑤ 顧江龍:《〈太康地記〉考——兼論王隱〈晉書·地道記〉與〈元康地記〉》,《文史》2018年第4輯,第104—105頁。
⑥ 韓樹峰:《漢晉時期的黃簿與黃籍》,《史學月刊》2016年第9期,第18—20頁。
⑦ 戴衛紅:《從湖南郴州蘇仙橋遺址J10出土的晉簡看西晉上計制度》,《中國社會科學院歷史研究所學刊》第8集,北京:商務印書館,2013年,第155—173頁;孔祥軍:《從新出土湖南郴州蘇仙橋晉簡看〈漢書·地理志〉之史源》,《南京曉莊學院學報》2014年第4期,第24—28頁。

《元康地記》的母本已經開始編纂并録入了一部分縣級政區的道里數字。

之所以稱"一部分",是因爲劉昭注僅貢獻了陽翟縣和豐縣的道里,且衹有豐縣的三級道里數字是齊全的。假使全國每一縣的道里數字都被完整記録於《元康地記》中,一方面其卷帙不可能僅有六卷,另一方面也很難想像劉昭衹引了兩個縣的數字作爲補充(因爲劉昭爲了補充譙、高邑、漢壽等八個縣距洛陽的道里,還引了《漢官》之文,可見《元康地記》提供的道里數字確實很有限)。

雖然州郡國縣的道里數字是國家行政中的日常信息,獲取這些信息未必有很高難度,如應劭注《漢官》也記載了一些刺史治所之縣距洛陽的距離,[1]但各個學者在地理著作中將"道里"也視爲一項需要重點關注的內容,并予以規模化記録,則是西晉時代開始的舉措。裴秀特意強調根據了"六軍所經"的道路里程來"校驗圖記",顯然《禹貢地域圖》的道里數字之準確性是其得意之處。這與後來《續漢志》《畿服經》和《元康地記》母本等著作記録道里的行爲存在很大共性,可以反映出西晉時代學者們對"道里"的重視已經成爲一股風氣。

除了地理著作外,西晉鹵簿制度的發展也涉及到與道里相關的内容。《宋書·禮志》載劉宋時代之鹵簿有指南車和記里(鼓)車,其指南車"大駕鹵簿,最先啓行",而記里車"大駕鹵簿,以次指南",[2]說明此二車排在第一、第二位的次序。但這一制度可追溯到西晉,《晉書·輿服志》載:"司南車,一名指南車……大駕出行,爲先啓之乘。記里鼓車,駕四,形制如司南,其中有木人執槌向鼓,行一里則打一槌。"[3]因此,指南車和記里鼓車在劉宋鹵簿制度中的地位是繼承自西晉的,《宋書·禮志》還記載了劉宋時代宋武帝北征時從長安獲此二車。[4]

指南車和記里鼓車的出現早有淵源,如《宋書》所載指南車源流曰:

> 指南車,其始周公所作……至於秦、漢,其制無聞。後漢張衡始復創造。漢末喪亂,其器不存。魏高堂隆、秦朗,皆博聞之士,争論於朝,云無指南車,記者虚説。明帝青龍中,令博士馬鈞更造之而車成。[5]

---

[1] (清)孫星衍等輯,周天游點校:《漢官六種》,北京:中華書局,1990年,第8—9頁。
[2] 《宋書》卷一八《禮志五》,北京:中華書局,1974年,第496—497頁。
[3] 《晉書》卷二五《輿服志》,第755頁。
[4] 《宋書》卷一八《禮志五》,第496頁。
[5] 同上。

指南車傳說爲周公所作(另有一說爲黃帝所作),至遲在東漢由張衡進行過復原,但其後製作方法失傳,在魏明帝時期由馬鈞重新復原過。

崔豹《古今注》也記載記里鼓車起源於西漢:

大章車,所以識道里也。起於西京,亦曰記里車。車上爲二層,皆有木人。行一里,下層擊鼓,行十里,上層擊鐲。①

從上述史料可知,指南車至遲在東漢時代已有製作方法,而記里鼓車的製作方法自西漢以降并未失傳過。但是在《續漢書·輿服志》中,却看不到指南車和記里鼓車的記載。換言之,東漢朝廷的禮制建設中并未重視此二車。將其列入鹵簿之中,是西晉時代的創舉。

指南車和記里鼓車的原本功能分別是指示方向和測算道里,都是便於測量、校正道路里程以及計算方位和直綫距離的機械,是可以用於地圖測繪的工具。② 雖然皇帝所用的禮儀性車輦不可能用於實際的道路測量,其應用性未必很高。但西晉朝廷開始將其列入鹵簿制度中,表達了對道路測量的重視,同樣是受當時風氣影響。

重新審讀《禹貢地域圖》序文也可發現,裴秀繪此圖并非朝廷的任務,祇不過因職務之便,能夠利用到司馬昭時代搜訪吴蜀地區地理情報的成果,以及軍隊平蜀過程中獲取的山川道里信息,可以重新檢校舊有地圖,遂編出一套容納古今地理信息的圖集。換言之,裴秀亦是在努力搜尋更可靠的道里數字資料,其行爲本質上與摯虞、司馬彪等人有相通之處,獨特性在於將搜尋成果用地圖方式展現而已。

因此,對裴秀"製圖六體"的評判,不能僅從地圖發展的源流出發。綜合以上論述可以看出,在西晉時代,精英階層存在重視道路測量與道里數字搜集的風氣,裴秀提出"製圖六體"及其《禹貢地域圖》重視道里數字的特點,也應該同樣是受這股風氣影響的結果。或有人以爲,考慮到東漢時代諸多方志流失以及《東觀漢記·地理志》散佚的現象,不能判斷這股風氣是起自西晉還是可以溯源至東漢。因此,下文將以西晉地理著作中保存最善的《續漢書·郡國志》爲例,來論證其中的道里數字確屬司馬彪勉力爲之的結果,并無完整資料可依,反映了學者個人的意願與心血。

---

① (晉)崔豹:《古今注》卷上《輿服第一》,《叢書集成初編》本,北京:中華書局,1985年,第1頁。
② 曹婉如:《中國古代地圖繪製的理論與方法初探》,《自然科學史研究》1983年第3期,第246頁。

二、司馬彪《續漢書·郡國志》所反映的地圖學理念

司馬彪《續漢書·郡國志》以東漢永和五年(140)郡縣名録爲框架記載全國地理内容,其中各郡國名下往往有小注,記録該郡國的政區沿革和洛陽距該地道里數字兩項資料。此爲司馬彪自注,不同於南朝梁時的劉昭注,即李慈銘所言"每郡下所注秦漢沿革及去洛陽里數,皆司馬氏本文"。[1] 所注道里數字,是洛陽到該郡國治所的實際里程。

按馬孟龍所揭示的,《漢書·地理志》郡國名録及各郡國人口資料來源於"平帝元始二年各郡國的户口名簿、成帝元延三年各郡國的行政版籍"這一結論類推,《續漢書·郡國志》的政區、人口資料反映的是永和五年的情況,乃是因爲其史源來自於永和五年的行政版籍和户口名簿,此即清人王鳴盛所指出的"蓋司馬氏偶得永和之籍,遂據之,而以後之籍未之得故也"。[2]

既然司馬彪之《續漢書·郡國志》的政區名録和人口數字來源於東漢官方的史料,作爲其自注的洛陽距各郡國道里數字,也應當遵循了東漢時期的資料才對。其證據就在於,如陳國、遼東屬國等在西晉已經名實皆不存的郡國,在《續漢志》中仍有道里信息。但《續漢志》所記録的各郡國道里并不完善,包括右扶風、魯國、常山郡、廣陽郡、太原郡、上郡在内共十五個郡國没有注出道里數字。[3] 可見司馬彪所據的東漢資料有所缺漏。

但事實上,司馬彪所缺少的東漢郡國道里數字比這更多,除此十五郡國外,還有一些郡國,雖然注明了道里數字,但詳考之後可發現,其道路里程反映的不是東漢時期的郡國治所,而是西晉時期的。下文舉數例説明。

(一)左馮翊

《續漢志》載左馮翊在"洛陽西六百八十八里",[4] 而京兆尹位於"洛陽西九百五十里"。[5] 按,東漢時左馮翊治高陵(今陝西省西安市高陵區),京兆尹治長安(今陝西省西安市),兩地其實相距不遠,而在《續漢志》記録中,兩地距洛陽的里程差竟達二百六十二里。西安市區與高陵區隔渭河相望,直綫距離不過32千米,這樣的資料差顯然過大。

---

[1] (清)李慈銘:《越縵堂讀史劄記全編》,北京圖書館出版社,2003年,第497頁。
[2] (清)王鳴盛著,黄曙輝點校:《十七史商榷》卷三二《後漢書四》"志據永和"條,上海書店出版社,2005年,第225頁。
[3] 王鳴盛已指出此現象,見《十七史商榷》卷三二《後漢書四》"郡國去洛陽里數"條,第224頁。
[4] 《後漢書》卷一〇九《郡國志一》,第3405頁。
[5] 《後漢書》卷一〇九《郡國志一》,第3403頁。

然而，左馮翊在漢末曾有分割之舉，《三國志》裴注引《魏略》載"逮建安初，關中始開，詔分馮翊西數縣爲左内史郡，治高陵；以東數縣爲本郡，治臨晉"，①説明在分割之後，左馮翊郡治臨晉（今陝西省大荔縣）。直至西晉之馮翊郡，仍治臨晉縣。② 而臨晉距洛陽的道里，是符合"西六百八十八里"的。

因史籍中的"道里"指的是實際路程，而古代道路狀况和今天大不相同，不可能用今天的道路距離來衡量古代，但可以利用唐宋時期地理總志中的里程，和《續漢志》進行對比參考。③ 北宋同州治馮翊縣（今陝西省大荔縣），與漢末魏晉左馮翊郡治所在同一地點。《太平寰宇記》中載同州"東至西京六百五十里"，④即馮翊縣至洛陽爲六百五十里，這一數字就與《續漢志》比較相近了。因此可以認爲，《續漢志》所言左馮翊在"洛陽西六百八十八里"的道里數字，依據的是漢末魏晉時代的資料，把改治臨晉後的（左）馮翊郡到都城洛陽的距離數字用於説明東漢左馮翊到洛陽的里程了。又因漢末建安年間都城在許縣，曹魏、西晉定都於洛陽，既然司馬彪依據的道里資料指明是距洛陽的距離，應晚至魏晉時期。

（二）河内郡

司隸校尉部的河内郡，《續漢志》載其位於"洛陽北百二十里"。⑤ 東漢河内郡治懷縣（今河南省武陟縣西南），距洛陽直綫距離就有 70 千米。因此，一百二十里這樣的數字顯然不可能是懷縣到洛陽的距離。

西晉時河内郡改治野王縣（今河南省沁陽市），⑥唐宋時期懷州的治所河内縣，與西晉野王縣在一地。《元和郡縣圖志》載懷州"西南至東都一百五十里"，⑦《太平寰宇記》載懷州"西南至西京一百四十里"，⑧因此，西晉時期野王縣到洛陽的距離，是接近《續漢志》"洛陽北百二十里"之表述的。换言之，《續漢志》河内郡的道里數字，應是司馬彪抄

---

① 《三國志》卷二三《裴潛傳》，北京：中華書局，1964 年，第 674 頁。
② 《晉書》卷一四《地理志上》，第 430 頁。
③ 歷代尺度雖不相同，但黄盛璋先生指出"理論上各朝代的里用 1800×當時尺長，實際上里并未隨尺之長度而改變……里的計算較粗，不能按歷代尺度苛求"。見黄盛璋：《歷代度量衡里畝制度的演變和數值换算（續二）》，《歷史教學》1983 年第 3 期，第 32 頁。
④ （宋）樂史撰，王文楚等點校：《太平寰宇記》卷二八《關西道四》"同州"條，北京：中華書局，2007 年，第 594 頁。
⑤ 《後漢書》卷一〇九《郡國志一》，第 3395 頁。
⑥ 《晉書》卷一四《地理志上》，第 417 頁。
⑦ （唐）李吉甫撰，賀次君點校：《元和郡縣圖志》卷一六《河北道一》"懷州"條，北京：中華書局，1983 年，第 444 頁。
⑧ 《太平寰宇記》卷五三《河北道二》"懷州"條，第 1093 頁。

録了西晉時期河內郡到都城洛陽的里程。

（三）廣陵郡

東漢廣陵郡治廣陵縣（今江蘇省揚州市西北①），《續漢志》載廣陵郡在"洛陽東一千六百四十里"，②然而兩地直綫距離已接近 680 千米，里程小於直綫距離，因此必然有誤。北宋揚州治今揚州市，《太平寰宇記》載揚州"西北至西京一千九百四十里"，③也比《續漢志》所記多了三百里。

曹魏時期廣陵郡移治淮陰縣，地點在今江蘇省淮安市淮陰區西南碼頭鎮。④ 西晉時淮陰仍爲郡治。⑤ 北宋楚州治山陽縣（今江蘇省淮安市），《太平寰宇記》載楚州"西北至西京一千六百七十里"。⑥ 淮陰縣自秦漢至宋元位置没有改變，北宋山陽縣和淮陰縣相距甚近，因此淮陰縣到洛陽的距離，應比"一千六百七十里"略少，而《續漢志》"洛陽東一千六百四十里"的數字是符合實際的。

因此，《續漢志》所言洛陽到廣陵郡的距離，實爲魏晉時期廣陵郡改治淮陰縣後的情況。

（四）漁陽郡

《續漢志》不載廣陽郡之道里，但廣陽郡治所薊縣（今北京市），同時也是幽州刺史治，劉昭注引應劭《漢官》稱"洛陽東北二千里"，⑦故洛陽至薊縣距離爲二千里。

同時，《續漢志》載漁陽郡在"洛陽東北二千里"，⑧漁陽郡治漁陽縣（今北京市密雲區西南⑨）。東漢之薊縣與漁陽縣同在洛陽之東北方向，但漁陽縣位於薊縣東北且存在一定的距離，因此不可能出現兩縣距洛陽道里相同的情況。

唐代幽州治薊縣，"至東都一千六百里"；⑩檀州治密雲縣（今北京市密雲區），"至東都一千八百四十四里"。⑪ 兩者到東都的距離是不一致的，相差二百餘里。雖然唐代

---

① 錢林書編著：《續漢書郡國志彙釋》，合肥：安徽教育出版社，2007 年，第 175 頁。
② 《後漢書》卷一一一《郡國志三》，第 3461 頁。
③ 《太平寰宇記》卷一二三《淮南道一》"揚州"條，第 2442 頁。
④ 史爲樂主編：《中國歷史地名大辭典》，北京：中國社會科學出版社，2005 年，第 2443 頁。
⑤ 《晉書》卷一五《地理志下》，第 452 頁。
⑥ 《太平寰宇記》卷一二四《淮南道二》"楚州"條，第 2460 頁。
⑦ 《後漢書》卷一一三《郡國志五》，第 3527 頁。
⑧ 《後漢書》卷一一三《郡國志五》，第 3528 頁。
⑨ 《續漢書郡國志彙釋》，第 406 頁。
⑩ 《舊唐書》卷三九《地理志二》，北京：中華書局，1975 年，第 1516 頁。
⑪ 《舊唐書》卷三九《地理志二》，第 1518 頁。

密雲縣與東漢漁陽縣地望不同,但距離很近,可以用於證明,東漢漁陽縣和薊縣不可能距洛陽道里相同。

但如果考慮到魏晉之際的政區沿革,此問題就可以得到解釋。東漢時期的廣陽郡演變爲曹魏時代的燕國,而曹魏時期的燕國和漁陽郡在西晉咸寧年間(275—280)合併爲燕國,此後西晉已無廣陽郡。① 西晉之燕國的疆域,大致相當於東漢廣陽郡、漁陽郡合併後的地域,而治所在薊縣。因此,《續漢志》所載漁陽郡到洛陽的距離爲二千里,其實是因爲司馬彪運用的是西晉時期的史料,把燕國到洛陽的距離繫於東漢漁陽郡之下。

顯然,司馬彪知曉西晉之燕國繼承了東漢廣陽、漁陽二郡的疆域,但因爲他祇掌握了西晉時期燕國到洛陽這一個道里數字,祇能寫在其中一郡之下。他的做法是將其繫於漁陽郡下,而闕載廣陽郡。但由於他沒有進一步深究燕國治所其實與廣陽郡治所相同,這一做法反倒成爲紕漏,暴露了其運用西晉資料的真相。

除以上四例外,還有王鳴盛所指出的,《漢官》和《續漢志》的蒼梧郡距離不一致的問題。② 蒼梧郡廣信縣既是郡治也是刺史治,劉昭引《漢官》曰"去雒陽九千里",而《續漢志》自注爲"雒陽南六千四百一十里",③兩處數字相差頗大。王氏無法解釋此問題,但結合本文推斷可知,《續漢志》蒼梧郡的道里數字應也是西晉時期的,在百餘年間交通狀況有所改善,故道路里程大大縮短。

從上述五例可知,司馬彪在注洛陽到各郡國道里時,至少有一部分郡國用的不是東漢時期的資料。本文通過相應的政區沿革進行推論,可以分別考證出各郡國道里數字都應出現於曹魏至西晉時期。如果認爲這些資料存在單一斷限,那麼基於漁陽郡之沿革,司馬彪所掌握的道里資料應晚於西晉咸寧年間。由於東漢到西晉多數郡國的治所並未發生變化或變化位置不大,故很難論證有多少郡國用的是西晉時期的道里數字。而且,這些道里數字中,還有些明顯的錯訛,如數字過大現象(如上黨郡、安平國、河間國等)。全面清查各郡國的道里數字有很大難度,但憑以上論證已經可以揭示三個結論:(1)司馬彪無法掌握東漢時期的全部郡國道里數字,因而依靠了西晉時期咸寧年間後的郡國道里數字予以補充;(2)司馬彪本人掌握的西晉道里資料也存在缺失和錯訛問題;(3)從以上兩點可以看出,《續漢志》注明郡國道里數字的內容設置並無前例

---

① 胡阿祥、孔祥軍、徐成著:《中國行政區劃通史·三國兩晉南朝卷》,上海:復旦大學出版社,2014年,第630—632頁。
② 《十七史商榷》卷三二《後漢書四》"刺史治去洛陽里數"條,第225頁。
③ 《後漢書》卷一一三《郡國志五》,第3530—3531頁。

和成熟資料可循,應是司馬彪本人多方搜尋的結果。

既然司馬彪不掌握一份完整的全國道里資料,爲什麽還要創設這一内容?這種勉强爲之的努力,恰恰反映了作者具有強烈的意圖。此前辛德勇指出司馬彪《續漢志》相對於《漢書·地理志》的一大創新在於"將每一特定政區都視作歷史活動的空間場所(甚至可以説衹是爲記録歷史活動發生的地點提供地理座標),記述這一區域内重大歷史事件發生的具體地點",①其實,司馬彪自注道里數字的格式也能够體現這種空間性或地理座標觀念。

漢晉上計簿簡牘中所見的某地至都城的道里數字,如虎溪山漢簡"廷到長安,道函穀,三千二百一十九里"②以及郴州蘇仙橋晉簡"便縣……去郡一百二十里,北去江州一千四百八十里,去京城三千五百一十里"③等,其共性在於衹提供道里數字,而不提供本地到都城的方位。與《續漢志》時代差距不遠的傳世文獻則有《漢官》"廣信,刺史治,去雒陽九千里"等六例④以及《宋書·州郡志》"南琅琊太守……去州水二百,陸一百,去京都水一百六十"⑤等書寫格式。可以看出,《漢官》《宋書·州郡志》道里數字的格式更接近於上計簿之原貌,以本地爲中心記録去郡、去州以及去都城的道路里程,但《續漢志》則將其轉换爲以洛陽爲出發點、兼具方向與道里的格式,所以各郡國的位置都能被放置於以洛陽爲中心的統一座標網之下。汪前進先生此前論證過《續漢志》《宋書·州郡志》《元和郡縣圖志》等著作的道里數字遵循的是極座標投影法,⑥但相較《宋書·州郡志》而言,《續漢志》的文字兼具方向信息,更能體現地圖學的觀念,甚至司馬彪在撰寫過程中很可能參考過全國地圖。

司馬彪自注道里數字表達出的對方向、道里的兼顧,恰與上文所言在西晉開始獲得重視的指南車、記里鼓車之原本功能完全一致。丁超此前對製圖六體有所總結"距離與方位這兩個核心問題又互相制約,互爲條件""所謂製圖六體實質上涉及的僅有方位

---

① 辛德勇:《〈後漢書〉對研究西漢以前政區地理的史料價值及相關文獻學問題》,《中國歷史地理論叢》2012年第4期,第19頁。
② 湖南省文物考古研究所,懷化市文物處,沅陵縣博物館:《沅陵虎溪山一號漢墓發掘簡報》,《文物》2003年第1期,第50頁。
③ 湖南省文物考古研究所,郴州市文物處:《湖南郴州蘇仙橋遺址發掘簡報》,湖南省文物考古研究所:《湖南省考古輯刊(第8集)》,長沙:岳麓書社,2009年,第98頁。
④ 《漢官六種》,第8—9頁。
⑤ 《宋書》卷三五《州郡志一》,第1040頁。
⑥ 汪前進:《現存最完整的一份唐代地理全圖資料集》,《自然科學史研究》1998年第3期,第286頁。

與距離這兩個核心問題"。① 在古人的繪圖工作中,越是地形複雜或涉及區域較大的情况,其方位與直綫距離越難直接獲得,需要通過多次方向、道里的測量與計算才能求出。因此,《續漢志》道里數字和指南車、記里鼓車納入鹵簿兩個案例所反映的精英階層對測算方向、道里的重視,實質上意味着當時確有一股重視地圖學的風氣。

三、咸熙分封與地圖學風氣之關聯

西晉時期精英階層中的地圖學風氣是如何產生的？潘晟曾將裴秀對製圖六體的總結視爲兩漢以後地圖從"匿名的機構技術"逐漸"與具體的個人相聯繫"的表現之一,②但如果真的已出現了士大夫可以獨力完成地圖編繪的風氣(如潘著所引用的張松"畫地圖山川處所"之例),必然要以普通地圖的廣泛傳播爲基礎(才能爲士人提供參考、改繪所用的底圖)。但魏晉時代顯然不具備這樣的傳播條件,比如當時清河、平原二郡面臨邊界糾紛,通過查看藏於秘府的地圖是可以順利驗明地界的,但結果却是"爭界八年"而不能解决,③可見這種標有郡縣轄境的地圖在朝堂內都難以流通。甚至裴秀的《禹貢地域圖》完成後,也是"藏於秘府"的,不會在精英階層流傳。

韓昭慶此前指出,劉徽著《海島算經》爲製圖六體提供了數學基礎。④《海島算經》是魏晉之際劉徽注《九章算術》時補寫的第十卷《重差》,因首個例題爲通過望海島算出其高度與距離,而被唐代人取名爲《海島算經》。此卷的貢獻在於總結了重差法應用於"望極高、測絶深而兼知其遠者"⑤等間接測量條件下的測算案例并給出解法,"解决了尚未很好解决的間接測量問題,爲實現由直接的步量、丈量到間接測量的轉變,提供了依據和方法"。⑥ 此後"以畢氏定理、重差理論爲基石的測量理論體系成爲中國古代重要的測繪傳統,曾經長期居於測量計算領域的主導地位"。⑦《海島算經》證明了當時的地圖測繪已經在廣泛運用重差法,但具體的測繪實踐并不是士大夫所普遍關心的,這一技術進步固然有助於道里測算,却顯然不足以成爲刺激精英階層關注地圖學的原因。

---

① 丁超:《晉圖開秘:中國地圖學史上的"製圖六體"與裴秀地圖事業》,第 11 頁。
② 潘晟:《地圖的作者及其閱讀:以宋明爲核心的知識史考察》,南京:江蘇人民出版社,2013 年,第 20 頁。
③ 《三國志》卷二四《孫禮傳》,第 692 頁。
④ 韓昭慶:《製圖六體新釋、傳承及與西法的關係》,《清華大學學報(哲學社會科學版)》2009 年第 6 期,第 113 頁;韓昭慶:《製圖六體實爲製圖"三體"論》,《中國科技史雜志》2015 年第 4 期,第 470 頁。
⑤ 見《劉徽〈九章算術注〉原序》,劉徽注,李淳風注釋:《九章算術》,《叢書集成初編》本,北京:中華書局,1985 年,第 1 頁。
⑥ 王樹連:《中國古代軍事測繪史》,北京:解放軍出版社,2007 年,第 236 頁。
⑦ 王樹連:《中國古代軍事測繪史》,第 238 頁。

而考慮到裴秀本人的事蹟,却可提供一個新的思路。曹魏末年,司馬昭出於籠絡群臣的目的,①於咸熙元年(264)"始建五等爵",②爲功臣裂土封爵,其封土規定見於《晉書・地理志》,而具體操持此事的就是裴秀:

> 晉文帝爲晉王,命裴秀等建立五等之制,惟安平郡公孚邑萬户,制度如魏諸王。其餘縣公邑千八百户,地方七十五里;大國侯邑千六百户,地方七十里;次國侯邑千四百户,地方六十五里;大國伯邑千二百户,地方六十里;次國伯邑千户,地方五十五里;大國子邑八百户,地方五十里;次國子邑六百户,地方四十五里;男邑四百户,地方四十里。③

五等爵改制在中國官制史上具有里程碑意義,而咸熙分封更是直接仿照西周爵制,明確規定公、侯、伯、子、男五類爵位都可以獲得封土,封土大小與爵位匹配。顧江龍也通過裴秀封侯之案例以及《太平御覽》引《魏志》佚文等材料論證過,"魏晉之際的縣級五等爵有實土、封户,設國相,屬真正意義上的實封爵"。④

咸熙分封不僅規定授以實土,且"自騎督已上六百餘人皆封"⑤,即涉及人數達六百人,因此其帶來的政治影響十分巨大。故在魏晉禪代後,段灼上書尖鋭批評此次分封,將其評價爲"無故又瓜分天下"。⑥ 他贊同封建宗室,而反對五等爵分封異姓之舉,提出"使異姓無裂土專封之邑,同姓并據有連城之地"。⑦ 因分封異姓確實有損於中央權力,故晉武帝于咸寧三年(277)"罷五等之制",⑧此次改制對於封土的影響,據顧江龍總結爲:

> 第一,郡公、郡侯不在罷廢行列。第二,縣公、縣侯一分爲二:部分特殊的縣公

---

① 柳春新:《漢末晉初之際政治研究》,長沙:岳麓書社,2006 年,第 212 頁。魯力:《魏晉南朝宗王問題研究》,武漢大學出版社,2013 年,第 30 頁。
② 《晉書》卷二《文帝紀》,第 44 頁。
③ 《晉書》卷一四《地理志上》,第 414 頁。
④ 顧江龍:《晉武帝"罷五等之制"解》,《魏晉南北朝隋唐史資料》第 35 輯,上海古籍出版社,2017 年,第 55 頁。
⑤ 《晉書》卷三五《裴秀傳》,第 1038 頁。
⑥ 《晉書》卷四八《段灼傳》,第 1339 頁。
⑦ 《晉書》卷四八《段灼傳》,第 1348 頁。
⑧ 顧江龍指出,《晉書・地理志》叙"罷五等之制"時有脱文,其年代應繫於咸寧三年,見《晉武帝"罷五等之制"解》,第 56 頁。

侯"開國",不受"食邑若干户"的限定,封國置相,屬於實封爵;魏晉之際那些"地方若干里""食邑若干户"的縣公、縣侯則不開國,除了保留經濟和部分禮制待遇外,國相被撤銷,封國歸縣令長管理,其爵介於實封與虛封之間。第三,所有的伯子男封國皆不開國。①

而從結果上講,在西晉時代五等爵真正獲得封土的案例,據目前史料推斷應有20例,②相比六百之數確實大大減少了。

雖然從結果上看,五等爵的分封最終由實改虛,但這一曲折過程畢竟經歷了十餘年之久,站在當時人的立場,咸熙分封的規定所帶來的政治影響不可忽視,比如段灼"瓜分天下"一語,是西漢賈誼評價劉邦分封異姓王一事所用的詞彙。③或許段灼有誇大其辭的成分,但他的言論證明了,在當時的官員看來,這一場分封實土的爵制改革即將變爲現實。

裴秀是建立五等爵制的主導人物,在咸熙分封中獲封濟川侯,"地方六十里,邑千四百户,以高苑縣濟川墟爲侯國",④從裴秀之例也能看出,各人封土的規格確實與爵級是匹配的。由於爵號以封地命名,在確定六百餘人爵號的同時,也要指明其封地所在位置,以及進行相應縣域的切分工作。

在當時"縣大率方百里"⑤的情況下,"像裴秀這樣封國不足一縣範圍的情況應該不是特例"。⑥但一縣之境被分出一半後,行政效率受損,必然要重組爲新的百里之縣。六百餘人獲封實土,不僅要考慮到根據封地大小合理切分縣域,還須考慮進行析分之後的合併事項,所涉及的縣界更迭事宜必然繁雜。可以說,僅僅是爲了頒布咸熙分封六百餘人的爵號,朝廷在進行地理調查、道里統計、縣界規劃等方面的工作量也是巨大的,這可稱得上是裴秀主持的另一項大型地理學事業。且這項工作對地圖的精確性、對距離的測量與計算均要求甚高。

劃定封土與地圖學關係密切,也屬史有前例。西漢末年王莽復古改制,也嘗試了建立五等爵制并授以封土,其規格爲:

---

① 顧江龍:《晉武帝"罷五等之制"解》,第63頁。
② 顧江龍:《晉武帝"罷五等之制"解》,第62頁。
③ 《漢書》卷四八《賈誼傳》,北京:中華書局,1962年,第2260頁。
④ 《晉書》卷三五《裴秀傳》,第1038頁。
⑤ 《漢書》卷一九上《百官公卿上》,第742頁。
⑥ 顧江龍:《晉武帝"罷五等之制"解》,第55頁。

> 諸公一同,有衆萬户,土方百里。侯伯一國,衆户五千,土方七十里。子男一則,衆户二千有五百,土方五十里。附城大者食邑九成,衆户九百,土方三十里。①

在王莽的詔書中,獲封實土者達796人,在確定封邑時需要聚集熟悉各郡國地理情況與地圖的人才共同商議,但最後因爲"圖簿未定"而没有落實:

> 定諸國邑采之處,使侍中講禮大夫孔秉等與州部衆郡曉知地理圖籍者,共校治于壽成朱鳥堂……以圖簿未定,未授國邑,且令受奉都内,月錢數千。②

"圖簿未定"指的就是還未規劃好七百餘人的封邑位置,故不能繪製封邑示意圖。其雖然是王莽之藉口,但也反映了這項縣境規劃工作確實十分複雜。雖然没有史料記載裴秀主持制定五等爵制的過程,但想必也與王莽時期的孔秉等人一樣,需要聚集地理學、地圖學的相關人才共同參詳,并在頒布分封規定的同時能够展示出注明各個封邑位置、轄境的地圖。

這一聚集人才并搜集資料的過程,必然導致中央朝廷對郡國地理資料的掌握得到了一次更新。在實土分封將定未定的十餘年間,封邑地理問題很可能得到官員、學者的持續關注,從而引發精英階層重視地圖學、重視道里數字的風氣。故西晉時代指南車與記里鼓車可以列入鹵簿,地理著作也很注意道里數字的收集,裴秀繪製《禹貢地域圖》與總結"製圖六體"也屬於這股風氣的表現之一。

咸熙元年時裴秀官職爲尚書僕射,於泰始四年(268)才改任司空,③故其主持的劃定封邑工作是在尚書僕射之任上完成的。漢代舊圖在裴秀眼中存在"各不設分率,又不考正準望,亦不備載名山大川"等弊端,但其自述的資料更新僅提到"文皇帝乃命有司,撰訪吴蜀地圖",即祇説到了吴蜀地區却未提及原魏境之地圖有何憑依,故王庸猜測"其關於北部地域者,自以漢魏傳統之圖籍爲據",④這種推論其實與裴秀對漢代舊圖的批評態度是衝突的。經由本文論述可知,北部地區的資料并非没有更新,而是在咸熙元年已經奠定了資料基礎,故無須再提。丁超曾通過裴秀任司空的時間僅有三年來判

---

① 《漢書》卷九九中《王莽傳中》,第4129頁。
② 《漢書》卷九九中《王莽傳中》,第4128頁。
③ 《晉書》卷三《武帝紀》,第56頁。
④ 王庸:《中國地理學史》,第59頁。

斷"在如此短促的時間條件及分裂格局之下,裴秀顯然無法完成全國範圍的地圖實地測繪",故認爲裴秀的《禹貢地域圖》僅是對漢代舊圖改繪而已。① 但如果僅是增補吳蜀地區的資料來更新地圖,時間上完全可行,故不能認爲《禹貢地域圖》僅是"改繪整飭"②之工作。

四、封國與縣域調整關係的補充證明

上文提到,從裴秀"以高苑縣濟川墟爲侯國"的記載出發,可以看出五等爵分封時確實會按照爵位規格劃定封土大小,進而造成縣級政區的切分調整。但可惜的是,除裴秀外,史料中無法再找到咸熙分封的封土案例。爲更好驗證本文結論,或可從前文所言西晉時代真正獲得封土的案例中尋找綫索。依顧江龍所言,"罷五等之制"後真正獲得封土的縣王、縣公、縣侯等,可考證出的共有20例。③ 按咸熙分封之規定,縣公、縣侯封土皆不超過百里,那麼所涉20縣中,也應該有一部分縣存在縣境分割之舉。雖然缺乏如裴秀那樣直接點明封邑造成政區分割的史料,但仍可找到關於縣界調整的一些證據,以下試舉四例:

(一) 宛陵縣

晉太康元年(280)平吳後,孫吳交州刺史陶璜受孫皓手書而歸順,獲封宛陵侯,④宛陵縣在《晉書·地理志》中注有"侯相"。在此年宛陵縣即被分割,《水經注》載:

> 其水又北歷蜀由山,又北,左合旋溪,北逕安吳縣東,晉太康元年,分宛陵立。縣南有落星山,山有懸水五十餘丈,下爲深潭,潭水東北流,左入旋溪,而同注南江。南江之北,即宛陵縣界也。南江又東逕寧國縣南,晉太康元年分宛陵置。⑤

太康元年自宛陵縣分出了安吳縣和寧國縣,則宛陵縣轄境必然縮小,但換言之也意味着原宛陵縣面積過大。這一縣界調整,或許就是爲了適應陶璜封縣侯之事,需將宛陵縣的面積控制在七十里以下。

---

① 丁超:《晉圖開秘:中國地圖學史上的"製圖六體"與裴秀地圖事業》,第15頁。
② 同上。
③ 顧江龍:《晉武帝"罷五等之制"解》,第62頁。
④ 《晉書》卷五七《陶璜傳》,第1560頁。
⑤ (北魏)酈道元著,(清)王先謙校:《合校水經注》卷二九《沔水》,北京:中華書局,2009年,第433頁。

(二) 安豐縣

太康元年，王戎以平吴功臣的身份獲封安豐侯，安豐縣在《晉書·地理志》中注有"侯相"，《續漢書·郡國志》載安豐"有大別山"。① 東漢安豐縣位於今河南省固始縣東南，②南靠大別山脈。同時，安豐縣南部還有雩婁侯國（縣），位於"今河南省固始縣東南、史河西岸"，③其位置在安豐縣南、大別山脈北部。雖然安豐、雩婁二縣同在大別山北，但《續漢志》將"有大別山"注於安豐縣下，説明安豐縣與大別山具有比較密切的關聯性。而考慮到雩婁侯國位於安豐縣南偏東的位置，應理解爲東漢時期安豐縣西南境可達大別山。

《水經注》叙雩婁縣之決水時，引《晉書·地道記》曰"（雩婁）在安豐縣之西南，即其界也"，④胡三省注《資治通鑑》引作"《晉地道記》：雩婁在安豐縣西南"。⑤ 在安豐、雩婁二縣治所未發生變化的情況下，如王隱《晉書·地道記》所言，安豐縣西南邊界從連接大別山變爲了連接雩婁縣境。這意味着安豐縣西南邊境有所收縮，不再與大別山接壤了。而縣界調整的時間，應介於《續漢志》和《晉書·地道記》兩書政區斷限的年代。這有可能是西晉初年隨着安豐縣變爲封邑後，縣境受制於王戎爵位規格進行的調整。

(三) 衛縣

西晉封周王室之後姬署爲衛公，⑥衛縣有一地名曰五鹿。《左傳》記重耳游歷列國時"過衛，衛文公不禮焉，出於五鹿"，杜預注："今衛縣西北有地名五鹿，平陽元城縣東亦有五鹿。"⑦《水經注》引京相璠之語曰："今衛縣西北三十里，有五鹿城，今屬頓丘縣。"⑧京相璠生卒年無考，《水經注》載"京相璠與裴司空彦季修《晉輿地圖》，作《春秋地名》"，⑨則京相璠爲裴秀之門客，應與杜預屬同時代人。杜預與京相璠皆以衛縣爲基準點指明五鹿的位置，但京相璠又稱"今屬頓丘縣"，這説明五鹿的歸屬在西晉初年發生過轉變，由歸屬衛縣變爲歸屬頓丘縣了。但這一行政歸屬尚未改變人們的慣性記憶，

---

① 《後漢書》卷一一二《郡國志四》，第3487頁。
② 《續漢書郡國志彙釋》，第261頁。
③ 《續漢書郡國志彙釋》，第258頁。
④ 《合校水經注》卷三二《決水》，第468頁。
⑤ 《資治通鑑》卷六六《漢紀五十八》"建安十四年三月"條，北京：中華書局，1956年，第2097頁。
⑥ 《晉書》卷三《武帝紀》，第61頁。
⑦ （晉）杜預集解：《春秋經傳集解》卷六《僖公中》"僖公二十三年"條，上海古籍出版社，1978年，第333頁。
⑧ 《合校水經注》卷五《河水》，第86頁。
⑨ 《合校水經注》卷一六《谷水》，第254頁。

因此杜預和京相璠很可能是因循前人注經時的地名訓詁方式,依舊注明的是衛縣與五鹿的位置關係,而没有改寫成頓丘與五鹿的位置關係。

依上述論證,在西晉初年五鹿由歸屬衛縣變更爲歸屬頓丘縣,則意味着衛縣西境的縮小。這一縣界調整也同樣可能是爲了適應姬署的縣公等級。

(四) 邵陵縣

邵陵縣爲魏廢帝齊王芳之封邑,《三國志》裴注引《魏世譜》曰"晉受禪,封齊王爲邵陵縣公",① 《晉書·地理志》邵陵縣下注"公國相"。

東漢王符《潛夫論》言"上蔡北有古鄧城",② 説明鄧城在東漢時歸屬上蔡縣。《續漢志》召陵縣下劉昭注曰"杜預曰縣西南有鄧城",③ 則西晉初年鄧城歸屬召陵縣。《魏書·地形志》亦在潁川郡邵陵縣下注"鄧城",汝南郡上蔡縣則不載。④ 説明西晉至北魏,鄧城一直歸屬邵陵縣。王符爲東漢中期學者,如此看來,在東漢後期至西晉初年這段時間,召(邵)陵縣西南邊界是有所調整的,將上蔡縣一部分地域包含了進來。

東漢時召陵縣被附近的定潁、上蔡、征羌、灈强、郾等縣包圍,縣域較小。如果召陵縣南界之擴張確實發生在西晉初年,且跟封邑有關,應是其原有縣域不足以匹配縣公的面積所致。

前文已經説明,除裴秀外,史料中無法再找到直接證明由封土導致政區調整的案例。故此處所舉4個縣界調整之史實,是否真的與封邑面積的規劃有關,亦難以斷言。但從另一方面講,此4縣之封土與縣界調整的同步性,似乎也不適合完全用偶然性來解釋,故本文將其作爲輔助證據。總而言之,基於裴秀濟川侯國之直接證據,加上宛陵、安豐、衛、邵陵四縣之間接證據,應可以得出封國會造成政區調整的結論,進而證明裴秀所主持的咸熙分封確實會涉及大量的縣界調整規劃,從而大大促進朝廷對各區域地理信息的掌握以及資料積累。

五、結　語

經本文考索可知,裴秀所主持的魏末咸熙分封,無論是制訂爵級與封土面積的對應

---

① 《三國志》卷四《齊王芳紀》,第131頁。
② (漢)王符著,汪繼培箋,彭鐸校正:《潛夫論箋校正》卷九《志氏姓第三十五》,北京:中華書局,1985年,第458頁。
③ 《後漢書》卷一一〇《郡國志二》,第3425頁。
④ 《魏書》卷一〇六中《地形志中》,北京:中華書局,1974年,第2533頁。

關係,還是頒布六百餘人的爵號與封地,都是以一場大規模的政區地理規劃事業作爲支撐的。這項工作包含了地理調查、道里統計、縣域規劃等前期準備,因而爲裴秀後來編繪《禹貢地域圖》奠定了資料基礎。雖然咸熙元年的實土分封最終没有落實,但在咸寧三年改制前的十餘年間,這一制度始終具有法律效力,故由封邑地理激發了精英階層對地圖學、對道里數字的關注,以致形成風氣。在這一風氣影響下,官員在進行禮制建設時將指南車、記里鼓車納入鹵簿制度,表現出對地圖測繪的重視;司馬彪《續漢書·郡國志》之道里數字呈現出與兼重方向與距離的特點;《畿服經》與《元康地記》母本也開啓了在地理總志中加入郡國道里數字的内容設計。裴秀後來於司空任上編繪《禹貢地域圖》以及總結"製圖六體",亦屬於這股風氣的表現之一。地圖的編繪難度遠高於撰寫著作,裴秀因兼具職務之便與資料基礎,可以通過地圖而不是地志爲載體展現地理資料,其成就遂超然於同時代學者之上。

北魏公主湯沐邑的虛封特徵

趙衛齊

公主湯沐邑制在漢代確立。[①] 北魏興國後,因襲漢制亦設公主封號。察北魏85位公主,有明確封號記載的達82位之多,但這些有所差別的封號又表現出獨特的封授特徵。要認識這種特徵,就須細微考察公主湯沐邑的獲封情況。前人研究對北魏公主封號問題有所涉及,[②] 但是對北魏公主湯沐邑性質及其與身份等級的結合關係,還未做深入闡釋。因此,本文擬從封授建制、地域分布、身份等級等方面對北魏公主湯沐邑的特徵進行探討,以揭示其深刻內涵。

一、北魏公主湯沐邑的封授建制

北魏作爲入主中原的鮮卑政權,堅持本民族政治傳統的同時,也在積極學習漢制以適應統治需求。而鮮卑民族本未有公主之制,代國時期僅稱帝女、宗女,北魏時纔普遍具有公主之稱。那麽,北魏公主湯沐邑的建制時間及其性質究竟如何,與漢制又有何異同?

自漢代確立公主之制以來,各代公主封號一般皆以其湯沐邑命名。根據史載,最早具有確切封號的北魏公主是昭成帝拓跋什翼犍女、道武帝拓跋珪"皇姑"遼西公主。《魏書·賀訥傳》載:

[①] "漢制,皇女皆封縣公主,儀服同列侯。漢法,大縣侯視三公。其尊崇者,加號長公主,儀服同蕃王。蔡邕曰:'帝女曰公主,姊妹曰長公主。'諸王女皆封鄉、亭公主,儀服同鄉、亭侯。鄉、亭侯視中二千石。"《後漢書》志二八《百官志五》,北京:中華書局,1965年,第457頁。

[②] 柏楊《中國帝王皇后親王公主世系録》(北京:人民文學出版社,2011年)系統考證了北魏公主封號及其世系;張鶴泉、彭超《北魏前期五等爵封地的虛封特徵及與爵位等級的關係》(《社會科學戰綫》2016年第2期)指出北魏前期貴族封地分爲五等爵且具有明顯的虛封特徵;王安泰、開建五等:《西晉五等爵制成立的歷史考察》(新北:花木蘭文化出版社,2009年,第108頁)延伸論及北魏五等爵制是對西晉爵制的學習、建立而來,"政治秩序與禮、法的共同處之一就在於明確的區分身份"。黄旨彦《公主政治:魏晉南北朝政治史的性别考察》(板橋:稻鄉出版社,2013年,第150頁)提及"即便到了宣武帝時期,公主的邑號仍然虛設,并未享有來自該地租賦的邑人"。

> 祖綸,始有勛於國,尚平文女。父野幹,尚昭成女遼西公主……訥中弟染幹粗暴,忌太祖,常圖爲逆,每爲皇姑遼西公主擁護,故染幹不得肆其禍心。①

《魏書》載皇姑遼西公主在太祖拓跋珪落難時,有擁護之功。實際上,昭成帝還有兩位女兒與拓跋珪爲"姑侄關係",但却不具皇姑尊稱和公主封號:

> 王建,廣寧人也。祖姑爲平文後,生昭成皇帝。伯祖豐,以帝舅貴重。豐子支,尚昭成女,甚見親待。建少尚公主。登國(386—396)初,爲外朝大人,與和跋等十三人迭典庶事,參與計謀。②
>
> 有嵇拔者,世爲紇奚部帥。其父根,皇始(396—398)初率衆歸魏。太祖嘉之。尚昭成女,生子拔,卒於尚書令。拔尚華陰公主,生子敬。③

王建妻與嵇根妻皆爲昭成帝之女,與拓跋珪屬"姑侄"關係無疑。且王建、嵇根二人也實爲拓跋珪興國重臣,但唯有遼西公主一人被稱爲"皇姑",并具有明確公主封號。究其緣由,皆因遼西公主頗具"擁護之功",多次護佑拓跋珪不爲逆賊所害。"皇姑"之稱和"遼西公主"封號即爲拓跋珪感念其功的尊崇與恩賜。

再觀代國昭成帝建國年間聯姻事迹,北方各民族政權普遍不具公主之制,僅稱"宗女"或"帝女"。④ 因此遼西公主於昭成帝在位時嫁於賀野幹,亦稱"帝女"。遼西公主因護佑太祖拓跋珪之功獲"皇姑"尊稱,其獲封時間甚至在拓跋珪稱帝復國之後。⑤ 登國元年(386),拓跋珪於牛川即代王位,并論功行賞,遼西公主的獲封也應在此"班爵敘勛"之列。如此可知,道武帝登國元年(386)復立代國時,就已封授遼西公主;及至天興元年(398),道武帝遷都平城、改定國號爲"魏",并封授皇女爲華陰公主,適於重臣閭大肥。⑥ 從皇姑到皇女的封授標志着北魏公主制度的確立,此後皇

---

① 《魏書》卷八三《外戚列傳上·賀訥傳》,北京:中華書局,1974年,第1812頁。
② 《魏書》卷三〇《王建傳》,第709頁。
③ 《魏書》卷三四《萬安國傳附嵇拔傳》,第804頁。
④ "建國四年(341年)十二月,慕容元真遣使朝貢,并薦其宗女。七年(344年)秋七月,慕容元真遣使奉聘,求交婚。(昭成)帝許之。九月,以烈帝女妻之。"見《魏書》卷一《序紀·昭成帝紀》,第12、14頁。
⑤ "登國元年春正月戊申,帝即代王位,郊天,建元,大會於牛川。復以長孫嵩爲南部大人,以叔孫普洛爲北部大人。班爵敘勛,各有差。"見《魏書》卷二《太祖道武紀》,第20頁。
⑥ "閭大肥,蠕蠕人也。太祖時,與其弟大泥倍頤率宗族歸國。太祖善之,尚華陰公主,賜爵其思子。"見《魏書》卷三〇《閭大肥傳》,第728頁。

女、皇姊妹皆具公主封號，形成定制。但北魏公主湯沐邑封授建制仍是一個漫長、復雜的過程。

道武帝天賜元年（404）詔令："制爵四等，曰王、公、侯、子，除伯、男之號。"①初步建立起四等封爵制度。但是受國家制度草創、勢力範圍以及階層組成等因素的制約，此時封爵者的封地皆爲"虛封"。宋人馬端臨已指出北魏前期的虛封特徵："又道武以來，有受封爲建業公、丹陽侯、會稽侯、蒼梧伯之類，此皆江南土地，未嘗爲魏所有。可見當時五等之爵多爲虛封。"②無論北魏前期貴族封爵分爲四等還是五等，其封地爲虛封無疑。甚至很多地名并非北魏疆域，所謂湯沐之資更無從談起。楊光輝也認爲北魏前期"凡有封爵者，皆無户邑數……爵第是在京師，爵無封邑甚明。"③

那麼，道武帝是否也將"爵無封邑"的虛封做法照搬於公主群體呢？清人徐文範考證，明元帝繼承道武帝基業時，疆域有：

司州：代郡、雁門、新興、秀容、肆盧、永石、建興。并州：太原、樂平、上黨。冀州：長樂、廣川、武邑、渤海、章武、平原、趙郡。相州：魏郡、廣平、汲、陽平、頓丘、清和，定州：中山、常山、鉅鹿、博陵。幽州：燕、范陽、上谷、河間。豫州：河內、平陽、河東、河北。時有郡三十六，縣二百有八。④

延至太武帝統一北方後，北魏疆域在"郡三十六"基礎上，新擴：

兗州：東郡、濮陽、濟陽、陳留。濟州：濟北、東平、高平、任城、金鄉。洛州：河南、弘農。荆州：上洛、華山。東秦州：河東、征平、禽昌、平陽、河北。雍州：京兆、馮翊、扶風、咸陽、北地、秦平。涇州：安定、石堂、新平、隴東、趙平、高平、平涼、平原、西北地、始平。秦州：天水、略陽、南安、安陽、武都，吐京鎮、汾鎮……敦煌鎮。時有實郡八十、軍鎮二十。⑤

---

① 《魏書》卷二《太祖紀》，第42頁。
② 《文獻通考》卷二七三《封建考十四》，北京：中華書局，1986年，第2172頁。
③ 楊光輝：《漢唐封爵制度》，北京：學苑出版社，1999年，第75頁。
④ （清）徐文範：《東晉南北朝輿地表》，《二十五史補編》第五册，北京：中華書局，1955年，第6786—6787頁。
⑤ 《東晉南北朝輿地表》，《二十五史補編》第五册，第6796頁。

結合前三代17位公主①獲封情況來看,許多公主湯沐邑與同時期行政區域并不吻合。以首位獲封的遼西公主爲例,道武帝拓跋珪皇始三年(398)滅後燕并定都平城,後燕餘部竄至龍城建立北燕,遼西郡直至太武帝拓跋燾太延二年(436)滅北燕後纔成爲北魏疆域,此時遼西公主早已薨逝、封號也作廢。根據譚其驤《中國歷史地圖集·東晉十六國時期全圖》(386—409年北魏道武帝在位期間),②更加確定遼西公主湯沐邑遼西郡屬"遥領"虚封。同樣,道武帝二女華陰公主、濩澤公主也在此列。華陰公主湯沐邑華陰縣此時尚處後秦轄地,其性質爲虚封無疑。而濩澤公主的湯沐邑濩澤縣屬并州安平郡:395年濩澤縣屬後燕境内,至409年歸屬北魏,并與後秦交界。即這段時期正是拓跋珪不斷南下擴張,北魏、後燕、後秦三方勢力爭鬥正酣之際,濩澤縣不可能成爲穩定的湯沐封邑,也應屬虚封。因此,道武帝時期,皇姑、皇女的獲封初步奠定了北魏公主湯沐邑虚封制。

　　太武帝統一北方後,詔令實行"舊制諸鎮將、刺史假五等爵,及有所貢獻而得假爵者,皆不得世襲",③旨在收緊襲爵標準、鞏固中央集權。在此局面下,從兩方面仍能證明公主湯沐邑虚封現象的長期存在:其一,公主的政治待遇。太武帝妹"武威長公主,故涼王沮渠牧犍之妻。世祖平涼州,頗以公主通密計助之,故寵遇差隆。"④公主之女也"以國甥親寵,得襲母爵爲武威公主"。⑤ 武威長公主有平叛大功,其女得襲公主爵,但并未見湯沐封賞的記載。换言之,男性貴族尚且"爵無封邑",即便女性"寵遇差隆",也不可能逾越男性貴族的封爵標準。其二,由於北方長久以來的宗主督護制并未消除,大量户籍隱匿逃役於宗主,使得北魏政府真正在册的户籍十分有限,直至孝文帝初,"舊無三長,惟立宗主督護,所以民多隱冒,五十、三十家方爲一户"。⑥ 在未立三長制之前,北魏政府爲加强集權勢必會與地方宗主爭奪户籍,而非"釋出"勞役來調解統治階層内部的矛盾。如果再給包括公主在内的貴族集團分封爵邑,祇會加劇服役納税的農户减少,政府陷於貧弱,最終危及皇權統治。那麽北魏前期統治者祇能維持"有封爵無封

---

① 道武帝所封公主有遼西公主、華陰公主、濩澤公主以及王建所尚公主;明元帝時有陽翟公主、宜陽公主;太武帝時有始平公主、武威長公主、隴西長公主、南安長公主、樂陵公主、城陽公主、長樂公主、濟北公主、新平長公主、高陽長公主、西海公主以及楊保宗所尚縣主。
② 譚其驤:《中國歷史地圖集·東晉十六國時期全圖》,北京:中國地圖出版社,1982年,第15—16頁。
③ 《晉書》卷一一三《官氏志》,北京:中華書局,1974年,第2975頁。
④ 《魏書》卷八三《外戚傳上·李惠傳附父蓋傳》,第1824頁。
⑤ 《魏書》卷九九《沮渠蒙遜傳附沮渠牧犍傳》,第2206頁。
⑥ 《魏書》卷五三《李冲傳》,第1180頁。

地"的虛封現狀。

延至孝文帝世,"有州五十七、郡二百",①疆域穩定,加之漢化的深入、三長制的推行,都爲貴族集團獲封爵邑帶來可能。孝文帝於太和十八年(494)冬十月詔令:"王、公、侯、伯、子、男開國食邑者:王食半,公三分食一,侯伯四分食一,子男五分食一。"②這裏孝文帝實行五等封爵制甚明,而且在遷都洛陽後第一時間就頒布了食邑令,自然是爲爭取、籠絡貴族勢力以鞏固漢化改革成果。但是孝文帝也規定了食賦比例,限制貴族食邑的賦稅所得,保證中央對地方的控制以及皇權的穩固。此後,北魏男性貴族"爵有封地"正式成制。那麽,考慮到貴族尚主聯姻關係,孝文帝是否也同時完成公主湯沐邑虛封向實封的轉變呢?

如漢制規定:"列侯所食縣曰國,皇后公主所食曰邑。"③漢時,昭帝"姊鄂邑公主益湯沐邑,爲長公主,共養省中",④始元元年"益封燕王、廣陵王及鄂邑長公主各萬三千户",⑤"元鳳元年春,長公主共養勞苦,復以藍田益長公主湯沐邑"。⑥ 憑藉多次益封,鄂邑公主湯沐邑已遠超萬户。東漢時,和帝女臨潁長公主"兼食潁陰、許,合三縣,數萬户"。⑦ 漢代公主湯沐收入之巨由此可見一斑。延至兩晉,不僅公主獲得巨額的湯沐之資,就連命婦、太妃等皇室旁支的湯沐邑都高達數千户。⑧ 南朝時,宋前廢帝劉子業爲其姊山陰公主"進爵會稽郡長公主,秩同郡王,食湯沐邑二千户"。⑨甚至梁、陳之世,"梁武帝以錢二十萬,易定林前前岡獨龍阜。主以湯沐之資造浮圖五級於其上。"⑩因梁武帝崇佛,永定公主以湯沐鉅資營造浮圖。陳代齊熙公主墓誌銘曰:"夫人以食邑之資,勤行意舍。所造等身夾紵,相好甚然。又造迦葉、阿難,皆如身等……竭力傾財,深依正慧,匪誠匪信。"⑪齊熙公主崇信佛門,亦用食邑之資布施造像。可見,漢晉南朝公主的

---

① 《東晉南北朝輿地表》,《二十五史補編》第五册,第6817頁。
② 《魏書》卷七《高祖紀下》,第176頁。
③ 《漢書》卷十九《百官公卿表上》,北京:中華書局,1962年,第742頁。
④ 《漢書》卷七《昭帝紀》,第217頁。
⑤ 《漢書》卷七《昭帝紀》,第219頁。
⑥ 《漢書》卷七《昭帝紀》,第225頁。
⑦ 《後漢書》卷一七《賈復附賈建傳》,第668頁。
⑧ 晉武帝"封(羊祜)夫人夏侯氏萬歲鄉君,食邑五千户,又賜帛萬匹,穀萬斛"。見《晉書》卷三四《羊祜傳》,第1023頁。"咸寧初,以扶風池陽四千一百户爲太妃伏氏湯沐邑,置家令丞僕,後改食南郡枝江。"見《晉書》卷五九《汝南王亮傳》,第1591頁。
⑨ 《魏書》卷九七《島夷劉裕傳》,第2146頁。
⑩ (宋)張敦頤著,張忱石點校:《六朝事蹟編類》卷二《寺院門十一》,北京:中華書局,2011年,第47頁。
⑪ 湯燕:《唐研究》卷二一《新出唐沈叔安妻陳淨玲墓誌及沈叔安世系勘誤》,北京大學出版社,2015年,第541—545頁。

湯沐邑性質不僅爲實封,且收支皆成巨額。

可是觀諸史料,即便北魏孝文帝對男性貴族集團授以爵邑,但并未依漢晉南朝之事使公主也獲得食邑,而是仍維持虛封。史書記載,共有13位孝文帝女獲封公主。其中,"高祖時,始平公主薨於宮,追贈(穆)平城駙馬都尉,與公主合葬"。① 公主於孝文帝時早逝冥婚,但其封號所指的湯沐邑始平郡直至宣武帝"景明元年置",②爲虛封。再如孝文帝臨終遺命陳留長公主改嫁王肅,而南兖州陳留郡在孝明帝"正光中置"。③ 另一位蘭陵長公主的湯沐邑蘭陵郡"晉置,後罷。武定五年復,治永城"。④ 武定乃是東魏孝靜帝年號,年代更加靠後,無疑蘭陵長公主也爲虛封。甚至丘提夫人清廉郡長公主⑤應在的湯沐邑清廉郡更是查無此地。以上四位公主的獲封時間貫穿整個孝文帝統治時期,同時其湯沐邑性質均屬虛封無疑。試想如果孝文帝轉而實封餘下皇女,那麼如此區别對待的做法勢必會引起皇室與駙馬宗族的不滿乃至紛爭。因此,孝文帝祇會依照北魏前例將其皇女一律虛封,并以此制衡駙馬宗族各方勢力,這也符合國家針對貴族早已實施的"襲爵令"和"分食令"的一貫用意。

同時期還確立了宗女獲封公主之制,彭城王元勰女獲封寧陵公主,但寧陵縣直至東魏"武定六年置"⑥。此時正值國家推行漢制的重要節點,孝文帝參照漢制將宗王之女封縣公主是爲獲得宗室對改革的支持,但并不會真正授其食邑,同樣遵循公主湯沐邑虛封制度。宣武帝即位後繼續虛封公主,其女建德公主湯沐邑建德郡直到孝武帝"永熙中置"。⑦ 同爲宣武帝世,外戚高肇所尚平陽公主薨,"肇欲使公主家令居户制服,付學官議正施行。(常)景以婦人無專國之理,家令不得有純臣之義,乃執議曰:'……竊謂公主之爵,既非食菜之君;家令之官,又無純臣之式。若附如母,則情義罔施;若準小君,則從服無據'"。⑧ 常景認爲此議不合禮制其中一條重要理由就是"公主之爵非食菜之君"("菜"通"采")。其意十分明顯,北魏公主并非真正的食邑之君,祇具封號爵位。因此,若依"封君"標準,實爲"無據"。

---

① 《魏書》卷二七《穆崇傳附穆平城傳》,第673頁。
② 《魏書》卷一〇六《地形志下》,第2633頁。
③ 《魏書》卷一〇六《地形志中》,第2533頁。
④ 《魏書》卷一〇六《地形志中》,第2539頁。
⑤ "夫人清廉郡長公主,孝文帝之和疆女也。"參見《全上古三代秦漢三國六朝文·全後周文》卷十一《周使持節大將軍廣化郡開國公丘乃敦崇傳》,北京:中華書局,1958年,第3937頁。
⑥ 《魏書》卷一〇六《地形志中》,第2577頁。
⑦ 《魏書》卷一〇六《地形志上》,第2492頁。
⑧ 《魏書》卷八二《常景傳》,第1801頁。

復如出家爲尼的宣武帝女永泰公主,孝莊帝二姊壽陽長公主、豐亭公主以及宗女出身的饒安公主,其中壽陽縣、饒安縣見載於《晉書·地理志》,①按如此説,西漢公主別有封號,至東漢時纔固定以湯沐邑爲稱。而北魏以前朝東晉郡縣稱本朝公主封號的做法顯然與漢制格格不入,察其虛封特徵貫穿整個王朝的同時,進一步表明北魏在努力漢化的同時,始終遺留"有違漢制"的不同做法,這也是其民族政權性質使然;豐亭查無此地,而永泰則爲寺名,②可能公主出家時未及獲封,永泰公主乃是後世相稱。可見北魏後期這四位公主都不是以當時存在的郡、縣名作爲封號的,皆是虛封。延至魏末,由於孝莊帝、孝武帝皆爲宗王之後,宗女也有了晉封的可能。孝莊帝(元攸子)即位後,其宗親成爲皇姊妹皆獲晉封,③孝武帝(元懷子)即位後也將其從妹封爲公主。④ 這6位公主出身宗女,本不可能晉封郡公主一級,實爲統治者即位後的政治紅利。但此時正值魏末亂世,國家對地方業已失控,這幾位公主的湯沐邑也不具備實封的客觀條件,僅作爲一種身份象徵。

　　總之,大量史例證明無論北魏男性貴族集團有無食邑,公主湯沐邑始終堅持虛封。事實上,從公主湯沐邑虛封到堅持虛封的發展歷程及其成因看,這正是北魏國家爲鞏固統治、管控宗族而采取的必要措施。而延至西魏:

> 暨華陰伯薨殂,夫人以母儀訓世。朝廷乃拜縣君,以萬年爲夫人湯沐邑。後遷敷西縣主。……春秋七十一,以大統之十五年薨於長安,册贈華山郡主,禮也。⑤

　　關於北魏公主湯沐邑之制的因襲流變,這條史料提供了重要綫索。在這位出身宗

---

① "西漢早期不一定以湯沐邑爲公主的封號,然而一旦受封湯沐邑號後,即使公主出適列侯,在造册勒銘這類正式文書中,仍然一以公主的本封爲準……東漢以降,公主例以湯沐邑爲稱,鮮見其他稱呼。"參見黃旨彦:《公主政治:魏晉南北朝政治史的性别考察》,第77頁。
② "按碑云寺創自後魏正光二載,即孝明帝之賢妹也。賢妹之稱始見於此。明帝之妹是世宗宣武皇帝之女,《魏書》不立公主傳,故無可考據。"孝明帝元詡爲其妹在明練塔旁敕建一尼寺,此時名爲明練寺,唐中宗時更名爲永泰寺。故後世以永泰稱公主。見(清)王昶:《金石萃編》卷八九《大唐中岳永泰寺碑頌并序》,南京:江蘇古籍出版社,1986年,第723頁。
③ 豐亭公主"初封安陽鄉主",見《北史》卷一百《序傳·涼武昭王李暠傳附延寔子彧傳》,北京:中華書局,1974年,第3334頁。"女楚華,今光城縣主,適故光禄大夫長樂郡開國公長樂馮顥。"參見趙超:《漢魏南北朝墓誌彙編·魏故使持節假黄鉞侍中太師領司徒都督中外諸軍事彭城武宣王妃李氏墓誌銘》,天津:天津古籍出版社,1992年,第149頁。襄城公主"後封襄城長公主。"見《魏書》卷八九《崔逞傳附子瓚傳》,第1925頁。
④ "一曰平原公主明月,南陽王同産也;二曰安德公主,清河王懌女也;三曰蒹藜,亦封公主。"見《北史》卷五《魏本紀·孝武帝紀》,第174頁。
⑤ 《漢魏南北朝墓誌彙編·魏故平西將軍汾州刺史華陰伯楊保元妻華山郡主元氏墓誌》,第385頁。

女的華陰伯夫人墓誌中,先述其"拜爲縣君",再補充以萬年縣爲湯沐邑。實際上,絶大多數元魏公主墓誌的叙事邏輯都是直接記載其爲"××公主",并非如此倒叙。這就突出了在當時公主普遍衹享封號而虛封湯沐邑的情況下,特别加以説明其具有真正的湯沐邑,從而被視爲一種殊榮來彰顯這位宗女縣君不同的身份地位。如此説,北魏公主封號與湯沐邑虛封結合的制度範式終於在西魏時被打破,開始真正如漢制一般,公主乃至女性貴族群體享有實際的湯沐之資。但這一觀點僅憑此一條史料仍缺乏充分論據,尚需另作文深入討論。

二、湯沐邑與駙馬封地的地域分布

在對公主湯沐邑特徵内涵進行討論之前,先討論其地域分布問題。案史書載,在82位具有明確封號的公主中,曾以地名作爲封號的公主共計79位(包括以晉代地名作爲封號的6位公主)。如表一示:

表一　北魏公主湯沐邑的地域分布

地　區	行政州劃	虛封次數	百分比(%)	備　注
西北(7)	涼州	3	8.9	
	原州	1		
	梁州	3		
關中(9)	渭州	1	11.4	
	涇州	2		
	雍州	5		包括後置東雍州。
	華州	1		
關東(17)	洛州	4	24.3	
	司州	2		
	懷州	1		
	鄭州	1		
	義州	1		
	豫州	5		

續 表

地 區	行政州劃	虛封次數	百分比(%)	備 注
關東(17)	襄州	1	24.3	北魏孝昌時置。
	荆州	2		北魏攻南齊所得,置荆州。
河東(12)	恒州	2	15.2	北魏遷都洛陽後,舊都司州改爲恒州。
	并州	3		
	汾州	2		包括後置南汾州。
	晉州	4		
	建州	1		慕容永分上黨置建興郡,真君九年省,和平五年復。永安中罷郡置州。
山東(14)	膠州	1	17.7	
	青州	2		
	齊州	1		
	濟州	3		
	兖州	4		包括後置北兖州(再改東楚州)、南兖州。
	徐州	3		包括後置北徐州。
河北(16)	東燕州	1	20.3	北魏太和時置燕州。
	淪州	1		
	瀛州	2		
	冀州	7		
	殷州	1		
	定州	4		
遼東(4)	安州	1	5.1	
	平州	2		
	南營州	1		北魏初屬營州。

觀諸史書，北魏公主湯沐邑的受封主要集中在兩個時段：一是太武帝統一北方的過程，二是孝文帝即位以來，這也正與北魏政權學習、推行漢制的發展歷程相吻合，説明政權穩固、漢制推行正是公主湯沐邑獲封的堅實保障。據上表，公主湯沐邑集中分布於核心統治區域，以京畿所在關東地區爲軸，向外輻射包括關中、河東、河北、山東乃至西北、遼東邊遠地區。既然公主食邑爲虚封，并不具實際湯沐之資，那麽如此分布絶非因爲這些地區人口稠密、糧産豐富以滿足用度，而是另有緣由。結合北魏公主婚姻情況來看，統治者會否考慮公主虚封邑與駙馬封地的結合問題？甚至駙馬郡望也是重要考量因素，二者關係或直接影響國家行政區劃的明晰和集權統治的有序。

　　具體證之，因孝文帝太和十八年（494）改革爵制前男性貴族爵邑全爲虚封，之後才改爲實封。因此北魏公主湯沐邑與駙馬封地的結合情況須分兩個階段分析。筆者統計，孝文帝改革爵制前，尚公主者：郡王 15 人、郡公 11 人、縣侯 2 人、郡子 2 人，無爵者 10 人，共 40 人。改制後，尚公主者：郡公 12 人、縣公 2 人、郡侯 1 人、縣侯 1 人、縣子 2 人，無爵者 24 人，共 42 人。可見孝文帝在改革爵制前，尚主者以最高封爵郡王、郡公爲主體，而改制後再無尚主爵郡王者，最高爲郡公。這是因爲孝文帝親政後，爲鞏固皇權詔令"罷庶姓王"，於是首當其衝的便是鮮卑勛貴和外戚重臣。如穆罷襲爵宜都王，"尚新平長公主，拜駙馬都尉……隨例降王爲魏郡開國公"。[①] 其弟穆亮"尚中山長公主，拜駙馬都尉，封趙郡王……例降爵爲公"。[②] 而外戚馮熙"進爵昌黎王……後以例降，改封京兆郡公"。[③] 長子馮誕尚"帝妹樂安長公主，拜駙馬都尉、侍中、征西大將軍、南平王……及罷庶姓王……改封長樂郡公"。[④] 次子馮修亦降爲侯。自此之後，除魏末尒朱榮、高歡等軍功集團擁兵封王特殊情況外，其他非元魏皇室鮮有封王者，郡公實際成爲駙馬尚主可達到的最高爵位。

　　再觀北魏所有駙馬尚主時，其封地與公主湯沐邑皆位於不同州。[⑤] 這一現象絶非巧合，説明即便改制之前的男性貴族和公主的湯沐邑全爲虚封性質，但北魏統治者在五級封爵範圍内選擇公主駙馬時，就已有意將二者的虚封地分隔開來，譬如鮮卑貴族穆氏一門嫡子世襲"宜都王"，其封地宜都郡據載，位於南朝疆域荆州，再次證明屬虚封。四

―――――――――

① 《魏書》卷二七《穆崇傳附穆罷傳》，第 666 頁。
② 《魏書》卷二七《穆崇傳附穆亮傳》，第 667 頁。
③ 《魏書》卷八三《外戚傳上·馮熙傳》，第 1819 頁。
④ 《魏書》卷八三《外戚傳上·馮熙傳附馮誕傳》，第 1821 頁。
⑤ 關於此結論，筆者已作表統計。由於篇幅過大，本文不再詳列。

代五位宜都王所尚宜陽公主、樂陵公主、城陽長公主、濟北公主以及新平長公主的虛封邑與宜都郡相去甚遠，全爲北魏境內四個不同州郡。同樣，北降的劉宋皇室劉昶所尚三位公主、外戚馮熙與其子馮誕所尚兩位公主的虛封邑也都符合這一結合原則。可見早在北魏前期公主與獲封五等爵位的貴族聯姻時，就已強調二者虛封地須不同州郡。迨至孝文帝改革爵制後，這一勢頭更趨強化。在取消庶姓王爵、規定爵有封地後，這些尚主的公、侯以及子爵駙馬的實封地與公主虛封邑分隔，嚴格遵循"不同州"原則。即當公侯封地性質由虛轉實後，皇帝更加重視尚主者實封地與公主虛封邑的結合關係。因此，無論二者湯沐邑布局皆爲虛封還是駙馬實封、公主堅持虛封，北魏歷代統治者始終奉行二者封地不同州原則的根本原因是爲了擴大、穩固與公主聯姻後形成的核心統治力量而采取的平衡手段。實際上，擁有賦稅收入的漢晉南朝公主湯沐邑與駙馬封地的結合也無不符合這一原則，反映出北魏政制漢化範圍之廣、程度之深。

當公主虛封邑因改嫁、權勢變化和薨逝等原因進行改封、追封時，駙馬封地并不受其影響，依然在遵循"不同州"原則的基礎上進行變更，如劉昶"尚武邑公主……封丹陽王。歲餘而公主薨，更尚建興長公主……公主復薨，更尚平陽長公主"。① 劉昶歸降北魏尚主後賜爵爲王，虛封在揚州丹陽郡。所尚三位公主的虛封邑分別爲冀州武邑郡、豫州城陽郡、晉州平陽郡，皆遠離揚州。其後，劉昶子劉承緒早卒，其妻彭城長公主改封陳留長公主再嫁王肅。公主虛封邑由徐州彭城郡變更爲南兗州陳留郡，與王肅所食汝陽郡汝陽縣也不同州。魏末，廣平王元懷女平原公主改封爲馮翊公主，再適略陽郡公宇文泰。公主虛封邑由濟州平原郡變爲雍州馮翊郡，宇文泰實封地則爲秦州略陽郡。此外，由劉昶所尚三公主可知，駙馬封地一旦固定，并不隨公主封號變化而變遷。而當駙馬因爵位升降引起封地變遷時，同樣也會遵循"不同州"原則進行封授，如穆羆由宜都王降爵爲魏郡開國公時，其封地變更爲司州魏郡，遠離其妻新平長公主的虛封邑涇州新平郡。外戚馮熙尚博陵長公主後進爵昌黎王，後例降爵改封京兆郡公，封地也由南營州昌黎郡轉至雍州京兆郡，兩處封地全部遠離公主虛封邑定州博陵郡；馮熙子馮誕先尚樂安長公主（虛封邑青州樂安郡），因孝文帝"罷庶姓王"詔令由南平王改封長樂郡公，其封地冀州長樂郡與公主虛封邑也不同州。而在孝文帝太和改制後，漢姓高門王肅尚陳留長公主，封汝陽縣開國子，後進爵昌國縣侯，其兩次實封地汝陽郡汝陽縣、齊郡昌國縣也皆與公主虛封邑陳留郡不同州。因此，當公主虛封邑一旦固定，同樣也不隨駙馬爵位升

---

① 《魏書》卷五九《劉昶傳》，第 1307 頁。

遷、封地虛實而變化。

再結合表一中公主湯沐邑地域分布的占比來看,可劃分爲三個等級:關東京畿重地居首,河北、山東、河東與關中地區次之,而邊遠地區如西北、遼東最次之。在這種劃分基礎上,即便公主湯沐邑始終爲虛封,也有明確的身份等級排列秩序,尚主者以"郡王、郡公"爲主體,同時二者封地在遵循"不同州"結合原則的基礎上,形成了由洛陽京畿向外擴散、近密遠疏的分布格局,透射出明顯的維護統治秩序的政治意圖。與此同時,統治者也會極大考量駙馬郡望的影響。明元帝女隴西長公主的湯沐邑爲渭州隴西郡,與駙馬姚和都郡望京兆長安同在關中地區。其後的太武帝二女南安長公主、上谷公主,景穆帝三女樂平長公主、安樂公主、博陵長公主的湯沐邑全部封在河北、河東地區,這一現象絶非偶然。幾位公主駙馬的郡望全在這一地區,如上谷公主連嫁兩位駙馬①郡望皆爲代郡,此時北魏仍都於平城,而公主虛封地上谷郡恰在京畿範圍。公主湯沐邑就封於駙馬郡望範圍内的做法有益皇室與駙馬宗族勢力的聯姻結合,而宗族郡望與中央王朝關係的緊密與否往往直接影響地方行政管理和社會秩序的穩定。察平城時代最後兩任統治者文成帝、獻文帝時期,鮮卑貴族、漢族高門所尚公主的湯沐邑同樣全部位於或近於駙馬夫家郡望所在地。同時,這一時期歸附而來的劉宋皇室劉昶成爲南朝降臣尚主的首例,甚至劉昶接連尚三位公主,但公主湯沐邑皆遠離劉昶封地,符合"不同州"封授的一貫原則,其子劉承緒"尚高祖妹彭城長公主,爲駙馬都尉"。② 公主出適北降歸附的劉宋皇室,湯沐邑就封於徐州彭城郡,而劉昶宗祖郡望正是彭城縣綏輿裏,此舉帶有明顯籠絡之意。獻文帝先是以其夫家郡望彭城郡虛封冠名公主,自然是爲了拉攏劉昶父子,而孝文帝令其改封陳留長公主再適王肅,新的湯沐邑陳留郡距王肅郡望琅邪郡更近,從而達到籠絡漢姓高門的政治需要。此後由於皇帝重用漢姓高門,公主湯沐邑也更加貼合這些駙馬人選的郡望範圍。新加入駙馬群體的南朝降臣、北方漢姓高門依然貫徹"不同州"原則暗含抑制、平衡之意,同時又加入對駙馬郡望的考量則代表公主湯沐邑與駙馬宗族的緊密結合,以適應新形勢下的統治需要。可見,在尚主聯姻中,公主湯沐邑的封授及其與駙馬封地的結合標準隨着北魏政治形勢的變化而發展,這也是公主湯沐邑堅持虛封的重要意義所在。

此外,《洛陽伽藍記》記載:"自退酤以西,張方溝以東,南臨洛水,北達芒山,其間東

---

① "宿石,朔方人也。"見《魏書》卷三〇《宿石傳》,第724頁。"乙瑰,代人也。"見《魏書》卷四四《乙瑰傳》,第991頁。
② 《魏書》卷五九《劉昶傳》,第1311頁。

西二里,南北十五里,并名爲壽丘里,皇宗所居也,民間號爲王子坊……於是帝族王侯、外戚公主,擅山海之富,居川林之饒,争修園宅,互相誇競。"①自孝文帝遷都洛陽後,包括公主在内的皇宗貴族多居於京城西壽丘裏,這實際上爲公主湯沐邑虚封,及其與駙馬封地的順利結合又加了一道保險。北魏國家以各種手段籠絡地方宗族,保障封爵與封地的有效結合,使公主、駙馬留居京城就是採取的必要手段。

三、湯沐邑與公主身份等級的表達

在北魏公主湯沐邑與駙馬封地有序結合的基礎上,公主封號以湯沐邑冠名,也成爲表達其身份等級秩序的重要載體。前文已述,自道武帝封授遼西公主始,多達79位公主皆以晉代或北魏郡、縣作爲封號,②一般稱"××長公主、××公主"。這種封號範式就建立起公主湯沐邑與其身份等級二者之間的表達關係,并進一步完善成制。

1. "鄉、縣、郡"三級區劃的進一步細分

如前所述,道武帝初建公主之制的同時,也確立了郡、縣兩級湯沐邑制。循《魏書·地形志》所載,道武帝皇姑遼西公主虚封地遼西郡爲郡一級,兩位皇女濩澤公主、華陰公主的虚封地濩澤縣、華陰縣皆爲縣一級。可見,道武帝已初步建立起通過湯沐邑行政級别區分公主身份的等級制度。延至明元帝、太武帝、景穆帝、文成帝和獻文帝時,皇女、皇姊妹也全都獲封郡長公主或郡公主。孝文帝即位後,進一步規定皇女封郡公主、宗王之女封縣公主,如彭城王元勰五女,壽陽長公主、襄城公主、光城縣主和寧陵公主俱爲縣一級湯沐邑,甚至還有一女"(元)季望,今安陽鄉主,嫁員外散騎侍郎清淵世子隴西李彧。"③這也是筆者目前所見唯一一例北魏鄉主。如此,不同於兩晉南朝公主湯沐邑分縣、郡兩級,北魏依公主出身不同,建立起"鄉、縣、郡"湯沐邑三級區劃標準。

據統計,在84個公主封號中,郡公主63例、縣公主16例、鄉主1例及其他4例(包括改封、追封)。實際上,北魏統治者正是通過湯沐邑的級別來凸顯公主的身份等級,建立起有序的對應關係。據張鶴泉考證:"晉代國家應該是以二萬户爲界限來區分大

---

① (北魏)楊衒之著,尚榮校注:《洛陽伽藍記》卷四《城西》,北京:中華書局,2012年,第303頁。
② 84個北魏公主封號中,74個以北魏郡、縣命名;6個以晉代郡、縣命名者:樂浪長公主、饒陽公主、東陽公主、西海公主、饒安公主和壽陽長公主;其他4個非郡、縣命名者:滄水公主、豐亭公主,以及出家的誠信公主、永泰公主。這一角度也佐證了北魏公主湯沐邑虚封性質的長期存在。
③ 《漢魏南北朝墓誌彙編·魏故使持節假黄鉞侍中太師領司徒都督中外諸軍事彭城武宣王妃李氏墓誌銘》,第149頁。

郡、小郡的。晉代國家實行的這個標準,應該也爲北魏前期國家所承襲。"① 但這是針對男性貴族封地而言的標準,是否也存在公主湯沐邑大、小郡來區分其身份等級的標準呢? 甚至孝文帝之後,還出現了較多宗女獲封長公主甚至縣長公主的現象:

南安郡王拓跋楨女:北鄉郡長公主,北鄉郡領縣二,户二百九,口七百五十九。

安樂王拓跋長樂女:晉寧公主,晉寧郡領縣四,户一千二百二十二,口五千二十三。

任城王元澄女:新豐公主,新豐縣所在京兆郡領縣八。

彭城王元勰女:襄城長公主,襄城郡領縣三,户一千四百四十六,口四千六十三。

清河王元懌二女:

博陵長公主,博陵郡領縣四,户二萬七千八百一十二,口一十三萬五千七十。

高密長公主,高密郡領縣五,户七千五百五,口一萬六千一百五十三。

廣平王元懷三女:

馮翊公主,馮翊郡領縣六。

平陽公主,平陽郡領縣五,户一萬五千七百三十四,口五萬八千五百七十一。

華陽長公主,華陽郡領縣三。

清河王元亶二女:

河南長公主,河南郡領縣一,户三千六百四十二,口一萬四千七百一十五。

馮翊長公主,馮翊郡領縣六。

范陽王元誨女:琅邪公主,琅邪郡領縣二,户九千七百七十四,口二萬三千七百四十四。

孝武帝二從妹:

平原公主,平原郡領縣一。

安德公主,安德郡領縣四,户二萬二千二百一十六,口六萬八千三百九十六。②

---

① 張鶴泉、彭超:《北魏前期五等爵封地的虛封特徵及與爵位等級的關係》,《社會科學戰綫》2016年第2期。
② 《魏書》卷一〇六《地形志》,第2455—2656頁。

另有三位公主封號取用前代兩晉郡縣地名,如《晉書・地理志》載:

彭城王元勰女:壽陽長公主,爲縣長公主一級,壽陽縣所在樂平郡統縣五,户四千三百。
中山王元英女:饒安公主,饒安縣所在勃海郡統縣十,户四萬。
汝陰王女:東陽公主,東陽縣所在臨淮郡統縣十,户一萬。①

終北魏一代17位宗女獲封公主者,魏末時出現三個特例,博陵長公主、平陽公主和安德公主的湯沐邑爲萬户郡,其餘全爲千户、百户。甚至還出現了新的封號等級——縣長公主,同樣邑不過萬。另據統計,明確身份爲皇姊妹、封號爲地名的北魏郡長公主共有19位,其虛封地爲萬户以上郡者有13例。其中6例不過萬:4例在北魏前期、2例在宣武帝朝。綜合來看,造成2位宗女公主湯沐邑户籍過萬、6位皇女公主湯沐邑户籍不過萬這一反常現象的原因有:其一,北魏初期制度尚處草創之際,而魏末又處於政局混亂、制度崩壞之時,北魏首尾特殊的社會背景使得公主虛封地户籍標準不符規制;其二,魏收在《魏書・地形志》中所録郡縣户籍以東魏武定年間(543—550)爲準,此時距北魏前期年代久遠,而魏末亂世人口徙亡巨大,與前代郡縣户籍勢必有所偏差。綜上,造成這一反常現象的原因應是北魏首尾特殊的社會背景和魏收所録户籍偏差。可見,絶大多數公主虛封湯沐邑户籍數量都符合這一區分標準,即以宗女身份獲封郡長公主者,其湯沐邑户籍不過萬,千户或百户郡不等;以皇女身份獲封郡長公主者,其湯沐邑户籍過萬。因此,北魏國家是以一萬户爲界限來甄別公主湯沐邑大、小郡,進而區分郡長公主的皇女或宗女身份,使公主湯沐邑與其身份等級的表達關係更加緊密。

綜上可見,北魏前期初步建立起公主封號和虛封湯沐邑結合的制度模式,主要以郡長公主、郡公主、縣主等級爲主;孝文帝全面漢化後,豐富了更多公主封號等級,如大郡公主、小郡公主、縣長公主以及鄉主等。更重要的是,又通過湯沐邑大、小郡抑或郡、縣區劃等級的細分進一步表達公主爵位等次的高低,等級劃分嚴密有序、政治意味突出。最終,北魏依托"公主—長公主"二級封爵體系和"鄉、縣、郡"湯沐邑三級區劃,由低到高形成了"鄉主、縣公主、縣長公主、郡公主、小郡長公主和大郡長公主"六等次封爵制度和身份秩序。需要注意的是,以虛封湯沐邑區分公主身份來源的做法主要實行於郡

---

① 《晉書》卷一四《地理志上》,第429頁。

長公主一級,從而使長公主這一群體的身份等級得到排定和凸顯。

2. 湯沐邑改封、追封及"一地累封"

絕大多數北魏公主封號終其一生而不變,但也出現少數改封、追封及"一地累封"現象。公主封號的改變意味着湯沐邑的變遷、身份等級的升降,而這往往就是時局變化的真實反映。

北魏公主湯沐邑的改封一般皆爲晉升,即根據不同原因對公主身份、湯沐邑進行變更而達到晉升目的。其一爲改嫁再適晉升,北魏一朝皆有。前文已述,武威公主助其兄太武帝平定北涼後,與其夫沮渠牧犍遷居平城。其夫死後,又改嫁尚書李蓋。武威公主晉升武威長公主的原因除受皇帝"寵遇"外,改嫁重臣也成爲重要原因。① 公主湯沐邑未變,但從郡公主到郡長公主,其身份等級已實現躍升。同時這也是北魏最早的公主晉封案例,證明太武帝時公主湯沐邑等級制度依托漢制而日趨完善。劉昶子"劉承緒尚高祖妹彭城長公主,爲駙馬都尉。先昶卒,贈員外常侍"。②"高祖崩,遺詔以肅爲尚書令,與咸陽王禧等同爲宰輔……詔肅尚陳留長公主,本劉昶子婦彭城公主也,賜錢二十萬、帛三千匹。"③獻文帝女下嫁劉承緒,獲封彭城公主;孝文帝即位後,又以帝妹身份晉封彭城長公主。及至孝文帝崩,此時寡居的彭城長公主改封爲陳留長公主再適於王肅。從彭城公主到彭城長公主,屬湯沐邑不變而提升封號的做法;再從彭城長公主到陳留長公主,《魏書·地形志》載彭城郡爲千户郡、陳留郡爲萬户郡,公主湯沐邑進入萬户行列無疑意味着身份等級的巨大提升。魏末時,孝武帝妹"初封平陽公主,適開府張歡。歡性貪殘,遇後無禮,又嘗殺後侍婢。後怒,訴之於帝,帝乃執歡殺之。改封後爲馮翊公主,以配太祖(宇文泰),生孝閔帝。"④孝武帝改封平陽公主爲馮翊公主而下嫁其時節制關中的宇文泰,而公主湯沐邑馮翊郡就位於關中地區。孝武帝此舉意圖十分明顯,意在拉攏宇文家族作爲皇室後盾以抗衡權臣高歡。

其二爲權勢變化的政治紅利,均發生在北魏後期。孝明帝時,陸子彰尚"上庸公

---

① "牧犍尚世祖妹武威公主",此時稱武威公主。《魏書》卷九九《盧水胡沮渠蒙遜傳附子牧犍傳》,第2206頁。"世祖妹武威長公主,故涼王沮渠牧犍之妻。世祖平涼州,頗以公主通密計助之,故寵遇差隆。詔蓋尚焉。"見《魏書》卷八三《外戚傳上·李惠傳附父蓋傳》,第1824頁。此時牧犍已稱"故涼王",公主極可能因改嫁而晉升長公主。
② 《魏書》卷五九《劉昶傳》,第1311頁。
③ 《魏書》卷六三《王肅傳》,第1410頁。
④ 《周書》卷九《文帝元皇后傳》,北京:中華書局,1971年,第142頁。

主。初封藍田,高明婦人也"。① 公主爲謀反被誅的咸陽王元禧女,作爲罪臣宗女能够從藍田縣公主躍升至上庸郡公主一級,實是得益於"禧誅,養於彭城王第,莊帝親之,略同諸姊"。② 復如前文已述,孝莊帝晉封其皇姊妹的做法進一步證明北魏國家提升公主等級主要有兩種途徑,即提高封號等級或湯沐邑等次都可以達到晉封目的。而孝武帝將三位從妹越級封授爲郡公主的做法則更加直接。以上北魏後期幾位出身宗女的公主得以晉封實因此三位皇帝也皆出身宗室。然而,魏末統治者全憑個人喜好、關係親疏封授公主并不符規範,是對孝文改制以來的破壞。

同樣在魏末,還出現公主死後追封的現象。孝明帝時,清河王元懌女"公主姓元,諱季聰……孝明之世,封穎陽縣主……永安二季,封二品女侍中……詔追贈高密長公主,賜帛五百匹,中使監護喪事禮也"。③ 實際上,元季聰父元懌早在神龜三年(520)政變中遇害,後於正光四年(523)恢復地位,"追封……清河王懌爲范陽王,以禮加葬……秋七月癸未,追復故范陽王懌爲清河王"。④ 其侄孝静帝元善見"清河文宣王亶之世子也。母曰胡妃"⑤,生於正光五年(524)。從元善見生年可得,元亶襲清河王爵、與胡太后族女胡氏成婚當在520—524年,并在此後的政治生涯一路升遷。也就是説,元季聰僅憑縣主身份於永安二年(529)進宫封二品女侍中,并在永安三年(530)死後追贈郡長公主一級,實賴其父元懌恢復王爵、其兄元亶與胡太后搭上姻親。尤其河陰之變(528年)後,元魏宗室遭屠戮殆盡,新皇孝莊帝立足不穩,清河王一支更成爲所剩無幾的宗室重臣。

孝武帝時,黄門侍郎兼度支尚書、西道行臺杜瓚"妻元氏,新豐公主,河南洛陽人也,父司空公任城王澄……朝廷追贈京兆郡公主"。⑥ 新豐公主湯沐邑爲新豐縣,薨後被追贈京兆郡公主。其獲追贈或因其夫杜瓚出身望族、身兼要職。如此可見以上兩位公主生前封號皆符合宗女封授縣公主的制度規範,通過薨後追贈的方式由縣公主晉升至郡公主乃至郡長公主。而追贈原因多與其所處政治環境,即夫家或父族權勢變更有

---

① 《北史》卷二八《陸俟傳附陸子彰傳》,第1018頁。
② 《北史》卷二八《陸俟傳附陸子彰傳》,第1017頁。
③ 賈振林:《文化安豐·魏故侍中司徒千乘季公命婦高密長公主墓誌銘》,鄭州:大象出版社,2011年,第181頁。
④ 《魏書》卷九《肅宗紀》,第234—235頁。
⑤ 結合當時政治形勢來看,"胡妃"或爲胡太后族女。見《魏書》卷十二《孝静帝紀》,第297頁。
⑥ 《漢魏南北朝墓誌彙編·魏故使持節都督東秦州諸軍事車騎大將軍東秦州刺史刈陵縣開國子杜君墓誌》,第179頁。

關。還有一特例,孝明帝時,"故金城郡君,姓元,字華光,河南洛陽嘉平裏人也。光,明元皇帝第三子樂安王範之曾孫、城門騰之女、瓜州榮之第二妹……遂父母禮命,下適王氏……皇太后(靈太后)聞之爲奇,恒欲慈引,未遂之閑。高春實撢,桃李霜抽。春秋三十七,孝昌元年九月癸卯朔十六日寅時寢疾,卒於家第……可贈金城郡君,以旌其善。"①元華光家道延至孝明帝時已成宗王遠親,生前并無封號,薨後被追贈金城郡君是因受到靈太后恩寵。而僅稱郡君而非郡公主也能反映出元華光作爲元魏遠親的身份差異,實際上并不符合公主的封授標準。

除了以上改封、追封等晉封方式,還有大量存在的"一地累封"現象。《魏書·地形志》序言:"魏自明、莊,寇難紛糾,攻伐既廣,啓土逾衆,王公錫社,一地累封,不可備舉,故總以爲郡。"②按魏收言,尤其在孝文帝改革爵制以後,王公貴族封地一地累封造成區劃混亂而破壞行政規範。那麼之於始終虛封的公主湯沐邑而言,情況是否相同呢?北魏共出現23例公主湯沐邑封號重複使用,占比三成,足以説明這一現象較爲突出:

> 太武帝時嫁於穆平國的長樂公主、孝文帝女長樂公主(早逝冥婚)、孝文帝女長樂公主;
> 明元帝女武威長公主、獻文帝時武威長公主女武威公主;
> 明元帝女始平公主、孝文帝女始平公主;
> 太武帝時嫁於萬安國的河南公主、魏末清河王元亶女河南長公主;
> 景穆帝女博陵長公主、魏末清河王元懌女博陵長公主元仲儁;
> 文成帝女平陽長公主、孝文帝女平陽公主、魏末廣平王元懷二女皆獲封平陽公主;
> 獻文帝女樂安長公主、宣武帝時咸陽王元禧女樂安郡公主元仲英;
> 孝文帝時嫁於穆紹的琅邪長公主、孝武帝時和親柔然的范陽王元誨女琅邪公主;
> 孝文帝女華陽公主、魏末廣平王元懷女華陽長公主元季豔;
> 孝武帝時廣平王元懷女馮翊公主(初封平陽公主)、魏末清河王元亶女馮翊長公主。

---

① 《漢魏南北朝墓誌彙編·魏故金城郡君墓誌銘》,第165頁。
② 《魏書》卷一〇六《地形志上》,第2455頁。

可見公主湯沐邑"一地累封"現象肇始於太武帝而貫穿整個北魏。雖然北魏公主封號一地累封普遍存在,但并不存在同期并封,因此不會造成行政區劃的混亂,也就便利了其湯沐邑的就封。此外,除以上3位長樂公主、2位始平公主以及2位博陵長公主的封號等級和湯沐邑等次完全相同以外,其他封號如"始平""河南""平陽""樂安""琅邪""華陽"以及"馮翊"在湯沐邑皆爲郡等次基礎上,其身份等級又有公主、長公主之分,甚至不少公主出身宗女。也就是説頻繁出現的"一地累封"現象同樣在上述六等次封爵制度範疇。

綜上可見,絕大多數北魏公主的封號、湯沐邑終其一生不變。少數公主能够改封、晉封,甚至衹在北魏出現的死後追贈現象都與當時公主所處政治環境,即與父兄或夫家權勢變更有直接原因。實際上追贈也是一種變相的晉封,旨在通過追贈薨逝公主來凸顯其父或其夫的身份地位。同時,北魏國家晉封公主主要采取兩種方式,即提升封號等級或湯沐邑等次,前文所論"彭城公主—彭城長公主—陳留長公主"變化過程就是顯例。因此,北魏公主湯沐邑與駙馬封地的結合標準,及其與身份等級的多種表達形式共同構成此制的虚封特徵,其目的就是通過湯沐邑的虚封變化排定、區分公主的身份等級。

結　語

從北魏建國伊始到孝文帝太和改制,直至魏末,公主湯沐邑始終堅持虚封。基於這一特徵,北魏公主根據身份等級、湯沐邑等次劃分封爵的制度,并不同於漢制中公主享有實際的湯沐之資,衹是一種帶有明顯身份等級象徵意義的封授規定。正因如此,國家大多采用北魏郡、縣地名作爲公主封號的同時,也藉用已經不復存在或發生變更的晉代郡、縣,甚至還有一些不是地名的美名之稱。統治者堅持奉行公主湯沐邑虚封制的原因有:北魏前期國家疆域有限、制度初創以及"民多隱冒"而三長未立,使得男性貴族尚且爵無封地,公主更不可能實封;孝文帝太和改制而實封男性貴族爵邑後,爲了平衡、抑制駙馬宗族勢力,國家仍然堅持虚封公主湯沐邑;直至魏末政局混亂,地方郡縣業已失控,統治者更無力改變公主虚封局面。在這種不斷變化的政治形勢下,公主湯沐邑與駙馬封地的結合須遵循"不同州"原則的同時,也極大考量駙馬郡望分布,從而形成了北魏公主湯沐邑由洛陽京畿向外擴散、近密遠疏的分布格局。從這一點來看,公主湯沐邑虚封作爲北魏鞏固統治、管控宗族而採取的必要措施,實際上正是適應國家統治秩序的建立而不斷堅持與補充的政制布局。而這一制度範式很可能於西魏世被打破,公主乃至女性貴族群體開始享有真正的湯沐之資。

可以説,北魏前期初步建立起公主封號和虛封湯沐邑結合的制度模式,及至孝文帝推廣漢制,進一步加入更多公主封號,如大郡公主、小郡公主、縣長公主以及鄉主等。甚至以萬户爲界限來甄别公主湯沐邑屬於大郡還是小郡,進而區分郡長公主的皇女或宗女身份,從而使公主湯沐邑與其身份等級之間的表達關係更加緊密。最終北魏國家依托"公主—長公主"二級封爵體系和"鄉、縣、郡"湯沐邑三級區劃,由低到高形成了"鄉主、縣公主、縣長公主、郡公主、小郡長公主和大郡長公主"六等次封爵制度和身份秩序。需要注意的是,以湯沐邑區分公主身份來源的做法主要實行於郡長公主一級,從而使長公主這一群體的身份等級得到排定和凸顯。依據湯沐邑對更多的公主封號進行細分的措置標志着北魏公主之制漢化程度的深化與完備。

同時需要指出,北魏公主湯沐邑堅持虛封有利有弊。尤其在男性貴族實封爵邑之後,由於公主湯沐邑堅持虛封、不具養奉之資,即便公主可以倚仗皇親關係幫扶夫家,但對駙馬宗族的實質支持仍十分有限。因此北魏公主湯沐邑虛封制的確可以有效平衡、抑制駙馬宗族勢力。然而迨至魏末亂世,公主因無湯沐之資轉而貪賄納財,史載:"魏自孝昌之季……或外家公主,女謁内成,昧利納財,啓立州郡。"[1]自孝明帝後,政局崩壞,公主們通過向統治者進言"啓立州郡"進行賣官鬻爵、索賄納財,造成行政區劃混亂、腐敗變本加厲,最終加速政權的破潰。因此,就其地域分布和身份等級的虛封特點及其成因來看,儘管北魏公主湯沐邑在發展過程中暴露出不足,但實際上作爲配合國家統治的政制布局,仍發揮出不可忽視的作用。這是北魏國家堅持虛封公主湯沐邑的深刻内涵。

---

[1] 《北齊書》卷四《文宣帝紀》,北京:中華書局,1972年,第62—63頁。

南方的自覺
——傅大士教團所見南朝實踐性佛教

方　圓

　　提及南朝的佛教，我們第一反應便是譯經的繁盛與義學的勃興。圍繞僧尼與士族、政教關係、佛學與玄學等話題展開的高層佛教研究，已然成爲南朝佛教最爲重要的課題。南朝的佛教可以說有一輪名爲義學的耀眼太陽高懸天空，它的光芒遮蔽了南朝佛教的其他面向。

　　相較擁有大量石刻史料的北朝佛教史研究而言，南朝佛教義學之外的基層實踐性佛教研究拘於史料限制，學界尚未能有足夠的研究。現有研究所依憑的史料大體是僧傳與筆記小說。當時的佛教徒們撰述了各種靈驗記，爲我們揭開出些許南朝基層實踐性佛教的側影。不過，這些史料相對零星散碎，難以建立較爲完整的體系。而相對完整的個案性資料，當屬圍繞傅大士展開的史料群。

　　傅大士教團的史料保存於徐陵《東陽雙林寺傅大士碑》（後文簡稱《傅大士碑》）、法琳《辯正論》卷三《十代奉佛上篇》、道宣《續高僧傳》卷二六《感通上》，唐樓穎編、南宋樓紹刪定《善慧大士錄》（後文簡稱《善慧錄》）及北宋雍熙二年（985）刊刻的《雙林善慧大士小錄并心王論》（後文簡稱《小錄》）中。這些史料的承續關係及史源，張子開、魏斌已經做出了詳細的討論，兹綜錄兩位學者的結論：

　　法琳與道宣的史源皆源自徐陵的《傅大士碑》。陳太建四年（572），傅大士弟子沙門法璿、菩提、智瓚等祈請陳文帝立傅大士、慧集、慧和碑，徐陵、王固、周弘正奉詔爲三人所撰。徐陵所撰《傅大士碑》在《藝文類聚》有節抄，全文保存在樓紹刪定的四卷本《善慧錄》中。四卷本《善慧錄》是唐代樓穎編訂八卷本的刪定，《小錄》是八卷本的節選。八卷本最初的史源是傅大士去世當年弟子們的結集。[①]

[①] 張子開：《傅大士研究（修訂增補本）》，上海人民出版社，2012年，第3—11、42—51頁。魏斌：《南朝佛教與烏傷地方：從四通梁陳碑刻談起》，《文史》2015年第3輯，北京：中華書局；後收入氏著"山中"的　（轉下頁）

通過兩位學者的研究，我們可以確定《善慧録》收羅的傳記資料有很高史料價值，在一定程度上能夠帶我們回到六朝晚期江南地域那個光怪陸離的歷史現場。

關於傅大士教團的研究，從境野黄洋的架空人物説，關口真大對達摩禪法與傅大士關係的討論，到松崎清浩一系列論文對傅大士佛教學意義的正視，以及上舉張子開、魏斌的研究，學界已經對傅大士的生平、禪法、輪藏、菩薩戒、捨身及後世影響，教團的社會影響、政教關係等等有了頗多深入的成果。① 不過，關於傅大士教團尚存一些疑問未得到解答。

一、傅大士教團的性格與《停水經》蠡測

傅大士，名翕，字玄風，東陽烏傷稽停里人，生於南齊建武四年（497），南陳太建元年（569）殁。他二十四歲（520 年）時受胡僧嵩頭陀點醒，以一生補處菩薩、彌勒應身自居，自號雙林樹下當來解脱善慧大師。《傅大士碑》中"天賜殷宗"以降叙傅翕爲北地傅氏之後，這一説法雖爲後世所承，當是僞托。所謂"子長子雲，自叙緣起"也説明了這些家世譜系不過是自説而已。② 也正是傅大士并非出自名族，他的一系列作爲引起了地方官署的警惕，故有太守王烋以爲詭詐囚困之事。從相關記載來看，傅氏在當地世代爲農，其人本身以漁業爲生。大概是因爲傅翕本人"端靖淳和，無所愛著，少不學問"，鄉里之人頗以傅翕爲愚。③

這一説法在吉藏的著作中也得到反映。吉藏在《中觀論疏》中討論二諦時引傅大士頌爲證，但緊接着言："其人本不學問，尚知二諦不可一異，況尋經論者有定執乎？"④ 從吉藏的態度來看，是以不學問的傅大士來諷刺尋經論者，這裏隱含着一個立場，傅大

（接上頁）六朝史》，北京：生活·讀書·新知三聯書店，2019 年，第 218—222 頁。近來，陳志遠對傅大士作品在後代的傳播史做了不少工作，參見氏著《傅大士作品早期流傳考》，《魏晉南北朝隋唐史資料》第 44 輯，上海古籍出版社，2021 年，第 85—96 頁；《傅大士作品的版刻及其流傳》，《佛教文獻研究》第 4 輯，待刊。

① 境野黄洋：《支那仏教史講話》卷上，東京：共立社，1927 年，第 320 頁。関口真大：《達磨と傅大士》，氏著《達磨の研究》第五章《達磨の本領》，東京：岩波書店，1967 年，第 332—334 頁。松崎清浩：《南朝佛教における一考察—特に傅大士を中心として—》，《駒澤大學大學院佛教學研究會年報》第 16 號，1983 年，第 62—72 頁。同氏《傅大士像の一展開》，《駒澤大學佛教學部論集》第 14 號，1983 年，第 219—228 頁。中島志郎：《傅大士と菩薩戒》，《印度學佛教學研究》（63）（2014—2015）2 號，第 728—735 頁。船山徹《捨身の思想—極端な仏教行爲》，《六朝隋唐佛教展開史》，京都：法藏館，2019 年，第 392—398 頁。及前揭張子開、魏斌的論著。

② 《善慧大士録》卷三，《卍新纂續藏》，東京：國書刊行會，1976 年，第 69 册，第 121 頁中、下欄。

③ 《善慧大士録》卷一，第 104 頁中欄。

④ 吉藏：《中觀論疏》卷二，大正新修大藏經刊行會編：《大正新修大藏經》（以下簡稱《大正藏》），東京：大藏出版株式會社，1988 年，第 42 册，第 26 頁中欄。

士站在了"尋經論"的對面。值得注意的是,這是隋唐早期義學著作中唯一出現傅大士的例子。即便是這樣一個例子,吉藏也僅是以"本不學問"來諷刺經師。與吉藏同時同地的智顗、灌頂的著作中皆不見有傅大士的存在。可以説,從這一側面來看,義學及禪修著作中没有傅大士的位置。而傅大士營建輪藏,實則便是以此方便"本無學問"之人"閲"藏積累功德。

我們不能説傅大士没有任何佛學的修養,但也必須認識到他是一個本不學問的佛教徒。以這樣一個人爲中心構建起來的教團,其中的思想也不能以義學的標準去衡量。吉藏的斷語中隱含着對這一教團的不屑,這種不屑是義學視角下傅大士教團的形象。傅大士滅度後,弟子們上書陳朝請立三碑,除傅大士外,尚有慧集、慧和二人。這兩位僧人在僧團中也應有着特殊地位,通過對他們的分析,我們能更好理解傅大士教團的基本性質。

慧集的史料集中於《善慧録》卷四《慧集法師傳》:

> 俗姓王,名蚍之。吴郡富春右鄉大括里人。家本貧賤,常有執(隸)之若(苦)。于時,身有郡縣徭役,恐被追攝,逃匿天台山,鬀髮爲僧。頭陀苦行,精勤佛法。既避官事,不恒一處。①

從這段文字中,我們可知慧集是吴郡貧賤子,逃役亡入天台山時,私度爲僧,頭陀苦行。從他的身世和出家因緣來看,慧集也屬於"本不學問"之流。慧集本以頭陀苦行爲佛法勤修之道,依止雙林之後更成爲傅大士的"苦行弟子",②傅大士亦鼓動慧集"爲我詣國,捨頭相證",慧集亦"不惜軀命"來到建康希圖引起梁武帝的重視,却被罰"付錢署一年"。在傅大士以白衣爲沙門師而遭到誹謗時,慧集與傅普愍共誓三寶前,願以苦行弘揚傅大士的教法。爲此普愍自殘軀體,而慧集則游歷郡國以苦行宣化。慧集在游歷過程中,他展現了諸多苦行與神異。最終,大同四年(538)正月十三日慧集於潛上牧里靈山尼寺,因燒指燃臂而滅度。

從白衣爲沙門師的誹謗事件出發,張子開認爲慧集是傅大士第一個出家衆弟子,其説可從。③ 慧集在大通二年(528)來歸傅大士,據魏斌的理解,傅普愍殘軀在中大通四

---

① 《善慧大士録》卷四,第127頁下欄。
② 《善慧大士録》卷四,第128頁上欄。
③ 張子開:《傅大士研究(修訂增補本)》,第360頁。

年（532），則慧集游歷郡國亦在此年，結合慧集罰役一年，其上京應在中大通二年（530）。由此可知，慧集親炙傅大士有三到四年時間。在他投奔雙林依止傅大士後，"慧集處處教化，常言大士是彌勒應身"，①成爲傅大士彌勒應身説最大的鼓吹手。從慧集的事例來看，他特點和傅大士有頗多相似之處。他們皆是本不學問，又皆存在一定"非法"行爲，在個人神聖性上也互相鼓吹。可以説，慧集游走郡國的時期，仿佛傅大士的一個分身在各地傳教一般。

慧和事迹亦保存在《善慧録》卷四中。關於慧和，陳金華有專文考辨。② 慧和扶風馬氏，家族永嘉南渡後僑居僑蘭陵郡（今常州武進），他生於劉宋順帝昇明元年（477），十餘歲時游建康興皇寺得寶誌的贊嘆。南齊明帝建武四年（497）二十歲得度，居敬愛寺。後爲法雲弟子，年未三十（天監六年 507 前）即究解佛藏。此後賣身供養頭陀寺隱法師習唱三昧名首楞嚴法。中大通六年末（534）至大同元年初（535），傅大士第一次入建康時，隱法師在遷化前告訴慧和可從傅大士爲師。兩人於蔣山相見。此時慧和已 58 歲。慧和入雙林時，傅大士已還山，當是大同元年四月之後。第二年十一月高洋遣使奉請，慧和入鄴，最終於大同三年（537）病逝鄴城定國寺。慧和的著述情況，傳中亦有介紹，"講《大乘義》一百二十遍，《大涅槃》五十遍，《首楞嚴》四十餘遍。在廣陵誦出《大乘義》六十九科，諸學徒共執筆録出爲十八卷，《名教》一卷，并《序》一卷，合二十卷。《法華義疏》十卷，傳於世"。

除了《善慧録》卷四所載慧和傳記外，慧和事迹見諸《續高僧傳·慧侃傳》。他的義學觀點則見於吉藏《法華義疏》卷六、《大品經義疏》卷三及灌頂《大般若涅槃經疏》卷二四。其中吉藏稱慧和爲"光宅學士和闍梨"則是以光宅寺法雲的門徒弟子相視之。③

從《善慧録》卷四所載的情況，加以一些考證我們能夠復原出慧和就學修行的情況。慧和可能出生於僑蘭陵郡。從他十餘歲游興皇寺看，或許家族已遷至建康，可能是家中有人仕宦於京師。二十歲出家居敬愛寺。④ 據《至正金陵新志》梁普通二年（521）建頭陀寺在上元縣西北十五里；又《建康實録》載梁大同元年（535）舍人石興於蔣山建頭陀寺，則頭陀寺有二。從時間來看，隱法師所居當是普通二年頭陀寺，則慧和從隱法

---

① 《善慧大士録》卷一，第 105 頁中欄。
② 陳金華：《和禪師考》，佛光大學佛教研究中心編：《漢傳佛教研究的過去現在與未來》，高雄：佛光出版社，2015 年。陳金華對慧和事迹的考證基礎似有問題，將在後文做一辨析。
③ 相關人物比對見陳志遠：《傅大士弟子慧和小考》，《中山大學學報（社會科學版）》2021 年第 1 期。
④ 陳金華以爲此敬愛寺當是梁武所建愛敬寺之訛，考之慧和生年，廿歲之時尚在蕭齊，此時不可能居愛敬寺。且愛敬寺乃梁武帝普通元年（520）所建，考之慧和從學經歷，此時當在光宅寺。

師習唱三昧名首楞嚴法不早於此。但是,慧和既被吉藏稱爲光宅學士當應隨法雲生活學習,法雲卒於大通三年(529),慧和既然是賣身供養隱法師,似應在法雲故去之後,故而慧和跟隨隱法師當在529—535年之間。關於依止隱法師修行的記載,在《續高僧傳·慧侃傳》中可以得到印證:

> 釋慧侃,姓湯,晉陵典阿人也。少受學於和闍梨。和靈通幽顯,世莫識其淺深,而翹敬尊像,事同真佛。每見立像不敢前坐,勸人造像惟作坐者。道行遇諸囚厄無不救濟。或見被縛之猪,和曰"解脱首楞嚴",猪尋解縛,主因放之。自爾偏以慈救爲業,大衆集處輒爲説法。皆隨事贊引即物成務,衆無不悟而歸於道。末往鄴下大弘正法,歸向之徒至今流咏。臨終在鄴,人問其所獲,云得善根成熟耳。侃奉其神化積有年稔。①

慧侃少師從的和闍梨,從其往鄴下弘法來看,應即是慧和。文中關於和闍梨,不敢坐於立像前、勸人造坐像事,亦和《慧和法師》所言"見倚像,則起立不敢坐"相互印證。在這段記載中,我們看不出慧和義學僧的特質,相反更多見其實踐的情况。其中尤可注意的是慧和以"解脱首楞嚴"爲捆猪解縛,此應是慧和跟隨隱法師之後發生的事情。

《慧侃傳》所記慧和事迹并不見傅大士的身影。慧侃出生於梁普通四年(523),於隋大業元年(605)去世,世壽八十二。結合《續傳》中所載"少受學於和闍梨"及所記慧和的事迹看,慧侃從學和闍梨當在慧和依止隱法師之後,故而對這一時期慧和的相關修法有一定的反映。若以慧侃十歲從學來推,則在中大通五年(533)。傳中又言慧侃從和闍梨"積有年稔",并言和闍梨臨終言語,似乎慧侃亦隨慧和鄴下弘法。如此,慧侃亦應參加過傅大士教團,然本傳中無一語提及。通過《慧侃傳》和《善慧録》卷四《慧和法師》,我們發現慧和在傅大士教團的時間非常短暫,這段經歷對慧和的弟子也没有什麽明顯的影響。這對我們如何慧和在傅大士教團的作用,及爲慧和立碑提供了新的視角。

然而,陳金華認爲《慧和法師》所記卒年有誤,慧和當卒於陳天嘉二年(561),其北上是在中大同二年(547)。若此慧和與傅大士相見可能在傅大士第一次出都(534—535)亦或第二次(539),無論哪次,慧和於雙林從學時間就變得頗長了。如此,我們需

---

① (唐)道宣撰,郭紹林點校:《續高僧傳》卷二六《隋蔣州大歸善寺釋慧侃傳》,北京:中華書局,2014年,第1017頁。郭紹林認爲此"鄴下"乃是"業下"之訛,指建業。郭氏不知慧和受邀北上鄴城之事故而有此誤。

要檢視一下陳金華考證的基礎。陳氏理由有二：其一，《善慧録》中所記慧和北上時間大同二年當有訛誤，①此時北齊未建、高洋年幼，不可能如傳中言那樣禮遇慧和，故而他認爲應是中大同；其二，據《景德傳燈録》慧和卒於天嘉二年。在這個基礎上，陳氏認爲慧和在北十餘年，身肩南北數家學統。

《慧和法師》中言高洋邀請北上，并在法師臨終前侍奉湯藥，這是一種常見的自標高名的書寫修辭，并不能作爲質疑年代的堅固理據。陳氏又言大同初，蕭梁佛教發展極爲繁榮，當無離開北上的因緣。但僧人以弘法爲目的往來，并不能因爲社會狀況而否定。

我們現在知道《景德傳燈録》天嘉二年説的目前可追的史源是《小録》：

  天嘉二年，師於松山頂遶樻樹行道，感七佛相隨，釋迦引前，維摩接後，唯釋尊數顧共語："爲我補處也。"其山忽起黄雲，盤旋若蓋，因號雲黃山矣。時慧和法師不疾而終，頭陀於柯山靈岩寺入滅。師無信自知，謂曰："嵩公兜率待我，決不可久留也。"②

此處的記載將"七佛相隨"與慧和、嵩頭陀之死聯繫在一起。考之《善慧録》中記載頗有牴牾，《善慧録》卷一中"七佛相隨"繫於天嘉二年，嵩頭陀入滅則在天嘉五年（564）至太建元年（569）之間，由此兩者并無聯繫。而《善慧録》中又有言："大士既涅槃時至，亦預有徵應。先是雙林及雲黃兩處房前皆生瑞梨樹，其上常有甘露，四時不絶，乃忽萎黃，漸至枯死。"③很可能因爲天嘉二年傅大士感七佛，山起黃雲，號山爲雲黃，與他入滅前雲黃山房前梨樹枯亡，都有"雲黃"，故混在一處。此處言"時慧和法師不疾而終，頭陀於柯山靈岩寺入滅"，并不能視作正當時，而是反映傅大士所説"我同度衆生之人，去已盡矣"的情況，④由此觀之，天嘉二年并不能作爲慧和去世紀年。

《善慧録》中另一處材料似乎能反映慧和的死亡時間。

  （陳永定元年，557）大士謂衆曰："我同度衆生之伴，去將盡矣。唯潘、徐二人

---

① 原文中説大同元年慧和便讓弟子準備出行用具，第二年北方就來邀請，則出行北上自是大同二年。
② 《善慧大士小録》，録文參見陳志遠《傅大士作品的版刻及其流傳》。
③ 《善慧大士録》卷一，第109頁中欄。
④ 《善慧大士録》卷四，第127頁下欄。

不出其名。如弟子傅普敏則是文殊。沙門慧和是我解義弟子,亦是聖人,然行位不高。慧集上人是觀世音,與我作弟子。昌居士是阿難。"昌在世,形容行業還示闇劣,世人不免輕之。乃誡諸弟子曰:"汝等莫輕昌居士。佗(他)捨命甚易,無餘痛惱,顔色鮮潔,倍勝平常。"捨命之後。大士方説是阿難耳。①

傅大士兩次表達了對"同度衆生之伴"滅度的慨歎。第一次是便是陳永定元年,此時他説的是"去將盡矣",第二次則是嵩頭陀入滅後"心自知之"時説"去已盡矣"。永定元年的慨歎是在一次大型的捨身儀式後,并且着重提及昌居士是阿難并"捨命甚易"。這裏説明傅大士所提及的人物情況反映了教團核心人物的存亡。當然,"唯潘、徐二人不出其名",此處應是指潘普成、徐普拔,其中徐普拔出現於傅大士臨終之時,説明"不出其名"是即是"將盡"之未盡之人。而傅普敏(憨)、慧和、慧集、昌居士,則是"將盡"已盡之人。此亦可證明慧和卒年定然早於天嘉二年,《景德傳燈録》等材料的繫年并不可取。

我們認爲《善慧録》卷四所記慧和法師滅度時間并没有可信的反證,慧和於大同三年入滅當無疑問。他跟隨傅大士時間不長,甚至除去《慧和法師》一文,并没有其他材料説明他與傅大士教團的關係。這樣的史料情況爲我們了解慧和在傅大士教團中的地位與作用提供了新的視角。

上舉傅大士述諸弟子應身的史料,不僅能反映慧和卒年的問題,也揭示了慧集、慧和二人在教團中的不同作用及地位。我們可以發現,除了慧和,其餘提及的弟子行位都非常高。傅普憨爲文殊菩薩,慧集是觀世音,昌居士雖然行業闇劣但實爲阿難。唯有慧和"亦是聖人,然行位不高"。

這裏出現了一個令人費解的問題。我們知道傅大士歿後,弟子們推動陳朝官方立碑,最終形成了傅大士碑、慧集法師碑與慧和法師碑。其中,慧集、慧和分别是苦行弟子與解義弟子。我們可以認爲慧集、慧和是教團中僅次於傅大士的重要人物。但在永定元年傅大士的叙述中慧和則是"行位不高",位在他人之下。慧集作爲苦行弟子被目爲觀世音,而解義弟子慧和却没有這樣的位階。這反映出傅大士教團中重苦行而輕解義的傾向。

那爲何慧和在身後又成爲立碑三人之一呢?這應該與慧和本身的地位有關。慧和

---

① 《善慧大士録》卷一,第108頁中欄。

是學問精湛的義學高僧,又勤修解脱首楞嚴,①在建康有極高的名望。在慧和前往雙林之前,傅普愍曾與上申侯有過一次對話,其中上申侯認爲慧和名聲清高,皇太子數請尚不能致,哪裏有來拜見地方小小教團領袖傅大士的道理呢?② 這從側面反映傅大士教團招致慧和對提升影響力和地位的重要性。

通過慧和的行位與招致慧和的作用來看,傅大士教團的基本性格非常明確了,這是一個重視實際修行、自身義學水平并不高的教團。這樣的教團需要一位義學僧助力張目。而慧和精通義學又勤修實踐的形象非常符合這一要求。雖然慧和在傅大士教團的時間非常短暫,吉藏等人也祇是將慧和作爲法雲弟子看待,慧和却最終成爲了雙林寺所立三碑之一。解義弟子而行位不高與身在立碑之間,慧和身上集中傅大士教團立足的根本與希望影響上層之間的張力。

現存最早的關於傅大士生平、教團組織和思想的文獻是徐陵的《傅大士碑》。從碑文中的"自叙因緣""自叙云"來看,③徐陵所撰的底本當是來源於教團内部資料。其中徐陵在《傅大士碑》中叙傅大士出身因緣時,引了一部佛經《停水經》爲佐證:

> 按《停水經》云:"觀世音菩薩有五百身,在此閻浮提地示同凡品,教化衆生。彌勒菩薩亦有五百身,在閻浮提種種示現,利益衆生。"故其本迹難得而詳言者也。④

《停水經》祇在《傅大士碑》中見引,既不見於經目,也未有他處徵引的痕迹。以徐陵引文來看,當是宣揚觀世音菩薩與彌勒菩薩化現世界利益衆生的故事。觀音、彌勒五百化身的説法,僅見於此經。從不見歷代經目的經名及獨特的觀音、彌勒五百身來看,此經當是一部中土創作的僞經。關於這部經,前人因爲材料所限没有多加關注。⑤ 不過這部僞經,也并非完全無可稽考。

---

① 陳志遠指出,《首楞嚴三昧經》是傅大士的彌勒分身思想淵藪,於此他做出一個推測:"早年游學於建康大寺院的慧和,從《首楞嚴三昧經》中彌勒分身化現的觀念中得到靈感,在他加入傅大士教團以後,大大豐富了傅大士彌勒分身的學理内涵。"見《傅大士彌勒分身形象的思想淵源》,《新史學》第14卷,北京:社會科學文獻出版社,2021年,第45—57頁。
② 《善慧大士録》卷四,第129頁上欄。
③ 《善慧大士録》卷三,第121頁中、下欄。
④ 《善慧大士録》卷三,第121頁中。
⑤ 張勇在認爲此經無可稽考。松崎清浩則徑直作《水經》,當誤,見《南朝仏教における一考察一特に傅大士を中心として一》,第67頁。

陳志遠發現《首楞嚴三昧經》中有彌勒分身的記録,進而提出:"《停水經》明確聲稱觀音、彌勒并有分身散在閻浮提,可能是以《首楞嚴三昧經》作爲經典支持。"①這種以《首楞嚴三昧經》對彌勒信仰的改造非常獨特。除此以外,内典中尚可尋找到其他痕迹的。《維摩詰所説經·佛道品》中言:

  或爲邑中主,或作商人導,國師及大臣,以祐利衆生。諸有貧窮者,現作無盡藏。因以勸導之,令發菩提心。我心憍慢者,爲現大力士。消伏諸貢高,令住無上道。②

此或是五百應身示現利益衆生的經典依據。此處僧肇有一個注釋,對我們理解"停水"有極大的幫助:

  肇曰:"慢心自高,如山峰不停水。菩薩現爲力士,服其高心,然後潤以法水。"③

這裏僧肇疏是説自傲的人就像山峰無法存住水流,菩薩降服了他們的高傲的心,用法水滋潤。停水一詞由此或可引申爲留存法水。④ 如此,我們似可大膽將《停水經》理解爲《留存法水經》。僧肇的議論從《注維摩詰經》引上舉《維摩詰所説經》偈頌來看,也有面對菩薩種種示現,世間衆生當消弭憍慢的意思。⑤ 由此,我們推測《停水經》是論證傅大士作爲居士指導包括出家衆在内閻浮提衆生修行合法性的一部僞經。同時,六朝時期《法華經·普門品》盛行,觀世音救苦救難的形象深入人心。這裏以觀世音、彌勒并舉,應該是借鑒《普門品》,也有宣揚傅大士作爲彌勒應身的拯救閻浮提衆生的思想。

---

① 陳志遠:《傅大士彌勒分身形象的思想淵源》,第52—56頁。
② 《維摩詰所説經》卷中,《大正藏》第14册,第550頁中欄。
③ 《注維摩詰經》卷七,《大正藏》第38册,第396頁上欄。
④ 停水在中古時期的意義爲存水。如西晉杜預注《左傳》即爲"潢汙,停水也",孔穎達《正義》曰"停水,謂水不流也",《春秋左傳正義》,北京:中華書局,1962年影印《十三經注疏》本,第3741頁上欄。北魏酈道元《水經注·洈水》中言"(蔡州)東岸西有洞湖,停水數十畝",見陳橋驛校證:《水經注校證》卷二八,北京:中華書局,2007年,第664頁。《佛説目連問戒律中五百輕重事》:"問:'結界得通流水、池水結不?'答:'一切停水盡得。分流不得,以不知齊畔故。'"《大正藏》第24册,第974頁中欄。
⑤ 需要注意的是,唐高宗時道士李榮注釋《道德經》言:"太平莫盛於停水,無偏不越於善人。"見蒙文通:《輯校李榮〈道德經注〉》第八章,收入《道教甄微》,成都:巴蜀書社,2015年,第246頁。

二、傅大士教團的捨身

傅大士教團的特點是頻繁的捨身活動。從教團初建,傅大士"化諭妻子,鬻身助會"開始,①到傅暀爲了能讓梁武帝收到傅大士的信函而御路燃手,②最後長達數年導致數十人滅度的慘烈燒身法會。縱觀六朝史,再難找出比傅大士教團更爲慘烈的苦行集團了。

關於六朝燒身供養的起源,學界有印度傳統説、道教影響論,或者從神不滅論諍出發進行研究。③佛教捨身,尤其是燒身思想,最重要的思想來源是《法華經》中《藥王菩薩本事品》。其中記載了一切衆生喜見菩薩燒身供養三寶,是爲真法供養的故事。④經由鳩摩羅什翻譯,此品的影響力遍及各方,出現了許多僧尼模仿此故事燒身滅度的事例。劉宋時期形成的疑僞經《梵網經》中亦言"若不燒身、臂、指供養諸佛,非出家菩薩",⑤其所反映的應是普遍對燒身供養的認可與推崇。

這種行爲在教門及學術界毀譽參半。慧皎、道宣在僧傳中單列篇目收録這些捨身的僧衆,雖然贊揚這種行爲的功德,也有所批判,"或欲邀譽一時,或欲流名萬代",⑥"自有力分虚劣,妄敢思齊。或呻嚀而就終,或邀激而赴難,前傳所評,何世無耶? 又有未明教迹,婬惱纏封,恐漏初篇,割從閹隸,矜誕爲德,輕侮僧倫"。⑦湯用彤承襲此論,也認爲"燒身并以駭衆要譽"。⑧與此同時,義學家們在對法華思想研讀時,對肉體實在的自焚頗有否定。如智顗認爲藥王捨身是"内運智觀,觀煩惱因果,皆用空慧蕩之",⑨將物質的燒理解爲以空觀一切。横超慧日尊重智顗的看法,并提出這是一種尊法的象徵,是

---

① 《善慧大士録》卷一,第 105 頁上欄。
② 《善慧大士録》卷三,第 122 頁上欄。
③ 印度起源説可見: Filliozat. Jean, "La Morte Volontaire Par le feu en la Tradition Bouddhique Indienne", *Journal Asiatique*, 251, (1963), pp. 21 – 51. 道教起源説可見: Jacques Gernet, "Les Suicides par le Feu chez les Bouddhistes chinois du Ve au Xe Siècle", in *Mélanges publiés par l'Institut des Hautes Études chinoises*. II, (1960), pp. 527 – 558. 明神洋:《中國仏教徒の燒身と道教》,《早稻田大學大學院文學研究科紀要别册》第十一號,1984年,第41—50頁。前舉兩篇法語研究幸得蒙彼利埃第三大學黄佳蕾博士尋得,由法國國立東方語言學院許盧峰博士代覽并翻譯,此致感謝。與神不滅論的關係,參見岡本天晴:《六朝における捨身の一側面》,九州大學における〔日本印度學仏教學會〕第24回學術大會紀要 2,1974年,第330—336頁。
④ 《妙法蓮華經》卷六,《大正藏》第9册,第53頁上欄、中欄。
⑤ 《梵網經》,《大正藏》第24册,第1006頁上欄。
⑥ (梁)慧皎撰,湯用彤點校:《高僧傳》卷第十二《亡身篇論》,北京:中華書局,1992年,第457頁。
⑦ 《續高僧傳》卷二九《遺身篇論》,第1167—1168頁。
⑧ 湯用彤:《漢魏兩晋南北朝佛教史》,北京大學出版社,2011年,第456頁。
⑨ (隋)智顗:《妙法蓮華經文句》卷一〇,《大正藏》第34册,第143頁中欄。

業生身(色身)滅而法身不滅的體現,《藥王品》并不是鼓勵實際燒身的作品。① 貝劍銘(James Benn)在他關於捨身的專著中認可這種肉體的實在的自焚,認爲通過這樣的實踐,世間凡夫轉化爲了大乘經典所贊揚的果敢利他的菩薩。②

除了這些定性的分析研究之外,船山徹對捨身的研究與分類,目前而言是最爲全面與清晰的。③ 在《捨身の思想——極端な仏教行爲》一文中,船山徹將捨身做了細致的分類。捨身的四個含義:④

1. 原義的捨身	身體與性命的布施(主要是出家衆)	相當於常用的捨身
2. 象徵的捨身	財物的布施(主要是在家衆)	—
3. 作爲死的同義詞	—	—
4. 作爲冥想法的捨身	—	—

對原義的捨身,船山徹又細分了四種目的與動機:一、爲了他者的救助而捨身:因爲他者的飢餓疾病的救助;作爲捨身的屍陀林葬:死後將身體布施於鳥獸。二、爲了供養三寶而捨身:燒身、燒臂、燒指、刺血寫經、賣身等。三、爲了求法而捨身,爲了顯示求法的決意而捨身。四、爲了解放肉體的束縛而捨身:厭身厭世(消極的動機)與捨身往生(積極的目的)。⑤ 此外,船山徹也指出,四種動機并不能截然分開看待,往往是混合型的。⑥ 通過船山徹精準且清晰的分類,我們有了對不同捨身個案研究的基礎。

同時我們也需要注意的是,燒身供養是一種有很高條件才能實施的行爲。義净在《南海寄歸内法傳》中論證了"燒身不合"。他從燒身不合律出發,認爲燒身非是出家人所爲,若是行菩薩行,燒身可以另論,但不值得鼓勵。⑦

傅大士教團的捨身可以分成四類:⑧一、助力法會,主要是賣身、傭質和罄産捨財。

---

① (日)横超慧日:《藥王品における燒身供養·諸仏同讚の意味するもの》,氏編《法華思想》,京都:平楽寺書店,1969年,第419頁。
② James Benn, *Burning for the Buddha*, University of Hawaii Press, 2007, p. 202.
③ 前舉貝劍銘的研究力圖於全面展現中國歷史上的捨身實踐與相關信仰,頗多的篇幅集中於中唐以後關於捨身的辯論,而且某種程度上也更偏向捨身史料的編譯。從研究性來看,目前關於六朝時期捨身最優秀的研究還是船山徹的討論。
④ (日)船山徹:《捨身の思想—極端な仏教行爲》,《六朝隋唐仏教展開史》,第402頁。
⑤ 船山徹:《捨身の思想—極端な仏教行爲》,《六朝隋唐仏教展開史》,第408頁。
⑥ 船山徹:《捨身の思想—極端な仏教行爲》,《六朝隋唐仏教展開史》,第414頁。
⑦ 義净:《南海寄歸内法傳》卷四《燒身不合》,北京:中華書局,1995年,第222—223頁。
⑧ 關於傅大士教團的捨身問題可以參見張子開:《燒身考》,氏著《傅大士研究》,成都:巴蜀書社,2000年,第341—350頁(後來的修訂增補本中這篇論文被刪除)。

這在船山徹的分類中屬於象徵性的捨身。二、彰顯教團,主要是指傅暀奉傅大士之命致書梁武帝,爲了能夠上達帝君,不惜在御路燃左手引起轟動。這屬於慧皎、湯用彤等人所批判的"駭衆要譽"。三、代師捨身/請師住世,傅大士在梁武帝太清二年(548)準備燒身,弟子們紛紛請命代之。四、請佛停光,自梁敬帝紹泰元年(555)起,傅大士屢次問弟子誰能捨身請佛停光,教團中因此出現了大規模的燒身滅度的行爲。前兩種的情況比較清晰,不再討論。後兩種情況則直接關係到教團成員燒身的"合法性"問題與這樣大規模燒身滅度的目的。另外,後兩者有一定的交集。

在《傅大士碑》中傅大士太清二年意欲燒身的原因是"自火運將終,民無先覺"唯有"大士天眼所照,預睹未來",故而"燒其苦器,制造華燈……勸請調御,常住世間,救現在之兵災,除當來之苦集"。①徐陵這種表述顯然是後見之明。傅大士意欲燒身時爲太清二年三月,當時北方動亂不息,南方却頗爲安定,很難相信傅大士僻居烏傷却能未卜先知,知道五個月後侯景當叛。徐陵的叙述當是站在陳朝合法性上而言。魏斌認爲這是傅大士受到前一年梁武帝捨身大懺的影響,并有可能希望能夠對梁武帝產生影響。②

拋開"動摇人王"的影響,從太清二年四月九日傅大士弟子們的發願文中,我們能看到另一層面的原因:

> 弟子菩提等,上啓釋迦世尊、十方三世諸佛、盡虛空遍法界常住三寶。③<u>伏惟師主,誓弘聖教,普度群生</u>,捨身命財。燒身爲燈,普爲一切供養諸佛。謹割耳刺心,用血灑地。奉代師主,普爲一切供養諸佛。
>
> 伏聞大覺慈父,潛育含生,哀傷物命,大悲熏修,濟拔含識。動經塵劫,臨唱涅槃。諸天勸請,遂駐恒沙,隨喜凡聖。是以某等,伏見師主并山門眷屬二十許人,將欲莊嚴佛刹,雷動法音,震無畏鼓,廣利無邊,克己灰身,成就勝德。此實難思上行,非凡境界。
>
> 某等不以銜悠帶豐,罪垢深重。今謹割耳燒指,殷勤勸請。譬若窮子伶俜失父,况乃含胎喪母。則暗墮冥壑,杳無智日。<u>像法即頹,慧光隱没</u>。衆生擾擾,没溺

---

① 《善慧大士録》卷三,第122頁下欄。
② 魏斌:《南朝佛教與烏傷地方:從四通梁陳碑刻談起》,《"山中"的六朝史》,第247—259頁。
③ 定源法師(王招國)與曹凌博士曾向筆者指出,此篇發願文中諸如"盡虛空遍法界常住三寶"等文書格套應是宋代的表達方式。我們認爲,在後世的編輯過程中難免雜入當時的文書格式,但全篇發願内容當是反映了傅大士教團的意思。

愛河。痛哉傷悼。伏願師主停威駐影,久留世間。顧念含靈,慈悲六趣。接養孤窮,利安貧老。遍使迷徒咸蒙覺悟,等契無生俱歸寂滅。伏願大慈一垂降許。

次有比丘尼法脫、法堅等十五人。各持三日不食上齋。留師久住,闡揚正教。

復有比丘普濟、居士傅長、傅遠等四十二人。稽首和南大士膝下。伏聞佛日初輝,思惟三七。爲衆生根鈍,著樂癡盲。寧不説法,疾入涅槃。於是釋梵祈勸,即轉法輪。爾所年中常注法雨,利益無量。潛光八樹,委法四依。師主協本誓願,超然挺拔。端坐雙林,不辭勤苦。欲廣弘佛法,流通正道。如何便欲克日闍維?嬰孩失母,未足爲喻。海舡破没,亦非爲苦。本師世眼,智月已虧。慈氏明導,慧日未朗。當今長夜,正須照燭。濟等决志刺心灑血塗地,特乞留心,卒閻浮壽。①

傅大士意欲燒身是爲了在"像法即頹,慧光隱没"之時"誓弘聖教,普度群生"。而弟子們則是爲了"留師久住,闡揚正教"而代師捨身。弟子們捨身的正當性源自於傅大士的正當性。衆所周知,傅大士自稱是一生補處菩薩、彌勒應身,而且他并非是出家衆乃是居士之身。由於這樣的身份,傅大士若要燒身供養,完全符合義净所言的身份條件。而發願文中無論是"接養孤窮,利安貧老"還是"利益無量",皆透露出大乘菩薩行的意義來,又符合義净"必有行菩薩行,不受律儀,亡己濟生,固在言外耳"②的要求。

從上面分析可知,傅大士教團在太清二年的捨身活動在佛教經典上實則是有典可據的。之後的兩次大型燒身法會,是在傅大士的要求下展開的,目的是在法滅將臨的情況下,請佛停光,希圖息灾止劫,這將在下文詳細討論。

之前所舉研究,往往隱含着對實際燒身者的否定,譬如横超慧日便將這些人視作狂信者。③ 船山徹也認爲,在對待捨身時,中國人没有捕捉到這在經典中是作爲佛或者菩薩的行爲,而是作爲普通僧人自身實踐菩薩行而踐行,成爲了"宗教意義"上的自殺。④ 從義學及近現代以來知識分子的視角來看,傅大士的自稱與教團慘烈的燒身行爲,雖然規避了經典中的種種身份與律儀的限制,依舊透着種種"異端"氣質與狂信徒畸形的熱忱。當時僧俗兩界,對於燒身有着種種的狂熱。而這種狂熱背後,或許有着深層的恐懼感支撐。而這種恐懼感,則源自於不日將至的法滅灾劫。

---

① 《善慧大士録》卷一,第 107 頁中欄—108 頁上欄。
② (唐)義净:《南海寄歸内法傳校注》卷第四《燒身不合》,第 223 頁。
③ (日)横超慧日:《藥王品における燒身供養・諸仏同讚の意味するもの》,《法華思想》,第 421 頁。
④ (日)船山徹:《捨身の思想—極端な仏教行爲》,《六朝隋唐佛教展開史》,第 473 頁。

三、傅大士教團的終末論

梁武帝時代的後期,北方歷經六鎮叛亂、尒朱榮之亂,東西分裂,戰亂不止。南方則一直處於安定的狀態,體現出一種南强北弱的態勢,甚至梁將陳慶之借元灝的大義名號還曾攻占過洛陽。這樣的情勢中,梁武帝兩度捨身同泰寺、舉辦四部無遮大會,一派佛國樂土的景象。然而太清二年八月,東魏叛將侯景突然發動叛亂,梁武帝餓死臺城。承聖三年(555)江陵陷落,梁元帝遇害。在這短短七年間,皇帝菩薩身死國滅,繁榮的江東遭到了巨大破壞,民衆流離失所,昔年的樂土成了焦墟。這樣的場景頗讓人記起憍賞彌法滅預言中種種末世景象。就是在這樣的社會背景下,紹泰元年四月二十日,傅大士告弟子大衆:

> 我聞大覺世尊曠劫以來舍頭目、財寶,利安六道。又聞經言:"佛法欲滅,先有衆灾雲集。人民困苦,死亡者多,次有水灾。"如今所見,次第當至。誰能普爲一切衆生,不惜身命,復持不食上齋,燒身滅度,以此身燈,普爲一切供養三寶,請佛住世,普度衆生。①

在傅大士的叙述中,當時正處於法滅降臨的時刻,所謂"衆灾雲集、人民困苦、死亡者多"云云,皆是此時此刻正在發生的事件,而"次有水灾"并"次第當至"則是一個大洪水的末世預言。作爲彌勒應身的傅大士意圖以"持不食上齋,燒身滅度"的苦行,來救濟世間。這種苦行的目的可以視作消解大洪水末世預言,是一種利益衆生的行爲。

我們將傅大士對弟子大衆的教示與《法滅盡經》比較:

> 法將殄没,登爾之時,諸天泣淚,水旱不調,五穀不熟,疫氣流行,死亡者衆……劫欲盡故,日月轉短,人命轉促,四十頭白,男子淫妷,精盡夭命,或壽六十……大水忽起,卒至無期。世人不信,故爲有常。衆生雜類,不問豪賤,没溺浮漂,魚鱉食啖。②

---

① 《善慧大士録》卷一,第108頁上欄。
② 《法滅盡經》,《大正藏》第12册,第1119頁上欄。

顯然，傅大士那部分"又聞經言"出自《法滅盡經》。①《法滅盡經》認爲釋迦涅槃之後，佛法會有滅盡之時，同時劫也將盡，世界即將毁滅，進入新的一個大劫周期。結合上文所引太清二年四月發願文，我們認爲傅大士教團持有一種正像二時的法滅世界觀。傅大士教團大規模的燒身苦行是爲了延緩或者阻止法滅導致的災難，以救度大衆。《法滅盡經》之後又言："吾法滅時，譬如油燈臨欲滅時，光明更盛，於是便滅。吾法滅時亦如燈滅。"②爲了法燈不滅，傅大士鼓動弟子大衆"以此身燈，普爲一切供養三寶，請佛住世，普度衆生"。

如此，在傅大士的叙述體系中，紹泰元年已是法滅前夕或正在進行之時。按照慣常的認識，以一千五百年倒推回去，則佛滅是在公元前 945 年前後。佛滅的時間有數説，其中有周匡王六年（前 607），這是南朝最爲流行的一個觀點；③另有周穆王五十二年（前 948?）一説，而這與傅大士可能持有的法滅年代最爲接近。穆王五十二年這一説法，最早提出是北魏正光元年（520）一次廷前佛道論争中，④然而這一論争是否發生已經遭到了學界的質疑。⑤ 在學界的質疑中，南北朝晚期存在穆王五十二年佛滅的觀點已經破産。尚可注意的是，穆王五十二年説另一個基礎是壬申年佛滅，這一説法最早見於法上在北齊武平七年（567）答高麗使臣的對話中；⑥而 558 年慧思作《立誓願文》，其中佛滅在癸酉，差别僅在於法上認爲釋迦牟尼七十九歲涅槃，而慧思認爲是八十歲，兩

---

① 《法滅盡經》在《出三藏記集》中被列入失譯，屬於正典範疇。到了隋唐時期，則被諸家經目列入疑僞目中。至少在隋代以前，《法滅盡經》不被視作僞經，得到普遍的認可。但隨着北朝晚期與此經相關的以月光童子、彌勒降生爲口號的叛亂時有發生，這類經典在政府的控制下被"僞經化"。關於《法滅盡經》、經録與疑僞經關係的研究，可以參考撫尾正信《法滅盡經について》，《龍谷論叢》（創刊號），1954 年，第 23—47 頁。曹凌：《中國佛教疑僞經綜録》，上海古籍出版社，2011 年，第 154—163 頁。劉屹：《法滅思想及法滅盡經類佛經在中國流行的時代》，《敦煌研究》2018 年第 1 期，第 39—47 頁；同氏《經録與文本：〈法滅盡經〉類佛經的文獻學考察》，《文獻》2018 年第 4 期，第 87—99 頁。
② 《法滅盡經》，第 1119 頁中欄。
③ 此説源自周莊王十年佛誕説，相關討論詳見陳志遠：《辨常星之夜落：中古佛曆推算的學説及解釋技藝》，《文史》2018 年第 4 期，北京：中華書局，第 118—130 頁。
④ 《續高僧傳》卷二四《曇無最》，第 900—901 頁。
⑤ 劉林魁認爲有佛教徒僞造的可能性，見氏著《〈廣弘明集〉研究》，北京：中國社會科學出版社，2011 年，第 129—130 頁。孫齊認爲現存史料必然有僞托的成分，見氏著《唐前道觀研究》，山東大學博士學位論文，2014 年，第 213—214 頁。陳志遠則認爲或許論争確實發生過，但佛教側的記録疑點很多，在參與者的職官與相關年代上對合不上，見《辨常星之夜落：中古佛曆推算的學説及解釋技藝》，第 131 頁。劉屹系統梳理了周穆王五十二年佛滅説的形成史，認爲這一説法遲至初唐才正式確立下來，見《穆王五十二年佛滅説的形成》，《敦煌學輯刊》2018 年第 2 期，第 166—177 頁。
⑥ 不過，法上的壬申佛滅所定年代并非穆王五十二年。

者在佛誕、出家、成道的干支上一致，可以認爲癸酉説應是壬申説的一個變種。① 不過慧思所持佛滅在西周康王，更早於穆王五十二年説。慧思與法上的説法確如劉屹所言，通過干支成爲莊王十年（前 687）佛誕説到昭王二十四年（前 977?）佛誕説的過渡。無論是不存在的正光元年論争，還是慧思、法上，他們都是北朝佛教的代表。僻居烏傷的傅大士對此能否了解呢？更何況，現在能尋找到的穆王五十二年説的綫索，時間綫都在紹泰元年之後，應該無法成爲傅大士教團的思想資源。

但如果以南朝傳統的莊王十年佛誕説提供的周匡王佛滅論來推算，法滅之時將在公元 893 年，距離公元 555 年尚有 338 年。更何況，亦明確有像法將隱意識的太清二年捨身活動尚在公元 548 年。如此一來，以千五百年爲標準推算傅大士教團的法滅思想，在南北兩方都出現了牴牾。從目前所知的史料中，我們無法確切知道傅大士教團所持的佛誕或佛滅的紀年時間，這種牴牾是傅大士教團在計算上有所誤差，還是他們另有一個計算方式，我們亦無法確定。如果以最流行的説法以千五百年推算佛法此時不當滅，則次第而來的水災不存，進而也就難以理解爲何以此爲理由燒身供佛了。從這點來看，應該有另一些與佛誕佛滅無關的情況讓傅大士認爲法滅即將或已經來到。

從傅大士教團現存史料中，我們能夠明顯看到他們具有强烈的末日意識。貝劍銘指出這是源自於千年主義的憂懼（millenarian fears），傅大士教團的極端反應是當時末日景象的實踐體現。貝氏認爲在像法將没之時遇上梁末的動蕩，加上 535 年印度尼西亞巨型火山的噴發可能引起的諸多天災，許多人的生活必然陷入困苦中，由此産生了這樣的極端宗教行爲。②

貝劍銘的討論有很强的解釋力，但他并没能注意到傅大士教團大規模毁傷身體性的捨身開始於太清二年二月，正是蕭梁最爲鼎盛之時（雖然可以説是包裹着巨大危機的泡沫）。傅大士教團内部强烈拯救意識，并非是僅僅由於梁末戰亂下才突然形成的，而是一種長期的宗教意識。衹是由於蕭梁崩潰，佛國泡影破裂，末世感在那個短時間内突然激增，因此我們在相關文獻中見到教團種種激烈的具象於末日拯救的表達。我認爲傅大士教團這種長期持有的强烈意識或許反映了别種思想資源的介入。誠然，梁末的戰亂帶來的幻滅感起着很重要的因素，很可能讓傅大士教團感覺"佛法欲滅"，并促成了紹泰元年以來的極端化表現。

---

① 詳見劉屹：《穆王五十二年佛滅説的形成》，第 174 頁。
② James Benn, *Burning for the Buddha*, pp. 90–91.

我們認爲六朝時期另一種終末論的存在對傅大士教團也產生了影響。當時,道教經典中出現了在特定的干支年份大灾蜂起,世界毁滅的預言,其中尤以甲申大水爲最。① 這個預言在《洞淵神咒經》表現得尤爲突出,諸如:"大劫將至,水流中國,天下蕩蕩,人民死盡","日月失度,五穀不成。人多流亡,大水比起","真君不遠,甲申灾起,大亂天下,天下蕩除,更立天地,真君乃出",②"甲申垂至,洪水不久"。③ 菊地章太認爲甲申大水源自晉宋襌代,然對當時影響很深,成爲南朝一種長期存在的預言,并不因爲歷史情境變化而消失。④

甲申大水的預言通過道教的宣揚對南朝社會有很大的影響。在當時出現了一批結合《法滅盡經》思想與甲申大水灾預言的佛教僞經。《出三藏記集》卷五《新集疑經僞撰雜錄第三》:

《佛鉢經》一卷(或云《佛鉢記》,甲申年大水及月光菩薩出事)
《彌勒下教》一卷(在《鉢記》後)⑤

這兩部僞經從經名到僧祐的注釋,都體現了甲申大水預言的影響,反應出法滅思想中月光童子、彌勒下生與道教終末論的結合。在基層佛教群體中,這類的末世經典流傳應當比較廣泛。

傅大士教團主要活動的烏傷地方,在傳統上道教有着很大的影響力。從《善慧錄》卷四《智者大師傳》關於慧約求法的記錄中,我們可以看到烏傷地方與兩百里外的剡縣有截然不同的信仰環境。烏傷大族的慧約家族世奉道法,父母對他知道佛教感到驚異,當地也無僧伽。直到慧約八歲時一個游僧告訴他"剡縣有佛法",纔有獲得佛教知識的途徑,他十二歲時便前往剡縣求法。⑥ 從中可見當時佛教在烏傷一帶

---

① 關於這一問題參見菊地章太:《甲申大水考——東晉末期の図讖的道經とその系譜》,《東方宗教》87 號,1996 年,第 1—20 頁。
② 《太上洞淵神咒經》卷一《誓魔品》,此據葉貴良:《敦煌本〈太上洞淵神咒經〉輯校》,北京:中國社會科學出版社,2013 年,第 23—28 頁。
③ 《太上洞淵神咒經》卷二《遣鬼品》,此據葉貴良:《敦煌本〈太上洞淵神咒經〉輯校》,第 36 頁。
④ 菊地章太:《甲申大水考——東晉末期の図讖的道經とその系譜》,第 9 頁。
⑤ 《出三藏記集》卷五,《大正藏》第 55 册,第 39 頁上欄。
⑥ 《善慧大士錄》卷四,第 124 頁上、中欄。

的影響比較微弱,反而是道教頗爲興盛。① 在這樣的地方氛圍中,傅大士本人就有"絶粒長齋,非服流霞,若[食]朝沉(沆)""食等餐露,齋疑服風"的行爲。② 在傅大士教團爲了息災住佛的苦行中亦有道士參與。③ 這些都説明教團思想中雜糅道教,成員中包括道教徒,相關的道教知識也應是教團内部所共有。由此可以認爲,甲申大水之類的讖言在傅大士教團所持有的知識之内。許理和所謂的"佛—道"混合型信仰的一個表現是末法的思想結合道教固定干支紀年的灾劫説。④ 傅大士教團即是這類信仰的一個例子。

如果説太清二年二月的捨身法會,尚可能具有對前一年梁武帝捨身大懺回響的意義。⑤ 那之後兩次慘烈的捨身法會,則具有更爲顯著的法滅意味。從梁敬帝紹泰元年到陳武帝永定元年(557),傅大士教團不斷展開激烈的捨身法會。⑥ 到永定元年,教團元老滅度殆盡。這種自我毁滅式的法會似乎并不考慮日後教團的發展。自然梁末的戰亂起到了刺激的作用,但值得注意的是,梁敬帝紹泰元年歲在乙亥,以此爲基點的第十年,即陳文帝天嘉五年(564)歲在甲申。或許傅大士所謂大水"次第當至"的時間是指十年後的甲申。那麽,傅大士教團紹泰元年以來激烈的"拯救行爲",則是在日益臨近的甲申年的壓力下遇到了佛國崩潰的梁末大亂背景下的應激反應。

在永定元年的捨身法會後,傅大士對大衆慨嘆:"我同度衆生之伴去將盡矣。"⑦ 由此激烈的捨身運動漸漸消失,這或許是大量核心成員的滅度,讓教團無力再負擔新的犧牲了。但天嘉元年(560)的一條材料展示出拯救活動并未停息:

> 弟子慧榮等欲建龍華會,大士曰:"汝可作請佛停光會。龍華是我事也。若從吾言,定見龍華矣。"

---

① 魏斌列舉了六個事例論證樓氏世代奉道的背景,《南朝佛教與烏傷地方:從四通梁陳碑刻談起》,《"山中"的六朝史》,第226—227頁。
② 《善慧大士録》卷四,第123頁上欄。
③ 《善慧大士録》卷一:"道士陳令成、徐尹等總四十九人,奉持不食上齋。"第108頁中欄。
④ Erik Zucher, "'Prince moonlight' Messianism and Eschatology in Early Medieval Chinese Buddhism", in *Buddhism in China Collected Papers of Erik Zucher*, Brill, Leyden, 2013, p. 205.
⑤ 前揭魏斌《南朝佛教與烏傷地方:從四通梁陳碑刻談起》。但從太清二年那次捨身法會所保留的願文來看,仍然屬於一種末世拯救的儀式。
⑥ 《雙林善慧大士小録并心王銘》中言:"紹泰元年重告弟子:'誰能斷食燒身?'范難陀六日不食,後三十二人蟻次赴火,誓取涅槃。"國家圖書館藏《北齊人書左傳附善慧録》,第11頁。録文參見陳志遠:《傅大士作品的版刻及其流傳》。
⑦ 《善慧大士録》卷一,第108頁中欄。

所謂"請佛停光會",即是祈請佛陀住世,代表着佛法的不滅。傅大士拒絶了弟子們建面向未來的"龍華會"的請求,①而是讓他們舉行關注當下的停光會。這説明對於法滅的拯救活動,教團并未停止。與普遍的彌勒下生和月光童子降生的信仰不同,傅大士雖然自稱是一生補處菩薩、彌勒應身,并没有將自己視作一個救世主,或者説彌賽亞。在教團儀式中,我們可以看到,更重要的不是救世主的出現,而是佛法不滅的渴求。

四、正像二時論到正像末三時論的一條分支

通過上文的分析,我們認爲傅大士教團的捨身活動,尤其是自太清二年以來大規模的毀傷身體、燒身滅度,是阻止即將發生的法滅盡的一種舉措。這種行爲與後世正像末三時論之下的做法有很大的區别。

在後世普遍的認識中,正像二時次第結束之後,佛教進入萬年的末法時代,即所謂的正像末三時觀。正像末三時的觀點實際上并没有記載於正典中,正像之後的末法概念,應該是中國形成的。② 一般是以南岳慧思於558年《立誓願文》爲成熟的標志。文中慧思明確提出了"滅度之後,正法住世,逕五百歲。正法滅已,像法住世,逕一千歲。像法滅已,末法住世,逕一萬年"。③ 學界同時也認爲在慧思之前,便有了末法的思想。④ 通過末法這樣的思想,法滅盡所帶來的灾劫被大爲延後,變成了雖有秉教修行者,但不能有修證。在這樣的觀念下,佛教徒的應對措施往往是刻經,保留正法。最爲有名的即是,静琬在房山雲居寺的刻經。在明代《帝京景物略》中,静琬刻經是奉了慧思之命,這自然是有比附的嫌疑。

針對末法的概念及末法思想起源的種種説法,劉屹在《佛滅之後:中國末法思想的興起》一文作出了總結與辨析。他認爲末法思想是形成於六世紀中葉,之前的末法、末世詞語用例并不是正像末三時觀念下的使用。在佛滅日不斷提前的情況下,法滅日近,在這個現實下,劉屹提出:"正像末三時説和末法萬年説,基本上可以看作是中國佛教

---

① 我認爲這裏的"我事"并非是指當下的傅大士,而是指未來降生的彌勒。
② (日)矢吹慶輝:《三階教之研究》,東京:岩波書店,1927年,第199—227頁。(日)結城令聞:《支那仏教における末法思想の興起》,《東方學報》(東京)第6册,1936年,第205—215頁。(日)佐藤成順:《〈立誓願文〉の末法思想》,《佛教文化研究》第23號,1977年,第1—13頁。
③ 慧思:《南岳思大禪師立誓願文》,《大正藏》第46册,第787頁上欄。
④ 他們所主要依據的材料是《文選》李善注引曇無(讖)識所言:"釋迦正法五百年住世五百年,像法一千年,末法一萬年。"不過,這個引文不會是出自曇無讖。第一,這注針對的是"像教",即佛教,而非像法。第二,曇無讖所譯經典中并無正像末三時論,祇有像法一千年的論述。第三,《大方等大集經》中末法一詞出現於那連提耶舍開皇五年翻譯的《日藏分》,而非曇無讖。

對印度佛教法滅思想的一種策略性發展和創造了。"①我認爲劉屹的考察是堅實可靠的,并將在這個基礎上,對傅大士教團在這個發展與創造過程中的位置做一個界定。

在討論末法思想的既有研究中,側重點皆在北方。首先是因爲材料的限制,大量的造像記的存在讓我們更容易觀察佛教的各個側面。② 其次,南北朝時期主要的法難產生於北方。法難的爆發,被認爲是末法思想的重要社會基礎。③ 再次,慧思在《立誓願文》所述個人遭遇的惡比丘、惡論師迫害發生在北方。④ 最後,過去被認爲是末法思想來源的《大集·月藏分》的翻譯主要是北齊至隋在華的那連提耶舍,⑤過往學界也有慧思與那連提耶舍有接觸的認識。⑥

在南方,僧祐在《出三藏記集》將《法滅盡經》記爲正典,暗示在南方主要承認的是法滅思想。這也能從庾信《哀江南賦》"談劫燼之灰飛,辨常星之夜落"一句可以窺見。⑦傅大士不斷強調的也是"佛法欲滅",在他們看來并不存在一個長達萬年的末法時代。南方佛教中,我們能明確看到末法思想的記載,要到吉藏的時代。吉藏在《中觀論疏》中明確提出:"佛正法千年,像法千年,末法萬年。"⑧似乎南方毫無波瀾地自然地接受了慧思自北攜來的末法觀念。

末法概念的提出是爲了避免法滅盡的到來,至少在人的觀念上,這一概念的提出是中國佛教應對印度傳統的策略。正像末三時論是中國形成、獨特的佛教歷史時間觀。這種觀念的形成是面對法滅盡的一種處理方式,是在動蕩時期,尤其是經歷過法難的北

---

① 劉屹:《佛滅之後:中國佛教末法思想的興起》,《唐研究》第 23 卷,北京大學出版社,2017 年,第 493—515 頁。
② 如殷光明的研究,見《試論末法思想與北涼佛教及其影響》,《敦煌研究》1998 年第 2 期,第 89—102 頁。
③ (日)道端良秀:《中國における末法思想》,《仏教思想》,京都:平樂寺書店,1976 年,第 337—356 頁。
④ (日)佐藤成順:《〈立誓願文〉の末法思想》,第 1—13 頁。
⑤ 那連提耶舍在鄴城所譯出的《大集月藏經》(566)中的《分布閻浮提品》叙述了佛滅五百年後佛法面臨衰退的五堅固說;《法滅盡品》則預言了"法滅"的世界。在這裏,没有出現"末法"一詞,依舊是正像二時論。小谷仲男認爲此品所言的重點不在於法滅之後世界的悲慘,而是叙述彌勒下生後正法時代來臨的預言。(日)小谷仲男:《ガンダーラ彌勒信仰と隋唐の末法思想》,《中國仏教石經の研究——房山雲居寺石經を中心に》,1996 年,第 107—132 頁。
⑥ (日)山田龍城:《末法思想について——大集經の成立問題》,《印度學佛教學研究》第 4 卷 2 號,1956 年,第 54—55 頁。不過,這個説法已經被川勝義雄所修正,見(日)川勝義雄《中國の新仏教へのエネルギー——南嶽慧思の場合》,《中國中世の宗教と文化》,京都大學人文科學研究所,1982 年,第 524—525 頁。
⑦ 我認爲佛誕佛滅的精密化一方面如陳志遠所論是建立中印傳統共時性體系,是由於佛道論爭。同時,我認爲對法滅盡的恐懼也是重要的原因。而當末法思想的普遍化後,懸在頭頂的灾劫被消解,那麼這樣的討論也就被抹去一個現實意義。陳志遠所論見《辨常星之夜落:中古佛曆推算的學説及解釋技藝》,第 118—130 頁。
⑧ 吉藏:《中觀論疏》卷一,第 18 頁中欄。

方佛教,面對現實所選擇的一種折中。但我們也需要認識到一點,這一策略并非是唯一選項。

前章已述,傅大士教團中有着一種雜糅法滅盡與甲申大水的佛—道混合型末世觀念。可以説他們也同樣面臨與北方佛教類似的問題。梁末佛國泡影的幻滅、太武法難的深刻記憶,當時南北不斷的戰亂等等,都似乎預示着末日的來臨。傅大士教團的捨身活動,是在這樣歷史環境下的一種應對措施。傅大士教團在梁末陳初捨身法會的中心思想從天嘉四年傅大士臨會所頌偈子可見:

  竊聞佛法將欲滅　　憂愁怖畏實難當
  衆灾亂起數非一　　含識遭值盡中傷
  如何衆生遭此苦　　悲念切抱益皇皇
  今與妻兒捨田業　　身命財物及餘糧
  遍爲十方設三會　　并燒塗末雜薰香
  烟雲妙色獻三寶　　願爲如意出芬芳
  奉供人天大慈父　　啓請調御心中王
  唯願哀潛諸群生　　留情久住放慈光
  ……
  得修無爲八正道　　齊超不二涅槃常[1]

這個偈子中開篇便點出舉辦法會的原因在於"佛法將欲滅",世界將"衆灾亂起數非一"。此時,傅大士話語中不存在末法這一規避法滅盡的選項。他應對的方案是"今與妻兒捨田業,身命財物及餘糧",通過捨身,祈請佛陀"留情久住放慈光",讓世間衆生"得修無爲八正道,齊超不二涅槃常"。如果説在末法時代,有教可持,但無人得證。那在傅大士的策略中,佛陀住世,法不滅,修行者們還能夠得證。

我們可以看到傅大士與後來主流的末法思想不同,他不是被動的推延法滅盡的到來,而是選擇了另一個策略來應對,通過犧牲阻止法滅盡的降臨。爲何會有末法思想?是因爲無論是以《法滅盡經》爲代表的法滅思想的佛教經典(及僞經),還是《洞淵神咒經》爲代表的道教終末論,基本態度是法滅盡或者灾劫是必然發生的。在時間維度上,

---

[1] 《善慧大士録》卷一,第109頁。

一切都已經被固定了,人們能夠操作的餘地祇是如何在發生前延緩它的到來,故而才有了末法萬年的提出。與法滅相搭配的救世主們,無論是月光童子、彌勒還是道教的李弘,都是在不可停息的單向時間維度上出現的。而傅大士教團則另有一套,燒身供養請佛住世是要打破原先預言中的時間綫,阻止預言中的法滅災劫發生,具有更爲強烈的拯救意識。同時,釋迦牟尼預言的權威性似乎也被打破了。預言不再是不可改變的,通過捨身等活動,我們能夠去改變既定的未來。如果這一思想被廣泛認識到,那一切授記與許諾,都會被動搖。這或許是傅大士相關思想無法得到推廣的原因吧。

結語:南方的自覺

南北朝佛教史中有個"常識":北方重禪修,南方重義理。這一觀點源出道宣對慧思的推重:

> 自江東佛法,弘重義門,至於禪法,蓋蔑如也。而思慨斯南服,定慧雙開,晝談理義,夜便思擇,故所發言,無非致遠,便驗因定發慧,此旨不虛,南北禪宗,罕不承緒。①

這一認識後經過橫超慧日及湯用彤的宣揚,②成爲了普遍的認識。塚本善隆在《竜門石窟に現れたる北魏仏教》中提出中國佛教,尤其是北朝佛教,在當時正經歷着從印度釋迦及其弟子的佛教向中國實踐的自我拯救佛教的轉變。③川勝義雄在他的名作《中國の新仏教へのエネルギー——南嶽慧思の場合》追尋塚本善隆提出的綫索,認爲追求"今日之我"及"我們"拯救的"新佛教"的源流是來自北方地域,由於北周武帝的滅法,使得舊佛教的堰壩崩潰,新佛教由山間溪流形成不可阻擋的洪流。在川勝的論述中,南方是没有產生新佛教的歷史契機。他說:

> 一般而言,南朝的佛教界更傾向於"義門",即"印度的釋迦佛説了什麽"的佛

---

① 《續高僧傳》卷一七《慧思傳》,第622頁。
② (日)橫超慧日:《中國南北朝時代の仏教學風》,《中國仏教の研究》,京都:法藏館,1958年,第256—289頁。湯用彤亦言:"南朝佛法,沙門居士,多以義學著稱,而於戒定少所注重……然其於行證固蔑如也。北土佛徒,特重禪定。"見《北方之禪法、凈土與戒律》,《漢魏兩晉南北朝佛教史》,北京大學出版社,2011年,第424頁。
③ (日)塚本善隆:《竜門石窟に現れたる北魏仏教》,《北朝仏教史研究》,東京:大東出版社,1974年,第460頁。

法解釋學,而對"禪法",即追求實踐的修行并不重視。①

從此來看,南方的"新佛教"必自待北方因素的進入而得產生。川勝義雄延續道宣的叙述,認爲慧思的思想給南方義學爲主的佛教體系打開了通往新佛教的大門。智者大師對慧思的繼承,使得南方佛教的風氣一新。

不過,當我們將慧思的"場合"與傅大士的相疊,可以發現慧思帶來的新思潮,在傅大士身上已經見到了端倪。從慧思《立誓願文》中我們能清楚了解他爲一切衆生解脱的宏願與實踐精神。這樣的宏願與精神,我們在傅大士身上也能看到。在對捨身苦行的態度上,慧思與傅大士有着極爲類似的態度:

> 臨將終時……告衆人曰:"若有十人不惜身命,常修法花般舟、念佛三昧、方等懺悔、常坐苦行者,隨有所須,吾自供給,必相利益。如無此人,吾當遠去。"苦行事難,竟無答者,因屏衆斂念,泯然命盡。②

在慧思組織的教團中,他也在宣揚代師捨身、請師住世的思想,祇是他的弟子們似乎没有傅大士教團成員的狂熱,最終"竟無答者"。

傅大士看上去是南方,尤其是建康佛教的異質,他所代表的是以實踐爲主的拯救佛教。③ 但他的號召力,他的能量,説明了南方有着一股被義學文獻遮掩的别樣南方佛教傳統。在北方新佛教南來的叙述體系下,傅大士所代表的南方佛教的實踐精神,我稱之爲"南方的自覺"。這種自覺被義學的光芒所遮蔽,如草蛇灰綫隱伏在南方的基層。吉藏稱傅大士"其人本不學問",也恰是這"本不學問",纔能從義學的桎梏中跳脱出來。正如名畑應順所言:

> 在具有巨大威權與豐厚資財的統治者所直接管理的譯經事業,及擁有智識與環境優勢的上流階級所産出淵粹佛教學的陰影下,奇怪且迷心荒誕的感應譚彌漫

---

① (日)川勝義雄:《中國的新仏教形成へのエネルギー——南嶽慧思の場合》,第503頁。
② 《續高僧傳》卷一七《慧思傳》,第622頁。
③ 《善慧大士録》中保留傅大士很多偈頌文字,其中有一些當是後世偽托。諸如《行路難》已有何劍平的辨析。見何劍平:《傅大士〈行路難十五首〉及〈頌〉的創作年代》,《宗教學研究》2005年第1期,第60—64頁。

於世。爲這些感應譚而心醉的僧俗很多。①

高妙深邃的哲思背後,爲"奇怪且迷心荒誕"的信仰感召而心醉的大衆是更爲普遍的群體。這樣的群體,因爲文獻保存的限制一直未能如義學僧俗一樣爲後世者所關注。而這樣的群體恰恰是塚本善隆等學者所討論的"新佛教"産生的必不可少的土壤。

傅大士此人一直以來被視作佛教神異感通的代表,南北朝晚期到初唐的義學僧在引用他的説法時還不忘點出"其人本不學問"。② 然而到了中晚唐,他的地位則從茫茫神異僧俗群體中脱離出來,進入到了天台教法譜系之中,并由最澄帶到日本。關於傅大士形象及與天台譜系的關系,將另文梳理。

---

① (日)名畑應順:《支那中世に於ける捨身に就いて》,《大谷學報》,第 12 卷第 2 號,第 210 頁。
② (隋)吉藏:《中觀論疏》卷二,第 26 頁中欄。

再論吳明徹彭城喪師及其前因後果

張　釗

《陳書》卷五《宣帝紀》史臣論曰：

> 吕梁覆軍，大喪師徒矣。江左削弱，抑此之由。①

同書卷九《吳明徹傳》更謂：

> 吳明徹居將帥之任，初有軍功，及吕梁敗績，爲失算也。斯以勇非韓、白，識異孫、吴，遂使戮境喪師，金陵虚弱，禎明淪覆，蓋由其漸焉。②

吳明徹在彭城兵敗被俘，不僅導致太建北伐的成果全部化爲烏有，更被後世諸多史家視作陳朝覆滅的原因之一。③ 近來吕春盛、張金龍、王光照、張連生、薛海波等學者，也對陳軍失敗的原因及其影響有所論列，④但大多止於對具體人事和戰略問題的分析，或將視角局限於南朝內部，探討此役與吳人、僑人、土豪酋帥三方面勢力消長的關係。然而

---

① 《陳書》卷五《宣帝紀》，北京：中華書局，1972年，第100頁。
② 《陳書》卷九《吳明徹傳》，第164頁。
③ 如(宋)葉適：《習學記言序目》卷三三："江左自劉裕後，未有吳明徹之功，所以能然者，乘齊政亂也。及齊滅而周人方銳，明徹不量時度力，輕棄根本，貪進無繼，豈惟已得盡失，敗棄前功，而南北兩立之勢自此不完；不然，叔寶亦未遽亡。"(北京：中華書局，1977年，第486頁)又如(清)王夫之：《讀通鑑論》卷一八："故吳明徹一潰於彭城，而江東有必亡之勢。其幸而延之十年者，宇文邕殂，宇文贇無道，楊氏謀篡而不暇及也。不然，亡之亟矣。"(北京：中華書局，1975年，第532頁)
④ 張連生：《試論陳宣帝太建北伐》，《學海》1995年第2期，第78—81頁；王光照：《陳宣帝太建北伐述論》，《安徽史學》2003年第6期，第17—22頁；吕春盛：《陳朝的政治結構與族群問題》，板橋：稻鄉出版社，2010年，第170—181頁；張金龍：《治亂興亡——軍權與南朝政權演進》，北京：商務印書館，2016年，第682—711頁；薛海波：《吳明徹北伐與南北朝統一新論》，《南京曉莊學院學報》2017年第4期，第28—34頁。

若從整個南北朝史的視角來看,此役的失敗與後來陳朝的滅亡,都反映了南朝體制下中央政府動員能力低下的問題。今試以此爲核心,從陳朝兵制入手,梳理吴明徹彭城喪師的史實及其前因後果,以期對南北朝各自的歷史地位及"南朝化"命題的討論,提供一點新的思考,還祈并世方家,毋吝賜教。

一、陳朝的義丁、軍丁及部曲

唐長孺《論南北朝的差異》云:

> 隨着世襲兵制的日益崩壞,東晉南朝時期由國家直接掌握的以世兵爲主體的常備軍日趨减少,世兵既不足以依賴,募兵便相應興盛起來。①

何兹全《魏晉南朝的兵制》亦云:

> 陳霸先亦全靠募兵起家……其後陳霸先討王僧辯,文帝、宣帝與北齊作戰,都是依靠募兵……此時國家兵源已寄托於招募了。招募的兵,不是終身兵,而是有一定的優待辦法,在一定的期限以後,就可以免除爲兵的義務。②

高敏《南朝時期兵户制的逐步解體與募兵制的日益興起》又指出:

> 真正大量的以募兵取代由國家兵户組成的軍隊的事實,還是侯景之亂後實現的。③

三家都認爲以募兵代世兵,是南朝大勢,且在侯景亂後,兵源已主要出於募兵,考據甚詳,可爲定讞。但對此後南朝募兵的組織方式,尚未見有深入討論者。考陳朝募兵大略可分爲三種,一曰義丁,二曰軍丁,三曰部曲。前兩種是國家軍隊,部曲則是土豪酋帥的

---

① 唐長孺:《魏晉南北朝隋唐史三論》,北京:中華書局,2011年,第177頁。爲免繁瑣,本文一律省去"先生"等敬稱,還祈讀者見諒。
② 何兹全:《魏晉南朝的兵制》,《讀史集》,上海人民出版社,1982年,第311—312頁。
③ 高敏:《南朝時期兵户制的逐步解體與募兵制的日益興起》,《魏晉南北朝兵制研究》,鄭州:大象出版社,1998年,第295頁。

私兵。今試逐一分説。《陳書》卷五《宣帝紀》云：

> 夏五月景（丙）子,詔曰："……可起太建已來訖八年流移叛户所帶租調,七年八年叛義丁、五年訖八年叛軍丁、六年七年逋租田米粟夏調綿絹絲布麥等,五年訖七年逋貲絹,皆悉原之。"①

這是陳宣帝在太建九年（577）新得淮南之後,發布的安民納叛之詔。此處軍丁、義丁對舉,二者顯然不同。何兹全謂此"義丁"即淮泗間雲旗義士,②恐未必是。所謂雲旗義士,事見《陳書》卷五《宣帝紀》：

> 詔豫、二兖、譙、徐、合、霍、南司、定九州及南豫、江、郢所部在江北諸郡置雲旗義士,往大軍及諸鎮備防。③

同書卷一二《徐敬成傳》：

> 隨都督吴明徹北討,出秦郡,别遣敬成爲都督……淮、泗義兵相率迴應,一二日間,衆至數萬……以功加通直散騎常侍、雲旗將軍。④

則雲旗義士應即陳政府授予"淮、泗義軍"的編制,時歸敬成節制。但陳朝本身早有義軍組織,其設置也不衹在江北。《陳書》卷二《高祖紀下》：

> 二年春正月乙未,詔曰："……近所募義軍,本擬西寇,并宜解遣,留家附業。"⑤

可見陳初已招募"義軍",同書卷六《後主紀》：

---

① 《陳書》卷五《宣帝紀》,第90—91頁。
② 《讀史集》,第315頁。
③ 《陳書》卷五《宣帝紀》,第88頁。
④ 《陳書》卷一二《徐敬成傳》,第191頁。
⑤ 《陳書》卷二《高祖紀下》,第36頁。

> 夏四月庚戌,豐州義軍主陳景詳斬(章)大寶,傳首京師。①

然則陳朝在内地也始終設置有"義軍","義丁"應即"義軍"的成員。然則宣帝於江北設立雲旗義士,乃是以陳朝原有的組織形式,施諸淮泗間起義響應者,以便統御而已。要之,陳朝所謂"義軍",乃是募兵的一種組織形式,《宣帝紀》所載詔書中的"叛義丁",當指江南所募義軍中憚於遠役、中途逃歸者。

那麼應募爲"義丁"與"軍丁"的差異何在呢?《陳書》卷五《宣帝紀》:

> 秋八月甲申,詔曰:"軍士年登六十,悉許放還。"②

参前引《高祖紀》"所募義軍,本擬西寇,并宜解遣,留家附業"之語可知,應募爲義軍,可以隨時解遣還鄉;但應募爲軍士,則須完全脫離鄉土,成爲職業兵,不能隨意脫離軍隊,年過六十,方能放還。從雲旗義士和豐州義軍的作用來看,短期招募的義軍大抵僅事鎮遏,而征行則以久在行伍的軍丁爲主力。辛德勇曾云"古代戰爭中决定勝負的實際上主要是這類善征慣戰的勁兵,烏合之衆湊集再多也祇能起到增壯軍威的作用,實際上未必頂事。"③陳室賴以决勝的勁兵,就是這種久募的軍丁。

在南朝的世兵制下,軍户和民户是相區别的,而陳朝既已改用募兵,此種區别是否仍然存在呢?《陳書》卷七《張貴妃傳》:

> 後主張貴妃名麗華,兵家女也。④

高敏《南朝時期兵户制的逐步解體與募兵制的日益興起》一文,即用此條及上引"軍士

---

① 《陳書》卷六《後主紀》,第111頁。同書卷一八四《章昭達附子大寶傳》作"臺軍主",蓋訛。(唐)李延壽:《南史》卷一〇《陳本紀下》第304頁(北京:中華書局,1975年),(宋)許嵩:《建康實録》卷二〇《後主長城公叔寶》(北京:中華書局,1986年,第800頁),《册府元龜》卷四二三《將帥部》(南京:鳳凰出版社,2006年,第4794頁)并作"義軍主"。按"義軍主"并非起義軍統帥,而爲募兵部隊主帥之稱謂,劉宋以來便有用例。如黄回,《宋書》卷八七《殷琰傳》:"(泰始)二年……義軍主黄回募江西楚人千餘,斬子勛所置馬頭太守王廣元。"(北京:中華書局,1974年,第2205頁)卷八三《黄回傳》:"(泰始)二年……(戴)明寶啓太宗使回募江西楚人,得快射手八百……於死虎破杜叔寶軍。"就此例觀察,南朝以官方名義就地招募之部隊即可稱"義軍"(第2122頁)。
② 《陳書》卷五《宣帝紀》,第79頁。
③ 辛德勇:《巨鹿之戰地理新解》,《歷史的空間與空間的歷史》,北京師範大學出版社,2005年,第81頁。
④ 《陳書》卷七《張貴妃傳》,第131頁。

年登六十,悉許放還"兩條材料,以論證"陳代既存在'兵家',又'軍士'需要放免才得爲民,則陳有兵户制甚明"。① 在此還可以補充《陳書》卷三四《褚玠傳》的一條材料:

> 玠乃鎖(張)次的等,具狀啓臺,高宗手敕慰勞,并遣使助玠搜括,所出軍、民八百餘户。②

似乎軍户、民户在陳代依然有所區别。但這種區别和世兵制時代應該是不同的,甚至不能由此斷定兵户制仍然存在。《南史》卷七〇《循吏傳》記梁武帝時郭祖深上書:

> 勳人投化之始,但有一身,及被任用,皆募部曲。而揚、徐之人,逼以衆役,多投其募,利其貨財。皆虚名上簿,止送出三津,名在遠役,身歸鄉里。③

由此可見,在梁代應募者已需要"上簿"登記。陳代中央政府對於募兵顯然也有類似的名簿,唯其如此,乃能查驗逃叛,且撫恤封賞亦得及其家人,如《陳書》卷三《世祖紀》:

> (天嘉六年,565)十二月甲子,曲赦建安、晉安二郡。討陳寶應將士死王事者,并給棺槨,送還本鄉,并復其家。④

卷四《廢帝紀》:

> 詔討華皎軍人死王事者,并給棺槨,送還本鄉,并復其家。⑤

卷五《宣帝紀》:

> 詔自討周迪、華皎已來,兵交之所有死亡者,并令收斂,并給棺槨,送還本鄉。⑥

---

① 《魏晉南北朝兵制研究》,第276—277頁。
② 《陳書》卷三四《褚玠傳》,第460頁。
③ 《南史》卷七〇《循吏傳》,第1722頁。
④ 《陳書》卷三《世祖紀》,第58頁。
⑤ 《陳書》卷四《廢帝紀》,第68頁。
⑥ 《陳書》卷五《宣帝紀》,第78頁。

所謂"復其家",從魏晉南朝習慣來説,都指免除其家的征役。而《宣帝紀》獨無此字樣,蓋因此詔書是爲"兵交之所有死亡者"而下,可能還包含了徵爲力役,轉運糧草的民夫,甚至當地被兵的居民,不獨爲軍人而發。

軍人家屬既可以直接享受"復其家"的待遇,不必先放爲民户,可見他們本來也承擔賦役,與民户無别。而"軍士年登六十,悉許放還",則衹是説軍士應募入伍之後成爲職業兵,不能隨意脱離軍隊,須待"放還"方能還鄉,也未必如高氏所言是"需要放免才得爲民"。至於"兵家"之言,可能衹是承前代習慣,指家中有丁應募上簿者。要之,就現有史料,恐不能斷定陳朝仍存兵户制。

不過以上材料足以説明,陳代中央政府對於國家公募的軍人,無論其爲"軍丁"抑或"義丁",都可以掌握其名籍,因此這兩種軍事力量可以説是陳代的國家軍隊。此外別有私募部曲,陳寅恪《魏書司馬睿傳江東民族條釋證及推論》云:

> 侯景之亂,不僅於南朝政治上爲巨變,并在江東社會上,亦爲一劃分時期之大事。其故即在所謂岩穴村屯之豪長乃乘此役興起,造成南朝民族及社會階級之變動……當侯景之亂興,中央政權崩潰之際,岩穴村屯之豪酋乘機競起,或把持軍隊,或割據地域,大抵不出二種方式:一爲率兵入援建鄴,因而坐擁大兵;一爲嘯聚徒衆,趁州郡主將率兵勤王之會,以依法形式,或勢力强迫,取代其位。①

前者若陳霸先、王琳等人是也,後者則余孝頃、熊曇朗、留異、周迪、陳寶應、黄法氍、華皎、歐陽頠、魯廣達等人是也。南朝自劉宋後期起,每逢戰事即許可將帥自行招募軍隊。② 侯景之亂時,各路土豪酋帥皆於所在招募兵士,致使"江表將帥,各領部曲,動以千數"。③ 陳霸先起初也不過是其中之一,陳室建國以後,其私兵則順勢轉化爲臺軍,即中央禁衛。④ 但其餘豪帥仍自擁部曲,正如周一良《〈陳書〉札記》所言:

---

① 陳寅恪:《魏書司馬睿傳江東民族條釋證及推論》,《金明館叢稿初編》,北京:生活·讀書·新知三聯書店,2001年,第113頁。
② 唐長孺:《魏晉南北朝時期的客和部曲》,《魏晉南北朝史論拾遺》,北京:中華書局,2011年,第15—16頁。
③ 《陳書》卷三一《魯廣達傳》,第418頁。參看朱大渭:《梁末陳初豪强酋帥的興起》,《六朝史論》,北京:中華書局,1998年,第193—215頁。
④ 《讀史集》第313頁已指出南朝中央禁衛軍稱臺軍。其具體組建過程,參看《陳朝的政治結構與族群問題》,第33—51、73—81頁。

陳朝三十餘年間大異於前,私兵之記載屢見,頗似孫吴時情景,是爲陳朝中央集權大爲削弱之象徵也。①

對這些豪帥,陳室"或徵入朝,或移官他郡,俱不應命,乃加之兵",②但終陳一代,實未能完全掌握。且諸酋帥就算入朝、移官,常仍以部曲相隨,《陳書》卷一一《淳于量傳》:

（淳于量）頻請入朝,天嘉五年,徵爲中撫大將軍,常侍、儀同、鼓吹并如故。量所部將帥,多戀本土,并欲逃入山谷,不願入朝。③

可見徵召入朝也未必便能使豪强本人與部曲分離。且部曲有父子相傳者,④有兄弟相傳者,⑤又《陳書》卷二九《蔡徵傳》云:

（後主）至德二年……遣（蔡）徵收募兵士,自爲部曲。⑥

負責募兵者募得兵士,即可作自家部曲,⑦實亦陳代傳統。所以陳室的地位,名義上是中央集權國家的皇室,其實更像諸豪酋中兵力最强、威望最甚的共主。總之,陳代部曲雖與義丁、軍丁同出招募,但其招募的主體是私人而非國家,故其性質實即具有半獨立性的私兵。其部曲隨軍主行動,且可於族内繼承。朝廷可以調遣其軍主,但一般不能予奪其部曲。

綜上所述,陳代的募兵可分義丁、軍丁、部曲三種,前二者構成陳代的國家軍隊,爲

---

① 周一良:《魏晉南北朝史札記》,北京:中華書局,2015年,第308頁。
② 周一良:《南朝境内之各種人及政府對待之政策》,《魏晉南北朝史論集》,北京大學出版社,1997年,第80頁。
③ 《陳書》卷一一《淳于量傳》,第180頁。
④ 周一良曾舉《陳書》卷一二《徐度傳附子敬成傳》（第190頁）。此外《陳書》卷九《歐陽頠附子紇傳》亦然（第159—160頁）。《陳書》卷一〇《程靈洗傳附子文季傳》云"及靈洗卒,文季盡領其衆"（第174頁）,亦然。需要辨明的是卷八《周文育傳附子寶安傳》,云周寶安"領其舊兵"（第142頁）,此非部曲。蓋:一、周文育拔自俘虜,本無組織部曲之機會。二、陳文帝器重寶安"精卒利兵多配焉",以陳代政策絶不可能撥精兵爲將領私人之部曲。三、傳記云"寶安卒後,（其子）瑴亦爲偏將",則寶安亦不過陳室帳下一偏將,與周文育相同,特由君王愛重,使統領其父之舊部而已,非父子相傳之部曲。
⑤ 周一良曾以《陳書》卷一二《胡穎附弟鑠傳》（第188頁）爲例。此外如《陳書》卷二〇《華皎傳》所記載之戴僧朔:"（僧朔）有勇力,族兄右將軍僧錫甚愛之。僧錫年老,征討恒使僧朔領衆……僧錫卒,仍代爲南丹陽太守。"（第273頁）
⑥ 《陳書》卷二九《蔡徵傳》,第392頁。
⑦ 此事《南史》卷六八《蔡徵傳》,第1662頁同。

陳室所直接控制，其中軍丁作爲職業兵，是陳軍的主要戰力，也是陳朝立國的軍事基礎。義丁則隨募隨遣，僅起輔助作用。而侯景之亂後興起的豪酋渠帥，其中擁戴陳室、接受其官職調遣者，名義上雖爲陳臣，但其部曲皆爲私屬。正如吕春盛所言，陳室雖始終欲加強中央集權，壓制私屬部曲，終究迫於外部壓力，不得不先爭取其合作，①因此也始終未能完全掌握他們的部曲。

二、吴明徹出任太建北伐都督的原因

關於陳朝"加強中央集權，壓制私屬部曲"的傾向，顯而易見者，如熊曇朗、留異、周迪、陳寶應、華皎，各擁强兵，勢同割據，初雖與陳氏合作，受其官職，終見攻殺。此外歐陽頠、章昭達，雖爲陳室功臣，於其子嗣統領部曲時亦被攻滅。侯安都以佐命元勛賜死，實亦由此。這些問題吕春盛、張金龍等學者都已有研究。② 但這裏還有一個不甚明顯、却值得注意的問題，那就是當陳室計畫發動以國家軍隊爲主力的重要軍事行動時，③其統兵都督多選用起自孤寒、不領私兵者，而避免選用部曲強盛的豪酋，這也是陳室維持中央權勢的重要手段。吴明徹之所以能出任太建北伐的總帥，根本原因也在於此。關於陳代的征討都督，小尾孟夫已有研究，④對太建北伐選用吴明徹一事，前舉諸家亦多有論列，但都未涉及這一問題。

陳初總督各軍的人選，最早倚重周文育，其後多用侯瑱。此後南征留異、周迪，先用侯安都；賜死侯安都後征周迪、陳寶應、歐陽紇，則用章昭達；至於太建北伐，始專任吴明徹。今試分別考述如下：《陳書》卷八《周文育傳》：

> 周文育字景德，義興陽羨人也。少孤貧，本居新安壽昌縣，姓項氏，名猛奴……義興人周薈爲壽昌浦口戍主，見而奇之，因召與語，文育對曰："母老家貧，兄姊并長大，困於賦役。"⑤

---

① 《陳朝的政治結構與族群問題》，第134—149頁。
② 《陳朝的政治結構與族群問題》，第137—142頁；《治亂興亡——軍權與南朝政權演進》，第631—650、673—682頁。
③ 之所以强調發動國家軍隊，乃爲排除天嘉元年余孝頃督會稽、東陽、臨海、永嘉諸軍（《陳書》卷三《世祖紀》，第57頁）之類情況也。余氏本"洞主"（《陳書》卷八《周文育傳》，第340頁），乃蠻族豪酋，此乃順勢借用其影響力彈壓當地其他豪酋，陳之中軍於時未動。
④ 小尾孟夫：《陳代の征討都督》，《東南文化》1998年第2期，第124—128頁。
⑤ 《陳書》卷八《周文育傳》，第137頁。

同書同卷《杜僧明傳》：

> 高祖時在高要，聞事起，率衆來討，大破之，殺（杜）天合，生擒（杜）僧明及（周）文育等，高祖并釋之，引爲主帥。①

同書同卷《侯安都傳》：

> 侯安都字成師，始興曲江人也，世爲郡著姓……侯景之亂，（侯安都）召集兵甲，至三千人。高祖入援京邑，安都引兵從高祖。②

杜僧明、周文育歸於陳霸先，《通鑑》繫於大同八年（542），③安都引兵從陳霸先北上，據《陳書·高祖紀》在太清二年（548），④都可以説是從龍舊部。杜僧明早死，姑置不論。周文育起自孤寒，侯安都則爲豪酋，自有部曲。因此陳氏早期出師命將，如攻韋載、擊杜龕、襲張彪、討侯瑱、平蕭勃，都是專委周文育，安都居中守禦而已。及討余孝頃，乃使安都將水軍助文育。及永定元年（557）討王琳：

> 兩將俱行，不相統攝，因部下交争，稍不平……乃合戰，安都等敗績，安都與周文育、徐敬成并爲琳所囚。⑤

師出不命主帥，致使兩將交争，軍令不一，這是兵家大忌。陳霸先老於軍事，豈能不知？察其緣故，實因周部兵力不足以討平王琳，⑥須借助侯安都帳下部曲，但周文育不能指揮侯部，陳霸先又不敢將軍事盡委安都，才會造成如此局面。二人逃歸後不久，周文育爲熊曇朗襲殺，似乎舍侯安都之外，別無可用之人了。但再討王琳，及禦北周獨孤盛、賀

---

① 《陳書》卷八《杜僧明傳》，第136頁。
② 《陳書》卷八《侯安都傳》，第143頁。
③ 《資治通鑑》卷一五八，北京：中華書局，2013年，第5005頁。
④ 《陳書》卷一《高祖紀》，第3—4頁。
⑤ 《陳書》卷八《侯安都傳》，第145頁。
⑥ 按：就周文育此後率軍會同熊曇朗討余孝頃殘黨，而爲熊氏襲殺一事，亦可見陳霸先所能分與周文育之兵力，不足以獨當一面。時周氏帳下孫白象勸周氏先圖熊曇朗，周曰："不可，我舊兵少，客軍多，若取曇朗，人人驚懼，亡立至矣，不如推心以撫之。"（《陳書》卷八《周文育傳》，第141頁）可見周亦非無備，實難爲備也。

若敦時,陳霸先却起用了新附的降將侯瑱。《陳書》卷九《侯瑱傳》:

> (侯)瑱據中流,兵甚強盛……既失根本,兵衆皆潰,輕歸豫章,豫章人拒之,乃趨濫城,投其將焦僧度。僧度勸瑱投齊,瑱以高祖有大量,必能容己,乃詣闕請罪,高祖復其爵位。①

瑱孤身請罪,自無部曲可論。陳霸先知其力窮來歸,必無異心,便利用其威望及指揮大兵團的經驗,頗收成效,趙翼稱其善於用人,甚是。② 但《陳書》卷八《侯安都傳》已有"侯瑱爲大都督,而指麾經略,多出安都"的記載。到天嘉二年(561)侯瑱病逝,當時能夠指揮大軍的宿將,就祇有侯安都了。且陳文帝繼位,安都有定鼎之功,故西禦巴、湘周軍,東討留異,不得不用安都。侯氏部曲本盛,本傳云:

> (侯安都)數招聚文武之士……文士則褚玠、馬樞、陰鏗、張正見、徐伯陽、劉刪、祖孫登,武士則蕭摩訶、裴子烈等,并爲之賓客,齋内動至千人。部下將帥,多不遵法度,檢問收攝,則奔歸安都。世族性嚴察,深銜之。……周迪之反,朝望當使安都討之,帝乃使吴明徹討迪。③

蓋當時豪酋多處偏遠,苟能安定一方,對陳室表示表面之遵奉,陳室亦"未遑致討,但羈縻之",④而侯安都所部則爲陳室心腹之患,且猶招聚未已,不得不防。故征討周迪,亦寧用吴明徹,而不肯讓侯安都再著聲威。明徹出身貧賤,更無組織部曲的機會,《陳書》卷九《吴明徹傳》:

> 明徹幼孤,性至孝,年十四,感墳塋未備,家貧無以取給,乃勤力耕種。⑤

這與侯安都"世爲郡著姓"顯然不同。然其聲威、能力在當時實不足以指揮大軍作戰:

---

① 《陳書》卷九《侯瑱傳》,第155頁。
② (清)趙翼:《廿二史札記》卷一二《陳武帝多用敵將》,北京:中華書局,1984年,第255—256頁。
③ 《陳書》卷八《侯安都傳》,第147頁。
④ 如《陳書》卷一三《周敷傳》,第201頁記天嘉元年事。
⑤ 《陳書》卷九《吴明徹傳》,第161頁。

周迪反臨川,詔以明徹爲安南將軍、江州刺史,領豫章太守,總督衆軍,以討迪。明徹雅性剛直,統内不甚和,世祖聞之,遣安成王頊慰曉明徹,令以本號還朝。①(《南史》卷六六《吴明徹傳》作"遣安成王頊代明徹"②)

因此天嘉三年(562)陳文帝設計賜死侯氏之後,陳朝在統軍都督人選上陷入了困境。文帝乃起用此前未曾統領大軍的豪帥章昭達,《陳書》卷一一《章昭達傳》:

章昭達字伯通,吴興武康人也。祖道蓋,齊廣平太守。父法尚,梁揚州議曹從事。昭達性倜儻,輕財尚氣……侯景之亂,昭達率募鄉人援臺城……京城陷,昭達還鄉里,與世祖(即陳文帝)游,因結君臣之分。侯景平,世祖爲吴興太守,昭達杖策來謁世祖。世祖見之大喜,因委以將帥,恩寵優渥,超於儕等。③

章昭達雖亦爲一方豪帥,却是文帝的"舊相識",故當吴明徹難以勝任時,章氏尚不失爲可用人選。此後破周迪、平陳寶應、歐陽紇,皆以章昭達爲都督。獨華皎起兵湘州時,昭達正在閩中對付陳寶應,分身乏術,故以吴明徹、淳于量率水軍,徐度率步軍討之,不過三人之中,似乎并無主將。④ 而章氏則以豪帥兼軍功,仍不免爲陳室所忌,於其子大寶時乃遭夷滅。

太建三年(571)章昭達病死,太建五年(573)陳即出兵北攻淮南,《陳書》卷二六《徐陵傳》:

及朝議北伐,高宗曰:"朕意已决,卿可舉元帥。"衆議咸以中權將軍淳于量位重,共署推之。陵獨曰:"不然。吴明徹家在淮左,悉彼風俗,將略人才,當今亦無過者。"於是爭論累日不能决。都官尚書裴忌曰:"臣同徐僕射。"陵應聲曰:"非但明徹良將,裴忌即良副也。"是日,詔明徹爲大都督,令忌監軍事。⑤

---

① 《陳書》卷九《吴明徹傳》,第161頁。
② 《南史》卷六六《吴明徹傳》,第1621頁。
③ 《陳書》卷一一《章昭達傳》,第182頁。
④ 參見《陳書》卷二〇《華皎傳》,第272—273頁。
⑤ 《陳書》卷二六《徐陵傳》,第334頁。

吕思勉論此事以爲：

> 夫徐陵非知兵之人，其舉明徹，豈有真知灼見？當時盈庭争論，至於累日不決，必有深知其不可者，高宗顧違衆而用之，豈以篡立之際，陵與明徹，皆嘗與謀，故其言易入邪？①

吕氏所言也許有其道理，但天嘉中討周迪，文帝也曾違衆議而用明徹，彼時自無所謂篡立之事。可見陳室偏愛吳明徹，恐怕別有用意：考《陳書》卷一一《淳于量傳》，量本亦梁末割據一方者，其初於王琳、陳霸先間持觀望態勢，"王琳平後"乃"頻請入朝"，而"量所部將帥，多戀本土，并欲逃入山谷，不願入朝"，②可見其割據性甚強。然則北伐棄淳于量而用吳明徹，與當初討周迪棄侯安都而用吳明徹，甚至與陳霸先早年倚重周文育、侯瑱，皆出同一機杼，背後其實都有不欲重用豪帥總兵的考慮。

三、太建北伐軍的構成與戰損

理解吳明徹成爲北討都督的原因，才能進一步分析陳朝北伐軍的兵力配置。北伐軍主力前後三次發起攻勢。第一階段在太建五年渡江北上（573），年内克復淮南。第二階段在太建七年（575），對尚屬北齊的彭城發起攻擊。第三階段在太建九年（577），仍爲進攻彭城，其時北齊新滅，正面之敵爲北周軍。次年（578）北周王軌部南下參戰，戰局逆轉，遂有彭城喪師之事。前人對具體的戰爭過程已有研究，但對北伐軍的兵力配置及其背後緣故，皆未曾著意。今試就此再加考論。《陳書》卷五《宣帝紀》：

> （太建）五年……三月壬午，分命衆軍北伐……己丑……北討大都督吳明徹統衆十萬，發自白下。③

《陳書》卷一一《黃法𣰰傳》：

> （光大）二年，徙爲都督郢巴武三州諸軍事、鎮西將軍、郢州刺史……（太建）四

---

① 吕思勉：《兩晉南北朝史》，上海古籍出版社，2005年，第674頁。
② 《陳書》卷一一《淳于量傳》，第180頁。
③ 《陳書》卷五《宣帝紀》，第83頁。

年,出爲持使節、散騎常侍、都督南豫州諸軍事、征南大將軍,南豫州刺史。五年,大舉北伐,都督吳明徹出秦郡,以法氍爲都督,出歷陽。①

《陳書》卷一三《周炅傳》:

其年隨都督吳明徹北討。②

《資治通鑑》卷一七一記周部行軍路綫:

秋,七月,齊遣尚書左丞陸騫將兵二萬救齊昌,出自巴、蘄,遇西陽太守汝南周炅。……(炅)大破之……周炅克巴州。③

按吳明徹部之進軍路綫,應爲自建康出發,由瓜步渡江,北上秦郡。而黃法氍本在長江中游一帶防備北周,與北周結盟伐齊後遂移鎮南豫州,隔江與歷陽相對。其進軍路綫應即由牛渚渡江,西赴歷陽。爾後吳明徹軍持續北進,克石梁城後,轉向西北進攻淮南地區的戰略核心——壽陽;而黃法氍部持續西進,主力攻克合肥後,自南方逼近壽陽,并分兵攻略肥水以西地區。至於周炅則爲接受陳室羈縻的地方豪強,久鎮武昌,當時也從武昌出發,渡江進攻對岸齊昌、巴州一帶,其兵力相對較少,僅起策應作用。是年十月乙巳,吳明徹攻破壽陽,斬殺守將王琳,基本完成了攻略淮南的戰略目標。這是太建北伐第一階段的大概經過。

而吳、黃兩軍的構成,深可留意。試將各史所記北伐將領,作一梳理,則屬於黃法氍西路軍者有黃咏、任忠、李綜、陳敬泰、樊毅、魯廣達,屬於吳明徹東路軍者有魯天念、徐敬辯、沈善度、④徐檄、程文季、蕭摩訶。其中可考知者,陳敬泰爲宗室,⑤徐敬辨疑亦徐度之子,⑥然其事迹皆不詳。黃法氍本人則爲一方豪帥,部下任忠、樊毅、魯廣達,都是

---

① 《陳書》卷一一《黃法氍傳》,第179頁。
② 《陳書》卷一三《周炅傳》,第204頁。
③ 《資治通鑑》卷一七一,第5427頁。
④ 《資治通鑑》卷一七一作"沈善慶",第5428頁。
⑤ 《資治通鑑》卷一七一作"平固侯敬泰",第5428頁。標點者以平固爲郡望,以其人姓名爲侯敬泰,誤。陳敬泰封平固縣侯,見《陳書》卷一五《陳慧紀傳》,第218頁。
⑥ 徐度長子名敬成,見前注。

部曲强盛的豪酋;①吴明徹部下祇有程文季曾繼領其父部曲,但太建二年隨章昭達攻梁敗績時,文季"僅以身免",②部曲盡亡,則與蕭摩訶同等於麾下别將,此外不見有出身豪帥者相從。

由此可見,太建北伐軍最初的構成,即以吴明徹爲主將,於東路統領并無豪强部曲在内的十萬人,作爲北伐主力;此外以豪帥黄法𣰰總領各統强兵部曲的豪帥,西出歷陽;周炅則自領部下由中游渡江策應。故實際屬於陳中央政府控制的國家軍隊,大抵盡在吴明徹麾下。這一方面是因爲陳室不欲予强兵於豪帥,此外也和吴明徹個人"雅性剛直"的性格有關,從此前征周迪之事即可見出,吴恐怕不太善於協調衆軍關係,諸豪帥也不願受其節制。③

而從太建北伐第二階段的攻勢中,已可見出諸軍不合的迹象。太建七年(575)陳軍渡淮進攻彭城一事,各史語焉不詳,如《陳書》卷九《吴明徹傳》云:

> 七年,進攻彭城。軍至吕梁,齊遣援兵前後至者數萬,明徹又大破之。④

似乎戰鬥很順利,但《隋書》卷六五《周羅睺傳》記載:

> 齊師圍明徹於宿預也,諸軍相顧,莫有鬥心。羅睺躍馬突進,莫不披靡。太僕卿蕭摩訶因而副之,斬獲不可勝計。⑤

則其勢實爲先敗後勝。又各史皆未言及此次進攻彭城的兵力及結果,實則此次出兵,除却本屬吴明徹部的軍士外,原屬黄法𣰰節制的部分豪酋(如樊毅),也一併隨軍。⑥ 蓋太建七年黄法𣰰先率所部自合肥移鎮壽陽,⑦復將麾下部分豪帥撥歸吴明徹節制,吴乃統軍去壽陽,沿淮水東下,至淮陰轉入泗水北上,進攻彭城。参《隋書》所記,蓋吴明徹當

---

① 参見《梁末陳初豪强酋帥的興起》,《六朝史論》,第 201—204 頁。又任忠自有私兵,見《陳書》卷三一《任忠傳》,第 413 頁。
② 《陳書》卷一〇《程靈洗傳附子文季傳》,第 174 頁。
③ 見前引《陳書》卷九《吴明徹傳》,第 161 頁。
④ 《陳書》卷九《吴明徹傳》,第 161 頁。
⑤ 《隋書》卷六五《周羅睺傳》,北京:中華書局,1973 年,第 1523 頁。
⑥ 《陳書》卷三一《樊毅傳》:"七年,進克潼州、下邳、高柵等六城。"(第 416 頁)按吴明徹攻彭城倚重水軍,必沿泗水進軍,此三城正在泗水一綫,因知吴明徹首次進攻彭城,樊毅部亦曾參與。
⑦ 《陳書》卷一一《黄法𣰰傳》,第 179 頁。

時都督各軍北進,而"新復淮、泗,攻戰、降附,功賞紛紜",①導致"諸軍相顧,莫有鬥心",因而被齊軍所包圍。最後出力相鬥的周羅睺、蕭摩訶等人,則是中軍舊將。竊疑"莫有鬥心"之諸軍,恐即指本屬黃法𣰰部的豪帥。故此役雖險勝齊軍,却未能趁周、齊攻戰之際,一舉占領彭城,實屬師出無功。因此太建八年授吳明徹"鈇鉞龍麾"的詔書,頗有深意:

> 昔者軍事建旌,交鋒作鼓,頃日訛替,多乖舊章,至於行陣,不相甄別。今可給司空、大都督鈇鉞龍麾,其次各將有差。②

此詔應即針對太建七年第二次攻勢中,豪帥部曲多不受節制一事而發。各豪帥起初支持北伐,亦因深知"守江必守淮"的道理,欲自保江南勢力,不得不出力與北齊爭淮南。但他們既不情願受吳明徹節制,消化淮南戰果又需時日,對於進取淮北更缺乏興趣,因此在第二階段的攻勢中,就不很活躍了。

而吳明徹或許也發覺自己實在難以統領豪帥,因此太建九年再次發動攻勢時,便祇領麾下人馬進發。太建七年首次進攻彭城,尚可於《陳書》諸人列傳中,考見江北各部調遣策應的迹象,而太建九年再次發動攻勢,北周王軌部輕兵南下清口,截斷吳部歸路,竟全然未遭抵抗,細繹諸史,江北陳軍亦全無策應迹象。而吳明徹被俘時,據《周書》卷四〇《王軌傳》:

> 唯有騎將蕭摩訶以二千騎先走,得免。明徹及將士三萬餘人,并器械輜重,并就俘獲。陳之銳卒,於是殲焉。③

三萬之數,《陳書》亦同。④ 而蕭摩訶率兩千騎突圍,其數僅見於此。然則第三次攻勢中,陳軍僅出動了三萬二千餘人,不僅遠少於太建五年吳明徹壽陽受策時江北陳軍二十萬的數量,⑤較之吳部軍出白下時十萬之數,亦大大不如,考陳宣帝太建七年詔書:

---

① 《資治通鑑》卷一七一,第5439頁。
② 《陳書》卷九《吳明徹傳》,第163頁。
③ 《周書》卷四〇《王軌傳》,北京:中華書局,1971年,第712頁。
④ 《陳書》卷九《吳明徹傳》,第164頁。
⑤ 《陳書》卷九《吳明徹傳》,第163頁。

詔豫、二兖、譙、徐、合、霍、南司、定九州及南豫、江、郢所部在江北諸郡置雲旗義士，往大軍及諸鎮備防。①

如前所述，設置雲旗義士，一則以陳朝原有義軍組織，加諸淮泗起義響應者，以便統御，二則陳軍所過之處，須有留守，義軍正可承擔地方防務。且吳明徹由淮入泗進攻彭城，都是走水路，不勞人力轉運軍資。故吳明徹麾下的義丁，或分散開來，同雲旗義士一併承擔淮南防務，或因暫無轉運需要，而遣散回鄉。總之，吳氏麾下最初的十萬人，應兼有負責作戰之軍丁與輔助軍丁的義丁。壽陽受策時的二十萬人，則兼有淮泗起義者，以及前來匯合的黃法𣽦部下各豪帥。而豪帥既不願接受吳明徹指揮，義丁大部又或分散，或遣歸，皆未參加太建九年的攻勢，因此最終所喪三萬之數，主要都是"陳之銳卒"，亦即陳國家軍隊中的職業兵——"軍丁"，而各豪帥部曲，如任忠、樊毅、魯廣達等部，於吳明徹敗後皆全軍自江北拔歸，并未受到實際損失。②

四、陳末重建國家軍隊的舉措及白土崗潰敗的内因

李燕捷《隋平陳戰爭淺析》一文認爲：

> 對有幾十萬兵員的國家來説，二三萬人的損失并不足以損傷元氣，何況南北對峙的戰亂年代，以損失二三萬人爲代價的戰争并不少見……因此，探尋陳朝滅亡的軍事原因，不能追溯至十一年前的吕梁覆軍。③

此説純從數量著眼，實恐未諦。由前文可知，陳朝的"幾十萬兵員"構成極爲複雜，先可分爲朝廷可以掌控的國家軍隊及各豪强將帥的部曲，國家軍隊内部又分爲作爲戰鬥主力的軍丁，及起輔助作用的義丁。而陳政權存在的軍事基礎就在於軍丁，彭城所喪，皆爲此輩，不可謂不傷元氣。且豪强部曲勢力未遭損失，便使陳朝内部形勢頓然改觀，往日倚仗國家軍隊壓服豪强的形勢，搖搖欲墜。故陳室當時已極惶恐，竟有盟於百官之舉，《通鑑》卷一七三：

---

① 《陳書》卷五《宣帝紀》，第88頁。
② 參《陳書》卷三一《任忠傳》："吕梁之喪師也，忠全軍而還。"（第414頁）同卷《樊毅傳》："毅全軍自拔。"（第416頁）
③ 李燕捷：《隋平陳戰争淺析》，《中國史研究》1985年第2期，第134頁。

> 九月,乙巳,立方明壇於婁湖。戊申,以揚州刺史始興王叔陵爲王官伯,臨盟百官。……甲寅,上幸婁湖誓衆。乙卯,分遣大使以盟誓班上下四方,上下相警戒。

胡三省論曰:

> 時彭城喪師,陳人通國上下搖心,故爲是盟。①

對這時的陳室而言,相比於淮北的周軍,境內豪帥的覬覦恐怕更是腹心之疾。以盟相要,也是無可奈何的對策。所幸此後不久,周武帝去世,之後周隋易代,變亂頻仍,無暇南顧。而南方有此外敵,亦不能輕起內釁。加以宣帝尚有餘年,猶足鎮御,各豪帥中,也沒有哪一方的勢力能足夠強大,因此暫時未生變故。而此時的陳室,一方面如呂春盛所言,不得不再次拉攏豪帥,至用爲中央禁衛統帥,這是此前沒有的事;②但另一方面,陳室仍致力於重建自己所能掌控的國家軍隊。其舉措大略有三:以皇族出鎮;任用文吏募兵、領兵;削奪將帥部曲歸公。今試分述於下:

考《陳書》卷二八《世祖九王傳》及《高宗二十九王傳》,陳之宗室於太建十年彭城喪師後大量出鎮,③今撮其明確記載出鎮開府(即所謂"置佐史")者,表列如下:

姓 名	出 鎮 地 域	出鎮時間
陳伯謀	出爲持節,都督吳興諸軍事,東中郎將,吳興太守	太建十年(578)
陳叔英	爲鎮前將軍,江州刺史	太建十一年(579)
陳叔明	出爲持使節,雲麾將軍,南徐州刺史	太建十三年(581)
陳叔文	授持節,都督江州諸軍事,江州刺史	至德元年(583)
陳叔重	爲仁威將軍,揚州刺史	至德元年(583)
陳叔堅	出爲征西將軍,荊州刺史	至德三年(585)

---

① 《資治通鑑》卷一七三,第5493—5494頁。
② 《陳朝的政治結構與族群問題》,第146—147頁。
③ 據《陳書》卷二八《世祖九王傳》《高宗二十九王傳》,太建六年前後爲宗室首次大規模出鎮,其次爲太建十年前後。二事皆於吳明徹北伐大有關係。今但就十年以後者列出。然頗有太建六年已出鎮,而太建十年以後暫未調動,僅加官爵者,茲不詳述。又如後主子嶷,雖使出鎮,"未行而隋軍濟江"(第377頁),亦不計入。

續　表

姓　名	出　鎮　地　域	出鎮時間
陳伯山	都督東揚、豐二州諸軍事、東揚州刺史	至德四年（586）
陳伯信	出爲鎮南將軍，西衡州刺史	禎明元年（587）
陳叔慎	出爲持使節，都督湘衡桂武四州諸軍事，智武將軍，湘州刺史	禎明元年（587）

遣諸王出鎮的目的，應即欲令諸王於所在募兵，拱衛陳室。但這其中雖有部分像陳叔慎一樣收效的，却也不免有像陳叔文一般通敵的。況陳代立國日淺，加以西魏破江陵時，陳霸先親族多被擄掠，因此宗族諸王大抵年少，不曉武事，故此計收效甚微。

至於以文吏領兵、募兵及削奪諸將部曲二事，通檢《陳書》《南史》《通鑑》可得如下數條：

《南史》卷七七《孔範傳》：

（範）從容白後主曰："外間諸將，起自行伍，匹夫敵耳。深見遠慮，豈其所知。"後主以問施文慶，文慶畏範，益以爲然。自是將帥微有過失，即奪其兵，分配文吏。①

《通鑑》卷一七六：

……上以問施文慶，文慶畏範，亦以爲然；司馬申復贊之。自是將帥微有過失，即奪其兵，分配文吏；奪任忠部曲以配範及蔡徵。②

《陳書》卷二九《蔡徵傳》：

至德二年……遣（蔡）徵收募兵士，自爲部曲。③

---

① 《南史》卷七七《孔範傳》，第1941頁。
② 《資治通鑑》卷一七六，第5583頁。
③ 《陳書》卷二九《蔡徵傳》，第392頁。

《南史》卷七七《孔範傳》：

> 後主多出金帛，募人立功，(孔)範素於武士不接，莫有至者，唯負販輕薄多從之。①

《南史》卷七七《施文慶傳》：

> (後主)自度素與群臣少恩，恐不爲用，無所任者，乃擢施文慶爲都督、湘州刺史，配以精兵。

按後主多引文吏爲治，同書同卷：

> 自太建以來，吏道疏簡，百司弛縱，文慶盡其力用，無所縱舍，分官聯事，莫不振懼。又引沈客卿、陽惠朗、徐哲、暨慧景等，云有吏能，後主信之。然并不達大體，督責苛碎，聚斂無厭，王公大人，咸共疾之。後主益以文慶爲能，尤更親重，内外重事，無不任委。②

通檢六朝史籍，以"苛碎(或作"刻碎")"概括施政風格，除却施文慶外，即用之東晉時劉隗、刁協而已。刁、劉"刻碎之政"，唐長孺論之已詳，其核心目的即在於"維持帝室的權威""排抑豪强，以法御下"，③施、沈苛碎之政，其核心亦在於維護陳室的中央集權，削弱豪酋渠帥勢力，在軍事方面，就表現爲削奪豪帥部曲，以配文吏，試圖重建中央可直接掌握的國家軍隊。祇是東晉時威脅王室的勢力爲僑族高門，陳代則純爲土豪。由於陳室中央尚非全無實力，加以陳代諸豪帥勢力又遠遜琅琊王氏，更兼强敵在外，故尚不至釀成王敦之亂的局面。

然後主本非英主，加之彭城喪師至陳朝滅亡祇有十年，萬難恢復；且如上所述，諸王及文吏不通軍事，依靠募兵，動員效果極其有限，不得不兼行"苛碎之政"侵奪豪酋部曲，導致彼等離心，其負面影響則在白土崗決戰中，全面顯現。據李燕捷考證，隋平陳之

---

① 《南史》卷七七《孔範傳》，第1942頁。
② 《南史》卷七七《施文慶傳》，第1939頁。
③ 唐長孺：《王敦之亂與所謂刻碎之政》，《魏晉南北朝史論拾遺》，第167頁。

役,雙方總兵力約爲三十萬比二十五萬,隋軍未能絶對占優。① 且陳於臺城聚有甲士十萬,隋軍渡江投入決戰者,僅有賀若弼部八千人,建康東南方向可爲策應的韓擒虎部,也不過兩萬人。② 決戰中陳軍局部兵力處於絶對優勢,而終於潰敗,原因何在? 考《陳書》卷三一《蕭摩訶傳》:

> 中領軍魯廣達陳兵白土崗,居衆軍之南偏,鎮東大將軍任忠次之,護軍將軍樊毅、都官尚書孔範次之,摩訶軍最居北,衆軍南北亘二十里,首尾進退,各不相知。賀若弼初謂未戰,將輕騎,登山觀望形勢,及見衆軍,因馳下置陣。廣達首率所部進薄,弼軍屢却,俄而復振,更分軍趣北突諸將,孔範出戰,兵交而走,諸將支離,陣猶未合,騎卒潰散,駐之弗止,摩訶無所用力焉,爲隋軍所執。③

孔範所募烏合之衆,不但無用,且導致一潰皆潰,這便是文吏領兵的惡果。又《通鑑》卷一七一:

> 時韓擒虎自新林進軍,忠已率數騎迎降於石子崗……引擒虎軍直入朱雀門,陳人欲戰,忠揮之曰:"老夫尚降,諸軍何事!"衆皆散走。④

這是予奪部曲,致使豪强離心的惡果。又據《陳書》卷三一《樊毅附弟猛傳》,則猛妻子時已陷隋,後主已"懼其有異志",⑤上下離心,故二人所部亦未力戰。魯廣達部獨願力戰,一以久在上游(治江夏),遠離建康,或未曾遭遇施、沈侵奪,故願盡舊臣的義務。二以部曲皆是舊兵,獨有戰力。又《隋書》卷五二《韓擒虎傳》:

> (韓擒虎)進攻姑熟,半日而拔,次於新林。江南父老素聞其威信,來謁軍門,晝夜不絶。⑥

---

① 《隋平陳戰争淺析》,《中國史研究》1985年第2期,第128頁。
② 《隋平陳戰争淺析》謂舊史以宇文述亦過江屯於白下爲不可信,是。見《中國史研究》1985年第2期,第132頁。
③ 《陳書》卷三一《蕭摩訶傳》,第412頁。
④ 《資治通鑑》卷一七一,第5612頁。
⑤ 《陳書》卷三一《樊毅附弟猛傳》,第420頁。
⑥ 《隋書》卷五二《韓擒虎傳》,第1340頁。

參以此後各地豪帥次第降隋事（包括大同年間已經支持陳氏之嶺南洗氏），①則陳室最終不得豪酋支持，亦可見矣，這與陳末的的"苛碎之政"不無關係。總之陳軍白土崗戰敗，原因甚多，但從内因來說，則與陳後期爲求加強國家軍隊而削弱豪帥的政策深有關係；而陳室之所以要如此行事，則又是因爲吴明徹在彭城慘敗的緣故。

五、結　論

侯景之亂，江南豪傑各募部曲，乘時興起，陳霸先以靖亂禦侮之功，挾所部精兵成爲江南共主，其部下順勢成爲陳代臺軍主力。然陳氏既無力完全消滅同時并起的土豪酋帥，因而不得不一方面羈縻運用之，一方面防範削弱之。在統兵都督人選上儘量避免任用部曲强盛的豪酋，即其一計。但像吴明徹這種起自孤寒的武人，往往難以駕馭豪帥，因此在作戰中一般僅能指揮陳代的國家軍隊，很難得到豪酋部曲配合，孤軍作戰，自易取敗。戰敗之後，朝廷精鋭盡喪，私兵反獲保全，致使陳室外强内弱之勢，愈加明顯。而當時募兵制的動員能力，又不能滿足陳室重建國家軍隊的需求，則唯有任用文吏，以"苛碎之政"侵奪豪帥部曲，來補充國家的兵源，這却進一步導致豪帥離心。因此白土崗一役陳軍兵力雖然占優，却形不成有效的統一指揮，各部的戰鬥意志也很薄弱，故此不能免於敗亡。

深加推論，南朝於一始一終，皆有"苛碎之政"，并非巧合。這反映了南朝政府控制編户齊民的能力，一直都比較薄弱的。因此在世兵制崩潰後，無法再依靠徵發取得兵源。單獨依靠募兵，雖能組織脱離土地的北來流民，對南朝土著的動員能力，却極其低下。與均田、府兵相繫相維的北朝，自不能相提并論。而陳代既已没有大規模南下的流民，募兵的動員能力便更難滿足戰争需求，以至於一敗之後，即難恢復，唯有侵奪豪帥部曲，致使上下離心，竟成亡國根由。隋煬帝三征高麗，"掃地爲兵"，②雖然屢戰屢敗，耗盡國力，却也足見隋世動員能力之强大；而陳煬帝抵禦隋軍，所動員的人力物力，則遠未達到耗盡南朝國力之地步。故"天道在北，南風不競"，③不僅由於實力的差距，④亦是由

---

① 參《隋書》卷八〇《譙國夫人傳》，第1803頁。
② 《隋書》卷一九《食貨志》，第686頁。
③ （北周）庾信：《周大將軍懷德公吴明徹墓誌銘》，（清）倪璠：《庾子山集注》卷一五，北京：中華書局，1980年，第969頁。
④ 按《隋書》卷二九《地理志上》記陳有"户六十萬"（第807頁），予曾試將《隋書·地理志》所載陳朝境内各郡户數加和，得909438户。隋平陳在開皇九年（589），《地理志》所記各地户數，爲煬帝大業五年（609）户數。僅二十年間户口增長1.5倍，應與隋文帝於江南推行鄉里制度、搜括户口頗有關係（參《隋書》卷二《高祖紀下》丙申定制及丁酉詔書，第32—33頁）。然隋軍滅陳之時，各地豪族未有抵抗，反較爲歡迎，及開皇十一年乃紛紛起兵攻殺隋所遣長吏，即以隋之政策更爲"苛碎"也。

於中央政府動員能力的差距。

明乎此,則有助於反思唐長孺"兵制南朝化"的命題,唐先生指出:

> 募兵制代替徵兵制自是(唐代)一大變化,同樣應當指出的是,東晉南朝兵制的發展傾向是由世襲兵轉向募兵制,因此不妨説唐代軍事制度的變化乃是南朝兵制的繼承。[1]

但就陳代狀況考察,在中央集權低落、對編户齊民控制薄弱的情況下,朝廷無法完全發揮募兵制本身的動員能力。相反由於私人豪帥也有募兵權,反而會導致中央集權的進一步削弱。閻步克在評論唐長孺"田制南朝化"的命題時曾説:

> 在唐朝大土地所有制再度發展,均田制趨於衰落時,强大的中央集權和編户齊民體制——它們是皇權和帝國的柱石——已先矗立在那裏了。[2]

移以論兵制,亦無不可。將中央集權、編户齊民體制與募兵制整合,在宋初才徹底完成,非本文所能深論。然而三者不配合,則國家無以發揮募兵制所能具有的動員能力,就有陳一代史事考察,已然昭昭甚明。則北朝的歷史貢獻,固難盡如唐先生所言,"隨着這些特殊歷史條件的消失而消失"也。[3]

---

[1] 《魏晉南北朝隋唐史三論》,第469頁。
[2] 閻步克:《波峰與波谷——秦漢魏晉南北朝的政治文明》,北京大學出版社,2009年,第224頁。
[3] 《魏晉南北朝隋唐史三論》,第473頁。

"千歲仙鼠"與"鳥鼠之譏"
——中古信仰世界中的蝙蝠知識與意象

王世藩

緒　論

千年鼠化白蝙蝠，黑洞深藏避網羅。遠害全身誠得計，一生幽暗又如何？

——白居易《洞中蝙蝠》[①]

　　會昌元年（841），白居易於嵩陽游，見物五種，各爲吟咏，遂有《山中五絶句》，其中即包括這首《洞中蝙蝠》。在這首頗賦自嘲意味的詩作中，蝙蝠成爲了白樂天抒發環境險惡，欲作爲而不得之情感的載體。在詩情意旨之外，詩人所具有的"白蝙蝠爲千年之鼠所化""深藏洞穴一生幽暗"此類關於蝙蝠的知識也令人尋味。嵩山上的這一次偶然邂逅，揭露出中古時期社會觀念中蝙蝠意象的一角。

　　蝙蝠是鼠類變化而來麽？那爲何有翼而能飛？究竟是鳥是鼠？這樣的疑問長久縈繞在古人心中。法琳於《辯正論》中以"鳥鼠之譏"[②]諷刺道教徒首鼠兩端，不倫不類。此亦非僧徒首創，曹植在《蝙蝠賦》中就曾抒發類似感慨："吁！何奸氣生兹蝙蝠。形殊性詭，每變常式。行不由足，飛不假翼。明伏暗動，盡似鼠形。謂鳥不似，二足爲毛，飛而含齒。巢不哺觳，空不乳子。不容毛群，斥逐羽族。下不蹈陸，上不憑木。"[③]奸氣所生、"形殊性詭"，這樣的抨擊與偏見同近代以來蝙蝠代表"福"的觀念大不相同。那麽

[①]（唐）白居易撰，謝思煒校注：《白居易詩集校注》卷三五《山中五絶句》，北京：中華書局，2006年，第2683頁。
[②]（唐）道宣撰：《廣弘明集》卷一三《辯證論》，《大正藏》，第52册，第182頁中欄。
[③]（唐）歐陽詢：《宋本藝文類聚》卷九七，上海古籍出版社，2013年，第2493頁。

在中古時代的知識發展中,蝙蝠的妖異與瑞獸意象存在着怎樣的張力,又與知識社會有着怎樣的聯繫?這種認知在文獻材料中是如何體現的?隨着知識社會的發展變遷,人們的蝙蝠知識又會呈現出怎樣的變化?這是本文試圖探討的問題。

學界關於中國歷史上蝙蝠自身形象的探討并不充分,可見薛愛華《朱雀:唐代的南方意象》一書的第十一章提到唐代南方的瀧州紅蝙蝠與朱雀意象的關聯。[①] 霍斌運用知識考古的方法,從巫術思維、歷史書寫的角度梳理了中國歷史上食用蝙蝠的歷史,以及相關的社會文化問題。[②] 其餘大多爲少數民族文獻中的蝙蝠形象或蝙蝠圖像的探討。前者如傅懋勣《納西族圖畫文字〈白蝙蝠取經記〉研究》,以傅先生所收集的雲南納西族抄本《白蝙蝠取經記》爲基礎,進行了細緻的文本研究。而蘭州大學劉曉鑫《多文化視域中的蝙蝠——以民間苯教文獻〈蝙蝠經〉爲中心》一文,[③]梳理了藏地民間苯教文獻《蝙蝠經》的保存與研究狀況,并且探討了蝙蝠在其民間祭祀儀軌、藝術、醫藥等領域中的雙重意象。後者如張建鑫《中國蝙蝠主題圖案研究》,[④]探討了中國裝飾史上蝙蝠紋案的象徵意及其發展。杭州師範大學陳媚《佛教美術中的蝙蝠翅人形圖像源流探討》一文,[⑤]以佛教壁畫、雕塑中蝙蝠翅人形的形象爲主綫,歸納了這一構件受到絲綢之路沿綫宗教文化的影響,并持續東傳的過程。雖然關於蝙蝠的討論不多,但是動物史這一研究視角已經積累深厚,社會、宗教範疇中作爲符號與象徵的動物成爲了關注焦點。如胡司德《古代中國的動物與靈異》,[⑥]陳懷宇《動物與中古政治宗教秩序》[⑦]等著作。本文不僅僅希望做關涉動物身體、類別的研究,也嘗試從知識社會,文化發展等角度,對中古蝙蝠意象做出説明與闡釋。

一、六朝隋唐的兩種蝙蝠觀念

在中古以降的各色文獻中,不乏對於蝙蝠的書寫與認知。但其中折射出的態度、觀念却往往是截然不同甚至針鋒相對的。其中最爲明顯的一處矛盾,就是在六朝道

---

① (美)薛愛華:《朱雀:唐代的南方意象》,北京:生活·讀書·新知三聯書店,2014年,第472頁。
② 霍斌:《食物·仙藥·醫藥:中國古代蝙蝠的食用研究》,《中國農史》2020年第5期,第21—32頁。
③ 劉曉鑫:《多文化視域中的蝙蝠——以民間苯教文獻〈蝙蝠經〉爲中心》,蘭州大學碩士學位論文,2021年。
④ 張建鑫:《中國蝙蝠主題圖案研究》,南京師範大學碩士學位論文,2019年。
⑤ 陳媚:《佛教美術中的蝙蝠翅人形圖像源流探討》,杭州師範大學碩士學位論文,2019年。
⑥ (英)胡司德著,藍旭譯:《古代中國的動物與靈異》,南京:江蘇人民出版社,2016年。
⑦ 陳懷宇:《動物與中古政治宗教秩序》,上海古籍出版社,2020年。

教文獻以及志怪小説中湧現的,蝙蝠的神仙與妖惑形象。何以在同一種動物的身上衍生出兩種完全不同的意象？求仙想像和妖異故事之間的張力又從何而來？處於仙與妖之間的蝙蝠,不僅是"中間物種",①也是異類動物,是折射了人類焦慮、擔憂或期望的介質。

(一) 倒掛神仙

如果追尋蝙蝠作爲求仙、長生之代名詞的淵源,似乎可以追溯至漢代的諸種圖像。但是目前學界所見,似乎皆爲難以確切認定的推斷。如漢代銅鏡上的蝙蝠形柿蒂紋與馬王堆一號墓 T 型帛畫中的怪鳥形象。前者衹能説是由柿蒂紋發展而來形似蝙蝠的紋飾,没有任何材料説明蝙蝠與這種紋飾的關係。② 後者則聚訟紛紛,且參看馬王堆三號墓的同類圖像可知,其爲蝙蝠的可能性極小。③ 在先秦兩漢的神仙傳説、天帝信仰中并未找到確鑿的、可以認知爲蝙蝠的材料或者構件。

圖一　蝙蝠形柿蒂座連弧紋鏡④

但是魏晉以降,擁有神仙屬性的蝙蝠逐漸出現在各種文獻中。東晉王嘉在《拾遺記》中對不同顔色的蝙蝠進行了記述:"岱輿山有五色蝙蝠",其中"白者腦重,頭垂

---

① 見(美) 韓瑞亞著:《異類:狐狸與中華帝國晚期的叙事》,上海:中西書局,2019 年,第 285 頁。
② 管惟良:《中國銅鏡史》,北京:群言出版社,2013 年,第 57—122 頁。
③ 馬王堆一號墓 T 型帛畫中也有近似於蝙蝠的圖像。這個華蓋下展翅作飛翔狀的怪鳥,商志䪨等學者認爲可能是神禽飛廉。見商志䪨:《馬王堆一號漢墓"非衣"試釋》,《文物》1972 年第 9 期,第 43—47 頁。但是安志敏則對這一説法提出了懷疑,他認爲作爲風神的飛廉并不一定要擺在天蓋的下面,而這一飛禽可能與天蓋傳説有關,或者衹是填補空間的裝飾。見安志敏:《長沙新發現的西漢帛畫試探》,《考古》1973 年第 1 期,第 43—53 頁。後來則有學者,如姜生,將此圖像認定爲蝙蝠。見姜生:《馬王堆帛畫與漢初"道者"的信仰》,《中國社會科學》2014 年第 12 期,第 176—199 頁。魯惟一對這一聚訟做了總結,雖未明確給出答案,但是他認爲這一神禽也許代表着對墓主靈魂到達天界的通告。見 Michael Loewe: *Ways to Paradise: The Chinese Quest for Immortality*, London: GEORGE ALLEN & UNWIN LTD, 1979, p. 62. 而鄭曙斌則將一號墓、三號墓中相似的圖形進行比較,得出二者皆爲鳩或鵠的論斷。不論其結論合理與否,一號墓與三號墓怪鳥爲同一動物應無疑問,而三號墓怪鳥則明顯并非蝙蝠。見鄭曙斌:《〈山海經〉視角下的 T 形帛畫神怪圖像研究》,《湖南省博物館館刊》第十四輯,2018 年,第 367—381 頁。
④ 管惟良:《中國銅鏡史》,第 98 頁。

圖二　馬王堆一號、三號漢墓 T 型帛畫所見怪鳥①

自掛"。②"白蝙蝠"似乎在道教文化中有着特殊地位,典籍中的白色蝙蝠都有千年以上的壽命,③其效用也是使人長生萬壽,時代稍早的西晉崔豹著《古今注》云:"蝙蝠……五百歲色白,腦重集物則頭垂,故謂之倒掛蝙蝠,食之神仙。"④可見白蝙蝠得以與神仙關聯的一個重要特質即爲"頭垂倒掛",又如《抱朴子》云:"千歲蝙蝠色白如雪,集則倒懸,蓋腦重也。"⑤在這一時期的認知中,千歲白蝙蝠還有長期飲用洞穴泉水的習性,這也是其得以長生之原因。《仙經》云:"蝙蝠,一名仙鼠,千歲之後,體白如銀,棲即倒懸,蓋飲乳水而長生也。"⑥這種深居洞穴中的奇異動物似乎爲中古修道者提供了動物靈仙與靈丹妙藥的想像載體,正如其又名"仙鼠"一般。相傳張果老的原

---

① 湖南省博物館、中國科學院考古研究所編:《長沙馬王堆一號漢墓》,北京:文物出版社,1973 年,第 39—45 頁;湖南省博物館、中國科學院考古研究所編:《長沙馬王堆二、三號漢墓》,北京:文物出版社,2004 年,第 103—109 頁。
② (晉)王嘉撰,(梁)蕭綺録,齊治平校注:《拾遺記》卷一〇,北京:中華書局,1981 年,第 231 頁。
③ 白色動物也常常與長生不老相聯繫。如《漢書·郊祀志》云:"自威、宣、燕昭使人入海求蓬萊、方丈、瀛洲。此三神山者,其傳在勃海中,去人不遠。蓋嘗有至者,諸仙人及不死之藥皆在焉。其物禽獸盡白,而黄金銀爲宫闕。"《漢書》卷二五《郊祀志》,北京:中華書局,1962 年,第 1204 頁。
④ (晉)崔豹撰,(清)張元濟撰校記:《古今注》中,《四部叢刊》影宋刊本,第 23 頁。
⑤ (晉)葛洪著,王明校釋:《抱朴子内篇校釋》卷一一《仙藥》,北京:中華書局,1985 年,第 201 頁。百歲蝙蝠亦如是,《玄中記》云:"百歲伏翼色赤,止則倒懸。千歲伏翼色白,得食之壽萬歲。"見(唐)歐陽詢:《宋本藝文類聚》卷九七,第 2492—2493 頁。
⑥ (梁)任昉:《述異記》,臺北:臺灣商務印書館,1986 年影印文淵閣《四庫全書》本,第 1047 册,第 635 頁第一欄。

型、唐玄宗時代的著名道人張果即爲蝙蝠精所化,爲了弄清楚他的身份還大費了一番周章,見《明皇雜録》:

> 時又有道士葉法善,亦多術。玄宗問曰:"果何人耶?"答曰:"臣知之,然臣言訖即死,故不敢言。若陛下免冠跣足救,臣即得活。"玄宗許之。法善曰:"此混沌初分白蝙蝠精。"言訖,七竅流血,僵仆於地。玄宗遽詣果所,免冠跣足,自稱其罪。果徐曰:"此兒多口過,不譎之,恐敗天地間事耳。"玄宗復哀請久之,果以水噀其面,法善即時復生。①

白蝙蝠所化的張果可謂法力無邊,動輒之間即可降下天罰。與其説是白蝙蝠精,毋寧説是某種蝙蝠仙人,張果爲白蝙蝠精的叙事首見於《明皇雜録》,而涉及張果事迹的《大唐新傳》《續神仙傳》以及《舊唐書》皆未言及此事,②可以推斷是鄭處誨從魏晋以來流傳的白蝙蝠知識中汲取的靈感。③

即使在食用藥效上,白蝙蝠與普通蝙蝠也有着不同,被稱爲"肉芝"。④從前文所引《抱朴子》等文獻中可見,早在魏晋之際,人類知識中就已經出現食用蝙蝠的内容:"(白蝙蝠)得而陰乾末服,令人壽千歲也。"⑤關於如何陰乾末服,葛洪也有著述:"蝙蝠除頭,燒令焦末,飲服之。"⑥不過此方載於"治卒上氣咳嗽"條下,看來普通蝙蝠祇能治療咳嗽,白蝙蝠才是長生妙藥。同時代的吴普在《吴氏本草》中記述:"伏翼,或生人家屋間,立夏後陰乾,治目冥,令人夜視有光。"⑦陶弘景亦論曰:"伏翼目及膽,術家用爲洞視法。"⑧

---

① (宋)李昉等編:《太平廣記》卷三〇《張果》,北京:中華書局,1961年,第194頁。
② 蔡副全:《張果事迹新考》,《世界宗教研究》2019年第4期,第92—105頁。
③ 鄭處誨對張果真身的這一發明影響深遠,"叶法善知白蝙蝠精"這一情節逐漸固定,成爲張果老相關的固定内容。見陳潔:《〈明皇雜録〉研究》,東北師範大學碩士學位論文,2012年。
④ 《九轉流珠神仙九丹經》:"肉芝者,千歲蝙蝠也,千歲靈龜也,千歲燕也,千歲鵲也。皆可服,令人不死。千歲蝙蝠色正白,集便倒懸也。生食之,不死。"見韓吉紹校釋:《黄帝九鼎神丹經訣校釋》附録一《九轉流珠神仙九丹經》,北京:中華書局,2015年,第338頁。
⑤ (晋)葛洪:《抱朴子内篇》,《道藏》第28册,北京:文物出版社,1988年,第211頁第一欄。
⑥ (晋)葛洪:《葛仙翁肘後備急方》,《道藏》第33册,北京:文物出版社,1988年,第44頁第一欄。
⑦ (唐)歐陽詢:《宋本藝文類聚》卷九七,第2492頁。
⑧ (宋)唐慎微:《證類本草》,臺北:臺灣商務印書館,1986年影印文淵閣《四庫全書》本,第740册,第818頁第四欄。

普通蝙蝠似乎還有令人通視,增强目力的妙用。① 但是在陶弘景的認知中,祇有千歲的白蝙蝠可以食用,"自非白色倒懸者,亦不可服之也"。②

即使藥用的傳統在魏晉就已發軔,人們登仙的願望也有時因服用蝙蝠而成空,如李石《續博物志》云:"劉亮合仙丹得白蝙蝠,服之立死……陳子真得蝙蝠,大如鴉。食之,一夕大泄而死。"③這就涉及到了蝙蝠危險的面向。

(二)"妖惑之儔"

漢代緯書中,可以見到蝙蝠作爲不祥徵兆的記載。《春秋運斗樞》云:"行失搖光,則服翼兩頭并翔,廢江淮山瀆之祠,則瑶光不明,服翼九足。"④《天地瑞祥志》引《河圖》云:"伏翼兩頭,民將亂之也。"⑤這應當是較早的,對於蝙蝠妖異、不祥認知的記録。而在六朝以降各類神異傳説中都可以看到蝙蝠作祟的事例。例如杜光庭《道教靈驗記》記録了一則蝙蝠附身作祟,被伏魔法印制服的應驗故事。故事主角張讓被附身後"初則迷忘,在途忘行,在室忘坐,惑於昏曉,迷其東西。累月之後,復多狂怒,訐責鬼神,凌突於人,至於裸露馳騁,不知避忌。履水火,冒鋒刃,不爲憂患,時亦燒灼害之,傷割及之",道士袁歸真以"黄神越章印"印張讓背部,"有物如鵲,從其口中,飛去數丈之外,墜於地上。衆往視之,乃大蝙蝠爾。背上印字宛然,讓乃平復如舊"。⑥附體是動物精怪常用的作祟手段,而讓人失心癲狂,可能是人們對於無法用傳統醫療手段治療之病症的一種幻想與解釋,如文中之"心疾",而蝙蝠則是其具象化。⑦

另一種作祟手段,則涉及到蝙蝠自身的修煉與進化,這與南北朝開始逐漸盛行的髮鬚巫術傳説有關。《幽明録》記魏晉時"淮南郡有物,髡人髮,太守朱誕曰:'吾知之矣。'

---

① 又見《太平御覽》引《洞冥記》:"帝乃以野人所獻骨脊及頭尾之骨,舂爲粉,以蝙蝠和爲丸,以療百疾。其丸夜視之有光,服之體有光明破鏡。"(宋)李昉等:《太平御覽》第九册卷九一三,上海古籍出版社,2008年,第175頁。

② (宋)唐慎微:《證類本草》,第818頁第四欄。

③ (宋)李石:《續博物志》,臺北:臺灣商務印書館,1986年影印文淵閣《四庫全書》本,第1047册,第957頁第二欄。

④ (清)趙在翰輯,鍾肇鵬、蕭文鬱點校:《七緯(附論語讖)》卷二六《春秋運斗樞》,北京:中華書局,2012年,第491頁。

⑤ 薄樹人主編:《中國科學技術典籍通匯·天文卷》第四分册,鄭州:河南教育出版社,1993年,第433頁。

⑥ (唐)杜光庭撰,羅争鳴輯校:《道教靈驗記》卷一三《張讓黄神越章印驗》,北京:中華書局,2013年,第286頁。

⑦ 唐梁載言亦因蝙蝠入口而死,"懷州刺史梁載言嘗坐廳事,忽有物如蝙蝠從南飛來,直入口中,翕然似吞一物。腹中遂絞痛,數日而卒"。見(唐)張鷟撰,趙守儼點校:《朝野僉載》卷六,北京:中華書局,1979年,第144頁。

多置籹,以塗壁。夕有數蝙蝠,大如雞,集其上,不得去。殺之,乃絕。屋簷下已有數百人頭髻"。①中古時期存在大量的精怪髡人髮髻的神異事件,②而多數截髮作祟,都被歸咎於狐狸精魅。如《洛陽伽藍記》卷四所記狐魅截發事,③《北齊書》記武平四年春正月"鄴都、并州并有狐媚,多截人髮"④等。韋鳳娟在《另類的"修煉"——六朝狐精故事與魏晉神仙道教》一文中總結此類截發"修煉",并指出截取髮鬚意味着吸取精氣,煉補自身,這體現了魏晉以來神仙道教觀念的滲入。⑤六朝精怪傳説將蝙蝠與髮須巫術相結合,無疑是蝙蝠形象史上的重要發展,蝙蝠的作祟開始有了自我修煉的意味,擁有了向人或仙轉變的可能性。《太平廣記》引《博異志》則記載了一則蝙蝠直接吸取精氣的故事,游人木師古夜宿古廟,寺中僧云以往三十載投宿者往往大漸,師古夜中揮刀中兩物,而一夜無事。

---

① (宋)李昉等:《太平御覽》第九册卷九四六,第417頁。朱誕其人,《世説新語·賞譽》篇"朱永長,理物之至德,清選之高望",劉孝標注引集載蔡洪與刺史周俊書曰:"朱誕字永長,吳郡人。體履清和,黃中通理。吳朝舉賢良,累遷議郎。今歸在家。誠理物之至德,清選之高望也。"見(南朝宋)劉義慶著,徐震堮校箋:《世説新語校箋》卷中《賞譽第八》,北京:中華書局,1984年,第236頁。《晉書·陸雲傳附弟耽傳》有"淮南内史朱誕",當爲同一人,淮南内史之職位又可與《幽明録》故事所相證。《搜神記》又可見關於朱誕的另一則神異故事《蟬兒》:"淮南内史朱誕,字永長,吳孫皓世爲建安太守。誕給使妻,有鬼病,其夫疑之爲奸。後出行,密穿壁窺之,正見妻在機中織,遥瞻桑樹上,向之言笑。給使仰視,樹上有年少人,可十四五,衣青布褶,青幘頭。給使以爲信人也,張弩射之,化爲蟬鳴,其大如箕,翔然飛去。妻亦應聲驚曰:'噫!人射汝。'給使怪其故。後久時,給使見二小兒在陌上共語,曰:'何以不復見汝?'其一即樹上小兒也,答曰:'前不謹,爲人所射,病瘡積時。'彼兒曰:'今何如?'曰:'賴朱府君梁上膏以傅之,得愈。'給使白誕曰:'人盜君膏藥,頗知之否?'誕曰:'吾膏久致梁上,人安得盜之?'給使曰:'不然,府君視之。'誕殊不信,爲試視之,封題如故。誕曰:'小人故妄作,膏自如故。'給使曰:'試開之。'則膏去半焉,所培刮見有趾迹。誕自驚,乃詳問之,給使具道其本末。",(晉)干寶撰,李劍國輯校:《新輯搜神記》卷一九《變化篇》,北京:中華書局,2007年,第329—330頁。

② 如同爲《幽明録》所載:"元嘉九年,征北參軍明襄之有一從者,夜眠大魘。襄之自往唤之,頃間不能應,又失其頭髻,三日乃寤,説云:'被三人捉足,一人髡之。'"見(宋)李昉等:《太平廣記》卷二七六《明襄之》,第2185頁。

③ "有挽歌孫岩,娶妻三年,不脱衣而卧。岩因怪之,伺其睡,陰解其衣,有毛長三尺,似野狐尾。岩懼而出之。妻臨去,將刀截岩髮而走。鄰人逐之,變成一狐,追之不得。其後,京邑被截髮者一百三十餘人。初變婦人,衣服靚妝,行路人見而悦近之,皆被截髮。當時有婦人著彩衣者,人皆指爲狐魅。熙平二年四月有此,至秋乃止。"見(魏)楊衒之撰,周祖謨校釋:《洛陽伽藍記校釋》卷四,北京:中華書局,2010年,第145—146頁。

④ (唐)李百藥:《北齊書》卷八《後主紀》,北京:中華書局,1972年,第106頁。

⑤ "以截發來提升自己的神力——這一觀念源自古老的巫術。原始巫術中有一個很重要的思維原理:人們認爲自己與自身已丢棄的部分如毛髮、指甲、口津、血……都保持着同感關係——這就是巫術中接觸(或稱染觸)巫術所依據的原理……毛髮等物帶着原主的精氣——這是古老的巫術意念;截人髮而吸精,煉補自身——這就明顯地滲入魏晉以來神仙道教的修煉觀念。"見韋鳳娟:《另類的"修煉"——六朝狐精故事與魏晉神仙道教》,《文學遺産》2006年第1期,第46—56頁。此外吕博《釋"搔囊"——讀高臺駱駝城前凉木牘劄記之一》一文從前凉建興五年(317)衣物疏木牘所見"搔囊"一物出發,討論了髮、鬚、爪在禮俗中的文化符號意義。見《敦煌學輯刊》2012年第2期,第118—127頁。

師古具述其狀,徐徐拂衣而起。諸人遂於床右見蝙蝠二枚,皆中刀狼籍而死,每翅長一尺八寸,珠眼圓大,爪如銀色。按神異秘經法云:百歲蝙蝠,於人口上,服人精氣,以求長生。至三百歲,能化形爲人,飛游諸天。據斯,未及三百歲耳,神力猶劣,是爲師古所制。①

《證類本草》云:"此物(伏翼)善服氣,故能壽。冬月不食,亦可驗矣。"②白蝙蝠具有仙性能夠長壽的一個原因即爲服氣,而木師古故事中則將服氣也妖異化了,③成爲了蝙蝠的作祟手段之一。而上文所引材料,雖然未曾明說,但是張讓、梁載言、朱誕故事中的蝙蝠很可能都被視爲通過服氣作祟。木師古故事中透露的另一個重要信息便是,蝙蝠是有可能通過服氣,與其他志怪故事中的狐狸一般"化形爲人"。蝙蝠成爲了仙、妖、人三條路徑上不斷的越界者,可以作爲妖異作祟,作爲仙人長生,亦可成人。在這個故事中,蝙蝠作爲中間者的位置更加凸顯。

從以上材料中我們大抵能看出,通過仙異傳言、志怪小說的記錄、塑造,六朝隋唐時期蝙蝠形象逐漸固定成不同的兩個面向:其一是作祟的蝙蝠,其二是修仙的蝙蝠。而二者的一處顯著區別就是,進入人類城鎮、貼近人類生活的蝙蝠往往會成爲作祟現象的元凶,而修仙的蝙蝠則往往遠居山中洞穴。二者喜食之物也大不相同,城市蝙蝠會被穢吸引,而後者則"飲乳水而長生","善服氣"而長壽。文獻材料呈現出這樣的書寫模式,很大的可能性在於人們常見的普通蝙蝠形體怪異,自暗處飛出,使人驚心,他們逾越了動物與人類生存的界限,侵入了人類世界,對社會秩序構成了挑戰。洞穴蝙蝠則遠離人們的日常生活,可以承載人們關於精魅、珍奇的諸多想像,正如深居山中的隱者,也常常成爲神仙書寫的對象一般。而洞穴蝙蝠的發現,也與人類進入山林的活動相關。多處地記都能看到名爲"蝙蝠洞"的山中景觀,④人們驚訝於蝙蝠生活的幽廣洞穴,這種神秘未知的景觀也極爲適合作爲仙迹故事的舞臺。

---

① (宋)李昉等編:《太平廣記》卷四七四《木師古》,第3909頁。
② (宋)唐慎微:《證類本草》,第819頁第二欄。
③ 霍斌:《食物·仙藥·醫藥:中國古代蝙蝠的食用研究》,《中國農史》2020年第5期,第21—32頁。
④ 如周密《武林舊事》:"大仁院有石庵,天成石羅漢。其洞後又一洞,名蝙蝠洞。"見(宋)周密:《武林舊事》卷五《湖山概覽》,杭州:浙江古籍出版社,2011年,第89頁。潛說友《咸淳臨安志》:"蝙蝠洞在錢塘縣烟霞石屋洞後,内多蝙蝠,因以名之。"見(宋)潛說友:《咸淳臨安志》卷九《諸洞》,臺北:臺灣商務印書館,1986年影印文淵閣《四庫全書》本,第490册,第323頁第三欄。謝中《什邡大蓬山記》:"又自西越潤行一里,有馬師井,捫蘿陟磴至峰頂,有石室可坐百人,蝙蝠大如鳥,所謂蝙蝠洞者。"見曾棗莊、劉琳主編:《全宋文》卷四三九四,上海:上海辭書出版社、合肥:安徽教育出版社,2006年,第41頁。

同時從上文所引《道教靈驗記》與《幽明錄》的神異故事中,隱藏着中古時代人們對於巨大蝙蝠的某種恐懼,"有物如鶻……乃大蝙蝠耳",①"夕有數蝙蝠,大如雞"。② 作祟的蝙蝠往往是巨大的,③如某種大型鳥類一般。這并不是完全出於臆想,而是建立在實際的觀察之上。地記類文獻提供了不少關於巨型蝙蝠的記載,例如《水經注》叙交州丹水時云:"丹水又徑亭下,有石穴甚深,未嘗測其遠近。穴中蝙蝠大如烏,多倒懸。"④任昉《述異記》:"越王渡溪,脱履墮櫛於此。荆州、清溪、秀壁諸山山洞,往往有乳窟,窟中多玉泉交流,中有白蝙蝠,大如鴉。"⑤《吴婁縣記》與《臨海記》中也同樣記載了大如鵝鴨的洞中蝙蝠。⑥ 洞穴蝙蝠的巨大往往是修行、具有仙氣的表現,但是當巨型蝙蝠真正進入人類生活的環境中去,就會成爲作祟的象徵,被視爲是吸取了宿主或者其他人類的精氣。

二、鳥·鼠·蟲·魚:記録與想象中的蝙蝠身體

如上文所揭,蝙蝠在中古已降的文獻中所呈現的形象大相徑庭,混含着神異、珍奇、令人厭惡、恐懼等多種特質。這種差異可能來自於對於蝙蝠身體的構造的困惑,所謂"鳥鼠之譏"。《山海經·北山經》中就記載了一種"狀如鼠而鳥翼"的動物,即蓋蝙蝠之類。⑦ 諸種對蝙蝠類鼠而有翼的偏見與攻擊是普遍性的,例如苯教文獻《蝙蝠經》中貢兹王如此斥責蝙蝠:"在你的身上有很多惡兆:人身鳥頭,這是你不該出生的第一個惡兆;鳥翅上長老鼠的爪子,這是你不該出生的第二個惡兆;飛禽的身體上長有獠牙,這是你不該出生的第三個惡兆……"⑧這些觀念的根源都來自於蝙蝠的異類身體,它具有多種常見動物的身體特徵。《淮南子·天文篇》所説:"毛羽者,飛行之類也,故屬於陽。介鱗者,蟄伏之類也,

---

① (唐)杜光庭撰,羅争鳴輯校:《道教靈驗記》卷一三《張讓黄神越章印驗》,第286頁。
② (宋)李昉等:《太平御覽》第九册卷九四六,第417頁。
③ 動物作祟的神異故事中,有不少關於體型巨大的特寫:"許昌郡尚書士美,元和末爲鄂州觀察……忽有一巨鼠過庭北面,拱手而舞,人座大怒,驚叱之,略無懼意,因擲轅以擊鼠,即奔逸。"見(宋)李昉等:《太平廣記》卷四四〇《郗士美》,第3592頁。
④ (北魏)酈道元著,陳橋驛校證:《水經注校證》卷三七《夷水》,北京:中華書局,2007年,第865頁。
⑤ (梁)任昉《述異記》,第635頁第一欄。
⑥ 《吴婁縣記》:"太湖東邊別小山名曰洞庭,有三穴,中有大蝙蝠如鳥,拂救人火。"《臨海記》:"黄石山,泄水東南五峴路口有鐘乳,穴中伏翼,大如鵝鴨。"見(唐)歐陽詢:《宋本藝文類聚》,第2493頁。
⑦ (晉)郭璞傳,(清)郝懿行箋疏,張鼎三、牟通點校,張鼎三通校:《山海經箋疏》卷三《北山經》,濟南:齊魯書社,2010年,第4752—4753頁。
⑧ 見劉曉鑫:《多文化視域中的蝙蝠——以民間苯教文獻〈蝙蝠經〉爲中心》,蘭州大學碩士學位論文,2021年。

故屬於陰。"①蝙蝠既身有毛羽,又蟄伏陰處,陰陽莫辨。中國古代的動物知識,產生於社會禮儀秩序、政治宗教倫理的需要,②與中古知識社會息息相關,蝙蝠也是如此。

如今所見最早的關於蝙蝠記錄,來自於《爾雅·釋鳥篇》,其中有"蝙蝠、服翼"之條目。郭璞注云:"蝙蝠,服翼。齊人呼爲蟙䘃,或謂之仙鼠。"③此條郭注或許來自於《方言》,揚雄《方言》云:"蝙蝠,自關而東謂之服翼,或謂之飛鼠,或謂之老鼠,或謂之仙鼠。自關而西,秦隴之間謂之蝙蝠。北燕謂之蟙䘃。"④《方言》記述了不同地域對蝙蝠的稱呼,唐慧琳在《一切經音義》中則補充上了蜀地的稱謂:"嘿蟲,茫北反。《方言》:'北謂蝙蝠爲蟙䘃。'蜀中名也。巴北自關東并名服翼,關西名蝙蝠也。"⑤ 而對於蝙蝠生活習性、生理特徵的具體描述,至遲在漢代就也已出現,劉向在《新序》記閭丘卬說齊宣王云:"黃鵠白鶴,一舉千里,使之與燕、服翼試之,堂廡之下,廬室之間,其便未必能過燕、服翼也。"⑥蝙蝠在平常人家屋簷宇下的生活,及其飛行體態已被細緻觀察。銀雀山漢簡《相狗方》云:"喙欲如笒筩(筒),次鳲同,次服翼",大意或爲狗喙之形與蝙蝠之喙相似,這是對蝙蝠喙形狀的記錄。⑦

僅僅從史籍中所見對於蝙蝠的稱謂中就可以窺見,服翼、仙鼠、蟙䘃,分別意味着古人在蝙蝠的分類上有鳥、鼠、蟲三種傾向。討論應該從一個基本的動物分類學的提問開始:"蝙蝠到底是鳥還是鼠?"⑧不僅《爾雅》將蝙蝠分於《釋鳥》篇,《方言》中蝙蝠的位置也位於布穀、䳚鵁、鳩、屍鳩、雁、桑飛之間。後世學者在訓詁注釋《爾雅》之時,也就蝙蝠被劃分爲鳥類做出了解釋。羅願《爾雅翼》云:"鼯鼯與伏翼,皆鼠類。而《爾雅》在

---

① (漢)劉安編,劉文典撰,馮逸、喬華點校:《淮南鴻烈集解》卷三《天文訓》,北京:中華書局,2013年,第81頁。
② 見(英)胡司德著,藍旭譯:《古代中國的動物與靈異》,第57—85頁。又第62頁,"多數情況下,辨別動物是由於禮儀、社會和宗教的需要"。
③ 《爾雅注疏》卷一〇《釋鳥第十七》,北京:中華書局,2009年影印(清)阮元校刻《十三經注疏》清嘉慶刊本,第5763頁。
④ 周祖謨校箋:《方言校箋》卷八,北京:中華書局,1993年,第53頁。
⑤ (唐)慧琳撰《一切經音義》卷七五,《大正藏》第54冊,第794頁下欄。
⑥ (漢)劉向編著,石光瑛校釋,陳新整理:《新序校釋》卷五《齊有閭丘卬章》,北京:中華書局,2009年,第777頁。雖然所記爲戰國事,但閭丘卬僅此一見,別無他考,故以《新序》寫作年代爲此描述最遲之年代。
⑦ 整理者注:"《淮南子》數見'鴻洞'之詞,如《原道》論水之'至德',謂水'靡濫振盪,與天地鴻洞'。高誘注:'鴻,大也。洞,通也,讀同異之同。《太平御覽》卷五十八引《原道》作'鴻同'。簡文之'鳲同'與'鴻同'當爲一語,但確切意義不詳。服翼爲蝙蝠別名,簡文之意疑謂狗喙之形與蝙蝠之喙相似。"高一致《讀銀雀山漢簡〈相狗方〉小劄》,http://www.bsm.org.cn/show_article.php?id=2283。
⑧ 鄒樹文統計西漢以前關於動物分類的文獻共有《爾雅》《吕氏春秋·恃君覽·觀表》《考工記·梓人》《淮南子·時則訓》《春秋繁露·五行順逆》《大戴禮記·易本命》《周禮·地官·土會》《禮記·月令》等八種。鄒樹文原著,張孟聞整理:《中國古代的動物分類學》,《中國科技史探索》,北京:中華書局,1986年,第493頁。

《釋鳥》中,以其有肉翼也。"①黄侃《爾雅音訓》亦云:"蝙蝠以能飛在《釋鳥》,連類而及。"②《釋鳥》篇末對於鳥類的定義也相當明確:"二足而羽謂之禽,四足而毛謂之獸。"③訓詁、名物之書以外,類書、總集類文獻在編纂時則傾向於將蝙蝠歸於蟲魚類。如西晉崔豹《古今注》中蝙蝠位於《蟲魚第五》,④唐歐陽詢《藝文類聚》分之於《蟲豸部》,⑤宋李昉《太平御覽》中蝙蝠位於《蟲豸第五》,⑥《太平廣記》亦然。⑦ 類書如此分類,主要原因可能在於蝙蝠的偏旁,但是并無任何文獻從正面回答爲何蝙蝠與蟲豸相關,祇有宋人唐慎微在《證類本草》中云:"伏翼實禽也,由蟲魚部而移焉。"⑧不僅説明唐《本草》中蝙蝠曾一度被歸於蟲魚類,也體現在其撰者觀念中蝙蝠應當屬於禽類。從今日可見的文獻來看,這兩種分類似乎存在着歷時性的順序,漢代之前的分類以鳥類爲主,魏晉至於唐宋則是偏向蟲魚類。如果要對這一文獻狀況進行推測的話,或許跟"蝙蝠"這一稱謂的主流化有關。在《方言》記述蝙蝠稱謂的年代,不同區域對蝙蝠存在着不同稱謂,在後世文獻中通行使用最多的是蝙蝠、服翼二種,而最終是蝙蝠的稱謂占據了主流,成爲通行名稱。這可能是因爲自秦漢以來至於隋唐,關中學術、文化的興盛及其主流地位,這一過程也基本與蟲魚分類頻繁在史料中出現的時間大致吻合。六朝之後出現、發展的類書編纂,則以占據主流的"蝙蝠"稱謂作爲條目,依據偏旁分入蟲魚類中。但是關於蝙蝠諸種稱謂的嬗變更替,實在材料有限,無法做細緻的討論。

而蝙蝠與鼠産生聯繫則多是由記述生發而出的想象中。其一便是上文提及的"千歲仙鼠",道教典籍中神仙想象,是基於蝙蝠身體的"鼠"面。其二,如魏晉以降出現的蝙蝠爲鼠所化的觀念,如陸機詩云:"老蠶晚績縮,老女晚嫁辱,曾不如老鼠,翻飛成蝙蝠。"⑨這一觀念延綿甚久,敦煌變文《百鳥名》中有詞句:"鶏鶄亦曾作老鼠,身上無毛生肉羽,恰至黄昏即出來,白日何曾慕風雨!"⑩也言及蝙蝠鼠化之性質。宋羅願《爾雅翼》

---

① (宋)羅願撰,石雲孫校點:《爾雅翼》卷二三《釋獸六》,合肥:黄山書社,2013年,第286頁。
② 黄侃著,黄焯輯,黄延祖重輯:《爾雅音訓》卷下《釋鳥第十七》,北京:中華書局,2007年,第166頁。
③ (清)阮元校刻:《十三經注疏》清嘉慶刊本《爾雅注疏》卷十《釋鳥》,北京:中華書局,2009年,第5765頁。
④ (晉)崔豹撰,(清)張元濟撰校記:《古今注》校記一,《四部叢刊》影宋刊本,第44頁。
⑤ (唐)歐陽詢:《宋本藝文類聚》,第8頁。
⑥ (宋)李昉等:《太平御覽》第一册目録第十四,第181頁。
⑦ (宋)李昉等編:《太平廣記》目録第十,第101頁。
⑧ (宋)唐慎微:《證類本草》,第10頁第一欄。
⑨ 逯欽立輯校:《先秦漢魏晉南北朝詩》晉詩卷五《陸機詩》,北京:中華書局,1983年,第693頁。
⑩ 王重民等編《敦煌變文集》下集《百鳥名》,北京:人民文學出版社,1957年,第852頁。"鶏鶄"或即"服翼"之異稱,見劉瑞明:《敦煌抄卷〈百鳥名〉研究》,《敦煌學輯刊》1989年第2期,第37—48頁。

則叙述得更爲詳細:"蓋服翼似鼠,有肉翅而黑……服翼肉翅而無羽,故無力,觸物輒墮,墮則不能復起……又今人以爲鼠食巴菽所化,顧其類亦自相生,不特化而已。"①在宋人的觀念中,蝙蝠是由鼠類食巴豆變化而來。

五代時蝙蝠還曾作爲死亡之兆出現:"李禪,楚州刺史承嗣少子也,居廣陵宣平里大第。晝日寢庭前忽有白蝙蝠繞庭而飛……其年禪妻卒,輀車出入之路,即白蝙蝠飛翔之所也。"②此處的白蝙蝠顯然是某種凶兆。蝙蝠的不祥屬性或許也與其類鼠有關,③《天地瑞祥志》就將服翼附於具有諸多不祥符兆的鼠類之後。④ 胡司德曾經引《吕氏春秋》記載鼠爲"不陽者,亡國之俗也",論證"鼠性喜隱匿,是不祥之兆"。⑤ 在古人眼裏,蝙蝠同樣爲伏匿之物,宋均注《春秋運斗樞》云:"伏翼,陰物也。"⑥白蝙蝠更是深匿洞穴之中、常年不見陽光,或許正因如此,纔會在某些時候被視爲陰慝,成爲死亡之徵兆。

以上討論,可嘗試劃分爲兩個維度,動物分類學視野下蝙蝠有翼而能飛成爲其最重要的特質,是躋身鳥族羽類最重要的許可證。可知類似於《蝙蝠賦》中"不容毛群,斥逐羽族"的貶斥,并非來自於蝙蝠的無法被分類或者無法被定義,動物分類學對蝙蝠的認知都有着較爲清晰的依據。而將視角轉向非學術性的,由日常生活的邂逅接觸、耳口相傳所形成的諸種想像時,蝙蝠的類鼠軀幹就凸顯而出。人們的迷惑并非在於學術性的定義,而是蝙蝠異類的身體所帶來的想像,以至於符號、象徵。

這一點可以體現在歷代文獻中記載的蝙蝠的變化能力上。《拾遺記》中反映了蝙蝠變化爲燕的能力:"黑者如鳥,至千載,形變爲小燕。"⑦上文則提到陸機詩等認爲蝙蝠爲老鼠所化的材料。這兩種變化方式,可以體現蝙蝠在知識秩序中身份的不穩定。又《淮南子·墬形訓》篇則有云:"鳥魚皆生於陰,陰屬於陽,故鳥魚皆卵生。魚游于水,鳥飛於雲,故立冬燕雀入海,化爲蛤。"⑧此處對鳥類的定義做了補充,即爲"卵生",那麽作

---

① (宋)羅願撰,石雲孫校點:《爾雅翼》卷一六《釋鳥四》,第195頁。
② (宋)徐鉉撰,白化文點校:《稽神録》卷四《李禪》,北京:中華書局,2006年,第72頁。
③ 蝙蝠又名"飛鼠""仙鼠",下文在智顗的十二精魅說中也將蝙蝠與鼠皆分於子時。
④ 薄樹人主編:《中國科學技術典籍通彙·天文卷》第四分冊,第433頁。
⑤ (英)胡司德著,藍旭譯:《古代中國的動物與靈異》,第82頁。
⑥ 薄樹人主編:《中國科學技術典籍通彙·天文卷》第四分冊,第433頁。又《孝經援神契》:"蝙蝠伏匿,故夜食。"見(清)趙在翰輯,鍾肇鵬、蕭文鬱點校:《七緯(附論語讖)》卷三六《孝經援神契》,第705頁。
⑦ (晉)王嘉撰,(梁)蕭綺録,齊治平校注:《拾遺記》卷一〇,第231頁。
⑧ (漢)劉安編,劉文典撰,馮逸、喬華點校:《淮南鴻烈集解》卷四《墬形訓》,第144頁。《大戴禮記·易本命》篇文字幾乎與《墬形訓》篇雷同,此處作"鳥魚皆生於陰而屬於陽",王念孫注曰:"下陰字蒙上而衍。此謂鳥魚皆屬於陽,非謂陰屬於陽也。"盧辯亦注云:"生於陰者,謂卵生也。屬於陽者,謂飛游於虛也。"見同書第143—144頁。

爲哺乳動物的蝙蝠就應當排除在外。然《淮南子》所云"燕雀入海,化爲蛤",這種鳥魚變化的特質,在蝙蝠身上亦可覓見。《説文》云:"鮚,蜃屬。有三,皆生於海。千歲化爲鮚,秦謂之牡厲。又云百歲燕所化。魁鮚,一名復絫,老服翼所化。"①慧琳《一切經音義》引《方言》云:"魁鮚,一名蒲蠃,老伏翼所化也。"②魁蛤爲蝙蝠所化,這一認知也爲後世所接受,逐漸固定。宋邢昺引陶弘景語云:"形似紡,輕小狹長,外有縱橫文理,云是老蝙蝠化爲者也。"③亦有因此徑直稱魁蛤爲"伏老"者。④ 蝙蝠具有與燕雀相似的變化爲海中動物的能力,⑤也就暗合了《淮南子》所謂生於陰而屬於陽的屬性,這一變化能力,也可以作爲蝙蝠在鳥部與蟲魚部之間擺動的注腳。類似材料還可見《太平御覽》引東漢楊孚《異物志》"鼅風魚"條:"冬天此魚數千萬頭,共處大窟中,藏上有白氣,或在鼅穴中……因風而入空木化爲蝙蝠。"⑥這裏則是魚類變爲蝙蝠,可見在漢代以降的知識世界中二者可以互相轉換。又《稽神録》:

> 僞吴壽州節度使王稔罷歸揚都爲統軍。坐廳事與客語,忽有小赤蛇,自屋墜地,向稔而蟠,稔令以器覆之,良久發視,唯一蝙蝠飛去。其年,稔加平章事。⑦

赤蛇作爲升遷之兆還可見於同書《稽神録》姚景事,⑧《風俗通義·怪神》篇所記馮緄見

---

① 王平、李建廷編著:《〈説文解字〉標點整理本附分類檢索》卷一三《虫部》,上海書店出版社,2016年,第352頁。
② (唐)慧琳撰:《一切經音義》卷六六,《大正藏》第54册,第744頁下欄。
③ (宋)邢昺等:《爾雅疏》卷九,《四部叢刊》影宋刊本,第133頁。
④ "(蘇)頌曰説文云:老伏翼,化爲魁蛤,故名伏老。"(明)李時珍:《本草綱目》,臺北:臺灣商務印書館,1986年影印文淵閣《四庫全書》本,第774册,第337頁第三欄。
⑤ 關於蝙蝠的變化能力,還有兩則材料可以參看。葛洪《抱朴子内篇》有云:"若謂受氣皆有一定,則雉之爲蜃,雀之爲蛤,壤蟲假翼,川蛙翻飛,水鷽爲蛤,荇苓爲蛆,田鼠爲鴽,腐草爲螢,鼅之爲虎,蛇之爲龍,皆不然乎?"見(晉)葛洪著,王明校釋:《抱朴子内篇校釋》卷二《論仙》,第14頁。其中"田鼠爲鴽"一句,郝懿行箋曰:"雞羹,鴽,釀之蓼;釀,謂切雜之也。鴽在羹下,烝之,不羹也。"疏云:'《釋鳥》云:鴽,鴾母。皇氏用賀氏之説:'鴽,蝙蝠,'其義未聞。"見(清)郝懿行著,管謹訒點校:《鄭氏禮記箋》,濟南:齊魯書社,2010年,第1294頁。則田鼠爲鴽之鴽,有可能即爲蝙蝠。
⑥ (宋)李昉等:《太平御覽》第九册卷九四〇,第381頁。
⑦ (宋)徐鉉撰,白化文點校:《稽神録》卷二《王稔》,第22頁。
⑧ "僞吴壽州節度使姚景爲兒時,事濠州節度使劉金,給使廐中。金嘗猝行至内,見景方寢,有二小赤蛇,戲于景面,出入兩鼻中。良久景寤,蛇乃不見,金由是驟加寵擢,妻之以女,卒至大官。"(宋)徐鉉撰,白化文點校:《稽神録》卷二《姚景》,第22頁。

二赤蛇故事。① 除了魚類,長期被劃分爲蟲類的蛇也可以變化爲蝙蝠。結合動物分類學視野下對蝙蝠的記録,或許蝙蝠的變形能力亦并非空穴來風,而是與其有爭議的種類劃分相關聯,想象傳説中的蝙蝠在鼠、鳥、魚、蟲之間自由變化,正對應着訓詁名物與類書編纂中對其認知的差異與曖昧。

三、佛教蝙蝠知識的"在地化"

現存《善慧大士録》卷四附有智者大師的傳記。智者法師即釋慧約,於《續高僧傳》有傳,②《藝文類聚》載有梁王筠《國師草堂寺智者約法師碑》。③ 魏斌通過對讀三種材料推斷,《善慧大士録》所附《智者大師》文本可能是在慧約去世後弟子爲其所作行狀的基礎上形成的。④ 其中記述有如下故事:

> (沈)約尋爲左僕射尚書令,法師并隨在省中,常以説法爲務。時有二白蝙蝠,現草堂寺東門上,毛色美澤。衆僧相謂曰:"仙人合藥,常用此物。求不可得,有緣至耳,必爲法師瑞應也。"乃籠將入省,以與法師。法師熟視良久,曰:"我服食數十年,常噉草木根葉,尚懷不必。今合藥用衆生皮骨者,豈人心哉。服汝縱能使我長生久視,白日飛騰,義不忍害汝以成己也。"於是送還草堂寺放之。少頃,又有二頭現法師梁下,法師咒而遣之如初。後不復見也。⑤

其中衆僧所云,無論是白蝙蝠入藥長生,還是其瑞應性質,都不是佛教典籍中的蝙蝠知識,而是漢代以來仙道傳統中對蝙蝠的認知。這一點前文第一部分已有討論。但是在

---

① "車騎將軍巴郡馮緄鴻卿爲議郎,發綬笥,有二赤蛇,可長三尺,分南北走,大用憂怖。許季山孫曼字甯方,得其先人秘要,緄請使卜,云:'君後三歲,當爲邊將,東北四五千里,官以東爲名,復五年,爲大將軍,南征,此吉祥也。'鴻卿意解,實應且惑。居無幾,拜尚書、遼東太守、廷尉、太常。會武陵蠻夷黄高,攻燒南郡,鴻卿以威名素著,選登亞將,統六師之任,奮虓虎之勢,後爲屯騎校尉、將作大匠、河南尹,復再臨理,官紀數方面,如甯方之言。春秋:'外蛇與内蛇鬥。'文帝時亦復有此,傳、志著其云爲,而鴻卿獨以終吉,豈所謂'或得神以昌'乎?"見(漢)應劭撰,王利器校注:《風俗通義校注》,北京:中華書局,1981年,第438頁。動物的變形與變化,往往也是預兆的重要組成部分。胡司德討論過漢代動物變形與符兆的關係,并且總結道:"漢人解釋符兆時却祇管把動物變形跟社會變動和政治變動劃了等號。"見(英)胡司德著,藍旭譯:《古代中國的動物與靈異》,第196—199頁。

② (唐)道宣撰,郭紹林點校:《續高僧傳》卷六《梁國師草堂寺智者釋慧約》,北京:中華書局,2014年,第182頁。

③ (唐)歐陽詢:《宋本藝文類聚》,第1963頁。

④ 見魏斌:《"山中"的六朝史》,北京:生活·讀書·新知三聯書店,2019年,第222—223頁。

⑤ (唐)樓穎録:《善慧大士語録》卷四《智者大師》,《續藏經》第69册,第124上欄至第126頁中欄。

印度佛教中原本就存在着對於蝙蝠的宗教認知，慧約及其僧團顯然是接受漢地更爲普遍、大衆化的蝙蝠知識，或者說本就不存在兩種知識系統的根本對立，佛道教知識在漢傳佛教在地化的過程中彼此涵化、共生。

（一）"鳥鼠之譏"：蝙蝠的佛教意象

《大唐西域記》記健馱邏國婆羅睹邏邑故事：

> 曩者南海之濱有一枯樹，五百蝙蝠于中穴居。有諸商侣止此樹下，時屬風寒，人皆饑凍，聚積樵蘇，蘊火其下，烟焰漸熾，枯樹遂燃。時商侣中有一賈客，夜分已後，誦《阿毗達磨藏》。彼諸蝙蝠雖爲火困，愛好法音，忍而不去，於此命終。隨業受生，俱得人身，舍家修學，乘聞法聲，聰明利智，并證聖果，爲世福田。近迦膩色迦王與脅尊者招集五百賢聖，於迦濕彌羅國作《毘婆沙論》，斯并枯樹之中五百蝙蝠也。①

玄奘所記的"五百蝙蝠"故事，所指涉的其實是五百羅漢之前身。② 但是這并不蝙蝠在佛教著述中的地位等同於羅漢，這一故事的本意可能是"連蝙蝠這樣的惡獸都可以聽法聽法而受人身證聖果"，重點在於聽法一事。蝙蝠的惡獸形象可見隋閣那崛多譯《東

---

① （唐）玄奘：《大唐西域記》卷二，《大正藏》第51册，第882頁第一欄。《法華傳記》聽聞利益篇中記載了結構類似的靈驗故事："常山衡үр精舍中，有數十蝙蝠游化。沙門止宿寺中，誦《法華經》，蝙蝠愛樂法音在壁中。壁頓□落，一時命終。僧見其死，呪願：'汝既聞法華。必生天上。'過三日後，僧夢數十天人，身帶光明，來謁僧曰：'我等此伽藍中聞法，故捨身生四天王天，以本緣所起來辭。'僧取蝙蝠埋土中，其上立塔，稱曰蝙蝠塔焉。"見（唐）僧詳：《法華傳記》卷九，《大正藏》第51册，第91頁第一至第二欄。《法華傳記》爲記載《法華經》流傳及感應事蹟的佛教文獻。僧詳在序論中言："今聊撰集耳目見聞……更探所得新舊製撰諸宗記傳等，録而出之。後有所獲，亦欲隨而編。"《法華傳記》卷一，《大正藏》第51册，第48頁第三欄。這個蝙蝠因聽法而殞命、後托生天人的故事，除了發生地點、誦經人與所誦經、蝙蝠命終方式及托生身份等背景設定不同，大體故事情節與玄奘所記基本相似。考二書的編纂時間可知，後者故事或爲前者之母本。

② 佛經中關於五百羅漢起源的敘説，還有五百群雁的故事，如法炬共法立譯《法句譬喻經》中所記："佛告阿闍貰王：'爾時雁王者，我身是也；一雁者，阿難是也；五百群雁，今五百羅漢是也；食大雁國王者，今大王是也；時獵師者，今調達是也。前世已來恒欲害我，我以大慈之力因而得濟，不念怨惡自致得佛。'"見《法句譬喻經》卷三，《大正藏》第4册，第596頁第二欄。這一故事的結構也與"蝙蝠聽法"相似。由此可大致總結出這一類包含動物的轉生故事之結構：其一，背景/舞臺之敘述，通常包含某一危險因素的存在（火焰、危墙、捕獵）；其二，數量通常爲五百的動物群體出現；其三，動物因聽法或其他活動愛難；其四，轉世身份之説明。除此之外，還有"五百强盗成佛因緣"。此類主角雖非動物，但是叙述結構相近的例子。"五百强盗"的故事可以追溯至《大般涅槃經》卷十九《梵行品》所載的"群賊"事。"大王！舍婆提國群賊五百，波斯匿王，挑出其目，無有前導，不能得往至於佛所……諸賊即時聞如來音，微妙清澈，尋還得眼。"（北凉）曇無讖譯：《大般涅槃經》卷一九《梵行品》，《大正藏》第12册，第479頁第一欄。除了《大般涅槃經》，《報恩經》以及東晉法顯的《佛國記》和玄奘的《大唐西域記》中亦提到與之相關的佛教遺迹。見敦煌研究院主編：《敦煌石窟全集：03 本生因緣故事畫》，上海人民出版社，2001年，第91頁。

方最勝燈王陀羅尼經》:

> 諸弟子衆不爲若魔若鬼,若天若龍若夜叉,若浮陀若富單那若毘舍耶,若餓鬼若干人鬼若干陀鬼,若狂人鬼若使人心亂鬼,若方道鬼若起死屍鬼,若一日二日三日四日發病鬼,若日月星宿師子虎豹,毒蛇狼狗蝙蝠人若非人,而來惱害。怖畏之者無有是處。①

這裏蝙蝠位列持陀羅尼句所要抗禦的對象中,是前來惱害者。這一認知可能與蝙蝠闖入僧舍會實際干擾僧衆修行有關。律藏文獻中多有記載,如巴利文文獻《犍度》云:"爾時,精舍無窗户……燕、蝙蝠由窗而入。諸比丘以此事白世尊,〔世尊曰:〕'諸比丘!許作窗蓋。'"②又《四分律》云:"夜患蝙蝠晝患鵙鳥入,佛言:'聽織作籠疏障、若作向櫺子。'"③與《犍度》所云當爲一事。不單單是夜中闖入這一行爲會打擾僧衆,蝙蝠本身帶來的污穢也是麻煩。另一巴利文佛典《清净道論》云:"于此有時以鼠或蝙蝠之糞所污穢,不能不見比室内更厭逆之前面。"④充滿蝙蝠的處所也不宜作爲修行者的住處。

其次,蝙蝠的聽法也并不一定導向托生輪回。鳩摩羅什譯《佛藏經》云:"舍利弗!是破戒比丘樂於闇冥,如彼蝙蝠,聞説正經以爲憂惱。"⑤在這部勸誡佛家子弟不要誤入三惡道的文獻中,蝙蝠是樂於闇冥的,"譬如蝙蝠欲捕鳥時則入穴爲鼠,欲捕鼠時則飛空爲鳥,而實無有大鳥之用,其身臭穢但樂闇冥",⑥無用而污穢的蝙蝠即使身聽法音也祇會憂惱不堪。《佛藏經》似乎很樂於將破戒弟子比附爲蝙蝠,"亦如蝙蝠在金翅鳥衆。舍利弗!破戒比丘在我衆中,百千萬億諸天大衆,見此比丘在衆而坐,皆大憂惱而作是言"。⑦

---

① (隋)闍那崛多譯:《東方最勝燈王陀羅尼經》第一,《大正藏》第21册,第866頁中欄。
② 通妙譯:《犍度》卷一六,《漢譯南傳大藏經(元亨寺版)》第4册,第202頁上欄。
③ (姚秦)佛陀耶舍共竺佛念等譯:《四分律》第五十,《大正藏》第22册,第0937頁下欄。此外,律藏文獻中也有一些關於蝙蝠的動物分類内容。如《善見律毘婆沙》:"二足者,鬼人爲初,唯鬼不可偷。三種鳥,一者毛翅,二者皮翅,三者骨翅。毛翅者,孔雀、雞爲初。皮翅者,蝙蝠爲初。骨翅者,蜂爲初。比丘盗心,隨直多少結罪,如前説無異。四足者,一切畜生,象爲初。"關於以足的數量爲標準進行分類的方法,陳懷宇在其著作中有所論述,見陳懷宇:《動物與中古政治宗教秩序》,第55—56頁。
④ (印)佛音撰、悟醒譯:《清净道論》卷一一,《漢譯南傳大藏經(元亨寺版)》第68册,第201—202頁上欄。
⑤ (姚秦)鳩摩羅什譯:《佛藏經》上,《大正藏》第15册,第788頁下欄。
⑥ 同上。
⑦ (姚秦)鳩摩羅什譯:《佛藏經》上,《大正藏》第15册,第792頁上欄。

這樣批判蝙蝠首鼠兩端的理論傳入漢地後,正好被運用於佛道論衡當中,以諷刺道教徒。法琳《辯證論》云:"狎世則忠孝之禮虧,求仙則高尚之道缺。猶蒼蠅招白黑之論,蝙蝠有鳥鼠之譏,蓋妖惑之儔矣。"注曰:"《正法念經》云:譬如蝙蝠,人捕鳥時入穴爲鼠,人捕鼠時出穴爲鳥。今之祭酒蓋然。畜妻子謂有慈愛,勤耕稼謂不毀髮膚,王役課調則謂出家,亦猶蝙蝠之出入也。"①兩相對比可知,《正法念經》之叙述應該是本于《佛藏經》。蝙蝠不鳥不鼠,道教徒則亦俗亦仙,"鳥鼠之譏"成爲攻擊道教徒的有力武器,道宣也將其收錄於《廣弘明集》之《辯惑篇》。而"鳥鼠"也作爲佛教典故爲後世文獻所運用,如唐湛然《法華文句記》:"若得今意,先以理教定,次以位行驗,若不爾者,鳥鼠人也,安論品位乎?",②智度《法華經疏義纘》注曰:"鳥鼠人者,出百喻經,即蝙蝠是。言鼠又飛,言鳥又潛,喻出家人。言俗身著袈裟言道,心口耽於滋味。"③

蝙蝠"樂於闇冥"可以説是佛典中相關記載的一大基調,這一定性的來源可能是蝙蝠晝伏夜出的生活習性。而對應的則是蝙蝠的夜視能力,如唐净覺集《楞伽師資記》載求那跋陀羅學説云:"蝙蝠角鴟,晝不見物,夜見物者,皆是妄想顛倒故也。所以者何,蝙蝠角鴟,見他闇爲明。"④又,玄奘譯《阿毗達磨俱舍論》:"有眼於夜有礙非晝,如諸蝙蝠鵂鶹等眼。"⑤可見在禪宗流派或者唯識論派論述觀點之時,蝙蝠的夜視是較爲常用的事例。而同樣這一習性也被運用於佛道論衡之中,如唐復禮撰寫《十門辯惑論》以答稽疑,答"無緣則罪人也"的疑問時,道:"白日蓋明,仙鼠晝伏而奚睹。"⑥此處蝙蝠則成了"人之不善,何棄之有"的代表。

綜上,蝙蝠在佛典中的形象并不樂觀,其飛行、産生的污穢都會對僧徒修行形成干擾,這或許是其惡獸形象的根源。反而是作爲惡獸,纔更能在聽法轉生故事中體現佛法正音之效力。而其似鳥似鼠的身體特徵,晝伏夜出的生活習性,都成爲佛典中用於形容

---

① (唐)道宣撰:《廣弘明集》卷一三,《大正藏》第52册,第182頁第二欄。
② (唐)湛然述:《法華文句記》第十上,《大正藏》第34册,第0343頁下欄。
③ (唐)智度述:《法華經疏義纘》第六,《續藏經》第29册,第102頁中欄。《百喻經》中并無蝙蝠條目,或爲《佛藏經》之誤。
④ (唐)净覺集:《楞伽師資記》第一,《大正藏》第85册,第1284頁下欄。
⑤ (印)尊者世親造,(唐)玄奘譯:《阿毗達磨俱舍論》,《大正藏》第29册,第7頁上欄。同爲瑜伽行派文獻的唐遁倫集《瑜伽論記》云:"況亦肉眼不假光明。若蝙蝠等者眼匡有光明,故闇中能見色也。"(唐)遁倫集撰:《瑜伽論記》第一之上,《大正藏》第42册,第317頁下欄。
⑥ (唐)復禮撰:《十門辯惑論》第一,《大正藏》第52册,第552頁下欄。又如《大寶積經》有"盲傴多衆罪,不曾覩衆色,亦不少聞聲,住於幽闇間,猶如蝙蝠類"的偈語。(唐)菩提流志譯:《大寶積經》第三,《大正藏》第十一册,第17頁上欄。

破戒者、諷刺道教徒的文辭典故。這一類知識的形成恰好嵌入佛道論衡的歷史背景中，"鳥鼠之譏"則誕生於兩種文化系統的衝突與融合當中。

（二）漢地知識的滲入："十二精魅"説與"禽占"

《智者大師》傳中亦有如下記述：

> 法師遂游金華山，住赤松澗，采藥服餌。時有道士丁德静，隱居此山，爲山精所惱。後德静醉卧，忽有毒蛇齧足而死。觀宇空廢，縱有道士，輒爲精蛇所嬈，竟不能居也。□山縣令徐伯超聞之，曰："山精爲害，由道士皆不能精進所致耳。試推此觀與約公，必能清衞。"於是乃共入澗請法師，法師不辭，直移入觀，居住良久，晝卧。忽見二青衣女子，資質姝麗，攜手歌吟。從澗水中出，法師徐起正坐，語之曰："汝等二精魅，放橫來久，然此地已屬我，汝等何敢來耶？"仍説法化之，女子承受，頂禮而退，自此後，觀中無復妖恠也。①

這條材料無疑體現了金華山中信仰空間的狀態，道觀荒廢而由慧約法師入觀清衞，或許是佛道信仰空間融合、變化過程的隱喻。但在本文中更值得關注的是山中精怪對修行者的侵擾，以及慧約法師説出精怪真身從而進行驅逐的現象。六朝時期的精怪傳説并不少見，但是精怪與佛教知識融合的結果，就是"十二精魅"説的誕生。

十二生肖的起源形成演變一直是學界熱衷的話題，②陳懷宇曾討論《大集經》中十二時獸的觀念收到道教精魅與傳統五行説的影響，到隋唐佛教文獻中出現了"十二精魅"的序列，③在這種體系中實則包含了對動物的關聯分類法。④蝙蝠就在十二精魅的體系中占有一席之地。但是躋身十二精魅對於蝙蝠來説并不算是一件喜事。"十二精魅"産生于時獸觀與民間傳統中鬼魅神怪的融合，⑤所涉及之動物，也從教化閻浮提世界的菩薩化身變成了干擾修行者的精媚，是必須驅逐消除之物。

隋代智顗《摩訶止觀》卷八有以下論述：

---

① （唐）樓穎録：《善慧大士語録》卷四《智者大師》，《續藏經》第 69 册，第 124 頁上欄—第 126 頁中欄。
② 學術史梳理可見陳懷宇：《動物與中古政治宗教秩序》，第 99—100 頁。
③ 陳懷宇：《動物與中古政治宗教秩序》，第 101 頁。
④ （英）胡司德著，藍旭譯：《古代中國的動物與靈異》，第 79 頁。
⑤ 陳懷宇：《動物與中古政治宗教秩序》，第 123 頁。

二時媚發者,《大集》明:十二獸在寶山中,修法緣慈,此是精媚之主。權應者未必爲惱,實者能亂行人。若邪想坐禪,多著時媚。或作少男、少女、老男、老女、禽、獸之像。殊形異貌,種種不同。或娛樂人。或教詔人。今欲分別時獸者,當察十二時,何時數來,隨其時來,即此獸也。若寅是虎乃至,丑是牛。又一時爲三,十二時即有三十六獸。寅有三:初是狸,次是豹,次是虎。卯有三:狐、兔、貉。辰有三:龍、蛟、魚。此九屬東方,木也。九物依孟、仲、季傳作前後。巳有三:蟬、鯉、蛇。午有三:鹿、馬、麞。未有三:羊、雁、鷹。此九屬南方,火也。申有三:狖、猿、猴。酉有三:烏、雞、雉。戌有三:狗、狼、豺。此九屬西方,金也。亥有三:豕、貐、豬。子有三:貓、鼠、伏翼。丑有三:牛、蟹、鱉。此九屬北方,水也。中央土,王四季。若四方行用,即是用土也,即是魚鷹、豺、鱉。三轉即有三十六,更于一中開三,即有一百八時獸。深得此意,依時喚名。媚當消去。①

伏翼即蝙蝠,可見蝙蝠在"十二精魅"說中屬於子時、北方、水行。在智顗以前,對於《大集經》十二時獸的闡釋,未曾有提到過蝙蝠。此實由智顗借鑒道教精魅說之緣故。

敦煌所出有 P3685、P3281、S6182 三卷數術占卜文書。前二者背面抄《周公解夢書》,可進行綴合,是爲底卷;後者甲卷字劣,行列不規整,内容與底卷基本相同。學界定名作《六十甲子曆》,②主要内容爲日書占卜。其中"庚子"日條末有云:"逢精魅,稱社君者,鼠;稱神人者,伏翼。"③(文書圖片見本文附錄)"稱社君者"以下爲小字,位於"逢精魅"以下。這是面對精魅作祟時,通過道出其真身得以破解的方法,同樣的破解法在《白澤精恠圖》中也有體現。④ 同時敦煌所出隋代僞經《普賢菩薩説證明經》云:"我爲衆生解説鬼神名字:土地者狐狸是,山神者他蟲蟒蛇是,宅神者老鼠蝙蝠是。"⑤雖然是解説鬼神之名,但其破解法門,對老鼠、蝙蝠的認知是一脈相承的。正如《智者大師》傳中法師喚出精魅真身的方法一般,敦煌文書與《智者大師》傳中體現的蝙蝠精怪知識,實際上就來自道教文化體系以及六朝精魅傳説。葛洪《抱朴子》有云:

---

① (隋)智顗:《摩訶止觀》卷八,《大正藏》第 46 册,第 115 頁上欄至中欄。
② 關長龍輯校:《敦煌本數術文獻輯校》,北京:中華書局,2019 年,第 3 頁。
③ 關長龍輯校:《敦煌本數術文獻輯校》,第 5 頁。
④ "子日,稱社君者鼠也;稱神人者,伏翼也。"見關長龍輯校:《敦煌本數術文獻輯校》,第 1055 頁。
⑤ 《普賢菩薩説證明經》第一,《大正藏》第 85 册,第 1364 頁上欄。《大正藏》所依據的底本爲 P2186,參 P2136、S1552 進行校對。

魏晉南北朝隋唐史資料(第四十八輯)

　　　　山中寅日,有自稱虞吏者,虎也。稱當路君者,狼也。稱令長者,老狸也。卯日稱丈人者,兔也。稱東王父者,麋也。稱西王母者,鹿也。辰日稱雨師者,龍也。稱河伯者,魚也。稱無腸公子者,蟹也。巳日稱寡人者,社中蛇也。稱時君者,龜也。午日稱三公者,馬也。稱仙人者,老樹也。未日稱主人者,羊也。稱吏者,麞也。申日稱人君者,猴也。稱九卿者,猿也。酉日稱將軍者,老雞也。稱捕賊者,雉也。戌日稱人姓字者,犬也。稱成陽公者,狐也。亥日稱神君者,豬也。稱婦人者,金玉也。子日稱社君者,鼠也。稱神人者,伏翼也。丑日稱書生者,牛也。但知其物名,則不能爲害也。①

對比智顗、葛洪的兩段文字可得表格如下:

	寅	卯	辰	巳	午	未
葛洪	虎狼狸	兔麋鹿	龍魚蟹	蛇龜	馬樹	羊麞
智顗	狸豹虎	狐兔貉	龍蛟魚	蟬鯉蛇	鹿馬麞	羊雁鷹
	東方 木			南方 火		

	申	酉	戌	亥	子	丑
葛洪	猴猿	雞雉	犬狐	豬金玉	鼠伏翼	牛
智顗	狖猿猴	烏雞雉	狗狼豺	豕貐豬	貓鼠伏翼②	牛蟹鱉
	西方 金			北方 水		

智顗的精魅説不僅融合了陰陽五行的觀念,其"依時唤名"而消除時媚的方法也與《抱朴子》"以其名呼之則吉"類似,是來自漢地傳統的驅邪方法。③ 更值得注意的是,二者都將

---

① (晉)葛洪著,王明校釋:《抱朴子内篇校釋》卷一七《登涉》,第304頁。
② 湛然《止觀輔行傳弘訣》卷八云:"又列子云燕、鼠、伏翼,今文云貓,仍恐彼誤。"可備一説。見(唐)湛然述:《止觀輔行傳弘决》第八之三,《大正藏》第46册,第407頁下欄。
③ 關於智者大師受到的道教影響,具體可見陳懷宇《動物與中古政治宗教秩序》第130—131頁。以及(日)小林正美:《天台智顗の懺法における"奉請三宝"について:道教のしょう祭儀礼との関連において》,《印度學佛教學研究》79,1991年,第65—70頁。關於呼名驅邪的巫術,睡虎地秦簡和馬王堆帛書中都有記載。如馬王堆帛書:"即不幸爲蛾蟲蛇蠚射者,祝,唾之三,以其射者名名之,曰:'某,女弟兄五人,某索智其名……蟄而之荆南者爲蛾……'"《馬王堆漢墓帛書》第4册,第128—129頁。

· 314 ·

伏翼劃歸於子時。將十二干支與動物分類相聯繫的文獻還有放馬灘秦簡《三十六禽占》《太白陰經》《演禽通纂》等天文術數相關材料，考古文物上則可見六朝銅式即六壬式盤中地盤週邊著録之三十六禽。① 程少軒將諸種文獻中地支爲子的動物總結如下表：②

放馬灘簡	六朝銅式	五行大義引王簡之説	五行大義一云	五行大義引禽變	五行大義引本生經	摩訶止觀	太白陰經	聶氏墓誌	釋曇瑩注	徐子平注	演禽通纂	琅琊代醉編	升庵集
鼠	蝮					貓	燕	鷰	鼠	鼠	鼠	鼠	鼠
胎濡	鼠	鼠				鼠	鼠	鼠	蝠	蝠	蝠	蝙	蝙
？		伏翼				伏翼	蝠	蝠	鷰	鷰	燕	燕	燕

後程氏另撰文述《三十六畜占》中的"胎濡"疑讀爲胎燕，爲蝙蝠之異名。③ 有趣的是，前文探討蝙蝠變化之時，發現蝙蝠可以由鼠食巴豆變化而來，又可以修煉千載化爲小燕，對應的正好是上表子時中包含的三種動物。或許變化、"化生"的知識也是干支動物分類法的知識背景之一。④

這裏我們似乎能夠看到中古知識發展的一條綫索。從日書等占卜文獻，到《摩訶止觀》《太白陰經》等佛道教文獻，蝙蝠的身影逐漸浮現，歸於子時，與鼠同列。十二時、五方、五行的觀念與漢代動物分類學中五行思想一脉相承。《淮南子·時則訓》云："孟夏之月，招搖指巳，昏翼中，旦婺女中。其位南方，其日丙丁，盛德在火，其蟲羽，其音徵。"⑤《五行順逆》云："火者夏，成長……恩及羽蟲，則飛鳥大爲，黄鵠出見，鳳凰翔……咎及羽蟲，則飛鳥不爲，冬應不來，梟鴟羣鳴，鳳凰高翔。"⑥祇是蝙蝠的歸屬不盡相同，亦即鳥鼠之分。并且在五行分類上也有不同，其中羽類屬於夏季、南方、火德，毛（獸）類屬於秋季、西方、金德，智顗"十二精魅"説中蝙蝠所屬的北方、水德則是劃歸給了介類。⑦ 無

---

① 見嚴敦傑：《跋六壬式盤》，《文物參考資料》1958年第7期，第20—23頁。
② 程少軒：《放馬灘簡〈三十六禽占〉》，《文史》2014年第1期，第25—54頁。
③ 程少軒：《胎濡小考》，《中國文字研究》2014年第1期，第82—84頁。
④ 程少軒也提到"化生"對演禽的影響，但未提及蝙蝠變化在禽占中的體現。見上引《文史》程文，第41頁。
⑤ （漢）劉安編，劉文典撰，馮逸、喬華點校：《淮南鴻烈集解》卷五《時則訓》，第167頁。
⑥ （漢）董仲舒著，（清）蘇輿撰，鍾哲點校：《春秋繁露義證》卷一三《五行順逆》，第371—374頁。兩種文獻成書時間相近，鄒樹文推斷，董仲舒是沿襲、參考了劉安的著述。見鄒樹文原著，張孟聞整理：《中國古代的動物分類學》，《中國科技史探索》，第497頁。
⑦ 此條下注"介，甲也。象冬閉固，皮漫胡也。甲蟲龜爲之長。"見（漢）劉安編，劉文典撰，馮逸、喬華點校：《淮南鴻烈集解》卷五《時則訓》，第179頁。

論蝙蝠是屬於羽抑或是毛類,兩種分類似乎都無法對應上,但是這種分類思路以及其背後的文化内涵是有延續性。隋末唐初的十二精魅説則明顯受到道教撰述的影響,并且更早可以追述到禽占文書的傳統中。而蝙蝠精怪的妖異傳説也明顯成爲了"精魅"蝙蝠産生的養分。陳懷宇在論述十二時獸觀念發展的歷程時提到,雖然六朝早期道教受到佛教文獻的影響,但是隋唐高僧的撰述,則對系統化、精緻化的道教論述有所借鑒。[1]我們或許可以將這一結論稍作延展,從蝙蝠在"十二精魅"説中的地位可以看到,佛教世界觀以及動物秩序,是佛教傳統與中國早期五行、術數文化以及六朝以降精怪傳説相連接的産物,可以作爲中國佛教"在地化"的注脚。

結　　論

韓瑞亞在《異類:狐狸與中華帝國晚期的叙事》一書中詳盡討論了人類社會對狐狸的異類想像。作爲"神異種族",蝙蝠與狐狸一樣,在六朝志怪小説的時代涌現,成爲人們尋仙渴求與妖異想像注視下的他者。神仙與精怪的兩種面向,不僅是對於蝙蝠異類身體的認知差異,也對應着蝙蝠的是否越界。棲息於屋頭簷角,進入人類生活周邊的蝙蝠,遺留污穢而帶來恐懼。從而生發出截髮吸精、附身作祟的蝙蝠傳説。但是遠在洞穴深處的蝙蝠則修道近於仙,静謐、沉默,成爲城市居民遥遠的山林想像以及修道者渴望的登仙妙藥。"妖""仙"的不同屬性,代表着人類遠近視野中不同的蝙蝠,跨越了遠近、城林的界限,屬性也會隨之轉换。

蝙蝠有翼而類鼠的身體,以及晝伏夜出、飛天入穴的生活習性,也確實帶來了不同的認知觀念。在中古時期學術化的觀察記録當中,基於肉翼而産生的鳥類劃分,與産生於"蝙蝠"命名的蟲類劃分是主流觀念,二者之間可能存在着時代上的先後之差,這與中古時代關中文化的興盛,以及類書編纂的發展有關。但是類鼠的軀幹則承擔着關於蝙蝠變化的想象,名物學家對於蝙蝠身體的疑惑,衍生出蝙蝠在鳥鼠蟲魚間的自由變化,以及吉凶預兆。

以上的類似觀察則同樣在佛教典籍中出現,這也并非偶然,除了祇要通過觀察各種文化都能同樣獲得的、普世性的知識以外,漢地佛教的蝙蝠知識是與道教知識系統以及求仙知識、精怪故事融匯共生的結果。正如許理和所説,早期中國佛教的自生系統,祇有與其賴以生存的文化環境相聯繫才能被充分理解。[2] 佛教與道教并非任何時候都是

---

[1] 陳懷宇:《動物與中古政治宗教秩序》,第147頁。
[2] (荷)許理和:《佛教征服中國:佛教在中古中國早期的傳播與適應》,南京:江蘇人民出版社,2017年,第1頁。

二元對立,其各自的知識體系深刻地影響着對方。就像對於慧約僧團的僧衆們,白蝙蝠的仙道知識似乎是作爲一種文化底色或者説生活常識被掌握着。而古老的禽占知識、精魅傳説也經過高僧大德的著述更加系統與流行。可以説,蝙蝠知識的成立及演變,是中古學術文化發展的一個部分,亦可以管中窺豹,略見一斑。同時,六朝精怪小説與佛道教著述體系的融合交匯,也在六朝隋唐之際,框定了蝙蝠意象在中國文化中的大體基調,可謂是蝙蝠知識的生成年代。

附圖:

附圖一　《圖經衍義本草》所示海蛤

圖片來源:(宋)寇宗奭:《圖經衍義本草》,《道藏》第 17 册,北京:文物出版社,1988 年,第 664 頁第二欄。

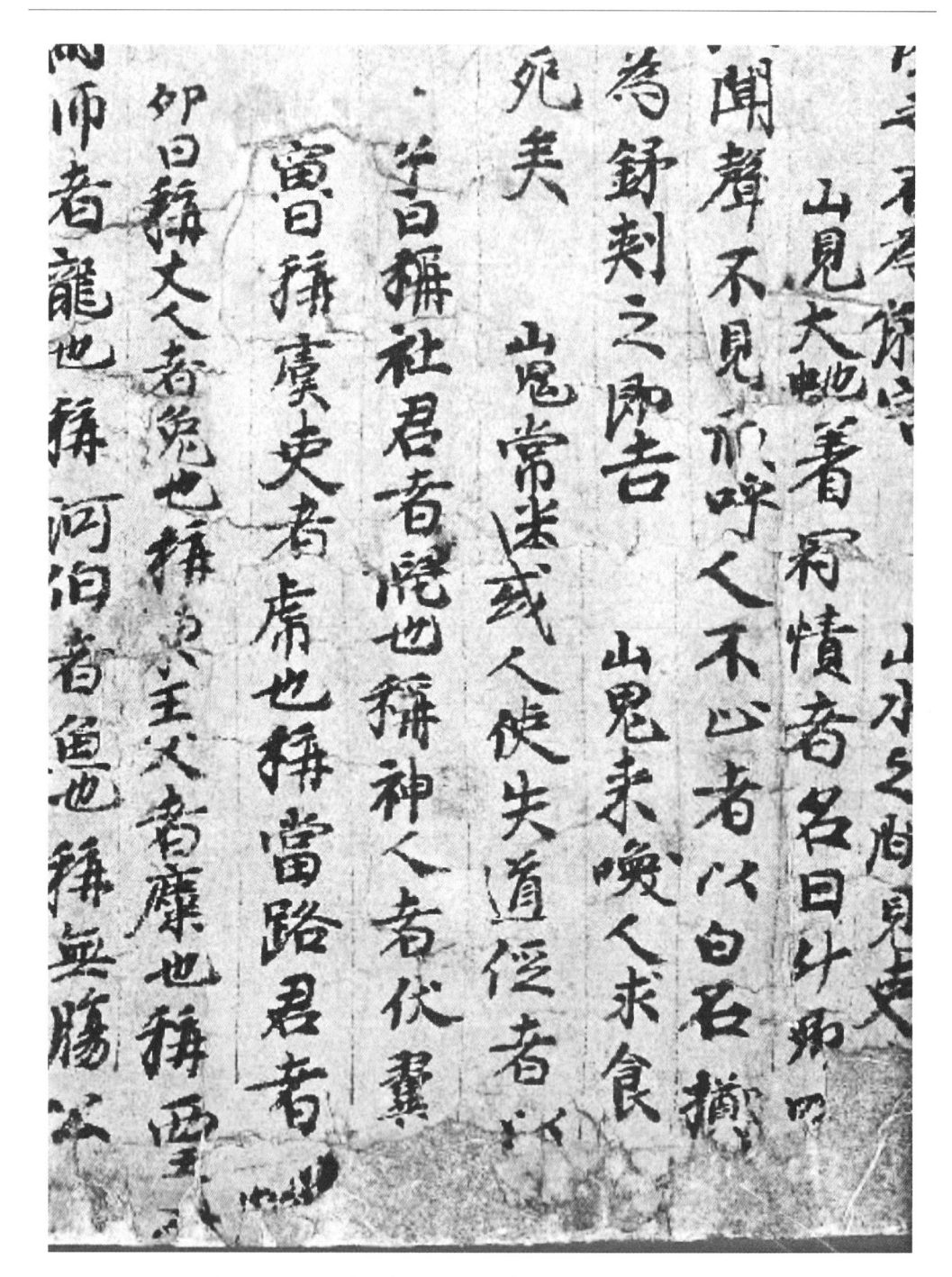

附圖二　法國國家圖書館藏 P2682《白澤精怪圖》所見伏翼文句

圖片來源：國際敦煌項目圖版 http：//idp.nlc.cn/database/oo_scroll_h.a4d？uid=4376694166；recnum=59831；index=1。

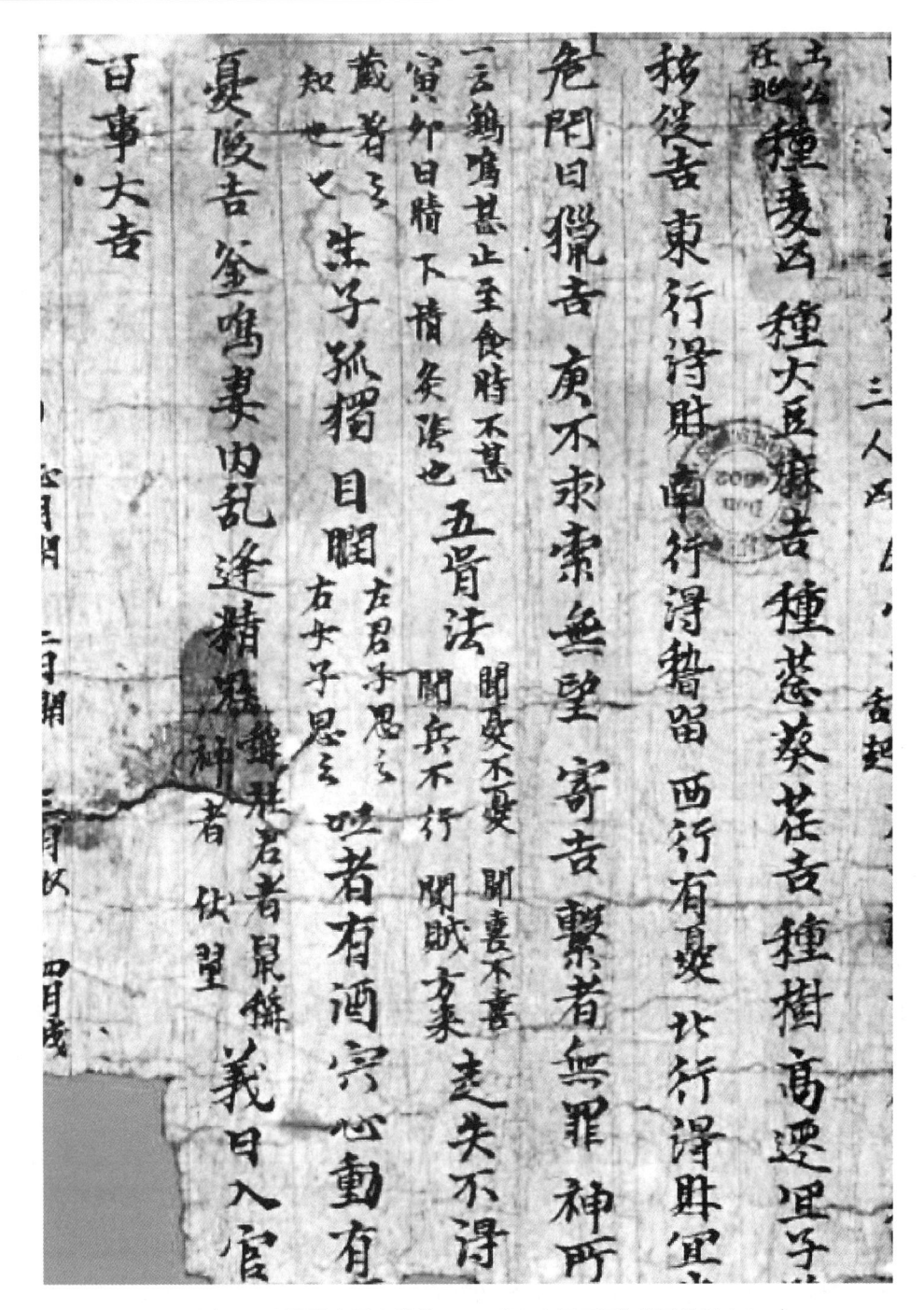

附圖三　法國國家圖書館藏 P3685《六十甲子曆》所見伏翼文句

圖片來源：國際敦煌項目圖版 http://idp.nlc.cn/database/oo_scroll_h.a4d? uid＝3969932166; recnum＝61052; index＝1。

兩晉南朝起居注輯存

陳　爽

　　兩晉南朝是中國古代起居注形成的重要歷史時期。學界對於起居注制度的研究雖成績斐然，但尚存在近一步拓展的空間，多數研究都聚焦於起居官的職責與職掌，而對起居注文本自身内容和義例的考察則較爲粗略。

　　傳世典籍中所保存的魏晉南北朝起居注佚文分布很不平衡，現存全部佚文均集中在兩晉南朝，而十六國北朝系統的起居注則全部逸失，無一條佚文存世；兩晉南朝佚文中，又多集中在晉宋時期。《隋志》著録的數十種起居注，文本性質不完全相同，是在數百年間經過不同編撰者的反復撰集、删削和編排而成。起居注名稱大致分爲四類：一是以年號爲名，如《晉太元起居注》《宋大明起居注》等；二是以帝王爲名，如《惠帝起居注》《晉潛帝起居注》等；三是以朝代爲名，如《晉起居注》《宋起居注》等，四是以鈔本爲名，如《晉起居注鈔》《流别起居注》等。唐宋類書徵引的起居注文本，有些以年號爲名，有些以朝代標引，實際内容互有交叉重疊，如《宋書》徵引宋起居注，多不書年號，徑稱《宋起居注》。由於類書引用的文本來源不同，摘録和編排的標準不同，存世的起居注佚文的文本保存情況複雜。從傳世佚文考察，較爲規範的兩晉南北朝起居注具有幾個文本特徵：首先，除部分被類書所離析的佚文之外，大部分起居注文本都有明確時間記述，在原始文本中應是按年月系統編排的；其次，起居注的核心内容是官方行政文書，是詔令、表奏的抄録或節録，前後加入簡單的事由和政務處置結果。

　　清代學者對兩晉南朝起居注的輯佚成果普遍存在佚文遺漏和錯訛較多、文本引用信息不完整、校勘方式簡單武斷等缺憾，已不能滿足當下學界研究需求。有鑒於此，本文對兩晉南朝起居注進行了完整的輯録和整理，希求通過基礎史料的輯佚和梳理，爲學界提供一個更爲完整、準確和翔實的史料文本。

　　此次輯佚整理，在借鑒前輩學者輯佚成果的基礎上，采取了一些不同於以往文本處理方式：

1. 本文所有起居注著述按《隋書經籍志》所載順序排列，《隋志》未列名稱而實際在類書中出現起居注書名稱者，亦予收錄，每個條目由"繫年""佚文""考訂"三部分組成。

2. "繫年"標示佚文年代，按時間順序排列，佚文中無明確繫年者，若經過考訂可以斷限者，按考訂後年代排列；年代無考者以"不詳"標示。

3. 鑒於類書引文的複雜性，對"一文多出"，被多處徵引的佚文通常不做合併和跨文本"擇善而從"的校勘，對"事同文異"者采用完整保留異文、平行排列的方式。佚文排列順序以内容較爲完整準確、所出類書年代較早者優先。

4. 所有佚文詳細標注卷次、具體類目以及通行版本中的頁碼，盡可能反應佚文的原始樣態，以便讀者徵引和覆按。

5. "考訂"部分主要考證佚文的年代斷限，校勘文字異同，盡可能與同一時期的正史相關記述做比對互證，對佚文所涉名物史事不做較多鋪陳。

《晉武帝起居注》

《晉武帝起居注》不見於《隋書·經籍志》，唐宋類書《北堂書鈔》《太平御覽》中有徵引，疑漢唐間原無單行本傳世，類書所引乃從《晉起居注》中所輯。舊有黄奭《漢學堂叢書》輯本。

【繫年】晉武帝太康七年（286）十二月
【佚文】《太平御覽》卷一四五《皇親部十一·保林》引《晉武帝起居注》："詔曰：'今出清商、掖庭及諸署才人、妓女、保林已下二百七十餘人還家。'"（P.709-3）
【考訂】佚文無繫年，據《晉書》卷三《武帝紀》："（太康七年）十二月，遣侍御史巡遭水諸郡。出後宫才人、妓女以下二百七十人歸于家。"（P.77）

【繫年】不詳
【佚文】《太平御覽》卷二四〇《職官部三八·雜號將軍下·監軍》引《晉武帝起居注》："豫州刺史胡威，忠素質直，思謀深奧，其以威爲監軍，刺史如故。"（P.1139-2）
【考訂】《晉書》卷九〇《良吏·胡威傳》："累遷監豫州諸軍事、右將軍、豫州刺史"。（P.2330）

【繫年】不詳

【佚文】《北堂書鈔》卷六三《設官部十五·冗從僕射》引《晉武帝起居注》："束兜王世子司馬璞(眞)〔貞〕固和祥,有識見才幹,以謹爲冗從僕射。"(P.683)

【考訂】嚴可均收入《全晉文》卷六,題名《武帝冗從僕射詔》,并案:"璞、堇必有一誤。晉初宗室亦無此名,'璞堇'蓋'覲'之誤,琅邪王伷子也。"(P.2994)《晉書》卷三《司馬覲傳》:"覲字思祖,拜冗從僕射"。(P.1122)

《晉泰始起居注》

《隋書》卷三三《經籍志》:"《晉泰始起居注》二十卷,李軌撰。"(P.964)《新唐書》卷五八(P.1469)略同。舊有黄奭《漢學堂叢書》輯本。

【繫年】晉武帝泰始五年(269)二月

【佚文】《三國志》卷三五《蜀書·諸葛亮附諸葛瞻傳》裴松之注引《晉泰始起居注》:"詔曰:'諸葛亮在蜀,盡其心力,其子瞻臨難而死義,天下之善一也。其孫京,隨才署吏。'"(P.932)

【考訂】裴注"隨才署吏"後有"後爲郿令"四字,中華書局標點本將點此句點爲"《晉泰始起居注》載詔曰:'諸葛亮在蜀,盡其心力,其子瞻臨難而死義,天下之善一也。'其孫京,隨才署吏,後爲郿令。"將詔令內文字判爲裴注敘事。黄奭輯本則以"後爲郿令"爲詔令內文,均誤。又據《晉書》卷三《武帝紀》:"(泰始五年二月)己未,詔蜀相諸葛亮孫京隨才署吏。"(P.58)

《晉咸寧起居注》

《隋書》卷三三《經籍志》:"《晉咸寧起居注》十卷,李軌撰。"(P.964)《新唐書》卷五八《藝文志》:"《晉咸寧起居注》二十二卷"(P.1469)

【繫年】晉武帝咸寧四年(278)十一月

【佚文】《藝文類聚》卷六七《服飾部·裘》引《晉咸寧起居注》:"大醫司馬程據上雉頭裘一領。詔據:'此裘非常衣服,消費功用,其於殿前燒之。'勑外內有造異服,依禮治罪。"《北堂書鈔》卷一二九《衣冠部下·裘二十三·雉頭裘》引《晉咸寧起居注》:"大醫司馬程據上雉頭裘一領,詔曰:'據此裘非常衣服,銷費功用,今於殿前燒之'"(P.1500)《初學記》卷二六《器物部·裘第八》引《晉咸寧起居注》:"大司馬程據上雉頭裘一領。詔曰：'據此裘非常衣服，消費功用，宜於殿前燒之。'"（P.630）《太平御覽》卷六九四《服章部十一·裘》引《晉咸寧起居注》："大司馬程據上裘一領，詔曰：'據此裘非常衣服，消費功用，其於殿前燒之。'勅內外有造異服詔罪之。"（P.3098－3）《太平御覽》卷九一七《羽族部四·雉》引《晉咸寧起居注》："太醫司馬程據上雉頭裘一領，詔於殿前燒之。"（P.4067－3）

【考訂】《晉書》卷三《武帝紀》："十一月辛巳，太醫司馬程據獻雉頭裘，帝以奇技異服典禮所禁，焚之於殿前。"（P.69）諸本引文之"大司馬"乃"太醫司馬"之訛。

【繫年】不詳
【佚文】《職官分紀》卷三二《諸王府僚屬》引《晉咸寧起居注》："諸王國、大國三卿：左右常侍、侍郎。"

《晉太康起居注》

《隋書》卷三三《經籍志》："《晉泰康起居注》二一卷，李軌撰。"（P.964）《舊唐書》卷四六《經籍志》："《晉太康起居注》二十二卷，李軌撰。"（P.1997）

【繫年】晉武帝太康三年（282）
【佚文】《太平御覽》卷七七四《車部三·輦》引《晉太康起居注》："齊王歸藩，詔賜香衣輦一乘。"（P.3434－1）《事類賦注》卷一六《什物部二》引《晉太康起居注》，文本無異。（P.340）《太平御覽》卷七七五《車部四·雲母車》引《晉太康起居注》："齊王出鎮，詔贈清油雲母犢車。"（P.3436－1）《太平御覽》卷七五九《器物部四·槃》引《晉太康起居注》："齊王出藩，詔賜樏樽、槃、杯盤各有差。"（P.3368－3）

【考訂】佚文原無繫年，據《晉書》卷三八《齊王攸傳》："帝既信勖言，又納紞說，太康三年乃下詔曰：'古者九命作伯，或入毗朝政，或出御方嶽。周之呂望，五侯九伯，實得征之。侍中、司空、齊王攸，明德清暢，忠允篤誠。以母弟之親，受台輔之任，佐命立勳，劬勞王室，宜登顯位，以稱具瞻。其以爲大司馬、都督青州諸軍事，侍中如故，假節，將本營千人，親騎帳下司馬大車皆如舊，增鼓吹一部，官騎滿二十人，置騎司馬五人。餘主者詳案舊制施行。'"（P.1134）

【繫年】晉武帝太康十年（289）五月丁亥

【輯佚】《太平御覽》卷九二一《羽族部八·鳩》引《晉太康起居注》："白鳩見,華林令孫邵以聞。"(P.4088－2)

【考訂】佚文原無繫年,據《宋書》卷二九《符瑞志》："太康十年五月丁亥,白雀見宣光北門,華林園令孫邵獲以獻。"(P.844)

【繫年】不詳

【輯佚】《太平御覽》卷二一五《職官部十三·總叙尚書郎》引《晉太康起居注》："故司空王基,夙爲先帝授任,基子冲,尚書郎中,雖在清途,猶未免楚撻。其以冲爲治書侍御史。"(P.1026－1)

【考訂】《晉書》卷九八《王敦傳》："父基,治書侍御史。"(P.2553)

【繫年】不詳

【輯佚】《初學記》卷十二《職官部下·祕書郎第十一·事對》"定四部"條引《晉太康起居注》："祕書丞桓石綏啓校定四部之書,詔遣郎中四人各掌一部。"(P.298)《太平御覽》卷二三三《職官部三十一·秘書郎》引《晉太康起居注》："秘書丞桓石綏啓校定四部書,詔郎中四人各掌一部。"(P.1109－1)

【繫年】不詳

【輯佚】《太平御覽》卷三五三《兵部八十四·矛》引《晉太康起居注》："詔曰:'諸王中尉及諸軍,皆典兵以備不虞。乃有着中戰衣木履持長矛者,此爲兒戲,而無相彈懾也。'"(P.1625－1)

【考訂】嚴可均收入《全晉文》卷六,題武帝《諸王中尉詔》(P.2993)

【繫年】不詳

【輯佚】《藝文類聚》卷七二《食物部·酪蘇》引《晉大康起居注》："詔云:'尚書令荀勗,既久羸毀,可賜乳酪。太官隨日給之。'"《太平御覽》卷八五八《飲食部十六·酪酥》引《晉太康起居注》："尚書令荀勗羸毀,賜乳酪,太官隨日給之。"(P.3812－2)《太平御覽》卷八五七《飲食部十五·蜜》引《晉太康起居注》："尚書令荀勗羸毀,賜石蜜伍斤。"(P.3810－2)

【考訂】嚴可均據《太平御覽》引文輯入《全晉文》卷六,題《武帝賜荀勗詔》,并案:

"今本《御覽》不云詔。又無'既久''可'三字。張采所輯本如此。疑宋本也。或別有所據也。"(P.2992)案,張本實出《藝文類聚》。

【繫年】不詳
【輯佚】《太平御覽》卷八六三《飲食部二一·肉》引《太康起居注》:"尚書郭弈有疾,日賜酒米各伍升,豬羊肉各一斤。"(P.3834-2)

【繫年】不詳
【輯佚】《太平御覽》卷八六三《飲食部二一·肉》引《太康起居注》:"石崇、崔亮母疾,曰賜清酒粳米各伍升,豬羊肉各一斤半。"(P.3834-2)

《晉惠帝起居注》

《隋書》卷三三《經籍志》:"《惠帝起居注》二卷"(P.964)

【繫年】晉惠帝永康元年(300)四月
【佚文】《太平御覽》卷一四九《皇親部十五·太子四·太孫》引《晉惠帝起居注》:"惠帝使使持節兼司空任城王濟策命愍懷皇太子前妃爲皇太孫太妃。是日也,以復妃告于太廟。"(P.727-3)
【考訂】《晉書》卷五三《愍懷太子附子臧傳》:"永康元年四月,封臨淮王。己巳,詔曰:'咎徵數發,姦回作變,遹既逼廢,非命而沒。今立臧爲皇太孫。還妃王氏以母之,稱太孫太妃。太子官屬即轉爲太孫官屬。趙王倫行太孫太傅。'"(P.1464)

【繫年】晉惠帝永康元年(300)五月
【佚文】《太平御覽》卷一四九《皇親部十五·太子四·太孫》引《晉惠帝起居注》:"拜皇孫臧爲臨淮王,尚爲襄陽王。又詔臧爲皇太孫。臧廢,到銅駝街,宮人嚴從皆哽咽,路人收淚焉,桑復生於西廂,長丈餘,太孫廢,乃枯。"(P.727-3)
【考訂】《晉書》卷四《惠帝紀》:"(永康元年)五月己巳,立皇孫臧爲皇太孫,尚爲襄陽王。"(P.96)《晉書》卷五三《愍懷太子附子臧傳》:"(永康元年)五月,倫與太孫俱之東宮,太孫自西掖門出,車服侍從皆愍懷之舊也。到銅駝街,宮人哭,侍從者皆哽咽,路人抆淚焉。桑復生于西廂,太孫廢,乃枯。"(P.1464)

· 325 ·

【繫年】不詳

【佚文】《世説新語》卷上之上《德行》第一"諸名士共至洛水戲"條注引《晉惠帝起居注》:"裴頠字逸民,河東聞喜人,司空秀之少子也。"(P.100)

【繫年】不詳

【佚文】《世説新語》卷上之下《政事》"裴成公作崇有論"條注引《晉惠帝起居注》:"(裴)頠注二論以規虛誕之弊,文詞精富爲世名論。"(P.238)

【繫年】不詳

【佚文】《世説新語》中之上《方正》"裴僕射時人謂爲言談之林藪"條注引《惠帝起居注》:"(裴)頠理甚淵博,贍於論難。"(P.150)

【繫年】不詳

【佚文】《太平御覽》卷三三七《兵部六八·鹿角》引《晉惠帝起居注》:"王浚乘勝追石超軍於斥丘,超持重不與戰,以鹿角爲營(原注:一云以鹿角步安立營)。"(P.1548-2)

【考訂】《晉書》卷三九《王浚傳》:"自領幽州。大營器械,召務勿塵,率胡晉合二萬人,進軍討穎。以主簿祁弘爲前鋒,遇穎將石超於平棘,擊敗之。"(P.1147)

【繫年】不詳

【佚文】《太平御覽》卷六九三《服章部十·衫》引《晉惠帝起居注》:"愍懷以體上白絹單衣一領寄與妃。"(P.3095-4)

【考訂】《天中記》卷四七引《晉惠帝起居注》:"愍懷以體上白絹單衣一領因士寄與妃"不知所本。

【繫年】不詳

【佚文】《太平御覽》卷六九七《服章部十四·履》引《晉惠帝起居注》:"帝還洛陽至陵,下謁無履,取左右履着下拜。"(P.3109-4)

【繫年】不詳

【佚文】《太平御覽》卷六九九《服用部一·幌》引《晉惠帝起居注》："有雲母幌。"(P.3121-4)

【繫年】不詳
【佚文】《太平御覽》卷七〇七《服用部九·被》引《晉惠帝起居注》："帝至朝歌,無被,中黃門以兩幅布被給帝。"(P.3152-2)

【繫年】不詳
【佚文】《三國志》卷八《魏書·張燕傳》注引陸機《晉惠帝起居注》："門下通事令史張林,飛燕之曾孫。林與趙王倫爲亂,未及周年,位至尚書令、衛將軍,封郡公。尋爲倫所殺。"(P.262)

【繫年】不詳
【佚文】《北堂書鈔》卷一三六《服節部三·韉》引《晉惠帝起居注》："愍懷太子賜典兵中郎口倚複紵韉一絅。"

【繫年】不詳
【佚文】《三國志》卷二三《魏書·裴潛傳》裴松之傳："臣松之案陸機惠帝起居注稱'頗雅有遠量,當朝名士也',又曰'民之望也'。"(P.673)

【繫年】不詳
【佚文】《資治通鑑》卷八三《晉紀五·晉惠帝永康元年三月》胡三省注引陸機《惠帝起居注》："張林者,黑山賊張燕之曾孫"(P.2638)

【繫年】不詳
【佚文】《北堂書鈔》卷一二六《武功部十四·鹿角五三》引《晉惠帝起居注》："王浚追石軍于斥丘,超恃重不與戰,以鹿角安五營。"《太平御覽》卷三三七《兵部六八·攻具下·鹿角》引《晉惠帝起居注》："王浚乘勝追石超軍於斥丘,超持重不與戰,以鹿角爲營(原注:一云以鹿角步安立營)。"(P.1548-2)

《陸士衡起居注》

【繫年】不詳

【佚文】《宋書》卷五七《蔡廓傳》引《陸士衡起居注》："式乾殿集,諸皇子悉在三司上。"(P.1570)

《晉建武起居注》

《隋書》卷三三《經籍志》："《晉建武、大興、永昌起居注》九卷,梁有二十卷。"(P.964)《隋書》卷三三《經籍志》："《隆昌、延興、建武起居注》四卷"(P.965)

【繫年】不詳

【佚文】《太平御覽》卷七〇九《服用部·薦蓆》引《晉建武起居注》："立敬后廟,薦席不用綠緣。"(P.3159-3)

《晉太興起居注》

《隋書》卷三三《經籍志》："《晉建武、大興、永昌起居注》九卷,梁有二十卷。"(P.964)

【繫年】晉元帝大興元年(318)

【佚文】《太平御覽》卷二二五《職官部二三·通直散騎侍郎》引《晉大興元年起居注》："置通直散(騎)侍郎四人。"(P.1066-4)

【考訂】《晉書》卷二四《職官志》"通直散騎侍郎四人。初,武帝置員外散騎侍郎,及太興元年,元帝使二人與散騎侍郎通員直,故謂之通直散騎侍郎,後增爲四人。"(P.734)《御覽》引文脱"騎"字。

【繫年】不詳

【佚文】《太平御覽》卷二三四《職官部三二·著作郎》引《晉太興起居注》："元帝依故事召陳郡王隱待詔著作,單衣介幘,朔望朝著作之省。"(P.1110-2)

【考訂】《晉書》卷八二《王隱傳》："太興初,典章稍備,乃召隱及郭璞俱爲著作郎,令撰晉史。"(P.2143)

《晉永昌起居注》

《隋書》卷三三《經籍志》："《晉建武、大興、永昌起居注》九卷。梁有二十卷。"（P.964）《舊唐書》卷四六《經籍志》（P.1997）、《新唐書》卷五八《藝文志》（P.1470）均作"《晉建武、大興、永昌起居注》二十二卷。"

【繫年】晉元帝永昌元年（322）

【佚文】《北堂書鈔》卷一三〇《儀飾部上·節五·征東時節給司空》引《晉永昌起居注》："元帝使當朝司空王導拒王敦，詔曰：'以吾征東時節給司空。'"《太平御覽》卷六八一《儀式部二·節》引《晉永昌起居注》："元帝使司空王導（距）〔拒〕王敦，詔曰：'以吾征東時節給司空。'"（P.3041-2）

【考訂】《晉書》卷六五《王導傳》："王敦之反也，劉隗勸帝悉誅王氏，論者爲之危心。導率群從昆弟子姪二十餘人，每旦詣臺待罪。帝以導忠節有素，特還朝服，召見之。導稽首謝曰：'逆臣賊子，何世無之，豈意今者近出臣族！'帝跣而執之曰：'茂弘，方託百里之命於卿，是何言邪！'乃詔曰：'導以大義滅親，可以吾爲安東時節假之。'"（P.1749）

《晉咸和起居注》

《隋書》卷三三《經籍志》："《晉咸和起居注》十六卷，李軌撰。"（P.964）《舊唐書》卷四六《經籍志》："《晉咸和起居注》十八卷，李軌撰。"（P.1997）《新唐書》卷五八《藝文志》："《晉咸和起居注》十八卷。"（P.1470）無具名。

【繫年】晉成帝咸和二年（327）

【佚文】《太平御覽》卷九二五《羽族部十二·鷗》引《晉咸和起居注》："二年正月，饗萬國。有五鷗集太極殿前。"（P.4109-1）

【考訂】《晉書》卷二八《五行志》："成帝咸和二年正月，有五鷗鳥集殿庭，此又白祥也。"（P.864）案《御覽》此下引文爲："《晉中興徵祥說》曰：'鷗集太極殿，殿非鷗所處湖澤鳥也。'時蘇峻作逆宮室。"疑非起居注原文。

【繫年】晉成帝咸和六年（331）

【佚文】《藝文類聚》卷八六《菓部上·柰》引《晉咸和起居注》："（咸和）六年，寧州上言，甘露降城北園柰桃樹等。"（P.1483）

【繫年】不詳
【佚文】《太平御覽》卷七六三《器物部八·斧》引《晉咸和起居注》："因有司奏：'魏氏故事，正旦賀，公卿上殿，虎賁六人隨上，以斧柄柱衣裙。'上令宜依舊爲儀注，詔曰：'此非前代善制。'"（P.3386-3）
【考訂】《後漢書》卷十下《皇后紀·獻帝伏皇后》："操後以事入見殿中，帝不任其憤，因曰：'君若能相輔，則厚；不爾，幸垂恩相捨。'操失色，俛仰求出。舊儀，三公領兵朝見，令虎賁執刃挾之。操出，顧左右，汗流浹背，自後不敢復朝請。"（P.453）

《晉咸康起居注》

《隋書》卷三三《經籍志》："《晉咸康起居注》二十二卷。"（P.964）《舊唐書》卷四六《經籍志》："《晉咸康起居注》二十二卷，李軌撰。"（P.1997）新唐書卷五八藝文志："《晉咸康起居注》二十二卷。"（P.1470）無具名。

【繫年】不詳
【佚文】《藝文類聚》卷七三《雜器物部五·盌》引《咸康起居注》："詔賜遼東使段遼等琉璃盌。"《太平御覽》卷七五九《器物部四·杯》引《晉咸康起居注》："詔送遼東使段遼等鸚鵡杯。"（P.3370-4）《太平御覽》卷七六〇《器物部五·盌》引《晉咸康起居注》（P.3372-2）。

【繫年】不詳
【佚文】《藝文類聚》卷八五《布帛部·綾》引《咸康起居注》："詔：'臨邑王使主范柳所貢物多，絳綾是其所珍，可籌量增賜。'"（P.1460）《太平御覽》卷八一六《布帛部三·綾》引《晉咸康起居注》："詔：'臨邑使主范柳所貢物多，絳綾是其所珍，可籌量增賜。'"（P.3638-4）

【繫年】不詳
【佚文】《藝文類聚》卷八九《木部下·杉》引《晉咸康起居注》："侍御史秦武奏：

'平陵前道東杉樹一株萎死,以備預柏栽補之。請收陵令推劾。'"《太平御覽》卷九五七《木部六·杉》引《晉咸康起居注》:"侍御史秦武奏:'平陵前道東杉樹一株萎死,以柏栽補充之,請收陵令推劾。'"(P.4249-4)

【繫年】不詳

【佚文】《藝文類聚》卷四《歲時部中·元正》引《晉咸康起居注》:"十二月庚子,詔曰:'正會日,百僚增禄,賜醽酒,人二升。'"(P.59)

【考訂】嚴可均輯入《全晉文》卷一〇,題晉成帝《正會詔》(P.3033),繫於咸和八年,不知何據。按晉成帝卒與咸康八年夏六月,《晉書》卷七《康帝紀》:(咸康八年),康帝"十二月,增文武位二等"。(P.185)

《晉隆安起居注》

《隋書》卷三三《經籍志》載"《晉隆安起居注》十卷"(P.965)黃奭《漢學堂叢書》有輯本。

【繫年】晉安帝隆安三年(399)

【佚文】《太平御覽》卷九七〇《果部七·石榴》引《晉隆安起居注》:"武陵臨沅縣安石榴子大如椀,其味不酸,一蒂六實。"《稽瑞》"□□□榴永嘉之竹"條引《晉隆安起居注》:"三年,武陵臨院縣有安石榴,六子同穎,内史庾怡以聞。"(P.3315)

【考訂】《宋書》卷二九《符瑞志》:"晉安帝隆安三年,武陵臨沅獻安石榴,一蒂六實。"(P.836)

《晉康帝起居注》

《晉康帝起居注》,《隋志》無著録。黃奭《漢學堂叢書》有輯本。

【繫年】晉康帝建元二年(344)

【佚文】《太平御覽》卷二一二《職官部十·揔叙尚書》引《晉康帝起居注》:"詔曰:'尚書万事之本,朕所責成也。而廩秩儉薄,甚非治體,今雖軍國多費,不爲元凱惜禄,其依令僕給尚書各親信五十人廩賜。'"(P.1015-3)《北堂書鈔》卷五九《設官部十一·尚書揔七十·萬事之本》引《晉起居注》:"建元二年,詔曰:'尚書萬事之本,朕所責

· 331 ·

成者也。而廩禄儉薄,莖非治體,令雖軍國多費,不爲元凱惜禄,其依令僕給尚書各親信五十人廩賜。'"

【考訂】嚴可均收入《全晉文》卷一〇,題名"尚書增禄詔"(P. 3039)

《晉永和起居注》

《隋書》卷三三《經籍志》:"《晉永和起居注》十七卷,梁有二十四卷。"(P. 964)《舊唐書》卷四六《經籍志》:"《晉永和起居注》二十四卷。"(P. 1997)《新唐書》卷五八《藝文志》:"《晉永和起居注》二十四卷。"(P. 1470)黄奭《漢學堂叢書》有輯本。

【繫年】晉穆帝永和三年(347)
【佚文】《初學記》卷二七《寶器部·金》引《晉永和起居注》:"盧江太守路永表言:於穀城北見水岸邊紫赤光,得金一枚,狀如印齒。"(P. 646)《太平御覽》卷八一〇《珍寶部九·金》中引《晉永和起居注》:"盧江太守路永表言:於穀城北見水岸邊紫赤光,得金一枚,文如印齒。"(P. 3398-3)
【考訂】《宋書》卷二九《符瑞志》:"永和元年三月,盧江太守路永上言,於春穀城北,見水岸邊有紫赤光,取得金狀如印,遣主簿李邁表送。"(P. 852)

【繫年】不詳
【佚文】《初學記》卷一六《樂部下·箜篌》第四引《晉永和起居注》:"詔:'太史解土非祠典,可給琵琶箜篌。'"(P. 394)《白氏六帖事類集》卷一八引《晉永和起居注》:"詔:'太史解士非祠曲,可琵琶箜篌也。'"
【考訂】《初學記》引文"土"疑爲"士"之訛,"典"爲"曲"之訛;《白氏六帖》引文疑脱"給"字。

《晉孝武帝起居注》

《晉孝武帝起居注》,《隋志》無著録,《北堂書鈔》《藝文類聚》《太平御覽》均有徵引,黄奭《漢學堂叢書》有輯本。

【繫年】晉孝武帝太元二十一年(396)
【佚文】《太平御覽》卷一四九《皇親部一五·太子妃》引《晉孝武帝起居注》:"上

臨軒,設懸而不樂,遣兼司空望蔡公謝琰納太子妃王氏,詔曰:'太子諱婚,禮即就仰祖宗遺烈,憑道德之資,保傅將翼賢士,竭誠慎行,修德積善,慶隆豈唯在予!天賚錫所以宣其悦情,其便依舊有賜。左僕射王珣奏賜文武絹布,百官詣止車門上禮。'"(P. 729 - 4)《藝文類聚》卷一六《太子妃》引《晉孝武起居注》:"上臨軒設懸而不樂,遣兼司空謝琰納太子妃王氏,賜文武布絹,百官詣上東門上禮。"(P. 303)

【考訂】嚴可均輯入《全晉文》卷一一,係於太元二十一年,題孝武帝《遣兼司空謝琰納太子妃王氏詔》(P. 3052)。

【繫年】不詳
【佚文】《北堂書鈔》卷一三六《服節部三·指鐶七十二·林邑奉金環》引《晉孝武帝起居注》:"林邑王獻奉及世子金指環也。"

【繫年】不詳
【佚文】《太平御覽》卷一四九《皇親部一五·太子妃》引《晉孝武帝起居注》:"納采,聘太子妃,百官朱服,會於新安公主第。秘書監王操之爲主人。"(P. 729 - 3)
【考訂】《初學記》卷一〇《中宮部·太子妃第四·事對》"新安公主"條引《王隱晉書》:"安僖皇后王氏字神受,太常王獻之女,新安公主生,即安帝姑也。孝武帝以後少孤,無兄弟,故爲安帝納爲太子妃。孝武納采聘太子妃王氏,百官朱服會於新安公主第,祕書監王操之爲主人。"(P. 236)

【繫年】不詳
【佚文】《太平御覽》卷一四九《皇親部一五·太子妃》引《晉孝武帝起居注》:"太子諱婚禮即就,仰祖宗遺烈,憑道德之姿,保傅將翼,賢士竭誠,慎行修德。積善慶隆。豈惟在乎。天賚賜所以宣其悦情。其便依舊。"

《晉太元起居注》

《隋書》卷三三《經籍志》:"《晉泰元起居注》,二十五卷,梁五十四卷。"(P. 964)《舊唐書》卷四十六《經籍志》(P. 1997)《新唐書》卷五八《藝文志》(P. 1470)均作"《晉太元起居注》五十二卷"。

【繫年】不詳

【佚文】《世說新語》卷中之下《賞譽》"法汰北來未知名"條引《泰元起居注》："法汰以十二卒。烈宗詔曰：'法汰師喪逝，哀痛傷懷，可贈錢十萬。'"（P.570）

【繫年】不詳

【佚文】《太平御覽》卷二三四《職官部三二·校書郎》引《晉太元起居注》："秘書丞桓綏啓校定四部書，詔遣郎中四人各掌一部。"（P.1112-2）

【繫年】不詳

【佚文】《太平御覽》卷七七五《車部四·羊車》引《晉太元起居注》："司隸校尉劉毅秦護軍羊琇私角弩四張，又乘羊車，請免官。罪詔曰：'羊雖無制，非素所乘者，可如所奏。'"（P.3436-4）

《晉義熙起居注》

《隋書》卷三三《經籍志》："《晉義熙起居注》十七卷，梁三十四卷。"（P.965）《舊唐書》卷四六《經籍志》："《晉義熙起居注》三十四卷。"（P.1997）《新唐書》卷五八《藝文志》同（P.1470）。

【繫年】晉安帝義熙元年（405）三月

【佚文】《太平御覽》卷六九〇《服章部七·朱衣》引《晉義熙起居注》："安帝自荊州至新亭，詔曰：'諸侍官戎行之時，不備朱服，悉令袴褶從也。'"（P.3081-4）

【考訂】佚文原無繫年。按此詔應頒於晉安帝平桓玄之後，自江陵返建康之時。《晉書》卷一〇《安帝紀》："（義熙元年）二月丁巳，留臺備乘輿法駕，迎帝於江陵。……（三月）乙未，百官詣闕請罪。詔曰：'此非諸卿之過，其還率職。'"（P.258）

【繫年】晉安帝義熙二年（406）正月

【佚文】《太平御覽》卷九七一《果部八·柿》引《義熙起居注》："二年正月，吳令顧修期言西鄉有柿樹，殊本合條，依舊集賀。詔停。"（P.4303-1）

【繫年】晉安帝義熙八年（412）四月

【佚文】《太平御覽》卷七七〇《舟部一·艦》引《義熙起居注》:"盧循新作八槽艦九枚,起四層,高十餘丈連,《營繕令》曰:'諸私家不得有戰艦等舡。'"(P.3415-2)

【考訂】佚文原無繫年。據《宋書》卷一《武帝本紀》:"(義熙八年四月)循即日發巴陵,與道覆連旗而下。別有八艚艦九枚,起四層,高十二丈。"(P.18)

【繫年】晉安帝義熙九年(413)

【佚文】《太平御覽》卷九八一《香部一·麝》引《義熙起居注》:"倭國獻貂皮、人參等,詔賜細笙、麝香。"(P.4344-4)

【考訂】佚文原無繫年。據《晉書》卷一〇《安帝紀》:"(義熙九年)是歲,高句麗、倭國及西南夷銅頭大師并獻方物。"(P.264)按貂皮、人參似非倭國方物,疑前脫"高句麗"。

【繫年】晉安帝義熙十年(414)九月

【佚文】《太平御覽》卷七六〇《器物部五·盌》引《義熙起居注》:"詔:'林邑王范明達獻金盌一副,蓋一副。'"(P.3372-2)

【考訂】佚文原無繫年。據《晉書》卷一〇《安帝紀》:"九月丁巳朔,日有蝕之。林邑遣使來獻方物。"(P.264)

【繫年】晉安帝義熙十二年(416)

【佚文】《北堂書鈔》卷三二《政術部六·黜免十六·謝瞻種蔥免官》引《義熙起居注》:"十二年,有司奏太常謝瞻遣四人還家種蔥,免官。"(P.2683)《太平御覽》卷九七七《菜茹部二·蔥》引《義熙起居注》:"十年,有司奏太常謝澹遣四人還家種蔥菜,免官。"(P.4328-2)

【考訂】《書鈔》與《御覽》繫年不同,未知孰是,暫依《書鈔》。

【繫年】晉安帝義熙十三年(417)

【佚文】《北堂書鈔》卷一〇八《樂部四》引《義熙起居注》:"十三年,漢中成固縣聞水涯際有異聲若雷,既兩岸崩,有鐘十三枚出,制作精巧,和之清韻。"

【繫年】晉安帝義熙十四年(418)

【佚文】《北堂書鈔》卷一三〇《儀飾部上·渾儀十·歷代寶器》引《義熙起居注》："相國表曰：'間者平長安，獲張衡所作渾儀、土圭、歷代寶器，以久沈寇戎，謹遣奉送，歸之天府。'"《太平御覽》卷二《天部二·渾儀》引《義熙起居注》："十四年，相國表曰：'間者平長安，獲張衡所作渾儀、土圭、歷代寶器，謹遣奉送，歸之天府。'"(P.11－3)《事類賦注》卷一《天部一·天》引《義熙起居注》與《御覽》同(P.7)。

【考訂】《宋書》卷二《武帝本紀》："(義熙十三年)九月，公至長安。長安豐全，帑藏盈積。公先收其彝器、渾儀、土圭之屬，獻于京師；其餘珍寶珠玉，以班賜將帥。"(P.42)

【繫年】不詳
【佚文】《北堂書鈔》卷一〇一《藝文部七·賜書二八·詔與一千卷》引《義熙起居注》："何無忌見秘閣中書勝俗，悉求賜副，詔與一千卷。"

【繫年】不詳
【佚文】《北堂書鈔》卷一三六《服飾部五·屐八六·著屐出閣》引《義熙起居注》："兼黃門郎徐應真出爲散騎，著屐出省閣，有司奏，乃免官。"

《晉起居注》

《隋書》卷三三《經籍志》："《晉起居注》三百一十七卷，宋北徐州主簿劉道會撰。梁有三百二十二卷。"(P.965)

【繫年】晉武帝泰始元年(265)十二月
【佚文】《太平御覽》卷五二七《禮儀部六·郊丘》引《晉起居注》："武帝太始元年十二月，太常諸葛緒上言，'知士祭酒劉喜等議：帝王各尊其祖所自出。大晉禮，天郊當以宣皇帝配，地郊宣皇后配，明堂以景皇帝、文皇帝配。'博士孔晁議：'《禮》：王者郊天，以其祖配，周公以后稷配天於南郊，以文王配五精上帝於明堂。經典無配地文。魏以先妃配，不合禮制，周配祭不及武王，禮制有斷。今晉郊天，宜以宣皇帝配，明堂宜以文皇帝配。'有司奏：'大晉初建，庶事未定，且如魏。'詔：'郊祀大事，速議爲定。'"(P.2395－3)

【考訂】嚴可均收入《全晉文》卷四四，題諸葛緒《奏議郊配》(P.3416)，未標引出處。

【繫年】晉武帝泰始元年(265)十二月

【佚文】《太平御覽》卷二九《時序部十四·元日》引《晉起居注》:"太始元年詔曰:'朕遭愍凶,奉承洪業,追慕罔極。正日雖當受朝,其伎樂一切,勿有所設。又殿前反宇及武帳織成帷之屬,皆不須施。'"(P.135-4)

【考訂】嚴可均收入《全晉文》卷二,題武帝《正旦徹樂詔》,屬泰始元年十二月,但引文與《御覽》有差別:"朕遭愍凶,奉承洪業,追慕罔極。正旦雖當受朝,其伎樂一切,勿有所設。又殿前及文武織成帷幪之屬,皆不須施。"(P.2950)似爲嚴氏以己意校改。

【繫年】晉泰始元年(265)

【佚文】《北堂書鈔》卷七八《設官部三十·縣令一七六·才堪治民以參選》引《晉起居注》:"太始元年,詔曰:'若夫縣令有缺,掾屬才堪治民者,故當以參選。'"(P.853)

【考訂】嚴可均輯入《全晉文》卷二,題武帝《掾屬作令詔》(P.2950)。

【繫年】晉武帝泰始元年(265)

【佚文】《北堂書鈔》卷一三九《車部上·惣載篇一》引《晉起居注》:"太始元年,詔曰:'乘黃廄離車,共奉田獵嬉游之事,司奏廷尉三官及諸部掾職在鄰輦者,給白蓋小車,又給卿尊從官屬平興車六乘,重車一乘。'"

【考訂】嚴可均輯入《全晉文》卷二,題武帝《罷供奉詔》(P.2950)。

【繫年】不詳

【佚文】《北堂書鈔》卷五九《設官部十一·尚書僕射七三·稱爲強正》引《晉起居注》:"(刀)〔刁〕協字玄(毫)〔亮〕,晉國遷左僕射,時中興草創,制度未立,朝廷之臣無練習舊儀者。惟協以久在中朝,知性所近多諸故事,朝廷憲章,出入威儀、唱贊,皆一禀於協,當時稱爲強正。"

【考訂】《晉書》卷六九《刁協傳》:"刁協字玄亮。……中興建,拜尚書左僕射。于時朝廷草創,憲章未立,朝臣無習舊儀者。協久在中朝,諳練舊事,凡所制度,皆禀於協焉,深爲當時所稱許。"(P.1842)

【繫年】晉武帝泰始二年(266)

【佚文】《太平御覽》卷二三〇《職官部二八·宗正卿》引《晉起居注》:"太始二年,

以侍中、中書監朱整爲宗正卿。"(P.1092-4)

【繫年】不詳
【佚文】《唐六典》卷一〇《祕書省監、少監》引《晉起居注》:"武帝遣祕書圖書分爲甲、乙、景、丁四部,使祕書郎中四人各掌一焉。"(P.297)《太平御覽》卷二三三《職官部三十一·秘書郎》引《晉起居注》:"武帝遣秘書圖書分爲甲、乙、景、丁四部,使秘書郎各掌其一焉。"(P.1109-1)

【繫年】晉武帝泰始二年(266)
【佚文】《太平御覽》卷二四一《職官部三九·四中郎將·北中郎將》引《晉起居注》:"武帝太始二年詔:'鄴城守事宜速有人,又當得親親,有文武器任者。高陽王珪今來之國,雖當出爲藩輔,以才幹事,亦古之制也。其以珪爲督鄴城守事,北中郎將。'"(P.1142-4)
【考訂】《晉書》卷三七《宗室·高陽元王珪傳》:"高陽元王珪字子璋,少有才望,魏高陽鄉侯。歷河南令,進封浿陽子,拜給事黃門侍郎。武帝受禪,封高陽王,邑五千五百七十户。歷北中郎將、督鄴城守諸軍事。"(P.1091)

【繫年】晉武帝泰始三年(267)
【佚文】《太平御覽》卷二四四《職官部四二·太子太傅》引《晉起居注》:"武帝太始三年,始置太子二傅。是時官事大小皆由二傅,太傅立章,少傅寫之。"(P.1156-2)

【繫年】晉武帝泰始七年(271)
【佚文】《北堂書鈔》卷五九《設官部十一·尚書僕射七三·綜詳朝政》引《晉起居注》:"泰始七年,詔曰:尚書□括萬機,以二紀綱,綜詳朝政也。"

【繫年】晉武帝泰始八年(272)
【佚文】《太平御覽》卷二四三《職官部四一·儀同》引《晉起居注》:"太始八年,詔曰:'衛將軍羊祜歷文武,有佐命之勳,其爲車騎將軍,開府如三司之儀。'"(P.1149-2)
【考訂】《晉書》卷三四《羊祜傳》:"後加車騎將軍,開府如三司之儀。祜上表固讓……不聽。"(P.1015)

【繫年】晉武帝泰始三年（267）、泰始九年（273）、泰始十年（273）、咸寧是三年（277）

【佚文】《太平御覽》卷一四五《皇親部十一·嬪》引《晉起居注》："泰始三年，使使持節兼五官中郎將、宗正丞司馬恢，拜崇陽園妾李琰爲修華，王宣爲修容，徐琰爲修儀，吳淑爲婕妤，趙珽爲充華。九年，有司奏：'禮，唯皇后聘以穀圭，無妾媵設玉之制。'詔曰：'拜授可依魏氏故事。'十年，上臨軒。使持節兼太常、洛陽令司馬啓拜采女胡芳爲貴嬪，又使使持節兼御史中丞太子舍人司馬誕拜采女劉媛爲淑妃，臧曜爲淑媛，芳爲淑儀，趙粲爲修華，陳琇爲修容。咸寧三年，拜美人左嬪爲修儀，刑蘭爲婕妤，朱姜爲容華。"（P.706-4）

【考訂】當是某種起居注鈔。

【繫年】晉武帝泰始四年（268）正月

【佚文】《太平御覽》卷二九《時序部十四·元日》引《晉起居注》："太始四年正月，上臨軒，朝群臣於太極殿前，詔安平王載輿車昇殿，上迎拜於阼階，王坐上親，奉觴上壽，皆如家人之禮，王拜上，皆跪而止之。"（P.135-4）《北堂書鈔》卷一四〇《車部中·輿三·太宰輿車升殿》引《晉起居注》："太始四年正月，臨軒，詔太宰安平王載輿車升殿。"

【考訂】《晉書》卷三《武帝紀》："（泰始元年冬十二月丁卯）封皇叔祖父孚爲安平王。"（P.52）

【繫年】晉武帝泰始六年（270）

【佚文】《北堂書鈔》卷五二《設官部四·司徒八·示民軌儀》引《晉起居注》："武帝太始六年，詔曰：'昔舜命九官，敷聚五教，所以崇弘王化，示民軌儀也。'"《北堂書鈔》卷五二《設官部四·司徒八·思訓五品以康四海》引《晉起居注》："武帝太始六年，詔曰：'朕承鴻業，昧於大道，思訓五品，以康四海。司空荀（顓）〔顗〕翼亮先皇，遂輔朕躬，其以顗爲司徒。'"

【考訂】據《晉書》卷三九《荀顗傳》："咸熙初，封臨淮侯。武帝踐阼，進爵爲公，食邑一千八百戶。又詔曰：'昔禹命九官，契敷五教，所以弘崇王化，示人軌儀也。朕承洪業，昧于大道，思訓五品，以康四海。侍中、司空顗，明允篤誠，思心通遠，翼亮先皇，遂輔朕躬，實有佐命弼導之勳。宜掌教典，以隆時雍。其以顗爲司徒。'"（P.1151）則以上兩條實爲一條。但繫年與《晉書》不同。

【繫年】晉武帝泰始七年（271）三月

【佚文】《太平御覽》卷二一一《職官部九·左右僕射》引《晉起居注》："尚書高陽王珪忠允善政，思量弘濟，蒞官盡心，所居著稱，其以珪爲右僕射。"（P.1010-4）

【考訂】佚文原無繫年，據《晉書》卷三《武帝紀》："（泰始七年三月）癸巳，以中護軍王業爲尚書左僕射，高陽王珪爲尚書右僕射。"（P.60）

【繫年】晉武帝泰始七年（271）十二月

【佚文】《太平御覽》卷二〇八《職官部六·司空》引《晉起居注》："武帝太始七年詔：'光祿大夫鄭袤，體行純正，履道冲粹，退有清和之風，進有素絲之節，宜齊三階之曜，補袞職之闕，明弼朕躬，匡其不逮，其以袤爲司空。'"（P.1000-1）

【考訂】《晉書》卷三《武帝紀》："（泰始七年）十二月，大雪。罷中領軍，并北軍中候。以光祿大夫鄭袤爲司空。"（P.61）

【繫年】晉武帝泰始七年（271）

【佚文】《太平御覽》卷二三九《職官部三十七·雜號將軍上·冠軍將軍》引《晉起居注》："武帝泰始七年，詔曰：'議郎胡奮，開爽忠亮，有文武才幹，歷位外內，涉練戎事，威略之聲著于方外，其以奮爲冠軍將軍。'"（P.1132-2）

【繫年】晉武帝泰始七年（271）

【佚文】《太平御覽》卷二四〇《職官部三十八·雜號將軍下·中護軍》引《晉起居注》："武帝太始七年，詔曰：'中護軍職典武選，宜得堪幹其事者。左衛將軍羊琇有明贍才見，乃心在公，其以琇爲中護軍'"（P.1138-2）

【考訂】《晉書》卷九三《外戚羊琇傳》："（武）帝踐阼，累遷中護軍，加散騎常侍。琇在職十三年，典禁兵，豫機密，寵遇甚厚。"（P.2410）

【繫年】晉武帝泰始八年（272）

【佚文】《太平御覽》卷二三八《職官部三六·後將軍》引《晉起居注》："太始八年置後軍將軍，掌宿衛。"（P.1128-2）

【考訂】《晉書》卷二四《職官志》："左右前後軍將軍，案魏明帝時有左軍，則左軍魏官也，至晉不改。武帝初又置前軍、右軍，泰始八年又置後軍，是爲四軍。"（P.740）

【繫年】晉武帝泰始十年(274)

【佚文】《北堂書鈔》卷五八《設官部十·通直散騎常侍六五·東平王懋爲通直之始》引《晉起居注》："太始十年詔：'東平王懋爲員外常侍通直殿中,兼散騎常侍。通直之號蓋自此始也。'"

【繫年】晉武帝咸寧元年(275)

【佚文】《太平御覽》卷二三〇《職官部二八·宗正卿》引《晉起居注》："咸寧元年,以太中大夫王覽爲宗正卿。"(P.1092-4)

【考訂】《晉書》卷三三《王覽傳》："咸寧初,詔曰：'覽少篤至行,服仁履義,貞素之操,長而彌固。其以覽爲宗正卿。'"(P.990)

【繫年】晉武帝咸寧元年(275)

【佚文】《太平御覽》卷二四五《職官部四三·太子中庶子》引《晉起居注》："武帝咸寧元年,詔曰：'男子皇甫謐沉靜履素,守學好古,與流俗異趣。其以謐爲太子中庶子。'"

【考訂】《晉書》卷五一《皇甫謐傳》："咸寧初,又詔曰：'男子皇甫謐沉靜履素,守學好古,與流俗異趣。其以謐爲太子中庶子。'謐固辭。"(P.1416)

【繫年】晉武帝咸寧二年(276)十一月

【佚文】《北堂書鈔》(百納本)卷四八《封爵部下·遜讓封十二·固辭歷年》引《晉起居注》："咸寧二年,詔曰：'故南城侯羊祜,固辭歷年。身殁讓存,遺操益厲,此亦夷叔所稱賢者也。'"(P.440)《北堂書鈔》(百納本)卷四八《封爵部下·遜讓封十二·身殁讓存遺操益勵》引《晉起居注》文本無異；《藝文類聚》卷五一《封爵部·遜讓封》引《晉起居注》："故南城侯羊祜,固辭歷年,志不可奪,身没讓存,遺操益厲。此亦夷、齊所稱賢也。今聽復本封,以彰厥美。"

【考訂】《藝文類聚》引文無繫年,《北堂書鈔》引文無詔令最後兩句,《晉書》卷三四《羊祜傳》："祜甥齊王攸表祜妻不以侯斂之意,帝乃詔曰：'祜固讓歷年,志不可奪。身没讓存,遺操益厲,此夷叔所以稱賢,季子所以全節也。今聽復本封,以彰高美。'"(P.1021)嚴可均輯入《全晉文》卷五,題武帝咸寧二年十一月《聽羊祜不以侯斂詔》(P.2979)。

【繫年】晉武帝咸寧三年正月(277)正月

【佚文】《太平御覽》卷一九九《封建部二·同姓封》引《晉起居注》："武帝詔：'皇子裕生七歲矣，得疾，封始平王。'"(P.961-2)

【考訂】《晉書》卷三《武帝紀》："三年春正月丙子朔，日有蝕之。立皇子裕爲始平王，安平穆王隆弟敦爲安平王。"(P.67)

【繫年】晉武帝咸寧三年(277)七月

【佚文】《太平御覽》卷九〇七《獸部十九·麐》引《晉起居注》："咸寧中，白麐見魏郡，後諸州各送白麐。"(P.4021-1)

【考訂】《宋書》卷二八《符瑞志》："咸寧三年七月壬辰，白麐見魏郡。"(P.809)

【繫年】晉武帝咸寧三年(277)

【佚文】《太平御覽》卷二五二《職官部五十·尹》引《晉起居注》："武帝咸寧三年，詔曰：'河南百郡之首，其風教宜爲遐邇所模，以導齊之。侍中、奉車都尉王恂忠亮篤誠，才兼外内，明於治化。其以恂爲河南尹。'"《北堂書鈔》卷七六《設官部二八·京尹一六七·遐邇所模》引《晉起居注》："咸寧三年，詔曰：'河南乃爲百郡之首，其風教宜爲遐邇所(摸)〔模〕也。'"《北堂書鈔》卷七六《設官部二八·京尹一六七·百郡之首》引《晉起居注》："武帝咸寧三年，詔曰：'河南爲百郡之首，其風教宜爲遐邇所模。侍中、奉車都尉王恂忠亮篤誠，才兼内外，明於治化。其以恂爲河南尹。'"《北堂書鈔》卷七六《設官部二八·京尹一六七·明於治化》引《晉起居注》："武帝咸寧三年詔曰：'侍中奉車都尉王恂忠亮篤誠，才兼内外，明於治化，其以恂爲河南尹。'"

【繫年】晉武帝咸寧五年(279)

【佚文】《太平御覽》卷二一七《職官部十五·度支尚書》引《晉起居注》："咸寧五年，詔曰：'一年不收，使公私俱匱，不唯天時，乃人事有不盡也，故總要者正在度支尚書也。其以散騎常侍、中書令張華爲度支尚書。'"(P.1035-1)《職官分紀》卷九《列曹尚書·一年不收公私俱匱》引《晉起居注》："詔曰：'一年不收，使公私俱匱，不唯天時，乃人事有不盡故也。要摠者正在度支尚書也。其以散騎常侍、中書令張華爲度支尚書。'"

【考訂】《晉書》卷三六《張華傳》："及將大舉，以華爲度支尚書，乃量計運漕，決定

廟算。"(P.1070)

【繫年】晉武帝太康元年(280)五月
【佚文】《藝文類聚》卷三九《朝會》引《晉起居注》:"武帝太康元年,詔曰:'江表初平,天下同其歡豫,王公卿士各奉禮稱慶。其於東堂小會。設樂,使加於常。'五月庚寅,御臨軒,大會於太極殿前,四方賀,使國子太學生、司徒吏副將以上、及吳降將吏皆與會。詔引歸命侯孫皓上殿,稽顙陳恩謝罪,稱萬歲。"
【考訂】《晉書》卷三《武帝紀》:"(五月)丙寅,帝臨軒大會,引晧升殿,群臣咸稱萬歲。"(P.72)中華書局標點本校勘記:"五月丁亥朔,無丙寅。丙寅及此下丁卯、庚午、庚辰、丁丑、甲申,皆在六月內,下文'丁丑'前'六月'二字應在'丙寅'上。又庚辰爲六月二十五日,丁丑爲二十二日,日序亦倒。"未檢《晉起居注》佚文。

【繫年】晉武帝太康元年(280)
【佚文】《北堂書鈔》卷五九《設官部一一·尚書僕射七三·協宣庶績》引《晉起居注》:"太康元年,詔曰:'尚書置左右僕射,所以恢演治典,協宣庶績也。中間久廢,其復置之。'"(P.622)《太平御覽》卷二一一《職官部九·左右僕射》引《晉起居注》:"太康元年,詔曰:'尚書置左右僕射,所以恢演治典,協宣庶政。'"(P.1010-4)
【考訂】《晉書》卷二四《職官志》:"經魏至晉,迄於江左,省置無恆,置二,則爲左右僕射,或不兩置,但曰尚書僕射。"(P.730)嚴可均輯入《全晉文》卷六,題武帝《復置左右僕射詔》(P.2985),"尚書置左右僕射"一句,作"尚書舊置左右僕射",乃嚴氏以己意補。

【繫年】晉武帝太康元年(280)
【佚文】《太平御覽》卷二〇〇《封建部三·功臣封》引《晉起居注》:"太康元年詔曰:'張華前與故太傅創謀大計,部分方竿,有謀謨之勳。封廣武侯,邑萬戶。'"(P.967-3)
【考訂】《晉書》卷三六《張華傳》:"及吳滅,詔曰:'尚書、關內侯張華,前與故太傅羊祜共創大計,遂典掌軍事,部分諸方,算定權略,運籌決勝,有謀謨之勳。其進封爲廣武縣侯,增邑萬戶,封子一人爲亭侯,千五百戶,賜絹萬匹。'"(P.1070)

【繫年】晉武帝太康四年(283)正月

【佚文】《太平御覽》卷二一一《職官部九·左右僕射》引《晉起居注》:"武帝太康四年詔曰:'吏部掌叙人倫治化之本也,宜得忠正舊德。尚書右僕射魏舒寬泰弘毅,潜通有才識,其以舒爲左右僕射,領選曹。'"(P.1010-3)

【考訂】《晉書》卷三《武帝紀》:"(太康)四年春正月甲申,以尚書右僕射魏舒爲尚書左僕射,下邳王晃爲尚書右僕射。"(P.74)

【繫年】晉武帝太康四年(283)八月

【佚文】《太平御覽》卷二一四《職官部十二·吏部尚書》引《晉起居注》:"太康四年八月詔曰:'選曹銓管人才,宜得忠恪寡欲、抑華崇本者。尚書朱整,周慎廉敬,以道素自居,是其人也。其以整爲吏部尚書。'"(P.1020-4)《太平御覽》卷四三〇《人事部七十一·謹慎》引《晉起居注》:"太康四年制曰:'選曹銓管人才,宜得恪謹寡欲、(柳)〔抑〕華崇本。尚書朱整,周慎敬讓以自居,是其人也。'"(P.1983-3)

【考訂】《晉書》卷三《武帝紀》:"二月,尚書右僕射、陽夏侯胡奮卒,以尚書朱整爲尚書右僕射。"(P.78)時間有異。

【繫年】晉武帝太康四年(283)

【佚文】《北堂書鈔》卷五八《設官部十·侍中六二·博雅顧問以何劭》引《晉起居注》:"武帝太康四年,詔曰:何劭已歷試朝位,博雅有拾遺顧問之才,其以劭爲侍中。"

【考訂】《晉書》卷三三《何曾附子何劭傳》:"劭字敬祖,少與武帝同年,有總角之好。……遷侍中尚書。"(P.998)

【繫年】晉武帝太康七年(286)

【佚文】《太平御覽》卷二二四《職官部二二·散騎常侍》引《晉起居注》:"太康七年詔曰:'尚書馮紞忠亮在公,歷職内外,勤恪匪懈,而疾未差,屢求放退。其以紞爲散騎常侍,賜錢二千萬、牀帳一具。'"(P.1064-3)

【考訂】《晉書》卷三九《馮紞傳》:"太康七年,紞疾,詔以紞爲散騎常侍,賜錢二十萬、牀帳一具。"(P.1162)

【繫年】晉武帝太康七年(286)

【佚文】《初學記》卷二《職官部下·給事中第三·事對·立德》:"武帝太康七年,

詔曰：'郎中張建忠篤履素，爲江表士大夫所稱，宜在中朝，其以建爲給事中。'"《太平御覽》卷二二一《職官部十九·給事中》引《晉起居注》，文本無異（P.1052-4）。

【考訂】嚴可均輯入《全晉文》卷六，題武帝《以張建爲給事中詔》（P.2989）。

【繫年】晉武帝太康八年（287）

【佚文】《太平御覽》卷二五九《職官部五七·太守》引《晉起居注》："太康八年詔曰：'昔先王御俗，以興至治，未有不先成民事者也。漢宣識其如此，是以歎息良二千石。今欲皆先外郡，治民著績，然後入爲常伯、納言及典兵宿衛、黃門散騎、中書郎。'"（P.1215-4）《藝文類聚》卷四八《職官部四·中書侍郎》引《晉起居注》："詔曰：'今之士大夫多不樂出宰牧，而好內官。今皆先經外郡，治民著績，然後入爲常伯、中書郎。'"《太平御覽》卷二二〇《職官部十八·中書侍郎》引《晉起居注》："今之士大夫多不樂出宰牧，而好內官，今皆先經外官，治民著績，然後入爲常伯、中書郎。"（P.1048-1）

【繫年】晉武帝太康八年（287）

【佚文】《太平御覽》卷五三一《禮儀部十·廟》引《晉起居注》："武帝太安中詔曰：'往者仍魏氏舊廟處立廟，既壅翳不顯，材木弱小，至今中間有跌橈之患。今當修立，不宜在故處。太僕寺南臨甬道地形顯敞，更於此營之，主者依典禮施行。'"（P2410-1）《北堂書鈔》卷八七《禮儀部八·宗廟十六·地形顯敞》引《晉起居注》："武帝太康八年詔（守）曰：'往者仍魏氏舊廟處立廟，既壅翳不顯，又林木弱小。太僕寺地形顯敞，更於此營之。'"

【考訂】《晉書》卷一九《禮志》："六年，因廟陷，當改修創，群臣又議奏曰：'古者七廟異所，自宜如禮。'詔又曰：'古雖七廟，自近代以來皆一廟七室，於禮無廢，於情爲叙，亦隨時之宜也。其便仍舊。'至十年，乃更改築於宣陽門內，窮極壯麗，然坎位之制猶如初爾。"（P.603）

【繫年】不詳

【佚文】《太平御覽》卷五三九《禮儀部十八·宴會》引《晉起居注》："太常張華上書：'按舊事，拜公建始殿，因以小會，蓋所以崇宰輔也。'"（P.2443-4）《藝文類聚》卷三九《朝會》引《晉起居注》："太常張華止。按舊事，拜公建始殿，因以小會。今拜公於太極殿，亦宜因以小會，蓋所以崇宰輔也。"

· 345 ·

【考訂】《晉書》卷四四《石鑒傳》:"前代三公册拜,皆設小會,所以崇宰輔之制也。自魏末已後,廢不復行。至鑒,有詔令會,遂以爲常。"(P.1266)

【繫年】不詳
【佚文】《北堂書鈔》卷五三《設官部五・太常十七・虞松考正舊儀》引《晉起居注》:"元康六年以後,不常親郊社,經雜事難,太常虞松考正舊儀,無不悉備。"(P.519)
【考訂】孔廣陶本《北堂書鈔》作:"元康六年以後,不常親郊,經雜事難,制度廢弛,太常虞松考正舊儀,死不悉備。"

【繫年】晉武帝太康十年(289)六月
【佚文】《太平御覽》卷八三八《百穀部二・麥》引《晉起居注》:"太康十年,嘉麥生扶風郿,一莖四穟,收實三倍。"(P.3344-2)
【考訂】《宋書》卷二九《符瑞志》:"晉武帝太康十年六月,嘉麥生扶風郡,一莖四穗。是歲收三倍。"(P.833)

【繫年】晉武帝太康十年(289)十月
【佚文】《太平御覽》卷一九九《封建部二・同姓封》引《晉起居注》:"武帝詔:'安平獻王孫承,昔以父早亡,不建大祚,以縣封之。今以三縣封爲武邑王。'"(P.961-2)
【考訂】《晉書》卷三《武帝紀》:"冬十月壬子,徙南宮王承爲武邑王。"(P.79)

【繫年】晉武帝太康十年(289)
【佚文】《太平御覽》卷二四五《職官部四三・太子左右庶子》引《晉起居注》:"太康十年詔:'尚書郎王琛每所陳論,意在忠讜。其以爲太子庶子。'"(P.1161-2)

【繫年】不詳
【佚文】《北堂書鈔》卷四六《封爵部上・親戚封二・封域相近》引《晉起居注》:"武帝詔曰:'全封相近,吾傷口之也'"
【考訂】原書疑有脫文,已無從輯補。

【繫年】不詳

【佚文】《北堂書鈔》卷五七《設官部九·中書侍郎五三·王濟少有俊才》引《晉起居注》:"武帝詔云:'附馬都尉王濟,好學問,有文章器幹,其以濟爲中書侍郎。'"《北堂書鈔》卷五七《設官部九·中書侍郎五三·王濟少有有文章》引《晉起居注》:"武帝詔曰:'駙馬都尉王濟,忠篤好學問,有文章器幹,其以濟爲中書侍郎。'"

【考訂】《晉書》卷四二《王濟傳》:"尚常山公主。年二十,起家拜中書郎。"(P.1205)

【繫年】不詳

【佚文】《北堂書鈔》卷五三《設官部五·衛尉十九·辛毗以清貧聞》引《晉起居注》:"河南尹裴楷才行清茂,轉衛尉。"

【考訂】《晉書》卷三五《裴楷傳》:"然楷性不競於物,昔爲常侍,求出爲河內太守;後爲侍中,復求出爲河南尹。"(P.1049)

【繫年】晉惠帝永平元年(291)

【佚文】《太平御覽》卷二〇一《封建部四·宦者封》引《晉起居注》:"惠帝永平元年詔曰:'中常侍董猛固讓封邑,其封爲武安侯。猛前求餘户封三兄,今皆封爲亭侯。'"(P.970-3)《北堂書鈔》(百納本)卷四八《封爵部下·恩澤封八·董猛固讓封邑》引《晉起居注》:"惠帝永平元年詔曰:'中侍郎董猛固讓封邑,其封爲武安侯。'"(P.435)

【考訂】《北堂書鈔》(孔廣陶本)卷四八《封爵部下·恩澤封八·董猛固讓封邑》引《晉起居注》:"惠帝永平元年詔曰:'中侍郎董猛固讓封邑,其封爲武安侯。'"《晉書》卷二四《職官志》:"漢東京初,省散騎,而中常侍用宦者。魏文帝黄初初,置散騎,合之於中常侍,同掌規諫,不典事,貂璫插右,騎而散從,至晉不改。及元康中,惠帝始以宦者董猛爲中常侍,後遂止。"(P.733)

【繫年】晉惠帝永平元年(291)

【佚文】《北堂書鈔》卷五七《設官部九·秘書惣五五·綜經籍》引《晉起居注》:"惠帝永平(九)〔元〕年,詔曰:'秘書綜理經籍,考核古今,課試署吏,四百人,宜專其事者也。'"

【考訂】按晉惠帝"永平"年號祇施用一年,"九年"乃"元年"之訛。嚴可均輯入《全晉文》卷七,題惠帝永平元年二月戊寅《祕書監詔》(P.2999)。《唐六典》卷一〇《祕書省監、少監》:"至晉武,又以祕書并入中書。惠帝永平元年詔:'祕書典綜經籍,考校古今,中書自有職務,遠相統攝,於事不專。宜令復別置祕書寺,掌中外三閣圖書。'自是,祕書寺始外置焉。"(P.296)

【繫年】晉惠帝元康元年(291)

【佚文】《太平御覽》卷二四三《職官部四十一·儀同》引《晉起居注》:"元康元年,詔曰:'光祿大夫王戎,光祿大夫裴楷開府辟召儀同三司。'"(P.1149-2)

【考訂】《北堂書鈔》卷五二《設官部四·開府·王戎清虛挹損》引王隱《晉書》:"戎字濬仲。惠帝元康元年,詔曰:'尚書僕射、光祿大夫王戎,清虛履道,謀猷沖遠,敷歷外任,宣力四方,入掌機衡,文才允叙。將澄清風俗,顯一群望,宜崇其職,乃可贊成王化。其以光祿大夫開府儀同三司。'"(P.510)嚴可均輯入《全晉文》卷七,題惠帝《王戎開府詔》(P.300)。

【繫年】晉惠帝元康元年(291)

【佚文】《太平御覽》卷二四三《職官部四一·儀同》引《晉起居注》:"元年詔曰:'中書監、光祿大夫張華歷世腹心,情所憑賴,故疇其勳績,使儀同三司。而虛冲挹損,難違高尚,其以光祿大夫、儀同三司,本職如故。'又給親信滿百人。"(P.1149-2)

【考訂】嚴可均輯入《全晉文》卷七,題惠帝《以張華爲儀同詔》(P.3000)。據《晉書》卷三六《張華傳》:"朝議欲徵華入相,又欲進號儀同。……遂終(武)帝之世,以列侯朝見。……及瑋誅,華以首謀有功,拜右光祿大夫、開府儀同三司、侍中、中書監,金章紫綬。固辭開府。"(P.1071)則張華拜開府儀同三司在元康元年。

【繫年】晉惠帝元康元年(291)

【佚文】《北堂書鈔》卷四八《封爵部下·尊賢繼絶封十·苞國祚莫繼以孫行爲公》引《晉起居注》:"惠帝元康元年,詔曰:'故樂陵公石苞國祚莫繼,其特以苞孫行爲樂陵公。'"(P.439)

【考訂】《晉書》卷三三《石苞傳》:"及惠帝復阼,詔以卿禮葬之。封崇從孫演爲樂陵公。"(P.1008)

【繫年】晉惠帝元康二年(292)、永寧元年(301)

【佚文】《太平御覽》卷一四五《皇親部十一·嬪》引《晉起居注》："惠帝元康二年，詔曰：'才人謝玫進爲淑妃。'有司奏當與三夫人以下同拜，詔宜在後也。永寧元年詔曰：'峻陽園淑妃，公孫明識貞粹，今進位爲貴人。'"（P.707-1）

【繫年】晉惠帝太安二年（303）八月
【佚文】《太平御覽》卷七六七《雜物部二·瓦》引《晉起居注》："成都王討長沙王，使陸機都督三十七萬衆圍洛陽四匝，夜鼓譟，京師屋瓦皆裂。"（P.3403-3）
【考訂】《晉書》卷四《惠帝紀》："（太安二年八月，成都王）穎遣其將陸機、牽秀、石超等來逼京師。"（P.101）

【繫年】晉元帝建武元年（317）
【佚文】《北堂書鈔》卷一三九《車部上·惣載篇一》："建武元年，有司奏：'車府令戒嚴，上作高車，用雜惣求處給，請出上庫錢六十七萬六千六百，今日但治，故乃近三十萬邪，忽使過飾整頓也。'"
【考訂】嚴可均輯入《全晉文》卷八，題元帝《報有司奏治高車詔》（P.3011），脫"今日"以下十八字。

【繫年】不詳
【佚文】《太平御覽》卷一九九《封建部二·同姓封》引《晉起居注》："惠帝詔：'侍中司馬〔越〕，討楊駿之功，封東海王，食六縣。'"（P.961-2）
【考訂】《晉書》卷五九《東海王越傳》："拜散騎侍郎，歷左衛將軍，加侍中。討楊駿有功，封五千户侯。……別封東海王，食六縣。"（P.1622）《御覽》引文"司馬"後脫"越"字。

【繫年】不詳
【佚文】《太平御覽》卷二〇〇《封建部三功臣封》引《晉起居注》："惠帝追封衛瓘爲郡公。"（P.967-3）
【考訂】《晉書》卷三六《衛瓘傳》："朝廷以瓘舉門無辜受禍，乃追瓘伐蜀勳，封蘭陵郡公，增邑三千户，謚曰成，贈假黃鉞。"（P.1061）

【繫年】不詳

【佚文】《北堂書鈔》卷五二《設官部四·太保十二·衛瓘明允篤誠》引《晉起居注》:"太保衛瓘,明允篤誠,有匪躬之志,其給千兵騎百人。"《初學記》卷十一《職官部上》引《晉起居注》:"太保衛瓘,明允篤誠,有匪躬之志,其給千兵騎百人。"(P.253)《太平御覽》卷二〇六《職官部四·太保》引《晉起居注》(P.990-1)文本無異。

【考訂】《晉書》卷三六《衛瓘傳》:"太康初,遷司空,侍中、令如故。……又領太子少傅,加千兵百騎鼓吹之府。"(P.1057)"惠帝即位,復瓘千兵。"(P.1059)

【繫年】不詳

【佚文】《北堂書鈔》(百納本)卷四八《封爵部下·尊賢繼絶封十·王基爵祚再絶以孫恢紹公》引《晉起居注》:"惠帝詔曰:'司空王基,爵祚再絶,其以故安陽令振次男恢紹封。'振,基子也'"(P.439)

【考訂】《書鈔》諸本多有錯訛,以百衲本爲優。

【繫年】晉元帝大興四年(321)

【佚文】《太平御覽》卷二二四《職官部二二·員外散騎侍郎》引《晉起居注》:"大興四年,詔曰:'今以前司空從事中郎盧諶爲散騎侍郎,在員外。'"(P.1066-3)

【考訂】《晉書》卷四四《盧欽附盧諶傳》:"諶名家子,早有聲譽,才高行潔,爲一時所推。值中原喪亂,與清河崔悦、潁川荀綽、河東裴憲、北地傅暢并淪陷非所,雖俱顯于石氏,恒以爲辱。諶每謂諸子曰:'吾身没之後,但稱晉司空從事中郎爾。'"(P.1259)《晉書》卷四四《盧諶傳》:"元帝之初,末波通使于江左,諶因其使抗表理琨,文旨甚切,於是即加弔祭。累徵諶爲散騎中書侍郎,而爲末波所留,遂不得南渡。"(P.1259)

【繫年】晉元帝大興五年(322)

【佚文】《太平御覽》卷一四八《皇親部十四·太子三·太子太妃》引《晉起居注》:"元帝太興五年,上臨軒,使策命,拜晉王太子妃庾氏爲皇太子妃。"

【考訂】按晉元帝大興年號僅用四年,無大興五年,存疑。

【繫年】晉元帝永昌元年(322)三月

【佚文】《太平御覽》卷二一一《職官部九·左右僕射》引《晉起居注》:"永昌元年

· 350 ·

詔曰：'尚書分置左右僕射，所以廣登賢俊，經始万機。護軍周顗可左僕射，領軍王遂可右僕射。'"（P.1010-3）

【考訂】《晉書》卷六《元帝紀》："（永昌元年三月）加僕射周顗尚書左僕射，領軍王邃尚書右僕射。"（P.155）嚴可均輯入《全晉文》卷八，題《以周顗王邃爲左右僕射詔》（P.3018）

【繫年】不詳
【佚文】《太平御覽》卷一四四《皇親部十·夫人》引《晉起居注》："有司奏：今月九日，當拜鄭夫人、（后）〔石〕婕妤。桉儀注，應服雀釵袿襈。"（P.703-2）
【考訂】據《晉書》卷六四《四王傳》："元帝六男：宮人荀氏生明帝及琅邪孝王裒。石婕妤生東海哀王沖。王才人生武陵威王晞。鄭夫人生琅邪悼王焕及簡文帝。"（P.1725）"后婕妤"當爲"石婕妤"之訛。

【繫年】晉明帝大寧三年（325）
【佚文】《太平御覽》卷五二七《禮儀部六·郊丘》引《晉起居注》："明帝大寧三年，上親祠。七月，又詔：'自中興以來，雖南郊，未嘗北郊，五岳、四瀆、名山大川，應望秩者廢而未舉，居其官者舉其職司，其事勿令一代之典，闕而不備，主者詳依舊處。'"（P.2394-4）
【考訂】《晉書》卷六《明帝紀》："又詔曰：'郊祀天地，帝王之重事。自中興以來，惟南郊，未曾北郊，四時五郊之禮都不復設，五嶽、四瀆、名山、大川載在祀典應望秩者，悉廢而未舉。主者其依舊詳處。'"（P.164）

【繫年】晉成帝咸和元年（326）四月乙丑
【佚文】《太平御覽》卷三三九《兵部七〇·叙兵器》引《晉起居注》："成帝咸和元年四月乙丑，詔曰：'作琅邪王大車斧六十枚，侍臣劍八枚，將軍手戟四枚。'"（P.1554-3）

【繫年】晉成帝咸和二年（327）
【佚文】《太平御覽》卷二九《時序部一四·元日》引《晉起居注》："咸和二年正月，饗萬國，有鷗鳥五集殿。明年，蘇峻反。"（P.136-1）
【考訂】《晉書》卷二八《五行志》："成帝咸和二年正月，有五鷗鳥集殿庭，此又白祥

也。是時庾亮苟違衆謀,將召蘇峻,有言不從之咎,故白祥先見也。"(P. 864)

【繫年】晉成帝咸和八年(333)十二月

【佚文】《藝文類聚》卷八〇《火部·庭燎》引《晉起居注》:"成帝咸和八年十二月,有司奏:'庭燎在止車門外,今更集議,舊在端門內施。'詔曰:'尚書奏,九年庭燎,當在端門內。〔元〕明帝時,在公車門,可依舊。安司徒錄公命,當率由舊章。宜在端門內。'"(P. 1373)《太平御覽》卷八七一《火部四庭燎》引《晉起居注》:"成帝咸和八年十二月,有司奏:'庭燎在公車門外,今更集議,舊在端門內,依舊門內施。'詔曰:'尚書奏,九年庭燎,當在端門內,明帝時,在公車門外,可依舊安。'"(P. 3859-2)

【考訂】兩則佚文各有脱誤,以《藝文類聚》保存較爲完整。

【繫年】晉成帝咸康元年(335)

【佚文】《北堂書鈔》卷五一《設官部三·太宰四·西陽王以宗室加禮》引《晉起居注》:"成帝(成)〔咸〕康元年,以太宰西陽王羕宗室之王,長軍特加禮敬,依安平王故事,設床帳於殿也。"

【繫年】晉成帝咸康三年(337)

【佚文】《太平御覽》卷八三八《百穀部二·麥》引《晉起居注》:"咸康三年,河北謠曰:'麥入土,殺石虎。'"(P. 3344-2)

【考訂】《晉書》卷二八《五行志》:"咸寧二年十二月,河北謠曰:'麥入土,殺石武。'後如謠言。"繫年不同。按石虎(295—349)即位於晉成帝咸康元年(335),與武帝咸寧之世(275—280)相去甚遠,當以起居注記述爲確。

【繫年】晉成帝咸康四年(338)十二月丙子

【佚文】《太平御覽》卷二九《時序部十四·元日》引《晉起居注》:"(咸康四年)十二月丙子正旦會,百僚增賜緑醽酒,人二升。"(P. 135-4)

【繫年】晉成帝咸康四年(338)

【佚文】《太平御覽》卷二九《時序部一四·元日》引《晉起居注》:"咸康四年,尚書倉部奏下揚州調胡米一升。至五年,正旦進御,詔停。"(P. 135-4)《事類賦注》卷四

《歲時部一·春》引《晉起居注》曰:"武帝咸康四年,倉部奏:下揚州貢凋胡米一升,至正旦進御。詔停之。"(P.70)

【繫年】晉成帝咸康七年(341)
【佚文】《太平御覽》卷二九《時序部一四·元日》引《晉起居注》:"咸康七年十二月,尚書樂謨奏:'八年正會,儀注唯作鼓鍾,其餘伎樂盡不作。'詔曰:'若元日大嚮,萬國朝宗,庭廢鍾鼓之奏,朕聞起居之節,朝無磬折之音,賓無蹈履之度,其於事儀,不亦闕乎。卿諸人當准量輕重,以制事中,則情典并隨國,無滯儀矣。'"(P.135-4)
【考訂】《晉書》卷二三《樂志》:"(成帝咸康七年)詔曰:'若元日大饗,萬國朝宗,庭廢鐘鼓之奏,遂闕起居之節,朝無磬制之音,賓無蹈履之度,其於事義,不亦闕乎!惟可量輕重,以制事中。'"(P.718)

【繫年】晉成帝咸康八年(342)
【佚文】《太平御覽》卷二二四《職官部二十二·員外散騎常侍》引《晉起居注》:"咸康八年,司徒王導表:'員外常侍孫朝八年告老,弃身茨宇,永絶榮禄。宜給本官秩俸,以終餘年。'"(P.1065-3)

【繫年】晉穆帝永和元年(345)正月
【佚文】《太平御覽》卷二九《時序部一四·元日》引《晉起居注》:"永和元年正月辛未朔,雨不會。甲戌,皇太后登太極前殿,施紗幃鄣,與上臨嚮群臣。"(P.135-4)
【考訂】《晉書》卷八《穆帝紀》:"永和元年春正月甲戌朔,皇太后設白紗帷於太極殿,抱帝臨軒。改元。"(P.191)

【繫年】晉穆帝永和中(345—356)
【佚文】《太平御覽》卷二九《時序部十四·元日》引《晉起居注》:"永和中,廷尉王彪之與揚州刺史殷浩書曰:'太史上元日合朔,談者或有疑應却會與否。昔建元元年亦元日合朔,庚車騎寫劉孔《才所論》爲不得禮。苟令從之,是勝人之一失,何者?《禮》云:諸侯旅見天子,入門不得終禮而廢者四。太廟大饗,日蝕后之,喪雨沾服失容,尋此四事之指,自謂諸侯雖已入門,而卒暴有之。則不得終禮。非爲先存其事,而僥倖史官推術錯謬,故不豫廢朝禮也。夫三辰有災,莫大日蝕。史官告譴,而無懼容,不修豫防之禮,而廢消救之術。方大饗,華夷君臣相慶,豈復是將虔天災罪巳之謂,且檢之事,實合朔之儀,至尊靜躬殿堂,不聽政事,冕服御坐,門闥之制,與元會禮異,自不得兼行。當權其事,宜合朔之禮,不輕於元會元會,有可却之禮。唯合朔無可廢之義。謂應依建元故事,却元會。'浩從之,竟却會。"(P.136-1)

【考訂】《晉書》卷一九《禮志》:"至永和中,殷浩輔政,又欲從劉邵議不却會。王彪之據咸寧、建元故事,又曰:'《禮》云諸侯旅見天子,不得終禮而廢者四,自謂卒暴有之,非爲先存其事,而僥倖史官推術繆錯,故不豫廢朝禮也。'於是又從彪之議。"(P.595)

【繫年】晉穆帝升平二年(358)正月朔

【佚文】《藝文類聚》卷三九《朝會》引《晉起居注》:"穆帝升平二年正月朔,朝會,是日賜衆客醇醹酒。"

【繫年】晉穆帝升平二年(358)

【佚文】《太平御覽》卷第七六一《器物部六·樽彝》引《晉起居注》:"穆帝升平二年,尚書左丞劉究元會曰:'彭城計佐虞興發白虎樽,而群觀輻凑中,蘭臺令史張玄不禁。'免玄令史。"(P.3379-2)

【繫年】晉穆帝升平五年(361)

【佚文】《太平御覽》卷二二四《職官部二二·散騎常侍》引《晉起居注》:"升平五年詔曰:'前西中郎謝萬,才義簡亮,宜居獻替,其以萬爲散騎常侍。'"(P.1064-3)《北堂書鈔》卷五八《設官部十·散騎常侍六四·謝萬宜居獻替》引《晉起居注》:"升平五年,詔曰:'前西平中郎將謝萬字〔萬〕石,才義簡亮,宜居獻替,其以爲散騎常侍。'"

【考訂】嚴可均輯入《全晉文》卷一一,題哀帝《以謝萬爲散騎常侍詔》(P.3043)《晉書》卷八《穆帝紀》:"(穆帝升平二年秋八月)壬申,以吳興太守謝萬爲西中郎將、持節、監司豫冀并四州諸軍事、豫州刺史。"(P.203)

【繫年】晉孝武帝寧康三年(375)

【佚文】《太平御覽》卷二四三《職官部四一·奉朝請》引《晉起居注》:"孝武寧康三年詔:'隴西王世子越、駙馬都尉楊邈并可奉朝請,侍從左右,與太子游處。'"(P.1153-4)

【考訂】《晉書》卷五九《東海王越傳》:"初以世子爲騎都尉,與駙馬都尉楊邈及琅邪王佡子縣俱侍講東宮,拜散騎侍郎,歷左衛將軍,加侍中。"(P.1622)

【繫年】晉安帝隆安四年(400)十二月
【佚文】《太平御覽》卷三三《時序部一八·臘》引《晉起居注》:"安帝(安隆)〔隆安〕四年十二月辛丑,臘祠作樂。"(P.156-3)

【繫年】不詳
【佚文】《太平御覽》卷三三《時序部一八·臘》引《晉起居注》:"博士張亮議曰:'臘接也,登宜在新故交接也,俗謂之臘之明日爲初歲,秦漢以來有賀,此古之遺語。'"(P.156-3)
【考訂】《世説新語》卷上之上《德行》"王朗每以識度推華歆"條注引:晉博士張亮議曰:"蠟者,合聚百物索饗之,歲終休老息民也。臘者,祭宗廟五祀。傳曰:'臘,接也。'祭則新故交接也。秦、漢以來,臘之明日爲祝歲,古之遺語也。"(P.16)

【繫年】不詳
【佚文】《初學記》卷一二《職官部下·太常卿第十三·事對》"干齋怒妻"條引《晉起居注》:"安帝二年,太常臨川王寶啓:'府舍窄狹,不足移家,母鍾年高,違離靡寧,乞還第攝事。'詔聽之。"(P.302)《太平御覽》卷二二八《職官部二十六·太常卿》引《晉起居注》:"安帝三年,太常臨川王寶啓:'府舍窄狹,不足移家,母鍾年高,違離靡寧,乞還第攝事。'詔聽之。"(P.1084-1)

【繫年】晉成帝
【佚文】《太平御覽》卷二二九《職官部二七·太樂令》引《晉起居注》:"成帝咸和中,詔:'太樂令載綏教官伎樂勤勞,賜米百石,布二十疋。'"(P.1088-1)《北堂書鈔》卷五五《設官部七·廟令三十三·教習伎樂》引《晉起居注》:"成帝咸和(平)〔中〕詔:'太樂令載綏教習伎樂勤勞,賜米百斛,布三十疋。'"

【繫年】晉孝武帝太元二十年(395)二月
【佚文】《太平御覽》卷五三一《禮儀部十·神主》引《晉起居注》:"孝武太元二十

年,簡文皇帝宣太后正號神主移廟。戊寅(口)〔日〕,詔移神主,可停前後鼓吹。"(P.2411-3)

【考訂】《晉書》卷九《孝武帝紀》:"(太元)二十年春二月,作宣太后廟。"(P.241)

【繫年】晉武帝

【佚文】《太平御覽》卷二四五《職官部四三·太子詹事》引《晉起居注》:"(孝)武帝以王恭丹陽尹、領詹事,恭讓表曰:'今皇儲始建,四方是式,總司之任,崇替所由。宜妙簡才賢,盡一時之勝,豈臣最庸所可叨忝?'"(P.1159-3)

【繫年】晉武帝太康中

【佚文】《北堂書鈔》卷五六《設官部八·議郎四五·趙亨質稟純粹》引《晉起居注》:"太康中,詔曰:'議郎趙亨,質稟純粹,思義通濟,學之有舊,方欲敘授而得此薦,意常念之。'"

【繫年】晉康帝建元十四年

【佚文】《太平御覽》卷二四七《職官部四五·後衛率》引《晉起居注》:"建元十四年,以太子中舍人郄儉爲太子後衛率。"

【考訂】晉康帝建元年號祇有二年。

【繫年】不詳

【佚文】《太平御覽》卷二六五《職官部六三·中正》引《晉起居注》:"僕射諸葛恢各稱州都大中正,爲吏部尚書,及郎司徒左長史屬掾皆爲中正。臣今領吏部,請解大中正,以爲都中正職局,同理不宜兼者也。"(P.1242-4)

【繫年】不詳

【佚文】《太平御覽》卷三三六《兵部六七·攻具上》引《晉起居注》:"徐道霸蟻聚堅城,因山固守,今董率諸軍圍塹四合,高撞雲梯,三方并攻,即日登城,斬徐道霸以釁鉦鼓。"(P.1543-1)

【繫年】晉穆帝永和五年(349)

【佚文】《太平御覽》卷三五八《兵部八九·鞌》引《晉起居注》："冠軍將軍王浹表：'臣以發許昌城內北人諸將孫凱等謀欲逼臣，留身驅遣南人，臣初出城門，乃相纏繞牽臣馬鞌。臣手刃斬截，僅乃得出。'"（P.1647-1）

【考訂】《晉書》卷八《穆帝紀》："六月，桓溫屯安陸，遣諸將討河北。石遵揚州刺史王浹以壽陽來降。"（P.195）

【繫年】晉孝武帝太元元年（376）

【佚文】《初學記》卷二〇《政理部·假第六》引《晉起居注》："孝武太（康）〔元〕元年詔。大臣疾病。假滿三月。解職。"（483）《太平御覽》卷六三四《治道部十五·急假》引《晉起居注》："孝武太元元年詔：'大臣疾病，假滿三月解職。'"（P.2842-3）

【繫年】晉安帝元興三年（404）十二月

【佚文】《太平御覽》卷五二七《禮儀部六·郊丘》引《晉起居注》："安帝元興三年十二月，明年應郊，乘輿未反，博訪內外。左丞王納之議曰：'議者謂應郊，故承制中事。納之謂大饗、大祀、大樂，皆是承制，不可得命三公行者。郊天極尊，唯一而已，故非天子不祀也。又案武皇受禪，用二月郊，元（年）〔帝〕中興，亦以二月，今郊時未過，日望鑾駕，無爲欲速，而據皇輿旋反，更不得親奉，不如緩而盡美。'於是異同難明，遂從納之議。"（P.2394-4）

【考訂】《晉書》卷一九《禮志》："安帝元興三年，劉裕討桓玄，走之。己卯，告義功于南郊。是年，帝蒙塵江陵未反。其明年應郊，朝議以爲宜依周禮，宗伯攝職，三公行事。尚書左丞王納之獨曰：'既殯郊祀，自是天子當陽，有君存焉，稟命而行，何所辯也。郊之與否，豈如今日之比乎！'議者又云：'今宜郊，故是承制所得令三公行事。'又'郊天極尊，惟一而已，故非天子不祀也。庶人以上，莫不蒸嘗，嫡子居外，介子執事，未有不親受命而可祭天者'。納之又曰：'武皇受禪，用二月郊，元帝中興，以三月郊。今郊時未過，日望輿駕，無爲欲速，而使皇輿旋反，更不得親奉也。'於是從納之議。"（P.585）

【繫年】晉安帝義熙六年（410）

【佚文】《太平御覽》卷三三七《兵部六八·鹿角》引《晉起居注》："義熙六年，築壘起城于祖浦、石頭城，施鹿角以禦盧循。"（P.1548-2）

【繫年】不詳

【佚文】《太平御覽》卷三四一《兵部七二·幡》引《晉起居注》："太陽佐伺承有母,云感老君生丞相中貴,畫作九龍幡,遂群聚,弃市。"(P.1565-3)

【繫年】不詳

【佚文】《太平御覽》卷三六三《人事部四·形體》引《晉起居注》："懷帝琅邪恭王子母曰夏侯氏。帝生有白毫生於目左角,龍顏隆準,眼有精曜。"(P.1672-1)

【繫年】太康元年(285)

【佚文】《太平御覽》卷五三一《禮儀部十·宗廟》引《晉起居注》："武帝太安中,詔曰:'往者仍魏氏舊廟處立廟,既壅翳不顯,材木弱小,至今中間有跌橈之患。今當修立,不宜在故處。太僕寺南臨甬道,地形顯敞,更於此營之。主者依典禮施行。'"(P.2410-1)

【考訂】嚴可均輯入《全晉文》卷六,題武帝《改建宗廟詔》(P.2991),并案:"《御覽》五百三十一引《晉起居注》武帝太安中詔,又引王隱《晉書》:'太康十年,大廟成,遷神主於新廟。'案《晉書·禮志》,太康六年,因廟陷,當更修創;至十年,乃更改築於宣陽門內,窮極壯麗。則太安非也。今改正。"

【繫年】不詳

【佚文】《通典》卷二五《職官七·諸卿上·大理卿·監》引《晉起居注》："廷尉監陸鷟上表,求增築訊堂,圖畫先賢像,詔許之。"(P.713)《太平御覽》卷二三一《職官部二十九·廷尉監》引《晉起居注》："廷尉監陸鷟上表,求增築訊堂,圖畫先賢像,詔許之。"(P.1099-4)《北堂書鈔》卷五五《設官部七·廷尉平三一·陸鷟求築評堂》引《晉起居注》："廷尉監陸鷟求增築評堂,圖畫先賢"(P.546)

【繫年】不詳

【佚文】《太平御覽》卷七五三《工藝部十·圍棋》引《晉起居注》："鎮東司馬顏延之坐圍棋免官。"(P.3341-4)

【繫年】不詳

【佚文】《太平御覽》卷八三九《百穀部三·禾》引《晉起居注》:"武帝世,嘉禾三生,其七莖同穗。"(P.3748-1)

【繫年】晉武帝泰始二年(266)
【佚文】《稽瑞·橘實十二 柰蒂十五》引《晉起居注》:"太始二年,嘉柰生,一蒂十五實。"

【繫年】晉武帝咸寧中
【佚文】《太平御覽》卷九〇七《獸部十九·麈》引《晉起居注》:"咸寧中,白麈見魏郡,後諸州各送白麈。"
【考訂】《宋書》卷二八《符瑞志》:"咸寧三年七月壬辰,白麈見魏郡。"(P.809)

【繫年】不詳
【佚文】《稽瑞·鵲曷巢共 燕曷豆吐》引《晉起居注》:"二年,白鵲見東萊,趙贊以獻。"

【繫年】不詳
【佚文】《稽瑞·齊之黑獸 晉之白狢》引《晉起居注》:"武帝時獲白狢。"(P.3305)

【繫年】不詳
【佚文】《日本書紀》卷九引《晉起居注》:"武帝泰初二年十月,倭女王遣重譯貢獻。"

【繫年】不詳
【佚文】《宋書》卷三六《州郡志》:"《晉起居注》,太康元年,改江夏石陽曰曲陵,〔六四〕明帝泰始六年,併安陸。"(P.1106)

【繫年】不詳
【佚文】《宋書》卷三六《州郡志》:"沙渠令,《晉起居注》,太康元年立。按沙渠是吳建平郡所領,吳平不應方立,不詳。"(P.1123)

【繫年】不詳

【佚文】《宋書》卷三六《州郡志》:"監利侯相,按《晉起居注》,太康四年,復立南郡之監利縣,尋復省之。言由先有而被省也,疑是吴所立,又是吴所省。孝武孝建元年度。"(P.1127)

【繫年】不詳

【佚文】《宋書》卷三七《州郡志》:"武昌太守,晉起居注,太康元年,改江夏爲武昌郡。領縣三。户二千五百四十六,口一萬一千四百一十一。去京都水一千一百。"(P.1127)

【繫年】不詳

【佚文】《宋書》卷三七《州郡志》:"晉壽令,屬梓潼。何志晉惠帝立。按《晉起居注》,武帝太康元年,改梓潼之漢壽曰晉壽。漢壽之名,疑是蜀立,云惠帝立,非也。"(P.1148)

【繫年】不詳

【佚文】《宋書》卷三八《州郡志》:"都陽令,何志晉成帝立。案《晉起居注》,太康二年置興古之都唐縣。疑是。"(P.1186)

【繫年】晉成帝咸和五年(330)

【佚文】《隋書》卷一二《禮儀志》引《晉起居注》:"成帝咸和五年,制詔殿内曰:'平天、通天冠,并不能佳,可更修理之。'"(P.265)

【繫年】晉成帝咸和五年(330)

【佚文】《隋書》卷六八《宇文愷傳》引《晉起居注》:"裴頠議曰:'尊祖配天,其義明著,廟宇之制,理據未分。直可爲一殿以崇嚴祀,其餘雜碎,一皆除之。'"

【繫年】晉成帝咸和五年(330)

【佚文】《太平寰宇記》卷一一八《江南西道一六·朗州·武陵縣》引《晉起居注》:"隆安三年,縣廨有石榴,六子同蒂,太守庾恬上書以聞。"(P.2380)

《宋元嘉起居注》

《隋書》卷三三《經籍志》:"《宋元嘉起居注》五十五卷。"(P.965)《舊唐書》卷四六《經籍志》:"《宋元嘉起居注》六十卷。"(P.1997)《新唐書》卷五八《藝文志》:"《宋元嘉起居注》七十一卷"(P.1470)

【繫年】宋文帝元嘉元年(424)七月

【佚文】《藝文類聚》卷九九《祥瑞部下·鷟》引《宋元嘉起居注》:"元年七月,有白鷟集於齊郡,游翔庭宇,經九月乃去,衆鷟翼隨,僅有數千。"(P.1713)《太平御覽》卷九二二《羽族部九·白鷟》引《宋元嘉起居注》:"元年七月,有白鷟集於齊郡,游翔庭宇,經九日乃去,衆鷟翼隨,恒有數千。"(P.4091)

【考訂】《宋書》卷二九《符瑞志》:"宋文帝元嘉元年七月壬戌,白燕集齊郡城,游翔庭宇,經九日乃去,衆燕隨從無數。"(P.840)

【繫年】不詳

【佚文】《北堂書鈔》卷一二六《武功部十四·鹿角五十三》"馬槍斷巷"條引《宋元嘉起居注》:"謝靈運自理表曰:'星言奔馳,歸骨陛下,及經山陰,防禦彰赫,彭排馬槍,斷截衢巷。'"《太平御覽》卷三五四《兵部八五·槍》引《宋元嘉起居注》:"謝靈運自理表云:'及經山陰,防禦彰赫,彭排馬槍,斷截衢巷。'"(P.1628-1)

【考訂】按《太平御覽》卷三三七《兵部六八·筑搶》引《謝靈運自理表》:"星言奔馳,歸骨陛下。及經山陰,方衛彰赫,彭排馬搶,斷截衢巷。"《宋書》卷六七《謝靈運傳》:"因靈運橫恣,百姓驚擾,乃表其異志,發兵自防,露板上言。靈運馳出京都,詣闕上表曰:'……披疏駭愕,不解所由,便星言奔馳,歸骨陛下。及經山陰,防衛彰赫,彭排馬槍,斷截衢巷,偵邏縱橫,戈甲竟道。'"(P.1776)

【繫年】不詳

【佚文】《太平御覽》卷七八七《四夷部八·南蠻三·師子國》引《宋元嘉起居注》:"師子國王遣使奉獻,詔曰:'此小乘經甚少,彼國所有,皆可悉爲寫送之。聞彼隣多有師子,此所未覩,可悉致之。'"《藝文類聚》卷七六《內典部上·內典》引《宋元嘉起居注》:"師子王國遣使奉獻,詔答云:'此小乘經甚少,彼國所有,皆可寫送。'"(P.1294)

【考訂】嚴可均輯入《全宋文》卷二，題文帝《報師子國王詔》(P.4904)失佚文所出書名。

【繫年】宋文帝元嘉五年(428)
【佚文】《太平御覽》卷七八七《四夷部八·南蠻三·毗加梨國》引《宋元嘉起居注》："五年，天竺毗加梨國王月〔愛〕遣使上表，并奉金剛指環一枚，剛印摩勒金環一枚，氍毹一具，白旃檀六段，白赤鸚鵡各一頭，細疊兩張。"(P.3486-1)
【考訂】《宋書》卷九七《夷蠻·天竺迦毗黎國》："天竺迦毗黎國，元嘉五年，國王月愛遣使奉表……奉獻金剛指環、摩勒金環諸寶物、赤白鸚鵡各一頭。"(P.2384)

【繫年】宋文帝元嘉九年(432)
【佚文】《太平御覽》卷一五《天部十五·霧》引《宋元嘉起居注》："盱眙民王彭先丁母艱，居喪至孝。元嘉之始，父又喪亡，彭兄弟二人土功未就，鄉人助彭作塼。塼事須水濟，值天旱，穿井盡力不得水，彭號窮無計。一旦，天霧霶，消之後於塼窰前自然水生。"
【考訂】《宋書》卷九一《孝義·王彭傳》："王彭，盱眙直瀆人也。少喪母。元嘉初，父又喪亡，家貧力弱，無以營葬，兄弟二人，晝則備力，夜則號感。鄉里并哀之，乃各出夫力助作塼。塼須水而天旱，穿井數十丈，泉不出，墓處去淮五里，荷檐遠汲，困而不周。彭號天自訴，如此積日，一旦大霧，霧歇，塼窰前忽生泉水，鄉鄰助之者，并嗟歎神異，縣邑近遠，悉往觀之。葬事既竟，水便自竭。元嘉九年，太守劉伯龍依事表言，改其里爲通靈里，蠲租布三世。"(P.2250)按《起居注》本據依元嘉九年太守劉伯龍上表，故繫於元嘉九年。

【繫年】宋文帝元嘉十年(433)
【佚文】《藝文類聚》卷七六《內典部上·內典》引《宋元嘉起居注》："阿羅單國王毗沙跋摩遣使云：'諸佛世尊，常樂安隱，處雪山陰，雪水流注，百川洋溢，以味清淨，周迴屈曲，從趣大海，一切眾生，咸得受用。'"(P.1294)
【考訂】佚文原無繫年。據《宋書》卷九七《夷蠻·呵羅單國傳》："(元嘉)十年，呵羅單國王毗沙跋摩奉表曰：常勝天子陛下：諸佛世尊，常樂安隱，三達六通，爲世間道，是名如來，應供正覺，遺形舍利，造諸塔像，莊嚴國土，如須彌山，村邑聚落，次第羅匝，城郭館宇,如忉利天宮,宮殿高廣,樓閣莊嚴,四兵具足,能伏怨敵,國土豐樂,無諸患難。奉承先王,正法治化,人民良善,慶無不利,處雪山陰,雪水流注,百川洋溢,八味清净,周匝屈曲,順趣大海,一切衆生,咸得受用。於諸國土,殊勝第一,是名震旦,大宋揚都,承嗣常勝大王之業,德合天心,仁廕四海,聖智周備,化無不順,雖人是天,護世降生,功德寶藏,大悲救世,爲我尊主常勝天子。是故至誠五體敬禮。呵羅單國王毗沙跋摩稽首問訊。"(P.2381)

【繫年】宋文帝元嘉十年(433)
【佚文】《太平御覽》卷七〇二《服用部四·盖》引《宋元嘉十年起居注》:"御史中丞荀伯子奏:'左衛將軍何尚之公事每罩笠,有虧體制,建野笠於公門,棄華繖而不御。'"(P.3134-3)
【考訂】嚴可均輯入《全宋文》卷二九,題荀伯子《奏劾何尚之》(P.5186)。

【繫年】宋文帝元嘉十一年(434)
【佚文】《太平御覽》卷七八七《四夷部八·南蠻三·呵羅單國》引《宋元嘉起居注》:"十一年,呵羅單國王尸梨毗遮耶獻銀滲柈等。"(P.3487-1)
【考訂】《宋書》卷五《文帝本紀》:"(元嘉十一年)是歲,林邑國、扶南國、訶羅單國遣使獻方物。"(P.83)

【繫年】宋文帝元嘉十二年(435)
【佚文】《北堂書鈔》卷三二《政術部六·急假十五》"謝瞻種蔥免官"條引《義熙起居注》:"十二年,有司奏太常謝瞻遣四人還家種蔥,免官。"

【繫年】宋文帝元嘉十六年(439)
【佚文】《初學記》卷二五《器物部·屏風第三》引《宋元嘉起居注》:"十六年,御史中丞劉楨奏:'風聞前廣川刺史韋朗,於廣州所作銀塗漆屏風二十三牀,又緑沉屏風一牀,請以見事追韋朗前所居官。'"(P.599)《初學記》卷二二《武部·甲第六》引《宋元嘉起居注》:"御史中丞劉楨奏:前廣州刺史韋朗,於廣州所部,作犀皮鎧六領,請免朗官。"(P.536)《初學記》卷二五《器物部·席第六》引《宋元嘉起居注》:"御史中丞劉楨奏。風聞廣州刺史韋朗,於府州部所作新白莞席三百二十二領。請以見事追韋朗前所居官。"(P.603)《太平御覽》卷三五六《兵部八七·甲下》引《宋元嘉起居注》:"御史中丞劉損奏:'前廣州刺史韋朗於廣州所部作犀皮鎧六領,請免朗官也。'"(P.1635-2)《太平御覽》卷三五七《兵部八八·楯下》引《宋元嘉起居注》:"御史中丞劉損奏:'風聞前廣州刺史韋朗苾任虐法,暴濁是彰,於州所造牙楯三十幡、朱畫青綾楯三十五幡,請以見事追免朗前所居官。'"(P.1641-1)《太平御覽》卷七一七《服用部十九·合》引《宋元嘉起居注》:"廣州刺史韋朗被彈,事有金鏤合二枚,銀鏤合二枚。"(P.3180-2)《太平御覽》卷六九八《服章部十五·屐》引《宋元嘉起居注》:"劉禎彈廣州刺史韋朗贓有白荆屐六七十量。"(P.3115-3)《太平御覽》卷七六六《雜物部一·齒》引《宋元嘉起居注》:"彈廣州刺史韋朗象牙三十九枚。"(P.3400-3)《太平御覽》卷八一二《珍寶部十一·銀》引《宋起居注》:"廣州刺史韋朗鏤銀銘二枚。"(P.3738-1)《初學記》卷二五《器物部·鏡臺第十》引《宋元嘉起居注》"韋朗爲廣州刺史,作銅鏡臺一具。御史中丞劉楨奏請,以見事免朗所居官。"(P.609)

【考訂】劉楨彈韋朗事唐宋類書多見徵引,當全部出自元嘉十六年劉楨奏文。

【繫年】不詳

【佚文】《北堂書鈔》一五九《地部三·沙篇十五》引《宋元嘉起居注》:"劉(亥)〔秀〕之北征,上計曰:'以今月十二日入泗口,緣道把沙開溝,以夜繼日,日才行十餘里,或七八里。'"

【考訂】嚴可均輯入《全宋文》卷三九,題劉秀之《北征上疏》(P.5308)。

【繫年】宋文帝元嘉二十六年(449)

【佚文】《太平御覽》卷七八七《四夷部八·南蠻三·蒲黃國》引《宋元嘉起居注》:"二十六年,蒲黃國獻牛黃等物,又獻欝金香等物。"(P.3487-2)

【繫年】宋文帝元嘉二十九年(452)四月

【佚文】《太平御覽》卷七〇二《服用部四·盖》引《宋元嘉二十九年起居注》:"訶羅單國奉孔雀盖一具。"(P.3134-3)

【考訂】《宋書》卷五《文帝紀》:"(元嘉二十九年)夏四月戊午,訶羅單國遣使獻方物。"(P.101)

【繫年】不詳

【佚文】《太平御覽》卷七八七《四夷部八·南蠻三·呵羅單國》引《宋元嘉起居注》:"去年六月,闍婆洲呵羅單國王毗沙跋摩遣使獻奉。"(P.3487)

【考訂】《宋書》卷九七《夷蠻·呵羅單國傳》:"呵羅單國治闍婆洲。"曾于元嘉七年(430)、元嘉十年(433)、元嘉十三年(436)等年遣使獻方物(P.2381)。

【繫年】不詳

【佚文】《太平御覽》卷四九二《人事部一三三·虐》引《文帝元嘉起居注》:"汝陽太守王道摽下縣,作木人二枚,高八尺,豎著郡門,有犯事者使拳擊木人令倒,倒者免罪,力弱者手拳傷剥。"(P.2252-4)

【繫年】不詳

【佚文】《太平御覽》卷四八六《人事部一二七·凍》引《(晉)〔宋〕元嘉起居注》:"徐州刺史王仲德上言:'下坯僮令殷道益十一月冒寒出郡,履涉冰雪。主簿王黑等三人脚悉凍斷。'"(P.2226-1)

【繫年】不詳

【佚文】《北堂書鈔》卷三二《政術部六·急假十五·請急跨月有違憲制》引《元嘉起居注》:"王韻之彈著作佐郎王燮,法坐十月十四日正直,請急二朝。"(P.257)

【考訂】《北堂書鈔》諸本此條引文多有訛誤,《北堂書鈔》(孔廣陶本)卷三二《政術部六·急假十五》"請急跨月有違憲制"條引《元嘉起居注》:"白云王龍之彈著作佐郎王燮,法坐十月十四日正直請急二朝。"(P.262)以《大唐類要》本引文較爲準確。《大唐類要》卷十一《政術部六·急假十五》引《元(喜)〔嘉〕起居注》:"王韻之彈著作佐郎王燮,坐法十月十四日正直請急二朝。"(P.2336)

【繫年】不詳

【佚文】《太平御覽》卷三八七《人事部二八·欠》引《宋元嘉起居注》:"尚書僕射孟顗於後堂勑見,亢聲大欠,有違儀禮,被劾。詔無所問。"(P.1791-2)

【考訂】《南史》卷十九《孟顗傳》:"孟顗字彥重,平昌安丘人,衛將軍昶弟也。……歷侍中、僕射、太子詹事、散騎常侍、左光禄大夫。"(P.541)

【繫年】不詳

【佚文】《太平御覽》卷六九〇《服章部七·朱衣》引《宋元嘉起居注》:"治書侍御史朱興啓:'彈朝請向騰之坐同僚,會故員外散騎侍郎楊珎之喪,侍兵唱變服,然後唱衆官下陪位,而騰之着單衣,在朱衣上,於禮有虧,請免所居官。'詔可。"(P.3081-4)

【考訂】朱興、向騰之、楊珎之,南朝諸史無考;"朝請"疑爲"奉朝請",《宋書》卷四〇《百官志》:"奉朝請,無員,亦不爲官。"(P.1245)

【繫年】不詳

【佚文】《藝文類聚》卷七一《舟車部·舟》引《宋元嘉起居注》:"有司奏:'初,揚州刺史王弘上會稽從事韋詣、解列,先風(聞)〔聞〕餘姚令何玢之造作平牀一、乘船舴艋一艘,精麗過常,用功兼倍,請免玢今官。'詔可其奏。"(P.1234)《太平御覽》卷七七一《舟部四·舴艋》引《宋元嘉起居注》:"有司奏云:'揚州刺史王弘上會稽從事韋詣、解列,先風聞餘姚令何玢之造作平床一、乘舴艋一艘,精麗過常,用功兼倍,請免玢今官。'詔可其奏。"(P.3417-2)

【考訂】王弘宋初爲徵弘爲"侍中、司徒、揚州刺史,錄尚書",《宋書》卷四二有傳(P.1314);其餘韋詣、解列、何玢之諸人無考。嚴可均輯入《全宋文》卷五八,題有司《奏免何玢之》(P.5499)。

【繫年】不詳

【佚文】《初學記》卷十一《職官部上·尚書令》引《宋元嘉起居注》:"尚書左丞袁璠啓:'領曹郎中荀萬秋,每設事緣私游,肆其所之,豈可復參列士林,編名天閣。請免萬秋所居官。'"(P.259)

【考訂】嚴可均輯入全宋文卷四九,題袁璠《劾荀萬秋啓》(P.5406)。

【繫年】宋文帝元嘉十年

【佚文】《秘府略》卷八六八引《宋元嘉十年起居注》:"西河王(旦)〔沮〕渠蒙遜表獻塞外緋地系錦五端。"

【繫年】不詳

【佚文】《北堂書鈔》卷一一三《歲時部一·曆篇三·覈晷度》引《宋元嘉起居注》:

"尚書郎樂詢議,以爲治曆當覈晷度也。"

《宋泰始起居注》

《隋書》卷三三《經籍志》:"《宋泰始起居注》十九卷,梁二十三卷。"(P.966)兩《唐書》不載。

【繫年】宋明帝泰始二年(466)

【佚文】《初學記》卷一一《職官部上·中書令》引《宋泰始起居注》:"王言之職,總司清要。中將軍、丹陽尹王景文,夙尚弘簡,情度淹粹,忠規茂績,實宣國道。宜兼管內樞,以重其任,可中書令。"(P.272)《初學記》卷一一《職官部上·中書令》引《宋泰始起居注》:"二年詔曰:'王言之職,總司清要。丹陽尹王景文,夙尚弘簡,情度淹粹,忠規茂績,實宣國道。可中書令。'"(P.273)《太平御覽》卷二二〇《職官部十八·中書令》引《宋泰始起居注》:"王言之職,摠司清要。中將軍、丹陽尹王景文,夙尚弘簡,情度淹粹,忠規茂績,寔宣國道,宜兼管內樞,以重其任,可中書。"(P.1046-1)

【考訂】《宋書》卷八五《王景文傳》:"太宗即位,加領左衛將軍。……尋遷丹陽尹,僕射如故。遭父憂,起爲冠軍將軍,尚書左僕射,丹陽尹,固辭僕射,改授散騎常侍、中書令、中軍將軍,尹如故,又辭不拜。"(P.2179)嚴可均輯入《全宋文》卷七,題宋明帝《以王景文兼中書令詔》(P.4958),并案:"《宋書明帝紀》及《景文傳》皆不言兼中書令,當是漏落也。"

《宋起居注》

【繫年】宋武帝永初元年(420)

【佚文】《太平御覽》卷二四七《職官部四五·太子後衛率》引《宋起居注》:"永初元年,以徐佩爲太子後衛率。"(P.1297-2)

【考訂】《宋書》卷五《文帝本紀》:"十二月癸丑,以中書侍郎蕭思話爲青州刺史。壬戌,前吳郡太守徐佩之謀反,及黨與皆伏誅。"(P.75)

【繫年】宋文帝元嘉六年(429)或元嘉九年(432)

【佚文】《太平御覽》卷七一七《服用部一九·鏡臺》引《宋起居注》:"河西王沮渠蒙遜獻青雀頭黛百斤。"(P.3310-2)

【考訂】據《宋書》卷五《文帝紀》,河西王沮渠氏曾多次獻方物:"(元嘉六年)十二月丁亥,河南國、河西王遣使獻方物。"(P.78)"(元嘉九年秋七月)壬申,河南國、河西王遣使獻方物。"(P.81)"(元嘉十四年)冬十二月辛酉,停賀雪。河南國、河西王、訶羅單國并遣使獻方物。"(P.85)又沮渠蒙遜卒於元嘉十年,《起居注》所載乃元嘉六年(429)或元嘉九年(432)中某次朝貢。

【繫年】宋文帝元嘉十二年(435)
【佚文】《宋書》卷三七《州郡志·梁州》引《宋起居注》:"文帝元嘉十二年,於劍南立北巴西郡,屬益州。"(P.1149)

【繫年】宋文帝元嘉十三年(436)三月
【佚文】《太平御覽》卷九二〇《羽族部》七《烏》引《宋起居注》:"元嘉十三年,戚羨縣民談含送白烏,皓質潔映,有若輝璧,爰《稽瑞圖》,寔惟嘉祥。"(P.4216-1)
【考訂】據《宋書》卷二九《符瑞志》:"元嘉十三年三月戊辰,義興陽羨令獲白烏,太守劉禎以獻。"(P.842)"戚羨"當爲"陽羨"之訛。

【繫年】宋文帝元嘉十六年(439)
【佚文】《宋書》卷三七《州郡志·梁州》引《宋起居注》:"元嘉十六年,割梁州宕渠郡度益州。"(P.1144)

【繫年】宋文帝元嘉十六年(439)
【佚文】《太平御覽》卷七〇一《服用部三·屏風》引《宋起居注》:"元嘉中,中丞劉禎奏:'風聞廣州刺史韋朗於州作綠沉銀泥漆屏風二十三牀,請以事免朗官。'"(P.3258-1)《太平御覽》卷七〇九《服用部十一·薦蓆》引《宋起居注》:"元嘉中,劉禎爲御史中丞,奏:'風聞廣州刺史韋朗於州部作白莞席三百二十領,請以事追免朗官。'"(P.3290-2)《太平御覽》卷七一七《服用部十九·鏡臺》引《宋起居注》:"元嘉中,韋朗爲廣州刺史,作銅鏡臺一具,御史中丞劉禎請以事追免朗官。"(P.3311-1)《太平御覽》卷八一二《珍寶部十一·銀》引《宋起居注》:"廣州刺史韋朗鏤銀銘二枚。"(P.3738-1)
【考訂】據《初學記》卷二五《器物部·屏風第三》引《宋元嘉起居注》:"十六年,御史中丞劉禎奏:'風聞前廣川刺史韋朗,於廣州所作銀塗漆屏風二十三牀,又綠沉屏風一㧊,請以見事追韋朗前所居官。'"(P.599)以上諸條應均出自劉楨彈韋朗的完整奏議。此議在唐宋類書中被多次徵引,所引書目又稱《宋元嘉起居注》。

【繫年】宋文帝元嘉中(433—453)
【佚文】《太平御覽》卷二四七《職官部四五·太子·僕》引《宋起居注》:"元嘉中,以散騎常侍荀伯子爲太子僕。"(P.1295-2)
【考訂】《宋書》卷六〇《荀伯子傳》:"遷太子僕,御史中丞,蒞職憨恪,有匪躬之稱,立朝正色,外内憚之。"(P.1629)

【繫年】宋文帝元嘉十八年(441)元嘉十六年(439)
【佚文】《太平御覽》卷九七五《果部十二·蓮》引《宋起居注》:"元嘉十八年,有司奏:'楊州刺史王濬解稱州,治後池有兩蓮駢生雙房,分體。'又十六年,華林丞伍泳刺:'雙蓮同幹,秀出華池。'"(P.4454-2)

【繫年】宋孝武帝孝建二年(455)七月
【佚文】《太平御覽》卷七八七《四夷部八·南蠻三·槃槃國》引《宋起居注》:"孝建二年七月二十日,槃槃國王遣長史竺伽藍婆奉獻金銀琉璃諸香藥等物。"(P.3618-2)
【考訂】《宋書》卷六《孝武帝本紀》:"(孝建二年七月)槃槃國遣使獻方物。"(P.117)

【繫年】宋孝武帝孝建二年(455)八月
【佚文】《太平御覽》卷七八七《四夷部八·南蠻三·斤陁利國》引《宋起居注》:"孝建二年八月二日,斤陁利國王釋陁羅降陁遣長史竹留陁及多奉表獻方物。"(P.3619-1)
【考訂】《宋書》卷六《孝武帝本紀》:"(孝建二年八月)斤陀利國遣使獻方物。"(P.117)

【繫年】宋孝武帝大明五年(461)
【佚文】《隋書》卷六八《宇文愷傳》引《宋起居注》:"孝武帝大明五年,立明堂,其牆宇規範,擬則太廟,唯十二間,以應蓍數。依漢《汶上圖儀》,設五帝位。太祖文皇帝對饗,鼎俎簠簋,一依廟禮。"(P.1593)

【考訂】《宋書》卷三一《五行志》:"孝武帝大明七年、八年,東諸郡大旱,民飢死者十六七。先是江左以來,制度多闕,孝武帝立明堂,造五輅。"(P.912)

【繫年】宋明帝泰始二年(466)二月
【佚文】《太平御覽》卷三三七《兵部六八·筑槍》引《宋起居注》:"泰始二年,有司奏:'賊帥劉胡等從南城蘭道領馬步萬餘人,樹排槍陌山,從東五道直來攻營。'"(P.1678-1)
【考訂】《宋書》卷八《明帝紀》:"(宋明帝泰始二年二月乙丑)輔國將軍齊王前鋒北討,輔國將軍劉勔前鋒西討。賊劉胡領衆四萬據赭圻。"(P.156)《宋書》卷八四《劉胡傳》:"劉胡,南陽涅陽人也,本名坳胡,以其顏面坳黑似胡,故以爲名。"(P.2147)

【繫年】宋明帝泰始二年(466)
【佚文】《太平御覽》卷三三六《兵部六七·攻具上》引《宋起居注》:"劉道符露板曰:'七月二十日,部率衆車虎士攻城,鉤車至城東南樓下,逆賊程天祚等道窮數迫,仍乞降附。'"(P.1673-1)
【考訂】《宋書》卷八《明帝紀》:"(泰始二年春正月)山陽太守程天祚并舉兵反。""乙巳,龍驤將軍劉道符平山陽。"(P.156-157)《南齊書》卷一《高帝紀》:"徐州刺史薛安都反彭城,從子索兒寇淮陰,山陽太守程天祚舉城叛,徐州刺史申令孫又降,徵太祖討之。"(P.5)

【繫年】宋明帝泰始二年(466)
【佚文】《初學記》卷二六《器物部衫》第九引《宋起居注》:"太始二年,御史中丞羊希奏:'山陰令謝沈,親憂未除,常著青絳納兩襠衫,請免沈前所居官也。'"(P.632)《太平御覽》卷六九三《服章部十·衫》引《宋起居注》:"太始二年,御史丞羊希奏:'山陰令謝沉,親憂未除,常著青絳衲兩襠,請免沈前所居官也。'"(P.3095-4)
【考訂】《宋書》卷八《明帝紀》:"(泰始二年)二月甲申,以御史中丞羊希爲廣州刺史。"(P.160)

【繫年】宋明帝泰始二年(466)八月;泰始六年(470)六月
【佚文】《太平御覽》卷九七五《果部十二·蓮》引《宋起居注》:"泰始二年八月,嘉蓮雙苞并實,合跗同莖,生豫州鱧湖。又六年,雙蓮一蔕,生東宮玄圃池。"(P.4454-2)《藝文類聚》卷八二《草部下·芙蕖》引《宋起居注》:"泰始二年,嘉蓮一雙,駢花并實,合樹同莖。"(P.1400)《太平御覽》卷九九九《百卉部六·芙蕖》引《宋起居注》:"泰始二年,嘉蓮一雙,駢花實合,跗同莖,生豫州鱧湖。"(P.4551-1)

【考訂】《宋書》卷二九《符瑞志》:"泰始二年八月己未,豫州刺史山陽王休祐獻蓮,二花一蔕。"(P.835)《宋書》卷二九《符瑞志》:"泰始六年六月壬子,嘉蓮生東宮玄圃池,皇太子以聞。"(P.835)

【繫年】宋明帝泰始四年(468)五月

【佚文】《隋書》卷一〇《禮儀志》引《宋起居注》:"泰始四年,尚書令建安王休仁議:'天子之元子,士也故齒,胄於辟雍,欲使知教而後尊,不得生而貴矣。既命之後,禮同上公,故天子賜之金輅,但減旒章為等級。象及革木,賜異姓諸侯。在朝卿士,亦準斯例。'"(P.205)

【考訂】《宋書》卷一八《禮志》:"明帝泰始四年五月甲戌,尚書令建安王休仁參議:'天子之子,與士齒讓,達於辟雍,無生而貴者也。既命而尊,禮同上公。周制五等,車服相涉,公降王者,一等而已。王以金路賜同姓諸侯,象及革木,以賜異姓侯伯,在朝卿士,亦準斯禮。按如此制,則東宮應乘金路。自晉武過江,禮儀疏舛,王公以下,車服卑雜;唯有東宮,禮秩崇異,上次辰極,下絕侯王。而皇太子乘石山安車,義不見經,事無所出。禮所謂金、玉路者,正以金玉飾輅諸末耳。左右前後,同以漆畫。秦改周輅,制為金根,通以金薄,周匝四面。漢、魏、二晉,因循莫改。逮于大明,始備五輅。金玉二制,并類金根,造次瞻覩,殆無差別。若錫之東儲,於禮嫌重,非所以崇峻陛級,表示等威。且春秋之義,降下以兩,臣子之義,宜從謙約。謂東宮車服,宜降天子二等,駿駕四馬,乘象輅,降龍碧旂九葉。進不斥尊,退不逼下,沿古酌時,於禮為衷。'詔可。"(P.524)

《梁天監起居注》

《隋書·經籍志》不載,《太平寰宇記》有數條徵引。舊有王仁俊《玉函山房輯佚書補編》輯本。

【繫年】梁武帝天監五年(506)

【佚文】《太平寰宇記》卷一〇九《江南西道七·吉州·廬陵縣·玉笥山》引《天監

起居注》:"五年,廬陵太守王希聘于高昌縣仙山獲龍泉光劍二口。"(P.2207)《輿地紀勝》卷三一《景物下》引《梁天監起居注》:"五年,廬陵太守王希作銘。"

【繫年】梁武帝天監九年(510)
【佚文】《太平寰宇記》卷之一七〇《嶺南道十四·交州·土產》引《梁天監起居注》:"交州刺史阮表言:'林邑王范繢云:晝觀望天風,知中國有聖主,臣乞内附爲臣,兼獻白猴一頭。'"(P.3252)《稽瑞·白猴來繢 赤狸兔昌》引《梁天監起居注》:"四年,交州刺史刺史研表言:'林邑王范繢之書稱:七八年觀望天風,云中國有聖主,臣州來朝,乞内附,并致一巨白猴。'"(P.42)
【考訂】《梁書》卷二《武帝本紀》"(天監九年)夏四月丁巳,革選尚書五都令史用寒流。林邑國遣使獻白猴一。"(P.50)《梁書》卷五四《諸夷·海南·林邑國傳》:"天監九年,文贊子天凱奉獻白猴。"(P.786)《稽瑞》所在佚文繫年不確。

【繫年】梁武帝天監十六年(517)
【佚文】《太平寰宇記》卷七二《劍南西道一·益州·郫縣·連理竹》引《梁天監起居注》:"十六年,連理竹生益州郫縣王家園外,連理并榦。"(P.1470)

【繫年】不詳
【佚文】《太平御覽》卷四一《地部六·玉笥山》引《天監起居注》:"廬陵太守王希聘於此山龍淵獲劍二口。"(P.198-2)

《梁大同起居注》

《隋書》卷三三《經籍志》:"《梁大同起居注》十卷。"(P.965)唐以後不見著録。王仁俊《玉函山房輯佚書補編》從《稽瑞》中輯得6條。

【繫年】梁武帝大同九年(543)
【佚文】《稽瑞·齊一角獸 梁三足烏》引《梁大同起居注》:"九年,豫州刺史侯捌明表曰稱:'忽見衆鳥,連群數百集於楊樹,飛繞其巢。往視之,獲三足烏,以獻。'詔付華林苑養之,群鴉飛翔鳴繞,三足烏乃啣食往哺。"(P.3)

【繫年】梁武帝大同九年（543）

【佚文】《太平寰宇記》卷一〇五《江南西道三·太平州·當塗縣·翰辟山》引《梁大同起居注》："九年，鴻臚卿上表，傳詔往姑孰翰辟山採石墨，于大石之内獲錢四枚。"（P.2081）

附：《晉永安起居注》

【繫年】晉武帝太康四年（283）

【佚文】《初學記》卷二六《器物部·綬·事對》"青紫"條引《晉永安起居注》："太康四年，有司奏鄯善國遣子元英入侍。以英爲騎都尉，佩假歸義侯印、青紫綬各一具。"（P.626）

【考訂】《初學記》引文標注爲《晉永安起居注》，所記事繫於太康四年。據《晉書》卷三《武帝紀》："（太康四年）八月，鄯善國遣子入侍，假其歸義侯。"（P.75）《初學記》標引有誤，此條實爲《晉太康起居注》内容。

徵引文獻

（唐）虞世南：《北堂書鈔》，《浙江文叢》據繆荃孫百衲本影印，浙江古籍出版社，2021年。

（唐）徐堅：《初學記》，中華書局，2004年第2版。

（唐）歐陽詢：《藝文類聚》，上海古籍出版社，1982年。

（唐）劉賡：《稽瑞》，《叢書集成》據《後知不足齋叢書》影印，中華書局，1935年。

（宋）李昉等：《太平御覽》，中華書局，1960年。

（宋）樂史：《太平寰宇記》，中華書局，2007年。

本輯作者工作和學習單位

胡　鴻	北京大學中國古代史研究中心
林昌丈	廈門大學歷史與文化遺産學院
陳　陽	武漢大學歷史學院暨中國三至九世紀研究所博士研究生
孫　齊	山東大學儒學高等研究院
張　琪	復旦大學歷史學系博士研究生
孫正軍	清華大學歷史系
劉亞光	武漢大學歷史學院暨中國三至九世紀研究所博士研究生
馮　璇	故宮博物院宮廷歷史部
李昊林	鄭州大學地球科學與技術學院
趙衛齊	青島理工大學馬克思主義學院
方　圓	上海科技大學人文科學研究院
張　釗	北京師範大學文學院博士後
王世藩	武漢大學歷史學院暨中國三至九世紀研究所博士研究生
陳　爽	中國社會科學院古代史研究所

本 輯 編 後

　　本刊自1979年由唐長孺先生創辦以來，目前已較爲穩定地形成魏晉南北朝史、隋唐五代史、敦煌吐魯番出土文書整理與研究、簡牘石刻資料刊布與研究、傳世史料整理、典籍與文書索引編纂、海外譯文等多個板塊，但并未嚴格設置專題欄目的形式。近年來，我們始終秉持嚴謹扎實、注重實證的辦刊宗旨，同時也積極醖釀、籌劃，力求在辦刊形式和内容上有所創新。2022年4月底、5月初，由國家社科基金"漢至唐長江中游山地族群史料整理與研究"課題組召集、武漢大學歷史學院暨中國三至九世紀研究所主辦的題爲"中古史的地方視角"的論壇成功舉辦，我們以此次論壇所收稿件爲基礎，嘗試進行專題組稿。以後我們將繼續圍繞若干專題不定期組稿，以期共同推進學術進步。

稿　　約

　　《魏晉南北朝隋唐史資料》是武漢大學中國三至九世紀研究所主辦的學術集刊,1979年由著名歷史學家唐長孺先生創辦。本刊注重實證研究,主要刊載有關中國中古史研究的學術論文,適當譯載國外學者相關研究的重要成果,也刊載與本段歷史密切相關的資料整理成果。

　　本刊接受紙質投稿和電子稿投稿,實行匿名審稿制。來稿請附上中文摘要、關鍵詞、英文題目,及作者姓名、單位、職稱、通訊地址和電子郵箱。稿件不予退還,敬請作者自留底稿。自收到稿件起三個月内,無論采用與否,均將告知作者。

　　郵寄地址:

　　(430072)湖北省武漢市珞珈山武漢大學中國三至九世紀研究所,《魏晉南北朝隋唐史資料》編輯部　收

　　電子郵箱：wjnbcstszl@whu.edu.cn

撰 寫 規 範

一、標題序號

文内各章節標題序號,依一、(一)、1、(1)等順序表示。

二、注釋位置

注釋采用頁下注(脚注),序號用①、②、③……標識,每頁單獨排序。正文中的注釋序號統一置於包含引文的句子(詞或片語)或段落標點符號之後。

三、古籍引用

首次引用時須注明作者、整理者、書名、卷次、篇名、部類(選項)、出版地點、出版者、出版時間和頁碼。"二十四史"、《資治通鑑》《太平御覽》等常用文獻,可省去作者。如:

《梁書》卷二五《徐勉傳》,北京:中華書局,1973年,第377頁。

《太平御覽》卷七五《地部四〇》引《江夏記》,北京:中華書局,1960年,第351頁。

(梁)蕭繹撰,許逸民校箋:《金樓子校箋》卷二《聚書篇第六》,北京:中華書局,2011年,第515頁。

四、今人論著

首次引用時須注明作者、篇名、書名、出版者、出版時間和頁碼。如:

唐長孺:《跋唐天寶七載封北嶽恒山安天王銘》,《山居存稿》,北京:中華書局,1989年,第273—292頁。

五、期刊論文

首次引用時須注明作者、文章題目、期刊名、刊期、頁碼。如:

田餘慶:《〈代歌〉、〈代記〉和北魏國史》,《歷史研究》2001年第1期,第51—64頁。

六、西文文獻

可參照中文論著順序標引,文章題目用引號注明,書名、期刊名使用斜體。如:

Stephen F. Teiser, *The Ghost Festival in Medieval China*, Princeton University Press, 1988, pp. 58-62.

Dennis Grafflin, "Reinventing China: Pseudobureaucracy in the Early Southern Dynasties", in Albert E. Dien, eds., *State and Society in Early Medieval China*, Stanford University Press, 1990, pp. 49 – 72.

Patricia Ebrey, "Tang Guide to Verbal Etiquette", *HJAS*, Vol. 45, No. 2 (1985), pp. 581 – 613.

七、數字使用

年號、古籍卷數等采用中文數字，序數用簡式。公元紀年請用括號內阿拉伯數字標注。如：

《舊唐書》卷一六八《韋温傳》。

唐貞觀十四年(640)。

八、稿件統一使用繁體字，正文用宋體五號，單獨引文用仿宋體五號，注釋用宋體小五號。

圖書在版編目(CIP)數據

魏晉南北朝隋唐史資料.第四十八輯／武漢大學中國三至九世紀研究所編. —上海：上海古籍出版社，
2023.11
ISBN 978-7-5732-0933-7

Ⅰ.①魏… Ⅱ.①武… Ⅲ.①史評—中國—魏晉南北朝時代②史評—中國—隋唐時代 Ⅳ.①K235.07
②K241.07

中國國家版本館CIP數據核字(2023)第207678號

魏晉南北朝隋唐史資料（第四十八輯）

武漢大學中國三至九世紀研究所 編
上海古籍出版社出版發行
（上海市閔行區號景路159弄1-5號A座5F 郵政編碼201101）
(1) 網址：www.guji.com.cn
(2) E-mail: guji1@guji.com.cn
(3) 易文網網址：www.ewen.co
啓東市人民印刷有限公司印刷
開本787×1092 1/16 印張24 插頁3 字數427,000
2023年11月第1版 2023年11月第1次印刷
ISBN 978-7-5732-0933-7
K·3502 定價：88.00元
如有質量問題，請與承印公司聯繫